国家社会科学基金重点项目"康德实践哲学的义理系统及其道德趋归研究"(14BZX020)的最终成果

国家社科基金丛书
GUOJIA SHEKE JIJIN CONGSHU

康德实践哲学的义理系统

Kant's Essential Doctrines of Practical Philosophy

詹世友　著

人民出版社

责任编辑:陈寒节

封面设计:石笑梦

版式设计:胡欣欣

图书在版编目(CIP)数据

康德实践哲学的义理系统/詹世友 著.—北京:人民出版社,2021.6

ISBN 978-7-01-023168-6

Ⅰ.①康… Ⅱ.①詹… Ⅲ.①康德(Kant,Immanuel 1724—1804)-哲学思想-研究 Ⅳ.①B561.31

中国版本图书馆 CIP 数据核字(2021)第 027592 号

康德实践哲学的义理系统

KANGDE SHIJIAN ZHEXUE DE YILI XITONG

詹世友 著

人民出版社 出版发行

(100706 北京市东城区隆福寺街 99 号)

北京盛通印刷股份有限公司印刷 新华书店经销

2021 年 6 月第 1 版 2021 年 6 月北京第 1 次印刷

开本:710 毫米×1000 毫米 1/16 印张:34.5

字数:540 千字

ISBN 978-7-01-023168-6 定价:105.00 元

邮购地址:100706 北京市东城区隆福寺街 99 号

人民东方图书销售中心 电话:(010)65250042 65289539

目　　录

前言　康德道德思维方式解析

　　康德的实践哲学是一个完整的义理系统。"实践"在康德那里，是指由理性指导的、出自自由的现实活动，其最高价值理念是纯粹的道德善。人类所有实践活动的最高目标就是，人类作为一个整体在无尽的历史长河中而达到总体的道德化，所以，人类的所有实践活动都是以道德为趋归的。长期以来，在康德道德哲学研究领域，学术界研究得比较多的是康德的《道德形而上学的奠基》《实践理性批判》《道德形而上学》，以及《纯粹理性批判》中关于道德实践的部分，《纯然理性界限内的宗教》等，这些著作都是研究道德价值的先天来源以及道德法则的先天形式的，所以是其实践哲学的形式部分。但是康德明确地说，他的道德哲学还包括经验部分，他自己称之为"实用人类学"①，这部分是以人类具有感性特质的自然禀赋的经验性、历史性发展为对象的，它们都要发展到与理性的自主使用相协调的状态，并期望最

---

　　①　康德说，一切依据"经验的根据"的哲学，都可称之为"经验性的哲学"；而仅仅从先天原则出发阐明其学说的哲学就是"纯粹的哲学"。道德哲学也一样，"在这里经验性的部分特别叫做实用人类学，而理性的部分则可以叫做道德学"（康德著，李秋零主编：《康德著作全集》第4卷，中国人民大学出版社2005年版，第394—395页）。显然，康德是认为，道德哲学有其经验性的部分，是因为它所依据的经验的根据是人性的经验性禀赋，之所以叫作"实用人类学"，同时又属于哲学，乃是因为它并不是仅仅考察"大自然使人成为什么"（这是"生理学的人类学"的内容），而是考察"人作为自由行动的存在者使自己成为或者能够并且应当使自己成为什么"（康德著，李秋零主编：《康德著作全集》第7卷，中国人民大学出版社2008年版，第114页），所以实用人类学属于道德哲学的经验部分的内容。

终使人类作为一个整体而达到总体的道德化。在康德的著作中，这部分可以包括《实用人类学》《教育学》、政治哲学中的关于日常生活的部分、历史哲学方面的论文等等。但显然，只有先建立了实践哲学的形式部分，其经验性部分才能有价值指引，才能明了自己的发展方向和目标。

我们认为，康德的道德哲学体现了一种独特的道德思维方式，为道德谋划了一个独立的领域，确立了一套独立的原则，探寻了道德价值的纯粹的、先天的来源，并贯通了道德哲学的形式部分和经验部分，与其他的道德哲学迥然不同，并力图揭示其他道德哲学的内在缺陷。他认为，道德思考的核心就在于揭示行为的道德价值的根源，即道德的本质不是知识，而是价值，只有思入本体界，才能获得对所有有理性存在者都有同等约束力的普遍的、客观的实践法则；而从现象界（内感和外感）的对象中吸取行为动机，就只能得到一些权宜之计，这些行为原则会因时、因事、因心境的变化而不同。这就意味着，这种道德思维方式要求纯粹理性进入在其认识中只能认作空无一物的领域中来证实其实践能力，确定实践法则，并确证自由的实在性，从而在按照基于感性偏好的准则而作出的行为的因果关系链条中见得破，透得出，获得道德生命向上超拔的一维，确立意志的纯然善性，以及人格的无上尊严。所以，康德认为，道德教育的关键在于确立一种"思维方式"，他认为，"道德的培养必须建立在准则上，而不是建立在训诫上。后者是阻碍坏习惯，前者则是塑造思维方式"①。同时，我们人既是本体界的存在者，又是现象界的存在者，所以我们必须在经验性的、时空中的现实——历史的场域中，不断发展自己的自然禀赋，使之逐渐与形而上的人格理念接近，通过无限的文明化过程，使人类有望达到一种总体的道德化。也就是说，他的实践哲学（道德哲学）既有道德形而上学，即道德哲学的形式部分，又有道德哲学的经验部分。这种思维方式有以下几个特点：第一，由纯粹理性的超验

————————

① 康德著，李秋零主编：《康德著作全集》第9卷，中国人民大学出版社2010年版，第480页。

使用而出现的二论背反，来彰显自由的消极性存在，因为设想自由的存在，至少在逻辑上不存在矛盾，这表明康德哲学要以本体与现象的划分为基本前提。没有这个前提，康德的道德哲学是不可理解的；第二，在日常道德思维中通过还原的方法来发现人们已有纯正的道德原则，具有出于义务而行动的动机，这可以说是客观的道德法则的经验证据；第三，发现规定意志的根据。因为只有存在着道德法则，以之作为直接规定意志的根据，才能获得一切善的前提性价值，否则，我们就不能保证一切行为的道德价值；第四，道德哲学的最终目的是要证成人们能够获得一种道德德性，即道德法则能够进入人的内心，并在人心中形成支配性的力量，从而培养一种让基于道德法则的准则成为直接决定自己动机的根据的意志的力量，这就是德性；第五，道德行为的后果是落在经验世界中的，并且好的结果即幸福的事项也是我们自然而然会去追求的，所以，道德作为配享幸福的资格，可以使我们希望：我们有了道德，就可以指望去获得与之成比例的幸福。然而，德与福的始终一致，却是我们力所不能及的，于是从实践上说，预设灵魂不朽和上帝就是理性的必然需求，这就是康德所说的"道德的宗教"或者"良好的生活方式的宗教"；最后，我们的经验性生活也是必须关注的，我们也必须在经验世界中来发展自己的禀赋，尽力去除实践理性的阻碍，而向道德化迈进。可以说，康德的这种道德思维方式有诸多与众不同的特点，需要我们深入解析。

一、 思入本体的思维方向

康德道德哲学的最主要关切是人的尊严。人之所以能够不混同于其他动物，就在于我们能够在大家都习以为常的感性好恶的趋避、对幸福的追求中获得向上超拔的一维，做到自作主宰、自立法度。如果人们只是以基于感性偏好的准则来决定自己的趋避，只是追求幸福，就会被感性好恶、幸福的对象所牵引，于是人的整个生活就是被动的，就很难谈得上人格尊严。而如果我们能够自己决定自己，则我们就超出了现象中的任何事物，而具有了无上尊严。

康德对道德的核心问题的理解从早期到成熟期有一个重要转变，即在早期认为存在着道德感，人们在这种道德感的指导下就能趋善避恶。但是，在批判时期，康德被二论背反中的第三个所唤醒，这就是自由问题："正论：按照自然规律的因果性，并不是世界的显象全部能够由之派生出来的唯一因果性。为了解释这些显象，还有必要假定一种通过自由的因果性"；"反论：没任何自由，相反，世界上的一切都仅仅按照自然规律发生。"① 这个二论背反让康德目瞪口呆：一方面，在现象界中，人们的一切都是受到因果必然性的严格约束，如果我们只能这样行动，则我们与其他动物就没有什么本质区别，只不过我们服务于本能欲望追求的能力可能比其他动物要强大一些、周全一些，但根本没有自由。而我们的认识不可能超越现象界，因为对超出现象界的事物我们没有直观，所以做不成知识。因此，我们的思维很容易停留在现象界；但另一方面，我们的理性却有一种本性，那就是超出现象而去追求总体，追求因果关系链条之上的无条件的最高的原因，这就是自由。这两个方面无法在同一层次上得到统一，所以，必须把人同时设想为既是现象界的存在者，又是本体界的存在者，这样二者才能取得协调，共存于一个人身上。显然，要有正确的道德意识，就必须具备能够思入本体的思维方向；而那种拒斥本体概念的人，康德认为，他们所确定的道德原则会从根本上败坏道德。他明确地说，"正是这个二律背反，把我从独断论的迷梦中唤醒，使我转到对理性本身的批判上来，以便消除理性似乎与它自身矛盾这种怪事。"②

康德认为，我们对现象界的知识是这样构成的，一是物自体刺激我们的感官而形成了感性杂多，二是有先天直观形式——时空，我们用它们来把感性杂多整理出秩序来，就得到了我们日常所见的感性事物；三是有先天知性

① 康德著，李秋零主编：《康德著作全集》第 3 卷，中国人民大学出版社 2004 年版，第 300 页。

② 康德：《康德书信百封》，李秋零编译，上海人民出版社 2006 年版，第 242 页。

形式——范畴（比如因果关系等等），我们用它们来整理感性事物，使之按照自然的法则而出现，这样我们就获得了对它们的知识。知性范畴的来源与经验无关，是先天的，于是，先天知性范畴可以思考自身，是个独立的领域，在这样思考时，它就叫作理性。在人们的感觉中，除了有外感，还有内感。内感就是人们的情感、欲望等主观的感受状态，它们也是现象。于是，我们同样可以推论，这种种内感现象的背后，应有一个统一的基础，就是内在的"我自体"。这种我自体，用康德的话说就是"不可见的自我""我的人格性"，它当然只能为知性所觉察，因为它也超出了内感，故而不可能是情感、欲望的对象：道德法则"从我不可见的自我、我的人格性开始，把我展现在这样一个世界中，这个世界具有真正的无限性，但惟有对于知性来说才是可以觉察的……"①。

关于有无自由存在，在纯粹理性的二论背反中，首先要确定的是这两个相反的对等看法都可以得到解释。在自然界或现象界，即知识范围内，一切都是有着因果必然性的，所以，这是一种因果链条的体系，在这个范围内是没有自由存在的；自由的存在，只有在本体界才是可以设想的，它超出自然因果的必然性联系的范围，是本体界的理性的自我决定，是最高原因，即无条件者。这样去设想、思考自由，在逻辑上是没有矛盾的。他说，"自由不受感性世界中的任何根据制约，这只是表明，自由不包含任何矛盾。"② 这就是康德关于本体"不可知之，只可思之"的看法之真义。当然，对没有逻辑矛盾地推论出来的东西，我们并不能立即就肯定它是实在的，或能够现实地作为原因而产生结果的，即既存在又活动，也就是说自身就有实践能力。对此，我们只能先从认识的角度肯定它不可能是知识的对象，从而为知识划定界限。如果我们追求对此形成知识，就是认识能力的越界。这是自由的消极义。

---

① 康德著，李秋零主编：《康德著作全集》第 5 卷，中国人民大学出版社 2007 年版，第 169 页。

② 康德：《康德书信百封》，李秋零编译，上海人民出版社 2006 年版，第 153 页。

　　然而，对康德而言，彰显本体界自由的可能性，却有着切身的实践关切。第一，要设想自由，还必须借助知性的能力，即是说，存在的东西都有因果性，如果自由存在，它也必定是某种因果性。因果性是一种产生与被产生的能力关系，也就是一种产生新事物的能力。之所以有这样的观念，是因为我们已经知道，理性与知性是同一种能力，理性也只能使用因果范畴，只不过它要把因果范畴运用到本体界。所以，康德必然认为，自由作为因果性，肯定不同于现象的因果性，即它不能与其他东西互为因果，而只能自为原因，即作为最高原因，换句话说，是纯粹理性自身就有的实践能力，它自作主宰、自我决定、自立法度。这种因果关系没有别的东西作为自己的对象，没有感性现象需要整理，而只能自为对象，思考自身，也就是思考理性法则的纯粹形式，而不是它所要指向的对象。这种实践理性所要指向的对象就是经验性的东西，它根本不属于自由的原因的范围。第二，自由的现实表现就是法则对意志的关系，因为意志就是依照对法则的表象而产生其对象的能力，故意志可以被基于理性法则的准则所规定，此为动机；亦可以被基于感性偏好的准则所规定，此为冲动。至于我们为什么会形成这两种主观准则，并且会让其中之一来作为意志的规定根据，这是自由的根深的秘密，我们无法探究；第三，只有在自由中，意志才能成为纯粹善良的。理性的实践应用，目的就是要产生一个纯粹善良的意志：（1）善良意志是我们的品质运用和行为的最高前提，从这个意义上说，它是绝对的，也是最高的善，但不是全善，因为还有其他的善，比如好品质是一种善，幸福也是一种善。（2）它不因它所促成的事物而善，也就是说，它不并以结果是否好为念；它也不因期望的事物而善，即并不期望一个其他的目的；同时也不因它善于达到预定的目标而善，即它不是作为技术性手段而善。也就是说，它是自在的善。（3）它无比高贵。与偏好相比，它的价值要无限地超过，可以说，所有偏好的总和，都不能望其项背。

　　在道德领域中，最为重要的事实就是欲求能力。有两种欲求能力，即低级欲求和高级欲求。低级欲求能力就是那种凭借着某种愉悦情感而作出行动的能力，它服从的是幸福原则。幸福原则包括感性欲望满足，也包括因为修身养性而获得的某种理性的愉悦。他说，"自身幸福的原则，无论在它那里使用了多少知性和理性，对于意志来说毕竟只包含有与低级的欲求能力相适合的规定根据。"① 由于任何愉悦的情感都只能是原则的经验条件，所以，如果人们认为自己的欲求能力只能以愉悦情感为决定根据，就根本不能有高级的欲求能力。于是，我们只能设想这样一种情况，即纯粹理性独立而自为地是实践的，也就是说，"理性惟有为自己本身来规定意志（不是为偏好效力），才是在病理学上可规定的欲求能力所从属的一种真正的高级欲求能力，并且现实地、甚至在种类上与前一种欲求能力有别，以至于哪怕与偏好的冲动有丝毫的混杂，都会损害理性的强大和优越。"② 显然，这种高级欲求能力只有在本体界才能获得。

二、 证实自由的思维体察

至此，我们只是从消极的意义上肯定自由的可能存在，并且假定自由如果存在，就会有道德法则，就会有真正的道德价值的创造。至于自由如何成为实践哲学的拱顶石，自由如何在实践中积极地发挥作用，则是需要进一步加以考察和证实的事。没有自由法则，就只存在着自然法则，就不可能有独立于经验世界的道德世界。

为了体证自由的存在，第一，也许普通人并不能从概念上对自由加以精细的甄别，但在普通实践理性中却可以发现自由的显露。所以，可以说，这一点是有着坚实的经验基础的。他认为，在理性的思辨使用即获得知识的范围内，我们必须经过训练才能获得正确地使用理性的求知功能的方法，才能获得某些知识；但是，在道德问题上，普通的实践理性都能做得正确，甚至

---

① 康德著，李秋零主编：《康德著作全集》第5卷，中国人民大学出版社2007年版，第25—26页。

② 康德著，李秋零主编：《康德著作全集》第5卷，中国人民大学出版社2007年版，第26页。

坏人也会自觉到自己行为的恶劣。这是因为，道德思维是一种自我证实的思维方式，不是外向地使对象符合法则的方式，所以每个人都可扪心自问，都可以将心比心，即自问我的行为是否是服从道德法则而做出的，从而使得自由得以体证。康德认为，对于自己的行为有无道德价值，普通人的理性都有把握看得出来。

第二，从大自然造物的意图中体察出有理性者的自由。人是自然的产物，但他是一种特殊的造物。作为人，我们天赋有本能和理性。所有的天赋素质都应该完成自己的使命（它们也应该只适合这些使命），这是自然的目的。

如果说，自然的目的之一显然是让人去追求幸福，这是我们都可以同意的。但是，如果认为自然只有这个目的，那么，自然把人造成一个既有本能又有理性和意志的生物，这就"是自然作出的一个极坏的安排"，因为要达到这种目的，"本能可以更为精确得多地规定受造物在这一意图中实施的一切活动，以及他的举止的整个规则，并且由此可以更为可靠得多地保住那个目的，胜于理性当时所能做的。"① 这是因为：（1）理性是普遍性的，而幸福是感性的、个别性的，所以，为了达到获得幸福的目的，理性这个手段就不适宜了；（2）把幸福当做目的，只有本能最适于作为手段，因为本能有天然的趋利避害的倾向，对什么是幸福有着敏锐的感知和把握，理性至多只是帮助本能以达到目的。按照这样的安排，理性就"必须是仅供这个受造物来对自己的本性的幸运禀赋作出思考，为之惊赞，为之欣喜，并对仁慈的原因感恩戴德；而不是使它的欲求能力服从那种软弱而且不可靠的引导，或者在自然意图上马虎从事；一言以蔽之，自然会不让理性进入实践的应用，不让它妄自凭借自己微弱的见识为自己想出幸福和达到幸福的手段的方案"②。

---

① 康德著，李秋零主编：《康德著作全集》第 4 卷，中国人民大学出版社 2005 年版，第 402 页。

② 康德著，李秋零主编：《康德著作全集》第 4 卷，中国人民大学出版社 2005 年版，第 402 页。

总之，理性对幸福而言，既不能把握这一目的，也不适于作为达到这一目的的手段。自然在人追求幸福的问题上，已经设计好了既适于把握这一目的，又适于作为达到这一目的的手段的禀赋——本能；（3）如果仅凭理性去得到生活上的舒适与幸福的话，那么这个人就不可能得到真正的满足。因为理性是超越的，它的功能是沉思我们行动的最高理由，这种思考总是延迟他对幸福的感受和追求，并对自己所达到的当前的幸福境况加以省察，能发现其中许多是并非出自道德理由的行为，从而使自己无法心安理得。这样他就会在一定程度上对理性产生憎恨之感。另外，从心理上说，即使我们通过周密筹划而获利很多，或通过努力而在学问上得到了很大收益（学问只是理智的奢侈品），然而，这些东西是可以进行人际比较的，于是在这方面的追求就是永无止境的，并且如果自己的处境不如别人就会产生折磨人的妒忌，陷入烦恼，从而也无法证实自由。所以，我们实际上可以把理性对幸福的作用无限降低，甚至降低到零，但这并不意味着对自然的恩赐的抱怨和忘恩。

自然不做无用功。它既然赋予人以理性和意志，而理性又不适于去追求幸福，那么，自然的这一安排一定另有目的，就像人们所做的判断那样，"这些判断暗中以关于他们的实存的另一个更有价值得多的意图的理念为基础"，他们认为："理性真正说来完全是被规定用于这个意图，而不是用于幸福，而人的私人意图大多数都必须把这个意图当做最高条件，处在它后面。"① 在康德看来，理性的本务是成为一种实践能力，即能够对意志产生影响的能力。所以，理性的真正使命，"必定是产生一个并非在其他意图中作为手段、而是就自身而言就是善的意志"②。在这个问题上，理性是绝对必要的，因为感性偏好或本能产生不了这样的意志。所以，他认为，把理性的目的看作是产生道德，这是与大自然的智慧一致的。也就是说，理性法

① 康德著，李秋零主编：《康德著作全集》第4卷，中国人民大学出版社2005年版，第402—403页。

② 康德著，李秋零主编：《康德著作全集》第4卷，中国人民大学出版社2005年版，第403页。

则自身能够成为规定意志的根据，就表明了有理性者是自由的。

三、 确认法则的思维推演

康德对道德法则进行了推演。他认为，必定存在着理性法则。什么是理性法则呢？我们所能体认的就是理性本身的本性，它是没有借着感性事物、感性好恶的刺激作出行为之前的状态。于是，它是绝对普遍的，而不是特殊的；它是永恒的，而不是在时间中变化的；它是自由的，而非受到自然因果必然性制约的。它是超出现象界个别事物的总和的一种纯粹理念，而不是有着现象内容的观念。然而，单是理性法则还不能直接地决定意志，而必须借助于我们主体的能力，即主观的表象能力，才能决定意志，即是说，我们要通过发挥自己理性的认识性功能对之进行表象，从而使之转化为主观的东西，即对理性法则形成表象，并以此来决定意志。我们所能形成的对理性法则的表象就是道德法则，这时我们的主观准则就同时成为客观的道德法则。

而道德法则要产生作用，就需要表现在具体的感性行为过程和结果之中。从这个意义上说，它也是一种因果性，却是一种自由的因果，它与自然界的因果关系处于不同序列，也就是说，它是自身决定自身的行动能力，即意志。在本体界只有理性，如果理性自身决定自身，就是准备作出行动，而作出行动的能力就是一种实践能力，既存有又活动，其内涵就是自由的因果性。因为它是决定意志的根据，故可名之为法则。

正如自然法则要让自然界的现象来遵守，从而按照自然秩序而发生一样，自由法则则是要让有理性者的意志来遵守的，以使事物按照应然的秩序来出现。按照自然法则就不会有这样的道德秩序，也不会有这样的道德行为发生，所以，获得对道德法则的意识就是首要的，它必须优先于对具体的善的追求。当道德法则成为规定有理性者的意志的根据，意志才成为真正善良的意志，而出于善良意志的行为才会真正具有道德价值，即成为道德上善的行为。正因为如此，康德反对传统哲学先假定快乐是善的唯一标准，或预先假定至善理念的做法。对康德而言，善恶是人们的主观准则对意志的关系，而不是客体对主体需要的满足与否的性质。准则可以是以主体需要为根据的，但同时它也可以是对所有有理性者都有普遍约束力的客观法则。只有后者才能决定一个善良意志。这是康德对道德价值的一个新判断，从而为善的价值寻索到一个超出主体需要的前提。康德认为，要探索实践问题，"我们现在必须探讨的是一种意志，而且必须不是在与对象的关系中、而是在与这种意志及其因果性的关系中来考虑理性，因为必须是经验上无条件的因果性的原理来开头，然后才能去尝试确立我们关于这样一种意志的规定根据、关于上述原理在对象上的应用、最后关于它们在主体及其感性上的应用的概念。"①

康德因此把推演道德法则作为道德形而上学的首要任务。道德法则要能够规定意志，首先它必须是某种东西的表象，这种东西就是理性法则或自由法则，它和自然法则一样是先天的，因为它就是理性自身的性质。不过自然法则是万物循以产生的法则，其产生是自然而然的，因为物件无意志，即没有理性表象能力，所以就会自然而然地按照自然法则而产生；而自由法则则是万物应该循以产生的法则。有理性者必定有意志，它能通过对法则的表象来规定自身。但人作为既有感性欲望又有理性的存在者，其意志又不能自动地以对自由法则的表象来作为规定自己的根据，而是也会按照自然法则即感性好恶的刺激的因果性来规定自己的意志，这样他们有可能会把自己混同于物件，而丧失自主性，丧失自由。康德说，"理性关注的是意志的规定根据，意志是一种要么产生出与表象相符合的对象、要么规定自己本身去造成对象（无论自然能力是否充足）亦即规定自己的因果性的能力。"② 所以，意志的善良性不能存在于产生与感性偏好的表象相符合的对象之中，而在于直接以

_____

① 康德著，李秋零主编：《康德著作全集》第5卷，中国人民大学出版社2007年版，第17页。

② 康德著，李秋零主编：《康德著作全集》第5卷，中国人民大学出版社2007年版，第16页。

道德法则作为规定自己的根据，这样去直接导致这些对象的产生，只有这样，理性才是意志的直接原因性，借助它，有理性者跃出了自然必然性之上，而享有自由。

如何确认道德法则呢？那就是要借助本能这一经验性的冲动作为对照，因为我们都自然而然有这种冲动，而且我们都会秉着这种冲动而做出行为。或者说，我们在反省自己的行为根据时，经常会碰到这个"可爱的自我"，可是，我们在反省自己的行为时，都会在内心深处涌现另外一种声音，对我们在行为动机中夹杂了这个可爱的自我的打算感到羞愧。康德说，"在一个理性存在者以病理学的方式受到刺激的意志中，可以发现有种种准则与他自己认识到的实践法则的一种冲突。"① 比如，在我们面对困境，需要钱来渡过难关时，如果我借了钱又明知不能如期偿还，那么我们可能会作一个无法兑现的许诺以应付目前的困难。但只要我们反省一下，就会觉得我们这样做是卑鄙的，因为许假诺是一种自相矛盾。这时，一种不顾任何经验、独立于任何本能欲求的道德法则就会朗现出来：只有不许假诺才能心安理得。客观的道德法则的特点就是概念的自我同一，就是我们的意愿应该不折不扣地贯彻，而不让本能的考虑留下违背它的空间。检验一个主观准则是否是客观的道德法则，就是看它是否能贯彻到底而不自相矛盾，其现实表现就是它是否可以让所有人都按此行动，而不会自我取消。显然，如果所有人都可以许假诺，那么以后诺言就不会存在了。所以，在康德看来，只有这种不考虑任何经验、感性好恶的普遍的道德法则，才能成为意志的无条件的规定根据。

这样的道德思维方式确实是独树一帜的。它与一般的道德思维方式的差别实在是太大了。不能采用这种思维方式的道德哲学，根本就不能认识到本体界或理性世界的存在，因为这个领域是思辨理性所不能认识的虚无之地。康德的道德思维方式就是要"无中生有"。但这个"无"只是对认识而言的

---

① 康德著，李秋零主编：《康德著作全集》第5卷，中国人民大学出版社2007年版，第19页。

"无"，对实践理性来说，却是无比坚实的"有"，也就是说，从认识转到实践，这个领域就是实在的，否则我们就无法证实自由，就无以获得自己的人格尊严。只有这样，我们才能解释道德经验。每个人只要这样反身内求，使用自己的理性，就能发现这种能够规定意志的无上根据。只有在这个领域中，康德才能证实本体、道德法则、善良意志、绝对定言命令、义务等真纯的道德价值的实在性，并且防止在实践领域中理性凭借着经验去运用，由于这种运用理性的方式夹杂着偏好，所以就无一例外地贬损了道德的价值。

四、 贞立德性的思维证成

康德道德思维方式的最终指向是德性，这是一种主体的道德能力，它也是需要经过道德训练才能形成的。这样的道德思维方式能否最终产生成效，端赖说明道德法则是如何进入人的内心，并形成抗拒基于感性偏好的准则而以基于道德法则的准则来作为自己的规定根据的意志的力量。于是，使这种真纯的道德原则在心灵中对意志起规定作用，而排斥把任何其他的感性欲求对象、甚至知性的满足作为规定意志的根据，就是必然的选择。这种意志的力量就是具有道德价值的心灵品质状态，就是德性。当然，这并不是排斥感性欲求在行为过程中获得满足，也不是排斥修养和文明教养，或其余大家赞同的品质，如谦恭有礼、节制、乐天等等，而是认为，感性欲求的满足要在出于义务的行为中去追求，而不是把追求欲望满足作为规定自己意志的根据，获得欲望满足是附带后果，而非决定性的原因；文明教养、好的品质等也能使我们作出出于义务的行为变得更容易一些，因为文明教养、好的品质都是对直接追求欲望满足进行某种节制。在《实用人类学》和《教育学》中，康德认为，文明教养、品质的培养都是我们进行道德教化的一个阶梯，或者铺垫性阶段，但尚不是道德教化本身，所成就的也不是真正的德性，其原因在于文明教养、好的品质是对情感、欲望气质进行某种节制、涵养和提升，而不是排除情感、欲望等感性因素在决定行为动机方面的作用，从而还不能以普遍的实践法则来直接规定意志，所以，道德教化要在文明教养和品质培养之后，才能等待那决定性时刻的到来。我们认为，在德性培养问题上，康德的这种思维方式是其他类型的道德学说所不具备的。奥诺拉·奥尼尔在以前认为康德提供了一种德性伦理，但后来她认识到，康德道德哲学的核心在于提供了一种纯粹的、独立于任何经验的道德原则，在这样的原则指导下，才会对德性的本质及如何培养德性持一种独特看法，最近她说："康德的基本概念乃是道德上有价值的原则概念，这种原则不仅为外在的权利和义务问题提供了指导方针，同时也为良好的人格和制度提供了良好的方针。他的立场是以行动为中心的，同时也允许以行动者为中心的思考方式；但是他的立场的基本框架却不是特别以行动者为中心的。"① 我认为，她的这一看法大体上是公允的。康德道德哲学的思考前提是理性法则及由对理性法则的表象而形成的道德法则，由它来直接规定意志，从而产生了各种义务，要求人们做出出于义务的行为，只有这样的行为才有绝对的道德价值，从这个意义上说，它是以行为为中心的；但是，我们又必须考察道德法则与意志的关系，而我们人的意志又是一种并非纯粹善良的意志，即使认识到道德法则的崇高性，也会有违背道德法则的倾向，所以，要作出道德行为，就需要进行一种艰苦的战斗，从而获得抗拒感性偏好而以基于道德法则的准则来作为规定自己的根据的意志的力量，这就是德性，当然，这是从行为者来说的。所以，康德的立场的基本框架虽然也允许以行为者为中心，但确实"不是特别以行为者为中心"的，也就是说，康德没有采取典型的德性伦理学立场。

　　基于以上对德性的原则性认识，我们可以发现：（1）德性并非善良意志。首先，善良意志总是表明一个绝对的最高善，是我们行为的道德价值的最高来源。我们知道，我们的意志并非是纯粹善良的，纯粹善良的意志是一种理念，从性质上说，善良意志就是完全为客观的实践法则所规定的意志，

---

① 奥诺娜·奥尼尔：《理性的建构：康德实践哲学探究》，林晖、吴树博译，复旦大学出版社 2013 年版，第 207 页。

而不受到任何感性好恶和知性满足的支配。于是，它是最高的善，而且是自身就善的东西，有着无比崇高的善的价值。显然，要形成德性，就是要让我们的并非是纯粹善良的意志，能够在以基于实践法则的准则规定自己和以基于感性偏好的准则规定自己之间，具有选择前者的能力，从而表现出使前者优先于后者的稳定的心灵倾向，也就是能够抗拒本能欲求而以道德法则作为规定自己的根据的意志力量。（2）德性也并非一般的值得羡慕的品质。一般的值得羡慕的品质是"第二等的好"，因为它并没有以客观的道德法则规定意志，而是一种融合了理性节制的情感、欲望品质，所以，它们并没有把真纯的道德法则作为自己的决定性因素。而要获得这种德性的力量，首先必须树立这种思维方式，那就是能够证立道德法则，能够体会到自由，能够不仅仅把自己看作感性世界的存在者，还应同时把自己看作本体自我，是高出自然现象的存在者。那种根本体会不到这一点的人，就只能从现象界吸取行为动机，以此作为意志的规定根据。康德认为，这些人没有形成一种应有的道德思维方式，德性在他们那里，只能找到一种代用品，或者冒牌货。所以，"人们不可以这样解释德性，说它是在自由的合法行动中的熟巧；因为那样的话，它就纯然是力量运用的机械作用了。相反，德性是在遵循自己义务时道德上的强大，它永远不会成为习惯，而是始终全新地和源始地出自思维方式。"①

德性当然与情感有关，但康德持一种独特的道德情感观。他认为，唯一的道德情感就是敬重，即那种自觉到道德法则的无比崇高性而引起的一种敬仰、整肃之感，它要在心灵中获得一种绝大的力量，是一种能使利己之心、"可爱的自我"无地自容的价值觉察。这种情感是后起的，即意志被客观的道德法则所规定之后产生的情感，它不可能是规定意志的先天根据。正是因为道德法则能够引起我们的敬重，所以我们才会把德性原理与利己之心的原

---

① 康德著，李秋零主编：《康德著作全集》第 7 卷，中国人民大学出版社 2008 年版，第 139 页。

则加以对照，并体验到德性原理的无比崇高性，从而形成信守义务的坚强的意志力量。这样，我们才能从逻辑上推论出：康德所列举的爱、敬重、仁慈、同情等等，其实都是"实践性的情感"。这些实践性的情感看上去都是感性的，但是，它们都是后起的，即体验到道德法则的无比崇高性才产生的。我们要知道，正如安妮·玛格丽特·巴克斯利（Anne Margaret Baxley）所指出的："它们不仅仅是情感性的倾向，使我们有意于去感受的方式，而最好被赋性为出自理性命令的行动准则的意向性倾向。"① 德性从本质上说，是行动主体自由地采取道德原则并内化了这些道德原则的思维方式，或者说，就是一种有这样的特点的品质，这些实践性的情感是必然伴随德性的。比如，在早期，康德曾经把同情排除在德性之外，但是，在以后的发展中，特别是在认识到敬重情感是后于道德法则的之后，他认为同情也可以被这样处理，即可以当作德性义务来看待。基于人们道德人格的相互对待关系，同情可以被看做是一种共甘与共苦的"自由的感觉共联性"，它是"基于实践理性"的②。也就是说，这种同情是对所有人（包括自己在内）都可能会遇上的处境的一种普遍的共通感，并由此而作出对处境不利的人们的一种实际的救助措施，所以是一种命令，而不只是时有时无的主观情感表达。也就是说，这种情感并不是主观性的同情，也不是因为考虑到自己以后可能会处于需要同情的状态从而去帮助他人，而是一种客观的义务。所以，这里根本就不存在所谓利己主义的问题。

五、 确立公设的思维超越

有了道德意识和德性，并确认自己有配享幸福的资格，我们就可以自主地服从自由法则。但是我们也自然而然地追求幸福，它对我们而言也是一种

① Anne Margaret Baxley, Kant's Theory of Virtue: The Value of Autocracy, Cambridge: Cambridge University Press, 2010, p. 158.

② 康德著，李秋零主编：《康德著作全集》第6卷，中国人民大学出版社2007年版，第468页。

善，却是一种相对的、有条件的善，故需要具有道德的前提。于是，如果我们确认自己有德性，则我们享受的幸福就是正当的，就能心安理得。然而，康德认为，在现实中，德和福并非总是一致的。这是因为道德是服从道德法则的，我们通过服从道德法则而证实自己是自由的。而幸福却是服从自然法则的，即需要我们通过知性来认识外物，并通过技术来获致能满足我们的感性偏好的东西。我们的认识和技术能力是有限的，而感性欲求是无限的，所以，要达到完满的满足是很困难的；同时，我们又是在人群中生活，而感性欲求的对象是排他性的，如果没有一种普遍的规则的约束，则人们之间必然会发生冲突，走向极端就会发生残酷的战争；还有，我们的幸福是建立在我们脆弱的肉体的感受之上的，如果有疾病和自然或人为之灾妄，就必然会造成痛苦，甚至是无法忍受的惨祸，作为一个人，即便其理性再强，道德意念再纯正，都无法绝对排除以上导致我们的不幸的可能性，而且这种种不幸在现实生活中也大量存在。那么，如何使德性和幸福达成统一呢？

第一，至善是我们的意志的一种必然客体。对人而言，追求幸福是自然而然的合理目的，虽然仅仅追求幸福或享受，并以此来估量我们的价值，则其价值甚至降至零下，但是，当我们具有了配享幸福的资格后，则我们就有理由希望德和福的一致。所以，德福一致是我们合理的希望，也是道德意志的必然客体，但这种必然客体又是我们没有能力保证实现的，故需要设定上帝和灵魂不朽的存在。

显然，我们为了正当地行动，有一个包含着运用自由的形式就足够了。但是，道德行为也会有一个目的，并且会产生落在现象世界的行为的结果，而这种行为的结果又并不完全由我们掌握。实际上，我们必然会希望：以道德行为所拥有的目的来调整我们的行为，至少要使这种行为与这一目的相协调。这两者的结合就是我们基于理性的意志所必然要追求的客体的理念（现实生活中不能见到这种结合），即把我们所应该拥有的一切目的的形式条件（义务）同与这种目的协调一致的有条件的东西（与遵循义务相适应的幸福）结合在一起，这就是"尘世上的至善的理念"。为了在尘世上实现这种至善，"我们必须假定一个更高的、道德的、最圣洁的和全能的存在者，惟有这个存在者才能把至善的两种因素结合起来。"① 说得明确一点就是：如果我们是有道德的，那么，我们就完全有理由要求幸福，任何一个有理性者如果站在旁观者的立场看，这都是合理的要求。这一点，使这一至善的理念在实践上不是空洞的，因为它包含了我们的自然需要。显然，为了使德福一致成为可能，就只能把最严格地遵循道德法则设想为至善（作为目的）的原因，但人的能力不足以造成幸福与配享幸福的一致。对人而言，只需要自己遵循道德法则、履行义务就够了，哪怕在现实生活中，这样做了却终其一生都没有获得相应的、应当拥有的幸福，也是心甘情愿的。所以，要达到尘世中的至善，只能寄望于上帝。于是，"道德不可避免地要导致宗教。这样一来，道德也就延伸到了人之外的一个有权威的道德立法者的理念。"②

灵魂不朽的公设是说，我们要达到德福一致，是我们在有限时间中的生存所难以实现的，必须假定：是我这同一个人格在无限的时间延续中，所有现实的德性修养和文明化程度的提高都朝着与人格理念的接近向前迈了一步，只有这样，我才能指望在无尽的历史长河中，我们人类作为一个整体而逐渐达到总体的道德化，从而有望达到德福一致；上帝的公设是说，上帝是道德的、最高的智慧存在者，并且可以设想它是最高立法的、仁慈的和公正的存在者，他是全知、全善、全能的，从而能够使自由法则与自然法则一致起来。而人这类有限的理性存在者，在达到德福一致的问题上，是力所不能及的。

第二，人无法成为完全的道德存在者，因为人的本性中虽然有三种向善的原初禀赋，也就是动物性禀赋、人性的禀赋与人格性的禀赋，但是我们的本性中又有趋恶的倾向。动物性禀赋都可以通过锻炼而达到良好健康的状

---

① 康德著，李秋零主编：《康德著作全集》第 6 卷，中国人民大学出版社 2007 年版，第 6 页。

② 康德著，李秋零主编：《康德著作全集》第 6 卷，中国人民大学出版社 2007 年版，第 7 页。

态，人性的禀赋则通过艰苦的磨砺和人们的主观目的之间的相互冲突而获得发展，在这个过程中，我们要适应未来的生活目的的技能和人际交往的技巧都能得到提升；人格性的禀赋要在前二者的基础上得到发展，即通过感受到道德法则的崇高性，产生对道德法则的敬重，进而把道德法则作为规定自己任性的根据，作出自由的抉择，从而把行为及其后果归责于自己的主体意识。然而，我们单靠发展我们的善的自然禀赋还是无法达到完全善的状态的，因为我们本性中的趋恶倾向也是很牢固的：一是脆弱，即"人心在遵循已被接受的准则方面的软弱无力，或者说人的本性的脆弱"，也就是说，即使我们知道善在理念上是最高的，作为动机来说也是不可战胜的，但在主观上，与感性偏好相比，它却是一种力量较弱的动机；二是不纯正，即"把非道德的动机与道德的动机混为一谈的倾向（即使这可能是以善的意图并在善的准则之下发生的）"①，也就是说，我们不能仅仅把道德法则作为规定任性的充分根据，而是还需要一些别的动机，才能作出某些符合义务的事情，而不能完全出于义务而行动；三是人心的恶劣，即"接受恶的准则的倾向"②，也就是说，它颠倒了道德的次序，使出自道德法则的动机被置于其他（非道德的）动机之后了，即使能作出合法的行为，但从思维方式上来说却从根本上（也就是从意念上）败坏了。由于它是出于自由的，所以必然是咎由自取的，可以看作是人性中"根本的"恶、"生而具有的"③罪。但我们不能把人的本性中的这种趋恶的倾向看作一种绝对恶的意志，这个概念所包含的东西太多了，因为我们毕竟还有向善的禀赋。但我们又不能说我们既是善的又是恶的，因为这样说是自相矛盾。实际上，人的行为的善与恶是表现在其准则的主从关系中的，如果我们把基于道德法则的准则作为基于感性

---

①　康德著，李秋零主编：《康德著作全集》第 6 卷，中国人民大学出版社 2007 年版，第 28 页。

②　康德著，李秋零主编：《康德著作全集》第 6 卷，中国人民大学出版社 2007 年版，第 28 页。

③　康德著，李秋零主编：《康德著作全集》第 6 卷，中国人民大学出版社 2007 年版，第 37 页。

偏好的准则的条件，则我们的行为就是善的，反之，就是恶的。康德认为，最好的人都有这种心灵秩序的颠倒的倾向。

于是，向善和更善改善，就是我们的义务。我们要利用自己原初的道德禀赋，使自己能够把那种颠倒了的心灵秩序再颠倒过来，这完全是一种内心的革命，仿佛是换了一个新人。这是我们可以做到的，因为义务不会命令我们为不可为之事。由于趋恶的倾向"是无法根除的"，所以必须同这种倾向作不停顿的斗争，也就是说，我们向善改变，并不能通过一个自然的方式来达到，对此我们并没有直接的意识，我们生活的全部经验也不能证明我们达到了这种改变，"因为心灵的深处（他的准则最初的主观根据）对他来说本身是无法探究的。"① 这只有那个能知人心者即超出人的上帝才能洞悉我们是怎样实现这种心灵秩序的转变的。所以，我们所能做的就是，充分发展自己向善的原初禀赋，努力成为一个善人或更善的人，由此我们才能"希望由更高的协助补上""自己力所不能及的东西"②。人们只需为此而祈祷，而完全没有必要知道这种协助存在于什么地方。我们只管自己努力做一个道德的人，此外，就不必再做什么了，热衷于举行忏悔、崇拜上帝的仪式的人，实际上什么也没有做。所以，康德的宗教思想是建立在道德基础之上的，而不是把道德建立在宗教之上。

第三，建立"伦理共同体"是我们人力所不及的。我们是在人群中生活的，由于人的本性中有趋恶的倾向，所以，人们之间会充满彼此相互联系的怀有敌意的偏好，从而可以彼此败坏道德禀赋，这就需要组成一种联合体去防止这种恶，并促进善，即"建立一个持久存在的、日益扩展的、纯粹为了维护道德性的、以联合起来的力量抵制恶的社会"③，这就是康德所说的

① 康德著，李秋零主编：《康德著作全集》第 6 卷，中国人民大学出版社 2007 年版，第 52 页。

② 康德著，李秋零主编：《康德著作全集》第 6 卷，中国人民大学出版社 2007 年版，第 52 页。

③ 康德著，李秋零主编：《康德著作全集》第 6 卷，中国人民大学出版社 2007 年版，第 93 页。

"伦理的—公民共同体"。他认为，人们已经生活在政治共同体中，这是一个基础。政治社会中最好的状态就是公民的法治状态，即"政治的共同体"，在此之中，人们所服从的是一种公共的律法法则。进入这种状态是人们的政治义务。在法律共同体中，人们仍然处在伦理的自然状态之中，并且有权利停留于这种状态之中。但在伦理的自然状态中，每一个人虽然为自己内在地立法，这种法是自己基于理性的意志所立之法，在这里，他是自己的法官，所以在这种状态下，人们还是各行其是，即使每一个人的意志都是善的，它们也会因为不一致而远离善的共同目的，这是因为没有一种公共的德性法则对所有人的心灵进行内在约束。人们只有进入到伦理的共同体中，每一个人才有望能够遵守公共的德性法则，并联合起来共同对抗恶，发展善。但是，要能够颁立公共的德性法则，实现对人的心灵的统治，却是人类和政治共同体力所不及的。伦理的共同体的立法者肯定是一个有别于人民的更高的存在者。人类的法官没有透视别人（包括自己）的内心的能力，用政治的强制手段迫使公民进入伦理的共同体，是一种自相矛盾的做法，因为伦理的共同体的概念本身中就包含着"无强制"。但是，人们又必须进入伦理的共同体之中，而这靠我们自己是无法完成的，所以导向了"一个更高的道德存在者的理念"①，这就是上帝。他必须是一位知人心者，可以透视每一个人意念中最内在的东西，能使每一个处于伦理的共同体中的子民"得到他的行为所配享的东西"②。

另外，康德认为，从知识的角度去证明上帝的存在的所有证明都是不成立的。因为上帝是一种超验的理念，我们不可能对他有直观，所以不可能以他为对象做成知识。但是，上帝是为了实践的缘故而必须设定的，是一种理性的公设，它不能在理论理性上得到证明，但假设上帝的存在，在实践中却

---

①　康德著，李秋零主编：《康德著作全集》第6卷，中国人民大学出版社2007年版，第98页。

②　康德著，李秋零主编：《康德著作全集》第6卷，中国人民大学出版社2007年版，第100页。

有上面所论及的莫大利益，虽然这是一种主观需要，但其客观性并不比一般的理论知识对象更弱。所以，康德确定上帝这一公设，充分体现了其理性主义思维的逻辑一贯性，即使冒犯了当时德国社会的宗教观念和宗教情感，也惹怒了国王弗里德里希，但康德在精神上也是无所畏惧的。

六、 面向人生的思维落实

康德的道德形而上学思想有什么用途呢？如果不向人生存于世如何创造价值来落实，则本体界、自由、理性法则、德性、上帝等理念就都是空的。虽然康德并没有以专书的形式来论述人生意义和价值，但是人生存于世的价值创造却是其最为深层的关切。于是我们看到，康德在构造其实践哲学系统时，既有道德形而上学，又有经验伦理学（他的《实用人类学》）。所以，康德的道德哲学并不是纯粹形式主义的，而是也有其经验性的部分。在构造道德哲学的形式部分时，康德竭力把道德价值的源头安排在超出现象的本体界，在确立真纯的道德原则时，特别注意不能有任何经验的东西如感性偏好杂入其中，而专注于确立来自纯粹理性的先天法则、道德法则、意志的先验自由、人格理念、三大道德命令等等，这些都是纯粹形式性的，清除了一切感性的杂质，只有这样才能保证道德价值源头的绝对性、普遍性、纯粹性、形式性。

但是，在得到这些价值观念之后，就必须把它们向人们的日常生活经验贯通起来。康德特别关注我们生存于世有否意义，以及如何创造价值。他说："如果世界全然是由无生命的存在者所构成，或者虽然部分地由有生命的存在者所构成，但却是由无理性的存在者所构成，那么，这样一个世界的存在就会根本没有任何价值，因为在它里面没有任何对一种价值有起码概念的存在者实存。"[1] 他主张，只有我们人类才有这种追问生命的意义和创造

---

[1]　康德著，李秋零主编：《康德著作全集》第 5 卷，中国人民大学出版社 2007 年版，第468—469 页。

生命的价值的能力。康德的考虑是，因为我们人有理性，它有超出经验使用的能力，只有超验的东西才有绝对的、普遍的价值，才能引领我们经验世界中的生活，并引导我们创造价值，所以，人必须具有某种超出时间限制的东西，才能确定一些普遍的、绝对的、永恒的价值理念，这就是那种理性和基于理性之上的意志的先验自由，以及道德法则、人格等理念，以此来照看人的短暂生命的意义，我们在这种理念的引导下不断发展自己的禀赋，不断提升自己的技能和技巧，迈向道德化的过程，就是我们创造人生的价值的过程。

在康德的思考中，绝对的、普遍的、先天的道德价值理念应该成为我们历史——现实的经验生活行为的价值引导，要求我们的经验性的实践行为能够不断地促进我们的自然禀赋得到提升和发展，使之不断与人格理念接近，从而使它们落实在我们的经验生活之中。因为人的生活都是在经验的舞台上进行的，我们的人生价值都必须在此之中来创造，即我们要通过行使我们的自由，追求各种生活目的，并不断发展出各种技能和人际交往的技巧，增强我们对各种生活目的的适应性和人际和谐，扩展我们的自我，并创造出可分享的价值。我们对高等能力如知性、判断力和理性的锻炼，都是为了使我们能够最终自主地使用自己的理智，形成道德的思维方式；鉴赏力的提高，如文雅的谈吐、亲切优雅的风度、文明的举止等都是德性的外观，有从外部促进道德的倾向。当然，我们作为个体，在日常生活中，也应该反观我们的内心，认识到我们的道德法则的崇高，并对它们产生由衷的敬重，尽量用道德法则来作为规定我们意志的根据，从而作出道德行为。我们要努力让基于道德法则的准则作为基于感性偏好的准则的前提条件，使我们形成正常的心灵秩序，获得某些德性。但是，要达到道德化的目标，还是必须把人类作为一个整体，在无尽的历史长河中，通过人类无限的文明化的进步，而达到总体的道德化。康德认为，这是大自然的意旨（"天意"），它通过利用我们的"非社会的社会性"的特性，使人们在追求自己目的的过程中产生相互冲突，相互竞争，从而刺激人们的自然禀赋得到提高和发展，逐渐达到符合人性的高度；同时，这对我们也提出了一个要求，那就是要进入一种公民法治状态，即有最大遵守自由、普遍法律和公共权力机构的状态，从而使大家的外在行为自由能够在普遍法律的前提下得以并存，这样人们的自然禀赋就能得到安全的发展。同时，公民法治状态也是一种文明，即法治文明或政治文明。

所以，康德的《实用人类学》《教育学》和历史哲学的论文、政治哲学中关于促进人们的共同的好生活方面的论述，就都是其经验伦理学的内容。

综上，康德实践哲学是一个系统的整体，其道德思维方式具有彻底性和前后一贯性。这样的道德思维方式能够为道德找到一个真纯的、客观的道德原则，指导我们去培养一种践行道德法则的意志力量或品质倾向，即德性；因为要追求至善在尘世中的实现这一实践理性的合理目的，就必须公设上帝存在和灵魂不死。这是康德道德形而上学的思维脉络；但是，康德的道德思维方式还下贯到人们的日常经验生活中，以道德价值来指导我们的自然禀赋的发展和政治文明、社会生活的历史性发展，所以，我们不可只关注其形而上学部分，其实，从人类的生活来说，经验伦理学更加重要，因为它构造了如何创造人生存于世的价值的一个学说系统，是其实践哲学现实的、深层的关切。我们应该全面梳理、构造康德实践哲学整体的义理系统，只有这样，康德实践哲学的各部分才能被安放到合适的位置上，并且呈现出其结构层次、义理的逻辑展开次第和现实关切。

第一章 "实践" 概念格义

顾名思义，"实践" 当然指人的活动，但是，并不是一切人的活动都是实践。在哲学上使用"实践"这个概念时，哲学家们特别重视人的本质属性即理性。所以，一般说来，只有有理性介入的人的活动才是实践。理性介入行为，就是要实现人的某种目的，或者说追求实现对人而言的某种善。于是，实践概念必然包含着理性、目的、选择、行动等，同时，实践当然要落实到产生具体的行为和结果上，这一点使实践与理论得以区别开来。在西方古代和近代哲学史上，道德的实践被看作是最高的实践。亚里士多德揭明了这一点，而康德则对此作出了由一系列因素及其相互作用组成的系统的建构。

亚里士多德曾经区分了人的三种活动，即制作、实践和思辨。这是以人们实现自己的目的的方式来区分的。他认为，人的一切活动都追求某种目的，但是人们实现自己的目的的方式有不同，那种目的在其自身之外的活动就是制作，其活动的结果是为了能够满足活动之外的另一目的，比如制作桌子的目的是用来写字；但还有其目的就在其自身之内的活动，或者说其本身就是目的的活动，具有这种目的的活动就是道德活动。也就是说，进行这种活动，就是追求活动本身之好（善），而不是为了另外的目的。亚里士多德认为，能赋予自身以道德价值的活动就是实践，他说："实践或行为，是对于可因我们（作为人）的努力而改变的事物的、基于某种善的目的所进行的活动。实践区别于制作，是道德的或政治的。道德的实践与行为表达着逻各斯（理性），表达着人作为一个整体的性质。"① 当然这种活动应该受到最高的目的（最高的善）的引导，这种最高的目的就是生活的整体目的，即生活得好，或曰"好生活"，也即"幸福"（eudaimonia）②。我们活着，就是为了活得好，而不能设想一个比好生活更高的目的。而要活得好，就要求我们的心灵成分如感觉、欲望、情感、有限理性和无限理性等的功能都得到很好的提升和发挥，发挥到极盛状态，这样就获得了德性（包括伦理德性和理智德性），只有获得了德性，我们才能真正过好生活，才能说是获得了"幸福"。所以，获得德性是我们的实践活动的内在目的。这种活动就是自身具有善的价值的活动，就是实践。亚里士多德认为，这种实践要能够在具体行为中体现出道德价值，就需要有"实践智慧"（有学者翻译成"明智"），它是针对个别事物和行为的，所以不是追求普遍的知识，从这个意义上说，普遍的知识对道德实践而言并不重要；同时，在亚里士多德看来，纯粹的思辨是完全自主自足的活动，是最高的实践，而能进行这种实践的人，拥有最高的幸福。

亚里士多德关于制作与实践的区别，纯粹的思辨是最高的实践等观点，对康德的影响是显而易见的。但康德的实践概念是坐落于他的整个哲学系统

① ［希腊］亚里士多德：《尼各马可伦理学》，廖申白译注，商务印书馆 2003 年版，第 3 页底注③。

② 希腊语 "eudaimonia" 在许多情况下被英译为 "happiness"，中译为 "幸福"，似乎不很恰当。因为 "happiness" 和 "幸福" 在当代语境中更多指物质富裕、生活无忧、对生活有满足感，而且主观色彩较重。而 eudaimonia 由 "eu"（"good"）和 "daimōn"（"spirit"）构成，意为 "优越的精神"，实际上是人心灵的各种功能都发挥到了卓越的地步，由此使自己的精神生命达到了极盛状态，这才是 eudaimonia。所以，在亚里士多德那里，此词与 "aretē（德性或优秀）" 关系密切，因为 aretē 就是指心灵能力发挥得好。在亚里士多德那里，有伦理德性和理智德性。拥有了完整美德的人，才能说达到了 eudaimonia，即能过 "好生活"。所以，现在有许多人把 eudaimonia 英译为 "human flourishing or prosperity"，意为 "人的兴盛"，比较准确。我们认为，尤其是在康德实践哲学的语境中，不要把 "eudaimonia" 译为 "幸福"，因为在康德那里，"幸福" 是指一切感性偏好的总和，如果认为亚里士多德伦理学的最高目的看作是要达到这样的 "幸福"，那显然会起一种误导作用。

之中，特别是关于本体和现象的划分的理论视域中的，所以，他的"实践"概念既源于先天的纯粹理性，又有意志的动机，以及落于现象界的行为和结果，从而形成了一整套的义理系统。

第一节　实践概念的界定

康德一般是在与理论对举的视野中来呈现实践的意旨的。所谓理论或思辨，就是用先天知性形式即范畴把感性杂多整理出秩序，从而做成知识的过程。它本身跟行为没有直接的关系，只是从事静观（这也是理论的本义）。我们知道，人们的行为都是要追求一些目的的，这种目的一般来说，都是人们所追求的自己所认为的善。但是，许多善都是相对的善，或者是对自己而言的善，对他人来说却未必是善。所以，为了能够赋予我们的行为以真正的道德价值，就应该有一种行为，它可以赋予行为以绝对的善的价值，其他的善只有在这种善的最高约束下才能真正成其为善。对人类有目的的行为，康德一般也是用"实践"一词来指称的。但是，他又对这些实践做了分类，从这种分类中，我们可以发现康德"实践"概念的根本特点。

一、三类实践

康德认为，存在着以下三类实践：一是技艺的实践，二是实用的实践，三是道德的实践。1. 技艺的实践是指这样一种行动，它必须借助对事物的知识来形成行为的目的，并采用达到目的的有效手段。这在康德看来是分析的，因为如果手段包含在这个目的中，或者说，要达到这个目的，就必然要采用这些手段，那么，这种命令式就是分析的。康德说，技艺的实践"根本不问目的是否是理性的和善的，而是只问为达成目的必须作什么"[①]，这种

①　康德著，李秋零主编：《康德著作全集》第 4 卷，中国人民大学出版社 2005 年版，第 422 页。

命令式，就叫作技巧的命令。比如我们要爬上冰山，就必须借助冰镐，当然也得有攀高的能力。显然，这样的实践命令式本身不带有任何价值意识，也就是说，它对意志几乎没有约束力，即这样的规则并不作用于意志，并形成其动机。所以，康德认为，由于技巧对达到目的来说是必需的，同时我们也不会预先完全知道哪些目的以后会成为自己孩子的意图，所以，在教育中，人们就会要孩子学习各样东西，练习各样技巧。如果人们完全究心于此，就会"忽略了教孩子们对自己可能当做目的的事物的价值作出判断，并纠正孩子们的判断"①。如果我们一般地把达到目的即视为善（好），那么这种善（好）完全是认识性的，而根本不是道德性的。康德显然是说，这种实践与道德价值判断无关。康德在后来就明确地认为，这种实践在其原理上是属于理论的，即其目的的形成依靠知识，达到目的的手段也依靠知识，"因为它们仅仅涉及事物按照自然概念的可能性，属于自然概念的，不仅有为此可以在自然中找到的手段，而且甚至有意志（作为欲求能力，因而作为自然能力），这是就它能够由自然的动机按照那些规则来规定而言的。"② 它不考虑行为本身的道德价值，不服从自由概念，所以不能成为区别于理论哲学的实践哲学的一部分，而只能算做理论哲学的补充；2. 实用的实践。我们可以举一个例子来说明这种实践的特点：我们要想获得幸福，就必须锻炼身体，保持身心平衡的状态，等等。从这个意义上说，这种命令式就是一种建议，这种实践所成就的善就是相对的，因为幸福是一种大家都有自己各异的看法的东西，原因是幸福说到底是一切感性偏好的总和，是经验性的东西，所以，对大家没有普遍的客观必然的约束力，于是，这种命令式一定是一种假言命令，其表达方式是"如果你想获得幸福，你就应该做 X"，他的行为指向实现这个行为之外的目的。如康德所言，这样的命令式"把一个可能的行

---

① 康德著，李秋零主编：《康德著作全集》第 4 卷，中国人民大学出版社 2005 年版，第 423 页。

② 康德著，李秋零主编：《康德著作全集》第 5 卷，中国人民大学出版社 2007 年版，第 181 页。

为的实践必然性表现为达成人们意欲的（或者人们可能意欲的）某种别的东西的手段"①。这个命令叫作假言命令。由于它要追求对自己而言的善，为此要对自己的意志有一定的约束力，但这种约束力却是不完全的。它是为着日常生活的幸福的利益的实践，所以是"实用的实践"；3. 道德的实践。康德认为，它一定是一种目的在自身之内的行为，也即灌注了一种绝对的道德价值的行为。可以说，其目的就是这种行为本身，即行为的目的就是要做出这种具有绝对善的价值的行为来，行为不指向另外的目的。正如约翰·卡兰南 John Callanan 所说，康德实际上是认为，"当我们从事伦理反思时，我们是在探究什么是我们所应该做的事情。我们倾向于认为，伦理学是一种规范性探究，而不是一种描述性探究。所以，当康德认为可以有一种实践科学时，他的意思是：有一种探究，通过它，我们可以发现那规定我们应该去做的事的规则。"② 为了获得这种规范，其命令式就要"把一个行为表现为自身就是客观必然的，无须与另一个目的相关。"③ 那么，这种行为是一种什么情形呢？在他看来，这就是一种出自善良意志的行为。首先，这是让行为体现一种绝对的道德价值，所以是对行为的规范，而不是对行为的描述。行为的道德价值来自有意志的人的意愿，人因意愿而善。那么什么样的意愿是绝对善的呢？就是那种完全受到本体界的先天的、纯粹的理性法则规定的意志，并由此形成了意志作出行为的动机。在这里，规定意志的东西绝对不能混杂着任何经验的要素。一旦混杂了经验，则意志就指向于外，也就是要追求行为之外的目的，而行为就将成为实现这种目的的手段。而如果廓清了规定意志的东西中的经验杂质，则意志就只能指向于内，即指向完全没有经验目的的理性法则，意志要以实现理性法则为目的（即使得行为出于理性法则

① 康德著，李秋零主编：《康德著作全集》第4卷，中国人民大学出版社2005年版，第421页。

② John Callanan, *Kant's Groundwork of the Metaphysics of Morals*, Edinburgh University Press, 2013, p. 10.

③ 康德著，李秋零主编：《康德著作全集》第4卷，中国人民大学出版社2005年版，第421页。

而产生)，而不考虑结果，这样，理性法则对意志就具有完全的约束力。于是，表现于现象界的行为就由看不见的道德价值所指引，从而以应该的秩序而出现。这就是道德实践。所以，康德说："不是别的任何东西，而是当然仅仅发生在理性的存在者里面的法则的表象自身，就它而非预期的结果是意志的规定根据而言，构成了我们在道德上所说的如此优越的善；这种善在依此行动的人格本身中已经在场，但不可首先从结果中去期待它。"① 人格是处在本体界之中的，他作为行为可以归责的绝对主体，其法则的形式就是最高的道德善的根源。

二、 道德实践与理性法则

但是，有人会问，为什么出于理性法则的行为是绝对善的？首先，我们看到，这种绝对的善与一般经验中的善是处于两个不同序列的。经验中的善是对一般感性偏好的满足和实现，它们显然对不同的人而言是不同的。即使有些感性偏好对大家而言很大的共同性，但是它们不至于普遍得没有任何例外，同时，对不同的人而言，这些相同的善恐怕也会有不同的排序，所以，它们不可能成为普遍的道德法则。也就是说，这些善只能是相对的善，而且会随着经验的变化而变化。但是，出于理性法则的善，却是理性法则在行为中的实现，它本身就是对所有有理性者都同样有约束力的普遍法则，同时，它超出时空，不会经历变化，所以，它是绝对的善。第二，只有这种善才可以对经验的善予以最高的约束。换句话说，只有你的行为出于先天的、纯粹的理性法则，也就是出于善良意志，才能具备绝对的道德价值，于是这种行为所要实现的善才不会转化为自己的反面即恶，才能成为对有理性者而言的正常的各种善，这样去追求的幸福才能是真正的幸福。否则，如果我们追求幸福的行为受到恶劣的意志动机的引导，就会转化成对自己和他人而言的不

---

① 康德著，李秋零主编：《康德著作全集》第 4 卷，中国人民大学出版社 2005 年版，第 408 页。

幸。比如，如果你以损害他人的权利和福利的行为来追求自己的福利，则你所获得的福利就是不正当的，也是无法保持的。从这个意义上说，出于道德法则的行为具有绝对的道德价值。

当然，这里有一个问题，那就是，我们会自然而然地去追求经验的善，因为我们天生就会去追求各种能够满足我们的感性偏好的东西，并且会以此为目的来规定意志，从而诉诸行动，而感性偏好的对象看得见、摸得着，能够成为我们感性欲求的对象，所以，我们很好理解自己为什么会去追求这些东西；但是，我们为什么会去追求实现我们的理性本性？或者说为什么会去追求感性幸福之外的道德价值？有什么动力能让我们这样做呢？对这些问题，康德暂时无法直接回答，他只能迂回地接近它，不去问为什么我们会这样做，而是问我们会怎样去做这件事。

也就是说，康德就是要在大家都认为不可能的领域中来发现道德实践的原则和动力，这与他之前的思想家有很大的不同。关键在于，康德通过检视以往的伦理学说发现，这些学说最后都把基于感性偏好的准则作为规定意志的根据，从而只能形成一些权宜之计，而不能获得普遍必然的道德法则。康德要在本体界中发现普遍的道德法则，所体现的是一种全新的思维方式。由于在本体界我们不能追求知识，所以，康德还是需要借助经验世界的启示，并借助某种目的论，来抉发人们的隐默之知。他首先回到人自身，分析我们的本性结构。他认为，我们的理性不适于用来追求幸福，既然如此，自然赋予我们以理性，就一定是为了追求幸福之外的目的，那就是绝对的道德价值。因为这种道德价值要体现在具体的、在现象界存在的行为之中，必定要以某种东西来规定意志，而形成动机，并且诉诸行为，所以是一种实践，而且是一种最高的实践。进行这种最高的实践，那规定意志的东西一定完全不同于感性偏好的对象，而应该是处于本体界的先天的、纯粹的理性自身，它直接决定意志，不借助于任何外在的目的，而把行为直接做出来，从而是纯粹理性自身的实践能力的体现。

关于道德实践，康德有许多的论说，构筑了一种复杂的体系。但是，我们要恰当地理解它，就需要梳理出其主要思路，并厘清他的一些相互关联的核心概念，这样我们就不会对他繁复的论证觉得茫然。我们认为，关于道德实践，可以去分析其以下几种要素：1. 理性中的什么东西能直接规定意志？他认为是道德法则；2. 我们如何知道有道德法则存在？它与自由的关系是怎样的？他认为，道德法则是自由的认识根据，而自由是道德法则的存在根据；3. 我们的义务是什么？康德认为义务就是由于敬重道德法则而来的行为必然性，即我们必须出于对道德法则的敬重而做出合乎道德法则的行为，也就是只有出于义务的行为才是道德的实践；4. 我们都有欲求能力。我们有着低级的欲求能力，对于这一点我们很好理解，因为感性偏好会自然而然地追求自己的满足；而所谓高级的欲求能力，要么就根本没有，要么就是理性自身的欲求能力；5. 从实践主体本身而言，纯粹理性要能具有实践能力，需要同来自感性偏好并且违背道德法则的动机做斗争，这种理性的动机压倒感性偏好的动机的力量就是德性，只有有了德性，我们才具有做出真正的道德实践行为的力量。而且，如果我们获得了德性，能够做出道德行为，则我们对自己能够实践德性原则就会感到满意，这也是一种道德情感。显然这种情感并不是先于行动的感性的爱好情感，而是后于行动的对自己能做出这种行为而产生的对自身的满意的实践性情感，它是伴随着道德行为的情感。从这个意义上说，如果我们拥有了德性，则德性就是它自身的报偿。

当然，即使我们深入地理解了道德实践的这些要素，我们还是不能清楚地知道，纯粹理性自身为什么能够是实践的，其动力源自何处。也许只有神才能有这种知识，因为在康德看来，只有神才有理智的直观。但是，由此我们可以知道道德实践是一种怎样的行为。康德心目中的这种最高实践是以往任何思想家都没有设想的，它只有在康德独特的哲学系统中才能得到索解。

第二节　道德法则与先验自由：实践的前提

对康德而言，那种目的在自身之内的，并且能赋予绝对的道德价值的行为才是真正的道德实践。那么，这种道德实践需要什么样的前提呢？康德认为，这种前提，从客观上说就是道德法则，从主体上说就是我们作为有理性者的先验自由。

一、道德法则

康德认为，道德法则是一种理性的事实，所以，我们考察道德实践，应从道德法则开始，而不是从自由开始。我们为什么会有法则意识呢？这是因为，我们都有这种经验，每人做事都有主观准则，但主观准则要具备道德价值，就需要它能够同时成为道德法则，而道德法则既有形式的部分，也有经验的对象或客体的部分，但"法则的纯然形式只能由理性来表象，因此不是感官的对象，故而也不属于显象"①。这种理性对其法则的形式的表象可以作为意志的规定根据，而这只有在自由的、作为本体界的理性世界中才有可能。所以，自由是道德法则的存在条件，而道德法则则是自由的认识条件。在道德问题上，道德法则是前提性的。道德法则是先于善的，同时它使得各种具体的善成为具有道德价值的善。只有以道德法则直接规定自己的意志，我们的意志才成为善良意志，它是无条件的善，是最高的善。

在《道德形而上学的奠基》中，康德认为，对于道德法则为什么能直接规定意志，我们的道德关切为什么能产生等问题，我们是无法回答的，因为我们对这些东西没有直观，也就形不成知识。但是，在《实践理性批判》

---

① 康德著，李秋零主编：《康德著作全集》第 5 卷，中国人民大学出版社 2007 年版，第 31 页。

中，他不再承继这样的思路，而是直接面对本体界和纯粹的理性，把在道德法则下对义务的意识看作"理性的事实"。所以，对于纯粹实践理性具有实践能力这一点不需要批判，倒是一般实践理性由于混杂有经验成分，如果要把它运用到道德领域，就必须彻底清除其经验成分，否则就是误用，因此才需要批判。那么，把对道德法则的意识看作"理性的事实"是否有根据呢？我们认为，康德确实有其根据。因为前面我们已经说过，理性在现象世界中使用时，就表现为先天的知性范畴，它们整理经验事物而形成自然法则，而经验事物自然而然地会遵循自然法则；但当理性超出经验使用时，就只能以自己为对象，其表现必定是一种能够约束意志的自由法则，也就是康德所说的纯粹理性在道德领域中的立法能力。按照康德的想法，这种先天的知识的存在是理性自身的利益，因为只有这样，才能产生真正的实践哲学，没有这种先天的知识，则实践哲学就是徒劳的。然而，不可能没有先天的知识，因为这就"好像是有人想要通过理性来证明不存在理性一样"①。既然理性是存在的，所以道德法则就是一种理性的事实，当然它只有"概念的实在性"，而没有经验的实在性（不是知识的客体）。况且，普通实践理性就能分辨出理性中的自由法则。我们能够分辨出出自哪种动机的行为是真正高尚的。例如，对于一个诚信经营的行为，我们只要反省一下，就可以分辨出两种不同的动机，即或者是为了在顾客面前建立信誉，从而使生意获利；或者是认为诚信本身就好，哪怕因此而遭到利益上的损失也必须这么做。普通的实践理性都会认为，只有出于后一种动机的行为才是真正道德的、高尚的。一旦反省到我们的动机中杂有感性偏好的成分，我们就会认为自己行为的道德性要大打折扣。也就是说，我们的确会对理性法则产生一种敬重，会去出于理性法则自身而行动，这样的行为就不以得到什么结果为动机。理性法则的作用是对意志进行规定，以产生一个善良意志，于是，这种善良意志的产生就是理性自身的实践能力的发用，或者说就是实践理性本身，而这又只有在本体

---

① 康德著，李秋零主编：《康德著作全集》第5卷，中国人民大学出版社2007年版，第13页。

界才能发生。

所谓本体界其实就是理性世界。与现象世界的散殊性、个别性、变化性、服从因果必然性的特点相比，本体界具有统一性、普遍性、绝对性、自为原因性即自由。那么，本体界对人而言有什么积极意义呢？康德认为，其积极意义只能体现在实践领域，而不可能体现在理论思辨领域。人们必须从本体界吸收动机，才能使具有客观实在性（非是经验的实在性，而是概念的实在性）的道德法则得以彰显出来；若从现象界如感性好恶中吸收动机，就只能形成一些权宜之计，遇上不同的情境就会发生变化，甚至会有相反的选择。

我们必须明白，我们的知性可以关联起两种关系，一种是与理论认识中的种种对象的关系，另一种则是与欲求能力的关系，理性的欲求能力就叫作意志。正如知性在理论使用中，有一种先天的知性范畴，比如因果范畴，同时还有先验的统觉来综合各种知觉，而使之能为知性范畴所整理而形成认识；同样，理性也应有一种欲求能力，即做出行动的能力，也就是使我们的行为按照应该的秩序而出现的能力，这就是道德实践，于是，"就纯粹知性（它在这样的情况下叫做理性）仅仅通过一个法则的表象就是实践的而言，则叫做纯粹意志。"① 这样一种法则，是一种只有在本体界才能显露出的道德法则。故康德说："道德法则尽管没有提供希望，但却仍然提供了一种从感官世界的一切材料和我们的理论理性应用的整个范围出发都绝对无法解释的事实，这个事实指示着一个纯粹的知性世界，甚至积极地规定着这个世界，使我们对它有所认识，亦即认识到一种法则。"②

我们可以从知性的使用中发现理性的性质是法则。知性只是理性应用于经验时的名称。理性的法则在面对现象事物时，就是先天的知性范畴，它们能整理感性事物而给它们以自然法则。但是，在它超越经验时，它的法则就

---

① 康德著，李秋零主编：《康德著作全集》第 5 卷，中国人民大学出版社 2007 年版，第 59 页。

② 康德著，李秋零主编：《康德著作全集》第 5 卷，中国人民大学出版社 2007 年版，第 46 页。

是自由法则，也就是说，在这里，它没有任何感性事物需要整理，即不需要用知性范畴把感性事物整理成知识，于是，理性事实上只能以自己为对象，这可以说与亚里士多德所说的沉思或思辨是一回事情，只是亚里士多德认为这是最高的知识，而康德则认为这不可能是知识，因为我们对此对象没有直观，故而做不成知识。但这种以自己为对象的理性可以发挥其实践能力，即能使事物按照应然的秩序而出现。康德认为，这是在限制知识。但从逻辑上说，我们可以设想有超越经验必然性的自由，这并不自相矛盾。也就是说，在理论认识上，我们对自由概念只有一种否定性的原则，这只是彰显了自由存在的可能性（只是在逻辑上不矛盾）。然而，这种否定性的原则在与意志即欲求能力相关时，却具有一种积极作用，即能使"对于意志的规定""建立起扩展的原理，这些原理因而叫做实践的"①，也就是说，它要以自由概念来规定意志而作出应然的现实行为来。

二、 先验的自由

康德的实践哲学要到本体界吸取动机，就必须有对处于本体界的主体的纯粹自发性有把握，这种纯粹自发性就是先验的自由，它就是实践行为的发端。先验的自由是纯粹意志（Wille）的属性，要求意志服从自由法则，它位于上半截即本体界，而尚不能贯到下半截，即经验界的行为；康德后来为了贯通本体界的准则和经验界的行为，提出了另一个自发性的概念，即人的任性（Willkür）的自由，也就是一种可以摆脱基于感性偏好的准则对意志的规定性，而以基于道德法则的准则来规定自身的选择能力，这种自由就是"实践的自由"。本章只阐述"先验的自由"的概念，对于"实践的自由"②

---

① 康德著，李秋零主编：《康德著作全集》第 5 卷，中国人民大学出版社 2007 年版，第 180 页。

② 邓晓芒教授认为康德的自由概念有三个层次，"先验的自由""实践的自由""自由感"。康德本人没把"自由感"单独作为一个层次，邓教授也认为自由感可放在"任性的自由"（属于"实践的自由"）中（参见邓晓芒：《康德自由概念的三个层次》，《复旦学报》2004 年第 2 期）。所以本书从"先验的自由""实践的自由"两个层次来解析康德的自由观。

的概念，我们留待第四章加以论述。

1. 本体界与消极自由。在康德那里，拯救自由是在《纯粹理性批判》中进行的。他在分析知识形式的必然性和内容的扩展性时，认为知性（理性在应用于经验范围中获取知识时的名称）的功能是形成知识，而知识的核心就是各种经验现象之间的因果关系。但是，我们的理性却有一种超出经验现象而思考的倾向，在超验领域思考的对象就是形而上学的对象。显然，对康德而言，这是一个难题：超越经验就不能做成知识，比如，"对于物自身可能是什么，我们在一切可能的经验之外不能给出一个确定的概念"①，但我们的理性却会忍不住会追问物自身和灵魂究竟是什么。虽然对认识灵魂概念来说，我们的任何经验都不够用，但是，"谁能够忍得住，尽管我们根本不能阐明一个仅仅为了这一目的的理性概念（一个单纯的非物质的存在者的理性概念）的客观实在性，但却在必要时接受它呢？在关于世界的持存和大小、自由或者自然必然性的所有宇宙论问题上，谁能够满足于纯然的经验知识呢？"②

这种追问，在康德看来，所体现的是理性自身的利益，是一种主观（主体）的需要。作为人，我们的理性必然要追问这些超验的东西，这是我们在思维中确定方向的需要，否则，在本体界，我们的理性思考就没有方向感，所以我们在本体界也要在"一个存在者的概念中去寻找安宁和满足"，"这个存在者的理念虽然就其本身而言在可能性上还不能被认识，但也不能被反驳，因为它涉及一个纯然的知性存在者，没有这一理念，理性就必然永远得不到满足。"③ 自由就是这样一个理念，是自然因果链条的有限条件之上的无条件者，它没有经验对应物，但是它是我们作为思维和行为主体的绝对自

① 康德著，李秋零主编：《康德著作全集》第 4 卷，中国人民大学出版社 2005 年版，第 356 页。

② 康德著，李秋零主编：《康德著作全集》第 4 卷，中国人民大学出版社 2005 年版，第 357 页。

③ 康德著，李秋零主编：《康德著作全集》第 4 卷，中国人民大学出版社 2005 年版，第 357 页。

发性和自主性。没有这样的理念，我们就无法理解我们如何能够自主地进行理性选择。他在第三个二论背反中发现了自由概念的可能性。

按照康德的解释，反论只有在纯粹的现象领域才是真实的，因为任何经验事物都是有原因的，并且这些原因还为其他的先在经验原因所决定，表现为一种无穷的因果必然性的链条，故在经验世界中，不可能有绝对的自发性，所有现象都仅仅按照自然法则而发生。然而，我们的理性还要追寻自然因果链条之上的无条件者。假定这样一个无条件者，是在解释我们的道德行为时最为需要的，因为我们需要假定"行动的绝对自发性"，"来作为行动的自负其责的真正根据"①。它必须是先验的，这就是自由的理念，它"仅仅关涉是否必须假定一种自行开始相互承继的事物或者状态的一个序列的能力"②。至于这样的能力是如何可能的，我们不必追究，因为我们不可能有对它的知识。但假设它的存在，却是我们理性的主观需求，没有它，我们的理性就无法得到满足。这里需要说明的是，这种先验的自由并不是指一切现象在时间的开端上有一个能完全自行地开始一个时间中的序列的能力，实际上，这里所说的不是时间上的因果性的绝对开端，因为它不是开始某一行动的纯粹自然原因，这个随后出现的行动并不是从这个自发性中产生的，相反，这种自发性是摆脱自然原因而开始某一行动的自主性，所以是自由的。如果非要与因果性作类比的话，只能勉强名之为"自由的因果性"。所以，康德说："在理性本身被视为进行规定的原因的地方（在自由中），因而就实践原则而言，则要如此行事，就好像我们面临的不是感官的客体，而是纯粹知性的客体似的；在这里，条件不能再被设定在显象的序列中，而是被设定在该序列之外，而各种状态的序列就好像可以被看做绝对地（通过一个理

---

① 康德著，李秋零主编：《康德著作全集》第 3 卷，中国人民大学出版社 2004 年版，第 303 页。

② 康德著，李秋零主编：《康德著作全集》第 3 卷，中国人民大学出版社 2004 年版，第 303 页。

知的原因）开始似的。"① 换言之，这种自由的因果性，就不是自然因果序列中的一个，而是在自然因果序列之外而绝对地、自发地成为一个行为的开始者。因为这种"原因"不在经验之中，所以是先验的，这种自由也就叫作"先验的自由"。

可以说，这是在考察理论理性的能力边界时，发现了自由的理念可以满足我们理性自身的需求，虽然我们不可能有对自由的知识。这对理论理性来说是一个限制，但同时也发现了自由存在的可能性，即断言自由的存在是没有逻辑上的矛盾的。当然，逻辑上的可能性并不是客观实在性，但是，我们的理性却有着要设定先验的自由的主观需求，这可以说是自由的消极含义。这就意味着，我们的感官对象（比如我们的道德行为）还有本身不是显象的东西，即有一种显象之外的"剩余"，可以说这是理性世界里的东西，康德名之为"理知的"。虽然它不是感性直观的对象，但是，"通过它，该东西毕竟能够是种种显象的原因"，于是，"人们就可以从两个方面来考察这个存在物的因果性：就其作为一个物自身的行动而言是理知的，而就其作为一个感官世界中的显象的结果而言是可感的"②。也就是说，前者可以被看作后者的原因，但却是其"理知的原因"，而不是显象的原因，所以，这种原因可以"被视为自由的"③，它是"物自身的性质"④。

也就是说，一个作为现象的行为，如果纯粹从经验的角度说，那么它是一种服从自然因果必然性的现象，即行为在现象中的过程是受到自然因果必然性的制约的，行为的前一状态决定其后一状态，所以它们都是有条件的；

---

① 康德著，李秋零主编：《康德著作全集》第3卷，中国人民大学出版社2004年版，第444页。

② 康德著，李秋零主编：《康德著作全集》第3卷，中国人民大学出版社2004年版，第356页。

③ 康德著，李秋零主编：《康德著作全集》第3卷，中国人民大学出版社2004年版，第356页。

④ 康德著，李秋零主编：《康德著作全集》第3卷，中国人民大学出版社2004年版，第357页。

但同时，我们可以设想，这个行为也具有理知的原因，这个原因并不是作为现象性的原因而直接产生后果，而是超出经验，在理性世界中作为无条件的原因（它不再以其他东西作为原因）而引起行为这一现象，所以是绝对的自发性和自主性，这就是自由。于是，我们对一个行为可以同时设想这么两个序列的原因："自由和自然就可以每一个都在其充分的意义上，就同一些行动而言，根据人们把它们与其理知的原因相比较还是与其可感的原因相比较，同时被发现毫无冲突。"① 由此，我们就能设想，行为不是只按照自然因果性而发生，而是还可以开始另一种不同的自然序列。从理论理性的角度而言，虽然我们不能认识到这种理知的原因，但是，在逻辑上设想它却是可能的，这在逻辑上没有任何矛盾。所以说，对消极自由的揭示，是康德以一种非常严密的方式来拯救自由的一种努力，意义非常深远。

通过以上的说明，康德彰显了一种消极自由，但是，这种消极自由有什么作用呢？或者说，这种理知的原因或者自由的因果性具有什么积极功能呢？一方面，这说明，如果没有这种自由的因果性，那么我们就不能指望理性的理念会产生经验的后果，即不能诉诸行动；另一方面，这也说明，理性是要开启一种与纯然现象中的行为序列不同的行为序列，即要造成一种按照应当的秩序而出现的行为序列，并且"让经验性的条件适应这种秩序"②。如果让纯然显象的东西来决定我们的行动，那么"无论有多少自然的根据、有多少感性的诱惑推动我达到意欲，它们都不能造成应当，而是仅仅造成一种意欲"③。显然，意欲远远不是普遍必然的，它在任何时候都是有条件的，也就是被经验性的原因所决定的。只有理性能追求应当，"理性所宣布的应

---

① 康德著，李秋零主编：《康德著作全集》第3卷，中国人民大学出版社2004年版，第358页。

② 康德著，李秋零主编：《康德著作全集》第3卷，中国人民大学出版社2004年版，第362页。

③ 康德著，李秋零主编：《康德著作全集》第3卷，中国人民大学出版社2004年版，第362页。

当"，"以尺度和目的，甚至禁止和尊重来与意欲相对立"①。它当然也会致力于让这种应当的秩序现实地产生，这就是纯粹理性的实践能力，也就是积极自由。

2. 纯粹意志与积极自由。在康德那里，本体界就是理性世界，也就是自由的领域。如果理性要让行为按照应然的秩序出现，那就是要诉诸行动，也就是说表现了实践能力。这种实践能力一定要表现为把理性法则作为规定某些行动能力的根据，并现实地诉诸行为。这种实践能力就是意志。从纯粹的角度而言，这种意志不能与感性偏好或其他任何的自然根据有联系，而要纯然由理性法则来作为规定自己的根据，这样的意志就完全摆脱了感性偏好的决定，也就是超越了自然法则，而服从理性法则，这就是自由，或者说，这样的纯粹意志就有自由的特征。换句话说，积极自由，就表现为意志摆脱了自然法则而服从理性法则，并诉诸行动。于是，纯粹意志甚至不受自然因素的影响，而完全听命于理性，并诉诸行动，这就是纯粹理性的实践能力。它能赋予行为以绝对的道德价值，所以，理性法则在成为意志的规定根据时，就是普遍的道德法则。意志出于这种道德法则而行动，就是积极自由。

在《道德形而上学的奠基》（1785 年）中，康德还没有明确区分"意志（Wille）"和"任性（Willkür）"，只是在概念上认为存在着纯粹的意志和不纯粹的意志（人所具有的意志就是不纯粹的意志，但是还可以假定人有一种纯粹的意志）。他认为，纯粹的意志能够自动符合道德法则，而不纯粹的意志则需要抗拒感性偏好的规定而以道德法则作为自己的规定根据才能作出道德行为。实际上，康德此时说的这种"不纯粹的意志"，大致来说，就是后来他所说的"任性"（Willkür）。比如，在 1788 年出版的《实践理性批判》中，他就说："一种在病理学上刺激起来的（虽然并不由此被规定，从而也永远是自由的）任性带有一种愿望，这愿望产生自主观的原因，因而也可能经常与纯粹的客观规定根据相悖，从而需要实践理性的某种抵抗来作为

---

① 康德著，李秋零主编：《康德著作全集》第 3 卷，中国人民大学出版社 2004 年版，第 362 页。

道德上的强制，这种抵抗可以被称为内部的，但却是理智的强制。"① 显然，"任性"这个概念与他在之前的"不纯粹的意志"的概念基本一致，但对这个新的概念尚未作细致的界定。在《道德形而上学的奠基》中，他把意志作为一种能够采取主观准则的能力，但后来在《道德形而上学》（1797 年）中，他明确地说只有任性（Willkür）才与准则有关，而意志则只与法则有关。这一变化，才使康德的实践学说更加自洽。

在《道德形而上学的奠基》中，康德因为没有独立使用任性概念，还是把意志作为形成准则的能力，所以还是主张主观准则应该与客观的道德法则相一致，或者要把客观的道德法则作为自己的主观准则。但如果能够做到后者，则这种意志就是纯粹的意志，它本身就能够是立法者，即颁布道德法则，这才真正表现出其本体层面的自由。这样的意志，就并不是被命令的，因为命令就是某种强制，如果说纯粹意志是被理性所强制的，那就等于说是纯粹意志自己强制自己，这是没有必要的，也是悖理的。纯粹意志的积极自由，就是纯粹意志能够绝对自发性地作出行为，成为按照应该的秩序出现的行为的创始者，即是说，纯粹意志把绝对的道德价值赋予行为。这样，我们的行为就自动地出自义务，就自动地符合道德法则，并具有绝对的道德价值。

然而，在《道德形而上学的奠基》中阐述积极自由时，康德所着眼的还是那种不纯粹的意志。他正是以此为基础，来展开其义务概念、绝对命令公式。也就是说，正是因为人的意志是那种不纯粹的意志，所以，它不能自然而然地会服从道德法则，而是会产生一种对道德法则的敬重，由此而产生的行为必然性，就是义务。换句话说，义务的根据就在于：我们的不纯粹的意志与道德法则并不完全符合，而是能够感受到道德法则的无条件的崇高性，从而对道德法则产生一种敬重，即一种既感受到其崇高性，又感受到一种压力和强制性的情感，这种情感并不是我们的自然情感，而是后起的，可以看作是实践性的情感。由这种情感推动，我们必然要去做的事情就是我们的义

---

① 康德著，李秋零主编：《康德著作全集》第 5 卷，中国人民大学出版社 2007 年版，第 35 页。

务所在；同时，这种强制性在表达式上就是一种定言命令式，即"你应当……"，也就是要抗拒感性偏好对我们的诱惑，而用道德法则直接作为我们意志的规定根据。只有这样，我们的意志才体现了一种先验的自由的性质。由此，康德发现了先验自由的积极含义。当然，先验的自由只是虚悬一格，是作为一个绝对的无条件的前提提出来的，对不纯粹的意志来说，真正要诉诸自由的行动即实践，还需要用道德法则来强制、约束这种意志。

显然，借助不纯粹的意志这个概念来彰显意志自由或先验的自由的积极含义，会使意志这个概念含混不清。实际上，要肯定意志自由，就不要假定有不纯粹的意志，因为按照康德的思路，不纯粹的意志就不是真正的意志。在《纯粹理性批判》第一版出版后 6 年，即 1787 年，康德修订了《纯粹理性批判》，出版了第二版。在这一版中，康德开始为不纯粹的意志确定了一个新的概念，即人的任性。在谈到人的任性时，出现了一种新的自由，即实践的自由，考察它，可以"把先验意义上的自由概念搁置一旁"①。但在《纯粹理性批判》第二版中，也只是对实践的自由提出了一个考察领域，并没有展开。这个问题要到其晚年的《纯粹理性界限中的宗教》和《道德形而上学》中才得到系统的阐述。

三、 道德法则和先验的自由的关系

康德的道德法则学说是与彰显先验的自由的存在密切相关的。由于康德后来把自由分为"先验的自由"和"实践的自由"，我对"实践的自由"在后文将有详细论述，这里所说的"自由"都指"先验的自由"。实践能力是纯粹理性和基于纯粹理性的意志诉诸行动的能力，但没有道德法则和自由，就不可能有道德实践。他认为，这个世界有着双重性，即一面是经验范围内的现象世界，我们可以认识这个世界，因为我们可以对之形成感性直观；一

---

① 康德著，李秋零主编：《康德著作全集》第 3 卷，中国人民大学出版社 2005 年版，第512 页。

面是超出经验之外的本体世界，对这个世界我们无从认识，因为我们对之没有感性直观，于是我们对它不能形成知识。但是，我们可以推想、思考它，换言之，我们的理性有一种把握全体的倾向，从而会越出经验现象界而思入本体。因为我们对本体无从认识，所以，我们所能思考的本体界从理论意义上说，是纯粹消极的。

要理解这一点，就需要知道人的意志为什么是自由的。因为自由就与现象世界的因果必然性相对应。我们具有因果性之类的先天知性范畴，而"一个原因的概念，作为完全出自纯粹知性的，同时它在一般对象方面的客观实在性也通过演绎得到保障的，此时按照它的起源独立于一切感性条件的，因而本身不被限制在现象上的（除非是在对此要做一种理论的确定应用的地方），当然能够被运用于作为纯粹的知性存在者的事物上面"①。既然知性范畴是先天的，所以它的来源也是独立于感性条件的。但它在知性的使用中，是被限制在经验范围里的，一切经验事物都是被因果性法则所制约的，表现为一连串的因果系列，任何经验事物作为一个结果都有一个先在的原因。但我们的理性有越出经验去使用的倾向，所以为了给自然界的因果系列一个绝对的最高条件，就需要一种东西，它自己成为自己的原因，而不再有其他东西作为它的原因，于是它就是自因，或自由的因果性，它就是一种无条件者，这种东西至少是一种可能的存在。所以，我们可以认为，"一个具有自由意志的存在者的概念就是一个 causa noumenon（作为本体的原因）的概念"②。显然，为了道德实践，我们必须公设自由的存在。如果没有自由，则我们的一切行为就都只受自然的机械的因果性的决定，而且不能把行为的责任归属于我们。于是，这种自由的因果性只能发源于理性，并且独立于一切经验条件。这样设想自由的因果性，并不与自然界是处于有条件的因果关系链条中这一事实相互矛盾。因为自由超出了我们的经验，所以无法成为我

---

① 康德著，李秋零主编：《康德著作全集》第 5 卷，中国人民大学出版社 2007 年版，第 59—60 页。

② 康德著，李秋零主编：《康德著作全集》第 5 卷，中国人民大学出版社 2007 年版，第 59 页。

们的认识对象，也就是不能给予理论理性的证明。自由只有被设想为是一种应然的自然秩序的最高条件才能是可理解的，这表明我们人这类自由主体能够造成按照应该的秩序而出现的经验事物（比如我们的现实行为及其结果），也就是说，我们具有一种绝对的自发性，即自由。他说："感官世界作为这样一个世界，对它里面的存在者的因果性的规定就绝不能是无条件的，但对于这些条件的全部序列来说，却仍然必须有某种无条件者，因而也必须有一种完全由自己规定自己的因果性。所以，自由作为一种绝对自发性的能力，其理念曾经不是一种需要，而是就其可能性而言是纯粹思辨理性的一个分析原理。"① 也就是说，自由的存在并不是一个需要证明的东西，只要我们思考一个感性世界的经验因果链条，就会分析到可能有一个无条件的完全自己决定自己的因果性，即自由的存在。但是自由并不是认识的对象，而是思想的对象即概念，所以有着概念的实在性，在这里，我们所理解到的，就是一种先验的自由。从认识的意义上，它只是消极的自由。但是，我们由于能够意识到道德法则，进而我们就可以推论出，我们意志可以受到道德法则的规定，而摆脱感性偏好即自然法则的规定，并作出实际行动。在这个意义上的自由，就是积极的自由了。

对人而言，能够行使自己的善良意志，自己才获得了配享幸福的资格。这表明，善良意志与各种依赖于感性好恶、自然情感等的行为动机处于不同的序列，具有不同的性质。依赖于感性偏好的动机一定会受到自然因果性的制约，因为其实质是机械的欲望刺激——反应机制，而不可能是自由的；与依据道德法则而行动的动机相比，所有感性幸福的总和在价值上都不能望其项背。在这样的关于道德法则、善良意志、自由同感性幸福、各种好的品质（如机智、果决等）以及各种偶然的有利处境（如生活如意、幸运等等）、机械的欲望刺激等相互对举的阐述中，我们终于能够领悟到本体界、自由的

---

① 康德著，李秋零主编：《康德著作全集》第5卷，中国人民大学出版社2007年版，第52页。

存在。这种概念的实在性只是指向道德实践的，对于思辨理性的认识使命则并没有推进一步。

如果我们能够贞定道德法则和自由的客观实在性（当然是概念的实在性），则我们将进入价值领域之中，因为只有在这个领域中，我们才能赋予行为以道德价值，这个领域是道德行为的绝对的创始者，是绝对的主体。有了这个主体，才会有道德；没有这个主体，则根本无所谓道德。它以无条件的善来统御有条件的善，以绝对的、必然的、普遍法则的约束性来指导我们可变的人性，以绝对命令来强制同时又鼓励我们来彰显自己作为一个有限的理性存在者的尊严。

可以说，对康德而言，真正的"实践"概念就是在这个意义上得到界定的：就对意志的规定性来说，自由概念能够扩展其活动范围。也就是说，当我们考虑到人是有欲求能力的，是有意志的，那么意志应该被什么东西所规定而形成行为动机，这个时候就体现出自由的积极意义来。只要我们的意志能够为纯粹的理性法则的形式所规定，则我们的意志就是自由的。

显然，理性法则是处于本体界的。然而，按照康德哲学，本体界是与现象界相对应存在着的，从本质上说，它们是我们思考这个世界的两个视角，只有从这两个角度看待世界，理性在超验使用时所导致的二论背反才能得到解决，其中第三个二论背反就是关乎自然必然性和自由的。从理性的经验使用来看，自然界就是由因果必然性所支配着的，所有事物都处于互为因果的必然性链条之中；但是，从理性的超验使用来说，就只能有自由的因果性，也就是说，在本体界，理性就只能是原因，在它之上，没有更高的原因，它不是任何其他事物的结果。从实质意义上说，所有人为的现象事物都应该是理性的实践能力发用的结果。这样看来，理性就是绝对自主的，并且是绝对自发性的，所以理性的属性就是自由，但它只有在应用于实践领域时才是自由的。由于意志即是实践理性，所以我们能从道德法则推论出意志的自由。这样，纯粹理性的二论背反就得到了解决，自然必然性和自由能同时存在，只是需要从两个不同的角度来看这个世界。这个问题在人身上体现得最为明显，也最能为人所理解。作为有肉身的存在者，我们完全服从自然的因果必然性；但同时，作为有理性的存在者，我们又是自由的。康德说："自由当然是道德法则的 ratio essendi（存在根据），但道德法则却是自由的 ratio cognoscendi（认识根据）。因为如果不是在我们的理性中早就清楚地想到了道德法则，我们就绝不会认为自己有理由去假定像自由这样的东西（尽管自由并不自相矛盾）。但如果没有自由，在我们里面也就根本找不到道德法则。"[①]这就是对"理性的事实"的说明，正如保尔·盖耶（Paul Guyer）所解释的："这种理性的事实是一个认识根据，从这里我们才可以把意志的自由推导出来，并且仅仅是为了实践的目的。"[②]所以，对康德而言，道德法则与自由是同属本体界的。然而，在我们的思维中，自由只能是消极的，因为我们意识不到自由，只是在逻辑上假设它的存在是可能的。所以，康德说，我们的出发点不可能是自由，"原因在于，我们既不能直接地意识到自由，因为它的最初概念是消极的，也不能从经验推论到自由，因为经验给予我们供认识的只是显象的法则，从而只是自然的机械作用，这恰恰是自由的对立面。"[③]然而，如前所述，理性自身就表现为法则，所以，理性法则是我们能够直接意识到的。于是，如果理性要有实践能力，它必定与意志直接发生关系，就是说，意志要成为善良意志，一定要以理性法则的纯粹形式来规定自身，于是，道德法则就展现在我们面前。这时，道德法则从根本上说，就是不让感性偏好占上风，并且完全独立于感性偏好地成为意志的直接规定根据，由此，从道德法则就可以直接地导向自由概念。这就是说，所谓自由，就是意志摆脱感性偏好的规定，即摆脱自然界的因果决定的必然性的链条，而以道德法则来规定自身。从这个意义来说，如果没有道德法则，自由是不

---

① 康德著，李秋零主编：《康德著作全集》第5卷，中国人民大学出版社2007年版，第5页底注①。

② Paul Guyer, *Kant's System of Nature and Freedom*, Oxford：Oxford University Press, 2005, p. 86.

③ 康德著，李秋零主编：《康德著作全集》第5卷，中国人民大学出版社2007年版，第32页。

能被认识到的，因为我们无法直接意识到自由。而有了道德法则，我们才能发现自己的意志原来应该被道德法则规定，从而使我们意识到独立于感性好恶的自由的积极存在；但是，如果没有自由，则道德法则也不能存在。正因为有自由存在，理性要进行道德实践，就要使意志摆脱感性好恶的自然必然性的约束，就需要以理性法则的纯粹形式来先天地规定意志，于是我们就直接地意识到了道德法则。

事实上，康德之所以以彼此共存的方式来彰显出道德法则与自由，是因为本体界在理性的经验使用的过程中，实际上是一个空无，而在实践中，则这个空无就只能被理性本身所占据。当我们实践地思考理性的功能时，这个空无才能成为纯粹理性的一个事实，理性在此以自身为对象而思考，但是这种思考显然不能是思辨的，而必须是实践的。而要成为实践的，就必定要处理理性与意志的关系。因为意志"是一种要么产生出与表象相符合的对象、要么规定自己本身去造成对象（无论自然能力是否充足）亦即规定自己的因果性的能力"①。说到底，意志就是一种诉诸行动而产生某种自然后果的能力。在它作为产生与自然法则的表象相符合的对象的能力时，它就是受到感性好恶规定的意欲；在它作为规定自身而导致这些对象的能力时，它就只能是受到理性的自由法则规定的意志。

由于在本体界之上再也不能设想更高的东西，所以，本体界的概念只能用作实践的目的，只有这种实践能够赋予行为以绝对的、无条件的道德价值，而任何有条件地实践的东西，就必定是以经验为条件的，其价值只能是相对的、有条件的。所以，康德的实践哲学，从其自身的性质而言，需要界定那种无条件地是实践的东西。

理解康德的实践概念，关键之点在于如何看待意志，这又有赖于如何看待理性的实践能力。我们不能从与对象的关系中来考察意志，因为这样一来，我们就是把对象作为规定意志的根据，这样就必然是以经验为条件，这

---

① 康德著，李秋零主编：《康德著作全集》第5卷，中国人民大学出版社2007年版，第16页。

样做只是发挥理性的思辨功能，因为这必须以知性能力形成对对象的知识，然后规定意志去追求它。所以，康德说，我们应该先行考察一种因果性原理，它不以经验为条件，这种因果性原理是先天地规定意志的根据，这样意志就成为一种自发、自为、自主的原因，它使得行为及其结果得以发生，当然行为及其结果都是出现在经验世界中的。这就是自由的因果性。于是，"出自自由的因果性的法则，亦即任何一个纯粹实践的原理，在这里都不可避免地成为开端，并规定着惟有它才能涉及的那些对象。"① 即是说，我们要使得事物以应然的秩序而出现，而意志就是这些事物的最高原因。这就是真正的道德实践。

第三节　实践的内容与动力：义务与德性

在厘定了实践的领域和范围之后，我们就可以考察康德"实践"概念的内容了。之前，我们只是考察了道德实践的绝对价值来自先天的无条件的道德法则对意志的规定性，同时，只有意志是自由的，我们才能受到道德法则的完全规定。这只是说明了理性的实践能力的发生之所，但是，对道德实践的绝对价值体现在哪些方面却没有涉及。只有深入地分析了道德实践的绝对价值具体体现于其中的各方面之后，理性的实践能力的实现才获得了具体内容，这在康德对义务的解说中得到了阐明。

一、义务的界定

在康德的思维逻辑中，为了阐明善良意志概念，"我们就要提出义务的概念"②。普通理性知识中的"义务"概念还杂有一些主观限制和障碍，我

---

①　康德著，李秋零主编：《康德著作全集》第5卷，中国人民大学出版社2007年版，第17页。

②　康德著，李秋零主编：《康德著作全集》第4卷，中国人民大学出版社2005年版，第403页。

们要通过分离和对比，使其中纯粹的义务内涵突显出来，反衬它的显赫，使之发出更加耀眼的光芒。

首先，我们可以对动机与义务之关系进行分类。

1. 反乎义务：我们不考察它，即使它从另一角度看也许是有利的。比如我为了获得自己的个人利益，不择手段地损害他人以利己。因为它与义务相抵触，所以不在考虑范围之内。有着这种动机的意志肯定不是善良意志。

2. 合乎义务：有些行为从外在表现来说，与义务是相符合的。但是，行为者并不认为这是义务就应该履行，而是被其他的偏好所驱动而作出这种行为，虽然这种行为碰巧是合乎义务的。于是我们很容易分辨一种行为是出于义务还是出于利己的意图。比如，如果开店的人是为了生意兴隆而做到童叟无欺的，那么他就只是合乎义务的。

3. 出于义务：出于义务的行为就是认为义务本身就应该履行，既不是间接地带有利己的意图，也不是直接地出自偏好而做出这种行为。

还需要分辨既合乎义务，又有直接的偏好去做的行为。这看上去是出于义务的行为，但实际上并不是。比如保全生命是合乎义务的行为，但是有些人去保全生命是因为生活如意，活着是一种享受，所以，才倍加珍惜生命。这种动机使得这种行为、思想和情感是缺少道德价值的。它仅仅是合乎义务，但不是出于义务。分辨这种行为很困难，但只要看他在另一种处境下，比如生活陷入极端困顿，或感觉到生不如死时，他是否还能坚定地保全生命而不自杀。这才是出于保全生命这一义务的行为。他这样说："如果逆境和无望的悲伤完全夺去了生命的趣味，如果不幸的人内心坚强，对自己的命运愤怒多于怯懦和沮丧，期望死亡，不爱生命却保存生命，不是出自偏好或者恐惧，而是出自义务，在这种情况下，他的准则就具有一种道德的内容。"①

另外，尽己之能对人做好事，是每个人的义务。但是也有这样的情况：

---

① 康德著，李秋零主编：《康德著作全集》第 4 卷，中国人民大学出版社 2005 年版，第 404 页。

有人很富有同情心，既不出于虚荣也不是为了自己，对他人出自天性地友善，并且会因为自己对他人有所贡献而感到愉快。这虽然值得称赞，却不具有真正的道德价值，即不值得高度推崇。但排除掉这种偏好，而直接出于义务帮助他人，这种行为才有道德价值。我们可以假定两种情况，即（1）一个人心情愁闷或满怀忧伤，根本无暇去顾及别人的命运，别人的急难也不能触动他，在这种情况下，他仍然从这种负面情绪中挣脱出来，不是出于偏好，而是出于义务去帮助别人（假定他还有帮助别人的能力），这样的行为才有道德价值；（2）这个人生性冷淡，缺乏同情之心，对自己的痛苦又有坚忍的耐受力，所以他认为别人也应该这样。这样的一个人，假如他能抛掉性格的因素而去表达对他人的爱，去帮人于危难，那么，应该说，与那种有好脾气的人相比，他更能在自身中发掘出更高价值的源泉，这种行为才是出于义务的行为。

最后，追求个人自己的幸福是义务，至少是间接义务。显然，在现实生活中，如果自己的处境不幸，就很容易导致不负责任。从偏好来说，我们对自身幸福的关切是最大、最深的，因为一切偏好总合为一个整体就是幸福，所以我们会自然而然地去追求它。但如果我们是因为偏好而去追求幸福，那么，这种行为就并没有真正的道德价值。它之所以是间接义务，是因为如果自己的生活不幸，则容易受到诱惑而去违背道德法则；同时，如果我们生活是比较如意的，则我们追求道德就有了一定的物质基础和条件，所以，追求自己的幸福可以是一种间接义务。

但显然，追求自己的幸福不能成为直接义务。由于幸福的规范往往夹杂着一些偏好的杂质，这样，我们从幸福的满足中就无法制定出一个明确无误的概念来，因为纯粹理性的概念是不夹杂任何感性偏好的杂质的。于是，凭借本能，人们更愿意奔向一个直接的幸福的目标，比如直接获得物质利益，做学问获得一种理智上的满足等等，在他们看来，明确的偏好目标比一个模糊的幸福概念更有分量。在这个意义上，追求幸福的行为就没有道德价值。一个麻风病人，可能会因为病痛而追求暂时的快乐，而置未来的幸福于不顾。所以，追求自己的幸福都是出于偏好的，故不可能成为直接的义务。

但是，如果这个人不把对幸福的普遍偏好作为规定意志动机的根据，或者并不把身体健康计入考虑范围，则增进幸福的行为就仍然是出于义务的行为，因为这要把他人追求幸福的目的纳入自己的目的中来。这显然不是出自偏好而能做到的，而只有出自道德法则才能做到，所以是一种出于义务的行为。

出于义务的行为，其动机不依赖一般欲望、爱好、性格、处境（这些都是由幸运所致的）等等，而只能依赖原则。这样就有以下三个道德的命题：

（1）只有出自义务的行为才有道德价值；

（2）"一个出自义务的行为具有自己的道德价值，不在于由此应当实现的意图，而是在于该行为被决定时所遵循的准则"①。

意图是指我们想要实现的欲望的对象或目标，包括物质利益、感性快乐和心灵圆满等等。前二者我们好理解，为什么出于义务的行为甚至不能以心灵圆满为目标呢？我们对比一下，出自义务的行为实际上只能依赖于它所遵循的意愿的原则，即纯粹理性的原则；而心灵圆满是指我们的心灵整体地要达到的一种状态，比如欲望、情感和理智的功能得到发挥，并且这三者融合化通起来了，它不是理性的原则，而是一种目标，也是一种意图，所以是后于理性原则的东西。我们可以在遵循理性原则的基础上去追求心灵的圆满，而不是仅仅以心灵圆满作为行为的意图（这种意图也是模糊的，因为大家对心灵圆满的看法也不能达到一致）。

所谓"准则"，是指我们形成的主观性的规范（这里"主观"的含义是指准则通过了主体的思维作用而形成，当它对意志有普遍有效的约束力时，就成为客观的道德法则；如果准则只是基于自己的偏好而形成的，那它就只是纯粹主观的），但出于义务的行为的主观规范就是我们的意志通过对理性

① 康德著，李秋零主编：《康德著作全集》第4卷，中国人民大学出版社2005年版，第406页。

法则的表象而形成的道德法则，它就是意志的准则。

有人说，我要让理性法则来规定我的意志，难道不也是一个意图吗？我们认为不是，因为意图是要达到一个目的或后果，所以是外指的，它以意志的动机为前提；而理性法则则是内指的，即要用以作为意志的规定根据，所以，相对于意志的动机而言，理性法则才是最高前提。也就是说，我们行动所可能有的期望，和作为意志的目的的后果，都没有无条件的道德价值。于是，道德价值只能在意志的原则之中去寻找。

（3）作为以上两个命题的结论，就是："义务就是出自对法则的敬重的一个行为的必然性。"①

对以上三个命题只有在分析了意志概念后才能形成明确的认识。意志是行动的发端，但意志有一种能力，那就是能够形成对理性法则的表象，即形成道德法则来规定自己，当然也可形成对目的、对象的观念，并依照观念而做出行为，这就是形成准则的能力，它是只有理性存在者才具备的一种能力。动物只能凭借对象的印象而本能地、直接地追求，而不能反思地形成观念。

于是，意志在我们的行为中的地位是这样的：好像站在十字路口一样，上端有可以规定其动机的先天理性法则，下端有后天的经验性冲动。这里所说的经验性的东西是指可以分别而立的对象或目的。由于意志必须被某种东西所规定，所以，它归根到底要受到纯粹理性法则的形式的规定，而不能受到一切经验性原则的规定。

在道德问题上，意志的先天法则的形式与后天的偏好性冲动在狭路相逢。遵循先天原则，我们的行为就会被赋予道德价值；而按照后天的偏好性冲动去行动，则我们的行为就没有道德价值，当它违背义务时，就是恶；当它只是合乎义务，而不是出于义务时，在道德上只是被许可的，值得称道，但不值得尊重。显然，只有出自对理性先天法则的敬重的行为才是有道德价值的。

---

① 康德著，李秋零主编：《康德著作全集》第 4 卷，中国人民大学出版社 2005 年版，第 407 页。

二、 义务的分类

康德认为，在道德实践中，由于道德法则是抽象的、普遍的，它要在我们面对环境任务时表现为由于敬重法则而必然要去做的事项，这就是我们的义务。因为我们的生活行为有各种领域，故道德法则会体现在多个方面，这可以体现在义务的分类上。他认为，义务概念就包含在善良意志的概念之中。善良意志要诉诸行为，才能体现出自己的道德价值。作为规定意志的最高根据的道德法则，在面对具体环境任务时就体现为各类义务，也就是说，必须履行这些义务，我们的意志才能体现出道德价值，才能成为善良的。道德法则就是规定意志去履行各种义务的普遍原理。他在《道德形而上学的奠基》中把义务分为四类：即对自己的完全义务、对自己的不完全义务、对他人的完全义务和对他人的不完全义务。这可以说是对义务的完整分类。义务的特点是要求我们完全出于义务而行动，只有这样我们的行为才有道德价值；如果行为仅仅是合乎义务的，它并不具有道德价值，只是不违背道德法则。也就是说，人是因为意愿而善的，即因为自己的准则而善。按照康德的公式，要使行为有道德价值，"我决不应当以别的方式行事，除非我也能够希望我的准则应当成为一个普遍的法则。"① 而各种义务就是道德法则的具体化。所以，出自义务的行为，就是受到先天的道德法则的规定的意志所作出的行为。它要求我们在形成行为的准则时，排除任何来自感性偏好的冲动，不以任何对结果的考虑来规定自己，而直接以履行义务为自己的动机。所以，义务本质上是纯粹形式的，但它所关涉的事项却是经验性的对象或目的，换句话说，这些经验性的事项是义务所必然要体现在其中的。后来在《道德形而上学》中，康德把义务分为法权义务和德性义务。其中德性义务只关乎自己的完善和他人的幸福（实际上就是对自己的不完全义务和对他人

① 康德著，李秋零主编：《康德著作全集》第4卷，中国人民大学出版社2005年版，第409页。

的不完全义务）。因为自己的幸福是我们的感性偏好自然而然地会去追求的，所以不是义务；但自己的完善却不是我们爱好的对象，而是自然生人所赋予人的一种客观目的，这种客观目的当然也具有感性的特点，因此并不是这种具有感性特点的自我完善成为我们义务，而是我们的义务会指向这种目的，它需要我们抑制感性偏好才会去追求。比如，我们对自己的自然生命的保持以及促进我们的自然禀赋的发展，都有可能受到感性偏好的影响：我有可能因为身体患了十分痛苦而且可能没有治愈希望的疾病，觉得生不如死，这时就有保存生命的义务与放弃生命的偏好考虑相互对立；在发展自己的天然禀赋方面，也会遇上因为休闲的偏好而疏于艰苦的自我培养，从而让自己的禀赋在那里白白生锈的情况，这时就有发展自己禀赋的义务与流于无所事事的偏好之间的对立。即使是以生命为乐，以发展禀赋为乐的动机，也来自偏好的对象，它们只是与义务相符合，而不是出于义务。义务是独立于偏好而先天地要求意志去履行的。对他人的完全义务和不完全义务，就是诚信和促进他人的幸福。诚信就是对他人有承诺就必须履行。在这方面，我们可能会因为自己的偏好而背弃承诺，所以，在这里，诚信的义务与偏好是对立的；促进他人的幸福在《道德形而上学的奠基》中，只是指促进他人的福利，因为我们不会自然而然去追求促进他人的福利，但这又是人们共处的生活所必需的，我们需要把他人的合理目的纳入我们自己的目的中来，所以这是我们的义务。在这方面，我们的偏好可能是由于对他人的幸福的冷淡而不去帮助他人，故而在这里，也有义务与偏好的对立；即使是由于天性慷慨、以促进他人的幸福为乐的行为，也不是出于义务，而仅仅是合乎义务的，所以也没有道德价值。这个问题的实质是，如果我们仅凭天性爱好去做出合乎义务的行为，我们就并没有获得正确的道德原则。当然，这并不是说凭天性爱好做出的合乎义务的行为在道德上是恶劣的，而是说这样的行为并不是出于正确的原理的，其约束力并不是绝对的、必然的，因为他会受到自己心情的变化的影响。显然，有着这种天性的人，一般来说更容易理解到道德法则，并且也更容易出于义务而行动，但毕竟没有确立正确的道德原则。由此，我们可以看到，康德实践哲学的要求就是如此严格。在《道德形而上学》中，他人的幸福还包括他人因自己的道德完善性而引起的内在幸福感。虽然他人的完善只能靠他自己来促进，但是如果我们看到他人因为在道德完善方面有欠缺，从而引起沮丧、忧伤、恐惧、自我否定等自然结果上的负面体验，那么我们就需要尽力帮助他人防止和克服之，所以我们也有义务从旁帮助他人促进自己的道德完善。当然，这种义务"只是消极的义务"①。在这个问题上，我们的感性偏好可能是对他人的道德完善的冷淡，所以，我们的义务就是要排除掉这种冷淡。做了这样的补充后，康德关于义务的论说就完整了。能够出自这种种义务而行动，就是我们所能创造的各种道德价值的体系。所以，康德的道德价值学说在其义务论中才得以形成系统。

道德实践可以说只是有理性者的实践。在考察道德实践及其所能创造的道德价值时，我们不需要借助于任何有关人类学的知识。但是，康德说，"因为单是由于我们不了解除人之外的其他理性存在者，我们就会有权利假定他们具有如我们在自己身上认识到的那种性状，也就是说，我们就会现实地了解他们。"② 所以，道德实践问题最终要落实在人这种理性存在者身上。人这种理性存在者是既有身体又有理性的，他作为一切行为的发动者，只有其理性是绝对的主体，因为他具有自由的因果性，而摆脱了自然的因果必然性的相互决定的循环。作为绝对的主体，就是人格，它与具体的人性的各种成分如感觉、情感、欲望、想象力、机智、判断力、知性等处于两个不同系列，人格属于本体界，而人性的各种成分则属于经验界。人性可以成为人格的现象表现。但人类的总体的人性发展和完善则是一个理性的理念，而不是来自经验的，因为在经验中，我们不能发现一个其人性得到圆满发展的人。只有这种人性理念所包含的具体内容才可以成为人格的现象对应物。而且，

---

① 康德著，李秋零主编：《康德著作全集》第 6 卷，中国人民大学出版社 2007 年版，第 406 页。

② 康德著，李秋零主编：《康德著作全集》第 5 卷，中国人民大学出版社 2007 年版，第 13—14 页。

人格的尊严是人性各种成分发挥其功能的最高约束条件。所以，康德在思考人格的绝对道德价值时，也是排除对一般人类学内容的借重的。这样我们就能理解，为什么康德的第二个道德命令是"你要如此行动，即无论是你的人格中的人性，还是其他任何一个人的人格中的人性，你在任何时候都同时当做目的，绝不仅仅当做手段来使用。"① 既然义务的来源是先天的理性法则，所以，义务具体到人这种理性存在者身上，就是要以尊重人格中的人性为目的，即禁止仅仅把人格中的人性当作手段。关于这个道德命令，我们在第二章还要加以细致分析和阐发。

于是，我们看到，康德的四类义务可以用以人格中的人性为目的而重述一遍。对自己的完全义务和不完全义务的核心就是不能把自己的人格中的人性仅仅当做手段：例如，在生命不值得留恋时，也不能放弃生命；在发展和完善人性的各种素质时有困难或者自己疏懒，也不能弃之一旁，因为如果这样做，就是把我们人格中的人性仅仅当做手段。对他人的完全义务和不完全义务，其核心也是不能把他人的人格中的人性仅仅当作手段，比如违背契约而牟利，就是把他人人格中的人性仅仅当做手段；不帮助困难中的人，也就没有把他们人格中的人性发展纳入自己的目的之中。这给了我们的道德实践以一个原则性的引导。我们的行为应该以尊重人格中的人性为目的自身，它是对我们的其他目的的最高限制条件。在康德看来，道德价值在人身上最核心的就是对人格中的人性的尊重，就是以尊重和促进人格中的人性的发展为行为的目的自身。由于人性的发展和完善的理念是人格的现象对应物，所以尊重人格实际上就体现在能够促进人性的各因素的发展，而不是阻碍它的发展上。从这个意义上看待人格中的人性，则道德实践的原理就与直观更加接近了一步，由此康德的四类义务就更容易理解了。比如促进自己的自然禀赋的发展，就是促进自己的人性的各因素的发展；之所以要促进他人的幸福，

---

① 康德著，李秋零主编：《康德著作全集》第 4 卷，中国人民大学出版社 2005 年版，第437 页。

是因为贫困或困窘会使他人的人性发展缺少物质条件的支撑。而且，由于理性是我们人性中的最为高级的成分，是道德善的根据和原则，所以，他人的道德完善性的发展也是人性发展的最为本质的部分（也是一种内在幸福），所以我们有义务促进它，至少应该尽量阻止他人滑入不道德的卑劣之中。当然在这方面要促进哪些因素，如何促进，促进到什么程度，并不能作硬性规定。同时，由于人性的除理性成分之外的其他成分都是感性或必须关联到感性的，所以，在促进自己的自然禀赋的发展和促进他人的幸福方面，我们有可能要以人性的某些成分互为手段，但是，在这样做的过程中，我们的行为始终应该把对人格的尊重作为最高约束条件。康德的第二个道德律令之所以说把人格中的人性"绝不仅仅当做手段来使用"，是因为一方面，我们在发展人性的各成分的过程中，免不了要互为手段，另一方面，又要受到人格和人性的理念的最高限制。

三、 德性作为道德实践的动力

为了进一步说明我们怎样才能作出道德实践，我们就需要考察我们主体的基本品质，这种品质必定是使我们能够抗拒感性偏好的影响，而直接以道德法则或义务来规定自己的意志的力量，也就是能够作出道德实践行为的内在力量。这种品质，在康德那里就是德性。说到底，康德的道德实践需要有一种力量来推动，这就是德性。所以，康德特别提醒我们："人们也完全可以说：人理应有德性（作为一种道德力量）。因为尽管绝对能够并且必须预设由于自己的自由而克服一切感性地起相反作用的冲动的能力（facultas），但毕竟这种能力作为力量（robur）是某种必须来获得的东西，其方式是通过对我们心中的纯粹理性法则之尊严的沉思（contemplatione），但同时也通过练习（exercitio）来振奋道德的动机（法则的表象）。"[①] 可以说，康德正

---

① 康德著，李秋零主编：《康德著作全集》第 6 卷，中国人民大学出版社 2007 年版，第 410 页。

是在德性中，才真正触及了纯粹实践理性自身的实践能力到底在哪里这一问题，即自由的积极作用如何表现出来的问题。

康德的德性观念有以下特点，即第一，德性的纲维是道德法则，而不是情感品质。这一点是康德德性观的本质特征，也是区别于其他伦理学家的德性观的根本之点。这样，德性中的道德法则就直接规定着意志，并且能够抗拒来自感性偏好的冲动，从而有力量作出道德行为；第二，德性也以履行义务为本质，从而有一种德性义务。德性义务是一种本身就是目的的义务。我们的一切行为都是有目的的，如果我们把自己预想的结果作为目的去追求，那就是把经验性的东西作为决定自己意志的根据，就必定不是道德性的行为；但是，如果我们追求那种本身就是目的的义务，那么它追求的就是由道德法则直接规定意志的行为本身。比如，把尊重人格中的人性作为我们的行为目的，就是一种德性义务，因为发展人格中的人性就是目的本身，而不是去做别的什么的手段。所以，康德说，那些同时是义务的目的只有两类，即"自己的完善、他人的幸福。"① 这两者都是发展自己和他人的人性所必需的，从而是对人的人格的实际尊重。只有这两类目的是与偏好的目的相反的，它们必须有德性的力量方能履行。因为履行这些义务，并不是出于对自己的完善和他人的幸福有兴趣，或者能在其中得到快乐，而是因为它们就是我们理性自身的客观目的，也就是有理性存在者应当拥有的目的，实现这样的目的，我们才能实现理性的本性，这才真正是理性的实践能力的发用；第三，获得德性确实要经过非常艰难的过程，因为在道德领域中，普遍的实践法则与个别性的感性偏好在狭路相逢，所以，必须树立一种正确的思维方式，即认为只有用纯粹理性直接规定意志，才会有道德行为。由于理性法则与感性偏好会处于此消彼长的相互颉颃的斗争中，于是德性就表现为能够抗拒感性偏好而以道德法则作为规定意志的根据的力量之中。但要注意，感性

---

① 康德著，李秋零主编：《康德著作全集》第 6 卷，中国人民大学出版社 2007 年版，第 398 页。

偏好本身并不就是恶的，相反，它们是善的，恶只存在于以基于感性偏好的准则规定意志并且有意识地违反道德法则之中。感性偏好的满足只有在道德法则的约束下才能得到合乎道德的追求。所以，有了德性，我们才能真正做出道德的实践。第四，获得德性，本身也就是一种理性的满足，理性对自己能够发挥自己的真正功能会产生一种自我肯定感，当然这种自我肯定的感受是后起的，而不是作为先行的感性愉悦来影响我们的意志，所以，这种满足和自我肯定感是一种内在的幸福。也就是说，获得德性，就是德性自身的酬报。康德这样说，也是在进一步解释我们为什么有动力去追求获得德性。但这种内在的幸福，只是在比喻意义上说的幸福，因为康德所定义的幸福是一切感性偏好的总和。第五，存在着道德情感，但道德情感不是自然情感，而是一种实践性的情感。比如"爱你的邻人"作为一种实践性的情感，并不是因为你觉得那个人可爱，而是因为他是人，有自己的人格。即使是一个坏人，你也毕竟可以对他表示善意。只有这种"爱"才能命令。这样的爱，就是一种实践性的情感。实践性的情感还有敬重，敬重就是对道德法则的敬重，也是对人身上的人格的敬重。这种情感当然也是感性的，但它们是后起的，是感受到了道德法则的崇高之后才产生的。为了说明我们能产生这些情感的必然性，康德在《道德形而上学》中认为我们有对这种实践性的情感的易感性。他认为这种易感性是我们先天具有的，没有这种易感性的就不是人。所以，拥有这种易感性、获得实践性的情感并不是我们的义务，但我们有义务"排除一切病理学的刺激并在其纯洁性上通过纯然的理性表象"最强烈地把它"激发出来"①。从实质意义上说，康德发展出实践性的情感学说，也是为了给我们的道德实践提供一种情感性的盟友。

---

① 康德著，李秋零主编：《康德著作全集》第 6 卷，中国人民大学出版社 2007 年版，第 412 页。

第四节 实践行为及其结果

以上，我们考察了实践的种类和道德实践的原理、动力和主体的品质基础，但是我们还没有集中阐述康德的道德实践落于现象界的行为过程及其结果。虽然实践本身的绝对价值和实践法则及其对意志的规定性等等，都发生在本体界，但是，实践必然会关涉到具体的行为过程和结果。从原则上说，道德实践的目的就是要使事物按照应然的秩序而出现于现象界。然而，康德反复说，道德实践就是要为行为赋予绝对的道德价值，要求意志完全受到道德法则的直接规定，而不顾其后果。而现在我们要考察道德实践的具体行为及其后果，那不是自相矛盾吗？我们认为，这里并没有矛盾。理由是：前面说的是指对后果的考虑不应成为规定我们意志的根据，因为结果显然是感性偏好的对象；而这里所说的结果是那种不以对结果的考虑为动机的道德行为的结果，而道德行为及其结果必然要在自然界中出现（无论能否达到某种特定的目的）。所以，我们现在要做的，就是对道德实践的行为及其后果具有什么性质进行考察。

一、 道德实践的价值的结果检验

在康德看来，纯粹理性要成为实践的，就是要让事物按照应然的秩序而出现，其结果要能按照自然法则而在现象界存在。所以，康德说，可普遍化原则在把行为结果考虑在内时，"由于结果的发生所遵循的法则的普遍性构成了真正说来在最普遍的意义上叫做自然的东西，就事物的存在按照普遍的法则被规定而言，这自然也就是事物的存在，所以，义务的普遍命令式也可以这样说：要这样行动，就好像你的行为的准则应当通过你的意志成为普遍的自然法则似的。"① 也就是说，道德行为的结果应该进入现象界持续存在，而不是自我毁灭。所以，我们普遍的道德法则在现象界就似乎表现为普遍的自然法则了。比如保全生命的义务，如果有人把因为身体病痛或精神痛苦而去毁灭生命作为自己的准则，那么我们就可以问一问，这种准则能否作为普遍的自然法则？自然法则要求我们怀有一种情感去敦促我们增益生命，但在这种情形下这同一种情感却要去毁灭生命，这就是自相矛盾，故不能作为普遍的自然法则，所以这不是道德义务的命令。

因此，在论述道德的实践时，如果考察其现实行为和结果，就需要对你的行为准则（通过你的意志而导致的结果）是否具有道德价值进行检验。他认为，需要检验的是这种结果能否按照自然法则而存在。这里的自然法则是指自然的客观目的，也就是自然生人，是要让人的生命得以持存和得到增益，而不是毁灭它；人有自然禀赋，自然的客观目的就是要让它们都能得到发展，而不是让它们在那里白白生锈。这两方面事关我们自己的完善，而不是我们自己的幸福，故不是我们的感性偏好的目的，而是我们的同时是义务的目的；在人与人的关系中，我们应该诚实，只有诚实才能使人与人之间的承诺在经验世界中得到履行，否则，在经验世界中就不会有承诺这回事了；而且，自然生人，是为了让大家都能够得到幸福，如果有人陷入困境而没有人去救助，则不符合自然的客观目的，所以不救助困境之中的人的准则，就不可能成为普遍的自然法则。这两方面事关促进他人的幸福，所以也是我们的同时是义务的目的。但那种把满足个人偏好的结果的表象作为规定意志的根据的行为与此有根本的不同，这种行为的结果仅仅满足了自己的偏好，但依照普遍的自然法则就不能普遍存在，因为仅仅追求满足自己偏好的行为是出自本能的，而不是出自理性，所以必定会违背自然的普遍的客观目的，如果以此为准则，就可能因为觉得生命无趣而了结生命，或者迁就自己的懒惰而不去发展自己的自然禀赋，或者因为想获取不当利益而背弃承诺，或者因

---

① 康德著，李秋零主编：《康德著作全集》第4卷，中国人民大学出版社2005年版，第429页。

为贪图自己的安逸而不去帮助需要帮助的人。所以，把对结果的考虑作为规定意志的根据的行为，不可能是道德行为；而只有考虑其结果必须符合自然的客观目的的行为，才是道德行为。

二、 道德行为所要追求的目的是为行为灌注道德价值

第一，德性义务是那种本身就是目的的义务。这就是理性所认定的善。善和恶在任何时候都是准则与意志的一种关系，即"一个理性原则就自身而言已经被设想为意志的规定根据，不考虑欲求能力的可能客体（因而仅仅凭借准则的合法则形式），在这种情况下，那个原则就是先天的实践法则，纯粹理性就被看做自身是实践的"①，如此产生的行为和结果就是善的，它就是意志作为自因而产生的结果，即"自由的因果性"中的"果"，这种果必然体现在现象界中。善的行为一旦做出，就处在经验之中，它们就会严格服从自然法则。这就是说，这种果是由意志的自因所导致的，而不是由感性世界中的任何一种什么原因导致的，所以，这种"果"被赋予了道德价值。我们做出来的道德行为与出自其他动机的行为可能在现象上是一样的，但是，其原因却是不同的，也就是说动机所赋予行为的价值是不一样的。比如，医生拿手术刀割掉病人的病变器官而治病救人的行为，与对某人怀有恶意而拿手术刀去割掉他的某个器官，本想把他置于死地，却碰巧把这个人治疗好了的行为在现象上是一样的，但是，医生的道德行为是出自医生的义务的善的行为，而想致人死亡的行为却是直接违背人的义务的恶的行为。康德告诉我们，判断一个行为是否具有道德价值，主要是要考察其动机。这就是康德被称为动机论者的根据之所在。我们认为，在这个意义上，康德可以很乐意承认这个称号。

第二，道德动机既然来自先天的理性的无条件的善，那么，在自然能力

---

① 康德著，李秋零主编：《康德著作全集》第 5 卷，中国人民大学出版社 2007 年版，第 66—67 页。

所允许的范围里，其结果一定是善的。当然，如果由于自然的苛待，比如因为遇上恶劣的自然环境或严重的自然灾害，我们的道德行为在现象界也许无法达到预期的结果，但是这并不能减损这种行为的道德价值，虽然这从结果上来是令人遗憾的。康德认为，我们的行为是否违背了道德，是可以通过检验其结果而看出来的。一个行为只要违背了绝对善，其行为必然是恶劣的，即使其结果碰巧是好的，也肯定只是偶然的，从其必然性而言，其结果肯定是恶劣的。比如，侵犯人的权利的行为，就是恶劣的，即使是为了行为所施与的对象的某种福利，也是一样。康德说，一个父亲以家长的权威剥夺孩子自由选择职业的权利，却保证他的物质财富丰裕富足，这种行为在道德上也是不可能得到辩护的。康德问道：难道"善行的功德能够如此之大，以至于能够抵消人权？"① 这是不可能的。因为权利是一个人作为理性存在者具有的人格尊严的重要部分，剥夺一个人的基本权利，就是在贬损一个人的人格，这是任何物质福利所无法弥补的。

三、 实践概念的深刻意义

研究康德的"实践"概念，目的在于阐明这个概念的实质含义，并说明它在康德实践哲学中的关键地位。可以说，康德所有学说的最终指向都是人的道德实践。我们认为，康德对"实践"概念的申说，对我们有如下启示。

其一，康德认为，道德实践是人类的最高实践。可以说，道德实践的根本意义在于揭示和创造有理性者的绝对的道德价值。康德抉发人们的道德实践能力，是为了给人们的"技巧的实践"和"实用的实践"加以道德价值的引导，从而使这两种实践不至于茫荡而无所归，比如使生产和使用各种工具的"技巧的实践"不至于因为没有道德价值的最高约束而对人类造成极大的伤害，使追求幸福的"实用的实践"不至于因为没有道德价值的引导而相

---

① 康德著，李秋零主编：《康德著作全集》第 6 卷，中国人民大学出版社 2007 年版，第465 页。

互冲突。可以说，道德的实践是对其他类型的实践的最高价值约束，因为技巧的实践只是对做成某个东西或某件事情的一种技巧性指导，专注于达成这个技术目的的手段的选择，而遗忘了价值。在科学技术日益发展的今天，康德的这种提示就显得尤其重要。现代的科学和技术，其可能性已经可以再造人的生命，如克隆技术和基因技术；或者其力量已经足以毁灭整个人类，如核弹或者病毒武器；或者将制造出比人类的各种能力更强大的人工智能机器人，等等。只要是技术上有可能性的东西，技巧的实践从其本性来说都会追求把它们实现出来。所以，技巧的实践必须得到道德实践价值的最高指导，其成果的使用必须受到尊重人的生命和人格尊严，保障人们的基本权利这些最终的道德价值的约束和引导；实用的实践是人们追求实现幸福的意图的行为。从本性上说，实用的实践是受到感性偏好驱动的，理性要发挥作用，就只有为满足感性偏好来提供合适的手段或方式，它最多能够提出一些审慎的建议，比如，你为了使自己人缘好、交往顺利，你就应该诚实，等等。但是，真正出自理性自身的命令却是：你应该诚实，这是因为诚实本身就好，而不为了其他目的，即使在某些情形下诚实可能会带来对己不利的结果，也要这样做。道德的实践就是要赋予行为自身以绝对的道德价值，使之体现在能够导致幸福的结果的行为之中。我们出于理性法则而作出实践行为，也可以导致幸福，但不仅仅是自己的幸福（道德的实践并不总是要求损害自己的幸福，但绝不能以损害他人的幸福为手段来追求自己的幸福），其目的是促进他人的幸福（因为我们会自然而然地促进自己的幸福，所以促进自己的幸福不是我们的义务）。这样，我们追求幸福的目的就会受到道德实践价值的指导。在时下，技术主义盛行，物质主义也大有市场，所以，康德的道德实践概念对我们当今时代如何重建道德有很强的警醒作用。艾伦·伍德（Allen W. Wood）说，"我们时代的大多数人被锁定在冷嘲、荒谬和自我解构的时髦方式中，因为他们已经丧失了心智对人类生活而言的权威性及其发现人类生活的更好道路的力量的信心。"① 康德对理性在谋划人类的更好生活方面的作用所作的艰苦揭示，正是这个时代的精神迷失的一种对治之方。

其二，康德对纯粹理性为什么有实践能力的问题，指明了无法从知识论的角度来进行解答，但从实践的角度看，道德法则就是一种理性的事实，其实在性当然是概念的实在性，而不是经验的实在性。于是，对康德而言，纯粹理性自身的实践能力，就落实在纯粹先天的道德法则与意志的关系之中，同时由于认识到道德法则进而推论出自由，自由就是意志能够受到道德法则的直接规定，从而能够诉诸实践行为，这就是自由的积极义。理性本身的实践能力就是使意志成为善良的，这样我们的行为就会被灌注一种绝对的道德价值。按照社会生活的不同领域，道德法则可以具体化为义务，即对自己的完全义务、对自己的不完全义务、对他人的完全义务和对他人的不完全义务。出于这些义务去行动，就是我们在现实社会生活中可以创造的道德价值类型。同时，由于我们现在知道的有理性者只有人，所以，这些道德价值都应该在人身上加以具体体现。对于人这类有理性存在者而言，他的无条件的道德价值就是其人格中的人性，尊重并促进它，就是一种本身就是目的的义务。要能履行这种义务，就需要一种内在的力量即一种意志品质，或者说德性。德性就是一种抗拒来自感性偏好而以道德法则作为直接规定意志的根据，并以此做出履行义务行为的意志力量，具备了这种力量，是理性自身具有实践能力的明证。可以说，康德对"实践"概念的阐述具有严谨的逻辑进程，阐明了纯粹理性是怎样发挥其实践能力的。

但是，那些根本不认同本体界，从而认为理性世界是一种玄想甚至完全是空洞的人，就根本不会认为纯粹理性本身就具有实践能力。他们就只会认同经验世界的实在性，而不会认同理性法则的概念实在性。于是他们的道德实践概念就只能在经验世界中展开，比如快乐主义和功利主义就必然是这样。他们认为，道德价值只能是获得经验世界的各种快乐，道德推理就只是

---

① Allen W.Wood,*Kant's Ethical Thought*,Cambridge:Cambridge University Press,1999,preface.xv.

进行各种快乐的谋划与计算，并以此来作为规定意志的根据。关于这类学说，康德指出，它们在道德实践领域，只能得到一些权宜之计，而不可能获得普遍的对所有有理性者都客观有效的道德原则。实际上，对康德的"实践"概念真正构成挑战的，就是那种认为康德错认了本体，也错认了意志和理性的学说。对康德而言，理性就是本体，而叔本华却认为，理性根本就不是本体，而是表象，而且是二级表象，即对一级表象（直观表象）进行的再表象。因为理性的唯一功能就是构造概念，概念以直观表象为其全部本质和实际存在，所以，"反省思维必然的是原本直观世界的摹写、复制……因此，把概念叫做'表象之表象'，那倒是很恰当的"①；对康德而言，意志就是实践理性，而叔本华认为，这是错认了意志。他说，意志确实是本体，但意志却不是康德说的实践理性，而是那种不可认识的宇宙的生存意志，它是自然界万千表象背后的真正本体（自在之物）。他说，"要把自然界中每一种力设想为意志"②，比如自然界的植物、动物，其"作为单纯的成长，作为盲目的冲动力而显现的东西，我们都将按其本质自身而认定它为意志"③。在人身上，意志最明显的表现就是无根据的、盲目的欲求和求生冲动，我们的一切行为都是它的表象。由此，他认为，在伦理领域，人的意志品质即德性是天生的、无法认识的，我们的日常行为就是由天生的德性支配的，是它的表象。由此，叔本华才创造了一种与康德伦理学迥然有别的伦理学。

但是，康德在道德哲学中抉发出了理性法则，它对所有有理性者都有普遍的约束力，所以特别适合于用来进行公共领域和政治领域的伦理价值建构。这就能理解，为什么罗尔斯、德沃金和哈贝马斯等现代政治哲学家都认同康德的基本立场，都发展了一种康德式的伦理学。这足见康德实践哲学的理论空间是巨大的，也有着相当宝贵的现实适应性。

---

① 叔本华：《作为意志和表象的世界》，石冲白译，商务印书馆 1982 年版，第 76 页。
② 叔本华：《作为意志和表象的世界》，石冲白译，商务印书馆 1982 年版，第 166 页。
③ 叔本华：《作为意志和表象的世界》，石冲白译，商务印书馆 1982 年版，第 174—175 页。

其三，就康德整个实践哲学的框架和义理而言，实践当然还可以包括通过经验性的进程而不断接近纯粹理性的实践功能——人类作为一个整体的总体道德化——这一最终目的在内的所有人类活动。康德在形而上学层面上考察纯粹理性的实践能力，获得了道德实践的真纯原理，就是要为人们日常生活的实践行为确立一个总体的价值理念，并指导在历史和社会的经验舞台上通过自己的活动而朝道德化不断取得进步的人类行为。人类的活动都是在历史和社会的经验舞台上进行的，这就可以包括我们通过发展自己的各种人性禀赋而使之与理性自身的实践应用相协调（实用人类学的主题）的人类学实践；通过各种循序渐进的规训、技能培养、文化培养和道德教化等方法而使人认识到道德的真纯原理，从而确立一种真正的道德思维方式（道德教育的主题）的教育实践；通过人们的相互争斗而使人们的各种能力得到发展，并且通过人群交往而获得文化教养，以及进入保障人们的基本权利的普遍法治状态，从而外在地促进人们的纯粹理性（政治哲学的主题）的人类政治与社会实践；通过启蒙而使人们能独立地使用自己的理智，从而使人作为一个类，在无穷尽的历史长河中，逐渐地总体性地达到道德化（历史哲学的主题）的整体历史实践，等等。所有这些人类活动，也都是康德实践哲学的研究对象。只有在这样宏大的视野中来看待康德的实践哲学，才能最终把握其高远志趣和深刻内涵。

总之，在康德看来，道德实践是人类的最高实践，也是人类的最高本质的实现，人类作为一个整体而总体地道德化是人类社会发展的最终目标。可以说，康德的实践哲学为人类的教育、技术活动、经济活动、社会交往和政治生活等具体的实践样式都提供了一种道德价值目标的引导，从而使我们的社会实践活动既受到道德法则的最高约束，又推动它们朝着人类总体道德化这一终极目标不断取得进展。

第二章　康德对道德哲学原则的建构

康德实践哲学中的道德形而上学部分，主要是要探寻道德价值的源头即纯粹理性的先天法则以及由对理性法则的表象而形成的道德法则，考察道德法则与意志的关系。自由就是对道德法则的服从，但人的意志并不是完全纯粹的意志，所以我们即使认识到道德法则是绝对的善，我们的意志也并不能完全遵守它，而是有可能会违背它。针对应该如何行使我们的意志，康德对道德原则进行了一系列的建构。他认为，道德法则与意志的关系，就是命令与被命令的关系，表现为道德命令。同时，义务作为由于敬重道德法则而来的行为必然性，对我们的意志来说，也是有强制性的。义务的强制性有强有弱，只要我们证明了强制性最弱的仁爱义务对我们的意志具有约束力，那么，其余的义务的强制性就不证自明了。康德为了使道德原则与我们的经验直观相接近，并受到日常经验性的道德行为的启示，使用了大量的道德案例来揭示道德的真纯原则的先天性来源。考察康德编制道德案例所遵循的原则，将能使我们更深入地理解到康德是如何建构道德原则的。

第一节　康德道德哲学原则之"三变"

寻找一种普遍的、对所有人都有绝对约束力的道德哲学原则，是康德终生的学术志趣。他早年受到哈奇逊、休谟、卢梭等人的影响，想从人类有别于其他情感的道德情感中找到道德哲学原则，这主要体现在他在1762—1764年左右的伦理学讲座和一些发表的论文中；随后通过《纯粹理性批判》，发现了纯粹理性的"二论背反"，从而在第三个二论背反中从消极的意义上发现了自由的可能性，试图把自由确立为道德哲学的最初根据，认为必须预设意志的自由，并从中引出道德法则。这集中体现在《道德形而上学的奠基》中；然而，他后来认识到，我们无法直接意识到自由，而纯粹理性本身最初所意识到的就是先天的、普遍的道德法则，所以康德改变策略，转而从道德法则这一"理性的事实"出发，认为自由只能作为道德法则的存在根据，而从道德法则中引申出来。这集中体现在《实践理性批判》中；最后，康德必须确证自由，却认为自由只能是任性的自由，意志则无所谓自由或不自由。任性直接诉诸外在行为；同时任性要行动，就需要有形成准则的能力。于是，康德在外在行为中，要求人们能够按照普遍法则而使自己的任性自由与他人的任性自由并存，从而开出了法权的形而上学；把普遍的道德法则作为规定内在准则的根据，要求人们具有道德德性，这样才在与自己内心中的偏好做斗争中确证了任性的内在自由，从而开出了德性的形而上学。这集中体现在《道德形而上学》中。这最后一变，是康德道德哲学的晚年定论。

一、 早年对"道德情感" 学说的因循与抉发

康德早年十分关注自然哲学和人类认识能力问题，但显然也关注了道德问题。在他的教师生涯中，很早（大约从1762年开始）就开出了伦理学课程，而且很长时间一直在为学生开这门课程。他选用的教材是鲍姆嘉通的《伦理学》，但在讲授中随处都从自己的道德哲学立场上加以讲解、批评、推进。感谢康德当年那些勤奋而认真的学生，他们留下了许多听课笔记。其中他的学生、后来成为他的批评者的赫尔德留下了康德早年讲课的笔记（1762—1764），这些笔记是我们了解康德早年道德思想的宝贵资料。参之于

康德的其他早年著作，我们能够确切了解到当年康德道德哲学的基本观点。在这些笔记中，康德把道德的基础看作是情感，其中有着那种来自卢梭的焦虑，即自然人的情感在社会中变得腐败，所以，对那种人为的"文明的"情感抱有警惕，同时接受了卢梭所说的道德的检验就是能够将心比心、设身处地的看法。康德早年的道德情感理论大致有如下要点。

第一，康德早年十分重视"道德情感"，把这看作是我们进行道德判断的基本依据。他明确地说："表象真东西的能力就是认识，但感受善的能力却是情感。"① 他认为，我们心中是有道德情感的，因为我们并不仅仅有自利的情感，同时也有"一种对不考虑自己利益而关心他人的情感"②。他人的喜乐和忧愁能直接触动我们，我们对小说中的人物甚至遥远年代人物的悲喜都会共情感受。显然，这样的情感与我们完全自私的情感是相互冲突的。那时康德认为，道德的基础就存在于这种道德情感之中。

出自这种无私的道德情感的行为就是自由的行为。康德认为，自由就是能够从自我利益的纠缠中摆脱出来的情感感受，他尚未对自由概念做深入的哲学分析。在他看来，自由行为具有善的价值，主要是根据以下两点："（1）依据后果，以及在那个范围里的物理性的善"，即产生了好的结果；"（2）依据意向，以及在那个范围内的道德善。"③ 即行为出自善的动机。康德那时还没有充分考虑善的动机并不能确保会产生好的结果，所以对动机和结果的关系没有进行细致论述。显然，康德认为，在自由行为中，如果动机和结果都是好的，那是能够得到最好的评价的。

在为道德原则寻找基础时，康德当时还是更加重视人们内在的道德情感。在他看来，道德情感就是自由活动中的愉快，这种情感由于是无私的，

① 康德著，李秋零主编：《康德著作全集》第2卷，中国人民大学出版社2004年版，第301页。

② Kant's Lecture on Ethics, edited by Peter Heath and J. B. Schneewind, trans. by Peter Heath, Cambridge：Cambridge University Press, 1997. p. 3.

③ Kant's Lecture on Ethics, edited by Peter Heath and J. B. Schneewind, trans. by Peter Heath, Cambridge：Cambridge University Press, 1997. p. 4.

即不牵扯自己的利益，所以，其感受到的愉快就是直接的，而且是普遍的、清晰的。这从道德情感的反面可以感觉得到，比如，如果我忽视了他人的困难处境，而不去予以帮助，我会对这种忽视感觉到不愉快，甚至憎恨自己，这不仅是因为看到他人不得不挨饿，更是因为这种忽视违背了我们将心比心、设身处地的情感原则。所以说，"道德情感是不可分析的，是良心的根据。"①

在这种理论视野中，康德认为，"伦理学就是一门关于自由行为在内在法庭上可归责的条件的科学。"② 义务对我们有强制性，它不仅强制我们要谦虚、清醒、好心（这些要求是脆弱的）；它更要求我们为了伟大的善而自我牺牲，这才是伟大的责任。责任越重大，所需要克服的障碍和所要进行的奋斗越巨大，这种伦理学的要求就越严格。所以，在这个时期，康德还没有意识到要从先天的道德法则中去找到义务的起源，义务的绝对的必然性也没有得到理解，只是对经验中的负责任行为进行程度的划分。

第二，他认为应该从人的本性出发，从最淳朴的人性表达中发现道德的起源，甚至认为，人为的情感或德性会造成虚伪和自负等道德上的恶。这种观点明显与卢梭有关。他也通过对情感的现象学分析，逼出一种合于原则的情感，认为这种情感是最高的道德情感。斯多亚学派的道德口号是"按照自然（本性）而生活"，这种自然（本性）就是理性。康德在此时则不认同这种观点，他认为，真正的道德口号应该是"按照你的道德本性而行动"。因为在康德看来，道德并不是按照理性本性去生活，因为我们有一个更好的本性即道德情感。其理由是，我们的理性可能出错，而只有当我们把社会习俗放在自然情感之前时，我们的道德情感才会出错，因为社会习俗、文明礼仪等是复杂的，逐渐混杂了虚伪做作、不必要的讲究等腐败因素，不同的文明

---

① Kant's Lecture on Ethics, edited by Peter Heath and J. B. Schneewind, trans. by Peter Heath, Cambridge：Cambridge University Press, 1997. p. 4.

② Kant's Lecture on Ethics, edited by Peter Heath and J. B. Schneewind, trans. by Peter Heath, Cambridge：Cambridge University Press, 1997. p. 8.

体系中有多种多样、甚至相反的风俗，从而使自然情感黯然不明。我们最初的出于本性的道德情感则不会出错。他明确地说："我的最高尺度仍然是道德情感，而非真和假。"① 辨别真与假的能力是知性的最终尺度，辨别善与恶的能力则是情感的最终尺度，这二者都是普遍的。在我们的最初本性中能够发现超出个人利益的道德情感，所以，应该按照我们的道德情感去行动，而理性则不能成为道德行为的动机。

第三，他从人的情感表现中来区分人的道德品性，即人品中的优美与崇高。在赫尔德记录的讲座笔记中，他认为："软心肠的伦理有利于一种美的道德，而严格和严肃的伦理则有利于一种崇高的道德。"② 在此时的伦理思考中，他主张要从美的道德开始，逐渐上升，不断普遍化，直到崇高的道德。

在同时期的论文"关于美感和崇高感的考察"（1764 年）中，康德就专门论述了人身上崇高和美的品性。由于此时康德尚未发现理性的先天法则，所以他实际上只能从人类学的角度来认识人的品性："真诚和正直是淳朴的、高贵的，戏谑和讨人喜欢的恭维是文雅的、美的。彬彬有礼是德性之美。"③ "崇高的品性引起敬重，美的品性则引起爱。"④ 在他看来，能够充当德性原则的是那种完全摆脱了自利考虑的仁爱情感，只有与关注人类命运这一普遍的仁爱情感相应的品性才是真正的德性，因为这种普遍的仁爱情感才是我们的行为在任何时候都要"服从的原则"⑤。这是一种更高的立场，站在这个

---

① Kant's Lecture on Ethics, edited by Peter Heath and J. B. Schneewind, trans. by Peter Heath, Cambridge：Cambridge University Press, 1997. p. 5.

② Kant's Lecture on Ethics, edited by Peter Heath and J. B. Schneewind, trans. by Peter Heath, Cambridge：Cambridge University Press, 1997. p. 9.

③ 康德著，李秋零主编：《康德著作全集》第 2 卷，中国人民大学出版社 2004 年版，第 211 页。

④ 康德著，李秋零主编：《康德著作全集》第 2 卷，中国人民大学出版社 2004 年版，第 211—212 页。

⑤ 康德著，李秋零主编：《康德著作全集》第 2 卷，中国人民大学出版社 2004 年版，第 217 页。

立场上，才能把我们置于同我们的全部义务的正确关系之中。这种普遍的仁爱情感就既是同情的基础，也是正义的基础。我们不可能对所有个别人的不幸都抱有同情，所以要把这种情感上升到其应有的普遍性（普遍性的正义）上，这时，我们的情感就成为崇高的，但也更加超越了对个别的困苦的伤痛之感。美的情感就还没有达到足够的普遍性和完全超越个别性的程度，所以它还"根本不是德性"①。只有这种情感扩展到一切人之中，达到仁爱与正义的结合，其情感才是博大并且高贵的，其特点就是情感的普遍性，这才是德性植根于其上的原则。

以上道德观念，与历史上道德哲学的思考方式没有本质区别，即在寻找道德哲学的初始根据时，立足于经验性的因素，所以只能从道德情感入手，从人的本性入手。但此时康德却有一种学术倾向，即想获得一种尽可能脱离开个人私利考虑的普遍道德原则。但是，由于他还只能从经验性的情感出发，所以，道德原则在他那里就只能是扩展到普遍性程度的情感，他还根本无法发现一种真正绝对普遍的道德原则。在题为"关于自然神学与道德的原则明晰性之研究"（1764 年）的论文中，他认为哈奇逊等人的道德感理论对道德原则的最初根据做了卓越的探索，所以他此时可能还比较认同经验论的伦理学说。但是，这篇文章的第二节的标题却是"道德的最初根据依照其现在的性质还不能取得所要求的一切明晰性"②，表明当时他还不满意于此前已有的一切道德体系，他表示，"首先必须澄清仅仅是认识能力还是情感（追求能力的最初的、内在的根据）决定着这方面的最初原则"③。这表明他将尽力去确定道德的最初依据。后来康德通过对人类理论理性的批判，确立现象与本体的划分，并发现本体界即是理知世界，能摆脱自然的因果必然性

---

① 康德著，李秋零主编：《康德著作全集》第 2 卷，中国人民大学出版社 2004 年版，第 217 页。

② 康德著，李秋零主编：《康德著作全集》第 2 卷，中国人民大学出版社 2004 年版，第 300 页。

③ 康德著，李秋零主编：《康德著作全集》第 2 卷，中国人民大学出版社 2004 年版，第 302 页。

而显露出自由，这样就确定了只有纯粹理性的先天法则才是道德价值的唯一源头。这一立场的转变，才使康德彻底放弃了把道德情感作为衡量行为的道德价值的最终尺度的理论观点，而使其实践哲学具有了独特的形而上学属性。

二、　意志自由与自律的循环论证

康德通过长期的思考，特别是在对人的认识能力（知性）进行批判的过程中，发现人类理性有一种追求全体性，并超越现象界、经验界去思考的倾向，从而发现了纯粹理性的二论背反，其中第三个二论背反，直接显露了自由存在的逻辑可能性。显然，这只是从消极意义上对自由的说明。进一步，在康德看来，要真正找到道德哲学的第一原理，要说明纯粹理性自身就有实践能力，就必须从积极的意义上说明自由。他认为，这要借助于因果性概念。在理论领域即知识领域中，因果性作为先天的知性形式，是我们的理性中固有的，它可以整理感性材料而做成知识。但当理性去思考超出感性领域的对象时，却没有感性材料，所以不能做成知识。然而，其思考的范畴仍然是因果性，"因为任何结果都惟有按照以下法则才是可能的，即某种别的东西规定作用因而导致因果性。"① 整体自然界作为结果需要推出一个无条件的作用因，这就是理知世界。由此也就有一种不变的法则，但这种法则显然不是自然法则，而是一种与自然法则不同的自由法则。它本身作为一种无条件的最高原因，即属于本体界的原因，而作为落在现象界的行为及其结果的规定根据。至于它是如何进行规定的，则不是我们所能探究的，因为它不是自然的因果性，而是自由的因果性。但是，这种自由有什么性质，又是如何得到说明的呢？康德显然认为，作为一个纯粹的概念，自由就是空的，它必须联系到一种自主性的、自发性的作用因，才能得到说明。他主张，只有在

① 康德著，李秋零主编：《康德著作全集》第 4 卷，中国人民大学出版社 2005 年版，第 454 页。

实践领域中才可能进行这种阐明。康德在说明道德行为的性质时，认为其最高表达是自律，也就是意志自己颁布道德法则，又自己执行，这就是说，意志是自己作为无条件的原因，它不为别的任何东西所决定。

　　然而，这种自律观念却是从逻辑上说的，无法确证纯粹理性自身的实践能力，或者说就是积极意义上的自由。其证明只能是一种循环论证。他说，"除了自律之外，亦即除了意志对于自己来说是一个法则的那种属性之外，意志的自由还能够是什么东西呢?"① 也就是说，因为存在着绝对命令，所以才能有自律，而如果要能够自律，意志就必须是自由的。在这里，意志的自由，只能被理解为意志的自主性和自发性，即意志自己立法，并自己遵守。这就等于说，意志就是纯粹的实践理性。但是，至于为什么纯粹理性自身就能够有实践能力，或者说，纯粹理性就是意志，这很难说明，因为这个跨度实在是太大了。西方传统哲学认为，理性主要从事认识，而意志则诉诸行动。康德却认定纯粹理性就有实践能力，就是意志，这是一种石破天惊的观点。传统哲学也认为，意志的自由最主要是选择性的自由，而康德则认为，意志的自由只能是这种情形：因为意志处于本体界，才能超出自然的因果必然性而具有本体自由，即能够超出任何经验的约束和凭借，从而是一种绝对的自由。但是，在这个领域中不是没有法则的，显然它不是自然法则，而只能是道德法则，这样，自由意志就只能是服从道德法则的意志。我们认为，康德这样的推论实际上是有问题的，因为我们并无根据说意志一定要遵守道德法则，虽然可以肯定地说，意志不会遵守自然法则，但我们为什么不能说意志不需要遵守任何法则，因为法则只是约束那些会违背它的主体。如果意志是纯粹的实践理性的话，它自在地就会按照道德法则去行动，而不应受到其约束。如果要说，道德法则只能对那种不纯粹善良的意志进行约束，那么这也是一种遁词，本体界的意志就是纯粹善良的意志，不纯粹善良的意

---

　　① 康德著，李秋零主编：《康德著作全集》第 4 卷，中国人民大学出版社 2005 年版，第 454 页。

志就不是本体界的意志，如果有这样的东西存在，它就不应该叫作意志。

但是，这却是《道德形而上学的奠基》的致思方向。他认为，为了理解道德的本质，就必须预设意志的自由。如果预设了自由，则"仅仅通过分析其概念，就可以从中得出道德及其原则"①。康德认为，如果仅仅分析绝对善的意志，就无法发现其准则的道德法则属性。这就需要预设自由的积极概念，因为这将是一个先天综合命题："一个绝对善的意志是其准则在任何时候都包含着被视为普遍法则的自身的意志"②，这需要一个第三项把绝对善的意志的准则与普遍法则联结起来，而自由就是这个第三项。

康德认识到，我们无法证明自由在我们自己里面和在人性里面是现实的东西，即使现实中人们的行为能够指示我们有这样的自由的可能性，但毕竟没有证明其存在，从理论上说，我们只能说明自由的逻辑可能性，即消极意义上的自由。康德在预设自由的积极概念的理由方面，真是左支右绌，所给出的理由并不充分：第一，要把自由预设为一切理性存在者的意志的属性，也就是说，不光是人这种理性存在者具有自由意志，最好是设想有一种没有肉体而只有理性的存在者，这样即能让理性与意志自身同一起来，而没有非理性东西的牵绊，这样才能设想理性是自己原则的创作者，不依赖于外来的影响。这样一个理性存在者的意志，必须被设想为自由的。如此一来，我们就可以不依照人性的特点来证明自由的存在。而人只是有理性存在者的一种，他的理性也可以是自己原则的创作者，其意志也可以被设想为自由的。康德的本意是：这样做，我们就免去了从理论上证明自由的负担，因为对纯粹的理性存在者而言，没有任何现象界的因果性的制约，他们必定是能够行使自由能力的，这样就是一种直接的证实，而非需要理论证明。然而，这里的问题还是，为什么自由就是受到普遍的道德法则的规定而去行动的能力

① 康德著，李秋零主编：《康德著作全集》第 4 卷，中国人民大学出版社 2005 年版，第 455 页。

② 康德著，李秋零主编：《康德著作全集》第 4 卷，中国人民大学出版社 2005 年版，第 455 页。

呢？康德可以说，绝对善的意志是这样的意志。但我们会奇怪，我们为什么需要自由，才能受到普遍道德法则的规定而行动？难道仅仅是说，有了自由，我们就有这样去行动的自主性和自发性？这难道是因为自由是一种道德的因果性，从而有这个本体界的"因"，就必定会产生落在现象界的行为这一"果"？但由于这种"因"和"果"分别处于本体界和现象界，那么我们又如何判定它们之间的必然联系呢？这是康德此论的关键难点。

第二，他承认，我们预设自由的理念，就产生了一种对行动法则的意识，即我作为一个有理性者，我的准则应该同时能够成为客观的道德法则，这样才能是自我立法，即是自由的体现。然而，我们为什么会去服从这种法则呢？他认为并没有任何兴趣能驱使我们这样去做。但他又说，我们会对此感兴趣。因为我们既是感性的存在者，又是理性的存在者，所以，我们会对感性偏好感兴趣，同时我们对服从这样一种普遍的道德法则也会感兴趣。当然，我们依照后一种兴趣去行动的情形并不总是会发生，所以，这对我们来说是一种"应当"。然而，我们为什么会这样去做呢？在这里，他又一次玩起了障眼法：因为我们能够进行比较，即我们能够感到受基于感性偏好的原则的规定去行动的价值，远远及不上受道德法则的规定去行动的价值，因为借此我们可以感觉到自己人格的无比崇高的价值。但他又说："这是怎么发生的呢？对此，我们无法给他令人满意的回答。"① 从事实上可以这样说，我们对能带来幸福的事情感到满意，而且也会受到幸福的原则的驱使；同时，我们也会对单是我们具有配享幸福的资格感兴趣。但从中推出价值感受，即认为后者会无限地高过前者，把自己看作是自由的，因而能摆脱一切经验的兴趣，把自己视为服从道德法则的，这样我们就能感受到人格无条件的崇高价值，从而即使我们在幸福方面有损失，也能得到补偿，这一点是如何可能的，我们也无法解答。

---

① 康德著，李秋零主编：《康德著作全集》第 4 卷，中国人民大学出版社 2005 年版，第 457—458 页。

　　以上两个理由之所以难以成立，是因为意志的自由与意志的自律是同一个概念，所以他承认这两个理由是循环论证。他说，走出这个循环的唯一一条道路，就是把人同时设想为既属于本体界，又属于现象界。也就是说，把自己设想为本体界的，则我们的意志就是自由的，同时也连带地认识到了意志的自律及其结果；如果我们设想自己既属于本体界又属于现象界，则就认识到我们是负有义务的。但是，这样的说法，对自由的证明也没有增添任何东西，只能说明，自由是处于自然法则的规定之外的，但这又仍只是一种消极的自由。这样做，最多说明，自由是我们把一切属于感官世界的东西从我们意志的规定根据中排除掉之后还剩余的东西。这意味着，这样一种致思方式是没有出路的。所以，康德一再说："自由只是理性的一个理念，其客观实在性就自身而言是可疑的。"① 于是，关于我们如何会对遵循道德法则感兴趣，"纯粹理性如何能够是实践的？一切人类理性都没有能力对此作出说明，试图对此作出说明的一切辛苦和劳作都是白费力气。"② 在康德看来，对此问题的回答只能到这一地步：即设想我们处于知性世界，基于此，自由作为一个意志的因果性，就仅仅是"一个理由充足的理念"③。其意义是说，这种充足理由只是告诉我们："我们毕竟理解其不可理解性。"④

　　于是，对于康德而言，自由是其道德哲学的关键概念。但我们认为，以一个如此敷衍的理由来确证它，显然是不能令人满意的。事实上，康德在不久后，就只能再一次变换自己的立论基础。正如艾伦·伍德（Allen. W. Wood）指出的，在《实践理性批判》中，康德认为"道德法则不需要任何种类的'推演'，但是必须被接受为一个自明的'理性的事实'。"⑤ 他放弃了从自由推演出道德原则的思路，而转换为把对道德法则的意识直接作为理

---

① 康德著，李秋零主编：《康德著作全集》第4卷，中国人民大学出版社2005年版，第464页。
② 康德著，李秋零主编：《康德著作全集》第4卷，中国人民大学出版社2005年版，第470页。
③ 康德著，李秋零主编：《康德著作全集》第4卷，中国人民大学出版社2005年版，第470页。
④ 康德著，李秋零主编：《康德著作全集》第4卷，中国人民大学出版社2005年版，第472页。
⑤ Allen W. Wood, *Kant's Ethical Philosophy*, Cambridge：Cambridge University Press, 1999, p. 171.

性的事实，认为自由只能从道德法则中引申出来，道德法则优先于善观念，只有从道德法则出发才能真正证成道德善。

三、 道德法则意识是"理性的事实"

在《道德形而上学的奠基》中，为了证立道德，康德力图说明，从理论理性的应用来说，可以说明自由的逻辑可能性，但我们对自由是无法形成知识的，所以这只是个消极的自由。为了道德实践，必须预设积极自由，即纯粹理性自身就有实践能力，把本体自我即意志自由设想为我们的普遍法则的创作者，这同时意味着意志还是这法则的执行者，对此，康德所给出的两个理由似乎不够有力。康德此时认为，一方面，要说明积极自由的存在，人类理性是无能为力的；另一方面，从证立道德善的角度看，这种预设并没有最根本的前提意义，顶多是在确立了道德法则作为理性的事实之后，自由的性质必须被赋予理性存在者。一个在理论上是消极性存在的自由问题，只能以一种被引出的方式来得到说明。所以，道德法则的优先性问题在《道德形而上学的奠基》之后，就成为首要问题。

为什么道德法则意识是"理性的事实"？因为自然法则是知性法则（知性是理性在经验范围里使用时的名称），当知性在超验使用时，就获得了一个专名，即理性，理性的应用也必定有法则，它并不约束自然物，而是约束人们的主观准则。但理性法则只有其形式才对所有有理性者有普遍的约束力。我们在使用自己的理性时，必定能够意识到自己的法则，即它要思维时所遵循的法则。这种法则意识自身就是理性的功能发挥。可能有人会对超出经验的东西抱有怀疑态度，但是以此来否认理性先天地意识到的东西，那是不合理的，这就像"有人想要通过理性来证明不存在理性一样"①。理性的实践应用，关注的是"意志的规定根据"②。只要是纯粹理性，它与意志产

---

① 康德著，李秋零主编：《康德著作全集》第5卷，中国人民大学出版社2007年版，第13页。
② 康德著，李秋零主编：《康德著作全集》第5卷，中国人民大学出版社2007年版，第16页。

生关联，其目的就是要作出行动来，即让意志作为主体出于自己的动机而做出落实在现象界的实践行为，这里就有一种因果性，意志是自己行为原则的创作者，从而作为一个最初的作用因（因），而诉诸行为（果）。因为对于道德行为来说，首先必然需要一种"出自自由的因果性的法则，亦即任何一个纯粹实践的原理"①。在这里，如果说，自由和法则是互为条件的话，那么，理性自身就是它们的主体能力基础。于是，在《实践理性批判》中，康德在寻找道德的最高原理时，就不能从自由出发，而只能从理性自身意识到的事实即道德法则出发。

那么，我们的理性自身意识到的是什么呢？这可以从与我们的经验的类比中得知。我们作出日常的行为，首先必然有自己的主观原则，也即准则，这种准则就是指导我们作出行为的主观的实践规则。于是，我们可以看到，如果纯粹理性要发挥自己的功能，不借助任何外来经验的根据，则它对纯粹理性法则的表象就是它自己的根据，由于它没有包含任何经验的根据，所以，它一定是普遍的、客观的，对任何有理性存在者的意志都是普遍有效的，所以是一种客观的实践法则。这种道德法则显然是我们的理性所能够意识到的，换句话说，就是我们理性的意识活动本身所具有的内容，因此，它就是一个理性的事实。通常说来，这种实践法则就是规定有理性的存在者如何自处和如何相处的原则，比如尊重自己的人格尊严，尊重他人与自己同样的权利，把他人视为与自己同样的理性存在者来平等对待等等。对人而言，因为我们的意志不是纯粹善良的，所以，这种法则对我们的意志而言就是一种命令式的约束和规定的根据，就是使我们的行为按照应该的秩序而作出，因为我们不会自然而然地作出这种行为，而是经常有可能违背这种规则。所以，有了这个理性的事实，则我们就能认识到自己的自由，同时明白了这种实践命令（"应当"）的根据。从这个意义上说，康德不再需要像在《道德形而上学的奠基》中那样，苦苦地找寻对积极自由的证明，最后又发现这些

① 康德著，李秋零主编：《康德著作全集》第5卷，中国人民大学出版社2007年版，第17页。

证明理由的本质就是其不可理解性，而是可以直接从理性功能自身的发挥，即对道德法则的自身意识出发，并把它与意志联系起来（要实践，就必须有意志的动机）。在本体界，就只有道德法则能够成为意志的规定根据，从而使意志成为行为原则的创作者，即成为最高的作用因，这种因果性就是自由的因果性。实际上，道德法则与自由理念本身都处于本体界，是超越时空的，所以也不存在谁先谁后的问题，只是从思考的角度而言，不能先从自由出发，而必须先从理性对道德法则的意识出发。

意志能被理性的普遍的立法形式所规定，就必须设想这种意志对自然法则或自然因果性具有独立性，而这种独立性，在"最严格的，亦即先验的意义上就叫做自由"①。所以，自由和法则是彼此回溯的。但这并不意味着，从意识的最初内容上看，两者没有区别。既然我们要找到无条件地实践的东西，那么，就只有我们的理性所最初意识到的东西才能作为思考的出发点。康德对此是这样考虑的："从自由开始是不可能的；原因在于，我们既不能直接地意识到自由，因为它的最初概念是消极的，也不能从经验推论到自由……因此，正是我们（一旦我们为自己拟定意志的准则就）直接意识到的道德法则，才最先呈现给我们，并且由于理性把它表现为一个不能被任何感性条件胜过的，甚至完全不依赖于这些条件的规定根据，而恰好导向自由概念。"② 很明显，康德认为，只有道德法则是我们的理性所能直接意识到的，而由于道德法则需要摆脱所有经验性结果的考虑，所以，只有它能独立于任何感性条件，成为意志的规定根据，而这又恰好是自由的特征，即摆脱了自然因果必然性。康德说明了为什么我们根本不能从自由出发的原因：因为预设的自由要成为积极的概念，"就会要求有人们在这里根本不可以假定的一种理智直观。"③ 也就是说，人只有感性直观，而没有理智直观，所以无法直接证明积极自由的存在。

---

① 康德著，李秋零主编：《康德著作全集》第5卷，中国人民大学出版社2007年版，第31页。
② 康德著，李秋零主编：《康德著作全集》第5卷，中国人民大学出版社2007年版，第32页。
③ 康德著，李秋零主编：《康德著作全集》第5卷，中国人民大学出版社2007年版，第34页。

于是，道德法则与自由的关系就具有如下性质：从对道德法则的意识就可以引申到自由的意识了。虽然从性质来说，自由是存在性的，法则是认识性的，但是从人是有理性的存在者而言，我们具有道德法则的意识，所以，这是一种理性的事实，由此意识，我们认识到我们是自由的，因为如果没有自由，我们就只能认识到自然法则；有了自由，则我们可以认识到道德法则，所以道德法则也可以叫作自由的法则。在这个问题上，理性功能的发挥是前提条件。

所以，抉发出对道德法则的意识作为"理性的事实"，对康德伦理学而言有重要意义。一方面，从认识的角度引申出了自由；另一方面，也能获得对道德善的理解。理性需要进行道德判断，就必然有道德法则，有了对道德法则的意识，我们才能让自己的理性依照法则来判断某个动机或准则是否具有道德价值，即确证道德善。对康德而言，善与福的区别与联系是十分关键的。在他看来，道德善是意志的善，即意志受到道德法则的形式的约束而形成的价值属性，是绝对善。这种善的特点就在于它摆脱了任何经验性的目的，也就是让意志的主观准则直接就是普遍的道德法则的形式。但这不是至善，至善还要包括一般有关幸福的善的因素。在他看来，道德善与幸福的善属于两个不同的序列，道德善是一种配享幸福的资格的善，是绝对的、前提性的善。构成幸福的各种要素的善，都只是相对的、有条件的善，都只有在具有了道德善这一前提之后，才能成其为善，否则就有可能沦为恶。因而，"善和恶的概念必须不是先行于道德法则（表面上必须是这概念为道德法则提供根据），而是仅仅（如同这里也发生的那样）在道德法则之后并由道德法则来规定。"[1]

四、　自由的落实：　任性自由

康德在论证了道德法则的优先性之后，必然还要面对一个问题，那就是

---

[1]　康德著，李秋零主编：《康德著作全集》第 5 卷，中国人民大学出版社 2007 年版，第 67 页。

自由的具体落实问题。我们通过理论理性的超验使用，发现了自由的逻辑可能性（也就是说，设想自由存在，并没有逻辑矛盾，但我们无法对自由形成知识，因为我们没有对超验东西的理智直观）；但积极意义上的自由却又是预设性的，也就是说，如果我们能意识到道德法则，则道德法则就直接规定着我们的意志，从而诉诸实践，这就是纯粹理性的实践能力，也就是积极意义上的自由。反过来，我们又必须假定我们具有积极意义上的自由，即意志的自由，这样我们的理性才能意识到道德法则。这样的自由在理论上是一个空的概念，只能是理性存在者的意志的一种属性，在实践上，它也只是一个行为的最高作用因的概念，与具体的行为没有直接联系，我们也难以理解意志自身的立法如何能够自我执行。就它与自律的关系来说，则是一种循环论证。

要真正思考我们的实践能力，以行为为落脚点就会更加落实。当然，行为是我们作为道德主体而作出的，所以，行为与我们道德主体的能力直接相关。要确证自由，还是需要考察我们会受到感性偏好刺激，同时又能独立于这种刺激而受到道德法则的规定的能力。这种能力康德后来定名为"任性"（Willkür）。这是康德走出自由与自律的循环论证的新出路。墨菲指出：如果人的尊严不再源于他能够成为道德存在者的能力，"而是源于他选择行为过程的自我立法能力——选择其行为过程（道德的、非道德的或去道德的）的自由，而不是由感官倾向施加于其上"①，那么他就不需要这种循环了。也就是说，一个人即使选择了恶劣的准则而行为，这个动机的形成也仍然是出自理性的（因为经过了理性的反思，从而与感性偏好取得了距离），而不是纯粹出自感官倾向的。这就表明了他的自由，由于这种自由，他也是能够被归责的。应当说，墨菲对任性的自由的这一解读，是正确的。

"任性"这个概念，在《道德形而上学的奠基》（1785年）、《纯粹理性批判》（第二版，1787年）和《实践理性批判》（1788年）中都已经出现了，但是对这个概念没有做进一步的展开，只是一般地作为用道德法则来规

---

① 杰弗里·墨菲：《康德：权利哲学》，吴彦译，中国法制出版社2010年版，第81页。

定方能产生具有善的价值的行为的功能。这使得意志（Wille）与任性（Willkür）这两个概念之间的关系混淆不清，一方面，在康德看来，意志可以被道德法则所规定就是自由意志，而任性也应该为道德法则所规定，但他在那时却没有说出"自由的任性"这个概念；另一方面，人们大多数都认为任性实际上就是那种会依照感性偏好冲动而行动的功能，但这样的任性，当然不是自由的，而是机械的、非自由的。我相信，在以上三书中，康德没有锤炼出一个可以沟通本体与现象、自由与必然的"任性"概念。这个概念，到康德出版《道德形而上学》（1797 年）时才终于被厘清了，即毅然决然地把自由赋予任性，并认为自由只与任性有关，而与意志无关。这就意味着，康德放弃了《道德形而上学的奠基》和《实践理性批判》中的意志自由概念（如果说意志有自由，那也只是"先验的自由"，而不是"实践的自由"），主要是因为这种意志自由在理论上是一个空的概念，在实践中，其实把意志自由等同于服从道德法则的意志即可。

于是，从"实践的自由"的角度而言，自由问题就落实到行为准则选择的自发性上。初看起来，任性自由的含义确实是既可以选择基于感性偏好的准则，也可以选择基于道德法则的准则。至于人为什么能够这样选择，这就是自由的最深秘密。在康德看来，任性与欲求能力有关，"欲求能力就是通过自己的表象而成为这些表象的对象之原因的能力。"[1] 表象能力有多种，既有感性表象，也有理智表象。依据感性表象即对感性客体的表象去行动，动物就是这样；依据理智表象即一般意识（也就是规定行动的根据在自己之内）去行动，使这些表象成为要产生的客体的原因，则规定行动的根据就是主体的喜好，依照当下的喜好去做或者不做；再进一步，如果欲求能力"与自己产生客体的行为能力的意识相结合，那它就叫做任性"[2]。也就是说，欲求能力的规定根据即喜好是在主体的意识中发现的，并诉诸行动，这就是

---

[1]　康德著，李秋零主编：《康德著作全集》第 6 卷，中国人民大学出版社 2007 年版，第 218 页。

[2]　康德著，李秋零主编：《康德著作全集》第 6 卷，中国人民大学出版社 2007 年版，第 220 页。

"任性"；如果这种欲求能力不诉诸行动，则就是"愿望"。而意志，就是一种在主体的纯粹理性中发现其喜好的欲求能力，它并不与行为直接相关，而是与使任性去行动的规定根据相关。意志就是通过理性去规定任性的欲求能力，所以它是实践理性。对意志本身，再也没有任何其他规定根据，它本身就是一个至上的、可以作为任性的规定根据的理性原则。于是，《道德形而上学的奠基》中关于用理性或道德法则来规定意志的说法，在此时就是不成立的。意志也是一种欲求能力，但这种欲求能力并不直接诉诸行动，而是要通过规定任性的准则来使任性去行动。因为任性的意识是混杂的，可以是对感性偏好的意识，也可以是对道德法则的意识，所以，它不是纯粹理性的，故应该受到理性的规定。在这样的理论视野中，我们可以阐述意志和任性的真实关系。

第一，专门拈出"任性"来详细分析，把它与人的行为直接相关，才能彰显自由的本真义、实践的日常义。要证明所谓"意志的自由"，对康德而言，理论的负担过重。而界定"任性的自由"，采用的是人本主义的现实视角，而不是《道德形而上学的奠基》中所采用的所谓"所有有理性的存在者"的视角。因为人就是既有感性又有理性的存在者，这就是任性之属人性的存在论根基。从此立论，何其便捷，何其稳当。

第二，意志的功能被只视为提供使任性去行动的规定根据，也就是说，意志与行为之间还隔着任性，意志规定任性，实际上就是规定任性的准则，而由任性来行动，这才是使行为获得道德价值的恰当的程序性说明。任性有动物性的任性和人的任性。动物的任性就是"只能由偏好（感性冲动、stimulus［刺激］）来规定的任性（arbitrium brutum）"；人的任性却是这样的："它虽然受到冲动的刺激，但不受它规定，因此本身（没有已经获得的理性技能）不是纯粹的，但却能够被规定从纯粹意志出发去行动。"显然，自由的任性只能是人的任性，因为自由的任性只能是"可以受纯粹理性规定的任性"[1]。于是，

----

① 康德著，李秋零主编：《康德著作全集》第6卷，中国人民大学出版社2007年版，第220页。

任性的自由可以包括两个方面：一是它具有那种不受感性冲动规定的那种独立性（而动物的任性恰恰没有这种独立性），这是消极的自由；二是"纯粹理性有能力自身就是实践的"①，即任性能够受到纯粹理性的规定而行动，这是任性的自由的积极性概念。然而，纯粹理性作为原则的能力，对任性进行规定时，却必须忽视其目的（任性的客体，它们是经验性的），也就是只以法则的形式去规定其准则。这才把意志与任性的关系厘清了。意志只能自己颁立道德法则，而不能颁立准则（但在《道德形而上学的奠基》中，却说意志有准则），所以不能直接与行动相关；任性则只能具有准则，因为它要直接诉诸行动。这样，理性对任性的规定就是"使每一个行动的准则都服从它适合成为普遍法则这个条件"②，而这恰好就使得行为具有绝对的道德善的价值，就真正体现了自由，所以任性能够受到纯粹理性的规定，这就是其积极自由。现在，《道德形而上学的奠基》中的有些说法就不通了。比如说，用道德法则去规定意志的准则，就是不通的，因为意志只颁立法则，总不能说用法则去规定法则；又说意志是自由的，而实际上，自由是需要约束和规定的，而意志的功能是立法，如果意志是自由的，那就需要自己约束自己，这正是那时康德提出意志自律的根据，但这与意志自由实际上是一回事情，于是就只能在自由与自律之间转圈子。也就是说，意志作为实践理性，是不受约束的，它要去约束别的东西，即任性的行为或准则。所以，区分意志和任性，才能使自由应该受到约束的含义明确起来。

第三，这样一来，意志就与自由（实践的自由）没有关系了，意志的功能其实是使得人的任性成为积极自由的，所以，自由只与任性有关。但是，自由概念仍然是"一个纯粹的理性概念"③，也就是说它是超越经验的，经验中不可能提供自由的任何恰当例证，所以，作为纯粹理性概念的自由是一种理念，也就是本体的自由。但是，在事关行动时，我们就面对着纯粹理性

① 康德著，李秋零主编：《康德著作全集》第6卷，中国人民大学出版社2007年版，第220页。
② 康德著，李秋零主编：《康德著作全集》第6卷，中国人民大学出版社2007年版，第220页。
③ 康德著，李秋零主编：《康德著作全集》第6卷，中国人民大学出版社2007年版，第228页。

或意志所订立的客观法则，而我们的任性只会有一种自己的行动原则即准则，它并不能自动地就与客观法则相一致，于是，客观法则可以绝对地规定主体的准则，即去规定任性，要求他应当如何行动，实际上，这就是要求任性的自由与自由理念相一致。任性的自由处于被要求的地位。

因此，"法则来自意志，准则来自任性。任性在人里面是一种自由的任性；仅仅与法则相关的意志，既不能被称为自由的也不能被称为不自由的，因为它与行动无关，而是直接与为行为准则立法（因而是实践理性本身）有关，因此也是绝对必然的，甚至是不能够被强制的。所以，只有任性才能被称做自由的。"①

这段总体地阐述意志和任性的关系的论述，显然让熟悉《道德形而上学的奠基》的读者感到吃惊。然而，这是康德实践哲学发展的必然。让准则归任性，意志则专司法则，这样，意志就不是强制自己（因为这是悖解的），而是通过客观的法则来强制任性的准则，这样才能体现任性的自由。显然，人的任性的准则如果受到道德法则的规定，则可以说是"自律"的（因为它毕竟有可以独立于感性冲动的消极自由），如果它不接受道德法则的规定，但其行为却并不违背道德法则，则可以说是"他律"的。但任性即使在是"他律"的时候，也是形成了准则的，这就是有自由的表现，可表现为大家任性的外在行为自由，即它们能在外在行为中不违背道德法则，合乎而非出于道德法则去行动，这样，大家的外在行为自由就可以并存。这相当于《道德形而上学的奠基》中所说的"假言命令"。

康德还必须澄清人们一个普遍的误解：即认为任性的自由就表现为既可以遵循法则又可以违背法则，似乎任性的自由就表现为这样一个任意的选择。康德认为，在经验中确实存在着违背法则的现象这样的例子，然而，经验中的例子是一回事，而把任性的自由解释为就体现在既能遵循又能违背法则之中则是另一回事。因为就自由而言，其消极义正是可以独立于感性冲动

---

① 康德著，李秋零主编：《康德著作全集》第6卷，中国人民大学出版社2007年版，第233页。

的刺激，所以，违背法则绝对不是自由的本质方面。任性的自由表现为它的准则能够同时成为法则，这样去行动，就是自由的积极义。至于人在经验上会"表现出一种不仅遵循法则，而且也会违背法则作出选择的能力"①，却不能用来解释我们作为理知存在者的自由，"因为显象不能使任何超感性的客体（毕竟自由的任性就是这类东西）"② 得到解释。仅仅用感性偏好的刺激规定自己，那是动物的机械性任性的表现，而决非人的自由的任性的表现。所以说，为什么人会有违背道德法则的表现，我们无法理解发生这种事情的可能性，因为自由是理智存在者（超出经验的）的自由，不能用经验的机械因果性来解释。在康德看来，从概念分析的角度看，如果说自由是人的任性的一种能力，那么它就"与理性的内在立法能力相关"，故"违背这种立法的可能性"只能被说成是"一种无能"③，而不能被认为是陷入动物的机械性之中的表现，因为动物根本就没有法则意识，故谈不上违背法则。

康德关于意志和任性的区分，在西方学术界引起了很多争论。有的人认为这种区分是不必要的，因为如果任性的积极性自由就是能够受到道德法则的直接规定并作出行为，那么它与意志就没有区别了；亨利·E·阿利森则更合理地说明了任性的自由的特征，他认为，康德把人会违背道德法则看作是一种无能是不妥的，更好的说法应该是"误用"："只有存在者有了自由，从肯定的方面加以理解的自由，才能被认为是能够误用那种自由。但值得注意的是，偏离道德律构成了对这种自由的误用而不是它的缺乏。"④ 我认为，阿利森的意见是对的，因为这样理解任性的自由的特点，更使违背道德法则的任性自由的选择应被归责，即自由的人要为自己误用自己的理性而负责。然而，在我看来，这些争论，都没有注意到，康德区分意志和任性的真

---

① 康德著，李秋零主编：《康德著作全集》第6卷，中国人民大学出版社2007年版，第234页。
② 康德著，李秋零主编：《康德著作全集》第6卷，中国人民大学出版社2007年版，第234页。
③ 康德著，李秋零主编：《康德著作全集》第6卷，中国人民大学出版社2007年版，第234页。
④ 亨利·E.阿利森：《康德的自由理论》，陈虎平译，辽宁教育出版社2001年版，第198页。

正目的在于明确意志是立法的，法则所强制的就是一种自动地形成准则、与行动直接相关的能力即任性，而不是强制那种不与行动直接相关的能力即意志。

五、 康德道德哲学的晚年定论

在界定了意志和任性各自的含义之后，康德就展开了以下新的理论视域：意志就是一种立法的功能，而自由的任性则包含着外在的行为和内在的准则。从任性的外在行为而言，只要求它们能够符合意志的普遍法则，这就是行为的合法性，在这方面，主体可以有各种不同的内在准则。换句话说，只要我的外在行为不违背普遍的道德法则，即便我很想损害他人的自由却没有诉诸行动，那么我的行为也是有合法性的。人类的外在行为自由可以按照这样的合法性而共存，它不需要直接规定任性的主观准则，也就是说，不管行为者持有什么样的准则，只要他在行为中不违背普遍法则，他就至少尊重了普遍法则，其行为就受到了普遍法则的外在强制，所以他实际上就行使了其任性的自由，当然是外在行为的自由。这属于法理学的范围。也就是说，我们的任性的外在行为的自由表现为在普遍的法则之下能够与他人的任性的外在行为的自由并存于世，这就是我们的法权的前提。法权的形而上学的初始根据就在于此。

另一方面，任性还有内在准则，它应该受到普遍的道德法则的直接规定，不但其外在行为要合乎道德法则，其内在准则也要同时就是普遍的道德法则，即受到道德法则的内在强制，只有这样，我们的任性的行为及其准则才都是符合道德法则的，这才是合道德性的，也就是体现为任性的内在自由。所以，德性问题的根本就在于，我们的任性的准则能够抗拒把来自感性偏好的原理作为自己的规定根据，克服违背道德法则这一对任性的自由的误用，而以极大的道德勇气用道德法则直接决定自己的主观准则，这种意志的力量就是德性。德性的形而上学的初始根据就在于此。由于有些学者对康德的道德原则经历了变化这一点没有深入把握，他们对康德前后著作中的用词的确切含义没有进行甄别，因而会出现误解。他们在对于"自由的意志"和"自由的任性"作区分时就会陷入一种迷茫。比如有学者认为："康德的实践理性不仅体现为一种积极的自由意志（der freie Wille），还体现为一种消极的自由决意（die freie Willkür）"①，认为自由的任性只有一种消极意义，其作用在于体现德性作为与偏好斗争的坚强和勇气。事实上，在《道德形而上学》中，康德明言意志无所谓自由与不自由，自由的任性既有消极义，也有积极义，其消极义是它对感性偏好的独立性，其积极义正是道德法则能够作为任性的准则的规定根据，从而诉诸行为。所以，这种对自由的任性的理解是不很恰当的，因为任性的自由并不仅仅是消极的。

　　艾伦·伍德（Allen W. Wood）认为，《道德形而上学》的两部分即"法权学说"和"德性学说"是彼此独立的，因为"法权是自然的范围内（epoche of nature）的任务，而德性是自由的范围内（epoche of freedom）的任务。法权保护个体的外在自由，这是人类禀赋发展的条件，包括技能的培育和纪律的培育。道德的目的是伦理学的关切之所在，它们在伦理义务的系统中得以特定化，并在最高善的理念中得以综合。"② 这是在康德整个实践哲学的视域中来说的，即康德法权学说关注公民法治状态的建构，只有在这种状态下，人类的禀赋才能得到安全的发展，在文化的永无止境的发展中，才能有望在某个特定的时刻达到人类整体的道德化。虽然法权学说和德性学说是相互独立的，但并不是没有联系的，法权学说关注的是人的任性的外在行为的自由的实现，德性学说关注的是人的任性的内在品质的自由的实现。从某种意义上说，法权学说可以看作关于外在行为的道德，有普遍法则对行为的强制，故也关乎自由（虽然只是外在行为的自由），所以它也是道德形

---

　　① 刘静：《正当与德性：康德伦理学的反思与重构》，中国社会科学出版社 2015 年版，第 133 页。

　　② Allen. W. *Wood*, *Kant's Ethical Philosophy*, Cambridge：Cambridge University Press, 1999. p. 321.

而上学的一部分。我们认为，既然法权学说关乎自由，就不能说它仅仅关注自然的范围内的任务。在这个问题上，我觉得艾伦·伍德（Allen W. Wood）教授有所失察。

我们认为，康德通过确立任性的自由这一概念，既可开出法权的形而上学，贞定人们的外在行为的自由，又可开出德性的形而上学，贞定人们的内在品质的自由，内外结合，构成了《道德形而上学》的整体，由此，康德建构道德形而上学体系这一毕生的学术抱负得以圆满实现。它展示了道德哲学作为义务论的特点，区分了法权义务和德性义务，也展示了道德哲学的德性论特点，集中考察了德性的复合型结构，确定了道德情感在道德哲学中的地位。它更加符合人们日常的道德实践的特征，基础更加平实，在逻辑上更加自洽。虽然此书直到康德73岁高龄才出版，体系结构较为松散，行文也没有他在壮年时那种深刻峭拔、周密细致，但是此书是康德从中年时起就一直在准备写的，直到晚年界定了"任性的自由"这一关键概念之后，才展开成书，可以说是深思熟虑的。我们认为，《道德形而上学》是康德道德哲学的晚年定论。

第二节　道德命令及三大命令式的等值性

在第一章中我们看到，康德的实践概念包含了其分类，道德实践的前提包括道德法则和意志的先验自由，道德实践的内容则是义务所指向的活动。由于履行义务的活动是由意志作出的，所以，道德实践还必须考察道德法则与意志的关系是怎样的，即意志是会直接按照道德法则和义务而行动，还是需要强制性？我们在本章第一节看到，康德在《道德形而上学的奠基》中构造三大道德命令式时，他还没有明确区分意志和人的任性，只是说我们的意志是不纯粹的意志，所以，我们在论述道德命令式的问题时，仍然使用"意志"概念（指"不纯粹的意志"），而不牵涉到"任性"概念。康德认为，我们的意志会受到感性偏好的刺激，感性偏好会对意志产生影响，于是，道德法则或义务对我们的意志的关系就是一种强制与被强制的关系，表现为命令式。

一、 何为道德命令式？

自然界中的每一事物都是按照自然法则而发挥作用的，但只有"一个理性存在者具有按照法则的表象亦即按照原则来行动的能力"①，即有一个意志。显然，这个意志是基于理性的，因为理性能够形成理性法则的表象，即可以形成一种原则，也就是道德法则，他的按照原则而行动的能力就是意志。所谓道德实践，就是要从法则引出行为，因为只有通过意志才能做出行为，理性对理性的先天法则形成表象，即道德法则，其目的就是规定意志，使它按照原则而行为，所以，意志无非就是实践理性。当然，这种意志可以说是纯粹的意志，即不考虑它会受到感性偏好的刺激。也就是说，意志是这样一种能力，"仅仅选择理性不依赖于偏好而认做实践上必然的亦即善的东西"②。对这样一种意志来说，理性存在者认为是纯粹出自理性的必然的行为，在它的意愿中，也是主观上必然的。换句话说，在它的主观意念中，就会主动去实现那种实践上善的东西。

但是，人的意志却是不纯粹的意志，因为它也会受到感性偏好的刺激，也就是说，理性是不足以独自规定我们的意志的，因为我们的意志还会有某些其他动机，即服从某些与客观条件不相互一致的主观条件。因此，人的意志自身并非完全与理性相符合，所以对它而言，那种出自理性的具有客观必然性的行为，在它看来就是主观上偶然的。于是，人的意志要作出实践上善的行为，就需要受到客观法则的规定。这种规定之所以可能，是因为意志能

---

① 康德著，李秋零主编：《康德著作全集》第4卷，中国人民大学出版社2005年版，第419页。

② 康德著，李秋零主编：《康德著作全集》第4卷，中国人民大学出版社2005年版，第419页。

够被客观法则所规定，但这要通过摆脱或排除感性偏好对它的规定（虽然会受到感性偏好的刺激），才能显露出我们意志中的纯粹性部分，所以，这就是一种强制，因为这样一个意志在其本性上说并不必然会服从客观法则，只有通过强制才能做到这一点。于是，客观法则对我们的并不完全善的意志的关系，就是一种命令，其表达式就是"应当"。这种命令式是告诉一个并不完全善的意志：做某事或放弃某事是善的；但同时，这个意志虽然被告知了怎么做是善的，却并不总是会这样做。这表明，我们人的意志并不是与理性完全相合的。

于是，我们看到这样一个对比：仅仅把理性法则的表象即原则或道德法则，而没有掺杂任何其他感性偏好因素，作为客观地规定任何一个有理性存在者的意志的有效根据的东西，就是实践上善的；如果仅仅凭借出自纯然主观原因的感觉来影响意志，则这种主观原因只是对其行为者自身有效，而不可能成为对每一个人都有效的理性原则。显然，那种完全善的意志，或者神圣的意志肯定会自动地去做合乎法则的行为，而不是被强制的，即不是被命令的，因为其"意欲自己就已经与法则必然一致"①。当然，我们人类没有神圣的意志，对神圣的意志来说，命令式是不适用的。我们人的意志不是那种完全善的意志，但是，我们从我们的不完全善的意志中，可以分析出纯粹的意志（同时也有不纯粹的意志），即那种能够受到道德法则规定的意志，所以，为了能够获得实践上的善，我们就必须用客观的道德法则来作为直接规定我们意志的根据，而通过艰苦的斗争才能压制那些基于感性偏好的准则，即是说，我们的意志需要强制或命令，命令就是为了把我们的意志导向善。

在这里，康德只是给出命令式的形式。也就是说，实践上的善，就是由客观的道德法则直接规定我们的意志而造成的；至于这种善的内容是什么，

---

① 康德著，李秋零主编：《康德著作全集》第 4 卷，中国人民大学出版社 2005 年版，第 421 页。

那就要看在具体处境中，被客观法则直接规定着的我们的意志会指向什么对象或者目的。分清楚这一点是绝对必要的。

人的意志是有目的的，因为它必定要追求什么①。于是，我们可以分析到：如果我们的意志受到客观法则的规定，却去寻求另外一个目的，那么，虽然这时我们的意志也受到某种强制和命令，却并没有受到客观法则的完全规定（也就是并没有排除掉潜藏在我们不纯粹的意志中的主观原因），法则只是规定了意志所作出的外在行为（至少阻止其行为违背道德法则），却把对结果的考虑纳入自身中来了，这种命令式就是假言的。其表达式就是："如果你想实现某种另外的目的，就应该遵循……客观法则"。也就是说，在这样的行为中，遵循道德法则就只是为了别的目的而作为手段是善的；但是，如果我们的意志通过我们自觉的努力排除了其主观原因，而受到客观法则的完全规定，则我们的意志就会做出客观法则所命令的必然的行为，而不管结果如何。换句话说，这时作出这种行为本身就是目的自身，而不是作为达到其他目的的手段，这种行为被表现为就自身而言是善的，由此，这种意志的主观准则才能称为客观的普遍的道德法则。这种命令式就是定言的。

以道德法则对意志有无强制性或强制力的强弱来分，可以分为三种命令式，即技巧的命令式、机智的命令式和道德的命令式，这与实践概念的分类是一致的。

1. 技巧的命令式。人会怀有多种多样的目的。如果去实现这些目的就是我们的主观意图的话，那么我们就会想办法通过遵守某种法则而去实现它，这时，法则对于我们的意志来说就表现为假言命令。如果说，实现了某些目的或意图就是一种善的话，那么，行为或者对某一个可能的意图是善

---

① 在《道德形而上学的奠基》中，康德还是主张意志会去追求目的，诉诸行动，因为他此时还没有区分"意志"与"任性"。实际上，到了《道德形而上学》中，意志只关乎法则，并不与行动直接相关；而任性关乎准则，从而必然直接追求目的而诉诸行动。换句话说，康德后来是认为，意志只是颁立法则，它的功能是通过规定任性的准则，才能与行动相关。在目前的行文中，我们还是要遵照康德此时所主张的意志是一种行动能力的说法而展开论述，实际上，这个意义的"意志"，就是他说的"不纯粹的意志"，相当于以后的"任性"概念。

的，或者对某一个现实的目的是善的。前者是一个或然的实践原则，后者是一个实然的实践原则。

实然的和或然的实践原则关联着一些现实的和可能的目的或意图。比如我们在当下生活中会有一些现实的目的，我们必须用某些我们已经掌握的技巧去实现它们；在未来生活中则有着多样的可能的目的，为了将来能够实现它们，我们就必须以发展各种技能为手段。获得了某些技能，我们就将能应付某些生活目的。康德认为，这种技能行为就是为了实现生活目的的纯粹手段。由于未来生活中可能的目的多种多样，所以，要求我们发展一般性的、通用性技能。这种要求当然也有某种强制性，但只是对我们的具体行为有强制性，而对我们的意志则几乎没有强制性，也就是说，与判断我们自己可能当做目的的事物的价值关联不大，在纯粹的技术行为中，我们不太关心事物的价值，"不问目的是否是理性的和善的"①，所以，技术行为只关心它能否成为实现某些目的的有效手段，并关心培养知性能力，因为认识这种生活目的要靠知识，选择技术手段同样靠知识，它不关心道德价值，也不关心人品。这种命令式可以称作技巧的命令式，或者技巧的规则。这种假言命令式一般来说不牵涉到道德问题。

2. 机智的命令式。由于我们人是有感性又有理性的存在者，所以我们必定要去追求感性偏好的满足，保存生命和获得生活的享受都需要这样。而一切感性偏好的总和就是幸福，所以，幸福是我们人这类理性存在者所自然而然地会拥有的目的或意图，甚至可以说是每一个人先天地、必然地具有的一个意图，"因为这个意图属于每一个人的本质"②。为了实现自己的最大福祉，我们肯定也要选择手段，比如"影响他人、为自己的意图利用他人的技巧"，这叫作"世事的机智"；还有"为自己的持久利益把所有这些意图统

① 康德著，李秋零主编：《康德著作全集》第 4 卷，中国人民大学出版社 2005 年版，第 422 页。

② 康德著，李秋零主编：《康德著作全集》第 4 卷，中国人民大学出版社 2005 年版，第 423 页。

一起来的洞识"，这叫作"私事的机智"①。由于幸福的各种事项都是感性偏好，所以，幸福是结果性的。即使大家都拥有有许多共同点的幸福观，它也不是绝对普遍的，每一个人的幸福观必然有着自己的特殊性，所以，大家不可能对幸福概念达成完全一致，于是，幸福概念不能充当道德法则，它只能成为我们所追求的目的或意图。为了实现这种目的，我们就必须使用某些手段。这种要求不仅对我们采用哪些机智的手段有强制性，对意志也会有某种强制性，因为在对幸福的事项的追求中，会遇上他人的阻力，所以，我们必须要考虑到在外在行为上与别人取得协调，否则，我们的目的也得不到实现。这就是说，这种行为应该合乎义务，虽然不是出于义务，这就需要对意志施加某种强制。这样做还是出于对自己有利的意图，充其量只能叫作机智的，所以，这种命令式就可叫作"机智的或实用的命令式"。

这两种假言命令是如何可能的，这是比较容易理解的。技巧的命令式实际上是个分析命题。因为要实现自己的这种技术目的，我们就必须具有为达成此目的的不可或缺的、我们能够掌握的手段。这就是说，我意欲一个目的，要达成它的手段就包括在这个目的的因果性之中，手段就是达到这一目的的原因。由于它不牵涉到意志活动的根据，所以它与善恶的道德价值无关。

但机智的命令式的情况要复杂一些。如果我们能够给幸福提出一个确定的概念，那么，机智的命令式与技巧的命令式一样是分析命题。但是，幸福是一个不确定的概念，我们都意欲幸福，但是我们却难以形成一个始终一致的幸福概念。因为幸福对我们来说是一个整体，所以我们都想要获得我们福利的最大值。但是幸福的要素都是感性经验的，它们会变化，并且会产生冲突，对他人产生影响，等等，所以即使我们有很高的智能，但我们毕竟是有限的存在者，对有如此多的不确定因素的幸福是难以形成确定的概念的，因

---

① 康德著，李秋零主编：《康德著作全集》第4卷，中国人民大学出版社2005年版，第423页底注①。

为我们"无法根据任何一条原理完全确定地规定，什么东西将使他真的幸福。"于是，"在幸福方面不可能有命令式在严格的意义上来要求做使人幸福之事，因为幸福不是理性的理想，而是想象力的理想。"① 所以机智的命令式只能是一种明智的建议。

3. 道德的命令式。道德的命令式是如何可能的呢？它不像技巧的命令式和机智的命令式那样有一个先在的前提作为根据。我们倒是要注意那种看似道德命令而实际上是假言命令的情形。这里的关键就是，这种命令式虽然要求遵守道德法则，却可能暗含了一种另外的目的，于是遵守道德法则却成为手段。实际上只有那种认定道德法则本身就好，就必须遵守，作出这种行为本身就是目的，而不是为了另外的目的的命令式才是定言命令，即真正的道德命令。对这个命令式，我们只能先天地研究它是如何可能的。它只能是一个先天综合实践命题，因为它不能包括任何经验的根据，但是，却必须与意志的行为关联起来。在定言命令中，我们只要求对普遍的道德法则的遵守，或者道德法则直接地作为规定意志的根据，所以是先天的，但是它又产生行为，这种行为也会有经验性结果，我们当然也希望这种结果也是善的，所以又是综合的。因为这种结果是按照应该的秩序而出现的，所以表现为一种应当，它在经验中也可能不出现。因此，康德说："定言命令式只有一个，那就是：要只按照你同时能够愿意它成为一个普遍法则的那个准则去行动。"②

但是，康德在《道德形而上学的奠基》中，除了给出了以上一个道德命令式外，还给出了另外两个道德命令式。他自己的解释是：这三个道德命令式，第一个从形式角度给出，第二个从质料角度给出，第三个是综合的。其"进程就像是通过意志形式的单一性（意志的普遍性）、质料（客体，亦即

---

① 康德著，李秋零主编：《康德著作全集》第 4 卷，中国人民大学出版社 2005 年版，第 426 页。

② 康德著，李秋零主编：《康德著作全集》第 4 卷，中国人民大学出版社 2005 年版，第 428 页。

目的）的复多性和意志体系的全体性或者总体性这些范畴进行的。"① 但他又认为，这"三种表现道德原则的方式在根本上只不过是同一个法则的三个公式，它们中的每一个都在自身中自行把另外两个结合起来"②。他承认它们之间有差别，但又认为这种差别是主观的，而不是客观地实践的。他主张，只有第一个道德命令是唯一的命令，其他两个是与之等值的。但是，既然只有第一个命令是唯一的道德命令，那为什么又需要给出另外两个？或者说，既然需要三个，并且是从不同的角度给出的，明显有不同，那么又如何能说它们是等值的？对这些问题予以阐明，将能够清楚地理解到康德道德原则的真正意义。

二、　三大道德命令式的诠释

在康德看来，定言命令式只有一个，那就是："要只按照你同时能够愿意它成为一个普遍法则的那个准则去行动。"③ 这是第一个道德命令式。这个命令式由于是纯粹形式性的，所以，看上去是空的。正如安德鲁·雷斯（Andrews Reath）所说：对于康德而言，"也许根本就不存在那种为了行动的无条件的理性，而且，道德的概念，就它被定义为那套理性（或那套实践法则）时，如果它是完全清晰的，则它就是空的，不包含任何内容。"④ 由于它是先天的，所以只能是纯粹形式的。然而，虽然它并不是为了作出行动而存在的，但是，它可以关涉后果。因为它要从源头上约束主观准则，并保证行为及其后果的道德价值，而这种后果却是必须在经验世界中体现出来的。

---

① 康德著，李秋零主编：《康德著作全集》第 4 卷，中国人民大学出版社 2005 年版，第445 页。

② 康德著，李秋零主编：《康德著作全集》第 4 卷，中国人民大学出版社 2005 年版，第444 页。

③ 康德著，李秋零主编：《康德著作全集》第 4 卷，中国人民大学出版社 2005 年版，第428 页。

④ Andrews Reath, *Agency and Autonomy in Kant's Moral Theory.* Oxford：Clarendon Press，2006，p. 74.

于是，"由于结果的发生所遵循的法则的普遍性构成了真正说来在最普遍的意义上叫做自然的东西，就事物的存在按照普遍的法则被规定而言，这自然也就是事物的存在。"① 这就是说，这个命令式驱使我们的意志去做出具体行为，这种行为及其结果就是在自然界存在的，行为者的意志是这种行为及其结果的最初动因，而不以其他自然物作为其原因，所以，是我的意志按照其准则而行动造成了一种自然秩序，它们当然也要受到普遍的自然法则的规定，也就是说，道德性的行为及其后果在自然界按照应该的秩序而出现了。前者表明我们是本体自我，后者表明我们又是现象自我（这样同时设想人的两种不同存在方式，并无逻辑矛盾），但是，本体自我遵循的法则是现象自我所遵循的法则的根据，所以，当我们的意志按照纯粹形式性的道德法则而作出行动时，其行为和结果就会出现在自然界。既然存在于自然界，这些行为及其后果也就必然遵循着普遍的自然法则，这样就好像是意志的准则成为了自然法则似的。因此，这条律令也可以这样来表述："要这样行动，就好像你的行为的准则应当通过你的意志成为普遍的自然法则似的。"② 这里，应该注意这个表述的用词："好像……似的"，也就是说，行为的准则并不"真是"普遍的自然法则，只是由行为的准则所导致的行为及其后果所遵循的普遍的自然法则似乎就是行为的准则所规定的。这表明，道德行为首先是由我们的主观准则所引起，而按照应当的秩序出现于自然界的，从而我们的道德法则成为行为及其后果所遵循的普遍的自然法则的根据。

换句话说，这个命令式由于是对义务来说的，而义务却是对要产生实际后果的行动的意志的约束原理，所以，这个定言命令虽然是形式性的，却要使行动所产生的实际后果按照应当的秩序出现于自然界。当然，这并不是说，出自这条命令的行为一定能够产生其所期望达到的后果，比如由于力量

---

① 康德著，李秋零主编：《康德著作全集》第 4 卷，中国人民大学出版社 2005 年版，第 429 页。

② 康德著，李秋零主编：《康德著作全集》第 4 卷，中国人民大学出版社 2005 年版，第 429 页。

的不足，或情况太复杂，而使得善良意志落空，也是可能的。例如，我们即使再想去救人，也不可能一分钟跑 10 公里，如果距离太远，则我们就不可能把人救起来。所以，这条命令说的是：在不超出自然法则的情况下，我们的善良意志可以完成道德命令给我们的任务，使这种结果得以在自然界出现。也就是说，出自善良意志的行为要有好的效果，其任务要得以完成，就必须在自然法则所允许的范围内。

所以，我们可以说，实践法则中既有纯粹的形式，也有质料，即意志的对象。"如果一个有理性的存在者应当把他的准则设想为实践的普遍法则，那么，他就只能把这些准则设想为这样一些原则，它们不是按照质料，而是仅仅按照形式包含着意志的规定根据。"① 所以，第一条命令中的普遍法则只能是抽掉了任何经验因素后所剩下的纯粹形式。因为在这里，理性法则并不是一个目的，所以，它就没有质料性的内容。我们需要做的是对理性法则进行表象，从而形成道德法则，也即指导我们的经验性行为的普遍的、客观的实践法则，故而是纯粹形式性的；同时，意志是一种欲求的能力，有欲求就会有目的。但是，欲求有高级的和低级的之分。低级的欲求能力就是需要以情感即"惬意或者不惬意的表象"为前提条件的，而高级的欲求能力则是理性"为自己本身来规定意志（不是为偏好出力）"② 的欲求能力，它可以使病理学上可规定的低级欲求能力归属于其下，即它"仅仅通过实践规则的形式就能够规定意志"③。

这样一种意志当然也要指向某种目的，也就是说有某种质料或对象。质料和对象作为目的来说只能是经验性的东西，于是，如果道德命令式要产生结果，或者完成某种目的，那么，这种目的一定不是感性偏好的对象，而是

---

① 康德著，李秋零主编：《康德著作全集》第 5 卷，中国人民大学出版社 2007 年版，第 28 页。

② 康德著，李秋零主编：《康德著作全集》第 5 卷，中国人民大学出版社 2007 年版，第 26 页。

③ 康德著，李秋零主编：《康德著作全集》第 5 卷，中国人民大学出版社 2007 年版，第 26 页。

一种自身同时是义务的目的，也就是说，实现这样的目的就是我们的义务，也可以看作是高级欲求的对象。康德认为，这样的目的就只能是目的自身，是最高目的，而且这样的目的还能约束我们对其他目的，如偏好的目的，即对幸福的追求，换句话说，我们追求幸福的目的的行为要受到这种目的自身的约束和引导。康德认为，这种能够称为目的自身的对象就是"人格中的人性"。根据康德的看法，人格是处于本体界的，是我们作为一个有理性者的本体自我，而人性则是指具体的人性禀赋（如感觉能力、想象力、机智、知性、判断力等等），它们都要么是经验性的，要么只能在经验范围里使用，从这个意义上说，虽然人性可以包括理性，但由于理性是超验使用的，所以它要同人性的其他禀赋分开考察；人格性禀赋同动物性禀赋和人性禀赋也要分开考察。他主张，人格是人性的理想，而人性却有各种自然的、经验性禀赋，它们都应该向善发展，它们可以成为目的，但需要人格这一理念的引导，所以，我们具有一种内在的、客观的义务，那就是要促进我们"人格中的人性"的发展，这是一种同时是义务的目的，也是我们作为理性存在者都应当拥有的目的。当然，并不是人性中的自然禀赋的发展这种质料性的东西可以成为意志的规定根据，而是由道德法则规定的意志一定会指向这样的目的，这样的目的才是那种同时是义务的目的，才是目的自身。所以，第二个命令的表达式就是这样的："你要如此行动，即无论是你的人格中的人性，还是其他任何一个人的人格中的人性，你在任何时候都同时当做目的，绝不仅仅当做手段来使用。"①

第二命令式的表述采取了与第一命令式不同的角度，那就是从目的的角度即质料的角度来表述的。人格中的人性的发展，就是作为理性存在者的欲求对象。它之所以能够作为目的自身，是因为它是理性的概念。人格作为本体自我，当然是理性的概念，人性的完善发展状态也是理性的概念，因为它

---

① 康德著，李秋零主编：《康德著作全集》第4卷，中国人民大学出版社2005年版，第437页。

在经验世界中发现不了，即现实生活中没有一个人能够达到这种状态。所以，人格中的人性，实际上是指在人格理念的指导下，向着完善状态逐渐发展的人性，只有这样的东西，才是实践理性的目的本身。所以，在提出第二命令式时，康德其实是说，只有尊重和促进人格中的人性的存在和发展这一目的，才能对其他感性欲求的目的起一种指引、规范和引导作用。换句话说，只有把人格中的人性视为无条件的目的本身，我们具体地追求到的构成感性幸福的各种目的才是我们配享的。

"人格"和"人性"，是两个关键概念，必须得到厘清。我们认为，人格是指我们的本体自我，具有无上尊严；同时我们作为现象自我，我们的人性是丰富的，具有各种潜能和禀赋需要发展，比如感性能力、记忆力、想象力、情感、欲求能力等等，它们在社会交往和培养中将能发展成文化教养。由于它们是我们人的自然禀赋的总和，又因为自然赋予我们这些禀赋，是为了要整体地促进它们，其理想状态可以是一种总体理念，所以它们同样可以超出经验，而来源于理性。他曾经说过，就大自然的目的而言，"一种造物的所有自然禀赋都注定有朝一日完全地并且合乎目的地展开"①，于是，人性不仅应保存其自然禀赋，同时也应该促进它们，即要促进自己禀赋的发展与完善。人性中的自然禀赋包括本能和理性。发展起一种真正的理性思维能力，是我们的道德教育和文化教养的根本目的。当然，"在人（作为尘世间惟一有理性的造物）身上，那些旨在运用其理性的自然禀赋，只应当在类中，但不是在个体中完全得到发展。"② 然而，就个人而言，我们当然也应该努力发展自己的自然禀赋，即尽力促进自己的人性的发展。所以，从这个意义上说，不但保存自己的人性，而且促进自己的人性发展，就都是我们的目的，但是人性的发展只有在人格理念的引导下，才能保证其不断向善发展

---

① 康德著，李秋零主编：《康德著作全集》第 8 卷，中国人民大学出版社 2010 年版，第 25 页。

② 康德著，李秋零主编：《康德著作全集》第 8 卷，中国人民大学出版社 2010 年版，第 25 页。

的价值方向，所以只有"人格中的人性"才是我们的目的本身，因为在这里意志的对象是有着自然禀赋的人性，所以是质料性的，只有促进人性向着完善状态发展才可以成为目的本身。由此我们可以清楚地理解康德所说的应该把人格中的人性永远当作目的这一主张的意义。但是，在什么情况下，人格中的人性又可以被当作手段呢？

康德认为，为了保存并促进我们人性的发展，我们必须追求人的所有目的，包括我们的感性生活目的。在现象层面上，人们为了达到自己的感性生活目的，必然需要互为手段，因为我们是处在相互需要的体系之中。这是一种自然而然的生活结构，追求自己的目的当然是追求一种善，但我们必须在无条件地尊重人格尊严的前提下来追求它，只有这样，它才能成为一种道德的善，否则就可能成为一种相互贬低的举动。这就要求我们，在促进我们的人性发展的目的的过程中，虽然需要互为手段，但是一定不能损害我们的人格尊严，同时也不能损害人格理念引导的人性的存在和发展。如果说，人性的现实发展的全体（现象自我）是人格（本体自我）的现实对应物的话，那么，也只有人性的完善发展才能说是真正彰显了我们的人格尊严，所以，这种目的自身就是约束和引导我们日常的互为手段的行为的最高限制条件。从这个意义上说，在尊重彼此的权利的前提下，我们在日常生活中通过互为手段去促进自己的人性发展这一目的，就是尊重人们的人格的现实行为和表现，而那种侵犯他人权利的行为，本质上就是在贬低他人的人格。达成幸福的目的，当然也是人性发展的条件，所以，促进人们的幸福也是在尊重人们的人格。人们对自己的幸福会自然而然地去追求，所以不是义务；而对他人的幸福的促进，却并不会是一种直接爱好，所以，它是我们的一种德性义务。因为我们并不会凭偏好去促进他人的幸福，所以，要完成这种义务，我们彼此都需要把对方的目的纳入自己的目的之中，从而需要互为手段。

对我们而言，促进人格中的人性的发展完善这个目的是超越性的，它指导、约束着我们追求日常感性目的的行为。这个命令，要是从形式上说，也只能是让自己的主观准则成为客观的道德法则。人格中的人性（实即人性的总体理念）以及一般而言有理性者的本性，它们作为目的本身，作为最高条件来限制每个人的行为自由，这个原则没有经验的来源，而是来源于先天，因而是普遍的，并且是对所有有理性存在者都普遍有效的。这样一来，人格中的人性并不是我们主观上的目的，而是在客观上的也即实践上的目的，也就是说："无论我们要有什么样的目的，这个客观目的都应当作为法则构成一切主观目的的最高限制条件；因此，这一原则必须源自纯粹的理性。"① 对此，安得鲁·雷斯（Andrews Reath）做了这样的解释："粗略地说，虽然追求一种给定的兴趣也许一开始会落入他律，但是当行为者出于对它的普遍有效性的认同而赋予这个目的以价值时，比如，当行为者把这个目的评价为人性的力量的实现，或者把它与对人们的自然完善的促进联系在一起时，它也能表达自律。"② 这就是说，我们如果追求一般的我们会对其有兴趣的东西，那么这通常是他律的，但是，当这种兴趣指向促进人性的完善（人格中的人性）时，则我们实际上是把它们当做客观目的，而非仅仅是主观目的，因为这是我们人这种有理性者都应当拥有的客观目的，这种目的必定是出于道德法则或义务的行为所必然指向的对象，所以，这也是意志的自我约束，即自律。关于这个问题，我们将在第三章中予以详细讨论。

说到底，我们在生活中会追求各种各样我们自行当作目的的对象，这种种目的都有一个主体，这个主体就是作为有理性的存在者的人格，只有它才有无条件的尊严，同时也只有"人格中的人性"才能成为目的自身。从这个意义上说，只有人性的总体理念才是目的本身，即我们所要促进的对象，它可以化为许多具体目的，即化为现象自我的各种组成部分，如智力的提高、审美鉴赏力的陶冶、与他人协调一致的习俗、行为程式，与他人的幸福目的的共存的欲求能力的提高，等等，总之属于文明教养的东西，这些都要在现实

① 康德著，李秋零主编：《康德著作全集》第4卷，中国人民大学出版社2005年版，第439页。

② Andrews Reath, *Agency and Autonomy in Kant's Moral Theory*, Oxford: Clarendon Press, 2006, p. 55.

社会交往中才能得到促进，在这个过程中，我们都需要互为手段。但是大家互为手段，其真正的目的却是要促进整体人性的发展，所以要求我们把"人格中的人性"作为目的自身来追求。在具体地追求组成日常幸福的各个事项的过程中，人们必须互为手段，所以，如果没有人格中的人性这一自身即是目的的东西的引导和约束，就有可能会损害彼此的人格，于是，我们必须把对人格的尊重作为最高限制条件，只有这样，促进人性的整体发展的具体行为才有了最高的道德保障。只有对第二命令式做以上解读，我们才能理解为什么它是从"质料的角度"构造的命令式。

以上两条命令式，若是要既有形式，又有质料，即需要综合起来，那么，就会出现这个形式由谁来定，普遍的道德法则由谁来颁布，又由谁来遵守的问题。显然，只有有理性者的人格才能制定、颁布普遍法则，或者说，有理性者的人格应该成为立法者。而有理性者的人格，就是理性自身的固有资格，所以，人格所立之法就是普遍的道德法则（对意志而言），并命令意志去遵循它们而做出行为，所以，这样的道德法则同时也是意志的主观准则，或者说，这样的意志的主观准则即是普遍的、客观的实践法则。于是，我们看到，人格所颁布的普遍法则，不多不少，正是第一命令式中的普遍的实践法则，所以是纯粹形式性的。人格自己颁布的法则，又应该自己去遵守。他如果去遵守别人制定的法则，那么就是他律。所以，第三命令式是这样表述的："每一个理性存在者的意志都是一个普遍立法的意志的理念。"①它可以作为意志与普遍的实践理性相一致的最高条件。

但是，普遍法则所约束的又只能是在促进我们的人性发展中所具体追求的各种目的。普遍法则的形式性，所保证的就是对所有人都一视同仁，即一方面要保证同等尊重所有人的人格，同时又使自己的人性发展与他人的人性发展能够同时并存，由此，促进人类的人性的整体发展就是一个总的目的，

---

① 康德著，李秋零主编：《康德著作全集》第 4 卷，中国人民大学出版社 2005 年版，第 439 页。

由于这个目的是我们所追求的对象，所以，它是质料性的；同时，促进个人的人性发展这个目的又处于总体的实践法则的约束之下，这样，就组成了一个目的王国。正如康德所指出的：这样"就产生出理性存在者通过共同的客观法则形成的一种系统结合，亦即一个王国，由于这些法则正是着意于这些存在者互为目的和手段的关系，这个王国可以叫做一个目的王国（当然只是一个理想）。"①

　　显然，这种立法首先针对着人们的外在行为，即防止人们彼此之间侵害对方的权利。康德说："任何一个行动，如果它，或者按照其准则每一个人的任性的自由，都能够与任何人根据一个普遍法则的自由并存，就是正当的。"② 权利就是在这个境域中得到彰显的。这是对人们外在行为的法权约束；同时，这种立法又针对着每个人的内心，即使得尊重并促进他人的权利成为自己的主观准则，这就是一种道德的内在约束，即要求自己来遵守。所以康德又进一步说，只有伦理学才着重关注动机原则，它加给人们以一项德性义务，即"使依法行动成为我的准则，这是伦理学向我提出的一个要求。"③

　　由此我们反推过来就更加明白了第二命令式的真义：它意味着人们的人格是立法者，但同时我们作为人性的主体，必须克制把自己或者他人仅仅视为手段的冲动，而必须把自己的人格中的人性和他人的人格中的人性同时也视为目的。我们对自己人格中的人性的义务，首先是保存自己的生命，这是人性发展的基础；同时又要促进自己的自然禀赋的发展；对他人人性的义务，则首先是不侵害他人的外在权利，因为权利是人们作为一个有理性者自身固有的。以违背诚信的义务作为例子，我们就可以看出，那种通过破坏契

---

① 康德著，李秋零主编：《康德著作全集》第 4 卷，中国人民大学出版社 2005 年版，第 441—442 页。

② 康德著，李秋零主编：《康德著作全集》第 6 卷，中国人民大学出版社 2007 年版，第 238 页。

③ 康德著，李秋零主编：《康德著作全集》第 6 卷，中国人民大学出版社 2007 年版，第 239 页。

约侵害他们的财产权利而为自己谋利的行为，其道德上的过错就在于仅仅把他人看作在人格上可以被贬低的，看作是仅仅可以利用的手段。实际上，我们对他人的幸福的促进也负有义务，这主要是与整体地促进人类的幸福或人性的发展相适应的。所以，他人的幸福的"表象要在我这里产生全部影响，则作为目的自身的主体，其目的就必须也尽可能地是我的目的。"①

三、 三大道德命令式的等值性证明

这三条命令是否等值？康德本人认为的确如此。但是，从三者的结构和应用主体来看，又的确是有所不同的。第一命令实际上是对所有有理性者而言的，而第二命令则明确地讲到要把所有人的人格中的人性（包括自己的人格中的人性）同时当作目的，而不仅仅用作手段。由于有理性者比人格中的人性范围更广，二者似乎有差异，所以有人认为这说明了二者并不等值；同时，它们三者的表述角度也不同，似乎更说明它们是不等值的。

我们认为，形式性的命令要求把自己的主观准则同时能够作为客观的道德法则，所以应该对所有有理性者都有同等的约束力。但是有理性者主要是指人，至于人之外的有理性者的存在都只是逻辑上的可能，并非是实际的存在者。于是，在康德把道德命令进展到质料即目的范围时，只谈人是目的，并没有缩小范围，反而是第一命令的具体化，也反映了康德彻底的人本主义精神。所以，当奥诺娜·奥尼尔这样评价康德的第二命令时，并没有真正说明第二命令与第一命令的不等值性："既然康德所假设的、作为自在目的而存在的乃是'一般的理性本性'，那么自在目的的公式也就可以被表述为这种要求，即永远不要把火星人、合理的兽性或理性的天外来客当作单纯的手段而是永远把它们当作自在的目的来对待。"② 我们认为，这样的说法有些戏

---

① 康德著，李秋零主编：《康德著作全集》第 4 卷，中国人民大学出版社 2005 年版，第 438 页。

② 奥诺娜·奥尼尔：《理性的建构：康德实践哲学探究》，林晖、张树博译，复旦大学出版社 2013 年版，第 175 页。

谑的成分，因为康德从来就不会认真看待所谓的火星人或理性的天外来客。

所以，对康德而言，把有理性者等同于人，在这里并没有缩小外延的问题。对康德而言，问题的关键是，怎么去执行第一命令？这里无非有两条：一是要在人与自己和人与人之间的关系（有理性者的意志之间的关系）中来进行；二是主体如何去追求自己的目的。这就是说，这个命令需要内容，并在现实的经验世界中进行，从而产生实际的结果而进入经验世界。就主体而言，就是准则与法则的关系，既然第一命令是主观准则与客观法则的同一化，本身就是意志准则与理性法则的同一化，那么这就表明纯粹理性本身就具有实践能力。所谓实践，就是要诉诸行动，使之进入自然界的现象存在之中，当然是使行为及其结果以应当的秩序而出现。理性若不能凭借自身就具有实践能力，就无法成为行为的绝对主体，使行为完全按照理性的自由法则而出现。理性自身诉诸实践的能力就是意志本身，它要规定各种目的的追求方式和实现方式，也就是说，各种目的的追求和实现，需要有一种无条件的价值观念作为前提。这个价值观念也就是对某种目的的评价，它只能首先指向有理性者的人格，只能思入本体，即不能是对我们主观的、个别的目的的评价。主观目的的价值是相对的、有条件的，而只有客观的、为所有有理性者普遍地、内在地拥有的目的，才是无条件的、绝对的。只有它，才是对一切主观目的的追求和实现的最高限制条件。限制主观目的追求的意图就在于使各人的主观目的追求相互之间无冲突，不自相矛盾，而能够共存。从理论上说，这分为两个方面，即首先要把人们都作为本体自我，即有着人格尊严的理性存在者来看待，大家相互尊重对方的人格尊严。因为这是"一个人格基于主体自己的意志而有的资格，符合这种资质，一种普遍的（既为自然也为自由意志）立法的理性才会与这个人格的一切目的协调一致。"① 于是，在如何对待自己的主观目的的问题上，就不是各自以主观目的作为决定自己

① 康德著，李秋零主编：《康德著作全集》第 8 卷，中国人民大学出版社 2010 年版，第 281 页底注①。

行为的动机，并想通过各种熟练的技巧来达到目的，而是首先要考虑我追求自己的主观目的的行为动机是否与普遍的立法相协调。这样的限制条件在经验中能起到什么作用呢？它要保证我们自己所追求的主观目的能与他人所追求的主观目的在现象界并存，而不是相互损害。本质上说，这就是因为我们遵从了尊重彼此的人格尊严这条命令，在现实中就表现为对彼此同样的权利的尊重。

关于这一点，我们可以从康德关于对他人的不完全义务，即尽力促进他人的幸福的义务中得到索解。如果我想把他人仅仅当做手段来利用，那么，那个他人在同一行为中就被仅仅用作手段，因而不可能同时成为我的目的。比如，在现实中，如果有人侵犯我的自由和财产，就会与这个普遍道德原则完全冲突了，因为我们不可能同意别人侵犯我们的权利。自由权利和财产权利是一个人自尊的基础，它们是我们的人格在现实中的对应物，其形上根据就是我们作为本体自我的人格。在我们的意愿和行为中，我们不可能说，我既尊重你的人格，又可以侵犯你的自由和财产权利。显然，这种行为在道德上就是自相矛盾的。所以，康德说："人的权利的践踏者有意把他人的人格仅仅当做手段来使用，而没有考虑他人做为理性存在者，在任何时候都应当同时作为目的，亦即仅仅作为也在自身必然包含着这同一个行为的目的的存在者而受到尊重。"①

这里我们可以检验一下"己所不欲，勿施于人"是否是真正的道德原则。在康德看来，它并不是道德原则，而是从道德原则中推论出来的。因为对己之所欲与别人的关系的处理方式，应该是在"人是目的"这一最高原则的指导、约束之下来追求具体目的的方式。诚然，"己所不欲，勿施于人"体现了尊重他人人格的精神，却只是尊重人格本身的尊严这一原则的应用，而不是这一原则本身。因为从对自己之所不想要的东西的判断出发，来限制

---

① 康德著，李秋零主编：《康德著作全集》第 4 卷，中国人民大学出版社 2005 年版，第438 页。

自己不把这种事情加到别人身上，至少是把别人看作是与自己一样的人。但是，这一点只从对自己的欲望的判断出发，而从否定的角度来限制自己不把自己不想要的加在别人身上，从而是消极的，对应该如何积极地对待他人之所欲则没有说。当然，这一规则有一个好处，那就是不会产生对别人而言的不利后果。所以，能够遵循"己所不欲，勿施于人"的原则，的确体现了对他人人格的尊重，但是，还没有把他人的目的（当然要是合理的目的）纳入自己的目的中来，故而还没有完全地在现实生活中把促进他人的人格中的人性的发展作为目的。康德实际上是说，包括仁爱和正义等都不是普遍的实践法则本身，而是在普遍法则指导下的具体原则，受到这种普遍法则的最高限制。

从以上所论我们可以看出，第二命令是第一命令的原则指向其质料或者对象的体现，从而"使理性的一个理念更接近直观，并由此更接近情感"①。因为在第二个命令中，既具有对人格的尊重情感，更有对目的比如大家都会追求的幸福的各个事项的处理方式，同时，对这些具体的目的的追求还首先受到了普遍原则（把所有人的人格中的人性作为目的自身）的约束和指导，从而使具体的目的按照应当的秩序而实现于自然界或经验的对象世界。所以，第二命令是对第一命令的应用，它们确实是等值的。

至于第三命令，也是必然之举。这是因为，既然第一命令的可普遍化原则对所有有理性者都有着同等的约束力，而第二命令又是对具体目的的追求进行约束和引导，那么，第三命令就必然是对有理性者要在一个共同体中追求自己的目的的一种普遍的约束法则系统。所以，第三命令是综合的。可以说，第一命令主要是制定一个纯粹形式性的规则，第二命令则是给出这种纯粹形式性的规则在人的事务中的应用，并对个人追求自己的幸福的目的的行为给予最高限制。但是，人的行为是在社会共同体中进行的，所以，必定需

---

① 康德著，李秋零主编：《康德著作全集》第 4 卷，中国人民大学出版社 2005 年版，第 444 页。

要一种人与人之间追求各自目的的行为的普遍的限制条件，从而使得大家的目的能够得以共存并彼此促进，所以，就又需要第三条命令，否则，就无法对大家的共处给出共有的约束规则，这个规则就是每个人都是目的王国的立法成员，同时又是自己所立规则的遵守者。于是，我们可以看到，这三个道德命令，每一个都包含了另外两个，或者可以从其中的一个分析出、推论出另外两个。第一个命令，给出了使得我们的意志成为善良意志的最高条件，即在我们的意愿中，要让主观的准则能够同时成为客观的道德法则，于是，你要表现出你的善良意志，就是要在实际生活中作出具有道德价值的行为，即能以道德法则来限制、引导我们追求自己幸福目的的行为，这样我们一方面就彰显出了自己作为本体自我的人格尊严，因为我们用先天的理性法则来规定自己意志的动机，而不掺杂任何经验因素，同时，我们又应该把他人视为具有与我们同样的人格尊严的理性存在者，这在现实生活中的对应物就是不侵害他人的人身权利、财产权和自由等，这样就是在尊重他人的人格尊严。这两者当然偏重于从作为个体的行为主体而立言。于是，我们知道了第一命令的这种形式性规定在现实生活中如何运用，它所对应的人的最高价值是什么，以及所约束的具体对象是什么。所以，第二命令对第一命令没有增加额外因素，而只是使之具体化，使之发现在经验中的对应物，从而使第一命令与经验更加接近了；同时，我们知道，为了彻底贯彻主体性原则，我们必须拓展我们的视野，而进入到人与人之间的关系中，换句话说，必须从每个有理性者都是道德行为主体，即作为群体的道德主体来立论，只有这样才使得道德上的平等资格得以彻底贯彻，也就是说，要进入到有理性者的交往共同体之中，这既是人类社会性生存的实情，也是人伦关系的总结构。从这个意义上说，伦理关系的结构就是平等的人伦关系的空间，所对应的就是尊重并保卫公民自由和平等的法权的普遍法治状态。人之平等，首先不是各种自然能力的平等，也不是社会地位的平等，而是人格的先天平等。既然我们都是有理性者，所以我们都拥有人格，同时我们也拥有有理性者的总体人性发展的理念，于是，我们都可以立法，即颁布对所有有理性者都有同等普遍的约束力的法则，在这一点上，每个人都有同等的资格。于是，我既颁布这个普遍法则，也就是说我的意志是具有立法能力的，同时我也要遵守这普遍法则。当然，这对所有其他人而言，其情形都是一样的。只要大家都具备了这种思维方式，即只从本体界吸收规定意志的动机的根据，则所有个体意志所立之法都是同样的。这就是说，我们都要彼此尊重对方的人格尊严，并把对方的人性发展的目的纳入自己的目的之中，这样的共同体就可以说组成了一个目的王国。这当然是很理想的状态，因为我可以自我保证会遵守自己所立之法，但是并没有什么方法能够强制他人都能保证遵守其所立之法。这是人们在日常生活中的真实情形，因为我们的意志毕竟不是纯粹善良的，所以可以说目的王国是一种理想王国。在这种理想的目的王国之中，人人都是立法者，同时又是其所立之法的遵守者，这就是"自律"。只有这样，对目的王国中的每个成员的约束条件才能得以最终完成。显然，这种约束在我们作为目的王国的元首时，并不存在，因为那时我们是在颁布法律，而当我们作为目的王国的成员时，就受到这种自我约束。成为元首，是本体自我；成为成员，我们却是作为本体自我和现象自我的合体。故康德这样说："每一个理性存在者都必须如此行动，就好像它通过它自己的准则在任何时候都是普遍的目的王国中的一个立法的成员似的。"[1] 就有理性者都有自己的目的而言，这个目的王国要与自然王国相类比才能存在，"但目的王国惟有按照准则，亦即责成自己的规则才是可能的，而自然王国则惟有按照外部强加的作用因的规则才是可能的"[2]。也就是说，目的王国要在行动中体现出来，就其现象的外观看，就可以称为自然王国，因为这样的目的在理性的普遍规则的约束下，能够在自然界或经验世界中共同存在，就此它们组成了一个自然王国，这就与经验接近了，对此，普通理性也能加以理解了。

---

① 康德著，李秋零主编：《康德著作全集》第 4 卷，中国人民大学出版社 2005 年版，第 447 页。

② 康德著，李秋零主编：《康德著作全集》第 4 卷，中国人民大学出版社 2005 年版，第 447 页。

至此，我们终于证明了，这三大命令是等值的，其差异只是主观的，而不是客观的实践的。换句话说，当我们思考道德命令的本质时，就只需要考察我们作为有理性者，我们的主观准则与客观的道德法则的同一性问题，这就需要去除我们的主观准则所依赖的任何经验性的东西，这就是纯粹的形式性的理性法则（第一命令）；而就意志必然要诉诸行动，并追求某些目的，即意志必然关涉于某些目的即幸福的事项而言，则首先就要确认其自身即是目的的东西，即人格中的人性，并以此作为各种具体目的的最高限制条件，这当然参照了人这种其意志并非是完全善良的理性存在者的特性（第二命令）。就此而言，第二命令与第一命令并无不同，因为道德命令本身即是对于人类这种其意志并非纯粹善良的理性存在者的强制，"命令"就是约束、强制之意；那些完全的理性存在者，会自然而然地出于道德法则而行事，并不需要命令或强制，然而，这却只是虚悬一格；同时，既然第一命令是对所有有理性者的要求，所以就必须在目的问题上推论对所有有理性者都有约束力的规则，那就是能使人们的各种目的能够共存的普遍的约束性规则；最后扩展到群体人际关系或共同体中，这就必然指向目的王国能够成为自然王国，其最高条件就是自律（第三命令）。从以上可以看出，这三个命令中，其中每一个都包含了另外两个。只有这样，道德命令才能化为具体实践的指南。

四、 三大道德命令式等值的理论力量

康德认为，这三个命令的本质都是人对自己内心的道德约束。之所以发展出这三个具有等值性的命令式，目的在于，使人们认识到要使行为具有道德价值，首先就需要以道德法则为前提，以彰显自己配享幸福的资格，并以此来约束人们对自己的幸福事项的追求，而使大家的幸福事项能够并存，并得到促进；同时，道德是关乎人伦关系的，即在共同体中人们的相互对待的行为中，把每个人都尊重为具有人格尊严的理性存在者，并要求每个人达到

自律，进入到理想的目的王国之中。我们认为，这样的道德命令式的建构，在伦理学史上有重要意义。

第一，彻底捍卫了道德价值只能来源理性世界、本体界的核心观点。人类的经验事实是：我们的意志要作出行动，必定是要遵循自己的主观准则的，也就是说，意志要获得自己的动机。我们的意志会自然而然地从自然界或经验对象中吸取动机，会凭借自己的兴趣去作出行为。在这样的行事方式中，意志的准则就是纯粹主观的，它可以对自己有规定作用，但不能对所有有理性者都有同等约束力，即不能成为客观的道德法则。其根源就在于这种主观准则的根据是个别性的、经验性的，会在时间中发展变化；只有返回到本体界，即从理性法则中吸取动机，去除任何经验的杂质，才能获得纯粹的形式性的法则。也就是说，在这个时候，我们认识到，与普遍的道德法则相比，所有感性偏好的总和在价值上都不能望其项背，于是，我们就会贬抑自己的感性偏好，而对道德法则产生一种敬重之感。所以，主观上只有敬重，客观上只有道德法则，才能成为决定我们意志动机的根据。康德认为，所有道德问题，所争只在此一线。即是说，我们要使自己的行为具有道德价值，就必须使自己的主观准则同时也能够成为客观的道德法则，这里唯一的动力，就是对道德法则的敬重，而不是对经验对象的爱好。

这样的道德原则，揭示了道德的本质，那就是对基于感性偏好的准则的抑制，排除它们成为规定自己意志动机的根据的可能性，从而坚定地以道德法则作为规定自己意志动机的根据，这样就在道德问题上设置了一个战场，那就是道德法则与感性偏好在狭路相逢。这一学说，既阐明了道德价值之源的纯粹性、形式性，使道德法则获得了自足自主的地位，又能够检讨以往任何类型的道德学说的缺陷。康德认为，以往的道德学说之所以有缺陷，其根本问题在于它们都缺乏一种真正彻底的道德思维方式。比如享乐主义以情感或者生活中的快乐作为衡量行为的道德价值的唯一标准，这显然是不恰当的；而斯多亚学派的理性主义道德学说虽然重视克制感性偏好，主张要服从理性而生活，但他们仍然把德性本身看作幸福，从而没有为德性找到确切的原理。其他道德学说都是这两种道德理论的变体，它们也都没有获得一些真纯的道德原则。因为它们都从感性偏好、情感，包括养情怡性、理智满足、精神的激动等方面来立论，而不是在理性世界中贞立道德的价值之源。

第二，可以破除认为康德伦理学是纯粹的形式主义、动机主义、空谈善良意志的看法。康德的第一命令中说要使意志的准则同时成为普遍的自然法则，就是关注了行为的结果的，因为它要求我们的行为结果在自然界能够得以持存，而不是自我取消；第二命令和第三命令就是道德原则在现实生活中的应用，即有理性存在者（实际上就是指人）的意志都会有自己的目的，对幸福的追求是人们自然而然地具有的目的，包括人们的日常交往中对人格的尊重、经济获利行为、政治生活等等，这些都是必然的。但是，康德并不是幸福至上论者，即不是主张只要目的正当，就可以采取一切手段来达到这种目的的目的论者。相反，康德首先重视人们配享幸福的资格，他更强调我们应当通过遵循道德法则去追求幸福的目的。所以，如果说，康德伦理学是纯粹形式主义的，也只是说他主张道德价值的根源在于理性法则的纯形式。但他之所以首先确定纯粹形式性的道德法则是行为的道德价值之源，是因为它能成为我们追求幸福的目的的行为的最高限制条件。人既然有意志，则人必然会去追求各种目的，但是意志首先要成为纯粹善良的，即以普遍的形式性的道德法则直接规定自己动机的意志。这样的意志就是一种具有无上尊严的人格，我们大家都必须彼此尊重这种人格尊严，同时把促进人格中的人性的发展作为我们首先要追求的目的本身，它是我们在追求自己的各种生活目的过程中的最高限制条件。也就是说，我们追求发展自己的理智判断能力、实现幸福目的的技巧、社会交往中的优雅、心灵品质的塑造和提升等等，这些都可以成为我们的具体目的，在追求这些具体目的的过程中，虽然我们会处于互为手段的状态之中，但是首先我们要尊重所有人的人格尊严，同时又要把促进所有人的人性的发展和完善尽可能作为自己的目的，只有这样，我们追求人性的发展和完善的目的的行为，才能与人格——人性的理念相适应。这就是在遵守道德法则的前提下，我们所要追求的生活的经验性内容。

　　这个问题，从否定的方面可以看得更加明确一些。比如，我们在现实生活中，应该尊重自己和他人的平等、自由、生命和财产等权利。权利是一个有理性者凭借自己的理性所固有的，所以，我们在日常生活中就应该让我们追求幸福的各种事项能够在尊重权利的框架下并存，而不是相互冲突。从这个意义上说，对自己和他人的权利的尊重就是对所有人人格的尊重。如果有人以欺骗的方式从破坏经济契约中来谋取自己的利益，或者如果有人侵犯他人的人格权、生命权、财产权，则他就是在贬低别人的人格，把别人仅仅当作手段。这才是问题的实质。当然，在现实生活中，人们还是要在某些方面互为手段，比如，在经济交往中，我们就是要交换彼此的效用，在分工的格局中彼此为对方生产，并在交易中获得双方利益的增进，但是其前提则是要尊重双方人格，并把促进人格中的人性的发展作为目的自身，把它作为人们互为手段的行为的最高限制条件。

　　第三，自律的提出，是康德伦理学的最高峰。既然自律是对所有人的要求，所以，它指向超越个人主观考虑的公共领域的普遍规则体系。道德的真正本质是自律，这是对个体提出的最高要求，它指向人的内在德性。根据康德的解释，自律意味着一种理性的思维方式的建立，这种思维方式的特征就是有理性存在者作为道德主体凭着理性而为自身立法，同时又自我遵守。他作为目的王国的元首，并因此而成为这一王国的成员。所以，他能够颁布对所有有理性者（包括自己）都有普遍约束力的道德法则，同时又要慎独慎微，完全以道德法则来作为直接规定意志的根据，并尽可能以促进人们的人格中的人性的总体发展作为自己的目的，所以，他的行为的结果能够与任何人的正常目的相互协调。这实际上就意味着，这种道德学说指向的是公共领域的道德。

　　公共领域的道德规则必定是普遍的，对所有人都一视同仁的。所以，它必定需要超越个人的主观考虑的立场，而获得一个人类总体的客观立场。要做到这一点，就需要在思维中排除个人偏好、主观情感（在这些方面人们不可能达到一致），而以纯粹先天理性的形式性法则来形成人与人之间如何相互对待的普遍的道德法则。这样的普遍的道德规则对所有人都是相同的，而且由于它的来源是先天的理性法则，是处于本体界的，所以，康德的理论视野是所有的有理性者，在这样思考时，"人"这个词甚至都嫌笨重，而改用"有理性者"一词，直至可以包括只有理性而没有感性偏好的"天使"（当然这只是虚悬一格）。只有这样，才能彻底超出个人的主观立场，而颁布公共领域的普遍道德法则。在这个问题上，如果有人在自己的准则中掺入经验性的东西，或仅凭权宜之计而行事，就表明他根本不敬重公共道德法则，就会有太多的变通、下不为例等等。只有具备了这样的思维方式，我们个人的思想、品质才能与公共领域的普遍道德法则相应，并能自觉地去遵守。当然，公共领域的普遍道德法则，可以首先指向对人们的外在行为的法律约束，一开始并不要求人们具有相应的内在德性。①

所以，意志自律是组成一个目的王国的前提条件，也就是说，只有所有人能够自律，才能产生一个由有理性者组成的社会交往的王国。如果不能自律，即自己颁布法则，却总是把自己例外，那么，就只能组成一个弱肉强食、尔虞我诈、唯一己私利之所求的动物王国，这样，就根本不会去自觉遵守公共领域的普遍道德法则。当然，自律的确是针对自己的要求，而要求在公共领域中进行社会交往的所有人都能够自律，确实是一个过高的期望，所

---

① 从这一点来说，我认为，康德的三大道德命令学说及其等值性的证明，实际上已经预示着他的《道德形而上学》的体系。康德的《道德形而上学》分为两大部分，即"法权的形而上学的初始根据"和"德性的形而上学的初始根据"，许多人对康德把前者包含在道德形而上学之中觉得难以理解，实际上，康德在三大道德命令式学说中，已经打开了这个思想场域，那就是，第三命令实际上是指向公共领域即共同体生活的，公共领域需要公共的道德法则，但它首先是针对人们外在的共同生活行为的，要求大家彼此尊重法权（私人法权和公共法权），从而使大家的外在行为自由能够在普遍法律下并存，它此时并不要求人们具备相应的内在道德品质即德性，这就是"法权学说"；但是，从伦理学的角度而言，"自律"，即把道德法则作为我们的意志的规定根据就是一种必然的进一步要求，这就是"德性学说"。所以，康德的《道德形而上学》是彻上彻下、彻内彻外贯通的一个整体；同时，康德的第二命令式则把"人格中的人性"作为道德行为的目的，也即我们的义务的内容，也就是要求人们在人格理念的引导下，促进人性禀赋的发展，从而也贯通了道德形而上学和经验伦理学（包括实用人类学、教育学、政治哲学的关于日常生活的部分、历史哲学）。可以说，第二命令式是道德形而上学和经验伦理学的坚实连接点。

以，这是一个理想的状态。这个理想，在康德那里，并不是在某一个时期，或者凭借某种思维方式的突然变革就能达到的，而是要由人类作为一个总体在历史的漫长岁月中逐步接近之，也许永远不可能完全达到。可以说，康德的道德哲学思想，在自律这里奏响了最强音，它是要求最高，并且把视界从时间上延展到历史的无穷进展，从空间上涵盖作为总体的人类，其目标就是人类总体的道德化。

第三节　仁爱为什么是一种有强制性的义务

我们前面已经论述了康德的道德原则学说，对道德法则、善良意志、道德命令等概念有了较为明晰的认识，也预先考察了康德关于义务分类的学说。康德认为，义务其实就是道德法则作为意志的直接规定根据之后，意志要作出具体行为时，依照环境任务必然追求某些目的，而必须作出的行为的各种类型。所以，出自义务的行为是有道德价值的。于是，我们可以看到，义务学说实际上是对道德法则的具体化，也是道德原则的具体体现。康德认为，伦理学其实就是一种义务学说。他说，"伦理学在古时候就意味着一般道德论（philosophia moralis［道德哲学］），后来人们也称之为义务的学说。"① 原因在于义务是一种本然的道德问题，义务关涉到道德法则、道德法则对人的意志的强制性以及行为的道德价值来源。他为义务下过一个定义：即"义务就是出自对法则的敬重的一个行为的必然性"②。这就是说，义务不是从行为的经验要求中得来的，而是先天地来自意志与道德法则的关系，即来自理性法则对意志的要求。这样的义务必须经过对人的动机中源自感性偏好的成分进行廓清以后才能朗现出来的。义务的特点是能够对人的意

---

① 康德著，李秋零主编：《康德著作全集》第 6 卷，中国人民大学出版社 2007 年版，第 392 页。

② 康德著，李秋零主编：《康德著作全集》第 4 卷，中国人民大学出版社 2005 年版，第 407 页。

志有一种客观的约束性。一般说来，人们之间的法权义务由于是针对着对所有人而言都是自由而平等的权利的尊重和保护的，所以对所有人都具有完全的约束力和强制性，对这种强制性我们比较容易理解；但是一个人应该对他人行善，即具有仁爱义务，其强制性就不是像法权义务那么简单明了，需要进行更深层次的阐述和论证。我们认为，康德义务论的终极意旨就在于对仁爱义务进行道德哲学阐释。一旦我们阐明了仁爱也是一种义务，也具有强制性（哪怕不是完全的强制性），那么那些有法权相对应的义务的强制性就不证自明了。

一、 义务的来源及其本质界定

普通的实践理性就能发现义务。比如，有人在做生意时，遵守着诚实守信的法则，但其动机却可能是多样的，或者是觉得自己只有买卖公平，才能在顾客中建立信誉，从而能使自己生意兴隆；或者害怕由于欺诈而使自己名誉扫地，使自己的生意失败，总之是由于对利益的关注而使自己的行为合乎道德法则。但是，他可以扪心自问一下，自己的行为有绝对的道德价值吗？显然，如果他只是秉持这种动机，则在某种情况下，若是发现仍然诚实守信就会让自己的生意遭受损失，那他就可能不这样做了。所以，他关注的不是这个法则是否本身就好，而是关注自己的利益。只有当他排除掉以上动机，自觉地认为诚实守信本身就是对的，不管这种行为是否能够带来好处，都应该这样做，特别是当这样做会带来损失时仍然坚定不移地这样做，才是在主观上只是由于对道德法则的敬重而行动，并认为只有这样的行为才有绝对的道德价值。这才是出于义务而不仅仅是合乎义务的行为。所以，普通的道德理性就可以发现道德义务。

于是，我们可以追问一下义务来源何处。康德认为，义务不能来自对经验世界的利益关注，而只能来自先天的理性世界。这是康德思考义务问题的根本原则。这就是说，义务是来自理性法则与人的意志的关系。那么，理性法则是什么呢？首先，这种法则可以从自然法则中看出。我们可以从各类自然科学法则中看出理性法则的特点：一是普遍性，对同类的自然存在物，某种存在法则和运动法则普遍适用，没有例外，例如，所有自然物都服从物理学定律，等等。二是其来源是人的先天知性形式，比如质、量、关系、模态等法则形式，与感性事物本身无关。自然物虽然千差万别，但都服从这四大类法则。需要说明的是，在康德看来，知性只不过是理性在经验范围使用时的名称，因为理性会超验使用，这个时候，它获得一个专名即理性。而在超验领域，所谓理性法则就是理性的自我思维形式，它不关乎经验对象，如果关乎经验对象，就是对经验对象进行认识。而道德所关涉的是意志的动机，也即我们以什么样的准则而行动。显然，我们可以从经验中，即从感性好恶中获得自己的冲动，即以行动所要获得的结果作为自己的准则。但是，这样的准则只能是一些权宜之计，因为感性好恶本身是多样的，并且是变动不居的，对理性思维而言就是一种经验性的东西，所以，人们在追求什么样的感性好恶方面是千差万别的，即凭着想获得自己所向往的幸福观念去欲求的，故在幸福方面人们是无法达成一致的。能够作为对所有人都有普遍约束力的准则的只能是纯粹理性自身的思维形式。于是，真正具有道德价值的准则一定是纯粹理性自身的思维形式对意志的直接规定性。而纯粹理性自身的思维形式又是什么呢？这要与感性经验的特点相对照来看：感性经验本身是由先天知性形式与感性杂多结合而成的，当我们观察经验时，在思维中去除感性杂多，我们就剩下先天知性形式；而当它们不是去整理感性杂多，而是发挥自己思维的能动性，自己思考自己，就会获得一种纯粹的思维形式，比如它不是个别的，而是普遍的；不是与他物有差别的，而是自身同一的；不是变动不居的，而是纯粹的、形式性的；不是服从自然因果必然性的，而是服从自由的因果性的，等等。于是，我们可以看到，从形式上说，理性法则对所有有理性者一视同仁，有着同等的普遍约束力；从现实上说，理性法则就是要把每个人都当做具有人格尊严的存在者那样来看待，并以此来彼此约束。由此看来，理性法则的作用就只能表现在形成行为的理由，并直接规定意志去作出这种行为，这样的行为就具有了道德价值。所以，理性法则在这种场合就表现为道德法则，即一种自由因果法则。显然，这里的因就是自因，所谓自因就是道德法则自身就直接规定意志，即纯粹理性自身就具有实践能力；果则有两个方面，一方面是意志被理性法则的形式的表象所直接规定，而不是为感性好恶的表象所规定；另一方面，行为本身就出现于现象界，有了经验的外观，即是被理性所直接规定的意志所作出的行为这一结果。但是，这种行为就不是遵循自然法则而出现于现象界，而是遵循自由法则按照应当的秩序而出现于现象界。我们的意志应该被道德法则所直接规定而做出行为，这种行为必然性就是我们作为一个有理性者的义务。

所以，义务的来源就是那种先天的理性的自我思维形式，而与任何经验无关。但是，由于人同时属于两个世界，即既是经验世界的存在者，同时又是本体界的存在者，所以，我们不会自然而然地使自己的意志直接受到理性法则的支配（这叫作意志的动机），我们的意志还会受到感性好恶的支配（这叫作意欲的冲动），于是，我们必须认识到意志的动机无限地高于意欲的冲动。然而，我们却会自然而然地追求感性爱好，但它在意志的动机面前会感到受到贬损，从而对理性法则产生一种高度的敬重。由此，我们可以看出，义务也是对意志的一种命令，因为我们作为一个其意志并不是纯粹善的理性存在者，不会自动地出于义务而行动，所以，义务对我们就是一种强制、一种命令。康德把义务确定为出自对法则的敬重的一个行为必然性，所以，他可以用三大道德命令式来检验各种义务。

在他看来，义务概念是由于要阐明善良意志而提出来的。他认为："这个概念（指义务的概念——引者注）包含着一个善的意志的概念，尽管有某些主观的限制和障碍。"① 所谓善良意志，就是那种完全善的意志，它自身就好，而不是因为它要达成的目的才成为好的，也不是因为它作为能够达成

① 康德著，李秋零主编：《康德著作全集》第 4 卷，中国人民大学出版社 2005 年版，第403 页。

好的目的的手段而好。从这个意义上说，善良意志与那些所谓的好的品质相比，就是无条件的善。而那些所谓的好的品质，如沉着冷静、机敏、算计精确、克己节制等等，就不是自身就好的东西，假如它们服务于那种本身就恶劣的意志如侵害他人的人身和人格的意志，就会转变为恶劣的品质。那么，是什么使得意志成为自身就好的意志呢？康德认为，我们有了义务概念以后，善良意志的概念就可以得到阐明了。一是义务是意志成为善良意志的原理，二是义务是一种客观法则，而不仅是一种主观准则。也就是说，那种能作出出于义务（而不仅仅是合乎义务）的行为的意志就是善良意志。这一点，可以从能够同时成为客观的道德法则（对所有人都有普遍约束力的道德法则）的意志的准则中得到验证，因为这种约束是意志的自我约束，也就是说，这种约束不是外来的。为了说明这一点，康德认为，在普通的实践理性中就能发现这一点。在普通的实践理性中排除掉爱好和恐惧，排除掉对结果的考虑，排除掉精明（这些东西都是外来的）等等，就剩下内在的理性法则对意志的直接规定，从而就能发现客观的道德法则，发现了客观的道德法则，就发现了义务。

于是，在意志应该怎样做才具有道德价值的问题上，有三个关键词，即主观准则、普遍法则和自己的意愿。主观准则和普遍法则在意愿中的同一化而不是二歧化，就是道德的定言命令的唯一形式："要只按照你同时能够愿意它成为一个普遍法则的那个准则去行动。"① 这个命令式就是义务的原则，从这个原则中可以推导出义务的一切命令式。于是，康德说："我们尽管尚未确定人们称为义务的东西是否在根本上是一个空概念，却至少能够说明我们由此所思维的是什么，以及这个概念想说明的是什么。"② 这就是说，义务的命令式的原则只是纯粹的形式，而没有经验性的东西，即不顾念实际的

---

① 康德著，李秋零主编：《康德著作全集》第 4 卷，中国人民大学出版社 2005 年版，第 428 页。

② 康德著，李秋零主编：《康德著作全集》第 4 卷，中国人民大学出版社 2005 年版，第 429 页。

结果，所以，我们会觉得义务的概念是空的，但是，在我们的思维中，却发现了这种空的概念对意志的命令，以及我们对理性法则所产生的敬重。敬重是一种情感，但却不是一种自然的情感，而是要在意识到了道德法则的崇高性之后才会被激起的情感，意志要诉诸行动，这种情感也将是一种推动力量，换句话说，这种情感也是促使我们去尽义务的情感力量。

义务能够赋予行为以道德价值，因为尽义务的行为实际上是从道德法则中吸取动机的，只有这样的动机才是每个有理性者都应该具有的，所以，从这个意义上说，这是运用一种真正的道德思维方式的结果，因为这种思维方式是沉思本体的理性世界，发现理性法则，并以其表象即道德法则来直接规定自己的意志，这样的道德法则就是普遍的、纯粹的，对所有有理性者都有同等约束力的法则，以道德法则规定意志而作出行动，就是我们的义务，由此我们的行为也就具备了道德价值。所以，康德说："义务是一个应当包含着意义和为我们的行为的实际立法的概念"①；相反，如果我们"在经验性的动因和法则中寻求原则"，那么，这种思维方式就是"粗心或者甚至卑下的思维方式"②，出自这样的思维方式的行为就不具备道德价值，它们合乎义务是偶然的，违背义务则是经常的。

二、 仁爱义务的性质

之所以花了较多笔墨阐释义务的本质，是为了彰显义务的根本性质，从而使我们能从根本上把握仁爱义务的基本特征。仁爱义务并不太容易理解，特别是不同文化中对仁爱的基础有不同的解释，所以仁爱问题就显得比较复杂。比如孟子就认为，仁爱是人本性中所固有的四端之一，其基础是恻隐之心这种先天的、人人固有的情感。在孟子那里，仁爱是最基本的德性，恻隐

---

① 康德著，李秋零主编：《康德著作全集》第 4 卷，中国人民大学出版社 2005 年版，第 432 页。

② 康德著，李秋零主编：《康德著作全集》第 4 卷，中国人民大学出版社 2005 年版，第 434 页。

之心作为先天的情感品质之根，发展它（发明本心而"推广之"），就必然是我们的道德义务，这种先天的情感，用康德的话来说，可以是"实践性的情感"。但康德并不这样立论，而是认为对道德法则的直接意识才是我们的出发点，对崇高的道德义务产生敬重之情感，并以此做出必然性的行为，才是我们的道德义务。也就是说，如果说，仁爱是一种"实践性情感"，那么它也不会是先天的；同时，他认为，我们的道德情感其实只是那种后起的敬重。仁爱实际上是因为敬重道德法则才被命令的，才能被规定为义务。只有在厘清了康德关于义务的本质特征的论述之后，我们才能获得对仁爱义务进行解释的恰当框架。

　　义务从形式上说只有一种，那就是我们要愿意在同一个行为中所遵循的准则同时成为普遍法则。然而，我们的行为必定都会有其目的，从这个意义上说，义务也要关涉对象或者客体。目的就是欲求的对象，换句话说，就是要追求某种东西。正如贝克所解释的："欲求是存在者的这种能力，即通过其观念（ideas）（Vorstellungen，表象，或在洛克的意义上称之为观念）而使该观念的对象具有现实性。这就简明扼要地表明了我们已经区分开来的欲求中的两个要素：其一是认知要素或观念，其二则是动力的或意动的要素"①，当然，第二个要素是更为严格意义上的欲求。在康德看来，欲求能力有高级和低级之分。所谓低级的欲求能力，就是追求那种我们自然而然会爱好的东西的能力，我们自然而然地会爱好的东西即是感性偏好，或者扩展一点说，是我们认为能够带来自我肯定和享受的东西包括理性的愉快、品质的完满等等，我们之所以去追求它们，是因为我们预想它们能给我们带来愉快和满足，而不是因为它们是我们的义务。对于我们而言，要么就没有所谓高级的欲求能力，要么这种欲求能力就是追求实现道德法则的命令或义务的能力，但一定不是去追求感性快乐或其他预想的愉快或满足的能力，从这个

---

　　① 刘易斯·贝克：《〈实践理性批判〉通释》，黄涛译，华东师范大学出版社 2011 年版，第 105—106 页。

意义上说，高级欲求能力就是意志："意志不同于单纯欲求的地方在于，在后者那里存在着作为行动目标的客体形象；另一方面，在意志活动中，也存在通过法则的知识，或是通过将行动客观地与被欲求的实存物关联起来的原则而实现的指导。"①

所以，义务原则关乎意志的根据，从义务的形式来说，就是要用道德法则来规定意志，使意志的准则同时成为道德法则；义务所指向的目的或对象，显然就是被道德法则所规定的意志所必然要欲求的对象或目的。于是，这种目的并不是感性偏好的主观目的，而是所有有理性者所应当拥有的客观目的，这种目的才是目的本身。我们在上一节已经论证过，对人而言，这种作为目的本身的东西就是"人格中的人性"。康德说："假定有某种东西，其存在自身就具有一种绝对的价值，它能够作为目的自身而是一定的法则的根据，那么，在它里面，并且惟有在它里面，就会有一种可能的定言命令式亦即实践法则的根据。"② 如果说，"人格中的人性"就是这种具有绝对的价值的东西，而且是目的本身，那么，它将成为实践法则的根据，也就是说，实践法则就会命令人们作出能实现这种目的本身的行为来，从而表现为义务。这些义务原则将会依照要实现的目的或对象而进行分类，比如依照实际的人与自己、人与人之间的关系而得到分类。这些义务，就不只是形式性的义务，而是能够关乎实存物即行为的经验后果的不同种类的义务。

我们已经知道，在《道德形而上学的奠基》中，康德区分了四种义务。这种区分是这样进行的：从义务所关的行为主体来分，则有对自己的义务和对他人的义务；从范围和程度上来分，则有完全义务和不完全义务。把它们组合一下，就得到以下四种义务：即（1）对自己的完全义务；（2）对自己的不完全义务；（3）对他人的完全义务，和（4）对他人的不完全义务。这

---

① 刘易斯·贝克：《〈实践理性批判〉通释》，黄涛译，华东师范大学出版社 2011 年版，第 107 页。

② 康德著，李秋零主编：《康德著作全集》第 4 卷，中国人民大学出版社 2005 年版，第 435 页。

种划分方法比较容易理解，也与我们对义务的日常了解比较接近。但是，康德却说，"这种划分只是随便作的（为了安排我的实例）。此外，我在这里把一个完全的义务理解为不容许为了偏好的利益而有例外的义务，而在这里，我不仅有外在的、而且也有内在的完全义务。"他说，"我把义务的划分完全留给一部未来的《道德形而上学》。"① 但是，我们认为，这四种划分的确有其合理性，也较容易理解。他自己也认为，依照这种划分方法，"通过这些实例，在它们对统一的原则的依赖中完备地提出了所有的义务。"② 由于本节的任务主要是阐释康德为什么把仁爱也看作是一种义务，所以，我们以下只是阐述他的"对他人的不完全义务"。按照康德的解释和举例，对他人的不完全义务是一种仁爱义务。之所以说促进他人的幸福是一种不完全义务，是因为不尽这种义务，人类也能够正常地存在；但是尽这种义务，一方面是对我们在与人类幸福相关的全部事项中的要求，另一方面，在尽这种义务的过程中，程度和数量方面都会有所限制，不针对特定的人，也不能规定时间。

在《道德形而上学的奠基》中，康德两次举例说明对他人的不完全义务。

第一次的举例是为了用可普遍化原理来检验这一义务：有一个人，他自己有能力帮助别人，看到有人费尽辛劳也难以摆脱困境，却认为，他人与我无干，我对他人既一无所求，也不怀有嫉妒。大家各人自扫门前雪，休管他人瓦上霜，这样也挺好。显然，让这种思维方式作为一个普遍的自然法则，人类也能很好地存在，而且也比那种空谈同情和善意要好。但是，这样的思维方式能够与自己的意志相互一致吗？因为我们自己也极有可能需要别人的帮助，才能过一种幸福的生活，如果我们都秉承这样一种思维方式，则我们

---

① 康德著，李秋零主编：《康德著作全集》第 4 卷，中国人民大学出版社 2005 年版，第429 页底注①。

② 康德著，李秋零主编：《康德著作全集》第 4 卷，中国人民大学出版社 2005 年版，第432 页。

不可能指望他人对我们的协助，因而它不可能与自己的意志相一致，因为我们的意志都是要追求幸福的。所以，只顾自己，是违背对他人的不完全义务的。因此，为了使我们在这方面的准则到处都可以成为一种自然法则，就必须尽力对处于困境的他人予以帮助。

第二次的举例是为了用"人是目的"这一定言命令来检验这一义务。我们都拥有一个自然的目的，那就是追求自己的幸福。如果我们不对他人的幸福有所助益，当然也不有意损害其幸福，似乎其身上的人性固然也能存在。但是，我们不尽自己所能促进他人的目的，这只能与作为目的自身的人格中的人性消极地一致，而不能积极地一致。所以，从这个意义上说，尽力帮助他人促进自己的幸福，就是一种义务。

康德就对他人的不完全义务所作的第一种解释，的确会引起这样一种误解，即如叔本华所说的，"在这里，再明显不过地宣布了，道德责任是纯粹而且完全地建立在预先假定的互换利益上的；因此它是完全自私的，只能以利己主义解释，这种利己主义在互利互惠条件下，作出一种妥协，聪明得很。"[①] 也就是说，叔本华认为，康德的想法是：为什么要履行对他人的不完全义务，是因为不这样做，我们以后在陷入困境时也就得不到别人的帮助。这看上去很像一种假言命令。对这种批评如果不能很好地加以回应，那么，康德所说的对他人的不完全义务，就难以成为一种真正的义务。

对此，我们应该深入到康德道德思维的核心之处，来理解为什么对他人的不完全义务中并没有隐藏着利己主义，也不是一个假言命令。1. 利己主义是以自己的利益作为自己的动机，而对他人的不完全义务却不是这样，它是以他人的利益作为自己的动机，这两者之间有着相当大的不同。他在后来的《道德形而上学》中就专门把促进他人的幸福作为自己的动机看作是德性义务的本质；2. 它也不是一个假言命令，因为假言命令是指为了达到另一

---

① 叔本华：《伦理学的两个基本问题》，任立、孟庆时译，商务印书馆1996年版，第179页。

目的而这样做。如果仁爱行为是这样一种情形，那它就是假言命令：我帮助处在困境中的人，明码标价说帮助了他，他或者他的家人就必须给我多少报酬或荣誉等其他好处（即使承诺事后给报酬也可以，但必须明确承诺），如果没有报酬，那就不去施救。这样的准则才是假言命令，其核心是把具体的施救行为与明确的报酬联系起来，是针对具体的、确定的行为和回报的，这样其眼界必定是特殊主义的，即"关己的"（self-regarding），所以是利己主义的诉求。但康德对此义务的规定却明显不是这样的，他是站在普遍主义立场上来阐述仁爱义务的。他之所以说如果不这样做，就会在我们自己陷入困境的时候不能希望得到帮助，是因为我们每个人的确都可能会处于相对不利的地位，这对所有人都同样是可能的命运。从这个意义上说，康德立论的视角就不仅仅是关己的（self-regarding），而是一种普遍的立场，也就是从对所有人而言的普遍义务立论的，也只有从普遍的立场出发的、促进他人的幸福的行为才能成为义务，而从自己的立场出发的此类行为则不是义务，而是以自己的感性偏好为根据的。显然，这种对他人的幸福的促进，是因为行为具有这样一种普遍的动机，即尽可能把他人的目的纳入自己的目的之中，所以表现为一种义务，对我们所有人的意志都有某种强制性，这种行为本身就好，作出这样的行为，不是为了达到别的目的，所以，它表现为定言命令，而不是假言命令；利己主义的个人立场，则不可能把他人的目的纳入自己的目的之中，他所专注的是自己的目的的实现，所以，促进他人的幸福在他那里就不是目的，而是手段，故而对他而言，这不会成为义务，也没有强制性，所以是假言命令。叔本华在这个问题上混同了这两个立场，故对康德此论产生了误解①。

关于人是目的的定言命令，康德是把人格中的人性看作是目的本身，而个人具体的目的则要受到这个最高目的的约束。人格作为目的本身，是属于本体的自我或者理性的总体目的，而各种具体的目的则是我们的幸福的内容，属于现象的自我的个别性目的。从这个意义上说，具体的幸福的目的为了成为本体的目的在现实中的显象，就必须包括所有的幸福目的。于是，要履行人是目的这一命令，就"关他的"（other-regarding）事项看，就是要尽己所能促进他人的幸福，当然他人也应当促进我的幸福。所以，在这方面，意志实际上并不是追求某些个别的目的，而是以人性的理念为根据，以实现总体的幸福为目的。当然不能对促进他人的幸福的程度和数量做硬性要求。

不过，康德后来也认为，在《道德形而上学的奠基》中对义务的划分方法只是出于方便，其关于对他人的不完全义务即仁爱义务的说明还不彻底，缺少某些实质性的基础。在《道德形而上学》中，他对义务做了更加彻底的划分。

他首先区分了法权论的义务和伦理学的义务。他认为，"伦理学与广义

----

① 但关于这个问题我们又要避免另一个极端，就是认为这种基于假言命令的救助他人的行为就是在道德上恶劣的。实际上，在日常生活中，能作出基于假言命令的行为也是好的，虽然它并没有纯粹的道德价值。也许在日常生活中，这种行为可能更多，值得肯定和鼓励，因为如果大家连这种行为都不做，那么就将有许多处于困境中的人得不到救助，就无法促进人类生活的共同前景的逐步实现。那种完全出自义务去帮助他人的人，确实有很高的道德水准，但是那应该是其个人的修为，也是我们的道德理论所要加以揭示和褒扬的，并且也是每个人的发展目标所在，但并不是说每个人马上都要达到。在救助他人的问题上，从假言命令出发是起点，达到定言命令是目标。在《吕氏春秋》中，孔子对此问题有很明智的看法："鲁国之法，鲁人为人臣妾于诸侯，有能赎之者，取其金于府。子贡赎鲁人于诸侯，来而让，不取其金。孔子曰：'赐失之矣。自今以往，鲁人不赎人矣。取其金，则无损于行，不取其金，则不复赎人矣。'子路拯溺者，其人拜之以牛，子路受之。孔子曰：'鲁人必拯溺者矣。'孔子见之以细，观化远也。"（《吕氏春秋·先识览第四·察微》这两个故事可归结为两句话，即子贡却金而止善，子路受牛以劝善。也就是说，在现实生活中，假言命令是绝大多数人的动机，故易行；定言命令对绝大多数人来说难以达到，故会对大家做好事产生阻碍作用。但孔子这样说，并不是指责定言命令，褒扬假言命令，而是重在以利劝善。其实，康德也可以同意这一点，但是，他认为，道德的本质在于定言命令（这一原则必须弄清楚），假言命令在引导大家向善时可以起到作用，但绝不可把这误认为道德命令。

的义务相关，而法权论则与纯狭义的义务相关。"① 法权论的义务是一种可以对之进行外在立法的义务，而且是在严格的平等权利的框架里的，是人们之间在外在行为中的相互对等义务，所以，它们是十分精确严格的，也就是说是一种纯粹狭义的义务，其约束力是完全的。而在伦理学中，"其立法只能是内在的……因为仅仅由于是义务就采取行动，而且不论义务来自何处，都使其本身的原理成为任性的充足动机，这就是伦理立法的独特之处"②，换句话说，这种义务法则不是针对外在行为的，而是针对行为所遵循的主观准则的。这是就其形式而言的。也就是说，从形式上说的"德性的义务承担"是一种对一般法则的敬重，并且使这种客观的义务法则成为自己的主观准则，因为它是形式的，所以只有一种。

就质料的东西而言，德性义务不仅是一般的义务法则，还必须同时"也被确立为目的学说"③。也就是说，它应该把自己和他人的幸福事项都设想为自己的目的，而这种目的有多种，所以有多种德性义务。如果说，把促进人格中的人性的发展作为一种目的本身，它就是一种义务法则，所以，我们在行动时就应该在主观上把促进所有人（包括自己）的福利都看作是自己的目的。这就是我们通常所说的"爱邻人的义务"。当然，这里的所谓"爱"，并不是指一般自然情感方面的爱，自然情感的爱不存在义务，而是指这样一种行动，它遵循把自己和他人都当作目的的准则而实现出来。

由于从质料上说的德性义务需要关涉目的，而目的是多样的，所以，在履行"人是目的"这一形式性的德性义务时，在实践中我们依照所面对的多样任务或目的所形成的作为主观根据的有德性的意向也是多样的，因而从质料上说的德性义务就有多种。

---

① 康德著，李秋零主编：《康德著作全集》第 6 卷，中国人民大学出版社 2007 年版，第 423 页。

② 康德著，李秋零主编：《康德著作全集》第 6 卷，中国人民大学出版社 2007 年版，第 228 页。

③ 康德著，李秋零主编：《康德著作全集》第 6 卷，中国人民大学出版社 2007 年版，第 422 页。

后来，密尔也借用了康德对法权论的义务和伦理学的义务的划分方法，把义务分为"完全强制性的义务"和"不完全强制性的义务"。他说："完全强制性的义务，是可以使某个人或某些人拥有一种相应权利的义务；而不完全强制性义务，则是一些不产生任何权利的道德义务。我觉得，我们会发现这种区分，正好是与正义和其他道德义务之间的区分完全重合的。"① 他说："任何情况，只要存在着权利问题，便属于正义的问题，而不属于仁慈之类的美德的问题。"② 但密尔并没有深究"不完全强制性义务"是针对外在行为还是内在准则的问题，只是认为正义是属于分内的行为，而仁慈之类的美德则是分外的善行，其义务只具有不完全的强制性，但没有探讨其强制性的根据。

三、 仁爱义务分析

康德说，同时是义务的目的只有两个："它们是：自己的完善、他人的幸福。"③ 显然，促进自己的幸福不是我的义务，因为我们对自己的幸福会有自然而然的关注，故促进自己的幸福没有强制性；促进他人的完善也不是我们的义务，因为他人的完善只能由他自己去追求。仁爱的义务只能是促进他人的幸福的德性义务，所以我们集中分析这一义务。

正如奥诺拉·奥尼尔（Onora Sylvia O'neill）所指出的："康德主张，目的本身公式（The Formula of the End-in-Itself）为仁善（以及自我修养）的'广泛'责任，以及公正（以及自我保存和尊重）的'严格'责任提供了某种标准。"④ 目的本身公式的核心要求就是要把人当人看，换句话说，从形式上讲，就是要彼此尊重对方的人格；从质料上讲，就是人们应该共享他人

---

① 约翰·穆勒：《功利主义》，徐大建译，上海人民出版社 2005 年版，第 50 页。

② 约翰·穆勒：《功利主义》，徐大建译，上海人民出版社 2005 年版，第 51 页。

③ 康德著，李秋零主编：《康德著作全集》第 6 卷，中国人民大学出版社 2007 年版，第 398 页。

④ 奥诺拉·奥尼尔：《理性的建构：康德实践哲学探究》，林晖、吴树博译，复旦大学出版社 2013 年版，第 145 页。

的目的。人要生活，而且要追求幸福，而幸福是我们自然会去追求的各种目的。讲道德当然要指向人们首先要有尊严，然后是更好地生活。所以，伦理学也要能够关涉一种质料，也就是要思考各种目的的实现问题。但目的有客观的目的，也有主观的目的。所谓主观的目的，就是那种受到感性偏好诱导的、可能会与义务相悖的目的。于是，"立法的理性要阻止它们的影响，只能再次通过一个相反的道德目的，因而这个道德目的必须不依赖爱好而先天地被给予。"① 所以，这种道德目的就是一种客观的目的，它是纯粹理性的一个先天的目的，"对人来说被表现为义务"②。

于是，非常明显，作为德性义务的仁爱义务，就是那种不依赖爱好而被先天给予的客观的道德目的。所以，"我也有责任使包含在实践理性概念中的某种东西成为我的目的，因而在任性的形式规定根据（就像法权包含着这一类东西一样）之外还拥有一个质料的规定根据，即一个目的，它可能与出自感性冲动的目的相对立：这就会是一个本身就是义务的目的的概念……惟独伦理学才在自己的概念中带有按照（道德）法则的自我强制。"③ 显然，"这个目的不是我们具有的，而是我们应当具有的，因而是纯粹实践理性自身具有的，纯粹实践理性最高的、无条件的目的（但毕竟始终还是义务）就被设定在：德性就是它自己的目的。"④

就仁爱义务而言，首先，从形式上说，是善意的准则，即在实践上的以人为友，即对人的实践上的善意。由于这是形式性的，所以它是普遍的。其表现就是对他人的人格的尊重。关于善意的准则，我们需要注意以下三点：

---

① 康德著，李秋零主编：《康德著作全集》第 6 卷，中国人民大学出版社 2007 年版，第 393—394 页。

② 康德著，李秋零主编：《康德著作全集》第 6 卷，中国人民大学出版社 2007 年版，第 393 页。

③ 康德著，李秋零主编：《康德著作全集》第 6 卷，中国人民大学出版社 2007 年版，第 394 页。

④ 康德著，李秋零主编：《康德著作全集》第 6 卷，中国人民大学出版社 2007 年版，第 409 页。

1. 这种对他人的爱，并不依赖于他人对我而言是否是可爱的这一感性事实。这种道德实践关系实质上是人们在纯粹理性的表象中的一种关系，即我们作为本体界成员的自由行为，也就是以理性法则来规定意志动机的行为或者说是意志的自主决定的行为，所以，这种准则就同时是客观的道德法则，因而它明显不同于利己主义。我把对他人的善意作为自己的义务，并不是说我以自己的善意交换他人的善意，而是说，所有人都应对他人表示善意，遵循善意的准则是所有人的义务。这是因为所有人身上的人格、人格中的人性都是应该尊重并得到实现的目的，所以它既是我自己的目的，也是他人的目的。因此，这不是利己主义考虑；2. 我是一个行为主体，而在我之外的他人就不是所有人，所以，仅仅是他人还不是完全普遍的，但普遍性对承担义务而言是必要的，"所以，善意的义务法则也将在实践理性的命令中把我一同理解为这一法则的客体。"① 我对自己怀有善意，这一点不需命令，所以也就不是义务。善意的义务命令的客体之所以包括我自己，是因为基于人性的理念就包括了整个族类的立法理性。整个族类就既包括了所有他人，也包括了我。从这个层次上说，善意的义务实际上包含了对所有人的善意，当然也允许对我自己的善意，其条件是："你也对任何他人有善意，因为只有这样，你的准则（行善的准则）才获得普遍立法的资格，一切义务法则都建立在这上面。"② 正如安妮·玛格丽特·巴克斯利（Anne Margaret Baxley）所说："根据康德的观点，所要求于我们的爱和尊敬（实践性的爱和尊敬是德性义务）是行动的准则。假如他人的目的与道德法则相协调的话，爱我的邻人正是去采取一种把他人的目的作为自己的目的的准则。"③ 所以，这是一种形式性的对他人的善意，因为它只关乎对人格中的人性的尊敬，不一定需要诉

---

① 康德著，李秋零主编：《康德著作全集》第 6 卷，中国人民大学出版社 2007 年版，第 462 页。

② 康德著，李秋零主编：《康德著作全集》第 6 卷，中国人民大学出版社 2007 年版，第 462 页。

③ Anne Margaret Baxley, *Kant' Theory of Virtue: The Value of Autocracy*. Cambridge: Cambridge University Press, 2010, p. 157.

诸实际促进他人幸福的行为。对自己的善意也是对自己的人性的善意（他人的人性与我自己的人性是同等的），而不是仅仅对自己的具体幸福观念的关注。3. 普遍的人类之爱从范围上说是最广博的，但从程度上说却是最小的。因为一个人不可能在很高的程度上同时爱所有人，即使我对所有人都有关切，这种关切也将是非常稀薄的。

其次，就质料来说，仁爱的义务就是行善的义务。善意的义务可以是对所有他人的幸福感到纯粹的愉悦，却可能不做出任何实际行动来促进其幸福；但行善的义务不仅要求实际地促进他人的幸福，而且允许我们按照人际关系的远近对他人的幸福作不同程度的促进。

对于行善的义务的履行，康德有如下界定。

第一，为什么促进他人的幸福是一种同时是义务的目的？那些我们自然而然会去追求的东西，如自己的幸福，就不是我们的义务，因为义务就意味着自我强制，说我们自己爱好的东西对我们有强制性，就是一种逻辑矛盾。而所谓自己的幸福，就是我们的一切感性偏好的总和。但是，他人的幸福却不可能是我们自己爱好的对象，所以，促进他人的幸福，可以成为我们的义务，这样说，就根本不会有逻辑矛盾。因为我们作为本体的人，帮助他人（包括自己）尽可能全面地实现其目的，即获得幸福，是"人性公式"这一定言命令所要求的现象对应物。因此，康德说："行善，即尽自己的能力帮助身处困境的其他人得到他们的幸福，对此并不希冀某种东西，这是每个人的义务"①。

第二，这一德性义务同时要求，促进他人的幸福，并不是接管他们，按照我们自己的幸福观念去促进他人的幸福，而是要提供确切的服务，即某种符合他人自身需求的东西，或者帮助他们达成自己的合理目的。所以康德说："我不能按照我的幸福概念向某人行善（未成年的孩子和有障碍的人除

---

① 康德著，李秋零主编：《康德著作全集》第 6 卷，中国人民大学出版社 2007 年版，第464 页。

外），而只能按照那人自己的概念去行善，不能打算通过强加给他一个礼物来向他提供一种善行"①。

第三，对什么是他人的幸福，我们也有自己的理解。虽然他人的幸福要由他们自己来评判，但是，"我也有权拒绝某些他们归入此列、而我并不赞成的东西，如果他们通常并没有权利将这他们自己的事情要求于我的话。"②所以，在履行促进他人幸福的德性义务时，还是要从我对什么是真正的幸福的理性理解出发，因为行为是我做出来的，我要履行那种对我有约束力的义务。因为每个人都是理性存在者，所以我对真正的幸福的理性理解与他人的理性理解就不会有根本的冲突。我们可以这样来看，比如，我们可以思考一下通常会引诱我们违背义务的重大诱惑，它们是惹人讨厌之事、痛苦和匮乏等等，于是，我们可以理解到，与之相反者如富裕、强大、健康和一般而言的福祉，就可以看作同时是义务的目的。所以，如果有人把满足他的某些病态的癖好（他自己认为这就是他的幸福的事项）来要求于我，那么我就可以予以拒绝。我们有义务去促进的是他人的那种正常的福祉。

第四，我们在行善时所使用的能力的程度以我们自己不会陷入"最终自己也会需要他人行善的地步"③ 为限。首先，我们会自然而然地追求自己的幸福，所以，我们对自己的幸福也会有切身的关注，而不会使自己因为行善而陷入亟待他人帮助的地步；其次，这也突破了自己履行行善的义务的限度，从而使自己丧失了行善的能力。虽然我们行善并不应该以获得某种报偿为目的，但是也不应使自己尽义务的行为走向其反面，即需要让他人为我们自己尽义务。

第五，促进他人的幸福应在不损害他人的法权的前提下来进行。比如，

---

① 康德著，李秋零主编：《康德著作全集》第 6 卷，中国人民大学出版社 2007 年版，第 465 页。

② 康德著，李秋零主编：《康德著作全集》第 6 卷，中国人民大学出版社 2007 年版，第 401 页。

③ 康德著，李秋零主编：《康德著作全集》第 6 卷，中国人民大学出版社 2007 年版，第 465 页。

如果有一个人要以家长的权威来安排一个已经成年的青年人的生活，剥夺他选择自己的幸福的自由，却给予这个青年以足够财富以满足其生活必需，那么，这种通过剥夺他人自由而照料其幸福的做法就根本不是在行善。其实，剥夺一个人的自由就是一种极大的不公正，它与法权义务是直接相违背的，所以，它不可能是善行。同样，如果存在着那种心甘情愿接受这种安排的人，那么他就是在最大程度上放弃了自己的人性。难道"善行的功德能够如此之大，以至于能够抵消人权"①？答案只能是否定的。

四、 仁爱义务的约束力之根据

那么，仁爱义务的约束力根据究竟在什么地方呢？弄清了这个问题，则康德的义务学说的约束力就得到了最后的说明。

在西方近代伦理学史上，洛克曾经关注过这个问题，却没有做系统的论述，只是作为一种说明一带而过。洛克认为，可以从自然状态人们的平等自由中推论出正义和仁爱的原则。他引用胡克的话说，仁爱原则有着这样的根据："如果我要求本性与我相同的人们尽量爱我，我便负有一种自然的义务对他们充分地具有相同的爱心。从我们和与我们相同的他们之间的平等关系上，自然理性引伸出了若干人所共知的、指导生活的规则和教义。"② 这个说法，一方面假定他人和我的本性是相同的；另一方面，也至少需要首先假设我有要求他人尽量爱我的需要，而这种被爱的需要是我们大家都内在地固有的；同时，由于人们都是处于平等的关系之中，所以才能以同样的期望来要求对方，从而提出一种自然的仁爱义务。但这种仁爱义务学说，偏重于强调对等性原则，还是难以揭示仁爱义务的约束力的真实根据。

康德是在道德形而上学的基础上来探讨这个问题的。

---

① 康德著，李秋零主编：《康德著作全集》第6卷，中国人民大学出版社2007年版，第465页。

② 洛克：《人类理解论》，关文运译，商务印书馆1983年版，第5—6页。

第一，他认为，一切欲求都必须有一个对象，也就是说有一种质料。但是欲求能力有低级和高级之分，低级的欲求能力的欲求对象所依据的永远是主观的条件，这样它就不可能成为对所有有理性者而言的普遍的客观规则的根据，从而使得欲求它们的行为者所依据的都只能是一些作为权宜之计的主观准则。然而，我们可以换一个思路，即如果存在着一种高级的欲求能力，这种欲求能力当然也追求一种对象，也即一种质料，但是欲求者所遵循的准则却不是以这种质料（这种质料当然是经验性的）为条件，而是以一种"限制质料的法则的纯然形式"① 为条件，那么，就"必须同时是把这质料附加给意志的根据，但并不以质料为前提条件。"② 这种欲求能力就是实践理性，也即是意志。意志的根据就是理性法则，或者说是客观的普遍的道德法则。这种质料是附加给道德法则的，以使得意志在行动中能使这种质料（目的）成为现实。就意志本身而言，它必须以道德法则作为自己的规定根据，并由此追求某些目的（它们只能是同时就是义务的目的），做出行动。只有目的能够限制或者约束目的，比如人是目的是一种本身就是义务的目的，它对我们追求各种幸福事项的目的就是一种约束或者限制，也就是说，我们在追求各种幸福的经验目的时，必须受到人是目的这一德性义务的引导和限制，后者对前者就具有一种内在的、必然的约束力。

于是，康德说："这质料可以是我自己的幸福。如果我把这种幸福赋予每个人（就像我实际上在有限的存在者那里可以做的那样），那么，它就惟有在我把别人的幸福也一并包含在它里面的情况下，才能够成为一个客观的实践法则。因此，'促进他人幸福'的法则并不是产生自'这对每个人自己的任性来说都是一个客体'这个预设，而是产生自：理性当做给自爱准则提供一个法则的客观有效性的条件所需要的普遍性的形式，成为意志的规定根

---

① 康德著，李秋零主编：《康德著作全集》第 5 卷，中国人民大学出版社 2007 年版，第 38 页。

② 康德著，李秋零主编：《康德著作全集》第 5 卷，中国人民大学出版社 2007 年版，第 38 页。

据，因而客体（别人的幸福）并不是纯粹意志的规定根据，相反，惟有纯然的法则形式，才是我用来限制我的基于偏好的准则，以便使它获得一个法则的普遍性，并使它这样适合纯粹的实践理性；惟有从这种限制中，而不是从一个外在的动机的附加中，才能产生出把我的自爱准则也扩展到别人的幸福上去的责任的概念。"①

这就是说，促进他人的幸福是一种德性义务，并不是因为促进他人幸福是每个人都会具有的一个目的，也不是因为他人的幸福能够成为规定意志的根据，而是因为我们先有了纯然的法则形式，它能够限制我们追求自己的偏好，这种限制就要求我把促进自己的幸福（这并不需要强制）的准则扩展到促进别人的幸福上去（这才是一种强制），从而使得促进别人的幸福就成了我的义务，也就是说，大家都应该拥有这个目的，所以，它是一种客观目的，即本身就是义务的目的。换句话说，既然人是目的是一种形式性的德性义务，则就质料性的德性义务而言，就应该在人是目的这一形式性义务的引导和约束下，尽可能促进他人的幸福（包括自己的幸福，但促进自己的幸福是我们自然的爱好，不需要强制），实现他人的各种正常的目的。这就是仁爱义务的约束力之源。

第二，关于人的存在方式，康德并不是把个人看作是某种原子式的、独立的个人，而是非常重视其社会性的存在特征。他从人的社会性存在的基础中找到仁爱义务对我们的约束力的根源。康德对人的社会性生存方式有着自己独特的理解，在晚年，他清晰地阐发了这个思想，人类的存在方式是一种"非社会的社会性"，"人有一种使自己社会化的偏好，因为他在这样一种状态中更多地感到自己是人，也就是说，感到自己的自然禀赋的发展。"② 但是，人身上又有一种使自己独立化的强烈意向，"他在自身中也发现了非社

---

① 康德著，李秋零主编：《康德著作全集》第 6 卷，中国人民大学出版社 2007 年版，第 38 页。

② 康德著，李秋零主编：《康德著作全集》第 8 卷，中国人民大学出版社 2010 年版，第 27 页。

会的属性。"① 他在社会中，处处遇到对抗，自己也喜欢对抗别人。康德认为，正是由于这种社会性里面的对抗性因素，我们才从素朴的原始状态、一种田园牧歌式的状态中超脱出来，刺激我们的自然禀赋使之不至于处于沉睡状态，不断发展出各种文明素质，我们的一切才能如生产技能、巧智、鉴赏等等，都发展出来了，文化也逐渐繁荣起来。文化具有重要的社会价值，因为文化就是人们在交往中的文明教养。另外，也正是通过这种社会中的对抗性，人们逐渐能够进入到一种具有外在法律秩序的公民社会中。进而，我们还"甚至通过不断的启蒙而开始建立一种思维方式，这种思维方式能够使道德辨别的粗糙的自然禀赋逐渐转变成确定的实践原则，并且就这样使形成一个社会的那种病理学上被迫的协调最终转变成一个道德的整体。"② 康德认为，这就是大自然的最终目的，大自然造人，其目的就是利用人的"非社会的社会性"，在对抗中不断促使人类作为一个整体而达到道德化，这是我们所能够臆测的关于大自然的目的的总念。

正因为具有这样的关于人的存在方式的观念，所以，康德也认为应该在人的社会性存在中寻找仁爱义务的约束力根据。一方面，德性是对恶习而言的，也是对恶习的纠正或扭转。由于人有求名欲、统治欲、占有欲等倾向，所以经常会造成对彼此权利的侵犯，于是，按照仁爱义务去行事，把尊重和实现人们的权利作为自己的准则，并尽量帮助他人实现其幸福的目的，就是一种具有内在约束力的事情；同时，对于人类完成其整体道德化的这一大自然的总体目标而言，强制自己尽仁爱义务也是一种内在要求。另一方面，由于人是一种有限的理性存在者，他们在物质生活中相互需要、相互依赖，总有人会处于需要别人的帮助的境况之中，所以，人们"就应当被看做同类，

---

① 康德著，李秋零主编：《康德著作全集》第 8 卷，中国人民大学出版社 2010 年版，第 28 页。

② 康德著，李秋零主编：《康德著作全集》第 8 卷，中国人民大学出版社 2010 年版，第 28 页。

即看做是有需要的、在一个居住地由自然为了相互帮助而联合起来的理性存在者。"① 显然，在这样的人类社会存在方式中，自私自利显然不能成为普遍法则。由此可以推论出：对有需要的人行善的准则就应该成为人们的普遍义务，其约束力来自人们都是有需要的同类这一人类生存论事实。康德还提到，行善义务还有社会政治、经济结构的基础。因为在现实社会中，经济利益的获得和分配方式是容许有贫、富存在的，而且社会中也必然会存在一些处境好的人和处境不利的（因而需要帮助的）人，"这就使得他人的行善成为必要"②。而行善义务的履行取决于物质财富的能力，所以，那些富裕的人对身处困境中的人提供援助，就不是什么分外的功德，而是一种应尽的义务。

康德关于仁爱义务的学说，既有着道德形而上学的基础，同时又对促进人类的幸福抱有深切的关怀。如果仁爱义务都具有内在的约束力和强制力的客观根据，那么，法权义务、正义义务及其他义务的强制力也就得到了最终的证成。康德的仁爱义务学说，其论证是严密的，对仁爱义务的内在约束力根据的揭示也是深刻的，能够鼓励人们把仁爱视作自己的内在义务，并尽力履行之。

第四节　康德道德案例的编制原则

康德的道德形而上学是建立在以下基本原理之上的：1. 来自纯粹理性的先天的、普遍的道德法则优先于善观念，也就是说，道德法则独立于各种来自经验性偏好的善（好），所以，道德哲学的思考始于对道德法则的思考，由此显露出我们是处在本体界的理性存在者，当然，我们同时还是处于现象

---

① 康德著，李秋零主编：《康德著作全集》第 6 卷，中国人民大学出版社 2007 年版，第 464 页。

② 康德著，李秋零主编：《康德著作全集》第 6 卷，中国人民大学出版社 2007 年版，第 465 页。

界的存在者。前者的目的是道德，后者的目的是幸福。道德是我们配享幸福的资格，我们会出自本能地追求幸福，但是，我们却应该首先成为有道德的；2. 一个行为的道德价值取决于以道德法则作为直接规定意志的根据，也就是说，直接地以对理性法则的表象即道德法则为动机，这表明，我们行为的道德价值来自道德法则对我们这种其意志并非完全善良的理性存在者的绝对命令。3. 德性就是一种道德勇气，即抗拒基于感性偏好的准则对意志的规定，而以基于道德法则的准则直接规定自己的意志力量。

对这种道德学说，人们理解起来确实是有困难的，因为这必须具备本体与现象的划分的理论视野，同时要能够树立一种纯粹理性的道德思维方式，不让任何来自感性偏好或其他经验性的东西进入到我们的道德原则中来。显然，这样的道德学说不能在现实经验生活的实例中得到完全的展现和获得完全的理解，因为这些实例中的行为者，很难完全保证自己的准则中没有掺杂任何感性偏好的考虑，而完全出于道德法则。所以，康德的道德哲学从根本上说是拒绝实例的，在他看来，举例根本就不是论证，反而有可能让人们觉得按照现成的实例去做就可以了，而不去运用自己的理性，证实其先天的道德法则的实在性及其对我们意志的直接规定作用。他甚至说："人们能够给道德出馊主意的，也莫过于想从实例中借来道德了。因为每一个表现给我的道德实例，本身都必须事先按照道德性的原则来判断，看它是否配被当作原初的实例亦即当做范例来用，但它却绝不可能提供道德性的概念。……模仿在道德领域根本不成立，实例只是用做鼓励，也就是说，它们使法则所要求的东西的可行性不受怀疑，它们使实践规则更为一般地表达的东西变得直观，但绝不给人以权利把它们存在于理性中的真正原型置之一旁，且按照实例行事。"① 也就是说，道德原则是在先的，道德案例只能由道德原则来加以判断，判定它们是否能够充当最初的实例，这是为了使道德原则直观化。

① 康德著，李秋零主编：《康德著作全集》第 4 卷，中国人民大学出版社 2005 年版，第 415—416 页。

显然，案例不能提供道德性的概念本身，作为一个经验性的例子，"它也许只是为了练习判断力，以及为了通过对比而更为清晰地揭示理性的先天原则的必然性才提出来的。"①

所以，为了使这种纯粹的道德学说能够获得理解和印证的线索，编制案例是一个不得不采用的办法，因为它们可以让人们把自己置身于某种具体的、经验性的道德环境中，并对案例所包含的各种关于道德问题的方面、环节、可能的结果等加以分析，彰显出道德法则本身是完全独立于经验或偏好的，从而磨砺着我们的道德判断力。通过对案例的分析与验证，道德法则就与经验更加接近了。康德在展开自己道德学说的过程中，在很多环节上都编制了案例来进行说明，启示人们用理性思考、印证那些超出经验之上的、先天的道德法则。他对道德案例采取了如下的编制原则：第一，从普通道德理性中抉发出道德法则。这是用案例展示道德法则与基于感性偏好的准则的对立；第二，制定准则成为普遍法则的检验标准。这就是在案例中看主观准则是否能通过"可普遍化（纯粹形式性的）"和"人是目的（质料性的，即理性的目的本身）"这样两个标准的检验；第三，道德教育的核心是形成人们正确的道德思维方式。这主要是通过案例来启发我们，在道德教育中，通过排除基于感性偏好的准则对我们的意志的规定，转而使用自己的理性，形成道德思维方式，获得自己稳定的性格，而不是靠对情感品质的陶冶，或者靠榜样的示范作用（这些方式只是道德教育的导引，而不是真正的道德教育方法）。

一、　从普通道德理性中抉发出道德法则的原则

对康德而言，为了使自己纯粹的道德学说更易于为人们所理解，或者让人们获得进入纯粹道德思考的入口，最好的办法是启发人们普通实践理性中

---

① 康德著，李秋零主编：《康德著作全集》第 5 卷，中国人民大学出版社 2007 年版，第 15 页。

的道德法则意识。这就需要诉诸人们日常的道德意识。他认为，实践理性与理论理性不太一样，要发挥理论理性的获得知识的功能，需要专业的训练和培养，但是，实践理性却用不着多少学问，普通人就能够对什么是道德的形成自己正确无误的判断。在康德编制的经验性道德案例中，总是能够让人在来自感性偏好的经验动机与来自道德法则的纯粹理性的动机之间做出比较，从而彰显纯粹理性的道德法则的崇高性。

在这方面的案例有 3 个。为了突出道德法则与感性偏好的相互对立，我们把前面两个案例根据康德著作中的一些其他内容做一些改写，使之更加完整。

案例一。有两个人分别开了一个商店，两人的店面上都悬挂了"童叟无欺"的匾额，而且他们在平常做生意时，也的确能对少不更事的黄口孺子和老眼昏花的耄耋老人都做到货真价实、足斤足两。但是，我们可以想象，这二人这样做，所秉承的主观准则却可能是不一样的。第一个人的准则可能是这样的，即我能做到童叟无欺，则能在人们那里建立起一种良好的声誉，得到大家的信任，以后到我店里买东西的人就多了，获利就会更多，所以我要做到诚信；第二个人的准则则是：诚信本身就是对的，而不是因为诚信能给自己带来好处我才保持诚信，即使在某种情形下会给自己带来损失，我也应该做到童叟无欺。

这个案例引导大家在合乎义务与出于义务之间做仔细区分。第一个人的行为当然是合乎义务的，人们也"得到诚实的服务"[1]。康德认为，在这个案例中，第一个人远远不足以使人因此相信他是出自义务和诚实的原理而这样做的；同时，也不能假定他对诚实有直接的偏好，"使他仿佛出自爱而在价格上一视同仁"[2]。我们能够推测的是他是出自自私的意图才这样做的。而第二个人则认为诚实本身就对，不是出自自私的意图才诚实的。他对诚实

---

[1] 康德著，李秋零主编：《康德著作全集》第 4 卷，中国人民大学出版社 2005 年版，第 404 页。
[2] 康德著，李秋零主编：《康德著作全集》第 4 卷，中国人民大学出版社 2005 年版，第 404 页。

原则有着独立于任何福利和自爱的考虑的敬重，认为诚实原则对自己的行为有绝对的约束力，不能因为任何经验的利害而被放弃，所以是出自义务的。我们可以看到，只有第二个人所奉行的准则是始终一贯、不会自相矛盾的。比如我们可以设想一种情形，即在某种情形下，如果再在价格上一视同仁的话，自己的生意就会失败，那么，这两个人的选择会是一样的吗？第一个人显然会采取欺骗的手段而挽救自己的生意，因为他真正的原则是自利；而只有第二个人才能坚定地保持诚信。但是，第一个人在这样做的时候，肯定能意识到自己此时的行为与之前的行为是自相矛盾的，会感到诚信原则的严峻目光在逼视自己，再也无法很自信地认为自己是个在道德上无亏欠的人了。

案例二。这个案例进一步细化并深化了诚信问题的细节。这个案例是这样的："现在，我手头有一件寄存物，它的所有者已经去世，而且没有留下这方面的任何字据"①，我们可以继续设想下去：没有任何其他人知道他是这件东西的受托者，同时，他自己有好几个孩子需要抚养，现在自己的生活正处于很是困窘的状态，如果能把这件东西据为己有，变卖了就能使自己的生活状况变好；而且他也打听到，这件东西的合法继承人是物主的儿子，这个人整天不务正业，花天酒地，把这件东西还给他，他立马就会把它变卖，然后花光，对其生活的改善不能起到作用。请问，在这种情况下，我是否可以不把这件东西归还其儿子？显然，任何一个有正常理性的人都会认为，从道德上说，不可以，而是应该归还。

这个案例反映出许多人的心理。第一，寄存物的所有者去世了，而且没人知道我是受托者；第二，没有留下字据，于是我如果不归还，永远不会有法律上的麻烦；第三，我特别需要这件东西来帮助自己渡过生活的难关，还可以使子女受到良好教育，成为有用的人，这笔钱能发挥其应有的作用；第四，把这件东西归还其合法继承者，则他必然会把这件东西败光。也就是

①　康德著，李秋零主编：《康德著作全集》第5卷，中国人民大学出版社2007年版，第29页。

说，从经验和心理上来说，他不归还这件东西似乎没有任何问题。但是，从道德上说，这样做是具有道德价值的吗？普通人都能反省到，如果他这么做了，也许在表面上他是满足的，甚至很庆幸有这么一个改善生活状况的机会，但是，所有这些经验性的（包括心理）的理由即使再全面、再有力，都无法使我们心里的先天的道德法则受到蒙蔽，而且，人们会认为先天的道德法则在价值上无限地高过经验（心理）的理由。如果他这样做了，他在心灵深处就会始终感到不安。通过这样的反省，无比崇高的道德法则显露出来，高悬于前，在它面前，只要违反它了，自己的人格尊严就会受到摧折。

康德甚至还编制了如下第三个案例："在赌博中输了的人，也许会对自己和自己的不聪明感到恼火；但如果他意识到自己在赌博中曾经使诈（哪怕他因此赢了），那么，只要他用道德法则对照一下自己，他就必定蔑视自己。因此，道德法则必定是与自身幸福的原则有所不同的东西。因为不得不对自己说：尽管我充实了自己的钱袋，我却是一个卑鄙小人，这与赞许自己说：我是一个聪明人，因为我充实了自己的钱袋相比，毕竟还必须有一条不同的判断准绳。"①

我们姑且不讨论赌博本身在道德上的对错。就赌博这件事本身而言，我们都能够认识到，遵守赌博的既定规则是做这件事情的绝对要求。显然，在其他赌博参与者都能遵守规则的前提下，通过使诈（出老千，或者使用其他障眼法），是可以造成有利于自己的局面的。当然，赌博还有技术和运气，这是赌博者可以合理依靠的，凭借自己的技术和运气而赢了钱，是不会受到道德谴责的，而且自己也是可以心安理得的。如果输了，自己只能怪罪自己不够聪明，或抱怨自己运气不够好，而不能怪罪规则。但如果通过使诈而赢了，即通过违背规则而使自己不正当地获利，这从道德上说就是恶劣的，也会让他鄙视自己。所以，即使是在这件事情上，普通人的道德理性也能明白，幸福原则与道德原则是根本不同的。

---

① 康德著，李秋零主编：《康德著作全集》第5卷，中国人民大学出版社2007年版，第41页。

康德不厌其烦地编制这些案例，就是为了说明，在我们做出行为时，一定都先有自己的主观准则，而主观准则就是决定我们行为动机的原则。我们一方面是现象界的存在者，另一方面又是本体界的存在者，所以我们都可以拥有两种动机，即一种是把追求感性偏好的对象（自己的幸福）作为自己的准则，另一种是以纯粹理性的形式性法则（不考虑其经验性后果）直接作为规定自己意志的根据，从而把客观的道德法则直接作为自己的主观准则。在普通的实践理性那里，我们在行动中首先会诉诸前一种动机，但是，在这样做的时候，如果我们反思一下这样的行为准则是否具有道德价值时，却必定会遭到否定，从而使一种独立于任何感性偏好追求的先天道德法则朗现出来，并且把按照前一种动机去行事的做法视为在道德上卑鄙的。

二、 制定准则成为普遍法则的检验标准的原则

主观准则如何成为普遍的法则？在康德看来，可以从两个方面制定检验标准。一是从纯粹形式性的方面利用"可普遍化"作为标准，来检验一个主观准则能否成为客观的道德法则；二是从意志必定要追求目的而言，可以用质料性方面即理性的目的自身，也即"人是目的"作为标准来进行检验。之所以需要这两种检验，是因为主观准则是人们内在动机的根据，所以从外在的行为中是难以看出来的，有些时候有些人认为自己的准则是高尚的，但是却可能杂有自爱的考虑。于是，我们的主观准则是否有道德价值，就需要通过设立某种标准来检验。纯粹形式性的检验标准最初的表述是："我决不应当以别的方式行事，除非我也能够希望我的准则应当成为一个普遍的法则。"① 从定言命令的角度说，就是："要只按照你同时能够愿意它成为一个普遍法则的那个准则去行动。"② 也就是说，我们应当这样检验我们的主观

---

① 康德著，李秋零主编：《康德著作全集》第4卷，中国人民大学出版社2005年版，第409页。
② 康德著，李秋零主编：《康德著作全集》第4卷，中国人民大学出版社2005年版，第428页。

准则，即我自己很愿意按照自己的准则去行动，但我是否愿意所有人都按照这种准则去行动呢？如果你愿意所有人都按照这种准则去做，则这种准则就是普遍的法则；如果只愿意自己这样做，而不愿意所有人都这样做，则这种准则就是个别性的、排他的，就不可能是普遍的法则；同时，因为出自普遍的道德法则的行为也要落在自然界，这种行为的结果要能够按照符合普遍的自然法则在自然界存在，所以，"义务的普遍命令式也可以这样说：要这样行动，就好像你的行为的准则应当通过你的意志成为普遍的自然法则似的。"① 在这里，我们要弄清楚康德使用的"愿意"（willing）这个词的意思，正如艾伦·伍德（Allen W. Wood）所提醒的，这个词"不同于仅仅想要（wanting）和希望（wishing），在这里，愿意 X 就是要使 X 成为人的目的，并采用一个要求我们利用达到这个目的的手段的规范性原则"②。所以，这里的"愿意"，就是要"通过意志"来客观地达到我们的理性所设定的目的，而不仅仅是纯粹主观的想要或希望。对这种检验标准，我们可以这样来分析：1. 这是紧扣着行为者自己的主观意愿来说的。显然出自理性的东西才是普遍的东西，而完全普遍的东西只能出自纯粹理性。具有较大普遍性的东西可能是理智通过归纳其相同或相似点而得出的一般性，比如大家对幸福的见解，可能有相当大的一致性，但是，它是经验性的一致性，因为幸福的成分和感受（经验性的质料）多种多样，而且会随着时间推移和个人感受不同而变化，所以不可能是绝对的普遍性。只有出自纯粹理性的普遍法则的形式性才能具有绝对的普遍性。所以，你对自己准则的检验应该是这样的：一是你同意你的准则毫无例外地让他人去遵守，而不能容许把自己除外；二是合乎普遍的法则去做的事情是具有合法性的。但仅仅具有合法性的行为在道德上只是许可的，尚不具有道德上善的价值。我们需要进一步让这个法则的

---

① 康德著，李秋零主编：《康德著作全集》第 4 卷，中国人民大学出版社 2005 年版，第429 页。

② Allen W. *Wood*, *Kant's Ethical Thought*, Cambridge：Cambridge University Press, 1999. p. 83.

表象，排除了由此所期待的结果，直接地就规定意志，这样意志就"能够绝对地和没有限制地叫做善的"①。这就是说，要能获得绝对善的价值，主观准则就应当直接就是客观的普遍道德法则，因为只有客观的普遍道德法则直接规定了（不借助于任何兴趣、目的和愉快的情感的中介）意志，这时意志才能是善良意志。对于康德可普遍化的检验标准如果不做这样两方面的分析，就很容易被理解偏了。2. 在编制这类案例时，可以分为对自己的完全义务、对自己的不完全义务、对他人的完全义务和对他人的不完全义务这样四类案例，这在逻辑上是周延的。3. 我们在作这样的检验时，实际上是要完全排除掉自己准则中所混杂的任何来自感性偏好的成分，这样才能显露出纯粹理性的普遍法则的形式性，并以此作为自己的主观准则。4. 由于意志的自由就是自由的因果性，也就是说，意志是直接发动行为的，而行为却是落实在现象界的，所以，这些案例要表现那出自实践理性（意志）的行为在现象界的情形，也就是说，道德法则要以自然法则为图型而在行为中得到遵守。

这里需要说明的是，这类案例都可以出现两次，即一次是作为形式性标准的检验对象，另一次是作为质料性（理性自身的目的，也即同时是义务的目的，而不是那种感性偏好的目的）标准的检验对象。只有从以上几个方面来理解康德编制"制定准则成为普遍法则的检验标准"案例的原则，我们才能契合康德编制这些案例的深意。

（一）在道德法则的"纯粹形式性"方面，康德编制了以下四个案例

案例一。有一个人，"经历了一系列足以使人心灰意懒的灾祸而对生活感到厌倦，但还拥有自己的理性，使他能够自问：了结自己的生命是否也绝

---

① 康德著，李秋零主编：《康德著作全集》第 4 卷，中国人民大学出版社 2005 年版，第409 页。

不违背对自己的义务？现在他要探究：他的行为的准则是否也能够成为一个普遍的自然法则？而他的准则是：如果生命因期限的延长将面临的灾祸多于它将带来的安逸，那么，我就出自自爱把缩短它当做我的原则。只不过问题是：自爱的原则是否能够成为一个普遍的自然法则？但人们在这里马上就看出，如果一个自然的法则是凭借以敦促人增益生命为使命的同一种情感来毁灭生命本身，则这个自然就与自身矛盾，从而就不会作为自然存在；所以，那个准则就不可能成为普遍的自然法则，因而就与一切义务的最高原则相抵触。"①

对这个案例进行分析，应该注意以下几点：1. 此一行为者的主观准则是：因为灾祸而使自己生活的愁苦多于安逸时，以自爱为原则，就应该中止自己的生命。还可以设想，如果他的生活顺利，很有乐趣，他肯定会注意保存生命，尽可能活得长。换句话说，在这两种情形下，行为者的主观准则都是出自感性偏好即自爱的。但是，从纯粹的形式上说，任何出自感性偏好的准则都不可能是绝对普遍的，所以不可能成为普遍的法则。因为出自感性偏好的准则会随着生活环境或际遇的变化而变化，甚至会采取相互矛盾的行动；2. 要弄清楚自己是否是出自保全生命的义务而去保全生命的，就要设想这样一种极端的处境：即此人遭受重大灾祸，生活已经了无乐趣，觉得活着不如死了好，但即使在这种情况下，他也必定会意识到一种来自纯粹理性的法则要求他保持生命，于是他仍然以钢铁般的意志保持生命而不去自杀，这才是出自义务的行为；3. 为了使这个问题与直观更加接近，把这一准则以自然法则为图型，我们可以发现，自爱准则无法成为自然法则而不自相矛盾。因为自然的法则是敦促人增益生命，如果有人因为灾祸难以承受就去中止生命，让这样的行为成为自然的话，则这样的自然就是自相矛盾的。所以，这种自爱准则也是不能成为普遍的自然法则的，从而与义务的最高原则

① 康德著，李秋零主编：《康德著作全集》第 4 卷，中国人民大学出版社 2005 年版，第 429—430 页。

相抵触。之所以说这是对自己的完全义务，是因为这种义务是要无条件地得到履行的。

案例二。"一个人，发现自己急需借款。他清楚地知道，他将无法还款；但他也看出，如果他不肯定地许诺在一个确定的时间还款，他就什么也借不到。他很乐意作这样的承诺；但他仍然良知未泯，扪心自问：以这样的方式助自己摆脱困境，是不允许的且违反义务的吗？假定他毕竟决定这样做了，那么，他的行为准则就是：如果我认为自己迫切需要钱，我就要借款并且承诺还款，尽管我知道我永远还不了款。这个自爱或者自利的原则与我整个未来的福祉也许很能协调一致，但现在问题是：这样做对吗？因此，我把自爱的要求转化为一个普遍的法则，事情会怎样呢？由此我现在就看出，它绝不可能作为普遍的法则生效并与自身一致，而是必然与自己矛盾。因为一个法则，即每一个人在认为自己处于困境时都可以承诺所想到的东西，却蓄意不信守之，其普遍性就会使承诺和人们在承诺时可能怀有的目的本身成为不可能，因为没有人会相信对自己承诺的东西，而是会把所有这样的表示当做空洞的借口而加以嘲笑。"①

这又是一个由自爱的动机孵化出来的对他人的不诚实的案例。其核心要旨在于：1. 借贷就是要借助他人的钱财帮助自己渡过眼下的难关，并要按时足额奉还。但是，在实际上生活中，在有些情况下借者有能力还，有些情况下却明知没有能力还；2. 在后一种情况下，如果还要借贷并承诺按时足额奉还，那就是存心欺骗了。如果完全出于自爱的准则，可以想见，这种行为是会出现的。显然，这符合借贷者个人的福祉，而对债权人却是一种蓄意的损害；3. 要判断这种准则是否有道德价值，只需问一问：这个准则能够作为一种普遍的法则而让所有人无例外地遵循吗？明显地，这种准则一旦要被普遍化，并在经验世界中生效，就内涵着一个矛盾，因为承诺的概念本身

———————

①　康德著，李秋零主编：《康德著作全集》第 4 卷，中国人民大学出版社 2005 年版，第 430 页。

就内涵着要兑现，一个存心不兑现的承诺就是一个笑话、一个谎言，在现实中就会自我取消，会使承诺和承诺的目的本身成为不可能。所以，这种准则也不可能成为一个普遍的自然法则，因为它一旦成为普遍的自然法则，就只能成为非存在。它之所以是一种对他人的完全义务，是因为违反这种义务，就将使这种义务所指向的事情在现实中根本不能存在。

案例三。有一个人，"在自身中发现一种才能，这种才能经过若干培养，就能够使他成为一个在各种方面都有用的人。但是，他发现自己处在舒适的情状中，而且宁可沉溺于享乐，也不愿努力去扩展和改进自己幸运的自然禀赋。但他仍然自问：他的荒废自己自然禀赋的准则除了与他对欢娱本身的癖好一致之外，是否还与人们称为义务的东西一致？现在他看出：虽然即使人（就像太平洋上的居民那样）任其才能荒废，并且只想把自己的生命用于闲逛、欢娱、繁殖，一言以蔽之，用于享受，一个自然也总还能按照这样一个普遍法则存在；然而，他不可能愿意这成为一个普遍的自然法则，或者作为这样一个法则被通过自然本能置于我们里面。作为一个理性存在者，他必然愿意自己里面的所有能力都得到发展，因为它们毕竟是为了各种各样的意图而对他有用，并被赋予他的。"①

对此案例，我们的分析可以分为以下几个步骤：第一，我们都有一些天赋才能的潜质，发展它们，我们才能获得适合以后各种生活目的的能力。第二，发展自己的天赋才能，需要付出艰辛的努力。但是，我们又有另外一种本能倾向，即安于享乐和闲适，不想付出艰辛来从事技能的锻炼和培养。于是，在我们的心中也会有一个主观准则，即按照贪图安逸闲适的动机去行事。那么，出于这个准则而做出的行动有道德价值吗？如何去检验呢？第三，检验的标准是看它能否成为普遍的自然法则。关于这个准则的检验，我们可以看出其同案例一和案例二不同的地方：（1）如果把贪图安逸闲适的准

---

① 康德著，李秋零主编：《康德著作全集》第 4 卷，中国人民大学出版社 2005 年版，第 430—431 页。

则作为普遍的自然法则，自然还能够存在。而案例一和案例二中说的是如果人们按照自爱法则去做，则这些案例中所说的事情在自然界就不能存在；（2）但我们不可能愿意这个准则成为一个普遍的自然法则。因为我们作为有理性者，毕竟愿意自己的才能得到发展，有了这些能力我们才能应对今后的各种生活意图。这里说的是有理性的人"不可能愿意"安于享受而让我们的天赋潜质无法发展，实际上是说发展天赋潜质是人们的合理性期待；同时，他又认为这是因为只有发展了这些潜质，我们才能应付今后的各种生活目的，这当然是客观要求。

要进一步分析这个案例，还有如下两个疑问：第一，既然这个准则成为普遍的自然法则，自然还能存在，这不就表明它通过了这个检验吗？第二，康德说道德法则不考虑各种意图，只考虑其形式，但在这个案例中，康德却说因为如果我们只贪图安逸闲适，则我们就将难以发展自己的才能以实现今后生活的各种意图，这不是用能否实现生活意图来检验主观准则吗？

关于第一个疑问，我们认为，说自然还能存在，是指其存在可以作为全部事物的机械堆积，但没有自由的价值实现。这样的自然的存在，显然是我们作为一个有着基于理性的自由意志的存在者所不愿意要的。康德确信，有理性的人类是期望自己的自然禀赋得到发展的，发展自然禀赋，就是在向自由迈进。关于第二个疑问，我们认为，康德的确是引入了意图或目的这样的质料概念，但是，这样的目的是本身同时就是义务的目的，因为这样的目的是我们不会凭借本能而自动地去追求的，而是需要克服感性偏好的倾向才能去追求的目的，从而这种目的本身就是义务，这就表明，这种本身就是义务的目的根本不同于各种感性偏好的目的，而是属于一个最高目的自身，比如自然的目的就是要人们发展自己的自然禀赋，包括自己的理性。所以，康德说，"促进自己的完善"是"德性义务"之一。另外，这里需要说明的是，这种义务是不完全义务，因为要发展自己的哪些自然禀赋，在多大程度上发展它们，是行为主体自身决定的，而不能进行绝对的规定。这个问题，在康德以后的著作《道德形而上学》中做了详细的阐述。

案例四。有一个人，"他处境优裕，但他在看到别人必须极其辛苦地奋斗时（他也很能够帮助别人），却想到：这与我有什么相干？且让每一个人都如上天之所欲、或者如他自己之所为一般地幸福，我对他毫无所求，就连嫉妒他也不会；只是我没有兴趣对他的福祉或者对在困境中赞助他有所贡献！现在，如果这样一种思维方式成为一个普遍的自然法则，人类当然能够好好地存在，而且毫无疑问胜似每一个人都空谈同情和善意，也尽力偶尔履行之，但却只要有可能，就欺哄人、出卖人的权利，或者在其他方面损害人的权利。但是，尽管按照那个准则，一种普遍的自然法则还有可能很好地存在，但愿意这样一个原则作为自然法则到处生效，这却是不可能的。一个决定这样做的意志就会与自己抵触，因为毕竟有可能发生不少这样的情况：他需要别人的爱和同情，而由于这样一个出自他自己的意志的自然法则，他会剥夺自己得到他所期望的协助的一切希望。"①

这是康德所编制的对他人的不完全义务的案例。第一，从个人偏好来说，我们既可能有慷慨的热情为困境中的人提供帮助，但也可能对他们的困苦漠不关心。第二，显然，出于慷慨的天性去助人，也不是出于义务。因为即使是有慷慨的天性的人，其情感也是会经历变化的，在某些时候也可能不去帮助他人（虽然仍然有能力），他们也不能思考到义务对自己的强制性。第三，一个有能力帮助他人的人对他人的困苦漠不关心，这种准则是否有道德价值，同样需要检验。第四，检验的办法就是看人们是否都愿意它成为普遍的自然法则。有以下两个考虑：1. 这个准则成为普遍的自然法则，人类还能够好好地存在，因为没有人会受到额外的损失；2. 但是人们却不可能愿意把这条准则变成普遍的自然法则。康德的理由是：人们都很有可能在某些情形下会期望得到别人的帮助，如果我面对着需要帮助的人，而自己也有能力，却不去帮助他，而他又不愿意使这个发自他自己心中的准则自陷矛盾

---

① 康德著，李秋零主编：《康德著作全集》第 4 卷，中国人民大学出版社 2005 年版，第 431 页。

的话，则他也不能在他自己需要帮助时指望他人的帮助。

对其中第二个考虑的解释，在有些人那里被认为是暗中藏着利己主义的精明打算。如叔本华就持这样的异议。他认为，康德在这个案例中展示的道德义务，"是完全自私的，只能以利己主义解释，这种利己主义在互利互惠条件下，作出一种妥协，聪明得很"①。我们认为这种说法是不对的。实际上，康德在此处的意思是说：每个人都会有需要别人帮助的时候，因为人们是相互依赖着的，所以，我们应该把他人的目的纳入自己的目的中来，当然他人也应该把我的目的纳入他的目的中去。这在理论上是人——我对称的，不存在着单方面的利己主义想法②。但因为我们大家都不会自然而然地喜欢去促进他人的幸福，所以，促进他人的幸福是一种义务。当然，这种义务是不完全的义务，因为第一，我们帮助对方时，是依照我们所认为的什么是对方的福利而进行的，而对对方所提出来的但我们的理性认为并非是其真正的福利可予以拒绝；第二，我们在多大程度上来帮助对方，是由我们自己决定的，在这方面不受强制；第三，我们不能超出自己的能力帮助别人，以至于让自己沦落到需要别人帮助的地步。

（二）在说明道德法则的"质料"方面，康德重写了以上四个案例

对康德而言，道德法则的"质料"方面也是十分重要的，因为实践理性就是要做出现实行为的理性，也就是说，意志必定会追求目的，故道德法则有其"质料"方面。但善良意志的这种目的并非感性偏好所追求的目的，感性偏好的种种目的的客体或对象只能是感性事物，而意志的目的却要独立于感性偏好的目的，而成为目的本身，即理性自身拥有的目的。当然这种目的

---

① 叔本华：《伦理学的两个基本问题》，任立、孟庆时译，商务印书馆1996年版，第179页。

② 关于这一点，我们已在本书第二章第三节中讨论仁爱作为一种道德义务的强制性时，做了详细的反驳，这里写得尽可能简略。

也具有感性质料性的内容，但它却是道德法则本身所指向的目的，它必须独立于感性偏好的目的。只有这种目的本身才能约束、引导各种追求感性偏好的目的的行为，使之获得道德价值。目的本身只能是理性先天地拥有的客体，也就是人作为本体的人、理性人格自身及其在现实中的对应物——人性的理念。根据康德的定义，正如肯尼斯·R. 威斯特伐尔（Kenneth R. Westphal）所说："纯粹实践理性删除了所有的肉体欲望、动机、要求、倾向或偏好，以及行为者要达到目的的所有能力和资源。纯粹实践理性的客体，就是那种不顾任何物理的、心理的对能力和可行性的限制，以及任何选择性的目标和行为动机，而为自由行动所获取的东西。"[①] 符合这样的标准的纯粹实践理性的客体就只能是出于本体界的理性人格所要指向的对象，比如，如果我们的意志是被道德法则所规定的，那么其目的或对象就只能是理性所先天地给予的，那就是人性发展的价值方向及其完满状态。显然，它就是我们人格在现象中的对应物（追求它，比如追求感性能力的合理运用和发展、记忆力、想象力、机智、知性能力、判断力、欲求能力等人性禀赋的全面发展，就使我们发展人格性禀赋获得了基础和台阶，由此我们就将逐渐向自己的人格理念靠近），是一种理性的理念。于是，我们在追求幸福目的的行为中，必须首先受到尊重人格尊严的义务的约束，任何贬低他人（包括自己）的人格中的人性，把他们（包括自己）仅仅视作工具的行为，在道德上都是可鄙的。所以，这一道德律令就是："你要如此行动，即无论是你的人格中的人性，还是其他任何一个人的人格中的人性，你在任何时候都同时当做目的，绝不仅仅当做手段来使用。"[②] 正是在这种道德思考的视野中，康德重新编制了以上四个案例。也就是说，这些准则是否能够使相应的行为具有道德价值，就看它们是否违背了"人是目的"这一道德法则的质料性方面的检验标准。

---

① *Immanuel Kant: Key Words*, edited by Will Dudley and Kristina Engelhard, New York: Routledge, 2011, p. 108.

② 康德著，李秋零主编：《康德著作全集》第 4 卷，中国人民大学出版社 2005 年版，第 437 页。

1. 对自己的完全义务，即"不自杀"的案例，在目前的检验中，其关键在于：这样的准则是否把自己人格中的人性视作目的。我们看到，在这个案例中，行为人因为生活遭受难以忍受的灾祸，就决定中止自己的生命。人的生命是我们人格中的人性的承载者，如果感到生活毫无乐趣就要自杀，则自己就主动地丧失掉自己人格中的人性的承载者，使之沦为虚无或毁灭，从而无法行使其不断发展自己的自然禀赋，并追求形成道德的思维方式的功能，这就不是尊重自己人格中的人性的尊严，把它视作目的，而是仅仅作为享受生活乐趣的手段（若是不能享受乐趣，就主动结束生命）。所以，这种准则是不能成为客观的道德法则的。

2. 对自己的不完全义务，即"发展自己的自然禀赋"的案例，在目前的检验中，其关键在于：这样的准则是否把促进自己的自然禀赋的发展视作目的。康德认为，促进自己的完善是两个德性义务之一。因为我们从自然本能来说，都倾向于贪图安逸，而不愿通过艰苦努力发展自己的自然禀赋。后来，康德认为自己的完善包括自然的完善和道德的完善，这两方面的完善都是我们要努力促进的，同时它们也是自然的最终目的或者意旨，我们的义务就是通过自己的努力去实现自然的这种意旨或最终目的。如果把安于闲适享乐而不去促进自己的完善作为准则，则就是让自己的天赋能力在那里白白地生锈，这样就不是把自己人格中的人性视为目的，而仅仅看作手段。所以，这种准则是无法通过"人是目的"的标准的检验的。

3. 对他人的完全义务，即"要诚信"的案例，在用"人是目的"的标准去检验时，最为关键的是：那种要想渡过难关，明知不能偿还，却承诺借贷后准时足额偿还的准则，是否把他人人格中的人性视为目的，而不仅仅视为手段。许下这种假诺的人，实际上就是利用对方对自己承诺的相信，而获得自己的利益。显然，这是把对方人格中的人性看作是可以贬低的，并可以仅仅当作手段来加以利用的，因为他允许自己践踏他人的自由或权利。这种准则的道德败坏之处，其根子就在于此。

4. 关于他人的不完全义务，就是"帮助困难中的人"或"促进他人的幸福"的案例，对它的检验是这样的：一切人都怀有一种目的，那就是自己的幸福。显然，如果无人促进他人的幸福，同时也不故意剥夺他人的幸福，则人性也能存在。但是，康德认为的两个德性义务还包括"促进他人的幸福"，这是因为，我自己会自然而然地去追求自己的幸福，但不可能自然而然地去追求他人的幸福，所以我们的义务就是把他人的追求幸福的目的纳入自己的目的中来，这样的目的就是本身是义务的目的。对此，他做了进一步说明："'促进他人幸福'的法则并不是产生自'这对每个人自己的任性来说都是一个客体'这个预设，而是产生自：理性当做给自爱准则提供一个法则的客观有效性的条件所需要的普遍性的形式，成为意志的规定根据，因而客体（别人的幸福）并不是纯粹意志的规定根据，相反，惟有纯然的法则形式，才是我用来限制我的基于偏好的准则，以便使它获得一个法则的普遍性，并使它这样适合纯粹的实践理性；惟有从这种限制中，而不是从一个外在的动机的附加中，才能产生出把我的自爱准则也扩展到别人的幸福上去的责任的概念。"① 促进他人的幸福，就是使他人能够获得发展自己自然禀赋的手段，而不至于因为贫困和灾祸而受到违背道德法则的诱惑。正是在纯然的法则形式的约束下，"促进他人的幸福"就是对他人人格中的人性的尊重，不这样做，则是让他人人格中的人性自生自灭，这样就是把它仅仅当作手段了。当然，能够尽"促进他人的幸福"这一德性义务，就是有功德的，即有德性。所以，康德也把这种义务名之为"可嘉的义务"。

通过以上解说，康德编制这四个道德案例的原则就很清楚了，他实际上是指明：一种主观准则只有通得过可普遍化标准和人是目的的检验，才能说它可以成为客观的道德法则。其核心就是通过不断剥离主观准则中来自感性偏好的成分，而直接使来自纯粹理性的先天法则朗现出来，并作为主观准则而直接充当规定意志的根据。出自这样的准则的行为，才能真正具有道德价值。

---

① 康德著，李秋零主编：《康德著作全集》第5卷，中国人民大学出版社2007年版，第38页。

三、 道德教育的核心是形成思维方式的原则

在康德道德哲学中，道德价值的最高源头在于来自纯粹理性的先天的道德法则，所以，通过与感性偏好的对比，突出道德法则的无比崇高性，并引起既有理性又有感性的存在者的敬重情感，从而让受教育者能够感到所有偏好的总和，在价值上都无法与道德法则相比，进而摧折感性偏好的追求，而让道德法则处于优先地位，直接规定自己的意志，这就是高级的欲求能力即追求道德价值的能力的发用。这是一种新的道德思维方式的形成。促使人们能够形成并采用这种思维方式，就是道德教育的核心目的。于是，我们可以看到，对康德而言，道德教育的恰当方法不是自然情感的教育，或者涵养塑造人们的情感欲望品质，因为在他看来，对自然情感进行再高程度的塑造和培养，它也仍然是感性的、个别性的，会经历变化的，不能用作为规范我们的行为的道德法则；同时，康德也认为，道德教育也不能采取榜样示范的方式。树立榜样，一方面会让受教者觉得自己不如榜样品质好，从而对榜样产生怨恨和疏离；另一方面，也无法使受教者认识到真纯的道德原理；再者，道德教育也不能采取各种过高激情的渲染法，在过高激情的感染下，受教者也许在当下会受到激动，但是激动之后却无法保持，过后就会陷入疲怠之中，又回到了原来的状态。当然，如果我们始终秉持着道德教育的本真目标，那么，以上的教育方法作为达到真正的道德教育的阶梯，至少使得培养理性的道德思维方式变得更容易些，则是可以的。

于是，康德主张的道德教育方法，就是要培养人们正确的道德思维方式，即能够认识到我们必须以先天的理性法则来作为自己的准则，形成行为动机，而不能掺杂任何感性偏好的考虑。同时他也认为，其实普通人的道德理性也能够分辨什么是道德动机，什么不是道德动机。所以，进行道德教育，可以设计一种场景，其中有动机的冲突，把来自感性偏好的动机与来自理性法则的动机直接加以比较，而显露理性动机的崇高性和无可比拟性。进

而可通过某些实例来说明人们能够抵抗各种损失而坚决不违背道德法则和义务，并验之于受教者的内心感受，从而使其感受到道德法则的崇高，随之形成对道德法则的敬重这样一种道德情感，并以实际行动来践履道德法则。

康德在探索正确的道德教育方法时，编制了以下案例："用一个例子来指出纯粹德性的检验标志，并且通过我们设想它例如被交给一个十岁的小男孩去评判，来看一看他是否无须由老师来指导，自己也必定这样来判断。且讲一个正派人的故事，有人想鼓动他加入一个无辜的、此外没有任何权能的人（例如被英国的亨利八世控告的安妮·博林）的诽谤者的行列。人们提供出好处，亦即重礼或者高位，他都予以拒绝。这在听众的心中将引起的全然是赞许和认同，因为那是好处。现在人们开始以损失相威胁。在这些诽谤者中有他的一些最好的朋友，他们现在声称与他断交，有他的一些近亲，他们威胁要剥夺他的继承权（他没有财产），有一些权贵，他们能够在任何地点和任何情况下迫害和羞辱他，有一位君王，他威胁他将失去自己的自由乃至生命。但是，为了让他也感受到惟有道德上善良的心才能相当真切地感受到的那种痛苦，以便苦难忍无可忍，人们可以设想他的受到极度的困苦和匮乏威胁的家庭恳求他顺从，他自己虽然正直，但毕竟对于同情和对于自己的困苦并不具有坚定的、无动于衷的感官，在他期望自己永远不过那种使他遭受一种如此难以言说的痛苦的日子的时刻，他却依然忠于自己的正直的决心，毫不动摇或者哪怕是怀疑；于是，我这位年轻的听众就将逐步地被从纯然的认同提升到惊赞，从惊赞提升到惊奇，最后一直提升到极大的崇敬，提升到自己能够成为这样一个人（尽管当然不是在他那种情况下）的强烈愿望。"①

在这个案例中，康德所要着力呈现的是，如果要使某人违背道德原则，通常的办法是以利益、好处来诱惑，如果不奏效，就会用损失和害处来威胁他，这种损失和害处，从低到高可以是失去朋友，丧失继承权，权贵的任意

---

① 康德著，李秋零主编：《康德著作全集》第 5 卷，中国人民大学出版社 2007 年版，第 162—163 页。

迫害和统治者对其自由甚至生命的剥夺，直至以巨大的迫害威胁其最爱的亲人（他把他们的幸福视作自己生命的最高目的所在）要求其服从，一句话，剥夺其所有的经验性的生存利益，在这个时候，就剩下屈服与坚决不违背那个先天的崇高的道德法则在直面相对，等待他的抉择。显然，对受教者而言，当哪怕是最大的诱惑都不能奏效时，他对这个主人公的行为必定会赞许和认同，而当迫害越来越严重直至最为严重时，主人公仍然毫不动摇，而且没有丝毫的怀疑，坚决忠于自己的正直原则，受教者一定会从认同提高到惊赞，再提高到惊奇，最后产生无比的崇敬，从心里产生一种要成为像他那样的人的愿望。在这个案例中，受教者在每个场景中都能够感受到甚至思维到道德法则的实在性，到所有经验性的生存利益被恶势力剥夺时，仍然能坚贞不屈，此时他心中最大的、也是唯一的依靠就是道德法则，是它的无比崇高性超出了其他价值包括一切经验性的生存利益的价值。这种道德教育方法，就是把受教者摆入具体的、严酷的冲突情境之中，使之在案例所展示的主人公坚定不移的坚守中，理解了什么叫作正确的道德思维方式。另外，我们也可以看到，实际上，康德所编制的其他案例，都可以用作道德教育的素材，因为它们都有一个共同点，那就是能够使人们认识到道德法则在实践上的实在性，并能够形成把道德法则直接作为规定意志的根据的那种正确的道德思维方式。

总之，我认为，康德在构造自己的道德哲学体系时，一定是一边推演自己的道德原则，一边设想可以发生在现实生活中的道德案例，并且进行两相印证。他编制道德案例时所遵循的原则就是特别关注这些案例如何才能引导人们明白自己心中是有道德法则的，它是独立于我们的一切内外经验而先天地从纯粹理性中产生出来的；并给出一个人的主观准则能否成为道德法则的检验标准；以及道德教育的正确方式。可以说，道德案例贯穿康德道德哲学体系展开的始终，特别展示在一些关键环节上。所以，我们在理解康德道德哲学的精髓时，应该对他所编制的道德案例进行仔细分析，这样就将能够找到深刻理解他的道德原则的指引线索。

第三章　人性概念的系统解析

　　在康德的实践哲学中，人性这个概念是指在人格理念的范导下，人的自然禀赋得到历史性的发展和完善的状态，它与动物性相对，所以是"人格中的人性"。在道德形而上学中，人格是人性的理念，人性是人格的承载者，促进人性的发展和完善成为一种本身是义务的目的；在实用人类学中，人性的各种成分应该发展到与理性相互协调的状态，即获得普遍性，从而是一种自由的发展；在教育学中，则是通过规训而去除人身上动物性的生蛮，培养能达成各种生活意图的技能和能与他人协调一致的优雅风度和文明举止，进而培养一种理性的道德思维方式；在历史哲学中，则是在大自然的意旨即实现人类总体的道德化这一理念的引导下，人性中各种能力在人们的相互竞争和冲突中，利用非社会的社会性作为动力，而不断地发展到越来越高和越来越充分的状态，并需要在普遍的公民法治状态下才能得到安全的发展。可以说，在康德那里，人性概念是其实践哲学的基础概念，要理解康德的实践哲学的深刻意涵，全面正确地理解其人性概念是关键，它贯通道德形而上学和质料伦理学，并使两者勾连起来，因为说到底，实践哲学就是关于人的实践的哲学学说。所以，我们必须在康德实践哲学整体系统中，去深入解析其人性概念。如果只在其道德形而上学的框架中对人性概念加以进行解读，就会陷于某种迷失。

第一节 人性与理性的关系

在康德的道德形而上学中，人作为有理性存在者，还具有感性素质。在厘定纯粹的道德法则时，首先认为道德法则是对所有有理性者都有普遍的约束力的。在道德法则与人的关系上，他首先是把人看作一种特定的理性存在者，而人的理性本身就具有一种先天的理性法则，从而认为理性法则在成为规定意志的根据时，就是道德法则。而道德法则规定意志去完成的具体任务，就是我们的义务。义务既然是我们受到道德法则规定的意志所必然指向的对象，就也必然要把某些东西作为自己的目的，这种目的就是同时是义务的目的，有两种：即自己的完善和他人的幸福。其中，促进自己的完善就是要促进自己人性的发展。如果说，理性就是我们的形而上学的人格的话，那么，人性就是我们要发展的各种自然禀赋，同时人性要在人格的引导下才能得到健康的发展和提升，也就是说，人格是人性的理念。所以，能够作为我们道德目的自身的就是人格中的人性。人格以人性为载体，人性以人格为引导。

一、 人性和理性

康德的人性概念较为特别，与这个概念相关的概念有："人的本性""有理性者的本性""人的自然禀赋"（包括感性能力、机智、想象力、记忆力、知性、判断力、理性等等）、"人格""人格中的人性"等等。在比较稳定的使用中，人性是指人的自然禀赋得到发展和提升的状态，即在人格即人性的理念的范导下，我们的感性能力、机智、想象力、记忆力、欲求能力、知性、判断力等都能达到与理性的应用相互协调的状态，最后我们的理性将能够取得对意志的直接规定力量。

理性当然也是人性的一个成分，但是，在人性的各种成分中，只有理性是超越经验的，具有先天的立法能力，它处于本体界。它是普遍的、超时空的、绝对必然的，但它只对人的意志有效，而不能在做成知识上有效（理性在经验范围里使用时的名称是"知性"，也可以说是"理论理性"，超出经验而使用时的专名是"理性"，也可以说是"实践理性"）。为了使这一点能够得到凸显，康德在谈到道德法则的有效性时，特别提出一个"理性存在者"的概念，而不径直提"人"，这主要是为了彰显理性存在者的道德尊严，也是为了说明，道德价值的根源在于本体界，而不在现象界或经验之中，也不在人性的其他成分之中。从经验中或人性的其他成分中吸取道德原则，就只能得到一些权宜之计，而不可能确立一种对所有有理性者都有约束力的普遍的道德原则。无理性的东西将不是道德哲学考察的对象，也就是说，它们都没有本体界的存在者的身份。这就能理解，为什么康德在《道德形而上学的奠基》中，要从善良意志开始。因为善良意志就是完全受到纯粹理性规定的意志，其主观准则就是客观的道德法则，而不掺杂任何来自感性偏好的考虑。

那么，在道德哲学中，理性的功能是什么呢？在康德看来，理性具有先天的法则，而理性存在者有实现这种法则的表象即道德法则的客体的能力，从而有意志。动物是没有意志的，只有意欲。如果意志就在本体界，则从实践方面来说，理性就是意志，而不是两个不同的东西，故而纯粹理性凭自身就有实践能力。的确，理性是人性的一个成分，但却是一个有特殊意义和价值的成分。首先，人性中因包含有理性，所以，人才可能既是现象界的存在者，同时又是本体界的存在者（或者说是从理知的角度看的存在者）。理性与人性中的其他成分之间有着绝大的距离，所以，其他成分的发展要以理性为目标；其次，因为有理性，所以人才能成为一种道德的存在者。在康德看来，道德就是一种思维方式的建立。真正道德的思维方式是认识到理性法则并不是自然法则，而是一种自由法则即道德法则。这就是说，要认识到理性法则的先天性、绝对性、普遍性、应然性，只有在理性法则与意志的关系中才能确定真纯的道德原则，而不能在人性中的其他成分中去寻找意志的规定根据，因为人性中的其他成分要么直接是感性的，要么只能在经验范围里起作用（如知性和判断力）；再其次，正因为人性中有理性，所以我们可以设想一种理性存在者（不仅仅是人），并且发现理性法则对所有理性存在者的意志的规定力量，从这一点也可以看出，理性法则具有绝对的普遍性。同时，又因为人性中有感性成分，所以我们不能自动地遵守道德法则，于是，对我们人这类其意志并不是纯然善良的理性存在者来说，道德法则对我们的意志就是一种命令，表现为应当遵循的自由法则；复其次，我们人性中的其他成分在我们的日常行为中必定都会产生作用，比如感性偏好一定会去追求满足，甚至会要求理性成为其婢女。但感性偏好本身是善的，只是我们如果使基于感性偏好的表象的准则取得对于基于理性法则的表象的准则的优先性，才会产生恶。而由恶向善的转变就是要把这种颠倒了的秩序重新颠倒过来。德性就是我们努力排除感性偏好的准则对意志的规定作用，而直接以道德法则来规定其自身的意志的力量。所以，道德德性的获得，是基于道德法则的准则与基于感性偏好的准则进行长期的斗争并且取得胜利的光荣战功；最后，人性的各种成分（包括理性）毕竟都统一在人身上，所以，它们之间必然会有关联性。人身上的各种成分都需要发展和完善，在其发展过程中，低等能力（如感性认识能力、机智、想象力、记忆力、感性偏好的欲求能力等等）的发展都要为了高等能力（知性、判断力、理性），最终的目的就是要实现道德化，即获得纯粹的理性思维方式。

人性主要是实用人类学的考察对象。人性中包含了感性能力、情感、鉴赏力、记忆力、判断力、欲求能力，也包括理性。把理性的功能独立出来，是为了突出它的先天的普遍法则。理性法则用在经验范围里就是知性范畴，用在超越经验的领域就是理性的自由法则，它有对人格的尊重，在主观准则的可普遍化中我们能够彰显客观的、普遍的道德法则，在追求超越经验的总体概念中我们发现理性的理念如自由、不朽、上帝等等。而人性中的其他成分，在理性的引导下，都能够逐渐被提升到具有一定的普遍性（或一般性）的状态，这就是人的自然禀赋逐渐摆脱自然法则而不断获得自由的过程。当然只有达到了先验的自由的程度才能说是道德化了，在此之前，其最高程度就只能是文明化，即在逻辑上、鉴赏上、道德上都走出个人主义状态，而获得某种普遍性，从而获得能够与人们共享的价值，获得了某种"共通感"（一种在共同体中的相互交往中形成的对价值、趣味、鉴赏、行为的风尚等的能够相互呼应的感受），从而形成扩大了的自我。也就是说，人性以自然禀赋为基础，以理性为导向。这样，对人性的专门考察就集中在自然禀赋的发展和提升上，也就是考察个别性的自然禀赋向普遍化（一般化）的提升过程。所以，由人性的发展可以开出文明化的前景，换句话说，文明化是人性发展的目标。但人性的其他成分与理性终归有界限，所以，需要建立从人性的其他成分发展到理性的桥梁，在康德看来，这就需要经过某种心灵的革命或者突然的一跃才能达成。

二、 人格与人性的关系及人的本性善恶问题

康德说，人格不是别的，就"是其行为能够归责的主体"，道德上的人格性"就是一个理性存在者在道德法则之下的自由……一个人格仅仅服从自己（要么单独地、要么至少与其他人格同时）给自己立的法则。"① 因为我们有理性，所以我们有对道德法则的直接意识，这种道德法则就是理性自己所立之法，我们仅仅服从这种自己所立之法，并诉诸行动（此即实践理性，就是意志），这就是一种先验的自由，即摆脱了自然法则对意志的规定。康德把"任何有理性的、作为立法者的存在者"叫做"人格"②。所以，人格只是一种具有理性和自由的行为主体，因为他有绝对的自发性和自主性，所以，由他做出的行为可以归责于他。人格是只从理知世界即本体界来看的人，所以，它与其他有价格的东西相比是有着无上尊严的。于是，人格相当

---

① 康德著，李秋零主编：《康德著作全集》第 6 卷，中国人民大学出版社 2007 年版，第 231 页。

② 康德著，李秋零主编：《康德著作全集》第 4 卷，中国人民大学出版社 2005 年版，第 447 页。

于人作为一个理性存在者的本性（以人格称呼人，不考虑其感性能力）。但是，人又具有感性能力，而且这种感性能力，如追求幸福的欲求功能，又必须在理性能力的引导下来行使其功能。我们有各种自然禀赋，但是这些自然禀赋都要得到发展，它们在理性的引导下，不断发展到与理性能力的运用相互协调的状态，这就是人性的理念。也就是说，人的自然禀赋只有在人格理念的范导下才能得到发展，并追求达到人性更大的完满程度，所以我们可以把人性理解为是以人格为其本体基础的，或者可以进一步，把人性的理念看作是人格，即理性存在者的本性。因此，人性与人格有密切的联系，没有人格，则人性的完善发展就缺乏范导；没有人性，则人格就是一种空的形式，于是我们应该把人性命名为"人格中的人性"。

就人性与人的本性的关系来说，人的本性可以一般性地被看作人生而具有的性质，而人性是人的本性在社会生活中通过交往和塑造而形成的具有某种普遍性的状态。许多人径直要判断人的本性的善恶问题，康德认为这是需要加以解析的。有人认为人性是恶的，有人认为是善的，也有人认为人性有时是善的，有时是恶的，这些在生活经验中都能找到证据，因为在现实生活中，人们既能做出有很高道德价值的行为，也有人会做出极其恶劣的行为。但是，我们能够从经验事实中反推到人的本性是善的或者是恶的，或者是有善有恶的吗？康德认为，不能这样直接反推，因为经验与本体界有着不同的性质。

善恶问题要追问到任性的自由的运用以什么作为规定自己的规则，即主观准则的性质，而人的本性就是制定这些准则的最初的主观根据。他认为，我们如果要继续追问这种主观根据自身的性质，就要追寻人们制定某些主观准则时所预先持有的准则，而且对这种准则还要追寻其之前的准则，从而就得一直往上推，这是没有结果的，所以，这种主观根据是不可能得到理性的理解的；而如果把主观根据追寻到人的自然冲动之上，那么，人的行为就是机械的了，这是自相矛盾的，因为这取消了人的自由。所以，这种主观根据是不可理解的，只能假定为一种制定主观准则的能力，这表明人的本性是自由的行动的根据。本性如果意味着"出自自由的行动的根据的对立面"①，即人的本性只是一些自然的素质的话，那么，它的作用就是机械的，从而与"道德上的善或者恶"截然对立。所以，人的本性不能说是无善无恶的，因为在善与恶的中间，就是人的自然冲动，其机械性与自由相悖。康德认为，人的道德行为必然是在人的本性的基础上做出的，所以必定与道德的客观法则和自由有关，同时，它也是先于一切经验中的行为的主观根据的。因此，康德在道德领域中这样定义人的本性："把人的本性仅仅理解为（遵从客观的道德法则）一般地运用人的自由的、先行于一切被觉察到的行为的主观根据，而不论这个主观的根据存在于什么地方。"② 也就是说，第一，康德是把人的本性当作先于一切经验中的行为的主体能力来看待的，是任性的自由行为的根据；第二，是通过是否遵循道德法则来界定人的本性的，这使得人的本性成为我们做出具有道德价值（善或恶）的行为，即采纳善的或者恶的（违背道德法则）的准则的主观根据。

因为人的本性是制定善或恶的准则的原初根据，所以，看上去人或者天生是善的，或者天生是恶的。但是，我们并不能说人的本性生而具有善的性质或恶的性质，而只能说，人的本性有制定善或恶的准则的能力（至于它为什么会制定违背道德法则的准则，则是我们无法探究的）。所以，康德说，"人天生是善的，或者说人天生是恶的，这无非是意味着：人，而且是一般地作为人，包含着采纳善的准则或者恶的（违背法则的）准则的一个（对我们来说无法探究的）原初根据，因此，他同时也就通过这种采纳表现了他的族类的特性。"③ 换句话说，这是人作为一个族类所共有的一个特性。所以，善或恶不是人生而具有的，而是生而具能的。

---

① 康德著，李秋零主编：《康德著作全集》第 6 卷，中国人民大学出版社 2007 年版，第 18—19 页。

② 康德著，李秋零主编：《康德著作全集》第 6 卷，中国人民大学出版社 2007 年版，第 19 页。

③ 康德著，李秋零主编：《康德著作全集》第 6 卷，中国人民大学出版社 2007 年版，第 19 页。

但是，如果我们进一步考察人性的善恶特征的话，就可以分析其构成成分即禀赋，从而发现其向善的能力，换句话说，这种禀赋都可以发展到善的状态；又可以说人的本性有趋恶的倾向，这是从其为善能力的欠缺而言的，因为我们这种既有理性又有感性偏好的存在者本身的为善能力是有缺陷的，甚至在其中有一种根本的趋恶倾向。

（1）康德明确地把人的本性区分为三种禀赋，这是人的本性中向善的原初禀赋，即"1. 作为一种有生命的存在者，人具有动物性的禀赋。2. 作为一种有生命同时又有理性的存在者，人具有人性的禀赋。3. 作为一种有理性同时又能够负责任的存在者，人具有人格性的禀赋。"[①] 康德认为，动物性的禀赋就是人作为一个生命体要维持和延续自己的生命存在的天赋能力，如保存自身，繁衍后代，与他人共同生活即社会本能，这些本能不要求有理性，它是"自然的、纯然机械性的自爱"[②]。其他动物也具有这种本能，它不以理性为根源；人性的禀赋则是一种具有比较能力的自爱，这就要求有理性。这种禀赋在人际中进行比较以确定自己是幸福的还是不幸的。一方面要追求与别人的平等，即不让别人对自己占有优势；另一方面因为总是担心别人会去追求这种优势，所以逐渐地就会去谋求自己对别人的优势，表现为嫉贤妒能和争强好胜，这样就会对被设想为对手的人"持有隐秘的和公开的敌意"[③]。康德认为，这是人性的禀赋的典型特征。大自然赋予人以这种禀赋，是为了把这种竞争的理念当作促进文化的动力，因为在竞争中，为了获得自己相对于别人的优势，人们就会努力发展各种技能，使之达到越来越高的程度，并对此怀有极强烈的动机。在这种偏好上所嫁接的恶习是文化上的，如

[①]　康德著，李秋零主编：《康德著作全集》第 6 卷，中国人民大学出版社 2007 年版，第 24—25 页。

[②]　康德著，李秋零主编：《康德著作全集》第 6 卷，中国人民大学出版社 2007 年版，第 25 页。

[③]　康德著，李秋零主编：《康德著作全集》第 6 卷，中国人民大学出版社 2007 年版，第 26 页。

"嫉妒成性、忘恩负义、幸灾乐祸"① 等等，它们具有智能上的特点，显然不同于那种本性上粗野的恶习，以隶属于其他动机的理性为根源；而"人格性的禀赋是一种易于接受对道德法则的敬重、把道德法则当做任性的自身充分的动机的素质"②。我们可以假定人具有一种对道德法则的易感性，但这种易感性还不是道德情感本身，只是能够产生道德情感的素质。道德情感是一种实践性的情感，它不是自然偏好的情感，而是自由的任性把道德法则纳入自己的准则中时才能产生的一种后起的情感，即对道德法则的敬重之感，并以此充当任性的充分动机。所以这种道德情感是"获得的东西"③。康德认为，客观上的道德法则和主观上的敬重都应该被称作"人格性本身"④，它以无条件地立法的理性为根源。显然就人而言，这三种禀赋都是人所固有的，因为它们都是组成人的现实存在的必然成分。同时，动物性的禀赋和人性的禀赋与人格性的禀赋一样都是向善的禀赋，虽然前二者都可能被违背道德目的地使用着，但是我们却不能根除它们中的任何一个，而是要把它们发展到能够与人格理念相互统一的状态。我们正是在人格尊严的引导下来发展人性的能力的。所以，康德明确地说，"完全在理知的意义上看"，人格"就是人性的理念"⑤。

显然，康德是把人性的禀赋与人格性的禀赋分开看待的。人格性的禀赋需要进行特殊的考察，主要原因是它根本没有现象或经验的基础，而是纯粹理知的，即本体界的。所以，康德明确地说："不能把人格性的禀赋看做是

① 康德著，李秋零主编：《康德著作全集》第6卷，中国人民大学出版社2007年版，第26页。

② 康德著，李秋零主编：《康德著作全集》第6卷，中国人民大学出版社2007年版，第26页。

③ 康德著，李秋零主编：《康德著作全集》第6卷，中国人民大学出版社2007年版，第26页。

④ 康德著，李秋零主编：《康德著作全集》第6卷，中国人民大学出版社2007年版，第27页。

⑤ 康德著，李秋零主编：《康德著作全集》第6卷，中国人民大学出版社2007年版，第27页。

已包含在前一种禀赋（人性的禀赋——引者注）的概念之中，而是必须把它看做是一种特殊的禀赋。"① 我们有理性，却不能直接推论说，我们把对理性的先天法则的表象作为准则就能够规定任性。实际上，为了规定自己的任性，"也可能总是需要某些自己从偏好的客体获得的动机"②。当然，只要想形成动机，就必须使用理性。但是有一点必须明确，那就是这种道德法则必定是在我们心中被给定的，否则单凭理性也是不能把它想出来的，它只有在面对不同的准则需要进行抉择时才会朗现出来。所以，我们肯定可以推论说："这种法则是惟一使我们意识到我们的任性独立于（我们的自由的）其他所有动机的规定，并由此而同时意识到对一切行动负责的能力的法则。"③于是，人格性的禀赋是为了实践的目的而设定的。换句话说，没有人格性的禀赋，则我们作为理性存在者就不能成为目的本身。它作为一个理念，能够设定我们的人性发展的目标。康德认为，人性要能够发展出各种高度的技能以适应今后的各种生活需要，其发展目标是文化，其安全的发展则需要一种制度环境即有自由、有普遍法律又有最高的强制权力的状态即公民法治状态。文化的根本特点就是要使我们人性中的一切能力走出个人主义状态，而被提升到能够具有某种普遍性（一般性）的状态，这样才能与纯粹理性的普遍性相互协调，才能指望在某个特定的时刻在心灵中实现一种革命，而获得一种纯粹理性的道德思维方式。所以，在康德的想法里，人性的禀赋是处于动物性的禀赋和人格性的禀赋之间的一种禀赋，大致可以说，人性的禀赋是技术性实践和实用性实践的主体素质，而人格性的禀赋则是道德实践的主体素质。他认为，没有人格的理念，人性的禀赋的发展就是没有方向的，而且会嫁接许多恶习。所以，向着善发展的人性，应该是人格中的人性，只有这

---

① 康德著，李秋零主编：《康德著作全集》第 6 卷，中国人民大学出版社 2007 年版，第 25 页底注①。

② 康德著，李秋零主编：《康德著作全集》第 6 卷，中国人民大学出版社 2007 年版，第 25 页底注①。

③ 康德著，李秋零主编：《康德著作全集》第 6 卷，中国人民大学出版社 2007 年版，第 25 页底注①。

样，人性才能成为有尊严的和目的自身。

（2）人的本性中既有向善的禀赋，又有趋恶的倾向。他认为，"倾向"就是"一种偏好（经常性的欲望，concupiscentia）的可能性的主观根据，这是就偏好对于一般人性完全是偶然的而言的。倾向与一种禀赋的区别在于，它虽然也可能是与生俱有的，但却不可以被想象为与生俱有的，而是也能够被设想为赢得的（如果它是善的），或者由人自己招致的（如果它是恶的）。"① 也就是说，人的本性的趋恶倾向是人自己招致的，这源于我们的任性把道德法则接纳进我们的准则中的能力不足，甚至是对理性的误用。

依此，康德认为，人的本性趋恶的倾向有三个不同层次："第一，人心在遵循已被接受的准则方面的软弱无力，或者说人的本性的脆弱；第二，把非道德的动机与道德的动机混为一谈的倾向（即使这可能是以善的意图并在善的准则之下发生的），即不纯正；第三，接受恶的准则的倾向，即人的本性或者人心的恶劣。"② 第一个层次是人心的软弱，即由于我们人的身体是由血气组成的，所以在制定主观准则时，虽然知道基于法则的准则的崇高性和不可战胜性，但与基于偏好的准则相比，却是较为软弱的。朱熹对此也有相当深切的体验，明确提出，"日用间运用都由这个气。只是气强理弱"（《语类》，卷十二）；第二个层次是人心的不纯正，即在遵循道德法则时，并不能把道德法则作为充分的动机纳入自己的准则，而是需要其他的动机，显然，这种其他的动机都是来自感性偏好的，从而只能合乎义务而不能纯粹出于义务做出行动；第三个层次是人心的恶劣或者败坏，即"把出自道德法则的动机置于其他（非道德的）动机之后"③，也就是把动机的次序弄颠倒了，其恶劣性就在于思维方式的败坏。这三个层次的趋恶倾向，实际上是每

---

① 康德著，李秋零主编：《康德著作全集》第6卷，中国人民大学出版社2007年版，第27—28页。

② 康德著，李秋零主编：《康德著作全集》第6卷，中国人民大学出版社2007年版，第28页。

③ 康德著，李秋零主编：《康德著作全集》第6卷，中国人民大学出版社2007年版，第29页。

个人（即使是最好的人）都具有的。

人的本性中趋恶的倾向不能从经验中得到证明，因为在经验中只能去追寻时间上的起源，这样一来，趋恶的倾向就不是出自人的自由。实际上，"恶的根源作为理知的行为先行于一切经验"[①]。我们不能把现实行为中的恶追溯到一个时间上的开端，而必须从道德法则与任性的关系中去寻找，即形成准则的绝对自发性和自主性即任性的自由中来寻找，如果我们的任性自由违背道德法则而做出行为，则我们的行为就是恶的，而至于人为什么会这样做，则是我们所无法探究的。也就是说，"为自由行动本身（完全当做自然结果）寻求时间上的起源，这是一种自相矛盾"，故人的道德属性（善与恶）"必须仅仅在理性表象中去寻找"[②]。

那么，我们怎么思考人的本性的趋恶倾向呢？追问恶在理性上的起源，就是要说明，我们人的任性自由为什么会有一种倾向，即具有把越轨纳入自己的准则的主观普遍根据。这怎么理解呢？这需要直面人性的特点，人既是理性存在者，又是感性存在者，从人的成长的秩序来看，我们出生后，首先是感性偏好的禀赋在发挥作用，而理性则是在我们长大成人时才成熟的。所以，就人的生存实情来说，偏好总是抢先发言的，我们不会径直把道德法则当作充足的动机。一般情况下，我们会出于其他意图的考虑如追求令自己惬意的目的或者利己的目的而遵循义务法则。所以，就人而言，由于有对自己利益的考虑，所以会漠视甚至怀疑道德法则的严峻性，从而把遵循道德法则看作一种权宜之计，把它当作一种手段。从存在性质上说，我们会把基于感性偏好的动机优先于出自法则的动机而纳入行动的准则，这就是恶的发生。也就是说，"在我们身上，已经假定了一种作出越轨行为的生而具有的倾

[①] 康德著，李秋零主编：《康德著作全集》第 6 卷，中国人民大学出版社 2007 年版，第 39 页底注①。

[②] 康德著，李秋零主编：《康德著作全集》第 6 卷，中国人民大学出版社 2007 年版，第 40 页。

向。"① 这就是说，在考察人性的实际时，我们假定人有这样一种生而具有的趋恶的倾向，不是因为某个外在的引诱者，而是我们内在地具有这样的倾向。我们有任性的自由，但我们使用这种自由时，常常会误用这种自由，而违背道德法则。于是，要使我们把道德法则当作充足的动机，还是需要经过艰苦的努力的。康德进一步说，"如果不把道德法则当做自己准则中的自身充足的动机，赋予它在任性的其他所有规定根据之上的优越性，那么，对道德法则所表示的所有敬重都是弄虚作假，对此的倾向则是内心的虚伪，即是一种在解释道德法则时欺骗自己，以至于损害道德法则的倾向。"② 也就是说，人的本性中有趋恶倾向，是因为我们有自爱的基本冲动（而且这种倾向是不能根除的），但又能体验对到道德法则的敬重，所以就在道德问题上欺骗自己（欺骗自己也需要有一种理性），这就是一种趋恶的倾向。我们在追求幸福的目的时，理性也在起作用，但是"理性在这里仅仅是作为自然偏好的婢女出现，但由此而采纳的准则却与道德毫无关系。"③ 至于我们为什么会这样使用理性，其起源我们无法探究，这是由我们的绝对自发性所导致的，所以，这种趋恶的倾向应该归责于我们自己。上文说过，我们的原初禀赋毕竟是向善的禀赋，这样，"对于我们而言，就不存在可理解的根据来说明我们道德上的恶最初可能是从哪里来的。"④ 最多可以说，这是对自由的误用，因为无论在何时，我们本来都可以不违背道德法则。

但是，道德哲学必须考察如何由恶转变到善的问题。如果说人性本恶，就找不到如何变成善的途径了。康德认为，惟有从以下三个角度才能理解这

① 康德著，李秋零主编：《康德著作全集》第 6 卷，中国人民大学出版社 2007 年版，第 43 页。
② 康德著，李秋零主编：《康德著作全集》第 6 卷，中国人民大学出版社 2007 年版，第 42 页底注①。
③ 康德著，李秋零主编：《康德著作全集》第 6 卷，中国人民大学出版社 2007 年版，第 46 页底注①。
④ 康德著，李秋零主编：《康德著作全集》第 6 卷，中国人民大学出版社 2007 年版，第 43 页。

种转变。

第一，从恶到善的发展，可以看作是一种遵循道德法则的习惯的养成。这可以说是一种"作为现象的德性"。遵循道德法则，可以出于许多不同的动机，比如我们可以是因为要获得良好的身体而去节制，或者为了使自己能够获利而遵循诚实的法则，或者为了名誉而不去撒谎从而回到真实，等等。如果能够长时间这样去做，并坚持遵守自己的法则（虽然是一种假言命令），那么他也能从一种趋恶的倾向转到其截然相反的方向。这就是说，在向善转变的过程中，培养一种遵循法则而行动的习惯，也是一种方法或途径。但是要注意，这确实不是一种彻底有效的方法，因为这并没有转变我们的思维方式本身。

第二，从恶到善的转变，从根本上说是要获得一种纯正的思维方法。其核心就是要能够认识到道德法则和义务，并且仅仅出于道德法则和义务去行动，也就是把道德法则和义务纳入自己的准则之中，而"不再需要别的任何动机"①。这就是准则的基础变化了，不再需要来自幸福的动机了。显然，这必须通过一场意念中的革命才能促成，即能够排除来自感性偏好的准则而把道德法则作为准则直接规定意志。这方面的纯正性和彻底性才能体现出理知层次的"作为本体的德性"。而这其实是我们所能做到的，因为义务命令我们这样做，同时义务也只命令我们做我们能够做到的事情，这就是康德"应当"就意味着"能够"的著名公式的含义。显然，这对思维方式来说，意味着一种革命，而这种革命也是可能的。这样的革命从性质上说是思维方式的彻底转变，一个人只要能够把那种纯粹的、坚定的理性法则纳入自己的准则，则他就转变成了能够接纳善的主体。然而，从思维方式到行动还有一段长长的距离，所以，一个人需要不断的践履和转变才能真正成为一个善人。我们的现实行为都是在现象界进行的，我们毕竟总是有着感性偏好，所

---

① 康德著，李秋零主编：《康德著作全集》第 6 卷，中国人民大学出版社 2007 年版，第 48 页。

以我们只能使基于道德法则的准则在时间中逐渐取得对基于感性偏好的准则的优势，而向更善不间断地前进，因为这是在逐渐改良那种颠倒了的、具有趋恶倾向的思维方式。显然，与第一种方式相比，这种方式对我们由恶转变为善是一种更为彻底的途径，因为他始终奉行那种真纯的道德原则，虽然也需要在时间中进行逐步的磨砺。

他认为，做到这一点并不是什么功德，因为这无非是要求人们认识到纯粹的义务，并出于义务而行动。就认识纯粹的义务而言，一般人甚至最狭隘的人都有这个能力。当他越是能在思想中够摆脱自爱对行为的准则的影响，他对道德法则和义务就越是会产生敬重。他甚至说小孩也有这样的分辨力，在评价自己的行为时，如果发现自己在思想中混杂有哪怕是一丝一毫的不纯正的动机，小孩也会认为自己的行为失去了道德价值。引导人们去反思自己行动的真实动机，去判断某些准则的不纯正性，是道德学习的最好方法。所以他不推荐让人们对有道德的行为表示惊赞的方法，因为这种惊赞无法改变人们的思维方式，我们真正需要的是对道德法则的敬重情感。

第三，我们的人性中有一种原初的道德禀赋，即康德所说的人格性禀赋。康德说要把它从人性中析出，另外看待。这充分彰显人格性禀赋的先天性，它就是理性和基于理性的自由意志。虽然我们有许多的自然需求，从而始终要依赖于大自然，但同时，我们作为理性存在者，又有这样一种无比崇高的原初的道德禀赋。显然，它在价值上无限高过那些感性偏好的需求，也能使我们认识到，如果我们仅仅沉浸在对这些需求的享受之中，则我们的生活是不值得过的。这种原初的道德禀赋就是对那种蕴涵在义务理念之中的圣洁性法则的易感性，它对我们的心灵有着极大的振奋作用，鼓舞我们产生出对自己义务的敬重，这种敬重也要求我们牺牲某些感性偏好。所以，原初的道德禀赋能够抑制"把我们的任性的准则中的动机颠倒过来的那种生而具有的倾向，以便在作为所有可被采纳的准则的最高条件的对法则的无条件敬重中，重建各种动机中的原初的道德秩序，并由此而重建人心中向善禀赋的纯粹性"①。

在康德的思想中，从恶到善的转变一定是在理知世界中实现的，所以并不是某种时间中的情感品质、欲望品质的逐渐转变，而是要在任性的自由中，把基于感性偏好的准则对基于道德法则的准则的优先性转换为后者对前者的优先性。所以，从恶到善的转变与我们说人的本性中有一种根深蒂固的趋恶倾向是不矛盾的，因为趋恶的倾向无非是一种正常的准则秩序的颠倒，而把这种秩序再颠倒过来，从道德上说是应当的，同时也是我们能够做到的。当然，这种再颠倒是如何可能的，却是我们所无法探究的。

第二节 "人格中的人性"为什么可以成为目的本身？

我们在第二章中讨论过《道德形而上学的奠基》中"人性公式"："你要如此行动，即无论是你的人格中的人性，还是其他任何一个人的人格中的人性，你在任何时候都同时当做目的，绝不仅仅当做手段来使用。"② 本章专论人性概念，需要对这个公式做更为细致深入的探讨。对这个公式，许多康德问题专家做过多方面的分析，甚至提出过质疑，我觉得，应该聚焦于康德文本及其实践哲学的框架和思维脉络，来落实地分析这个概念。我们需要分析"人格中的人性"是什么意思？为什么不直接把人格作为目的本身，而是把人格中的人性作为目的本身？

一、 对"人性公式" 的诸种解读之不当

这个公式如此突兀，因为它引入了目的概念。按照康德的观点，真正普

---

① 康德著，李秋零主编：《康德著作全集》第6卷，中国人民大学出版社2007年版，第51页。

② 康德著，李秋零主编：《康德著作全集》第4卷，中国人民大学出版社2005年版，第437页。

遍的是道德法则的"形式"，这使康德的可普遍化公式较好理解。而人性公式则考虑了目的即"质料"，他对作为一种目的自身的人性概念的规定又较复杂，所以，学界对康德的人性概念和人性公式进行了较多的探讨，对此问题所持的多种观点之间有较大差异。艾伦·伍德（Allen W. Wood）观察到了，康德并不是把尊严归于"人性"而是归于"人格"，也就是"并不是归于一般的理性本性，而是归于一种道德地自我立法的能力中的理性本性。"[1]但是，这并不意味着人格就是目的本身，而只有人性是目的本身，他说，"是理性本性的总体组成了这么一个目的"[2]。也就是说，尊重理性本性就意味着尊重其一切功能，而不仅仅是其道德功能，并且促进理性本性就是要促进其所设定的所有目的（当然是道德上允许的）。这就是说，虽然人性与人格有别，但人性的各种功能都是应该得到促进的，所以它自身是目的本身。由于人格是先天存在的，它是一切道德价值之源，所以不需要成为目的，也不能成为目的。这个说法有一定的道理，而且他指明，不是人性，而是人格才享有尊严，这个看法尤其卓越，这表明他坚持人格是形而上学层次的，属于本体界，而人性则有自然禀赋等经验性内容，所以它自身不具有尊严，而是需要促进的目的。但是，他只把这种目的自身看作是"人性"，而不是看作"人格中的人性"，这是比较遗憾的。在对人性公式的解读中，他只提"人性"，而根本就没有提到"人格中的人性"。实际上，人性的各种功能或者其所设定的目的要得到促进，需要有人格理念作为范导，所以，这个作为目的自身的人性应该是"人格中的人性"。

科思嘉德对此公式的另一解读也产生了广泛影响。她的目标是"思考康德所说的'人性'的哪些特征使人性成了确立实践理性原则的适当材料"[3]。

---

[1] Allen W. *Wood. Kant's Ethical Philosophy*, *Cambridge*：*Cambridge University Press*，1999，p. 115.

[2] Allen W. *Wood. Kant's Ethical Philosophy*，Cambridge：Cambridge University Press，1999，p. 120.

[3] 克里斯蒂娜·科思嘉德：《创造目的王国》，向玉乔、李倩译，中国人民大学出版社2013年版，第122页。

由于康德说，形式原则不考虑主观目的，但并不是不考虑所有目的，比如必须考虑客观目的，即可以成为目的自身的目的，这就要求说明，为什么康德可以把人性视为目的自身。

科思嘉德把"人性或理性本质的特征视为设置目的的能力"①，当然有文本依据，因为康德的确说过，"惟有借助人性人才能为自己设定目的"②。但是她继续推论说，"人性原则命令我们无条件地珍惜的东西是从一般意义上对目的进行合理决定的能力，而不仅仅是接受道德上的义务目的的能力"③。我们认为，这一推论又太过于超过限度了。这主要是因为，人性在康德那里，实际上是一种有待发展的、能够应对生活的各种意图的技能，和能够与他人协调并得到他人的羡慕和响应的优雅气度和文明礼仪，即文明化，当然，道德化是人性发展的最高目标。显然，在人性中有为自己设置一个目的的能力，这是理性的运用。但是，理性的运用既可以为感性偏好的目的服务，这样的行为没有道德价值，并且可能导致恶（在其主观性意义上，这种目的对他来说也是"合理的"），也可以把善良意志的对象设置为自己的目的，这就是绝对的善，即客观的合理的善。如果笼统地说，人性公式命令我们要无条件地珍惜一般而言的对目的进行合理决定的能力，那么对我们作恶的人性倾向也要珍惜，这就说不通了。所以，科思嘉德把道德价值完全归于人性的主观选择能力，是难以得到辩护的。

那么，科思嘉德为什么如此重视人性为自己设定合理目的的能力，并把这看作是人性公式的核心呢？我觉得，这是由于她把康德对人性的某个规定看做了人性的本质特征所导致的。科思嘉德实际上是进行了这样一种推论：既然人性是为自己设定目的的能力，那么设定目的的主体就是目的自身，人

---

① 克里斯蒂娜·科思嘉德：《创造目的王国》，向玉乔、李倩译，中国人民大学出版社2013年版，第126页。

② 康德著，李秋零主编：《康德著作全集》第6卷，中国人民大学出版社2007年版，第400页。

③ 克里斯蒂娜·科思嘉德：《创造目的王国》，向玉乔、李倩译，中国人民大学出版社2013年版，第126页。

性是设定目的的主体，而不再是别的什么东西所设定的目的，所以，人性是目的自身。但实际上，只有目的能限制目的，也就是说，只有理性自身的客观目的能够限制一切主观目的。这种客观目的只能是人性的充分发展和完善，它是对由人性设定的主观目的的一种最高限制。所以，科思嘉德只看到人性具有能够设定目的的能力，就把人性看作是目的本身，而没有看到，只有人性中的理性（人格）才能追求一种对一切主观目的予以最高限制的客观目的，也就是说，没有看到人格要对人性的发展进行价值范导，这是偏颇的。于是，正确的说法应该是"人格中的人性"才是目的自身。"人格中的人性"不仅仅是人性的一种功能（设定目的），而更是一种发展完善的过程及其状态，只有它才能成为实践原则的恰当质料或对象，也就是目的本身。但显然不是人性各种禀赋的发展这种质料成为实践原则的目的本身，而是普遍的实践法则直接规定了意志，从而使意志必然指向这个对象或目的，所以它是客观目的（它不可能是我们的自然偏好的对象或主观目的），即目的本身。

墨菲则从另一个角度对人性公式提出了异议。他说，康德的人性公式本应该是："X 是一种完全理性的存在者，当且仅当 X 永远都将理性（rationality）——无论是他自身的理性还是他人的理性——视为目的而不是手段。"[1]他注意到，康德从来不用纯粹的理性本身而是用人性来表达这个公式。他认为，"这明显是没有看到问题的要点。因为康德认为我们必须将所有理性存在者（而不仅仅是人类）都视作为目的，并且事实上，人类之所以应得到如此的对待正是因为他们是理性的（rational）"[2]。显然，墨菲没有理解康德的人性公式的真正意义。其实，对康德而言，这个质料性的定言命令，必须不是针对理性法则的形式（而墨菲正是这样认为的），而是必须针对意志的必然客体（这才是质料），这种必然客体才是目的自身，而且这种目的自身

---

① 杰弗里·墨菲：《康德：权利哲学》，吴彦译，中国法制出版社 2010 年版，第 65 页。

② 杰弗里·墨菲：《康德：权利哲学》，吴彦译，中国法制出版社 2010 年版，第 65 页底注①。

不能是既成的东西，而必须是需要促进的对象。对人而言，这种对象只能是在人格理念的范导下，不断迈向完善的人性，只有它，才能成为对我们所追求的各种主观目的的最高限制条件。

奥诺拉·奥尼尔关注了人性公式中"质料"问题，这一关注点是对的，但是她只是把人性看作是"人的行动能力，也就是采纳诸准则的能力"，从而认为，人性公式作为定言命令，"强调的是那些使行动能力得以可能的'质料'据之得到保持的限制"①。所以，她把人性公式的核心解读为人们之间彼此不能做破坏对方的行动能力的事情，由此说明人性就是目的自身。这种解读角度最大的问题就是把这个公式限制在有关行动者的问题上，而不是把它放在对促进人性完善的关注上。

李秋零教授仔细考察了人格这个概念在西方世界的源流及其在康德著作的使用情况。李教授考察的结果是，"人格中的人性"就是作为本体的人，也就是"人格性"，与作为现象的人相对立。这个说法是以康德的原话为根据的，康德认为自杀者"把自己当做达到对他来说随便一个目的的纯然手段来支配，就叫做贬损其在人格中的人性（homo noumenon［作为本体的人］），而人（homo phaenomenon［作为现象的人］）毕竟是为了保持而被托付给这种人性的"②，所以他认为，"'人格中的人性'与'人格性'这两个概念完全是同义的。"③ 但这里有一个疑问：既然这两个概念是完全同义的，那为什么要设置两个不同的概念呢？我认为，合乎逻辑的解释就是它们是不同的。康德认为，人性的禀赋主要在人际比较中来确立自己的幸福感的能力，这种能力既能向善发展，也能造成各种冲突、嫉妒和争斗等负面效果；而人格性的禀赋则是纯粹道德性的。康德之所以要提出"人格中的人

---

① 奥诺拉·奥尼尔：《理性的建构：康德实践哲学探究》，林晖、吴树博译，复旦大学出版社 2013 年版，第 183 页。

② 康德著，李秋零主编：《康德著作全集》第 6 卷，中国人民大学出版社 2007 年版，第 432 页。

③ 李秋零："人是目的：一个有待澄清的康德命题"，载金泽、赵广明主编：《宗教与哲学》第五辑，社会科学文献出版社 2016 年版，第 39 页。

性"这个概念，是为了突出"人性"，因为它是质料性的，故能够成为目的，而且，纯粹形式性的人格只能以人性作为自己的承载者；但同时又要突出人格理念对人性的发展和完善的范导作用。既然人格是有尊严的，那么"人格中的人性"也是有尊严的，也可以看作是作为本体的人，因为它有本体的根源，但是，只有"人格中的人性"才能成为目的本身，因为它包含着人性的向完善状态发展的内容。

二、"人格中的人性" 的真正含义

其实，康德认为，"每个人想为自己的行动设定什么目的，这听凭他的自由任性。"① 这就是一种主观目的，所以需要以先天的客观法则来作为准则对这种目的外在地予以限制。这正是法权论的思路。而"伦理学选择的是一条相反的道路。它不能从人要为自己设定的目的出发，并由此而拥有他应采纳的准则，亦即拥有他的义务……在伦理学中，将是义务概念导向目的，并且必须按照道德原理就我们应当给自己设定的目的而言建立准则"②。这就是说，对伦理学而言，义务概念是优先于目的概念的，所以只能设想一种本身是义务的目的，因为义务是先天的理性法则要求意志要诉诸行为的事项，这就是德性义务，是理性存在者应该普遍拥有的客观目的。如果说目的是设定的，那么这种客观目的并不是一般人性所能设定的，而只能是纯粹理性自身所设定的，或者说是我们作为理性存在者所应该设定的，即是说，那种客观目的同时就是义务。康德认为，能同时成为义务的目的就是促进自己的完善和促进他人的幸福，这两者都关乎人性的发展和完善。所以，"人格中的人性"能够成为目的自身，就是因为它是纯粹理性所设定的，所以促进它的发展和完善是每一个有理性者的义务。我们只能设想：自然的目的是

---

① 康德著，李秋零主编：《康德著作全集》第 6 卷，中国人民大学出版社 2007 年版，第 395 页。

② 康德著，李秋零主编：《康德著作全集》第 6 卷，中国人民大学出版社 2007 年版，第 395 页。

人，而不可能是任何其他别的什么东西，大自然的意旨就是人性禀赋的全面发展，也就是人类的所有人性禀赋都得到完善，所以，这也成为人类自身的道德义务。

那么，康德的人性公式的真正含义是什么呢？对康德而言，要论证人性的发展能成为目的自身，就应该论证它可以成为纯粹的理性法则所必然指向的对象，或者说，应该论证促进人性的发展就是为道德法则所直接规定的意志所必然持有的目的，也就是绝对命令的质料。

我认为，他说的是：只有促进以人格理念引导的人性的发展才是我们的绝对目的。也就是说，对人而言，在日常的道德生活中，我们并不能够直接把人格理念（因为人格理念是纯粹形式性的）作为目的，而只能把促进逐渐向人格理念无限接近的、发展着的人性能力（这才能是质料性的）作为我们的客观义务，因为这才能是我们的意志的恰当对象，也可以说是实践理性原则的恰当质料。所以，康德说要把"人格中的人性"视作目的自身，是因为我们除了促进人格中的人性的完善而外，不可能道德地追求任何其他目的。一方面，我们的自然禀赋必须得到发展和提升，才能获得某种普遍性，才能与纯粹理性的实践运用相互协调，这也需要人格理念的范导；另一方面，从历史哲学的角度而言，人类的自然禀赋要得到充分的发展，必须从恶向更善过渡，所以，更需要以人格的理念为范导。康德把"人格中的人性"视作目的自身，就是要保证人性发展的道德方向，而只把人性，即仅仅是合理地设置主观目的的能力视作目的本身，则无法保证人性发展的道德价值指向。因为如果没有人格理念的范导，则人性的发展可以嫁接许多恶习。所以，人性的发展应该嫁接在善的原则上，即要受到道德法则的制约。由于我们的人性发展是需要在时间中逐渐进行的，所以可以从现象的角度来观察它的提升，这时人性的发展表现为一个渐进的过程，人性中的自然禀赋如感性能力、知性、想象力、鉴赏、欲求能力等都逐渐发展到与理性相互协调适应的状态，而不是与理性相互扞格。这个过程我们可以看作是受到了人格理念范导的人性的自然禀赋得到逐渐发展的过程，所以一直走在向善的道路上。在这个意义上，人格有尊严，人格中的人性也有尊严，所以促进人性的向善发展就是我们的义务，也可以说就是我们的目的自身。

在康德的有关论述中，人格、人性、理性存在者的本性、人性的理念、人格中的人、人格中的人性都被说成是目的自身，有时候直接说人是目的自身。比如，在以"人性公式"检验4个义务的例子时，就认为自杀违背了"作为目的自身的人性的理念"，又说这样做，"就是把一个人格仅仅当做将一种可以忍受的状态一直维持到生命终极的一个手段来利用"①，主张我们不能支配"人格中的人"的任何东西（比如不能摧残他、损害他或者杀死他）；"许假诺"则是"把另一个人仅仅当做手段来利用"。同时，许假诺还是对人的自由权利和财产权利的践踏，就是"有意把他人的人格仅仅当做手段来利用"②。在谈到"要促进自己的完善"的义务时，就认为"不与我们人格中作为目的自身的人性相冲突是不够的"，还应该与促进具有达到更大完善性的禀赋的"人性"相容；而在讨论"促进他人的幸福"的可嘉义务时，则认为不这样做，"人性固然能够存在"，但不能"与作为目的自身的人性"达到"积极的一致"③。所以，很清楚，人格当然有尊严，当然是敬重的对象，但它毕竟是形式性的，是自身纯然善的。它不是促进的对象，而是应该朗现出来，并对人性的发展起到引导作用。但是，人格需要人性的承载，无人性，则人格就没有持载者；同时，人性的发展如果得到人格理念的引导，则人性也必然就是目的自身（意志要促进的对象），也就是说，这里所说的"人性""人"等实际上都指"人格中的人性"，所以，标准的表述应该是："'人格中的人性'是目的自身。"

显然，人格中的人性作为一种目的自身，就是一种客观目的。这种目的

---

① 康德著，李秋零主编：《康德著作全集》第4卷，中国人民大学出版社2005年版，第437页。

② 康德著，李秋零主编：《康德著作全集》第4卷，中国人民大学出版社2005年版，第437—438页。

③ 康德著，李秋零主编：《康德著作全集》第4卷，中国人民大学出版社2005年版，第438页。

并不是从经验中取得的，而是来自人作为理性存在者的本性，所以经验是不足以规定它的，因为它有普遍性。同时，人格中的人性不是被我们作为自己的主观目的，而是每一个理性存在者都必然持有这样一个目的，所以是客观目的或者目的自身。这其实与康德所持有的平等观有关。人因有理性的本性，就都处于"一种与一切有理性的存在者的平等之中，不论他们的地位如何，也就是要求：本身就是目的，被任何别人也尊为这样一个目的，并且不被任何人仅仅当做达成其他目的的手段来使用。"① 甚至比我们更高的理性存在者（如上帝）与我们在理性上也是平等的，他也不能把我们用作工具。所以，理性存在者就是这样一个客观目的或目的自身，用于"作为法则构成一切主观目的的最高限制条件"②，它必须源自纯粹的理性。作为目的本身，就是我们意志的一切活动都是为了发展我们的人性禀赋。如果没有这一限制条件，我们自然而然会去追求的各种偏好的对象，作为主观目的，就不能保证它们的善的价值。比如说，我们想获得物质利益，这是一种主观目的，但它必须受到尊重和发展每一个人"人格中的人性"这一客观目的的限制，于是我们在追求物质利益时，就不能侵害他人的权利和自由，而采取抢夺、欺骗的方式以达到自己的主观目的。我们的人性中有着有待发展的各种禀赋，意志的客观目的就是要努力促进它们的完善，而不能因为追求舒服闲适的主观目的而使自己的禀赋荒废，否则就是把自己的人格中的人性仅仅当做了手段，等等。在这里，所谓手段，就是只为达到自己主观目的的工具。那些为了达到客观目的而需要利用的工具，就不仅仅是手段，而同时就是目的自身。比如为了达到人性禀赋的完善，则我们人性的能力也是一种手段，比如我们要相互使用知性能力来发展一些技能，以达到大家各自的目的，却必须用于促进人性中禀赋的趋向道德完善这一客观目的。

---

① 康德著，李秋零主编：《康德著作全集》第 8 卷，中国人民大学出版社 2010 年版，第 117 页。

② 康德著，李秋零主编：《康德著作全集》第 4 卷，中国人民大学出版社 2005 年版，第 439 页。

于是，我们就可以这样来理解"人性公式"的准确含义。在康德看来，这一公式是质料性的，也就是具有目的。既然是目的，那就是一种经验性的客体。但是，什么样的目的是目的自身呢？人格并不是一种经验性的、感性的客体，它是来自纯粹理性的，即人作为理知者的身份，是纯粹形式性的。然而，在经验现实中，只有人性能够承载人格，同时人性的发展又是需要以人格的理念作为范导的，所以是质料性的。这种人性就是"人格中的人性"，只有它才能成为意志的客观目的，即所有理性存在者所必然要追求的目的，它是与"主观目的"相对举而言的。主观目的是我们个人的感性偏好追求的目的，因为它们是个人性的，可能是因人而异的，所以就不会成为大家必然都具有的目的。

虽然人格中的人性是经验性的、感性的客体，但是它却不是感性偏好追求的对象，而是必须反乎感性偏好的追求，而成为理性原则的必然客体，所以是客观的目的。康德后来在《道德形而上学》中明确地提出，能够成为目的自身的有两种目的，也就是两种德性义务的目的，即促进自己的完善和促进他人的幸福。其中促进自己的完善就包括促进自己的自然禀赋的完善和道德禀赋的完善，这些都是经验性的。以康德在《道德形而上学的奠基》中所举的四个案例中的两个来说明这一点，是合适的："发展自己的天赋才能"的义务，就是我们由于敬重道德法则而必须做的事项，或者必须追求的目的。也就是说，人性公式的真实含义是：我们的道德行为就是要以促进我们人格中的人性的发展为目的，而不是仅仅把它作为手段。为什么要发展我们的天赋才能呢？康德说，这是为了能够应付以后会出现的多种生活需求，包括道德生活的需求。康德明确地说，生活需求当然要去满足，在我们有了道德以后，我们就可以在道德的指导下去追求自己的幸福的事项，这是每一个作为理性存在者的人都必然会去做的事情。我们要能够做到这一点，就必须发展自己的天赋才能，而不是让它们躺在那里白白地生锈。如果不去发展自己的天赋才能，就是没有把人格中的人性当作目的，而仅仅把它当作手段。在追求幸福的过程中，我们的人格中的人性免不了要互为手段。比如我们在现实生活中，就要利用大家发展了的才能，人尽其才，人人各展其才，才能实现自己和大家的幸福。但是，在使用我们的才能实现某种目的时，却必须尊重我们的人格尊严，而不能辱没我们的人格尊严，即不能彼此把对方看作是可贬低的，或者仅把对方看作实现自己一己主观目的的工具。刘静教授注意到了这个"细节"，即康德说的是"绝不仅仅当做手段"，他推测道：这表明康德看到了"在实际的生活中，人们只是过于将自己和他人看作手段，才呼吁人要在任何时候都把自己和他人看作目的，而不要仅仅看作手段。"① 这一推测是有警醒意义的。但我们也要看到，康德的这一表述，的确表明了"人格中的人性"在同时被看作目的的前提下，在某些事务中可以被用作手段，因为这是人类生活中的实际情形。

促进他人的幸福，作为同时是义务的目的，也即目的自身，也是纯粹理性必然会持有的目的，它应该成为我们善良意志的客体。显然，不是组成他人的幸福的各个事项的感性性状使它成为我们的客观目的，而是因为它是理性法则命令我们必须去做的事情，才使它成为我们的客观目的。之所以要促进他人的幸福，一是因为不幸会成为人们违背道德法则的诱因，也会使他们无法去发展自己的人性禀赋，所以我们有义务（当然是不完全的义务）去尽量消除不幸；二是因为追求幸福的确是人们自然而然会具有的主观目的，它要转化为客观目的，就需要我们把他人的目的纳入自己的目的之中，这样，我们的目的就会摆脱其主观性或因人而异的特点，而变为一个普遍的目的。显然，促进他人的幸福不可能是我们的主观目的，而是必须通过违背我们的主观目的才能持有的，也只有这样，我们才能使这个目的摆脱个人偏好的特异性，而使之成为一个普遍的、客观的目的。所以，他并不是让"对幸福的普遍偏好""决定他的意志"②，而是只有通过使用我们的纯粹理性才能使我

---

① 刘静著：《正当与德性：康德伦理学的反思与重构》，中国社会科学出版社 2015 年版，第 56 页。

② 康德著，李秋零主编：《康德著作全集》第 4 卷，中国人民大学出版社 2005 年版，第 406 页。

们的意志持有这样一种目的，也就是说，只有理性才能把所有人的目的一视同仁。

在弄清了康德的人性的含义及其与人格的关系之后，我们才能真正理解人性公式的意义，真正理解它为什么是一种道德命令。也就是说，它是涉及纯粹意志的现实的客观目的的一种命令。需要说明的是，并不是发展了的人性禀赋这一质料性的对象使得这一公式成为一种道德命令，而是纯粹理性的先天法则即意志所立之法要在现实中得到贯彻时必然指向促进人性的发展，才使之成为现实的、作为显象的行为的客观目的，这才表现为一种道德命令。由此，我们才能理解康德所说的这句话："不是出自偏好、而是出自义务来促进他的幸福，而且在这时，他的所作所为才具有真正的道德价值。"①

第三节　人性的发展与人类的道德化

人类的道德化是一个无限的未来愿景。人性的理念就是人格，人性的发展就是人性禀赋逐渐得到完善的过程，即知性、情感、欲求能力等发展到能够与理性的自主运用相互协调的状态，在获得配享幸福的资格的前提下有道德地追求幸福。在康德看来，这一点在历史的某特定时段是不可能完全达到的，而只能在历史的无尽长河中才能逐渐接近这一目标。这就表明，人性发展要实现自己的理念，在现象界是不可能的，但可以逐渐接近，这就是本体与现象的划分在理解道德进步时的理论后果。但是，有了这样的理论预设，人性的发展就有了一个人格理念的范导，从而指明了人性发展的道德方向。福尔克尔·格哈特准确把握了人性的有待发展完善的实质，他认为，康德的主张是：人是需要为自己创造一切的理性动物，他们创造科学、技术、艺术、文化等，但是这些创造物都是有限的，从而需要有"一般的理性主管"

---

① 康德著，李秋零主编：《康德著作全集》第 4 卷，中国人民大学出版社 2005 年版，第 406 页。

如"'根据''规则''法则'",以及"'准则''命令''公设'"① 等。由于"理性敞开了无限性",由此我们才知道人的生命的有限性。但"这种无限，又只能在有限的生命中获得意蕴。它构成了有限在它面前获得一种更深远意义的背景：如果生命是一个舞台，人在舞台上给自己树立了一个榜样，那么，为了一种个体化的特定存在能够成为我们孜孜以求的东西的典范，就必要把这种无限性称为人性的东西。"② 这就阐明了，在康德那里，一般而言的人性是指具有理性范导的人性禀赋得到发展完善的状态，所以是"人格中的人性"。

一、 从教育学角度看人性的发展

从教育学的角度看，我们要达到人性的发展，需要经过以下步骤。

第一，与动物相比，人身上也有动物性禀赋，但人还有理性。所以，人要发展出人性，就是通过训诫或者管教把人身上的动物性改变成人性，也就是要改变人身上的动物性的生蛮，而变得能守规则。改变其生蛮性，就是要防止人身上的动物性对人性的损害。而且，这种训诫要趁早，不要等到生蛮性在人身上随着习惯养成而根深蒂固，一旦这样，就非常难以改变了。

第二，教育就是朝向人性完善的塑造过程，也就是要合目的地发展人的一切自然禀赋。但这必须让我们"使用自己的理性"，并"通过自己的努力，把人性的全部自然禀赋逐渐地从自身发挥出来。"③ 在康德看来，这就是培养。培养包括三个方面，一是要发展我们的技能，技能是我们能够用于达到自己任意的生活目的的技术和能力。由于未来的生活目的可能有多种多

---

① 福尔克尔·格哈特：《伊曼努尔·康德：理性与生命》，舒远招译，邓晓芒校，中国社会科学出版社 2015 年版，第 233 页。

② 福尔克尔·格哈特：《伊曼努尔·康德：理性与生命》，舒远招译，邓晓芒校，中国社会科学出版社 2015 年版，第 241 页。

③ 康德著，李秋零主编：《康德著作全集》第 9 卷，中国人民大学出版社 2010 年版，第 441 页。

样，还有我们此刻无法预料的意图需要去满足，所以我们要一般性地培养自己的自然禀赋，使之发展成一般性的能力，它能应对今后生活中的各种情形。比如现在通过教育培养了制造某些产品或工具的一般能力，今后我们就能根据那时的需要而制造出新的产品或工具。也就是说，这种被培养起来的技术能力有着通达其他技能的能力。二是我们要培养人们能够与他人共同生活和交往的能力。由于这是在人们之间进行的，人际的比较性会让我们力图成为聪明的、令人喜欢的，这就需要我们能够克制自己的纯粹自利倾向，而养成优雅亲切的风度和文明礼仪，使自己的行为能够得到他人的赞赏，有一种外在行为的美感，这就具备了一种可分享的价值，"它遵循的是每一个时代的易变的鉴赏"①。这种鉴赏虽然会随着时代的风俗的变化而变化，但在当下的人群共处中，却具有一种大家都能认可的"共通感"，具有某种普遍性。三是要进行心灵能力的自由培养。比如说机智、想象力、记忆力等低等能力在培养的过程中，都必须考虑到要使知性、判断力、理性等高等能力得以成熟。所以低等能力的培养，"必须注意让它总是在进步"②。机智是那种能够把一个观念与其他相关观念迅速关联起来的能力，想象力是那种能够就一种东西而联想或比附另一种东西的能力，记忆力是把见过的某种东西的观念准确地、长久地保持在自己心中的能力，所以，它们都有某种机械的性质，但训练它们，是为了我们的心灵力量得到自由的培养，即为了能够达到某种普遍化，我们必须锻炼培养我们的知性、判断力、理性，知性、判断力、理性的功能都是要认识普遍的东西，并使特殊的东西与普遍的东西联结起来，从而体现了某种自由："知性是对普遍的东西的认识。判断力是把普遍的东西运用于特殊的东西。理性则是看出普遍的东西与特殊的东西的联结

---

① 康德著，李秋零主编：《康德著作全集》第9卷，中国人民大学出版社2010年版，第450页。

② 康德著，李秋零主编：《康德著作全集》第9卷，中国人民大学出版社2010年版，第472页。

的能力。"① 这些高等能力的使用都能获得普遍性的新的知识或见解，而靠机智、想象力、记忆力等低等能力是无法做到这一点的。

第三，道德教化。除了我们要获得各种各样的技能之外，我们还要"获得只选择完全好的目的的意念"②。康德认为，人因意念而善。道德的意念就是只选择理性要求意志去趋赴的对象或目的，这种目的就是每个人所认同的目的，具有最大的普遍性，是客观目的，这种客观目的是对人们的主观目的的最高约束根据。所以，道德教化的根本在于引导受教者形成正确的准则，即一种能够成为道德法则的准则，它是从人的理性中先天地产生的，需要从人自身中引出，也就是要促使受教者的理性得以成熟。在道德教化中，就需要给出人性的理念，使受教者能拿它作为典型与自己加以对照，从而反思自己的准则是否能够成为先天的、没有经验根据的道德法则，即是否去除了主观性，而具有客观普遍性。这样，他就能努力去塑造一种道德品质。"道德教育的最初努力是确立一种品质。品质在于按照准则行动的能力。最初是学校的准则，然后是人性的准则。"③ 康德认为，能够严格遵守规则，是建立一种道德的思维方式的开始，因为规则是普遍的，能够严格遵守规则就是自由，也是塑造了稳定的个性的标志。因为人的理性也是一个自然禀赋，所以，人性的发展也应包含理性的成熟。

二、　从历史哲学的角度看人性的发展

从历史哲学的角度看，人类在历史舞台上的共同生活中如何使人性得到逐渐的发展完善，有以下要点。

---

① 康德著，李秋零主编：《康德著作全集》第 9 卷，中国人民大学出版社 2010 年版，第 472 页。

② 康德著，李秋零主编：《康德著作全集》第 9 卷，中国人民大学出版社 2010 年版，第 450 页。

③ 康德著，李秋零主编：《康德著作全集》第 9 卷，中国人民大学出版社 2010 年版，第 481 页。

第一，康德认为，应该设定大自然的意旨就是为了使人类能够达到总体的道德化，这必然包含着人类的所有自然禀赋都能够合乎目的地发展出来，最终能够达到总体的道德化。

第二，人性的发展需要人与人之间的竞争和相互刺激，才能得到提升。首先是有想象力的参与，而使得我们的欲望不断花样翻新，追求越来越多，越来越舒适，越来越奢华，直到达到违反自然需要的地步。在这个过程中，在比较心的作用下，人们总是想取得对别人的优势，这样就会引起普遍的冲突如阴谋算计、无用的虚荣，甚至残酷的战争。然而，这却是大自然智慧的安排，用以刺激我们的禀赋使之不至于沉睡，而在相互的压力下不断发展起来。这种人性发展的方向只能是不断地普遍化，最后达到道德化的阶段。没有这种方向，则我们无法在这种充满着冲突和罪恶的历史事实场景中发现人生的意义。

第三，人们要应对相互之间的冲突，或者要使冲突的结果造成一些实质性的进步，那就需要一种普遍性的规则。虽然人们还受到野性的自由的冲击，但是从形式上说，获得对感性欲求的某种延迟，力图变得优雅化，这是人们结成社会性的基本条件，对道德化来说，它比仁爱和好感更加重要；超出当下而能展望未来是理性的一种关键能力，十分重要；把人看作是目的，其他万物是自己的手段（要把他人除外），从而获得平等的人格意识，这是进入普遍公民法治状态的最重要条件，它为人类在今后向道德化的发展方面准备了加诸人们的任性之上的道德法则的前提。它们是一种新的思维方式的获得，是划时代的进步。这些进步，其实质就是人性禀赋从个别性向普遍性的提升，一方面为人类的总体道德化提供了前提，另一方面也为人性禀赋得到安全的发展提供了制度环境。在普遍的公民法治状态下，因为人们能具有最大的自由，同时又有普遍的法律以及执行法律的最高权威机构，在这样的制度环境中，人性才能得到安全的、无限的发展空间。

第四，文化是人性发展的目标。审美鉴赏能力的提高，能够获得普遍要求他人赞同的审美能力，缺少这种审美能力，就表明了其鉴赏力的缺陷；同时又要形成人际交往的文明礼仪和优雅行止，能得到他人的欣赏和赞同。这就是一种可分享的、具有一般性的价值，即培养了"共通感"。获得这种普遍化的能力，对我们来说，是一种义务，它将能导向道德。文明化虽然只是一种道德的外观，还不是道德本身，却有一种从外部促进道德的趋势，在历史的无穷长河中的文明化过程是人类总体地进向道德的必经台阶。

综上所述，康德的人性概念是他的整个实践哲学体系的基础概念。他的基本信念就是：人性应该向善发展。在其实践哲学展开的过程中，他把处于本体界或作为理知的存在者的主体看作是人格，并认为人格就是人性的理念，人性是人格的承载者，人格范导着人性发展的方向。所以，在谈到人性的素质时，他要求把理性和人格单独看待，因为理性和人格是处于本体界的，而人性的其他因素如感性能力、情感、想象力、感性偏好的欲求能力等都明显地属于现象界，知性、判断力等又只有在经验范围内才能使用，超出经验界就必然陷入谬误，唯有理性才能超验使用，并获得实践能力，实现意志的自我立法；就人只服从自己的意志所立之法来说，他就是其行为可以归责的主体，这就是人格。只有有了人格这一价值理念，我们的人性才有向善发展的方向。我认为，这种人性概念是宏大的，是我们理解康德实践哲学包括其道德形而上学、实用人类学、教育学、政治哲学、历史哲学等的整体的、基础性的框架，它为我们思考道德的本质、人性的发展、教育的原则、人类历史的发展方向提供了一种较为合理的基础。

第四章　实践的自由与德性

　　康德的道德形而上学学说有一个重要任务，那就是阐述道德行为如何才能做出的问题。在《道德形而上学的奠基》中，他认为这是无法给出确切的解答的。但是，这个问题却始终是萦绕在他心中的重要问题。他后来尝试了一条新的路径，那就是把自由分为"先验的自由"和"实践的自由"，以实践的自由来贯通现象界与本体界，因为实践的自由就是我们现实行为中的自由，它有程度之别，能在历史的舞台上逐渐地发展。但实践的自由的根子仍然在理知世界之中，所以其行动的根由仍然是不能加以认识的，但是我们在经验世界中看到的具有善恶价值的行为，启示我们理解到实践的自由是我们行为的善恶的形而上学基础；实践的自由在道德形而上学中还有一个重要作用，那就是它可以解释我们的道德德性的性质及其复合结构，也就是说，道德德性的根本特征就是我们虽然会受到感性偏好的刺激，但是我们获得了以基于道德法则的准则压倒基于感性偏好的准则而作为规定意志的根据的内在力量，从而能够实际地体现实践的自由。德性，是通过以道德法则直接约束我的内在的主观准则而被塑造的，而不仅仅是通过约束人们的外在行为的自由而获得的。康德认为，如果我们真的获得了道德德性，那么，我们做出道德行为就更是具备了稳实的主体品质基础。

第一节 "实践的自由"概念诠解

自由是一个难以把捉的概念。在机械论时代，人们把一切活动都还原为机械必然性的活动，不但笛卡尔说"动物是机器"，拉美特里还进一步说"人是机器"，在这样的理论视野中，生命，甚至人的思维和行为都是受到机械因果必然性的决定的，所以人就不可能有自由。康德则认为，人作为现象界的一种存在者，必定也是受到因果必然性的制约的，没有自由；但人同时还是本体界的存在者，或者纯粹的有理性者，却可以有自由。

他把自由分为两个层次，即"先验的自由"和"实践的自由"。由于本体界就是理性世界，即一个超越经验的世界，如果我们的意志把理性法则作为自己的规定根据，就能摆脱自然法则的约束，从而服从理性法则而行动，这样就成为自由的。这样一来，纯粹理性自身就有实践能力，就是纯粹意志本身。在这个层次上，意志是自由的，因为摆脱了经验界的因果必然性的规定，所以可以说是"先验的自由"；但是，人的意志是不纯粹的意志，它受到感性偏好的刺激和影响，却又能摆脱感性偏好的规定，而受到理性法则的规定。偏好本身是善的，也不是能去除的，所以，必须以理性法则作为规定意志的根据，而合乎道德地追求偏好的满足，这当然也是自由的。这正是我们日常生活中的道德行为，但这种意志不能说就是本体界的意志，康德晚年把它命名为人的任性，其自由就是任性的自由。只有这种自由才能区分为外在自由和内在自由，从而能够开出法权学说和德性学说；同时，我们的思想、情感、欲求只要带着理性的特点，比如说能超出逻辑、鉴赏和欲求的个人主义状态而获得某种一般性，就是超出了机械的因果必然性，就也可以说是自由的。这一点在审美中，可以说是一种自由感，它可以成为自由的象征。当把自由感应用于对人类历史发展的解释时，就可以看作是人类理性从感性偏好和本能的裹挟中逐渐解脱出来并得到发展的过程，这可以名之为历史的自由。任性的自由、自由感、历史的自由都属于实践的自由。当然，只有先验的自由是完全的自由，而其余自由都是以先验的自由为根据，是人的任性逐渐使理性法则战胜感性偏好的影响而成为其规定根据的过程和样式。我们认为，只有按照这两个层次（多个方面）来理解康德的自由概念，才能理解康德的实践哲学的真正底蕴。关于"先验的自由"，我们在第一章已经做过论述，本章主要阐述"实践的自由"。

一、 任性与实践的自由

在《纯粹理性批判》第二版（1787 年）中，康德提出，在实践意义上使用自由概念时，它"不能被经验性地预设为显象的解释根据，而本身对于理性来说是一个问题……也就是说，有一种任性是纯然动物性的（arbitrium-brutum［动物性的任性］），它只能由感性冲动来规定，也就是说，从生理变异上来规定，但那种不依赖于感性冲动，因而能够由仅仅为理性所表现的动因来规定的任性，就叫做自由的任性（arbitrium liberum），而一切与这种任性相关联的东西，无论是作为根据还是作为后果，就都被称为实践的。实践的自由可以通过经验来证明。"① 这就是说，感性冲动可以影响我们的任性，但是当我们的任性摆脱这种冲动的影响，而仅仅为理性的动因所规定，则它就是自由的。但是，既然是任性，就必然有感性冲动的影响，在这一点上，任性不同于纯粹的意志。所以，道德法则不是要去约束纯粹的意志，而是要成为任性的规定根据，才能诉诸实践。也就是说，有道德价值的行为从现象上看其实也是一些会追求感性偏好目的的行为，但它却是出自道德法则的行为。这就意味着，我们的任性的自由在外在行为上是有一个限制条件的，即它要处于普遍的法律状态下，这种外在行为自由与他人的自由能够并存，一旦侵害他人的同样的外在行为自由，则是不正义的，因为侵害了他人

––––––––––

① 康德著，李秋零主编：《康德著作全集》第 3 卷，中国人民大学出版社 2004 年版，第 512 页。

的同样的权利。这种行为的目的可以是感性偏好的目标，也就是说，若不加以限制或约束，就必定会相互冲突。当然，在这里，道德法则对任性的外在行为自由是一种有范围的约束或强制。所以，权利和正义是对任性的一种外在约束，就其用意而言，并不想也不能改变任性的品质；进一步，就内在德性而言，虽然其义务的目的也是偏好的对象（从质料上说），但这种同时是义务的目的却不是我们会自然而然去追求的，而是一种与本能相反的目的，即要克服安于舒适的本能倾向而刻苦地促进自己的完善，和克服自利的本能倾向而促进他人的幸福，这样的行动目的才是同时是义务的目的（依道德法则而选择的目的，必须超越偏好才能获得）。这才是道德法则对我们的任性的一种全面的强制和约束，是在内心进行的一种斗争，即基于道德法则的准则与基于偏好的准则之间的斗争，要用前者压倒后者，这样才获得了德性。所以，德性是意志的一种内在力量。对这一点，有些学者产生了一些误解，如保尔·盖耶（Paul Guyer）认为康德的论证出现了"实质性问题"："康德明确地否认他的论证产生了实质性问题，因为他径直把人类行为描述为在有着其偏好的感觉世界和为道德法则所统治的纯粹理性世界之间进行的一种斗争。但是假如人类行为是一种充分根植于本体实在中的一种现象，同时本体实在又现实地为道德法则所统治（这种道德法则是作为它自身的特殊因果性的形式），人类行为就不是这样一种斗争。"① 我们认为，对康德来说，这确实不是一个真实的问题，因为康德认为，我们不能在本体界与作为显象的行为之间建立一种直接的关系，也不能以经验的表现来推论本体界的性质，但保尔·盖耶（Paul Guyer）却认为可以这样做，所以形成了这种误解。倒是可以说，由于自由是根植于本体界的，所以是不可理解的。我们只能理解到这一点：我们要行动，就要通过任性来形成主观准则，这是自由的自发性的表现。我们既可以形成基于对感性偏好的表象的准则，也可以形成基于对理性法则的表象的准则，这都表现了自由；同时，我们既会让前一种准则优先

---

① Paul Guyer, *Kant's System of Nature and Freedom*, Oxford University Press, 2005, p. 119.

于后一种准则，也可以相反，这些也都表现了自由。所以，德性就表现在这两种准则之间的斗争中。至于我们为什么能这样做，则是我们所不能理解的。康德后来说，要能造成由恶向善的转变，需要求助于神恩①。

这样的思路，虽然在《纯粹理性批判》的第二版中并没有系统贯彻，但是，在后来的学术发展中，却必须系统地展开。

第一，康德细致地阐述了任性的自由的含义。这里的关键是要落实任性的自由是一种实践的自由，并明言对意志来说，无所谓自由还是不自由。因为意志只是立法，与行为并不直接相关，而任性才与准则相关，能直接诉诸行为。道德法则要能在行为中体现出来，必须通过任性。于是我们看到，在《道德形而上学》中，康德就专门阐述了意志和任性的关系："意志就是欲求能力，并不（像任性那样）是与行动相关来看的，而是毋宁说与使任性去行动的规定根据相关来看的，而且意志本身在自己面前真正说来没有任何规定根据，相反，就理性能够规定任性而言，意志就是实践理性本身。"② 可以说，康德到晚年，必须区别意志和任性，因为意志作为一种立法功能，它不用任何其他东西强制自己，但是它自己并不能直接行动，它的功能是去规定任性，从而使任性去行动，即诉诸实践。这就是说，意志本身没有实践的自由："法则来自意志，准则来自任性。任性在人里面是一种自由的任性；仅仅与法则相关的意志，既不能被称为自由的也不能被称为不自由的，因为它与行动无关，而是直接与为行动准则立法（因此是实践理性本身）有关，因此也是绝对必然的，甚至是不能够被强制的。所以，只有任性才能被称做

———————

① 康德认为，在人由恶向善和更善进步的过程中，我们其实只有一种接受能力，通过接受一种完善的存在者的旨意即"神恩"而实现转变："对一个主宰者关于分配一种善的旨意，子民除了（道德上的）接受的能力之外，别无所有，这种旨意就叫做神恩。"（康德著，李秋零主编：《康德著作全集》第 6 卷，中国人民大学出版社 2007 年版，第 76 页底注①。）

② 康德著，李秋零主编：《康德著作全集》第 6 卷，中国人民大学出版社 2007 年版，第 220 页。

自由的。"① 但是，康德一直有"意志自由"的概念，难道说他放弃了先前的观点？我认为，比较合理的解释是：康德在这里是说意志没有实践的自由，但是有先验的自由。

那么，如何看待任性的自由？许多人说，任性的自由是一种选择能力，即既可以为善也可以为恶的能力。这其实是一种误解。康德说，虽然我们在经验中常有这样的例子，即人既可以做出善的行为，也可以做出恶的行为，但显然，自由的根据在于我们作为一个本体的人，即作为纯然的理性的人，由于他是"理知"的，所以我们在理论上无法展示它："我们只能清楚地看出这一点：尽管人作为感官存在者，按照经验来看，表现出一种不仅遵循法则，而且也违背法则做出选择的能力，但毕竟不能由此来界定他作为理知存在者的自由，因为显象不能使任何超感性的客体（毕竟自由的任性就是这类东西）得以理解。"也就是说，"自由永远不能被设定在这一点上，即有理性的主体也能够作出与他的（立法的）理性相冲突的选择。"②

从具体的实践过程来说，实践的自由更加重要，即是说，考察具体的实践过程，就应该直接把理性看作规定任性的原因，这是我们在经验中可以得知的："我们通过经验认识到，实践的自由是自然原因的一种，也就是理性在规定意志方面的一种因果性，而先验的自由却要求这种理性本身（就其开始一个显象序列的因果性而言）不依赖于感官世界的一切规定性原因，并且就此而言看起来与自然规律、从而与一切可能的经验相抵触，从而依然是一个问题。"③ 从这里可以看出，在《纯粹理性批判》第二版中，他有时还把任性与意志混用，因为按照康德以后的观点，所谓"理性规定意志"的说法是不成立的，意志不须规定，也不受规定，只有任性才是需要规定的。实际

---

①　康德著，李秋零主编：《康德著作全集》第 6 卷，中国人民大学出版社 2007 年版，第 233 页。

②　康德著，李秋零主编：《康德著作全集》第 6 卷，中国人民大学出版社 2007 年版，第 234 页。

③　康德著，李秋零主编：《康德著作全集》第 3 卷，中国人民大学出版社 2004 年版，第 513 页。

上，实践的自由要考察的是理性作为规定任性的一种因果性，从而在显象中就应该这样来看：因为我们的任性要形成准则，准则就是直接诉诸行动的原因，所以任性的自由就表现在它能以理性法则作为自己的规定根据，从而排除感性偏好的影响，但却有程度上的区分，故任性的自由可以表现为一种不断发展的过程（下文将继续展开论述）。而先验的自由是本体性的，是自由的理念，在考察具体行为时，就需要"把它当做完全无所谓的而搁置一旁。"①

第二，我们要看到，任性的能力其实就是形成准则的能力。正因为如此，任性是自由的。也就是说，人能形成主观准则，就是发挥了理性思考能力，就与动物无理性思考地受到感性偏好的刺激而直接行动不同，无理性思考地受到感性偏好的刺激而直接行动，那是动物的任性。只有人能够形成准则，所以我们的任性是人的任性，即有理性起作用的任性。不管主体形成什么样的主观准则，都是理性的绝对自发性在起作用，都是行使自由的体现。所以，不管准则所诉诸的行为的价值是善的还是恶的，都表明了其任性的自由。善恶就在于准则的道德性质之中。

在康德看来，我们的理性可以对感性偏好进行表象，也可以对纯粹理性的法则进行表象，这种表象能力就是对对象的一种抽象思维，所以与对象本身就有了距离，从而有了自由度。这种表象如果用作诉诸行动来加以实现的主观目的，就是准则。所以，即使我们形成的准则是以对感性偏好的表象为基础的，这时我们的任性也不是受到感性偏好的直接刺激的，而是有了理性的思考作用在其中，故而是自由的，这一点使人的任性与动物的任性区分开了。这种自由能力本身并不是一种价值，而是一种功能性质。善恶均由任性的自由所造就，对感性偏好的表象和对理性法则的表象（道德法则）都可以作为主观准则，当我们的主观准则就是客观的道德法则时，我们的任性就是

---

① 康德著，李秋零主编：《康德著作全集》第 3 卷，中国人民大学出版社 2004 年版，第 513 页。

纯粹意志本身；但是，在一般状态下，我们会同时有这两种准则，当后者压倒前者而成为任性的规定根据时，则我们的行为就具有善的道德价值；但如果前者压倒后者而成为任性的规定根据并有意地违背道德法则而行动，则我们的行为就是恶的。在人们的日常道德实践中，先验的自由只能是自由的理念，在现实生活中是达不到的，但是却能成为我们行为的一种范导。在日常道德行为中，我们是在行使任性的自由，善恶都由任性的自由所导致，所以，作恶也是出自我们的任性的自由的，故可以归责于我们；显然，他律的行为也是出于自由的。阿利森注意到了这一点："只有存在者有了自由，从肯定的方面加以理解的自由，他才能被认为是能够误用那种自由的。但值得注意的是，偏离道德律构成了对这种自由的误用而不是它的缺乏，因为一如我们反复所见，即使他律的行为也包含着 Willkür（任性——引者注）的自发性。"① 因为他律的行为也是基于准则的，于是，实践的自由与先验的自由就有着这样的区别："实践原理作为法则，独立于规定任性的一切经验性条件（一般而言的感性东西），证明了纯粹理性的一种因果性，证明了我们心中的一种纯粹意志，道德概念和法则的起源就在于这种纯粹意志。"② 显然，先验的自由是纯粹意志所具有的，而实践的自由则是任性所具有的。

第三，作恶的根据在于何处，这是一个无法理解的问题。我们不能认为，作恶就是直接受到感性偏好的刺激而做出行为，因为这样说，就把作恶的人等同于动物，这当然是错认了人的本质。实际上，因为动物没有理性，也不能对感性偏好的对象形成反思性的表象，所以它们不是受到主观准则的规定去行动的；而人即使是作恶，也是受到主观准则的规定而去行动的。所以，康德说，一方面从经验中，人表现出一种不仅遵循法则，而且也违背规

---

① 亨利·E. 阿利森：《康德的自由理论》，陈虎平译，辽宁教育出版社 2001 年版，第 198 页。

② 康德著，李秋零主编：《康德著作全集》第 6 卷，中国人民大学出版社 2007 年版，第 228 页。

则做出选择的能力，但是我们"不能由此来界定他作为理知存在者的自由"①，因为显象与理知的存在者毕竟属于不同序列，而显象不能使任何超感性的客体得到理解，所以，尽管经验足够经常地证实这种事（人不仅仅遵循法则而且也会违背法则）曾经发生，"但我们却无法理解发生这种事的可能性"②；另一方面，我们不能把自由设定在有理性的主体能够做出与其立法的理性相冲突的选择上，因为这个说法无法成为人的任性与动物的或奴性的任性相区分的标志。所以，我们只能把自由看作是一种能力，也就是说："与理性的内在立法相关的自由本来只是一种能力；背离这种立法的可能性就是一种无能。"③把理性法则作为自己的主观准则，就发挥了自由的能力，如果我们会违背它，则是不能发挥这种能力的表现。这样就能解释，我们确实有时候会做出道德上的恶的行为，但在这个时候，如果能反省的话，则我们就会感到自己本来可以不做这种事情，从而会受到自己良心的谴责，因为我们本应该具有这种能力。所以，促进自己在道德上的完善，就是在不断增强自由的能力。

二、 实践的自由的行使及其原则

任性的自由的行使，可以在法权、德性塑造、审美、社会政治、历史等日常生活实践中得到展开。只有以这样的理论视野来考察任性的自由的发展，才能使康德的实践哲学得系统条贯的理解。

1. 任性的自由在法权行为中的功能。任性的自由要诉诸行为，就需要道德法则的约束。因为行为会在人与人之间产生相互影响，所以，需要先从

---

① 康德著，李秋零主编：《康德著作全集》第 6 卷，中国人民大学出版社 2007 年版，第 234 页。

② 康德著，李秋零主编：《康德著作全集》第 6 卷，中国人民大学出版社 2007 年版，第 234 页。

③ 康德著，李秋零主编：《康德著作全集》第 6 卷，中国人民大学出版社 2007 年版，第 234 页。

行为的准则进行考察，而形成准则正是任性的自由的功能，这就要求每个人都拥有某些来自理性的先天法则，并且不能被他人所侵害的东西，当然不侵害这些东西也是每个人的相互义务，这就是法权。从前提上说，法权只涉及一个人格对另一个人格的外在行为的关系，这一关系是说明，任性的行为是可以归责的，因为人格不是别的，就是其行为能够归责的主体。也就是说，任性的自由的行为是人格主体做出的，并可以归责于它。由于这种行为是外在的，所以，人格主体彼此之间必须服从一种理性所立的普遍的外在行为法则，它并不需要针对内心。可以归责于自己和对方的外在行为事项所关涉的就是人们的不受侵害的法权。于是法权就仅仅意味着人们之间的任性的形式的关系，而并不牵涉到任性和他人的愿望之间的关系，即是说，不考虑任性的质料，即不考虑他们的意图或目的是什么，而是只问双方任性的关系中的形式，也就是双方的任性的自由的关系，它们只要求能够并存于世而不相互取消。于是，"只要这种任性被看做自由，以及通过行动，双方中的一方是否可以与另一方的自由按照一个普遍的法则保持一致"①，就是法权的范围，所以，"法权是一个人的任性能够在其下按照一个普遍的自由法则与另一方的任性保持一致的那些条件的总和"②。

　　虽然法权有一种道德基础，即要出自先天的理性法则，但是它要表现在外在行动中，从显象上看，就是人们同样的行为不能相互抵消，而是能够自行其是，这实际上表明人们的自由要不相互妨碍才能同时并存，所以需要撑开一种大家的自由自行其是的空间，比如进行交易，就必须遵守等效用交换的普遍原则，如果强买强卖，则交易的自由就不存在了；如果人们之间彼此不平等尊重对方的人格，如把对方视为达到自己目的的纯粹工具，就是违背了理性法则，人格的相互平等对待就荡然无存了，等等。也就是说，如果不

---

　　① 康德著，李秋零主编：《康德著作全集》第 6 卷，中国人民大学出版社 2007 年版，第 238 页。
　　② 康德著，李秋零主编：《康德著作全集》第 6 卷，中国人民大学出版社 2007 年版，第 238 页。

能共同遵循一种普遍法则，人们的外在行为自由就是不可能的。所以，任性的自由实际上就是对普遍的理性法则的外在服从，即使人们对于普遍的理性法则并不心存敬重，只要在外在行为中遵循理性法则就是合法的；而如果有人妨碍别人的自由，就需要对这种妨碍进行阻碍，所以，普遍法则是对这种妨碍的阻碍。这样就为人们的自行其是的任性自由留下了足够广阔的空间。这就类似于物体在作用与反作用相等这个法则下"自由"运动的可能性。

从这个前提出发，我们才能理解康德《法权的形而上学的初始根据》内容的展开线索。首先他要从先天的理性法则出发，来说明我们的自然法权只有一个，那就是自由，只有这种自由才能彰显我们的人格尊严和平等性；并能够说明，我们可以对妨碍自由的行为予以阻碍，这就是合法强制："如果自由的某种应用本身就是根据普遍法则的自由的一个障碍（亦即不正当的），那么，与这种障碍相对立的强制，作为对一个自由障碍的阻碍，就与根据普遍法则的自由相一致，亦即是正当的，所以，按照矛盾律，与法权相联结的同时有一种强制损害法权者的权限"①；人们在日常生活中的任性自由，还必须表现在能够对益品进行合法的占有上，从形而上学意义上说，这种占有还不主要指对现象物品的占有，而是先要确定理智的占有，也就是说，即使自己的物品不在眼前，我们仍然占有它，这才是实质性的占有。为了使人们的占有能够实质性地、稳定地、正规地获得，一方面需要制订社会普遍的法律，成立具有最高强制力的政府对于破坏法律的行为予以制裁，从而使社会进入一种法治状态；另一方面，为了保卫人们的最大自由，使人们得到政治正义的对待，并使人们的自然禀赋得到安全的发展，就必须进入一种公民法治状态。从这两个意义上说，进入法治状态，都是我们的政治道德义务，因为这是理性法则的必然要求。

2. 任性的自由在德性塑造中的功能。在康德那里，义务被分为法权义

---

① 康德著，李秋零主编：《康德著作全集》第 6 卷，中国人民大学出版社 2007 年版，第 239 页。

务和德性义务。上面说过，对于法权义务来说，理性只进行外在的立法，即针对人们的外在行为进行立法。而对于德性义务，"一种外在的立法是不可能的"①，因为外在立法不能穿透人的内心，强制地、外在地约束人的内心，只会得到一种反面的结果。德性义务关涉到一个目的，而拥有这个目的同时也是我们的义务。我们知道，预先设定一个目的，是心灵的内在活动，这不可能通过任何外在的立法来办到。要达到这样的目的，外在行为只是手段。在康德看来，这种本身是义务的目的，就是德性义务设定的目的。它们与感性偏好的目的的性质是相反的，因为感性偏好的目的是我们自然而然会去追求的，但德性义务设定的目的则是理性所要求的要克服偏好倾向而勤勉地促进自己的完善，以及把他人的目的纳为自己的目的，即促进自己的完善和促进他人的幸福。这两种目的都不是我们自然而然就会去追求的，而是受到立法理性的命令才会去追求的。所以，德性义务是针对着自己内在心灵的要求。

可以说，德性义务就是理性法则对任性的自由的内在规定。这里的自由，就是要能够抗拒把自来感性偏好的准则作为规定任性的根据，而坚定地以理性法则作为任性的规定根据（虽然任性会受到感性偏好的刺激和影响），这种道德勇气就是德性，就是任性的自由在内在心灵或品德上的实现方式，也即坚定地履行德性义务的方式。

虽然人的任性是会受到感性偏好的刺激的，但是它并不由感性偏好来规定，所以是自由的。任性会有一种愿望，但这种愿望是主观的，所以它有时会违背那种纯粹的客观规定根据即道德法则。于是，任性"需要实践理性的某种抵抗来作为道德上的强制，这种抵抗可以被称之为内部的，但却是理智的强制。"② 纯粹的意志与任性不同的地方就在于：纯粹的意志能够不顾偏

---

① 康德著，李秋零主编：《康德著作全集》第 6 卷，中国人民大学出版社 2007 年版，第 249 页。

② 康德著，李秋零主编：《康德著作全集》第 5 卷，中国人民大学出版社 2007 年版，第 35 页。

好的影响而直接以道德法则作为自己的规定根据，而任性却需要理性的强制
才能把客观的道德法则作为自己的主观准则，并诉诸行动。也就是说，道德
上的强制是针对任性的内在心灵的，这是从道德的角度说的；而法权上的强
制则是针对外在行为的，这就是二者的基本区别。这就意味着，从心灵内部
说，任性的自由就表现在"不可能有任何不同时能够在客观上是法则的准
则"①。只有这样，出自任性的自由的行为才会是有道德价值的。

在这个问题上，保尔·盖耶（Paul Guyer）做了一个较好的说明。他认
为，实践行为当然都要追求某种目的，但特定的目的都是经验性地给定的，
即它们是偏好的对象。于是，"纯粹的实践理性要行使其功能，一定是把理
性法则应用到经验行为之中，或者说，要根据某些此类偏好的对象在理性之
眼中的许可性甚至必然性而把它们提升为目的。这个观点，在康德从早期到
晚期的行为理论中都是一贯的原则"②。也就是说，在说明实践的自由时，
一定要明白一点，那就是康德始终认为，偏好只是应该被规范的，而不是应
该被去除的。所以，理性的实践功能就是要规范偏好。因为任何完满的行为
都是由偏好启动的，而"任何对行为的目的的规范都可以被认为是把一个或
更多的偏好归摄到某些偏好之中"，所以，这样的规范就只能按照一些原则
而非偏好来选择，而这样的原则就只能是公正的原则（它只能来自理性自
身），因为公正的原则"将允许，并实际上预设了在人们之间可以相容的一
套偏好"③。可以说，这才能使得实践的自由有了具体的指向，而不是像先
验的自由那样只具有形式性。一方面，在法权理论中，由公正原则来调整的
偏好就是规定了范围的偏好（不能相互侵害），这叫做"人们的外在行为的
自由在普遍法则下能够并存"，这种外在行为自由的根源是人们追求自己的
偏好的自主性，但必须遵守普遍的法则，违背了就要受到惩罚，所以这种自

① 康德著，李秋零主编：《康德著作全集》第 5 卷，中国人民大学出版社 2007 年版，第
36 页。
② Paul Guyer, *Kant's System of Nature and Freedom*, Oxford University Press, 2005, p. 119.
③ Paul Guyer, *Kant's System of Nature and Freedom*, Oxford University Press, 2005, p. 120.

主性受到了外在的约束；另一方面，在德性理论中，则直接要求按照普遍的道德法则来把他人的目的纳入自己的目的之中，从而自己的目的与他人的目的合而为一，这就要求行为主体在确定自己的目的时就必须获得一种普遍的立场，其目的就得到升华并变成普遍的了，这显然要让道德法则对自己的任性的规定压倒感性偏好准则对自己的任性的规定，这就是德性的力量的获得。

任性的自由表现在外在行为中，则法权原则对它的约束是绝对的、完全的，因为任何违背法权原则的行为都是被禁止的，并且是要受到惩罚的；但任性的自由要在心灵内部达到，则道德法则对它的规定在范围上和程度上并不是绝对的和完全的，而是容许有范围和程度上的差异，这主要是因为它要达到的同时是义务的目的，所指向的是促进自己的完善和促进他人的幸福，在这样的目的上，不可能要求彻底和完全，因为人寿有限，任务艰巨。比如在促进自己的完善上，我们自己要发展哪些禀赋，要看我们的能力和努力，以及我们要自己决定发展哪些方面的禀赋以应对生活的需要，我们不可能发展我们所有的禀赋，也不可能把这些禀赋都发展到最高状态，人的禀赋的全面发展及其最高状态只能是一个理念，引导我们去促进自己的禀赋发展；而在促进他人的幸福上，则一方面，我们要促进的是我们在理性上认为是合理的他人的幸福，另一方面，我们以多大的力量去促进他人的幸福，也应该量力而行，以我们自己不至于沦落到需要别人的帮助为度。另外，德性作为以道德法则来规定任性的准则的意志力量，也只能是逐渐地提高，所谓最高、最完善的德性，或者中国古语所说的"义精仁熟"，都只能是一种范导性的理念。所以，在现实的道德行为中，任性的自由作为心灵内部的自由的实现，只能是相对的、不完全的。

3. 任性的自由在人类历史发展中的功能。在康德实践哲学的视野中，人类历史就是一部自由的发展史，即理性在感性欲求的压力下不断觉醒并且逐渐取得支配地位的历史，也是人类作为一个总体在无尽的历史长河中逐渐实现大自然的意旨（"天意"）即道德化的历史。康德认为，我们可以对于人类历史的开端加以揣测，即人类历史开始于"自由"，这种自由就是任性的自由，自由最初是从其人的本性中的禀赋出发的，即先是从一个成年人开始，即能够站立和行走、说话、谈论、思维等等，作为人，为了实现在生活中的各种目的，这些能力都是他们所需要的熟练技巧。这种为了达到目的而思考其理由，并以此诉诸行为的能力就是自由，这是必须有理性参与的，由此，我们可以"考察他的行止中的道德成分的发展"①，也即自由能力的发展。用墨菲的话说，"在用人类行动所根据的理由来加以解释的意义上，我们可以将这种行动称之为自由的行动。"② 也就是说，当人们不再只是基于感性刺激而行动，而是在思考了行动的理由后做出行动，则人们就表现了自由的能力。在康德看来，人类的文明发展史就是自由的发展史，理性在这个过程中为人们提出各种行动的理由，越来越脱离开本能或感性偏好的直接刺激。他认为，自由能力的发展过程有四个标志性的阶段：第一，在自然的质朴状态下，人们对物品的需求是很有限的。但随着理性能力的发展，理性就会对物品进行比较，从而逐渐超出当下的感觉的限制而追求越来越多样的享受，这就是贪婪，并且会去违背自然偏好，而追求那些不必要的奢华。这是第一次违背自然冲动，对自由的发展有着重大意义，因为借此，人们"意识到理性是一种能够把自己扩展到一切动物被拘禁于其中的界限之外的能力"③。这对我们建立起一种超出自然限制的生活方式是决定性的，因为这是一种自由选择，即使所选择的生活方式并不如愿，也为他的生活展开了无法预知的可能性空间，从而他不可能再回到为自然本能所紧紧控制的生活之中。第二，在性本能方面，理性发挥其影响时，一是能通过想象力而延迟其直接满足，二是防止其直接的、周期性的动物性满足而带来的厌烦，从而能

---

① 康德著，李秋零主编：《康德著作全集》第8卷，中国人民大学出版社2010年版，第113页。
② 杰弗里·墨菲：《康德：权利哲学》，吴彦译，中国法制出版社2010年版，第37页。
③ 康德著，李秋零主编：《康德著作全集》第8卷，中国人民大学出版社2010年，第114页。

够使偏好的对象脱离感官而使这种偏好更加热情而持久。借此，人就能对直接的满足进行拒绝，从而实现"从纯然动物性的欲望逐渐过渡到爱，并借助爱从纯然适意的情感过渡到对美的鉴赏"①，先是欣赏人的美，后来也能欣赏自然的美，也就是越来越能进行脱离本能冲动的自由的审美。由于人是生活在共同体之中的，所以我们也力图使自己形成一种良好的风度来引起别人对我们的敬重，这种偏好"作为一切真正的社会性的本真基础，为作为一种道德生物的人的发展提供了最初的暗示。"② 这种偏好，"由于给思维方式提供了一个全新的方向而是划时代的，它比接踵而至的一连串数不清的文化扩展都更为重要。"③ 第三，我们有一种深思熟虑地期待未来的能力，这是自由能力的另一个表现，因为它能够超出对当下的享受而向往未来，能够设定遥远的目的，从而会促使人们发展各种能够实现这些目的的技能，"这种能力是人的优势的最关键性的标志。"④ 第四，理性能力发展的最后一步是："他（尽管只是模糊地）认识到，他真正说来是自然的目的，而且没有任何生活在地上的东西能够在这方面成为他的竞争者。"⑤ 也就是说，所有其他物种都是达成我们生活目的的工具。接下去就是：我们不把任何其他人当作自己的手段，而是把所有人都尊为目的。"这是为理性将来就其同胞而言应当加诸意志的限制所作的一项长远的准备，对于建立社会来说，这种准备远比好感和爱更为必要。"⑥

---

① 康德著，李秋零主编：《康德著作全集》第 8 卷，中国人民大学出版社 2010 年，第 114 页。

② 康德著，李秋零主编：《康德著作全集》第 8 卷，中国人民大学出版社 2010 年，第 116 页。

③ 康德著，李秋零主编：《康德著作全集》第 8 卷，中国人民大学出版社 2010 年，第 116 页。

④ 康德著，李秋零主编：《康德著作全集》第 8 卷，中国人民大学出版社 2010 年，第 116 页。

⑤ 康德著，李秋零主编：《康德著作全集》第 8 卷，中国人民大学出版社 2010 年，第 116 页。

⑥ 康德著，李秋零主编：《康德著作全集》第 8 卷，中国人民大学出版社 2010 年，第 117 页。

这一切发展都是人类通过运用其自由所造就的。在人类历史的舞台上，自由的运用就是人类借助理性而走出自然的无辜状态，这就是"从一种纯然动物性的造物的粗野状态过渡到人性，从本能的学步车过渡到理性的指导，一言以蔽之，从大自然的监护过渡到自由状态"①。但是，这种自由的行使，对个体来说，会使他面临许多在自然状态完全陌生的灾祸，而且，理性借助想象力还会产生各种不自然的恶习。所以，他说了一段著名的话："自然的历史从善开始，因为它是上帝的作品；自由的历史从恶开始，因为它是人的作品。"② 对个体来说，自由的运用最初会造成许多灾祸；但对人类来说，却能造成一种好的效果，即人类的文明化得到发展。正如艾伦·伍德（Allen W. Wood）所说："虽然康德从来没有假装去寻求或发现人类自由的经验证据，但他的经验人类学永远在这么一个假设上展开：人类是自由的。康德人类学甚至强调那些他拿来作为自由的经验性展示的人类生活的特征——新的能力的发展、生活方式的可变性、人类文化的进步、理性的发展和启蒙的历史现象。"③ 这一观察是准确的。

邓晓芒教授关注了康德《判断力批判》中的"自由感"的思想，很有意义，而且他还把康德的审美自由（特别是艺术审美）思想与《实用人类学》和有关历史哲学论文中的自由感联系起来，并把它归入任性（他译为"任意"）的自由，从而给考察任性的自由在日常生活中的发展提供了理论视野。我觉得并不需要把"自由感"作为康德"自由"概念的第三层次，它可以归到"任性的自由"中，从而属于"实践的自由"的层次。康德在说明审美自由时，借助了"反思性的判断力"的概念。反思性的判断力与规定性的判断力不同，后者是把特殊性置于普遍性之下进行规定，从而形成知

---

① 康德著，李秋零主编：《康德著作全集》第 8 卷，中国人民大学出版社 2010 年，第 118 页。

② 康德著，李秋零主编：《康德著作全集》第 8 卷，中国人民大学出版社 2010 年，第 118 页。

③ Allen W. Wood, *Kant's Ethical Thought*, Cambridge：Cambridge University Press, 1999, p. 181.

识；前者则只给定了特殊性，要求从感性的特殊事物出发去寻求普遍性，只能由对象的合目的的形式反思到人的感性能力与知性能力之间的和谐协调，从而体验到一种自由感，这是使自然物的无目的显得像是有目的的。它不是从事认识，也不是追求某种目的，而是感性能力与知性能力的自由游戏，从而能引起"无目的的合目的性"的情感愉悦，这就是自由美。它之所以是自由的，是因为它先天地要求超出个人之上的普遍性，即能要求每个人普遍地赞同；同时，感性和理性之间也要有某种协调，这就要进入到艺术审美之中（依附的美）。艺术要制作，就具有目的，因而有人为性；而要形成目的，就需要理性，而能够使用理性，这本身就是自由的。但在艺术制作中，我们却需要把自己的目的巧妙地隐藏起来，使我们的创作作品好像是自然物似的，也就是要使有目的显得像是无目的的，造成感性对象（作品）与理性的协调，这样就能导向愉悦情感，即感到是美的，从而有一种更高的自由感。显然，艺术美同自然美相比，更接近道德一些，因为它激起的是感性与理性的协调。邓晓芒教授指出，康德的意思是说：我们的本体自由是不可感的，但我们在审美中能以类比、暗示、象征的方式"反思到自己的本体自由"①，也能引导我们去发现真正的自由即道德。康德自己也说，美是道德的象征。

　　康德的确把审美的自由应用到解释我们日常交往方式的文明化之中。在最后出版的著作《实用人类学》（1798 年）中，他认为，我们在社交中的个人修养即文明礼仪和亲切优雅的风度就是属于审美鉴赏的，能让每一个人都感到愉悦，有一种普遍性，也就是一种自由感。但这种自由感不是自由本身，而只是自由的外观，有一种从外部促进道德的趋势，为把我们"塑造成道德上善的（有道德的）""做好了准备"②，从而是人类迈向道德的一个必要的台阶。

　　康德在历史哲学中，致力于解释人的道德规定性在经验性的人类历史发

---

① 邓晓芒：《康德自由概念的三个层次》，载《复旦学报》2004 年第 2 期。
② 康德著，李秋零主编：《康德著作全集》第 7 卷，中国人民大学出版社 2008 年版，第 238 页。

展长河中如何得到逐渐的实现。人既是一种有理性的存在者，同时在本性中还有着粗野和动物性的自然性，这两个方面始终存在着冲突，而在这种冲突中曲折前行，就是人类自由能力发展的历程。比如，大自然对于人作为动物种类的保存设定的法则，遵循着生理成熟不变的时间规律；但人类社会的文明开化程度却在加速，人们应对日益复杂的谋生需求就需要更多的技能，从而使得人们在社会上的成熟时间普遍要延后十年。这样就会造成"由道德对自然目的和由自然目的对道德的一种不可避免的损害"①。比如在文明开化的社会中结婚时间普遍推迟，生理已成熟，却由于没有养活家小的能力而不能结婚，在这段时间里，自然欲望要寻求满足就难以受到理性法则的制约，从而会产生许多罪恶；还有，人类的各种技能的发展需要时间，但是，我们却在自己的技能还没有得到充分发展之前就已经老去，这也是人性发展与自然法则之间的冲突。为了消除这些冲突，就必须形成一些能够容纳人们的自由能力更充分发展的文明制度框架。康德说："惟有一种完善的公民宪政（文化的最终目标）才能取消这种冲突，因为现在，那个中间时段往往充斥着恶习及其后果，即各种各样的人类苦难。"②

正因为有着这样的关切和理论视野，所以，康德在历史哲学中就着重关注人的任性的自由如何得以逐渐道德化：一是设定"大自然的意旨"就是人类的总体道德化；二是主张人具有"非社会的社会性"，即既有组成社会的倾向，同时又有突出自己，游离于社会规则之外的倾向，这两种倾向相互作用，使人类社会朝着越来越文明化的方向前进；三是主张在历史的经验舞台上，充满着各种各样的争斗、无用的虚荣、阴谋算计，甚至残酷的战争，但是在冲突以后，人们发现人类又能够形成某些文明化的交往规则；四是主张我们必须进入一种能够保护人们的最大自由，又制定了普遍的法律体系，并

---

① 康德著，李秋零主编：《康德著作全集》第 8 卷，中国人民大学出版社 2010 年，第 119 页底注①。

② 康德著，李秋零主编：《康德著作全集》第 8 卷，中国人民大学出版社 2010 年，第 120 页底注①。

具有正规的强制权威的公民法治状态，这种状态能够保障人们的自然禀赋得到安全的发展。任性的自由能力得到充分的发挥，就能够造成人性的充分发展，达到高度的文明教养；五是文明教养是人类达到道德化，即形成一种道德的思维方式的必经台阶，在这些台阶的顶端，有望通过突然的一跃而达到心灵的重生或转变，而达到人类总体的道德化。

三、 实践的自由的重要意义

康德的自由观在西方伦理学史上呈现出一种独特的理论品格。他主张本体和现象的划分，从而在本体层次上使自由摆脱了自然因果必然性的制约，而把自由首先定性为纯粹理性的绝对自发性和自主性，避免落入机械决定论的窠臼，从而在一个机械论盛行的时代拯救了自由。在具体的理论构造上，他构造了两个层次的自由观，即先验的自由和实践的自由，一方面使自由在本体层次上坐实，另一方面又使自由在现实行为和现实生活中表现为一个不断发展的历史进程。所以，考察康德的自由概念，应更多地聚焦在实践的自由上。康德的自由观对我们有如下的启示。

第一，对先验的自由的揭示，是康德自由概念的突出贡献。他对自由的理念给出了本质规定，那就是自由并非随心所欲的选择，而是摆脱自然必然性的制约而服从理性的先天法则。黄裕生教授认为这是康德受到卢梭把自由与法则关联起来的观点的激发，而"完成了自由意志概念的真正确立"，并且"完成了对道德法则的奠基"。不过需要指出的是，康德所认为的"自由意志不仅是一切道德法则的前提，而且是一切道德法则的来源；在自由意志之外不存在任何其他道德法则"[①] 的观点，是在其《道德形而上学的奠基》中所持有的，在《实践理性批判》中，康德却认为，我们并不能从自由出发，因为我们并没有对自由的意识，但我们有对道德法则的先天意识，这是"理性的事实"，所以，可以从对道德法则的意识中推论出先验的自由。实际

---

① 黄裕生："论意志和法则"，载《哲学研究》2018 年第 8 期。

上，这也点出了先验的自由的本体性质。可以说，这的确是在历史上第一次把意志自由与道德法则直接关联起来，从而在本体层次确证了自由。

第二，日常道德生活行为的价值来自任性的自由能够形成主观准则，这是主体发挥理性能力的结果。由于人的任性会受到感性偏好的刺激和影响，所以，要让理性形成客观的普遍的道德法则并作为规定任性的根据，还是有不少障碍的。这就需要对欲望满足实行某种延迟，努力赢得别人的敬重，能展望未来，并且人们能够彼此尊重对方的人格的平等，这些都是自由的表现。这些步骤都是力图脱离自然法则对我们的限制，而为组成社会准备好了未来用理性约束任性的条件。能够形成准则，本来就是发挥理性能力的结果。由于我们的任性还受到感性偏好的刺激和影响，所以我们的准则也有可能与客观的法则相悖，按照这种准则去行动，而违背了道德法则，这就是恶的本质；而能够把道德法则作为自己的主观准则并做出行为，则其行为就有善的价值。所以，善恶均出于我们的任性的自由。即使是基于对感性偏好的表象而形成的准则，也是理性思考的产物，也超出了感性偏好的直接满足（因为已经有了一般性的观念），从而具有自由的特征；当然能形成基于对客观的道德法则的表象的准则，则更是具有自由的表现。但心灵的真正自由在于，我们能以理性法则的准则压倒感性偏好的准则而成为规定我们的任性的根据，即获得了德性。

第三，任性的自由实际上是先验的自由在经验范围里的表现，故一方面有本体之根，另一方面又有显象上的表现。任性的自由在现实中的发展进步，目标就是要不断逼近先验的自由，所以，先验的自由对于任性的自由的发展而言就是一个范导性的理念。任性的自由就是我们在日常生活中的实践行为的自由，它关乎我们理性能力的发展。我们理性能力的发展过程就表现在能够逐渐摆脱作为动物物种的人的自然状态的粗野质朴，以及自然法则的限制，从而表现为理性的自由能力发展的历史进程，由此我们可以看出自由在经验中、日常生活实践中的众多表现及其程度上的进展。可以说，这是对实践的自由概念的平实把握。

第四，康德实际上还把任性的自由的发展看作是人的自然禀赋的发展过程。人们追求自己目的的行为相互之间会产生冲突，这种冲突的根本对人而言，还是各自所持的主观准则之间的冲突，从而具有某种自由的特征。我们正是在这样的冲突中，不断发展着我们的技巧，并且力图使得我们在他人面前受到喜爱，得到尊重，这就必须获得某些文明化的教养和优雅风度，所有这些，都让我们逐渐超出追求感性欲望的直接满足，从而具有了某种普遍性的特征，也就是说有了自由。文化的发展从根本上说，就是人类向着完全的自由、道德化进步的必经台阶。同时，由于人所有的自然禀赋从其目的来说都应该获得发展，而这些自然禀赋在追求发展的过程中却必然会相互扞格，引起人们的主观准则之间的相互冲突，所以，需要进入公民的法治状态。在公民的法治状态下，因为大家的最大外在自由得到了保障，又有普遍的法律和掌握正规惩罚权力的公共权威机构，所以，人们的自然禀赋在其中能得到安全的发展。这就从自由的发展要求的角度论证了进入公民的法治状态是我们的政治义务。

总之，自由概念是康德的整个哲学体系特别是其实践哲学的拱顶石。他把自由的完全实现看作是道德的本质，认为这就是一种纯粹的道德思维方式的建立；同时他真正地"以自由看待发展"，把人类社会历史的发展看作是自由逐渐实现的过程，看作是人们的自然禀赋逐渐得到发展的过程，并把人类总体的道德化看作是历史的终极目标。这也启发了马克思把人的自由而全面的发展看作是共产主义的实现，当然，只有马克思才揭示了人类社会发展到共产主义的现实的物质生产方式变革的动力基础，从而实现了社会主义从空想到科学的发展。

第二节　康德德性论的复合型结构

康德的"实践的自由"概念，向外展示为人们的任性的外在行为自由，对这种自由，需要有普遍的法律体系来把它们约束在可以并存的范围里，从这里开出了其法权学说以及其政治哲学，这部分的内容我们留待第 6 章在展开论述；向内则需要让理性的先天法则作为道德法则约束着人的任性的准则，从而要求我们的意志获得用基于道德法则的准则优先于基于感性偏好的准则而规定自身的内在力量，这就是德性。这部分的内容就是其德性学说。这两部分组成了康德的《道德形而上学》的整体内容。我们先论述康德的德性学说。

由于康德伦理学以义务论和三大道德命令式最为著名，所以，人们通常有一种印象，那就是，康德伦理学是一种典型的规范伦理学。的确，康德伦理学的基础部分是为行为的道德价值奠定基础，即研究人们怎样行动才是具有道德价值的。他认为，人的行为要具有道德价值，就必须向先天的、本体界的理性法则吸取动机，从此之外任何地方去吸取动机，都是没有道德价值的。所以，他先要论证纯粹的、形式性的道德法则的存在。但是，我们认为，康德的伦理学从根本上说，却是一种动机论，因为他最为关注的是人们内在的意志品质。在康德看来，行为的合法则性并不直接等同于行为的道德性。因为仅从外在行为来看，有些行为是合乎义务的（有合法性），但却可能不是出于义务的（没有道德性）。这就是说，行为的道德价值之根在于内在意志的品质是否善良。因此，我们可以说，他最为关注的实际上是人的德性如何才能得以成型。对康德而言，先天的、纯粹的道德法则是德性的纲维。传统德性论认为，德性是理性、情感、欲望达到完满融合协调的状态，或者如席勒所说，"人的性格的完善的最高程度就是道德美；因为只有在履行义务成为人的本性时，道德美才产生。"[①] 席勒还说："'道德不是别的，正是志趣和爱好加入义务之中'……人不仅可能，而且应该使快感和义务结

---

　　① 席勒：《秀美与尊严——席勒艺术和美学文集》，张玉能译，文化艺术出版社 1996 年版，第 56 页。

合在一起，他应该愉快地服从自己的理性。"① 而康德认为，这是不可能的，因为理性是纯粹形式性的，而情感、欲望是感性的、质料性的，所以这三者不可能真正得到融合，这是康德德性理论的显著特点。所以，康德伦理学的前提性工作就是考察道德法则的来源和性质，及其在道德实践中的作用。但在康德看来，只有落实到对德性的考察上，才能阐明人的道德实践的主体素质基础。只有获得了美德的人，才是一个真正善良的人。这就可以理解，康德一直想撰写，但到晚年才出版的《道德形而上学》的第二部分为什么是《德性的形而上学的初始根据》，因为修养德性和获得德性是康德伦理学所关注的核心问题，也是归结性的问题。

一、　康德德性理论的独特性质

康德伦理学建立在这样一些理论前提上：1. 本体与现象的划分。当然这并不是说，在现象世界之外，还存在着一个理智世界或本体世界，这两者是指看待人的行为的两个角度。也就是说，如果我们只从感性欲望追求的角度吸取行为的动机，则我们就不可能获得无条件的善的价值；只有在对纯粹先天的、形式性的，即普遍的、没有任何质料的理性法则的表象中，才能形成对所有有理性者都有同等约束力的客观法则，在它之上，不可能有更高的道德法则，因此我们必须把理性自身这一无条件的东西设想为决定我们行为动机的原因，出自这样的动机的行为才有道德价值。而德性，首先就是具有这样的动机的意志品质。所以，道德法则是康德德性学说中纲维性的东西。2. 在人身上，还存在着感性欲望或感性偏好，它们本身是善的，并不是恶的。但如果它们的冲动在心灵中占据优势地位，并以此作为自己的准则，从而压倒了出自道德法则而行动的动机，则行为主体就会违背客观法则而行动，这样才会产生恶。3. 于是，德性就是能够与出自感性偏好的冲动的准

---

① 席勒：《秀美与尊严——席勒艺术和美学文集》，张玉能译，文化艺术出版社 1996 年版，第 133 页。

则做坚决斗争，并让道德法则规定自己的动机的意志力量，这表明，人的感性欲望冲动始终是存在的，不能被窒灭，也不应该被窒灭，只是需要在道德法则的绝对约束下来寻求自身的满足。康德认为，这是德性的关键性质。4.但是，德性不只是自制。自制是指我可以在感性欲望的引诱面前保持克制而不去现实地追求其满足，这可能是因为预计到追求感性欲望满足的不利后果才克制自己，而不是出于对道德法则的敬重，让道德法则直接规定自己的动机。所以自制并不是一种真正的德性。真正有德性之人，并不是仅仅能够自制之人，而是能够使出自道德法则的动机绝对地优先于感性偏好，并对这一点产生自我肯定或满足的情感感受之人。当然，他并不是被这种情感所激动才这样做，而是在感受到了道德法则的崇高性之后才能产生这种情感。康德提醒我们，必须明白，要获得这种品质是很艰难的。

康德的德性理论还有一个特点，那就是认为，理性与感性是不同质的，它们之间是无法相互渗透融合的，也达不到理性与感性完满和谐的地步。诚如安妮·玛格丽特·巴克斯利（Anne Margaret Baxley）所指明的，我们不可能达到"不需要由责任来约束就可以很好地行动"[1] 的状态。康德反对席勒的相关观念，认为"根本不可能形成一种要去完成责任的偏好，他认为，那种尽自己的责任的偏好概念是自相矛盾的。"[2] 同时，康德也不可能赞同亚里士多德关于德性的观点："更好的说法是像我们自己定义的那样，把德性说成是由理性伴随的朝向高尚的冲动"[3]，至于亚里士多德所说的"首先必须有朝向美好的非理性的冲动产生出来（事实也的确如此），尔后才有理性

---

① Anne Margaret Baxley, *Kant's Theory of Virtue: The Value of Autocracy*. Cambridge: Cambridge University Press, 2010, p. 80.

② Anne Margaret Baxley, *Kant's Theory of Virtue: The Value of Autocracy*. Cambridge: Cambridge University Press, 2010, p. 98.

③ ［希腊］亚里士多德著，苗力田主编：《亚里士多德全集》第 8 卷，中国人民大学出版社 1994 年版，第 292 页。

的表态和裁决"，"朝向德性本原的似乎更应是处于善的状态的激情，而不是理性"①，康德更是会持反对的立场。实际上，康德的德性概念始终充满着道德法则与感性偏好在决定意志的动机问题上的激烈斗争，德性始终都是意志的这样一种力量。

所以，在康德看来，德性是意志的一种反抗用基于感性偏好的准则规定自己而以基于道德法的准则则来规定自己的力量。这就需要说明，要形成德性，到底有什么东西会对我们造成很严重的阻碍，需要我们永远不断地去抵抗并压倒它。有些人认为，康德是把感性偏好本身当作恶的，也就是说意志需要抵抗并加以压制的就是感性偏好。这种说法，在康德看来是一种严重的误解，因为在他看来，感性偏好是我们必然具有的，同时也是我们的感性幸福的内容，从这个意义上说，感性偏好就是善的。那么，是什么能够对我们形成德性造成障碍，并需要我们花大力量去抵抗呢？康德说得明白："自然的偏好就其自身来看是善的，也就是说，是不能拒斥的。企图根除偏好，不仅是徒劳的，而且也是有害的和应予谴责的。毋宁说，人们只需要抑制它们，以便它们相互之间不自相摩擦，而是能够被导向在一个整体中的被称做是幸福的和谐。不过，实现这种状况的理性叫做明智。只有在道德上违背法则的东西才自身就是恶的，是绝对应予拒斥的、必须根除的。"② 也就是说，感性偏好本身并不是道德上恶的东西，只有感性偏好成为我们的准则并有意识地违背道德法则而行动，才是恶的，我们需要终身与之斗争的也就是这种恶。由于它在我们身上是根深的，所以，我们应该具备正确的思维方式，并需要有极大的勇气与之抗争，获得胜利，并这才是我们品质的最高荣誉，是一顶桂冠。

在康德伦理学中，德性所关涉的主要问题实际上是动机问题。也就是

---

① ［希腊］亚里士多德著，苗力田主编：《亚里士多德全集》第 8 卷，中国人民大学出版社 1994 年版，第 317 页。

② 康德著，李秋零主编：《康德著作全集》第 6 卷，中国人民大学出版社 2007 年版，第 57 页。

说，人的心灵中有两种相反的动机在交战，这才构成了斗争或者战斗。实际上，这个问题所关涉的还是自由问题。人类具有自由，从实践的角度看，它就是一种任性的自由。这种自由表现在它可以不受任何动机的预先规定，而能选择准则，它既可以把追求感性偏好的满足即追求幸福的动机纳入自己的准则，也可以把道德法则纳入自己的准则，不管他怎么做，都表现了他的任性自由，因为这表明行动是他自己做出的。当然，在康德的分析中，以追求感性偏好作为自己的动机，实际上是使自己受到现象物的决定，因为它有质料，从而把自己当作一种被他物所决定的物件，沦为被机械地决定了的，即丧失了真正的自由。但是，他把感性偏好的动机纳入自己的准则中，也体现了其某种自主性，所以也可以看作是行使了自由，当然是任性的自由。然而，只有当他能够把纯粹先天的、形式性的道德法则纳入自己的准则，才是真正的自我决定，才获得了真正的道德自由。诚然，获得道德自由也是行使了自主的选择能力，即任性自由的表现。所以，康德说："任性的自由具有一种极其独特的属性，它能够不为任何导致一种行动的动机所规定，除非人把这种动机采纳入自己的准则（使它成为自己愿意遵循的普遍规则）；只有这样，一种动机，不管它是什么样的动机，才能与任性的绝对自发性（即自由）共存。"① 所以，德性问题的核心在于如何行使任性自由，因为具备道德的动机也是行使任性自由的表现，然而，只有具有这种出自道德法则的动机才能使得我们获得了真正的道德自由。

对康德而言，德性有如下特征：1. "德性就是人在遵循自己的义务时准则的力量。"② 这是说，德性问题是关乎准则的。我们会自然而然地拥有一种基于自然偏好（追求幸福）的准则，这是我们在获得德性的过程中所要克服的障碍（有时是强有力的障碍），这种障碍只有用遵循自己的义务时的准

---

① 康德著，李秋零主编：《康德著作全集》第 6 卷，中国人民大学出版社 2007 年版，第 22 页。

② 康德著，李秋零主编：《康德著作全集》第 6 卷，中国人民大学出版社 2007 年版，第 407 页。

则来克服。在普通的实践理性中，来自先天理性法则的动机和来自感性爱好的动机是混杂着的，所以，"人在自身中，感觉到一种强大的抵制力量，来反对理性向他表现得如此值得尊重的所有义务诫命；这种感觉就在于其需要和偏好，他把这些需要和偏好的全部满足统统归摄在幸福的名下。如今，理性不对偏好有所许诺，毫不容情地、因而仿佛是以拒绝和无视那些激烈且显得如此合理的要求来颁布自己的规范。"① 也就是说，感性偏好也认为自己是自然的，理所应当得到满足，因而也反对义务的法则的严格性，要求我们去顺应自己的感性偏好，这样一来，就会从根子上败坏义务原则，使之丧失尊严。这一点是需要克服的。在常人那里，偏好总是抢先发言的，因此，德性首先就表现在我们用基于义务法则的准则压倒基于感性偏好的准则的意志力量。2. 恶就表现在用幸福的准则来压倒基于义务法则的准则，并且有意违背义务法则。反对这种恶，我们就要诉诸英勇的战斗。我们应该判断自己有能力与之战斗，并且要在当下就用理性战胜它们，这才是真正的道德勇气之所在。"反抗一个强大但却不义的敌人的能力和深思熟虑的决心是勇气（fortitudo），就我们心中的道德意向的敌人而言是德性（virtus，fortitudo moralis［道德上的勇气］）。"② 它"构成了人最大的、惟一的、真实的战斗荣誉，它也被称为真正的智慧，亦即实践的智慧，因为它使人生存于世的终极目的成为自己的目的。"③ 能赢得这场战争，那才是我们所能获得的光荣战功。3. 德性的培养是要终生进行的，因为感性偏好的冲动是一种无法根除的冲动，总是在伺机反叛，因而想一劳永逸地获得圆满德性是不可能的；同时，期望能够获得一种以德性为目的的偏好倾向，也是不可能的，因为偏好与理性二者是不同的，说能获得一种德性的偏好，就等于说偏好能够变成

---

① 康德著，李秋零主编：《康德著作全集》第4卷，中国人民大学出版社2005年版，第412页。

② 康德著，李秋零主编：《康德著作全集》第6卷，中国人民大学出版社2007年版，第393页。

③ 康德著，李秋零主编：《康德著作全集》第6卷，中国人民大学出版社2007年版，第418页。

理性。所以，康德说，德性"这种能力作为力量（robur）是某种必须来获得的东西，其方式是通过对我们心中的纯粹理性法则之尊严的沉思（contemplatione），但同时也通过练习（exercitio）来振奋道德的动机（法则的表象）。"①

二、 廓清对康德德性理论的几个误解

康德的德性理论其实有一个落脚点，那就是考察意志的动机是如何形成的。离开这个落脚点而去考察康德关于德性所举的例子，或某些语句，就很可能出现误解，甚至是深刻的误解。在康德看来，首先就是不能依赖情感去理解德性，因为"无论情感由什么所激发，它都始终是自然的。"② 也就是说，德性的根基实际上是先天理性中固有的普遍法则，而不是任何一种情感。如果以情感为基础，那么，培养德性就只能是培养自然情感而已。实际上，任何情感都不能成为一种道德原则，其感性性质表明它们是个别性的，并且会在时间中经历变化，而不可能对所有人都有同等约束力，也就是说，情感没有普遍性。他说，"建立在某种情感之上的并不像人们也许误以为的那样是一种道德原则，而实际上无非是模糊思维过的形而上学，它是每一个人在自己的理性禀赋中固有的。"③ 也就是说，人们的理性禀赋中有思维能力，但如果不能清晰地思维，他们在思考道德原则时，就可能会把道德原则建立在情感的基础上，因为人们会觉得我们有一种先天的向善的情感，所有人都是这样，故而认为这种"普遍的"情感可以作为道德原则的基础。实际上，如果我们清晰地思考一下情感的本性，就会发现：我们虽然有先在的易感性，会对事物会产生情感，但由于情感是感性的，所以必定是多样的、会

---

① 康德著，李秋零主编：《康德著作全集》第 6 卷，中国人民大学出版社 2007 年版，第 410 页。

② 康德著，李秋零主编：《康德著作全集》第 6 卷，中国人民大学出版社 2007 年版，第 389 页。

③ 康德著，李秋零主编：《康德著作全集》第 6 卷，中国人民大学出版社 2007 年版，第 388 页。

经历变化的，同时，由于个人之间的天性或者情感感受能力及其性质会有很大的差异，有人天性热情，以他人的福利为乐，有人则天性冷淡，对他人的福利漠不关心，所以，在人的天性的情感类型中是不能发现道德原则的。同时，我们还要避免一个偏向，即认为，既然情感不能作为道德原则的基础，那么，天性冷淡的人由于对别人的福利很少产生情感感受，所以他们就似乎就更能具备德性，从而认为康德的道德学是一种无情主义；其次，康德确实认为，道德所要追求的目的不是幸福，即不是追求感性欲求的满足。我们依靠本能就足以很好地追求幸福，而追求道德却必须运用理性。他也确实多次说过，在道德领域中，我们要抵制、抗拒感性欲求的诱惑，于是有人认为，似乎康德主张某种节欲主义甚至禁欲主义，并认为康德德性学说中根本不能包含幸福的内容。然而，这些看法其实都是对康德德性学说的误解。

　　1. 澄清对康德关于人类之友的举例的误解。在《道德形而上学的奠基》一书中，康德说，那些人类之友，即具有那种和善、乐于助人的天性的人，他们帮助人是出于自己的偏好，会自然地关心他人的幸福，他认为，"在这种场合，诸如此类的行为无论多么合乎义务，多么可爱，都不具有真正的道德价值，而是与其他偏好同属一类。"① 所以，这样的人的品质并不具有道德上无条件的善的价值；而那种气质上是冷漠的，对他人的不幸漠不关心的人，自然并没有把同情心植入他的心灵，如果能够克服那种冰冷的、死寂般的情绪，而纯粹出于义务去帮助处在危难中的人，他们才是真正具有德性的人，因为"他施惠并不是出自偏好，而是出自义务"②。康德在举出这个例子时，又没有很好地对之做出深入的说明，这很容易让人误解为：带着愉快的心情去帮助他人的人，没有什么德性，因为他做好事，不需要克服来自基于感性偏好的准则的阻力，所以没有什么功德；而那种天生不爱人类的人，

---

　　① 康德著，李秋零主编：《康德著作全集》第 4 卷，中国人民大学出版社 2005 年版，第405 页。

　　② 康德著，李秋零主编：《康德著作全集》第 4 卷，中国人民大学出版社 2005 年版，第405 页。

能听从义务的命令，战胜来自感性偏好的阻力，所以是真正具有功德的。这里似乎有一种义务与爱好的直接对立，不爱好而尽义务才是有德性的，而带着愉快的心情去尽义务却是没有德性的。黑格尔认为，这是康德的抽象反思把普遍物与特殊物对立起来的结果，"以为道德只是在同自我满足作持续不断的敌对斗争，只是要求：'义务命令你去做的事，你就深恶痛绝地去做（席勒语）。'"① 对此，我们应该做深入的分析。

第一，人类之友所具有的是一种乐于助人的天性，他们能从助人的快乐出发去帮助他人，而并不是出于尊重法则而来的行为必然性即义务而去帮助人。这样的天性确实易于做出帮助他人的行动，其行为也比较容易合乎义务。但是，如果他们没有树立一种正确的道德思维方式，即从对纯粹的理性法则的表象中获得对道德法则的把握，并产生敬重之感，那么，他们虽然从天性上说，容易做出合乎道德法则的行为，但是，他们对助人的内容和助人的方式未必能够有正确的把握，所以，从实质的意义上说，他们的行为动机尚不是直接由道德法则来决定意志而形成的，于是，他们就很有可能在某些情况下，比如在情绪低落时（出于天性的快乐心情一定会产生变化），不会去尽自己应尽的义务。所以，在道德领域中，快乐慷慨的天性不能作为原则来凭借。只有能够出自道德法则去助人的人，才能不顾自己的情绪是处于快乐之中还是处于低落之中，都必定会去助人。

第二，那些天性冷漠，对他人的不幸漠不关心的人，如果能够摆脱这种情绪，而直接出于义务去帮助他人，那么，我们可以说，他是出于义务去行动的人，也就是有了一定德性的人。

第三，但是由于以上两点，就说一个有德性的人是有那种天性冷漠，对他人的不幸漠不关心，怀着厌恶的情绪去做好事的人，却是一种真正的误解。显然，有快乐天性的人，如果他能够思入本体，能够领悟到先天的纯粹的理性法则，并且能够认识到道德法则，从而产生对道德法则的敬重而去做

---

① 黑格尔：《法哲学原理》，范扬、张企泰译，商务印书馆 1979 年版，第 127 页。

出出于义务的行为，那么，他们当然也是有德性的。进一步说，他们有这种快乐的天性，就能够更加顺利地认识到道德法则的崇高，更加顺利地做出出于义务的行为。因为其天性对履行义务并不构成阻力，反而可以成为助力，所以更容易培养一种德性。前提是，他首先必须树立一种正确的道德思维方式。正如安妮·玛格丽特·巴克斯利（Anne Margaret Baxley）所说："人性之友，出于天然的同情心而帮助别人的人，总比那些纯粹出于自利而待人公平的人更接近于出于责任而行动的人，或者说，前一种人也许可以说是为了帮助别人而帮助别人，即自己可以从中获得快乐和满足，至少，他的这种快乐与他人的福利（他所致力于促进的）并不相反对。"①

第四，对那些天性冷漠的人而言，树立起一种正确的道德思维方式比人类之友可能要困难一些，同时他要做出出于义务的行为，必须克服那种天性的强大阻碍，其所需要的意志力量要大得多，也就是说，他们培养一种德性要艰难得多。所以，我们可以得出结论说，认为康德这个例子传达的意思是一个有德性的人必定怀着深恶痛绝的情绪去尽义务，是多么不靠谱。我们认为，康德在《道德形而上学的奠基》中所举的这个例子，从原理上说并无不当，但是如果只从这个例子所唤起的印象和情绪出发来理解，就十分容易引起席勒和黑格尔式的误会。要消除这个误会，就要回到康德关于道德价值的基本原则上，那就是道德价值的根据在于道德法则，在于出于义务而行动，情感只具有辅助性作用，而决不能作为决定意志动机的根据。

2. 康德的德性理论不是反幸福的。有人认为康德在道德上主张拒斥感性欲求，从而其德性学说中不能包括幸福因素。比如，康德同时代的伽尔韦就认为康德有这样一个命题："他曾经断言，对道德法则的遵循完全不考虑幸福，它对人来说是惟一的终极目的，因为它必须被视为创造者的惟一目

---

① Anne Margaret Baxley, *Kant's Theory of Virtue：The Value of Autocracy*. Cambridge：Cambridge University Press, 2010. p. 14.

的。"① 这当然也是一种误解。批评这种观点需要明确一点，那就是，康德的真实观点是：我们要拒斥把基于感性欲求的准则作为规定我们意志的根据，而不是说，当我们首先用道德法则规定了自己的意志之后，我们还不能追求幸福。恰恰相反，康德明确主张，道德正是我们配享幸福的资格，他重申："我并不曾忘记说明，由此人并未被要求在取决于遵循义务时，应当放弃其自然目的，即幸福。"② 他也认为，追求幸福是我们自然地拥有的一个主要目的（只不过我们应该追求那种在道德义务指导下的幸福），而且这种目的是不可能根除的，也是不应该根除的，否则就真的是厌恶人类者。

对于幸福问题，康德是这样定位的：第一，以追求幸福为目的，是不能获得客观的、普遍的道德原则的，原因是幸福无非是所有感性偏好满足的总和，所以，对幸福是什么，人们不可能获得一种完全统一的认识，它根本不适于作为道德原则。即使人们对某些幸福的事项有着相当一致的意见，或者说大家都有某些相同的感性欲求，那么这些欲求因为其感性性质也不能成为道德法则。所以，欲望是否相同，并不是决定它能否成为道德法则的衡尺，欲望的感性性质从根本上就排除了这一点。第二，追求幸福是人们所必然具有的一个本质，"人们能够有把握地预设，理性存在者全都按照一种自然必然性怀有它，这就是对幸福的意图。……人们可以把它说成是不仅对于一个不确定的、纯然可能的意图必然的，而且是对于人们能够有把握地、先天地在每一个人那里预设的一个意图必然的，因为这个意图属于每一个人的本质。"③ 在追求自己最大福祉中选择合适手段方面的技巧，是一种机智，它是一种假言命令，即其表达式是"如果你想要获得对自己而言的最大福利，那么，你应该采取……手段"，所以，它不可能是定言命令，也就是说，它

---

① 康德著，李秋零主编：《康德著作全集》第 8 卷，中国人民大学出版社 2010 年版，第282 页。

② 康德著，李秋零主编：《康德著作全集》第 8 卷，中国人民大学出版社 2010 年版，第281 页。

③ 康德著，李秋零主编：《康德著作全集》第 4 卷，中国人民大学出版社 2005 年版，第423 页。

不是道德的命令。康德认为，在直接追求自己的幸福问题上，是没有道德考量的，仅有机智就够了。只有在考虑我们追求幸福的行为如何才能获得道德价值时，才有道德考量。对于幸福而言，道德考量必须是先在的，否则，这种追求幸福的行为就有可能是道德上的恶劣行为。第三，如果我们的人生目的仅仅是追求幸福，则我们的精神境界不可能提升，我们也不可能获得一种真正的道德思维方式，也不能彰显我们作为一个有理性者的尊严，这样的生活是我们所无法忍受的。第四，德性体现在能战胜恶习的诱惑的意志力量之中，我们对自己能够证实这种意志的力量，会有一种自我肯定感或自我满足感，这种感觉也可以称作内心的幸福。"因为能思维的人每当战胜了恶习的诱惑、意识到自己已经履行了自己那常常艰巨的义务之后，就处于一种灵魂的宁静和满足状态，人们完全可以把这种状态称为幸福，在其中德性就是它自己的报酬。"① 然而，从逻辑上说，人们必须先意识到自己遵循了义务，才能希望自己将获得这种幸福（内心之福），换句话说，义务意识是前提，内心之福的感觉是结果。我们在履行道德义务时，感受到的是道德法则的崇高，对它产生了一种敬重，由此我们才履行道德义务，而不是为了获得这种内心之福，即不是以获得这种内心之福作为履行道德义务的前提条件。所以说，德性就是它自己的报酬，而不是以其他东西作为报酬。这样才能理解为什么尽义务是无条件的，这才是真正的道德自由。所以，康德的德性理论是可以包含对幸福因素的处理的。康德的德性理论并不是与幸福或感性偏好为敌，而是可以与它为友，使人们对幸福的追求成为有道德价值的。第五，德性义务以善意为其形式，以幸福的要素为其质料。德性义务，从其形式上说，就是尊重他人为人，尊重所有有理性者的内在人格尊严，在这个时候，他不需要考虑任何具体的做法，比如在法庭上要求诚实，是因为诚实就是在尊重他人的人格，不需要考虑以何种方式、在什么事情上、在何种程度上诚

---

① 康德著，李秋零主编：《康德著作全集》第 6 卷，中国人民大学出版社 2007 年版，第 389 页。

实，如果有这样的考虑，那就是卑鄙的。然而，我们还需要积极地与人交往，实际地处理人们之间的利益关系，这样，促进他人的幸福也会成为我们的德性行动所关涉的现实事项。康德明确地说，只有两种德性义务：自己的完善和他人的幸福。

3. 康德的德性理论也不是反情感的。康德认为，情感不能成为德性的根基，但是，快乐的天性或人类之友的天性并不妨碍德性的培养，从某种意义上说，有这样的天性的人比那种天性冷漠的人要更容易培养德性。但是，对康德的德性学说而言，更重要的是他认为还存在着道德情感。

首先，必然存在着敬重这种道德情感。敬重是对道德法则的敬重。这种情感是被这样描述的：由于在道德领域中应该找到那种对所有有理性者都有普遍约束力的道德法则，而不仅仅是权宜之计，所以，必须通过对本体界的、先天的、纯粹的理性法则进行表象而形成道德法则，这种法则才能有普遍的约束力。在把道德法则与感性偏好作对比时，我们才能感到，道德法则具有绝对价值，无限地高过所有感性偏好的总和的价值。而我们作为一个其意志并非是纯粹善良的有理性存在者，我们对道德法则将会抱有一种高度的敬重之情，这就是道德情感。它肯定不是爱好的情感，我们不可能爱好道德法则，因为道德法则总是在约束着我们的任性自由，因而我们对它会抱有一种敬畏之情，但同时也会对我们能够以道德法则来直接规定我们的意志，履行我们的义务，而产生一种自我肯定感或者内心满足感，觉得自己的道德人格得到了证实。所以，这样一种情感是真正意义上的道德情感，因为它完全为道德法则所激发。在康德看来，没有对道德法则的敬重，就不可能会有道德行为。但是，为什么我们会产生敬重情感，这个问题与"纯粹理性如何能够是实践的"是同一个问题，"一切人类理性都没有能力对此作出说明，试图对此作出说明的一切辛苦和劳作都是白费力气。"①

---

① 康德著，李秋零主编：《康德著作全集》第 4 卷，中国人民大学出版社 2005 年版，第 470 页。

其次，敬重道德法则的情感，在人格与人格的相互对待之中，就会被区分为积极和消极的义务，与履行义务所伴随着的是一种实践性的情感，而不是某种自然情感，或者可以说，这是义务中所蕴含的一种人道情怀。可以说，这种实践性的情感也是德性的一种成分。对他人的义务，是指向人与人之间的关系的，是具有同等尊严的人格之间相互对待的客观而普遍的要求，即要求对他人有善意，并能够把他人的目的（只要是不违反道德的目的）当作自己的目的，这就是爱的义务，它是积极的义务；同时，也强制自己不侵害他人的人格尊严，这就是人与人之间的敬重（对彼此的人格的敬重）义务，它是消极的义务。他说："爱和敬重就是伴随着这些义务的执行的情感。"① 理解这两种道德情感，需要从以下角度来进行：第一，能够履行义务的品性就是德性。德性作为执行义务的意志力量，具有对道德法则表示敬重的情感，从根本上说，这可以看作唯一的道德情感。但从敬重道德法则出发而去积极助人，就表现为积极的、实践性的爱。在人与人的关系中，爱和敬重这样两种情感不是自然而然具有的，不是先在的，即我们不是为了获得这两种情感的感受而去履行义务，而是我们履行了义务，这些情感就会相伴而生。第二，这两种道德情感，只能存在于义务法则的范围里，即在"一个道德的（理知的）世界中考察我们"② 时才有的，也就是在理智世界中人们的道德人格之间的关系，而不是人们的感性好恶（或自然情感）之间的关系。

但是，我们必须理解到，这两种道德情感只是属于我们作为本体的人（人格）的，与自然情感的愉快没有任何关联。比如，我们应该爱（实践性的情感）自己的邻人，不是因为邻人真正令人我们喜爱（自然情感），而是

---

① 康德著，李秋零主编：《康德著作全集》第6卷，中国人民大学出版社2007年版，第459页。

② 康德著，李秋零主编：《康德著作全集》第6卷，中国人民大学出版社2007年版，第459页。

因为他们是人，具有理性，所以应该对他们表示善意，并且"以善行为结果"①。"尽我们的能力向他人行善是义务，不论爱不爱他们"，但是，对我们而言，善意始终还是一种义务，所以，"哪怕是对于仇视人类者，人们当然不可能爱这种人，但毕竟可以向他表示善意。"② 这种善意，就是一种实践性的情感，而不是自然的爱的情感。康德认为，只有这样的爱是可以要求的。这种义务，从形式上说，就是善意地对待他人；从质料上说，就是要尽量把他人的目的纳入我的目的之中，或者说，就是要促进他人的幸福。另外，敬重的义务就是我们应该像敬重自己的人格一样敬重他人的人格。它要求的是不减少他人的自由本有的价值，所以是消极的、制止性的，即要求我们不把自己抬高到他人之上，"不要把他人贬低为仅仅是达成我的目的的手段（不要求他人为了醉心于我的目的而放弃自己）"③。这样的实践性的情感的性质也是德性的本质。

关于道德情感，需要注意以下几点：第一，虽然道德情感是后于道德法则的，但我们却先天具有产生道德情感的易感性。他说："人格性的禀赋是一种易于接受对道德法则的敬重、把道德法则当做任性的自身充分的动机的素质。这种易于接受对我们心中的道德法则的纯然敬重的素质，也就是道德情感。"④ 换句话说，没有这种易感性，我们就难以产生对道德法则的敬重，也不容易产生出于义务的道德行为。这一点对康德的德性理论而言是十分必要的，因为他要找到道德行为的动力。在他看来，这种道德情感是德性的真正盟友，能够与德性很好地协调。显然，道德情感并非先在于道德法则，而

---

① 康德著，李秋零主编：《康德著作全集》第 6 卷，中国人民大学出版社 2007 年版，第 460 页。

② 康德著，李秋零主编：《康德著作全集》第 6 卷，中国人民大学出版社 2007 年版，第 414 页。

③ 康德著，李秋零主编：《康德著作全集》第 6 卷，中国人民大学出版社 2007 年版，第 460 页。

④ 康德著，李秋零主编：《康德著作全集》第 6 卷，中国人民大学出版社 2007 年版，第 26 页。

是后于道德法则而起的，这种情感就如马尔霍兰所说，是"情感的扩展形式"，这种情感"应该与义务性的行动相伴随。"① 但是，那种易感性却是我们先天具有的，没有这种易感性的就不是人。第二，我们可以获得一种道德上的愉快，这当然是一种情感，但这种情感却是对自己能够获得德性的一种愉悦，换句话说，当我们能够把履行广义的义务，如促进自己的完善和他人的幸福，尽可能做得像是履行自己的严格的、狭义的义务，则我们的德性就更加圆满。虽然获得德性是一件需要克服很强大的障碍的事情，但是，我们克服了这些障碍后，会对自己感到满意，同时也会获得人们的赞美，所以，德性就是对我们的道德追求的酬报。康德说，"就广义的责任而言出现了其伦理回报的主观原则（确切地说是为了使这些义务尽可能接近一种狭义的责任的概念），亦即按照德性法则对它们的易感性的主观原则，也就是一种道德上的愉快的原则，这种愉快超出了纯然的对自己的满意（这只能是否定性的），而且人们赞美它：说德性在这种意识中就是它自己的酬报。"② 所以，这种道德情感感受确实是后起的；第三，对康德而言，行善是一种具体地促进他人幸福的行为，它是出于自由的，而非机械地按照道德法则去行事。我们应该在思维方式上把对自己幸福目的的关注扩展到他人的幸福目的之上，并且把他人的幸福目的纳入自己的目的之中，这就是一种道德自由。在这方面不断地做出行为，实际上就是在练习行使自己的自由，对行为的主观准则能否同时成为客观的道德法则加以检验和练习，不断地这样做，才是获得德性的自由之路。我们出自义务地去行善，去促进他人的幸福，最终我们就会真的在情感上爱上他人。显然这种爱是后起的，却能够达到类似于自然的爱的偏好的地步。所以他说："行善是义务。经常履行这种义务，并且实现了自己的行善意图的人，最后就真的爱上了那个他曾经对之行善的人。所以，

① 莱利斯·阿瑟·马尔霍兰：《康德的权利体系》，赵明、黄涛译，商务印书馆 2011 年版，第 179 页。
② 康德著，李秋零主编：《康德著作全集》第 6 卷，中国人民大学出版社 2007 年版，第 404 页。

如果这叫做你应当爱你的邻人如你自己，那么，它就并不叫做你要直接地（首先）去爱并且借助这种爱（然后）行善，而是叫做对你的邻人行善，并且这种行善将在你心中造成人类之爱（作为一般行善偏好的能力）!"① 这里，康德为了说明道德情感的实践后果，在某种意义上容纳了席勒的理想，即认为真正的德性可以成为一种类似于行善的偏好或本能。当然，康德更加强调，这种行善的偏好只有在长期地不断地练习尽义务行为的过程中才有望形成。

正如马尔霍兰所指出的，康德并没有把情感排除在德性之外，当然，康德所重视的是道德情感或实践性的情感，而不是病理学上的情感。针对近代有些思想家（如休谟）认为病理学上的某种情感可以为德性提供基础，马尔霍兰明言："我没有看到这一点如何产生令人满意的德性学说。我们所具有的情感既能产生不义也能产生正义，除非它们为关于法则的意识所支配"，才能产生真正的善，在他看来，"任何病理学情感都不能成为德性的基础。"② 可以说，马尔霍兰明确地拥护康德的相关观点。

三、 道德自由的达成： 义务与德性

如果说，德性的纲维是道德法则，那么，德性的本质内容则是义务。对康德而言，德性与义务密切相关，一个人如果不能出于义务而行动，就根本谈不上具备了德性，最多具有行为的合法性。

由此，康德对德性论进行了架构。他认为，我们首先具有任性自由，因为我们可以把行为理由作为准则来遵循，既可以把感性好恶作为自己的主观准则，也可以把客观的道德法则作为自己的主观准则。显然只有做到了后者才真正获得了道德自由，才是有德性的。所以，康德说，"把内在自由置于

---

① 康德著，李秋零主编：《康德著作全集》第6卷，中国人民大学出版社2007年版，第414页。

② 莱利斯·阿瑟·马尔霍兰：《康德的权利体系》，赵明，黄涛译，商务印书馆2011年版，第165页。

法则之下的部分，就是德性论。"① 在这样做的过程中，要使按照道德法则而行动的决断优先于出于感性好恶刺激而行动的自然倾向，需要很大的意志力量，这种意志力量就是德性。我们的人性中既有理性，又有情感欲望等感性偏好，而追求感性偏好的满足，又是我们自然而然会去做的，所以，在道德问题上，许多人会习惯于依赖某种可以产生预期效果的情感，并把这种行为称为具有道德价值的。这种情感既可以是获得某种欲望满足的感性快乐，也可以是某种修身养性、获得内心满足的理智性的快乐，人们会把由想去获得这种种快乐的情感而做出的行为看作是有道德价值的。在伦理学史上，有许多伦理学理论都采取这种理论路径。但这种种理论路径都没有获得把真纯的、普遍的道德法则作为道德动机的根据的认识，也没有获得对真正的道德义务的认识，从这个意义上说，他们都并不真正认识德性。在康德看来，德性以道德法则为纲维，并与义务紧紧联在一起。认识不到这一点，则我们的德性观就必有差池，就会杂入感性因素，而损害纯粹的德性原理。

由于义务所约束的对象不同，所以也存在着不同种类的义务。如果义务只约束人们的外在行为，那么，这种义务就只是法权义务，它们并不直接对人的主观准则施加约束，只针对人们的外在行为；如果义务直接对人的主观准则施加约束，则这种义务就是德性义务。人具有任性的自由，所以，他一定会去追求某些目的，但人既可追求那种感性偏好的目的（主观目的），也可以拥有与之相反的目的，即追求那种由实践理性所规定的目的（客观目的）。康德说，"因为主观目的（人人都有的目的）被置于客观目的（人人都应当使之成为自己目的的目的）之下。'你应当使这个或那个（例如他人的幸福）成为你的目的'，这一命令式涉及任性的质料（一个客体）。……如果有一个同时是义务的目的，行动准则作为达成目的的手段就必定只包含获得一种可能的普遍立法的资格的条件；对此，同时是义务的目的使得具有

---

① 康德著，李秋零主编：《康德著作全集》第 6 卷，中国人民大学出版社 2007 年版，第439 页。

这样一个准则成为一个法则，然而对于准则本身来说，与一种普遍的立法相一致的纯然可能性就已经足够。"① 这就是说，同时是义务的目的就是那种我们应该拥有的目的，要完成这种目的，就必须让准则同时成为一种普遍的立法法则，因为我们追求这种目的，不是出于自然爱好，而是出于理性命令。能完成这种目的的意志力量就是德性，这种义务就是德性义务。德性义务的基本特点是："要求人们牢记如下义务：'如果每个人在任何情况下都使你的准则成为普遍法则，那么，这样一个准则究竟如何才能与自己一致呢？'"② 我们可以这样来衡量一个义务是否德性义务，即我们的准则要是作为普遍法则，在实际的行动中，这个同时是普遍法则的主观准则要与自身一致而不能自相矛盾，决心把这作为决定意志的动机的根据，就是我们的德性义务。从这个意义上说，这种德性义务是形式性的，它不管质料。比如我们应该爱邻人，尊重他人的人格等等，并不需要问为什么为这样做，一旦问为什么这样做，你就贬损了自己的道德人格，也表明自己并没有德性。

然而，伦理学作为实践哲学，它必须考察行为及其现实后果，这种行为和后果要在人群中产生实际的效应，比如是尊重人还贬损人，是有利于人还是有害于人。所以，伦理学还必须考虑质料，即目的或对象，也就是说我们在道德法则的规导下，我们的行为要实现什么目的。奥诺拉·奥尼尔对"人是目的"这一绝对命令的质料性提出了一种解释，她说："自在目的公式关注行动者能够据之对待他人的准则，这些他人在一定意义上乃是他们的行动的接受者或'质料'——如果他人的行动能力，也就是采纳诸准则的能力，没有被破坏的话。"③ 只有这样才是真正把人当作目的。也就是说，我们出自普遍法则的行为，落实在其对象——即他人身上时，就是要尊重他人的人

---

① 康德著，李秋零主编：《康德著作全集》第6卷，中国人民大学出版社2007年版，第402页。

② 康德著，李秋零主编：《康德著作全集》第6卷，中国人民大学出版社2007年版，第388页。

③ 奥诺拉·奥尼尔：《理性的建构：康德实践哲学探究》，林晖、吴树增译，复旦大学出版社2013年版，第183页。

格尊严，并能促进他人的健全存在，包括他人幸福的事项和德性品质，这些东西就其作为我们出于普遍法则的行动的对象或目的来说，就是"质料"；作为目的，它们是我们应该具有的目的，而不是我们自然而然具有的目的，所以是客观的目的。所以康德说："虽然就道德来说，为了正当地行动并不需要一个目的，相反，从根本上来说，包含着运用自由的形式条件的法则对它来说就足够了。但是，从道德中毕竟产生出一种目的，因为对于理性而言，回答'从我们的这种正当行为中究竟将产生出什么'这个问题，将会导致怎样的结果，以及即使此事并不完全由我们掌握，但我们能够以什么作为一个目的来调整自己的所作所为，以便至少与它协调一致，这些都不可能是无关紧要的。"① 这个目的必须是纯粹理性的一个目的，也就是说是从质料或对象来说的义务，它们不是主观的目的，而必须"同时被表现为客观必然的目的，亦即对人来说被表现为义务"②。在人性中除了理性，还有感性偏好。感性偏好也会追求各种目的，但这种目的作为任性的质料，只能是主观必然的，这种主观必然的目的经常把人诱导到与义务相悖的状态。所以，这个时候，我们必须有一种纯粹理性的目的来阻止感性偏好的目的的影响。只有目的能够约束目的，所以，纯粹理性的目的的特点是：一是必须不依赖爱好而被先天、独立地给予，二是它与感性偏好的目的是相反的，这必须是本身就是义务的目的，它可以阻止感性偏好的目的引诱我们偏离义务要求。

人的行为必定有其目的，换句话说，人是目的的作者或绝对主体，这表明了人的自由，所以，人格中的人性就是最高目的，或者目的本身。如果我们彰显自己作为有理性者的尊严的话，那么，我们就必须使包含在实践理性概念中的某种东西成为我们的目的，这对我们是一种义务。那么，这种实践理性概念中的某种东西是什么呢？那就是道德完善和幸福，实际上，实践理

① 康德著，李秋零主编：《康德著作全集》第6卷，中国人民大学出版社2007年版，第6页。

② 康德著，李秋零主编：《康德著作全集》第6卷，中国人民大学出版社2007年版，第393页。

性概念的至善理念就是道德完善和幸福的统一。当然，他人的道德完善只能靠他人自己去追求，别人不能代劳，所以只有追求自己的完善才是我们的义务；对自己的幸福我们会自然而然地去促进，这不是义务，只有促进他人的幸福才是我们的义务。而感性偏好的目的之所以会违背道德法则，不是因为它追求自身的满足（这是自然的善），而是因为人们会通过损害别人的幸福而追求自己的幸福，这种感性偏好的目的才是真正与道德目的相悖的。所以，康德认为，我们在拥有义务的形式性规定（如法权义务）外，还要获得一种质料，即目的的概念，这种目的与感性偏好的目的是相反的，所以我们可以把这种目的作为感性偏好的目的的最高约束根据。这种目的才是本身是义务的目的。所以，对人而言，"为自己本身设定一个同时是义务的目的，这并不是矛盾，因为这时是我自己强制自己，这与自由是完全契合的"①。也就是说，我们能设定作为质料的德性义务，既能指向实际的行为及其后果，又真正体现了要与出自感性偏好的准则抗争的意志的力量，即德性，同时也体现我们要按照道德法则进行自我强制，即以纯粹理性概念中的目的（如促进自己的道德完善和促进他人的幸福）作为限制自己的任性的最高条件，这就是自由真正的实践含义。所以，这种目的同时也就是义务。康德明确地说："在要求德性义务的意志中，还在一种自我强制的概念之上添加了一个目的的概念，这个目的不是我们具有的，而是我们应当具有的，因而是纯粹实践理性自身具有的。"②

因此，要获得德性，就首先要秉有这样一种客观目的（对所有人都有普遍约束力的目的），这个目的就是义务的质料。由此，这种义务就是德性义务，能够执行这种义务的意志力量就是德性。康德解释说："德性，作为在坚定的意向中建立的意志与任何义务的一致，与所有形式的东西一样都仅仅

---

① 康德著，李秋零主编：《康德著作全集》第 6 卷，中国人民大学出版社 2007 年版，第 394—395 页。

② 康德著，李秋零主编：《康德著作全集》第 6 卷，中国人民大学出版社 2007 年版，第 409 页。

是同一个义务。但就行动的同时是义务的目的而言，亦即就人们应当使之成为自己的目的的东西（质料的东西）而言，就可能有更多的德性，而对目的的准则的责任就叫做德性义务，因此，德性义务有许多种。"① 德性是一种建立意志与任何义务的一致性的坚定意向，也就是说，对义务的意识就同时我们行动的动机。这是从形式上说的；但是，出自德性的行为一定会有某些目的，即义务的质料，这种同时是目的的义务就是德性义务，由于目的是多样的，所以德性义务也有多种。

德性义务一定是广义的义务，也就是说，在这些方面不能硬性要求人们行为的程度、范围、时间等等，因而，德性作为一种获得性的品质，也有一个程度问题，如果人们履行德性义务这种广义的义务，能够逐渐像履行狭义的义务一样，就是人们获得越来越高的德性的过程。

由此，我们可以从促进自己的完善、促进他人的幸福的意志力量这两个大的方面来对德性进行分类，每个大的方面又能分为两个小类即自然的和人为的，故可以有以下四类德性。

促进自己的完善方面的德性有两类。

1. 相应于培养自己的自然完善性的德性。可以说，这方面的德性就是克服自己的懒惰而努力履行发展自己的各种禀赋、能力的义务的勤奋。这种义务所关涉的是作为同时是义务的目的，因为履行这种义务，就是"促成由理性提交的目的的所有一般能力的培养。"② 此项义务本身就是目的，即履行这项义务不是为了别的什么好处，也不以一个实用性的命令式为基础，而是以道德命令式为基础。我们有各种自然禀赋，我们的人性中既有感性能力，也有理性意志，所以我们应该综合地培养提升它们，比如我们的理解力、判断力、想象力、以及实际的技能等等，以使之有足够的能力完成各种

---

① 康德著，李秋零主编：《康德著作全集》第 6 卷，中国人民大学出版社 2007 年版，第 408 页。

② 康德著，李秋零主编：《康德著作全集》第 6 卷，中国人民大学出版社 2007 年版，第 404 页。

可能的目的，只有这样，"动物才升华为人：因此是义务本身"①。显然，这是伦理的义务，即广义的义务。因为我们在改进知性能力或技艺能力方面应该走多远，这并没有一定之规，这个义务只告诉我们应该培养自己的自然禀赋，而至于要培养到什么程度，重点发展哪些能力，却只能交由个人的任性了，或者说看个人自己要完成哪些人生任务，显然，个人不可能把自己所有的禀赋都发展到最高状态。这条准则只说："培养你的心灵力量和肉体力量以适应你可能碰到的一切目的。"② 换句话说，我们不能因为迁就自己的懒惰而让自己的禀赋才能放在那里白白生锈。所以需要履行自己作为人的义务而勤奋地锻炼、发展自己的各种自然禀赋。

2. 相应于培养自己的道德完善性的德性，这是抗拒感性偏好准则而履行义务准则的坚定不移的德性。人有理性意志，所以，我们有一种不可逃避的义务，就是使自己的意志品质具有道德价值，即要培养自己的道德完善性。我们不仅要获得行为的合法性，更需要把道德法则纳入自己的准则。由于这是人的内心品质的事情，从外在行为中无法对之一览无遗，而且许多人在一辈子也只是侥幸躲过了许多恶行，所以，这就要求我们"尽一切能力使得对一切合乎义务的行动来说，义务的思想独自就是充分的动机"③。于是，我们在培养自己的道德完善性的过程中，就是"把他的意志的陶冶一直提升到最纯粹的德性意向，亦即法则同时成为他的合乎义务的行为的动机，并且出自义务来服从法则，这就是内在的道德实践的完善性，这种完善性由于是他自己心中的立法意志对据此行动的能力施加的作用的一种情感，因此是道

---

① 康德著，李秋零主编：《康德著作全集》第 6 卷，中国人民大学出版社 2007 年版，第 405 页。

② 康德著，李秋零主编：《康德著作全集》第 6 卷，中国人民大学出版社 2007 年版，第 405 页。

③ 康德著，李秋零主编：《康德著作全集》第 6 卷，中国人民大学出版社 2007 年版，第 405—406 页。

德情感，仿佛是一种特殊的感觉（sensus moralis［道德感觉］）。"① 这种道德情感可以说是德性的一部分。

促进他人的幸福方面的德性也有两类。

3. 在促进他人自然的福祉方面的德性，即"不是出自对他人的好感（爱慕），而是出于义务，要牺牲和伤害某些情欲"② 而利他的仁爱德性。这并不是出自我们对他人的好感这种自然情感而去促进他人的福祉，而是因为我们大家都处于相互需要之中，我们自爱，也需要被他人爱，所以，就需要把自爱扩展到他人身上（他人也要这样，这是人——我对称的），也就是说，要把他人的目的（当然是合理的目的）纳入自己的目的之中，这种准则才能成为一种普遍的法则。由于追求自己的幸福是我们自然会去做的，所以，只有促进他人的幸福才是一个同时是义务的目的。这种义务要求我们牺牲和伤害自己的某些情欲，从人——我对称的角度而言，对他人也有同样的要求。这一点并不需要问：如果我把他人的目的纳入自己的目的之中，别人却不这么做，那我不是吃亏了吗？因为这是对我们的德性的要求，并不需要考虑后果。极而言之，即使别人会利用我的利他行为，也并不影响我应该这样做，因为别人的缺德行为并不能败坏你的德性；当然，要求完全牺牲自己全部的幸福而促进他人的幸福，这样的准则也是不能成为普遍法则的，因为它会自相矛盾。所以，在仁爱德性中，自我牺牲也有一定的限度。

4. 在促进他人道德上的福乐方面的德性，这是积极地帮助他人避免因在道德方面的缺失而引起的负面情绪的道德关爱德性。显然，他人的道德福乐只能由他自己去获得，从这个意义上说，我们对他人的道德完善做不了什么事情，换句话说，在这方面我们的义务似乎只能是消极的。然而，如果他人在道德上有亏欠，虽然这是由于他持有错误的道德原则，或没有树立正确

---

① 康德著，李秋零主编：《康德著作全集》第6卷，中国人民大学出版社2007年版，第400页。

② 康德著，李秋零主编：《康德著作全集》第6卷，中国人民大学出版社2007年版，第406页。

的道德思维方式所致，但是它也会产生自然（或现象上）的后果，比如会产生"忧伤、恐惧和任何其他病态的状况"①，于是，如果我们对此什么也不做，也有违背自己的道德良知之处。因此，尽量与他人进行道德上的交流，指出其道德原则的错误或其准则之违背道德法则之处，促使其认识到真纯的道德原则而改弦更张，在一定意义上也是我们所应尽的义务。

四、 德性培养的原则维度

正如科斯嘉德所说，"在康德看来，一个人的德性所达到的程度是通过一个人从尊重人性的纯粹道德动机出发承担所有这些义务的成功程度来衡量，完善的德性是（此生）达不到的，因此，我们力图实现它的义务就是广义的；它是一种向德性靠近的义务。"② 德性不是天生的，而是通过后天的努力获得的，而且在此生不可能获得完善的德性。

在康德的德性论视野中，德性的培养需要遵循以下原则。

第一，培养德性首先就是扭转我们天性中趋恶的倾向。我们的天性中有趋恶的倾向，但这并不是说，人的本性是恶的，也不是说我们的感性偏好本身就是恶的，相反，感性偏好本身是一种善。但是我们却有着一种趋向恶的倾向，这种倾向并不是一种先天禀赋，而是一种偏好的可能性的主观原则，即它可能把追求偏好满足作为自己的原则，并有意地违背道德法则，这样才会造成道德上的恶。康德说，"人心的恶劣（vitiositas，pravitas），或者宁可说，人心的败坏（corruptio），是任性对各种准则的这样一种倾向，即把出自道德法则的动机置于其他（非道德的）动机之后……思维方式却毕竟由此而从其根本上（就道德意念而言）败坏了，人也就因此而被称做是恶的。"③

---

① 康德著，李秋零主编：《康德著作全集》第 6 卷，中国人民大学出版社 2007 年版，第406 页。

② 克里斯蒂娜·科斯嘉德：《创造目的王国》，向玉乔、李倩译，中国人民大学出版社2013 年版，第 34 页。

③ 康德著，李秋零主编：《康德著作全集》第 6 卷，中国人民大学出版社 2007 年版，第29 页。

我们可以意识到道德法则，却又有一种倾向会把偶尔对道德法则的背离纳入自己的准则，这就是说，我们作为一个族类，具有这种倾向。这就是"人天生是恶的"这个命题的确切含义。

于是，培养德性的根本任务，就是扭转这种倾向，但我们也许永远无法根除这种倾向，所以，这种扭转是必须永远进行的。其核心要求就是"把人的一切能力和偏好都纳入自己的（理性的）控制之下，因而是对自己的统治的命令。"① 康德认为，在培养德性的过程中，主要是需要加强理性对感性欲望的控制，使之不能成为稳定的情欲。"情欲是已经成了持久偏好的感性欲望（例如与愤怒相对立的仇恨）。沉湎于这种情欲的那种平静准许思虑，允许心灵就此为自己制定原理，而且一旦偏好落到违背法则的事情上，就孵化这偏好，使之深深扎根，并由此把恶（作为故意的）纳入自己的准则；在这种情况下，这就是一种经过培养的恶，是一种真正的恶习。"② 康德在《实用人类学》中深入地研究了情欲，认为"情欲对于纯粹实践理性来说是痼疾，而且多半无法治愈，因为病人不愿意被治愈，并且要摆脱那惟一能够治愈他的原理的统治。"③ 所以，阻止恶劣的情欲的形成，对德性培养来说十分重要。我们应该培养一种正确的道德思维方式，即以道德法则规定自己的行为动机，并且抵抗那种把违背道德法则纳入自己的准则的倾向。也就是说，必须保证自己意向的纯正性，即决断地把道德法则纳入自己的主观准则。德与非德，所争在此一线。我们需要做的是，使对法则的敬重总的来说比出自感性偏好的情感更强有力，从而使出自感性偏好的情感失去对道德情感的影响。只有这样，我们才能真正获得一种心灵的平静，并决断地实施德性的法则。他说："德性的真正力量就是平静中的心灵及其一种深思熟虑的

① 康德著，李秋零主编：《康德著作全集》第 6 卷，中国人民大学出版社 2007 年版，第 420 页。

② 康德著，李秋零主编：《康德著作全集》第 6 卷，中国人民大学出版社 2007 年版，第 420 页。

③ 康德著，李秋零主编：《康德著作全集》第 7 卷，中国人民大学出版社 2008 年版，第 261 页。

和果断的决定，即实施德性的法则。这就是道德生活的健康状况。"①

第二，我们必须知道，德性并不是通过机械的练习而形成的一种习惯性的品质倾向。比如我们不能光是通过仅仅做出合乎法则的行为的练习去培养德性。当然，不断地这样做，也许能够逐渐地形成自己的内在品质，但是，从原则上说，德性并不是这种熟巧，它的培养绝对不是一种机械性的过程，而是一种行使自由的过程。如果我们持之以恒地"在行动时通过法则的表象来规定自身"②，从而形成了某种熟巧，那是可以的，因为"此时这种熟巧就不是任性的性状，而是作为一种以自己所接纳的规则同时普遍立法的欲求能力的意志的性状，只有这样一种熟巧才能被算作德性"③。这才是一种道德自由。

这就表明，我们不能通过训练我们的自我禀赋这样一种机械过程来修养德性，而首先要能够行使自由。行使自由，首先就是要树立这样一种正确道德思维方式，即认识到我们应该通过对先天的、纯粹的、形式性的理性法则进行表象，来获得对道德法则的认识，行为的道德价值的根源即在于以道德法则来直接决定自己意志的动机，只有这样我们才有了真正的自由，道德法则是约束我们的自由任性的最高根据。没有确立这种思维方式，则其道德观点都会走偏，其德性培养也就不得其门。所以，德性是行使自由的结果。它必须把这种客观法则作为自己的主观准则，这才是形成了德性的真正标志。那种仅仅能做出合乎法则的外在行为的人，其行为只有合法性，尚未具备伦理性。对康德而言，修养德性的首要条件就是要把纯粹义务的观念作为自己的动机，此外不再需要任何其他动机。"只要准则的基础依然不纯，就不能通过逐渐的改良，而是必须通过人的意念中的一场革命（一种向意念的圣洁

---

① 康德著，李秋零主编：《康德著作全集》第 6 卷，中国人民大学出版社 2007 年版，第 421 页。

② 康德著，李秋零主编：《康德著作全集》第 6 卷，中国人民大学出版社 2007 年版，第 419 页。

③ 康德著，李秋零主编：《康德著作全集》第 6 卷，中国人民大学出版社 2007 年版，第 419—420 页。

性准则的转变）来促成；他只有通过一种再生，就好像是通过一种重新创造（《约翰福音》，第3章，第5节，参见《创世纪》，第1章，第2节），以及通过心灵的转变来成为一个新人。"①

然而，合乎法则的外在行为与出于法则的动机所做出的行为，在现象界的表现可以是一样的，所以，合乎法则的行为也就有着德性的外观。为此，康德区分了作为现象的德性和作为本体的德性："在同一个德性作为义务地（依照其合法性）行动的熟练技巧被称作 virtus phaenomenon（作为现象的德性），而作为对出自义务（由于其道德性）的这些行动的坚定意念被称作 virtus noumenon（作为本体的德性）。"② 当然，只有作为本体的德性才是真正的德性，但是，如果总是能够做出作为现象的德性的行为，也有望逐渐使人们具备作为本体的德性。

第三，我们还必须利用我们对义务法则的先天的易感性。康德认为，我们的心灵对于一般义务概念的易感性之感性论的先行概念有"道德情感、良知、对邻人的爱和对自己的敬重。"③ 这些概念全都是感性的，而且是先行具有的、自然的心灵禀赋。既然是先行的、自然的心灵禀赋，所以我们并没有义务去拥有它们。它们是作为对义务概念的易感性的主观条件，而不是客观条件。"它们是每个人都具有的，而且凭借它们每个人都可以被赋予义务——对它们的意识不具有经验性的起源，而只能是作为道德法则对心灵的作用，在一种道德法则的意识之后发生。"④

所以，康德在德性论之内对一些感性的东西（如情感和欲望）安排了一

---

① 康德著，李秋零主编：《康德著作全集》第6卷，中国人民大学出版社2007年版，第48页。

② 康德著，李秋零主编：《康德著作全集》第6卷，中国人民大学出版社2007年版，第15页。

③ 康德著，李秋零主编：《康德著作全集》第6卷，中国人民大学出版社2007年版，第411页。

④ 康德著，李秋零主编：《康德著作全集》第6卷，中国人民大学出版社2007年版，第411页。

个建设性的角色。他说的四种①"易感性"的第一个即"道德情感"，在这里说的是一种实践性的道德情感。其实，在康德那里，实践性的而非病理学上的情感和欲望可以是并且应该是理性的盟友。病理性的情感是一种先行于法则的表象的情感，实践性的情感则只能是继法则的表象而起的情感。我们都具有这种道德情感（因为我们都先天具有对道德法则的易感性），没有这种情感的人就不再是人，所以，我们并没有义务去拥有这种情感，而是有责任去培养这种情感，即要"排除一切病理学的刺激并在其纯洁性上通过纯然的理性表象"最强烈地把它"激发出来"②。

第二个是良知，它也是这样一种易感性。"因为良知就是在一个法则的任何事例中都告诫人有作出赦免或者宣判的义务的实践理性。"③ 换句话说，良知只是与我们主体的关系，即通过行为激发自己的道德情感，我们凭借良知对自己的动机进行道德判断，它们是不可能出错的，因为它并不从事认识，而是对我们的主观准则是否符合道德法则进行主观的、相互比较的判断。所以，我们在培养德性时，需要主动培养并运用自己的良知。从实质意义上说，人人都有良知，说某人没有良知，实际上是说"他没把良知的呼声当回事"④。所以，我们并没有义务去拥有良知，"义务在这里只是培养自己

---

① 虽然康德说过唯一的道德情感就是敬重，我们认为，这只是说，所有的道德情感都有一个根源，那就是我们自觉到道德法则的崇高性而对之产生的既崇敬而感到压力的一种情感，这就是敬重。从实质意义上说，我们的道德情感只有敬重，但我们在考察敬重情感的表现时，也能够发现敬重可以表现在各个方面。比如就其与自然（或病理性的）情感相比，它可命之为"实践性的情感"，康德在提到四种易感性时，径直把它称为"道德情感"；就它作为内在的对道德善恶的判断的法庭来说，可称为"良知"；就它体现在与他人的人格关系中时，可称为"对邻人的爱"，当然这种爱是实践性的爱；就它体现在与自己的人格关系中时，可称为"对自己的尊重"，也就是尊重自己的人格，或曰"自尊"。

② 康德著，李秋零主编：《康德著作全集》第 6 卷，中国人民大学出版社 2007 年版，第 412 页。

③ 康德著，李秋零主编：《康德著作全集》第 6 卷，中国人民大学出版社 2007 年版，第 412 页。

④ 康德著，李秋零主编：《康德著作全集》第 6 卷，中国人民大学出版社 2007 年版，第 413 页。

的良知，磨砺对内在法官的呼声的注意力，并运用一切手段（因此只是间接的义务）来倾听良知。"①

第三个是人类之爱。康德说，这种爱并不是自愿的、自然而然的情感，而是自由地把他人的目的（当然是合理的目的）纳入自己的目的，也就是同时是义务的爱。康德似乎没有讲过这种实践性的爱是一种对义务的易感性，但是，我们可以这样来理解康德的意思：人类之爱实际上是有理性者之间的通感，我们自然地追求自己的幸福，同时也能够把促进他人的幸福作为自己的义务和目的，毕竟我们都是同类，处于相互需要之中。我们需要做的是，不管对方是否可爱，但是我们对对方总是可以抱有善意。这种道德情感是我们需要着力培养的。

第四个是敬重，它是指：我们心中有着道德法则，有着自由和人格尊严，它们使我们不得不敬重自己的本质。拥有这种道德情感当然不是义务，它是与对道德法则的履行相伴而生的。我们受到道德法则的激发而产生敬重自己的情感，目的是可以设想一种自己的义务。所以，我们有义务培养这种情感，即要时时显露对道德法则的意识，只有这样，我们才能使这种实践性的情感得到激发并逐渐培养起来。

显然，在康德看来，这些实践性的情感是德性的盟友而非敌人。人们对康德在其道德理论中排斥自然情感的作用颇有微词，但康德却有自己独特的道德情感学说。的确，他在主张行为的道德价值就在于以道德法则直接决定意志的动机，排斥基于感性偏好的准则对意志的规定作用方面，十分坚决。然而，他也认可情感在促使人们做出实际的道德行为方面的某种动力作用，所以，他在自然的情感感受（基于感性偏好）之外，发掘出了一种道德情感或者实践性的情感（基于道德法则），并认为人们有义务去培养它们，从而使得我们做出道德行为时也获得一种情感的润泽和促动，也使得我们在培养

① 康德著，李秋零主编：《康德著作全集》第6卷，中国人民大学出版社2007年版，第413页。

德性的永无止境的道路上获得一个盟友或者助力。

　　总之，康德的德性论有着明确的原则，同时又有着一种复合型的内在结构。他认为道德法则是德性的纲维，德性不是情感教育的成果，也不是理智、情感、欲望的融合，更不是一种遵守道德法则的偏好，而是以道德法则直接规定自己的动机，并抵抗感性偏好的准则的意志力量。但是德性又不仅仅是自制，因为自制是指我们不去做违背道德法则之事，但可能是出于害怕受到惩罚的心理，而德性则可以借助我们先天的对道德义务的易感性而形成实践性的情感，并且能够产生对获得德性的满足感或内在幸福。德性的内容是义务，并依义务的种类而得到分类，德性是那种做出出自义务行为的深思熟虑的、宁静的心灵状态，而且人在此生不可能获得完满的德性，修养德性是需要终身进行的。可以说，康德的德性观是清晰的，它结构完整、严整，而且非常平实，可以为我们的德性塑造提供很好的指导。

第五章　一种"道德的宗教"何以可能？

康德实践哲学的义理脉络必定会从道德导向宗教。康德认为，宗教是具有德性的人的一种必然的希望。因为有本体和现象的划分，自然法则与自由法则是不同的，所以在道德和幸福之间始终存在着不一致的情况，但是人的实践理性所追求的最高客体却是要在德性与幸福之间形成具有精确比例的一致性，这就是至善。因为道德是意志的自律，所以道德哲学本身是自足的，并不需要宗教。但是，人这种有理性同时又有感性的有限存在者，却应首先追求道德，以获得配享幸福的资格，以此为前提，再去追求幸福。我们有了道德，就有资格要求享有幸福，但是在现实生活中，对人而言，幸福是服从于自然法则的，服从于自由法则的道德无法与幸福精确一致，所以需要公设一个最高存在者即上帝，来让我们通过成为他所喜悦的样子，而期望得到与德相配的幸福。而我们的本性中既有向善的禀赋，也有趋恶的倾向，而且有某种根本恶，于是，我们靠自己无法完全符合完善的人性原型，因为我们没有理智的直观能力能看透人心（包括自己的内心），无法把握如何从恶出发而彻底地转变为完全的善，我们只能假设具有这种能力的上帝来看透人心。于是我们只能通过理性和基于理性的意志来达到道德自律，成为具有坚定的道德意念的人，使自己配得上上帝的援助；同时，我们唯有进入大家都会遵循无强制的、公共的德性法则的伦理共同体，才能有望成为"上帝的国"的公民，达到完全的道德化，在这里，我们才可以达到德福一致。但是，这些目标并不是我们凭自己就能达到的，而只能祈望于上帝的援助。然而，一切从理论理性上证明上帝存在的尝试都必然失败，我们对上帝只能有一种纯粹实践理性的公设，也即是道德实践主体的主观上的需要，决不能在理论知识上判定上帝的客观实存性。因为上帝只能是超自然的最高存在者，它不可能是知识的对象。而超自然的领域就是道德的领域，它使事物按照应然的秩序出现，因此，上帝必定只能是最完满的道德存在者，只能被设想为具有最高理智和意志的存在者。所以，康德断言，真正的宗教是道德的宗教，也即良好生活方式的宗教。宗教只能以道德为基础，并作为人类在进向完全的道德化方面的某些无能的补充，才必然被希望和信仰的。这样的宗教完全是在纯粹理性界限里的宗教，不容许有任何超出纯粹理性界限的观念，因为这会使理性陷入迷失，如狂热和迷信。

第一节 道德本身并不需要宗教

康德认为，道德形而上学的根本任务在于确立一种真纯的道德原则，这种道德原则的根源在于纯粹理性的先天法则，而不能杂入任何来自感性偏好的成分。只有这样，我们才能获得对所有有理性者的意志具有普遍约束力的道德法则。在康德看来，人既是本体界的成员，即我们具有理知世界的成员资格，因为我们具有纯粹理性，追求以道德法则来作为自己意志的规定根据，由此我们的意志就将诉诸行动，从而使我们的行动具有绝对的道德价值；同时，人又是现象界的成员，因为我们具有各种感性偏好，会自然而然地追求自己的幸福。康德认为，幸福就是一切感性偏好的总和，它是善的，但却只是相对的善，只有在道德原则的指导下所追求到的幸福才具有道德价值，才能是真正的善。

由于理知世界具有独立于感性世界的特性，所以，它是自由的。当然，这种自由并不是康德道德哲学的前提性概念，我们认识不到自由，因为自由是超出感性现象的，所以我们对自由是没有感性直观的，对自由做不成对象，从而无法获得关于自由的知识。但是，我们却可以直接意识到普遍的道德法则，比如说，我们在面对自己的行为选择时，如果我们发现自己的动机中有自爱（或自利）的成分，则我们就会觉得自己的行为没有什么道德价值，而只有出自那种纯粹客观的道德义务的行为才具有道德价值。道德义务就是道德法则在约束各种类型的行为中表现出来的，这表明我们能够直接意识到道德法则。同时，我们又能够意识到我们的意志应该受到道德法则的规定或强制，而且摆脱感性偏好的法则的规定或强制，而且我们也可以做到，由此我们才证实我们是自由的。在这里，根本不需要任何超出人的理性的能力，理性凭借自身就可以有实践能力。于是，从道德本身而言，并不需要宗教或者上帝。所以，康德说：“既然道德是建立在人这种自由的存在者的概念之上的，人这种存在者又正因为自由而通过自己的理性使自己受无条件的法则制约，那么，道德也就既不为了认识人的义务而需要另一种在人之上的存在者的理念，也不为了遵循人的义务而需要不同于法则自身的另一种动机。”① 换句话说，这种道德法则本身就是先天的、普遍的、无条件的，在它之上，再也没有什么更高的条件，它本身就是人这种理性存在者的纯粹自发性，就是最高条件本身。也就是说，在纯粹的道德问题上，根本就不需要任何高于人的其他存在者的理念。我们的道德性的最高原则就在于人的纯粹理性自身中的先天法则，是我们自身具有的，而不在于任何别的什么存在者身上。我们的道德来自我们的理性和我们的自由，如果我们缺乏道德性，那是因为我们没有发挥自己的理性和基于理性的意志的功能，没有证实自己的自由。任何来自人之外的东西，都“不能为人缺乏道德性提供补偿”，所以，“道德为了自身起见，（无论是在客观上就意愿而言，还是在主观上就能够而

---

① 康德著，李秋零主编：《康德著作全集》第 6 卷，中国人民大学出版社 2007 年版，第4 页。

言）绝对不需要宗教，相反，借助于纯粹的实践理性，道德是自给自足的。"①

在道德问题上，康德表现出一种强烈的意志自律的观点。既然人的道德是由我们发挥纯粹理性的实践能力而确立的，那么，人的道德的根源就在于人的理性之中。这表现在以下四个方面。

一、 真纯的道德原则根源于人的理性

理性的特点就是人的一种能够超出经验使用的功能。从这个意义上说，理性就处于本体世界之中。理性世界是只可思之，而不可知之的。换句话说，理性要思考，就只能思考自身，即一种没有经验内容的理性理念。理性在经验世界里使用，其功能就是追求形成知识，理性在这样使用时，其名称就是知性。知性具有先天的范畴，即质、量、关系和模态四类 12 个范畴，它用范畴来规定感性事物，而制成知识。在知性作超验使用时，它的思考仍然只能使用范畴，当然，知性在这样使用时，其名称就是理性。比如，它在思考自己与高级的欲求能力即意志的关系过程中，就只能使用因果范畴。所以，我们在思考自由时用的因果范畴，即理性的先天法则作为意志的规定根据，就表现为自由的因果性，这时意志就有先验的自由。意志也是处于本体界的，同样属于理知世界，所以，意志就是有实践能力的理性，即实践理性。这样一来，意志与理性的关系就是自身与自身的关系，只不过理性更多侧重于颁布普遍法则，而意志则更多侧重于受到普遍法则规定而诉诸行动（通过规定任性），在实践问题上，这二者是二而一的同质的东西。于是，在康德那里，意志的因果性，就是自为因果，即理性法则对意志的规定，就是意志的自我规定，在意志之上，并没有任何其他东西起规定作用。也正因为如此，意志的先验的自由就是一种绝对的自发性，即自己成为自己的决定原

---

① 康德著，李秋零主编：《康德著作全集》第 6 卷，中国人民大学出版社 2007 年版，第 4 页。

因，它自作主宰，自发行动，也就是说，它能够以理性法则来直接规定自己，而摆脱自然法则的规定，从而开启一种应然的秩序，也就是使行为按照应然的秩序而出现。

于是，道德就是理性自我立法，而意志自主执行。理性所立之法，是对着意志要诉诸行动的能力来制定的，向理性自身中进行反身思考是无法得出理性的法则的。意志诉诸行动，就是要赋予行为以道德价值。由此，就必须有对所有理性存在者都有普遍的约束力的道德法则，它的内容就是要在对自己的完善和对他人的幸福的促进上给出大家都应遵循的义务。在这里，康德主要是要反对意志的他律，认为意志的他律是一切道德原则的败坏的源头，它只能给出一些权宜之计；而只有意志的自律才能使行为体现出绝对的道德价值，才能给出对理性存在者具有普遍约束力的道德法则。

意志的他律有多种形式，即从偏好的满足、道德情感、外在的教育、神的意志等中吸取道德原则。由于它们都撇开了理性和基于理性的意志的自主性，而从其他方面来给出道德原则，所以都是他律的。康德对此制作了一个表格：

道德原则中实践的质料规定根据①

主观的				客观的	
外部的		内部的		内部的	外部的
教育（据蒙台涅）	公民宪法（据曼德维尔）	自然情感（据伊壁鸠鲁）	道德情感（据哈奇森）	完善（据沃尔夫和斯多亚学派）	上帝意志（据克鲁修斯和其他神学道德主义者）

在康德看来，左栏的原则都是经验性的，肯定不适于做道德的普遍原则。比如蒙台涅认为，道德是通过教育才能得到塑造的，但是，这种教育却

---

① 康德著，李秋零主编：《康德著作全集》第 5 卷，中国人民大学出版社 2007 年版，第 44 页。

是用流传下来的传统道德原则来使人们形成相应的道德品质。这些传统道德原则通过作用于人们的情感、欲望而塑造他们的心灵品质，而不是引导大家使用自己的理性，发现自己的先天理性法则，并在规定自己的意志中证实意志的先验的自由；曼德维尔认为人们的日常道德行为就是应该遵循已有的公民宪法，应该把社会上的公民宪法作为自己的道德原则。这些都是在现实世界中已经存在的一些原则，所以是经验性的。而伊壁鸠鲁的自然情感原则则更是经验性的，他把我们的趋乐避苦的自然情感作为衡量行为的道德价值的标准，认为我们的理性就是要通过计算什么样的行为能够最终带来更多的快乐，来决定行为的取舍，理性的功能就是进行苦乐计算。这种道德原则纯粹以经验性的自然情感为准绳；至于哈奇森的道德情感原则，是说判断一个行为是否具有道德价值，就要看它是否符合人们在共同生活中形成的一种共通感，即大家都能够赞同并且表示羡慕的品质、情感、行为，就是具有道德价值的。这种观点康德早年是认同的，但是，在成熟期，康德已经抛弃了这种观点，认为真正的道德情感是后起的，就是对道德法则的敬重，它当然也是感性的、经验性的，所以不能成为客观的、普遍的道德原则，而那种所谓的"共通感"就更是经验性的，更是无法成为道德的普遍原则。

康德更为关注的是右边的原则。这是因为"右边的原则""是建立在理性之上的"①。这是说，所谓完善，如果是指事物的性状的完善，它就只有通过理性概念才能设想，因为在现实生活中，那种最高的完善是我们所不可能经验到的。从理论上说，这种完善可以指"每一个事物在其种类中的完备性（先验的完备性）"②，也就是说，这个事物在其种属中是最完善的；或者指"一个事物仅仅作为一般事物的完备性（形而上学的完备性）"③，即

---

① 康德著，李秋零主编：《康德著作全集》第 5 卷，中国人民大学出版社 2007 年版，第 44 页。

② 康德著，李秋零主编：《康德著作全集》第 5 卷，中国人民大学出版社 2007 年版，第 44 页。

③ 康德著，李秋零主编：《康德著作全集》第 5 卷，中国人民大学出版社 2007 年版，第 44 页。

这个事物自身是完善的。当然这种概念是理性所构造出来的理念,并没有经验的对应物,这个事物只是这种理念的现象表现,但这种完善与道德原则无关。与道德原则有关的完善只能是实践意义上的完善概念。所谓实践意义上的完善,就是指人的心灵的性状,也就是内部的完善,即天赋及其发展和加强天赋的技巧,这种天赋和技巧可以应付各种各样的生活目的。这相当于康德所说的"人性的禀赋"的完善①。但是,康德认为,这种完善还不是道德的完善,也就是说,还不是我们以纯粹理性的先天法则来直接规定我们的意志的德性的完善,所以,还不能成为道德的普遍原则。而完善概念从外部说,就是"实体中的最高完善"②,也就是上帝,它对人的所有目的来说都是充足的。在持这种观念的人看来,只有把这内部或外部的完善概念作为意志的规定根据,才能获得道德原则,并用以指导我们的行为。但是,这两种完善概念实际上都包含一个目的,比如内部的完善先于先天的道德法则的形式要求人们去发展自己的天赋和技巧,使之臻于完善;外部的完善即"上帝"概念则先于先天的道德法则的形式而对意志进行规定,使之朝向因为信仰上帝而能获得的幸福或好处。但这些东西都是意志的质料,把这些质料作为意志的规定根据,"在任何时候都是经验性的"③。这种原则与幸福论原则无异,所以也是他律的。

---

① 康德认为,人的本性中有三种向善的禀赋,与其目的相联系,可以分为以下三类:"1. 作为一种有生命的存在者,人具有动物性的禀赋;2. 作为一种有生命同时又有理性的存在者,人具有人性的禀赋;3. 作为一种有理性同时又能够负责任的存在者,人具有人格性的禀赋"(康德著,李秋零主编:《康德著作全集》第6卷,中国人民大学出版社2007年版,第24—25页)。他认为,人性的禀赋是指人的自爱,即有意识地追求自己的目的,自爱的特点是要进行人际比较,只有比别人好才能有更大的幸福感。要进行比较,就需要有理性。在比较的过程中,总是要追求比别人占优势,所以会引起冲突、争夺,会产生嫉贤妒能、争强好胜的心态,等等。在这个过程中,我们会发展自己天赋能力,如制造方面的技术能力和人际交往中的技巧,从而使自己的能力能够适应我们今后生活中的各种目的,这就是文化。它还不是一种道德,却是迈向道德的台阶。所以,康德是把道德性的人格性的禀赋与人性的禀赋分开来看待的。更明确一点说,康德是认为,人性的禀赋更多是经验性的,所以只能在经验性的时间中获得进步;而人格的禀赋则是纯粹理性的,是本体界的,所以是实践理性的功能。

② 康德著,李秋零主编:《康德著作全集》第5卷,中国人民大学出版社2007年版,第44页。

③ 康德著,李秋零主编:《康德著作全集》第5卷,中国人民大学出版社2007年版,第44页。

真正自律的道德原则，就是"纯粹理性的形式上的实践原则，即通过我们而可能的普遍立法的纯然形式构成意志的最高的和直接的规定根据所必须依据的原则"①。它来自理性自身，是纯粹形式性的，与任何质料性的东西无涉。这表明，人应该通过自己的理性而为自己奠立道德法则。所以，道德是自给自足的，无须宗教的援助。

二、 就确定义务而言， 我们也不需要宗教

康德认为，"义务就是出自对法则的敬重的一个行为的必然性。"② 因为道德法则的纯粹形式性、普遍性和相对于我们的感性偏好而言的崇高性，对我们这种其意志是不纯粹的有限理性存在者而言，既感到我们难以轻易达到道德法则的要求，从而摧折我们的自爱之心，又能够感受到道德法则的无比崇高性，因而向往能够达到其要求，所以，会引起一种敬重之感。这是唯一的道德情感。康德说："这种情感（以道德情感的名义）是仅仅由理性造成的。它并不用来评判行动，或者干脆去建立客观的道德法则本身，而是仅仅用做动机，以便使道德法则在自身中成为准则。"③ 当然，这种情感本身也是感性的，但是它并不是一种自然情感，而是领悟到道德法则的崇高性，我们的自爱受到摧折之后而产生的情感，即后起的情感，是"通过一个理性概念而自己造成的情感"④。这种情感可以名之为实践性的情感，它是可以命令的。比如爱邻人的情感就是这样，即使这个邻人并不可爱，但是在实践上并不妨碍我们对他表达善意。

---

① 康德著，李秋零主编：《康德著作全集》第 5 卷，中国人民大学出版社 2007 年版，第 45 页。
② 康德著，李秋零主编：《康德著作全集》第 4 卷，中国人民大学出版社 2005 年版，第 407 页。
③ 康德著，李秋零主编：《康德著作全集》第 5 卷，中国人民大学出版社 2007 年版，第 81 页。
④ 康德著，李秋零主编：《康德著作全集》第 4 卷，中国人民大学出版社 2005 年版，第 408 页底注①。

我们对道德法则产生了敬重情感，就会要求在行为中体现出道德法则的价值，即出于道德法则而使意志趋赴某些对象，这就是我们的道德义务。这意味着义务是可以分类的。康德在《道德形而上学的奠基》中，曾把义务分为四类：即对自己的完全义务（如保全生命而在任何情况下都不自杀）、对自己的不完全义务（发展自己的禀赋而不使之白白生锈）、对他人的完全义务（诚实守信而不有意违背承诺）和对他人的不完全义务（帮助危难中的人，促进他人的幸福）。这里需要说明的是，并不是这些感性的、质料性的对象使做出这些行为成为我们的义务，而是道德法则直接规定意志而使意志的行为指向这些对象。要做出这四类行为，通常都需要违背自己的自然情感如自爱，而站在一个可普遍化的立场上：我可以出自这样的准则去行动，就在同一个意愿中也同意任何人都出于同样的准则而行动。违背这一原则而行动的准则就不可能是道德的普遍原则。人们可以凭着自己的理性和基于理性的意志而做出出于这些义务的行动，而不需要来自上帝的援助。

康德在晚年出版的《道德形而上学》中，重新对义务进行了划分。他把义务分为两大类，即法权义务和德性义务。他认为这种划分方法更能够反映出义务的本质。法权义务就是那种与权利严格对应的义务，在这方面是严格的作用与反作用的关系。比如我们必须尊重他人的同等权利，而侵害他人的同等权利就是不正义的，就会受到法律的惩罚。法权原则与道德法则一样来源于人的纯粹理性的先天法则，不过法权原则只是对人们外在行为的普遍约束，而不针对人们的内在品质。因为法权就是"一个人的任性能够在其下按照一个普遍的自由法则与另一方的任性保持一致的那些条件的总和"[①]，因而，法权原则就可以这样表述："如此外在地行动，使你的任性的自由应用能够与任何人根据一个普遍法则的自由共存。"[②] 这并不需要对人们的内在

[①] 康德著，李秋零主编：《康德著作全集》第6卷，中国人民大学出版社2007年版，第238页。

[②] 康德著，李秋零主编：《康德著作全集》第6卷，中国人民大学出版社2007年版，第239页。

准则进行约束，也就是说，不要求人们具备内在的相应德性。即使我心里很想侵害对方的自由，但如果没有做出实际的侵害行为，则我的行为也不是不正义的。所以，法权义务就是要求人们在外在行为方面不侵害他人的同等法权，自己行使什么样的法权，就有义务不侵害他人的同等法权；第二类义务就是德性义务，这类义务并不与法权严格对应，而是针对我们的内心立法的，所以不是法理学的，而是伦理学的。能够主动地尽这类义务，就具有德性。德性义务的目的是那些本身就是义务的目的，他认为，只有两类德性义务，即促进自己的完善和促进他人的幸福。

也就是说，德性义务不是针对外在行为的，而是针对内在准则的。德性是一种形成准则时的坚定，但这种坚定是指以基于客观的道德法则的准则压倒基于偏好原则的准则而取得优先地位的意志的力量；从义务的角度而言，那就是要去实现某些目的，这些目的关乎一些具有绝对道德价值的行为及其结果的出现，所以是与行为有关的，不通过行为是不可能实现目的的。所以，存在着本身就是义务的目的，也就是说，由于敬重道德法则而要求我们的意志指向某些目的的实现，这种目的就是本身是义务的目的。

所以，在确定和履行义务问题上，我们也不需要宗教。法权义务也来自理性的先天法则，指向人们外在行为的自由能够并存的那些条件，它伴随着外在的强制；德性义务是针对着人们内在的道德准则的，它要求人们从主观意愿上要遵循道德法则去行动，而这就要求对我们的任性的自由给予内在的主观准则的规定，从而是一种内在的强制。德性义务作为对道德法则的敬重而来的行为必然性，主要是要求有敬重情感相伴随，这样我们就能够把基于道德法则的准则优先于基于感性偏好的准则。当然，至于我们为什么会产生对道德法则的敬重，其根源只能到我们的自由中去寻找，而自由是根深的，是我们从经验性的行为中所不能认识的。但是，自由是我们作为有理性存在者的任性的本质特征，也就是虽然会受到感性偏好的刺激，却能独立于我们的感性偏好而服从道德法则的一种能力（"自由的任性"是康德后期的一个重要概念，大致相当于他在以前所使用的"不纯粹的意志"这一概念）。从这个意义上说，自由是我们人的先天本质，从而在道德上也是自足的。

德性义务也是指向人的，从善良意志指向的具体行为来说，它们也将是某些目的，但是这些目的是一种客观的目的，而不是主观的目的。客观目的是一种大家都应该普遍拥有的目的，而不是我们凭借自己的本能而自然而然地追求的目的。所以，实现这种目的本身就是一种义务。它的核心就在于要摆脱利己主义的狭隘眼界，而拥有一种把他人的目的纳入我们自己的目的的普遍眼界，这就是我们的理性和基于理性的意志所应该追求的目的。促进自己的完善和促进他人的幸福就是这样的目的。这两类目的都是我们不会自然而然地去追求的，而是必须使用自己的纯粹理性，我们的意志受到纯粹理性的先天法则的形式的规定，才会去追求的客观目的。比如，如果我们按照自然偏好去行为，我们就会追求一种闲散安逸，从而可能使自己的禀赋才能得不到发展，而让它们在那里白白地生锈，我们只有受到理性的绝对命令，才能采用一种普遍的立场来思考我们应如何达到自然生人的目的，自然生人，就是要让我们的动物性的禀赋、人性的禀赋和道德的禀赋能够得到发展，从而提升到符合人性的状态。于是，追求这样的目的对每一个人来说都是一种义务，对每一个人都具有约束力，违背它，就是一种不可能普遍化的行为准则；促进他人的幸福也不是我们自然而然就会去追求的目的，对我们而言，只有追求自己的幸福才是自然而然地拥有的目的。从纯粹理性的立场上看，只有把他人的目的也纳入我们的目的中，才是一种普遍的立场，从而对我们构成一种德性义务。如果说，德性就是一种抗拒基于感性偏好的准则而让基于道德法则的准则取得优先地位的意志的力量，那么，这种力量就表现在能够追求这两类同时是义务的目的，即客观目的。从康德著名的"应该就意味着能够"的公式看，这是我们作为一个有理性存在者所能够做到的，因为理性不会命令去做我们做不到的事情。所以，具备德性，是处于我们的力量范围之内的，这同样不需要上帝。

于是，康德认为，从纯粹的道德哲学的角度而言，我们并不需要宗教。宗教作为我们的一种需要，是跟我们的另一种要求相关联的，那就是我们不仅要追求道德，而且我们的理性必然拥有获得与道德相配的幸福这样一种希望。追求幸福，虽然是我们的自然而然的愿望，但这种愿望却恰恰不是单单凭借我们自己的自然力量和道德力量就能实现的，相反，幸福愿望的达成，并不在我们的控制范围之内。道德所服从的自由法则同幸福所服从的自然法则是处于不同系列的，所以，即使我们很有道德，我们却不能凭借我们的道德而有把握去获得相应的幸福。康德认为，现实生活中，的确存在着那种不和谐的现象：有人品行高洁，却可能享受不到幸福，甚至处于穷困潦倒的状态或其他的厄运之中；有人品行恶劣，却事事顺意，生活富足。这在一个公正的旁观者看来是十分不公正的，任何一个人只要有公正之心，就都不乐意看到这样的现象发生。于是，我们大家都会期望善人得福，恶人不得福，认为只有这样才最终是公正的。

这表明，道德与幸福之间在现实中并不存在一种必然的对应关系，所以，这种对应关系只是我们内心中的一种希望。我们所能把握的是我们志愿做一个好人，这是我们力所能及的；但是，在幸福方面，起主宰作用的却是自然法则，因为在康德看来，幸福就是一切感性偏好的总和。他认为，这是我们作为在现象界存在的有限的理性存在者所必然拥有的一种愿望。它应该得到满足，但必须在具有道德的前提下，才能得到具有道德价值的满足。康德说，追求幸福，或者感性偏好的满足，甚至也可以说是我们的一种义务。但这是因为我们如果处于不幸的状态，则我们就缺乏履行义务的手段，同时可能会受到诱惑而去违背道德法则，所以我们有间接的义务去获得自己的幸福。康德说："就某个方面来说，照管自己的幸福甚至也可以是义务，这部分地是因为幸福（技巧、健康、财富都属于此列）包含着履行他的义务的手段，部分地是因为幸福的缺乏（例如贫穷）包含着逾越他的义务的诱惑"①，所以，对康德而言，这也是消除德福不一致的某种现实努力。但他明确地

---

① 康德著，李秋零主编：《康德著作全集》第5卷，中国人民大学出版社2007年版，第99页。

说，"促进自己的幸福，这永远不能直接是义务，更不用说是一切义务的原则了。"① 因为它是经验性的，如果把追求幸福当作直接的义务，或者当作一切义务的原则，就会取消一切道德价值。

所以，我们之所以需要宗教，是因为我们是一种有限的存在者，以有限去追求绝对的圆满，是我们力所不逮的。我们的道德从理论上说可以由我们自己掌握，只要发挥我们的纯粹理性和基于理性之上的纯粹意志的功能就可以达到。我们可以假定我们有纯粹的意志，却不能假定我们有神圣的意志②。我们的纯粹意志可以自我立法，并服从自己所立之法，抵抗基于感性偏好的准则而使基于道德法则的准则在我们心中占据优先地位，即能够达到自律，这就获得了德性。但是，我们所不能把握的反而是我们的感性偏好目的的达成，因为虽然追求幸福是我们的自然本能的合适功能，但是，我们的自然能力却要受到自然法则的约束，所以，我们在追求感性偏好的目的时，会追求越来越多、越来越高端新奇的享受等等，这样就必然会超出我们的能力的限度；或者在追求幸福目的的过程中，其结果却与我们的愿望相反，因为大家如果仅仅秉持追求幸福的原则行事，就会造成相互冲突，甚至残酷的战争，从而使大家的利益都受损；或者因为自然灾害或病痛和失能使我们陷入不幸之中，这就是康德所说的"自然的苛待"，自然像后母一样对待我们。然而，幸福也是一种善，追求其满足在理性看来也是正当的，于是，我们的理性会

①　康德著，李秋零主编：《康德著作全集》第5卷，中国人民大学出版社2007年版，第99页。
②　在康德看来，人这种有理性存在者的意志是一种并不纯粹的意志，因为他毕竟会受到感性偏好的刺激（虽然也可以独立于这种刺激，所以始终是自由的）。但是我们可以从这种不纯粹的意志中剥离掉其受感性偏好刺激的易感性，而在作为有理性的存在者的人身上预设一个纯粹的意志。然而，在人身上，却不能预设"任何神圣的意志，亦即这样一种意志，它不能有任何与道德法则相冲突的准则"（康德著，李秋零主编：《康德著作全集》第5卷，中国人民大学出版社，第35页）。神圣的意志只有在作为最高理智的无限存在者那里才能预设。人的意志与无条件的法则的关系，就是法则对这种意志的规定性，即一种强制，也就是一种义务。但神圣的意志没有任何逾越理性的道德法则的意图，所以可以"超越责任和义务"（康德著，李秋零主编：《康德著作全集》第5卷，中国人民大学出版社2007年版，第36页），由此可以看出，所谓神圣的意志实际上就是我们所能设想的上帝的意志，是纯粹道德的，不会受到感性偏好的刺激，它与道德法则的先天形式是一体的，所以，道德法则也具有神圣的崇高性。

去追求一种包括所有善的理念，即至善，也就是说，既有道德的善，同时又能获得与自己的德性程度成比例的幸福，我们的道德法则也导向这种至善。但达成至善，仅凭我们自己的能力是无法奏效的，甚至可以说，我们的道德即便再高尚，也达不到神圣的意志的崇高性，因为我们始终有感性偏好的刺激，所以，我们不可能直接指望能享受到相应的幸福。也就是说，要设想至善之所以可能，就"必须假定一个更高的、道德的、最圣洁的和全能的存在者，惟有这个存在者才能把至善的两种因素结合起来"①。

从理性上说，造成至善的原因是什么呢？既然任何感性的事物都不能成为这样的原因，那么这个原因一定是纯粹理性的存在者，他具有神圣的意志。而人是既有感性又有理性的，所以可以设想他有纯粹的意志，但不能设想他有神圣的意志。从这个意义上说，神圣的意志高于人的意志。又因为道德法则必然会导向至善这一最高目的，所以，"如果应该把最严格地遵循道德法则设想为造成至善（作为目的）的原因，那么，由于人的能力并不足以造成幸福与配享幸福的一致，因而必须假定一个全能的道德存在者来作为世界的统治者，使上述状况在他的关怀下发生。这也就是说，道德必然导致宗教。"②

第二节　由人的有限性而导向对宗教的需要

实际上，最为关键的是，至善是我们受到道德法则规定的意志的一个必然目的，然而，要在尘世上实现至善又是我们力所不逮的，所以，我们需要宗教。

---

① 康德著，李秋零主编：《康德著作全集》第 6 卷，中国人民大学出版社 2007 年版，第 6 页。

② 康德著，李秋零主编：《康德著作全集》第 6 卷，中国人民大学出版社 2007 年版，第 8 页底注①。

一、 实现纯粹实践理性的至善理念需要宗教

对康德而言,纯粹实践理性也必定要指向某些对象。纯粹实践理性由于是在理知世界中思考的,所以,它要追求的是一种理性的理念,即没有经验的对应物的东西,它要么是至上的,要么是完满的。从至上的角度说,至善就必须是我们在现实生活中追求幸福的一切努力的至上条件,这就是德性,它作为我们配享幸福的条件,是最高的善,在它的支配下,我们才能合乎道德地去追求幸福;同时,从完满的角度说,至善就是"作为有理性的有限存在者的欲求能力之对象的完整的和完满的善"①。作为这样的善,就不仅要求具有德性,还要求有幸福。这样的统一体,不只是我自己在追求一种最高的目的时所要求的,而且那把世界上的一般人格所作为目的自身的不偏不倚的理性也会这样判断。正如艾伦·伍德(Allen W. Wood)所总结的:"道德主体必须关注自然的进程与他的道德目的最终是和谐还是冲突的问题。因为,如果不存在这种和谐,那么理性人的道德关切就是空洞的,并且他的最大努力也注定要在荒诞和非理性的世界中流产和失败。"② 我们设想一种拥有一切权力的理性存在者,在他眼中,如果我们需要幸福,也有配享幸福的资格,却没有分享到幸福,那么,这显然与其完善意愿是相互矛盾的。所以,"如果德性和幸福在一个人格中共同构成对至善的拥有,但此处完全精确地与道德(作为人格的价值及其对幸福的配享)成正比例来分配的幸福也构成一个可能世界的至善,那么,这种至善就意味着整体,意味着完满的善。"③

那么,至善的两个成分之间的关系是什么样的? 显然,这只有两种理

---

① 康德著,李秋零主编:《康德著作全集》第 5 卷,中国人民大学出版社 2007 年版,第 117 页。

② 艾伦·伍德:《康德的理性神学》,邱文元译,商务印书馆 2014 年版,第 11 页。

③ 康德著,李秋零主编:《康德著作全集》第 5 卷,中国人民大学出版社 2007 年版,第 118 页。

解：一是分析的，即认为成为有德性的与有理性地谋求幸福是同一个行动；一是综合的，即认为这二者是因果关系，"德性把幸福当做某种与德性意识不同的东西产生出来，就像原因产生出一个结果那样。"① 以这两个标准看，斯多亚学派是前者，因为他们认为"幸福的情感已经包含在自己的德性的意识之中"②；伊壁鸠鲁学派是后者，因为他们认为"德性的概念已经蕴涵在促进其自己的幸福这个准则之中"③。实际上，德性的准则和幸福的准则分别属于两个不同的道德原则，是不一致的。但是在理性的理念中，德性和幸福都是至善的成分，这两者的结合就必然是综合的，而且不可能是经验地综合的，而只能是先天地综合的："通过意志的自由产生出至善，这是先天地（在道德上）必然的；因此，至善的可能性的条件也必须仅仅基于先天的知识根据。"④

我们可能会对具有神圣性的道德法则为什么会指向德性和幸福的统一体这一点会产生疑问，即道德法则对意志的规定只会造成德性，那为什么它还会包含对与德性具有精确比例的幸福的期望呢？康德认为，道德法则能使我们的感性自然获得一个知性世界，"亦即一个超感性自然的形式，却并不损害感官世界自身的机械作用"⑤。这是因为纯粹理性的自律独立于一切经验的条件，它造成的自然是超感性的。因为道德法则在实践中能够造成现实行为及其结果，我们能够对它形成一个概念，所以我们可以得到一个超感性自然的概念。这样的世界就是一个纯粹知性世界，它的倒影应该实存于感官世

① 康德著，李秋零主编：《康德著作全集》第5卷，中国人民大学出版社2007年版，第118页。

② 康德著，李秋零主编：《康德著作全集》第5卷，中国人民大学出版社2007年版，第119页。

③ 康德著，李秋零主编：《康德著作全集》第5卷，中国人民大学出版社2007年版，第119页。

④ 康德著，李秋零主编：《康德著作全集》第5卷，中国人民大学出版社2007年版，第120页。

⑤ 康德著，李秋零主编：《康德著作全集》第5卷，中国人民大学出版社2007年版，第46页。

界之中,所以,"人们可以把前者称为我们仅仅在理性中才认识的原本的世界(natura archetypa〔原本的自然〕),而后者由于包含着前一个世界的理念作为意志的规定根据可能有的结果,可以称为摹本的世界(natura ectypa〔摹本的自然〕)。因为事实上,道德法则按照理念把我们置于这样一个自然中,在它里面,纯粹理性如果伴有与它相适合的物理能力,就会产生出至善来,而且道德法则还规定着我们的意志,去把这种形式赋予作为理性存在者之整体的感官世界。"① 既然自然包含了幸福的根据,所以道德法则的神圣性必然也指向德性和幸福的统一性即至善。显然,这种统一,不可能是以经验为根据,而只能是先天地可能的。也就是说,在这种纯粹知性世界中,如果我们的纯粹理性有与它相适合的物理能力的话,则我们既可以获得道德,同时也能够获得与之成比例的幸福。

作为对比,我们可以看到如下情形:如果我们按照私人偏好去行动,因为这也会产生落在现象界的结果,所以它们也会组成一个自然整体,但这种自然却不是一种超感性的自然,而是感性的自然,因为它的动机也是自然的。只有出自道德法则的行为才能造成一个通过自由而可能的超感性的自然的概念,它是一种应然的自然,所以可以成为感性的自然的原本。作为摹本

---

① 康德著,李秋零主编:《康德著作全集》第 5 卷,中国人民大学出版社 2007 年版,第 47 页。

的自然应该同原本的自然相一致，这就是道德命令中的"自然"公式的根据①。

至善的两种成分既然要通过先天的综合才能被结合在一起，那么，就应该被当作原因和结果的联结来加以设想，即德性的准则必须是幸福的作用因。但是，德性的准则是来自理知世界的，是先验的自由，属于本体界；而幸福的准则却只能来自现象世界的自然法则，也就是要通过对自然法则的知识和为了自己的意图而利用这种知识的物理能力，才能谋求到幸福。所以，我们不能指望通过严格地遵守道德法则就能达到幸福。于是，我们不能把前者作为后者的直接原因。那么，这种因果关系到底是一种什么情形呢？

如果我们认为，这种因果关系是指，只要我们已经获得了幸福，就证明了我们是有德性的，那么这是绝对错误的，因为获得幸福是遵循自然法则的结果，而德性所服从的却是自由法则；但是如果我们认为德性意向必然地产生幸福，却不能认为是绝对错误的。当然，如果这种"必然"被理解是直接的、完全决定性的作用，那就是错误的；但如若这种"必然"被理解为

---

① 康德认为，即使是道德的行为的结果在经验世界中出现也要遵循普遍的自然法则，这些结果"在最普遍的意义上"也"叫做自然"。由于这种自然被普遍的法则所规定，所以它就是事物的存在。于是，如果说我们要尽到道德上的应然义务，那么，我们就应该使事物按照应然的秩序出现在现象界，也就是说，使得行为的结果能够在自然界持存，而不是自我取消。显然，如果我们基于自爱的准则而行动，则我们行为的结果在自然界要么不能持存，如因为觉得生命的痛苦无法忍受就自杀，那么本应持存的生命便被自我取消了；要么就会和别人的同样的行为准则会产生冲突，相互抵消，比如订立契约而不打算守约的行为准则，就会使契约无法存在，等等。当然，这样的行为结果也是服从自然法则的，但却产生了自我取消和相互冲突的自然结果。然而，我们的义务就是要避免这样一种结果的出现，所以需要通过我们的意志使行为的结果按照自然法则而能够得以持存和发展。于是，我们就应该基于一种普遍性的理性准则而行动，这样我们行为的结果在自然界就能够按照自然法则而持存和得到发展，这就好像是我们的准则成为普遍的自然法则似的。所以，"自然"公式是这样表述的："要这样行动，就好像你的行为的准则应当通过你的意志成为普遍的自然法则似的"（康德著，李秋零主编：《康德著作全集》第4卷，中国人民大学出版社2005年版，第429页）。这样造成的"自然"就是"作为原本的自然"。

"间接的"，即要"以自然的一个理知的创造者为中介"①，则并非不可能。人们不能在这两者中建立一种直接的因果关系，根源在于人同时既属于理知界，又属于现象界，人就是这样一种有限的理性存在者；但如果说德性与幸福有一种间接的因果关系，则是因为我们获得德性，能引起一种自我满意的感觉，有一种类似于幸福的感受，因为我们的德性可以使我们产生出一种高出偏好之上的高等力量的意识，"因而就产生出对自己的状态的一种消极的心满意足，亦即满意，这种满意在其来源上就是对自己的人格的满意"②。然而，这种满意却不是一种积极的情感，也就是说，我们人这种有限的理性存在者，并不能喜爱德性，只有我们超出自己的有限性而设想的最高的道德存在者（上帝）才能自然而然地喜爱德性，或者说，他能把德性和幸福统一起来。

这至少可以告诉我们，从实践上说，如果我们有德性，那么这种道德的后果与我们对与之成正比例的幸福的期待之间，可以设想一种自然的和必然的结合；但认为谋求到幸福就能产生出道德，却是不可设想的，因为在道德的意念中，自然法则是不受我们控制的。于是，至善的两个要素之间的关系必然是这样的："至上的善（作为至善的第一个条件）构成道德，与此相反，幸福虽然构成至善的第二个因素，但却是这样构成的，即幸福只不过是前者的有道德条件的、但毕竟是必然的后果。惟有在这种隶属关系中，至善才是纯粹实践理性的全部客体，纯粹实践理性必须把至善必然地表现为可能的，因为它的一条命令就是为产生至善而作出一切可能的贡献。"③ 显然，至善的这两个成分的这种结合方式不能来自经验，而只能来自理性的先天综合判断。

---

① 康德著，李秋零主编：《康德著作全集》第 5 卷，中国人民大学出版社 2007 年版，第122 页。

② 康德著，李秋零主编：《康德著作全集》第 5 卷，中国人民大学出版社 2007 年版，第126 页。

③ 康德著，李秋零主编：《康德著作全集》第 5 卷，中国人民大学出版社 2007 年版，第126 页。

虽然人是在尘世中生存的有限理性存在者，但是，由于我们拥有理性，如果我们用道德法则的形式来规定意志的话，则在尘世中造就至善，也必然是我们意志的客体（在把幸福隶属于道德的前提下）。既然我们期望在尘世中实现德性和幸福的统一，而我们的理性却不能在道德与幸福之间建立一种直接的因果关系，那么，我们的理性就必须把自己的兴趣扩展到现象界之外，而设想一种超验的理念，这将是一种公设。公设是理性必然要预设的，但却是不可证明的。

为了实现至善，康德认为，纯粹实践理性首先需要有"灵魂不朽"的公设，这是从人类的历史性的绵延不绝、无限进展的进步而提出来，它是实践理性的利益所在。因为现实中的人都是有限的理性存在者，所以，我们的意志是达不到其意向与道德法则的完全符合的，因为我们是在现象世界中的理性存在者，是时间中的有限存在者。能达到其意向与道德法则的完全适合的意志是具有神圣性的意志，它具有最高的完善性。所以，对我们而言，由于这种最高完善性是作为实践上必要的而被要求的，所以只能设想"它就惟有在向着完全适合的一种无限进展的进步中才能被发现"[1]。这种无限进展的进步过程就可以视为人类作为一个整体而总体地向道德化迈进的过程，也可以说是人类整体的灵魂不朽，即同一个理性存在者的一种无限绵延的实存和人格性。这种超出时间变迁的人格性是与道德法则联系在一起的，所以可以说是纯粹实践理性的一个公设。康德的历史哲学也是在这一公设的基础上展开的，在他看来，在现实生活中的单个人是不可能达到完全的道德化的，必须把人类作为一个整体，在无尽的时间流逝中，通过非社会的社会性，刺激人类各种禀赋的发展，才能最终有望达到总体的道德化，这就是把人类作为一个一般的人格，在无尽的历史长河中，人性的禀赋在人格理念的引导下得到充分发展和进步，从而无限地与人格理念接近。这当然是一种理性的公

---

① 康德著，李秋零主编：《康德著作全集》第 5 卷，中国人民大学出版社 2007 年版，第 129 页。

设,没有这一公设,我们对人类总体的道德化就无法抱有信心。这是一种在本体和现象之间架设桥梁的努力,虽然在经验世界中不可能完全达到,但是,作为一种信仰,却始终是我们的努力方向,并且使本体的人格对人性的发展起到了引导作用,这似乎是一种复杂的因果关系在起作用。所以,这种公设是"一个理论的、但本身不可证明的命题,只要这个命题不可分离地依附于一个先天无条件地有效的实践法则"①。

他认为,这个公设有极大的效用,因为"惟有在一种无限进展的进步中才能达到与道德法则的完全适合",所以是"就宗教而言的"②。这种公设有两大好处,一是保证道德法则的神圣性,从而使我们能对受到这种神圣性的引导抱有一种希望;二是使我们的追求受到一种理性的限制,而不至于陷入一种狂热,也就是说,我们清楚地知道:这只是一个公设,并不能证明这种灵魂不朽的现实存在,只能作为一种希望,而不能"迷失在狂热的、与自知之明完全矛盾的通神论的梦幻中"③。对人来说,神圣的意志是达不到的,只有那种超出时间的无限者,其意志才与道德法则完全适合,并且具有能够规定每一个人的至善份额的绝对公正性,这"惟有在对理性存在者的存在的一种理智直观中才可以完全发现"④。从这一点来说,也必须假定上帝的存在,因为我们人只有感性直观,而没有理智直观,只能设想上帝才具有这种能力。

所以,在实现至善的问题上,上帝的实存也是一种必然的纯粹实践理性的公设。这同样是不能证明的,而是理性的一种内在需要。因为要实现至

---

① 康德著,李秋零主编:《康德著作全集》第5卷,中国人民大学出版社2007年版,第130页。

② 康德著,李秋零主编:《康德著作全集》第5卷,中国人民大学出版社2007年版,第130页。

③ 康德著,李秋零主编:《康德著作全集》第5卷,中国人民大学出版社2007年版,第130页。

④ 康德著,李秋零主编:《康德著作全集》第5卷,中国人民大学出版社2007年版,第130页。

善，就必须公设服从自由法则的道德是作为服从自然法则的幸福的原因，"这个原因包含着上述联系亦即幸福与道德性精确一致的根据。"① 这种至上的原因应该包括两个方面，即一是自然法则与自由法则一致的根据，即自然与道德在形式上的一致性；二是理性存在者的自由法则是自己的意志的至上的规定根据，在他们那里，自然就与作为他们动机的道德性也是一致的，即与他们的道德意向是一致的。从这两点来说，"惟有假定自然的一个拥有与道德意向相符合的因果性的至上原因，尘世中的至善才是可能的。"② 所以，这种至上原因只能被设想为是整个自然（包括人）的创造者，是自然的至上原因。他必然是一个理性存在者，因为他必须具有通过理性法则的表象"规定自己本身去造成对象（无论自然能力是否充足）亦即规定自己的因果性的能力"③ 的意志；同时，"就其为至善而必须被预设而言，就是一个通过知性和意志而是自然的原因（因而是创造者）的存在者"④，这就是上帝。

也就是说，上帝的公设是一种理论理性的假设，即公设一种纯粹理性的理念。上帝作为现实自然（包括人类世界）的创造者，是一切被创造物（包括人）的最高原因，他必须是最高的理智存在者，只有这样，才能设想因为道德而导致的幸福之间的按公正比例的一致性。这实际上是说，对于人的意志而言，由于必然有感性偏好的刺激，所以人对幸福的追求并不会完全被置于获得了完善性道德的前提下，所以，在人这里，德性与幸福难以达成精确的一致；但在上帝的神圣意志中，由于完全没有感性偏好的刺激和引诱，所以，道德是一个绝对完善的前提，于是它造成的行为后果就会完全地

---

① 康德著，李秋零主编：《康德著作全集》第 5 卷，中国人民大学出版社 2007 年版，第 132 页。
② 康德著，李秋零主编：《康德著作全集》第 5 卷，中国人民大学出版社 2007 年版，第 132 页。
③ 康德著，李秋零主编：《康德著作全集》第 5 卷，中国人民大学出版社 2007 年版，第 16 页。
④ 康德著，李秋零主编：《康德著作全集》第 5 卷，中国人民大学出版社 2007 年版，第 133 页。

按照应该的秩序而出现在经验世界中,而在经验世界中就必然包含着幸福。所以在神圣的意志中,幸福就完全隶属于道德,也就是说,幸福必然会随着道德而出现。

但对于人而言,促进至善本身就是义务,所以我们有权去预设这种至善的可能性,这种可能性必然包含在上帝概念之中。康德说:"既然至善惟有在上帝存在的条件下才是成立的,所以上帝存在的预设就与义务不可分割地结合在一起,也就是说,假定上帝的存在,在道德上是必然的。"① 但是要注意的是,这种道德上的必然性是主观的,也就是理性的一种需要,它不是客观的,而只是在主观上实存的,所以,假定其实存本身不是一种义务,因为我们没有假设一种东西实存的义务。换句话说,这并不假定上帝的物理性存在,而是我们要实现尘世上的至善(纯粹实践理性的必然客体)所必需的,即只有假定上帝在理念上的实存,我们才能设想道德与幸福的一致,即至善的可能性。追求实现至善,才是我们的义务。我们看到,古希腊伦理学由于不假设上帝,所以无法妥善处理德性与幸福的关系。它们要么把德性当作幸福的直接原因或者就把德性当作幸福本身(斯多亚学派),要么把幸福当作德性的表现或者由幸福反推到德性(伊壁鸠鲁学派),却不理解德性和幸福分别服从不同的法则,所以,斯多亚学派实际上删除了至善的第二个要素即幸福,而不恰当地把德性当作幸福;而伊壁鸠鲁学派却误解了道德原则,取消了自由,因为他把服从于自然法则的自然情感(苦乐)当作道德判断的标准,从而把理性的功能下降为明智或谨慎,这实际上取消了至善的第一要素即德性。所以,康德认为,要探讨德性与幸福一致的可能性,就必须假设上帝的实存。

---

① 康德著,李秋零主编:《康德著作全集》第 5 卷,中国人民大学出版社 2007 年版,第133 页。

二、 人由恶向善转变需要宗教

康德认为，人的本性中有根本的恶的倾向，所有人，包括最好的人，其本性都是有趋恶的倾向的。这是我们人这个族类的特性①。

但是人应该转变为一个有道德的人，这需要一场革命。这当然要通过人自身的力量才能达到。也就是说，人身上有这种力量可以凭借，但是，这种力量要能够得到完全的使用，也需要得到上帝的某种协助，虽然我们并不知道这种协助来自何处，我们能够做的就是要成为一个善人，唯有善人才是上帝所喜悦的人，由此，我们才配得上上帝的援助。对于我们来说，能够从恶向善转变，就是我们的任性完全受到独立于自然法则的道德法则的规定，我们凭借自己自由的任性把这种准则接纳进来的那种纯粹的原则的坚定性，才走在向着善前进的道路上。但是我们人自身无法认识到我们形成这种准则的最高根据是什么，因为这植根于我们的自由之中，它是本体界的。人是无法认识自己的内心的。于是我们只能假定有一种可以认识人心者即上帝，才能看出我们是如何真正采纳这种准则的，即可以看出这种处于本体界的理知根

---

① 康德对人性进行了一种别具一格的考察，他持某种混合型的人性观。一方面，他认为人的本性中三种有向善的禀赋，即动物性的禀赋、人性的禀赋和人格性的禀赋。这些禀赋是我们向善发展的基础；但同时，我们的本性中又有三种趋恶的倾向，即"人的本性的脆弱""不纯正"和"人心的恶劣"。人是恶的，这一命题说的是："人意识到了道德法则，但又把偶尔对这一原则的背离纳入自己的准则"（康德著，李秋零主编：《康德著作全集》第6卷，中国人民大学出版社2007年版，第32页）。这三种趋恶的倾向是我们人的本性中所固有的，所以可以说人天生是恶的，这说的是我们人的族类的特性。在考察人的本性中的趋恶倾向问题时，要注意两点：一是就趋恶倾向的最根本特点看，就是人明确意识到了道德法则，却会偶然有意地去违背这一法则。在人的本性之中，我们的基于感性偏好的准则占据了优先地位（在人的生命历程中，我们首先追求的是感性偏好的满足），这就颠倒了正常的心灵秩序，正常的心灵秩序应该是基于道德法则的准则占据优先地位。二是这种选择是出自我们的任性的自由的，故可以归咎于我们。所以，"可以把它甚至称做人的本性中的一种根本的、生而具有的（但尽管如此却是由我们自己给自己招致的）恶"（康德著，李秋零主编：《康德著作全集》第6卷，中国人民大学出版社2007年版，第32页）。对这种"根本的恶"的认识和警惕，对康德而言是十分重要的，这意味着我们人的历史是从恶开始的，同时也意味着我们应该从恶向善转变，要实现这种转变，单是发挥我们向善的自然禀赋还是不够的，还必须进行一场心灵的革命。

据。而我们则看不出这一点,因为我们没有理智直观。既然要能进行自我改善,就必须具有这种理知根据,那么这种根据就一定有某种实在性,我们就必须假定有一种具有理智直观的存在者能"看出"这种根据,于是这种存在者就必定能以某种方式对我们由恶变善给以某种帮助,而我们得到帮助的唯一途径就是成为他所悦纳的人。我们除了全心全意做一个有道德的人,就不需要再做任何别的了,余下的就是对这种最高存在者的信心和希望了。对康德而言,我们并不需要知道上帝能为我们做什么,我们需要知道的是,我们需要做些什么,才配得上上帝对我们的帮助。所以康德说,"下面这个原理也是有效的:'知道上帝为他的永福在做或已做了什么,并不是根本的,因而也不是对每个人都必要的';但是知道为了配得上这种援助,每个人自己必须做些什么,却是根本的,因而对每个人都必要的。"①

康德认为,向善改变也是人自己可以做到的,如果他们自己做不到,就没有任何东西能代替他们做到。因为改变成善,是自己理性的思维方式的确立,它存在于"按照道德法则对采纳其所有准则的最高内在根据所作出的改变之中"②。换句话说,只有我们自己才能造成我们的改变,那就是我们能够放弃基于自然偏好的准则的优先地位,转而让基于道德法则的准则来作为决定我们的自由的任性的最高根据。这是自我改善的唯一途径。对人而言,在自然界并没有任何高于我们的存在者存在,因为我们自己就是自然界的最高目的。

但是人们凭自己而达到这种自我改善的确是艰难的,这表明人的本性是软弱的。实际上,人们平时能感受到这种软弱,比如,我们明明感到道德法则的威严和道德良知的拷问,却有时还会屈从于自然偏好的准则,虽然道德法则和良知并没有消失,并且会使我们感到自惭形秽,无地自容。当然,胆

---

① 康德著,李秋零主编:《康德著作全集》第6卷,中国人民大学出版社2007年版,第53页。

② 康德著,李秋零主编:《康德著作全集》第6卷,中国人民大学出版社2007年版,第51页。

大妄为的歹徒也许会完全不顾这种逼视与拷问，但是，良知的呼声却不会完全停歇。基于人的本性难以自我改善的实际，人们会生发出不同的宗教观念：偏向于采纳基于感性偏好的准则的人，会发现幸福也不是我们自己能把握的，于是就"把幸福原则附会在上帝身上，说成是他的诫命的最高条件"①，从而期望一个全能的神恩降福于他；但是，立志以纯粹理性自身所立之法作为规定自己意志的最高根据的人，却只能期望一种道德的宗教，即良好生活方式的宗教。这种宗教才是康德所理解的真正的宗教，即纯粹理性范围内的宗教。

我们在向善改进的过程中，有着我们无法认知的障碍。许多人说，我们的道德化的敌人就是那种"自然的、只不过是未受到教化的、但却毫不掩饰地向每一个人的意识公开呈现的偏好"②，好像我们在道德化的过程中，就是要向偏好做斗争，一般而言，就是要对偏好进行节制；极端而言，就是要禁绝欲望偏好。这是不得要领的，也没有找准道德的敌人。偏好本身是善的，因为我们作为有感性特质的理性存在者，是必定有着感性偏好的，我们要生存下去，感性偏好必须得到一定的满足，所以，感性偏好本身是善的，不应该禁绝，也不能禁绝。我们需要做的就是要形成道德的思维方式，能够让道德法则成为规定我们任性的根据，然后才去追求偏好的满足。康德认为，道德的真正敌人，就是那种隐藏在本体界、理性背后的败坏灵魂的基本原理，即腐蚀着我们的善良意念的恶，它植根于自由之中。自由就是我们会选择以基于道德法则的准则来规定任性，也会选择把基于偏好的准则作为主体的最高主观根据，至于我们为什么会这样做的根源，我们却无从探究。人的本性中的所谓"根本恶"，就是甚至会有意地采用基于偏好的准则而直接违背基于道德法则的准则而行动的人的本性中的倾向。这才是我们道德中的

----

① 康德著，李秋零主编：《康德著作全集》第6卷，中国人民大学出版社2007年版，第52页。

② 康德著，李秋零主编：《康德著作全集》第6卷，中国人民大学出版社2007年版，第56页。

真正敌人，需要永不懈怠地与之做斗争，这就需要道德的勇气。但是，由于这种恶的根源我们无法探究，所以，真正说来，要根除它，是我们的人力所难以达到的。我们所能做的，就是在理性中坚守道德法则，这就是我们在志愿为善，尽力远离恶事，尽力成为上帝所喜悦的对象。至于说要彻底道德化，就只能期望上帝的援助，在某个特定的时刻，帮助我们把那幽暗至深的恶劣原则的根源连根拔除。所以，在这一点上，也是因为人力所不及，才导致我们对上帝抱有一种理性的期望。

对我们为什么会错认善的敌人的原因，以前人们习惯于从看得见的东西中去寻找，而对那看不见的敌人却不加探究。人们通常认为，人之所以会犯错，是因为我们的感性动机太强大了，占据我们心灵的绝大部分；另一方面，理性动机即对道德法则的敬重，却是无能的，在与感性动机的对比中，是软弱的，难以取得优势地位，所以我们经常会做出恶事。但是，如果这样的假设是合适的，那么，从人的向善禀赋中说明人能够为善就更为容易了，这是因为，既然我们都有向善的禀赋，那么，只要能够充分发挥这种禀赋的功能就可以了，这是符合自然法则的，因为这些向善禀赋也可以说是自然而然存在的。但是，如果我们说，因为感性动机的力量很强大，所以我们会作恶，那么，与其相反的力量即我们向善的禀赋，我们也可以说是很强大的，因而可以说为善也是容易的。因为这两种力量是相反的，彼此都要通过对方才能得到理解，没有其中的一方，另一方也难以得到理解，所以，这种假设是不合理的。

实际上，为恶和为善都是出于人的自由的，其根源是我们无法理解的。所以，我们说理性凭自身的道德法则就有能力成为规定我们的任性的根据，却是我们无论如何也难以理解的；同样，说感性动机强大到居然能够成为对我们具有发布绝对命令的极高威望的理性的主宰，这也是我们所根本不能理解的。所以，善、恶的根源在于我们所采取的主观准则的性质，也就是根源于我们的自由，而自由是我们所无法加以把握的。对我们而言，自由是一种终极的奥秘，虽然我们可以在经验中证实它的实存。正是因为自由的根深性，我们无法对它加以确切的把握，才迫使我们公设上帝的存在。

我们必须向善改进，这是我们生存于世的真正目的。对于创造我们的生命的大自然而言，向善改进只能是指人类作为一个总体，在无尽的历史长河中不断走在向更善发展的过程中。康德认为，这从理念上来说，应该是一种能够包含一种不断完善的、无限进展的整体的理念，可以被看作是上帝的意旨。因为有这个理念的指引，人类的历史生活才具有意义和价值。

从与其他自然物的比较而言，大自然的最高目的是人，因为只有人才能被设想为目的本身，并且所有人都应该是平等的目的自身，而不应该彼此把对方纯粹当作手段，但可以把人以外的万物作为纯粹的手段；从价值上说，只有完善的人性原型即地球上的有限理性存在者才是目的本身。所以，康德说："惟一能够使世界成为上帝意旨的对象和创世的目的的东西，就是处于道德上的彻底完善状态的人性（一般有理性的世俗存在者）。从这种作为最高条件的完善性出发，幸福就是在最高的存在者的意志中的直接结果。"①处于道德上彻底完善状态的人性，就是作为现实的人的最高德性，作为这样的人，我们理应得到与之相应的精确的比例的幸福。

这种道德的宗教，就是以道德为目的的宗教，也是能帮助人自我改善的宗教。我们为了能够成为上帝所悦纳的人，使自己配得上上帝的援助，就必须使自己成为一个道德上的善人。只有靠我们自身的努力改变才能使我们成为一个善人。显然，这就需要一种勇敢，因为我们要向善改变所遇上的障碍是很大的，只有同那种颠倒准则的正常秩序的倾向作不妥协的战斗，才有望使自己向善改变。在这方面，任何屈从于感性偏好的准则的心态都将使我们不配得到这种帮助，比如懒惰、懦弱、全然不信任自己、只是期待外部的帮助等思维方式都是这样，因为它们削弱人的力量。

---

① 康德著，李秋零主编：《康德著作全集》第6卷，中国人民大学出版社2007年版，第59页。

三、 实现伦理共同体的目标需要宗教

在康德看来,"在一起"是我们人类生存的本源性结构。我们的共同生活首先需要建立一个政治共同体。这种共同体是人们为了约束自己的外在的任性行为而遵守一种普遍的公共法律而结成的,它要求在普遍的法律体系下人们的任性自由能够得以共存。当然,这种普遍法律是针对人们的外在行为的,其特点就是外在的强制性,而不是针对人们的内在准则的,换句话说,即使我们内心很想侵犯对方的权利,但并没有诉诸外在的行为,则我们的行为就是有合法性的。也就是说,政治共同体的法律不要求人们的内在的德性,也不能对人们的内在德性有任何要求。

但是,我们的德性却是必须得到塑造的,而这又需要在共同体中来进行。在没有构建共同体之前,我们还是处于伦理的自然状态之中,在这种状态里,人们的道德意念还总是受到恶的诱惑。为了迈向整体的道德化,我们必须建立伦理的社会(伦理共同体)。它是与政治共同体即一个律法的——公民的社会相比照而言的。律法的共同体是一个遵循公共的法权原则的公民共同体,而一个伦理的共同体则是人们仅仅遵循无强制的、公共的德性法则的联合体。德性法则是约束人们的内在准则的,诉诸人们自己的意志自律。但如果要设想一个大家都遵循德性法则的社会,则这种德性法则也必须是公共的,即需要一个能够掌握这种德性法则对人们进行评价与惩罚的主体,显然,个人是做不到这一点的,一个社会机构也做不到这一点。如果一个人或一个社会机构要行使这种职能,那么,这一定是无法达到目的的。因为德性法则的本质就是自由的服从,而不能是被迫的服从,所以一个政治组织如果强制地要求公民们服从德性法则,这是一种自相矛盾的做法,也达不到目的,因为政治国家只能用约束公民的外在行为自由的普遍法律来约束大家,但要用约束内在意念的德性法则来外在地强制公民,那是做不到的,甚至会适得其反,因为这违背道德的根本本质,即自由。

康德设想，我们必须首先生活在律法的共同体中，在这里，其所遵守的法则事实上也是道德的，但必须作为针对外在行为的强制性的力量而起作用。这是把人们结合在一起生活的一种方式，专注于人们的任性自由在一个普遍的法律状态下能够并存，所以，进入一种公民的法治状态就是我们的政治义务。如果我们要进一步进入到伦理共同体中，那么，政治共同体的生活就是一种基础，没有这个基础，人们的伦理共同体是不可能实现的。

首先，伦理共同体或者伦理的国度的理念的充足根据就在我们的理性之中，因而这种理念就有着实践上的客观实在性。为了实现人类的总体道德化，我们就有义务进入这种伦理共同体中，即大家都有义务联合成这样一个伦理的国家。但是从人们的主观愿望来说，即使单个人愿意进入这样一个国家，我们在主观上却不能指望每个人都具有这样的善良意志，都愿意进入这样一个国度之中。这样就需要公民的法治状态为大家进入伦理共同体提供共同生活的基础。

其次，我们却可以说，进入这样一种伦理的国度是我们的客观义务。在政治国家中，人们虽然遵守外在的普遍法律，却仍然生活在伦理的自然状态之中。"伦理的自然状态也是一种存在于每个人心中的善的原则不断地受到恶的侵袭的状态。"① 因为人性中本有趋恶的倾向，所以人们在相互之间就会败坏彼此的道德禀赋。现在的问题是，即使我们每一个个别的人的意志都是善良的，他们在总体上也并不都是具有德性的，因为在这种状态中，并没有一种非强制性的、公共的德性法则把他们结合在一起，所以，这种个别的善良意志的行使，在人们之间所造成的效果就似乎是在为恶服务似的，他们之间可能也会以各自道德的名义而产生永恒的冲突，也就是说："由于他们不一致而远离善的共同目的，彼此为对方造成重新落入恶的统治手中的

---

① 康德著，李秋零主编：《康德著作全集》第6卷，中国人民大学出版社2007年版，第97页。

危险。"①

但是，既然大自然的终极目的是人，是人类的总体的道德化，而要达到人类总体的道德化，只有在伦理共同体中才有希望，所以，人应该走出伦理的自然状态，以便成为伦理共同体的一员。那么，人如何才能走出伦理的自然状态呢？康德认为，靠政治国家的强制是不可能奏效的，这是因为，"一种伦理的——公民的状态是这样一种状态，即人们是在无强制的、即纯粹的德性法则之下联合起来的"②。实际上，在已经存在的政治国家中，人们仍然处于伦理的自然状态中，并且有权利继续处于这种状态之中。以政治国家的强制权力来迫使人们进入伦理共同体，这是一种自相矛盾的做法，因为伦理共同体中本来就是无强制的；另外，政治国家要这样做，就是违背自己的本性的，不仅不能达到造成一个伦理共同体的目的（它造成的是这个伦理共同体概念的反面），也会反过来对自己造成损害，即政治共同体没有履行自己的本务，而是从事了一种根本不适宜于自己的事务。这会造成政治共同体的某种灾难，即一方面可能会造成"美德的暴政"，另一方面又可能会造成政治国家的法治状态的颓败。

"伦理共同体"的本性是这样的：只有在它之中，我们才有希望能够实现至善。因为在这种共同体中，人们遵守一种普遍的、公共的德性法则。所以，我们可以把伦理共同体与政治共同体相互对照：政治共同体是人们在外在的共同法律的强制下，彼此不侵犯对方的法权，从而人们的任性自由能够并存，而侵害了他人的法权，就必定会受到公共法律的惩罚；在伦理共同体中，人们却都能够以德相待，而排斥以怨报怨，以怨报德，甚至也不需要以德报怨。只有这样，人们就不仅能够理性地预期到他人会如何对待我们自己，即不会损害我们的基本法权，而且我们还能够理性地预见到：人们都会

---

① 康德著，李秋零主编：《康德著作全集》第 6 卷，中国人民大学出版社 2007 年版，第 97 页。

② 康德著，李秋零主编：《康德著作全集》第 6 卷，中国人民大学出版社 2007 年版，第 95 页。

尽自己的德性义务，即都会发展自己的禀赋，并且能够主动地促进他人的幸福。于是，在伦理共同体中，人们的德性与幸福之间才有望达到一致，即有望实现至善。在这里，就不再是个人凭着自己的善良意志，按照自己的同时能够成为道德法则的主观准则去行事，而是会按照一种非外在强制的、公共的德性法则去行事。显然，这必须具有一种有别于政治国家的一种存在者来管理这种公共的德性法则的行使，这种存在者也不可能是人自身，而必须是一个最高的道德存在者的理念。所以康德说："关于这样一个整体、即一个遵循德性法则的普遍共和国的理念，是一个与所有的道德法则（这些道德法则涉及的是我们知道自己能够支配的东西）完全不同的理念；就是说，要致力于这样一个整体，关于这个整体，我们无法知道它作为这样的整体是否能够为我们所支配，所以，这种义务无论是在品类上，还是在原则上，都与其他一切义务不同。我们已经可以预先猜测到，这种义务将需要以另一个理念为前提条件，即一个更高的道德存在者的理念。凭借这种存在者的普遍的活动，单个的人的自身不足的力量才联合起来，共同发挥作用。"① 康德实际上是认为，只有大家都能够自觉地履行德性义务，有德之人才能得到相应的幸福，而这只有在人们相互把他人的幸福纳入自己的目的中来的全体德性行为中才能得到实现，所以就需要进入伦理共同体。然而，进入伦理共同体，却不是我们人所能及的，因此，在进入伦理共同体这个问题上，我们也需要宗教。

第三节　"上帝存在"只能是一种公设

海涅曾经以诗人的敏感和文学的笔触评述过康德对上帝存在的各种证明的驳斥，认为这是一次杀死上帝的精神革命。他认为康德是一位铁面无私的

---

① 康德著，李秋零主编：《康德著作全集》第 6 卷，中国人民大学出版社 2007 年版，第 98 页。

哲学家,用理性批判的大砍刀"袭击了天国,杀死了天国全体守备部队,这个世界的最高主宰未经证明便倒在血泊之中了。现在再也无所谓大慈大悲了,无所谓天父的恩典了,无所谓今生受苦来世善报了,灵魂不死已经到了弥留之际了——发出阵阵的喘息和呻吟"①。这是说,《纯粹理性批判》对上帝存在的三种证明的驳斥,使得以后不可能再有对上帝存在的任何证明了,海涅认为,这就是在理论理性上杀死了上帝。康德说,他限制知识,是为了给信仰留地盘,从而在实践理性领域主张上帝存在是一种必然的公设,对此,海涅戏谑地说道,这是因为康德看到站在身边的仆人老兰培满心悲伤,满脸淌着不安的汗水和泪水,发了怜悯之心:"老兰培一定要有上帝,否则这个可怜的人就不能幸福——但人生在世界上应当享有幸福——实践的理性这样说——我倒没有关系——那末实践的理性不妨保证上帝的存在",于是,康德"就像用一根魔杖一般使得那个被理论的理性杀死的自然神论的尸体复活了。"② 这些说法是对海涅来说半是想象,半是认真,但我认为,他对康德在宗教领域里的革命的意义理解得却有偏差。事实上,康德是认为在理论理性上即知识上证明上帝的存在是不可能的,因为上帝是超自然的事物;但他并没有、也不能在理论理性上证明上帝的不存在,这就为实践理性上的信仰留下了地盘。因为经验中实存的有限的东西都不可能是信仰的对象,只有那种超自然的最高存在者才能成为信仰的对象。他认为,在实践理性上必须公设上帝的存在,它建立在道德法则之上,并不能成为道德法则的条件,而是必须以道德法则为条件,这是因为理性法则指向对至善的追求,而我们在追求至善的实现方面的能力是不足的,所以需要公设上帝的存在。

一、 对上帝存在的三种证明的驳斥

康德断言,上帝存在的证明只有三种,即本体论证明、宇宙论证明和自

① 海涅:《论德国的宗教和历史》,海安译,商务印书馆 1974 年版,第 112 页。
② 海涅:《论德国的宗教和历史》,海安译,商务印书馆 1974 年版,第 112 页。

然神论证明，这些证明都必然是要失败的。后面两种证明是从经验出发的，所以，都必然要经过一个从经验到先验的理念的惊人跳跃。他说："关于一个作为最高存在者的惟一元始存在者的存在，自然神学的证明以宇宙论的证明为基础，而宇宙论的证明则以本体论的证明为基础。"① 这三个证明中，以本体论证明影响最大，宇宙论证明和自然神论证明归根到底都以本体论证明为基础，所以，对本体论证明应加以详细考察，对其余两个证明只要揭示其核心论证即可。如果本体论证明不能成立，则其他两个证明也必然不能成立。

（1）对本体论证明的批判

在西方中世纪，神学家们曾经热衷于证明上帝的存在，其中最为著名的是"本体论证明"。经院哲学家安瑟尔谟提出了一种证明，后来康德称之为"本体论证明"。他首先提出："一个对象在心中存在，这是一回事；要理解一个对象实际存在着，这又是一回事。"② 他的目的是想从思维到的存在推出它的实际存在。他认为，由于以下三点理由，上帝是必然的、最伟大的存在者。

第一，任何人都可以设想有一种无与伦比的伟大东西在其心中存在，作为对比，那种不可设想的无与伦比的伟大东西，就不仅仅在心中存在，而且还可以被设想为也在实际上存在，所以，它就更加伟大。

第二，"最伟大的上帝是不可能被设想为不存在的，"③ 而任何其他东西都可以被设想为不存在的。上帝的存在是那么真实无疑，甚至不能设想它不存在。因此，它比其他任何东西都更加伟大。

第三，人们既然能够设想有那样一种存在者：它不仅在心中存在，而且也是在实际上存在的无与伦比的伟大东西，同时我们也不能设想它的不存

---

① 康德著，李秋零主编：《康德著作全集》第3卷，中国人民大学出版社2004年版，第411页。

② 北京大学哲学系编：《西方哲学原著选读》上卷，商务印书馆1981年版，第241页。

③ 北京大学哲学系编：《西方哲学原著选读》上卷，商务印书馆1981年版，第242页。

在，那么，如果上帝不是这种存在者，那么在上帝之外，就必然还可设想有一更伟大的存在者，但这是不可能的。

所以，"有一个不可设想的无与伦比的伟大东西，是真实存在，这种东西，甚至不能被设想为不存在。而这个东西就是你，圣主啊，我的上帝。"①

这个论证看上去似乎无懈可击。其核心是，只要我们想到了上帝这种最完满的观念，则我们就无法否认上帝的存在，并且应该认为它在实际上存在。但是，事实上，思维虽然可以设想某些完善的观念，但并没有经验界实存的东西与之相对应；同时即使我们认为有不可设想（我们难以设想的东西，但并不妨碍它可以是一种完满观念）的无与伦比的伟大东西，虽然从逻辑上说，它与可以设想的无与伦比的伟大东西是不同的，但也并不能进一步推出前者不仅在心中存在，而且也在实际上存在。

后来，笛卡尔也提供了一种上帝存在的本体论证明。在他的《第一哲学沉思集》的第五个沉思中，试图以更加清晰规范的论述来提供上帝存在的本体论证明。其核心要义是：上帝至少是与数学证明一样清楚明白和明确的完美存在，它一定是真实存在的。不完美的观念就不能存在。上帝与其他事物不同的是，其他事物能区分出本质和存在，但上帝的存在不能分离于上帝的本质之外，就像一座山不能没有山谷一样，因为他是最完美的概念。也就是说，笛卡尔是从上帝的全能中推论出其必然存在，他认为，这在逻辑上是清楚明白的。

伽桑狄对此证明提出了反驳，笛卡尔进行了答复，在第二个答复中，他提出了以下三段论论证：

大前提："我们清楚明白地理解到的属于某一事物的本性的东西，无论是什么，都可以真实地断定属于这个事物。"

小前提："存在属于上帝的本性。"

结论："所以，可以真实地断定上帝是存在的。"

---

① 北京大学哲学系编：《西方哲学原著选读》上卷，商务印书馆1981年版，第242页。

笛卡尔还明确地答复伽桑狄，结论并不是如他所说的："所以，可以真实地断定属于上帝的本性的东西是存在的。"① 这是因为存在是最大的概念，所以应该直接得出结论：上帝是存在的。

但是，康德认为，本体论证明的问题在于：它是从概念到概念，不牵涉到任何质料性的、经验性的东西，所以看上去无懈可击，但是，它事实上却在进行概念分析的过程中，预先把存在当作一个属性而归属于这个命题的词项了，由此就从这个命题中分析出了"存在"。但实际上，事物的事实存在与概念中的存在属性不是一回事，所以，理论上说，是不能从概念的完美性中推论出这个概念所对应的事实是实际存在的。如果对事物的实际存在与概念中的存在属性不加以区分，那么，这种推论就只有纯粹逻辑的意义了。

康德对上帝存在的本体论证明一直持反对态度。从 1765 年开始，他就在揭示这种证明的不合理性，并力图说明，上帝的存在是不可证明的，但对上帝的假设却是我们理性的一种主观需要，仅仅具有实践的功能，而不是说明上帝在知识上是客观实在的。换句话说，断言上帝在知识上是客观存在的，就是一种理性的越界，就陷入了一种宗教的狂热。而理性的真正功能就是消除狂热。康德对上帝的存在问题的阐明就把它限制在纯粹理性的界限之内：上帝存在作为知识的对象是不可能的（当然在知识上也并不能否认上帝的存在，只是说，我们不可能对上帝形成知识），但在实践上，上帝的客观实在性却是必然的，即作为一种理性的信念，它应该存在。

康德关于宗教问题的思考很早就开始了。他生活在一个敬虔派气氛很浓的宗教家庭。他对宗教中出现的惟教义是崇和狂热的倾向十分警惕，并且对学校里的宗教教育也很反感。在成熟时期，他充分认识到宗教的存在是为了引导人们成为有道德的，即补充人在追求至善方面的能力的不足，而不是使人成为宗教的奴隶。

---

① Nené Descartes, *Meditations on First Philosophy*, *with Selections from the Objections and Replies*, *translated with an introduction and notes by Micheal Moriarty*, New York: Oxford University Press Inc. 2008, p. 97.

他反对上帝存在的本体论证明,主要的基点是认为对宗教问题必须限制在理性的范围之内,对不能给出理性理由的东西一律都不怀有信仰。

康德发现了上帝存在的本体论证明的一个问题,那就是把存在看作是一个谓词,从而断言上帝是存在的。实际上,即使我们假设上帝是全能的,这里也并没有断言上帝是存在的,因为即使并不认识上帝存在的人,他也能设想上帝是全能的。而"上帝的存在必须直接属于他的概念如何被设定的方式"[①],比如,你可以设定上帝是全能的,但是你并不同时设定了他的实存性,也就是说,不能把存在作为谓词。实际上,存在是属于主体的,如果我们没有假定主体的实存,则不管我们赋予它以什么样的谓词,主体自身实际上都没有被规定是实存的,还是仅仅是可能的。所以,上帝存在的本体论证明从上帝被假定为完美的出发,就推出上帝是存在的,这是一种谬误。说得明白一点,那就是实存的东西就是经验现象的东西,从这一点出发,我们就可以赋予这个主体以各种实在的谓词(这可以作为知识)。但上帝处于经验现象之外,所以,我们只能赋予它以任何我们可以设想的谓词(这只是设想)。

那么,我们如何设想上帝呢?我们所能赋予他的谓词只能是我们所能设想的最有能力、最善良、最有智慧的等概念。但我们已经说了,从这里并不能推出上帝是存在的。于是,我们也许只能反过来,看能否在经验中寻找证明上帝存在的证据。

一种必然的存在者是什么样的呢?首先,它只能是一个单纯的实体,也就是说它应该是一个自我同一的单纯实体,显然,这种必然的存在者是其他所有的实在性的根据,因此,最可能的实在性也包含在这种必然的存在者之中。它之所以只能是一个单纯的实体,是因为那些复杂的实体是可以分割的,因此复杂的实体的存在就并不是绝对必然的。而作为单纯的实体就是那

[①] 康德著,李秋零主编:《康德著作全集》第2卷,中国人民大学出版社2004年版,第81页。

种不能分割的实体，只有那种无广延的东西才具有这种性质，因此，它"是一种精神"①。精神的属性，如知性和意志，就具有这样的性质，就具有最高的实在性，因为"我们不能设想出任何实在性，在缺乏它们的情况下能够给一个存在者提供一种代用品，来弥补它们的缺乏。"② 也就是说，这种作为任何实在性的根据的实在性，就是具有最高程度的实在性的必然存在者，它只能是精神性的，用任何其他东西都不能弥补它的缺乏。由此，我们可以断言，在这种绝对必然的存在者里面，"所有可能的东西中的秩序、优美、完善都以一个存在者为前提条件，或者是这些关系的根据在于该存在者的属性之中，或者至少是由于该存在者，事物依照这些关系就像是从一个主要根据出发那样是可能的。"③

由以上所论可以推出，这样的一个绝对必然的存在者就综合了上面所说的所有完美性质，它就是一个上帝："有某种东西绝对必然地实存着。这种东西就其本质来说是惟一的，就其实体来说是单纯的，就其本性来说是一种精神，就其持存来说是永恒的，就其状态来说是不变的，就所有可能的东西和现实的东西来说是最充足的。这就是一个上帝。"④ 于是，上帝就是被我们所设想的一个最高的存在者，他是所有实存的东西的最后根据，是元始的存在者，即使是人，甚或是整个世界，也都是以他为根据的。人虽然是有思维的，但人也具有感性性质，也是会经历时间变化的，所以并不是纯粹的精神；而整个世界也是经验对象，它也要以某种最高的、绝对的存在者为根据。这当然是我们理性的推论，这种最高存在者必须具有必然的实存性，但

---

① 康德著，李秋零主编：《康德著作全集》第 2 卷，中国人民大学出版社 2004 年版，第 96 页。

② 康德著，李秋零主编：《康德著作全集》第 2 卷，中国人民大学出版社 2004 年版，第 95 页。

③ 康德著，李秋零主编：《康德著作全集》第 2 卷，中国人民大学出版社 2004 年版，第 96 页。

④ 康德著，李秋零主编：《康德著作全集》第 2 卷，中国人民大学出版社 2004 年版，第 96 页。

是这并没有证明了上帝的实际存在,而只是证明了上帝的存在是必需的。

(2) 对宇宙论证明的批判

宇宙论证明的内容是:"如果某种东西实存着,那就必定也有一个绝对必然的存在者存在着。现在,至少我自己实存着,所以一个绝对必然的存在者实存着。"① 事实上,这种证明是从经验开始的。其核心是不借助于经验事物的任何特别属性,而只借助某经验事物的实存,来推出绝对必然的存在者的存在。

这个论证的本质是:它从经验事物出发推论有一个绝对的必然者的实存,所以,它纯粹是在概念背后进行研究,也就是说,它认为,一个绝对必然的存在者有着绝对的现实性,故在一个最现实的存在者的概念中,我们能发现一种绝对的必然性的所需条件,然后推论出:最现实的存在者就是绝对必然的存在者。康德认为,这实际上就是主张:"从最高的实在性能够推论到绝对的必然性"②。而这正是本体论证明所主张的一个命题。既然本体论论证是失败的,则这种宇宙论证明也就是失败的。

康德认为,宇宙论证明存在着以下四个问题,1. 这是从偶然的经验事物推论到一个原因的先验原因,但实际上,一个偶然的经验事物只能以另一个偶然的经验事物为原因,一旦超出感官世界,这种推论就不成立。而在这里,"它却恰恰被用来超越到感官世界之外。"③ 2. 如果我们认为,感官世界的无穷尽因果系列是不可能的,所以可以从这一点推论到有一个最初的原因,而这种最初原因就不能再是感官世界中的一物。但从理性的经验使用来说,这是不容许的。3. 理性要追求完成经验事物因果关系的无穷尽序列,这是理性的本性,但是,这种证明所借助的却是这样一种思想:认为如果没

---

① 康德著,李秋零主编:《康德著作全集》第3卷,中国人民大学出版社2004年版,第395页。

② 康德著,李秋零主编:《康德著作全集》第3卷,中国人民大学出版社2004年版,第397页。

③ 康德著,李秋零主编:《康德著作全集》第3卷,中国人民大学出版社2004年版,第398页。

有必然性概念，则一切就都不能成立，并把这假定为自己的概念的完成。然而，这却是一种从有限到无限、从个别到全体的跳跃，显然，这从经验世界出发是不能完成的。4. 这种证明实际上是混淆了逻辑可能性概念与先验可能性概念。把一切结合起来的实在性概念是逻辑上可能的，因为它没有内在矛盾，但这并不证明这种概念是实际存在的。因为这种最高存在者的概念是超越经验世界的，是先验的概念，其实在性并不能通过逻辑可能性来证明。从以上四个方面看，宇宙论证明都是失败的。

康德明确地说，"假定一个具有最高充足性的存在者的存在为一切可能的结果的原因，以便使理性容易找到它所寻求的解释根据的统一性，这是可以允许的。然而如此放肆，以至于人们甚至说这样一个存在者必然实存，就不再是一个可以允许的假说的谦逊表现，而是一种不容置疑的确信肆无忌惮的僭妄了；因为人们自称认识到其为绝对必然的东西，对此的知识也必须自身带有绝对的必然性。"① 也就是说，宇宙论证明的必然失败之处在于：本来为了解释现象世界中的一切可能事物的原因，我们"假定"一个具有最高充足性的存在者是可以的，也就是说，这只是一种解释的需要，但是不能认为这样一个存在者就必然是实存的，因为我们对它不可能形成知识。宇宙论证明想从知识上证明上帝的实存，而这是不可能的。

（3）对自然神学证明的批判

康德认为，自然神学证明与宇宙论证明的最大差别就在于，它用我们这个感官世界的特别性质作为证明根据："如果无论是一般事物的概念，还是任何一个一般存在的经验，都不能提供所需要的东西，那就只剩下一种办法了，即试一试一个确定的经验、因而现存世界的事物的经验，它们的性状和秩序能否提供一种证明根据，有助于我们可靠地达到对一个最高存在者的存

---

① 康德著，李秋零主编：《康德著作全集》第3卷，中国人民大学出版社2004年版，第400页。

在的确信。"① 大概有以下四种性状和秩序:即第一,世界上到处表现出来的按照一定的意图而形成的秩序,体现了一种伟大的智慧;第二,这种种合目的的秩序表现出了令人惊叹的精妙和协调,使得各种事物可以被认为是由一个进行安排的理性原则来选择和配置的,并且作为综合的手段来实现一定的终极意图;第三,由以上两种经验现象可以断定,必定"有一个(或多个)崇高和智慧的原因实存着",它(们)不仅是自然事物产生的原因,而且也"作为理智通过自由而是世界的原因"②;第四,我们可以通过用人工建筑进行类比,来说明这个原因的统一性,也就是说,上帝作为其所有造物的原因的统一性,就类似于建筑师是所有他的建筑物的统一原因。康德认为,这种证明的根本问题在于,它想通过经验性的道路迈进到对绝对的总体性认识,但这二者之间有一个如此不可逾越的鸿沟,所以,自然神论想从知识上证明作为绝对总体性的上帝的存在,此路不通。

康德如此仔细深入地反驳这三种关于上帝存在的证明,实际上是想说明,要在理论理性上提供上帝存在的证明是不可能的。关键在于,纯粹的概念推演不能真实地证明什么,从经验出发则更不能推论出无限的、无条件的、具有最高智慧的上帝的实存。康德认为,我们只有另一条路导向上帝的概念,那就是这样一个信念:"最高存在者的理想无非是理性的一个范导性原则,即如此看待世界中的一切结合,就好像它们产生自一个极为充足的必然原因似的,以便在此之上建立说明世界中的结合时的一种系统的、按照普遍的规律而必然的统一性规则;这一理想不是对就自身而言必然的实存的一种断言。"③ 这种理性的范导性概念只能是目的论的。

---

① 康德著,李秋零主编:《康德著作全集》第 3 卷,中国人民大学出版社 2004 年版,第 405 页。

② 康德著,李秋零主编:《康德著作全集》第 3 卷,中国人民大学出版社 2004 年版,第 408 页。

③ 康德著,李秋零主编:《康德著作全集》第 3 卷,中国人民大学出版社 2004 年版,第 404 页。

二、 对上帝存在的"证据" 的进一步探索

康德认为，要真正证明上帝的存在是不可能的，但是，我们可以寻找上帝存在的"证据"。但这种证据不能是上帝的创造物在经验中的表现，因为上帝是超出时空的，超出经验界的，所以，不能从经验的存在物出发来反推上帝的存在。康德认为，必须转变思路：如果从感性事物的角度来寻找上帝存在的证据，那就只有这种感性事物之间所体现的令人惊叹的和谐、适应性和统一性，才能成为上帝存在的"证据"，这只能从自然目的论的角度和道德目的论的角度来阐明，而不是知识性的阐明。

我们所处的世界是由众多的事物组成的，而且这众多的事物都具有独特的和独立的性质，从理性上可以推论，如果它们不是来自一个统一的根据，那么，这种情形就让人感到难以理解，对此我们的理性将无法得到安顿。对理性而言，有了这种统一的根据，则这些众多的事物才能呈现出其相互关系中的秩序、协调和统一。在这个世界上，的确有许多情况让人感觉得到是一个最高的智慧所安排的。康德说："由于由此在宇宙无限的杂多中造成了统一，在盲目的必然中造成了秩序，所以必然有一个最高的原则存在，凭借它，所有这一切才能获得自己的和谐与适宜性。"[1] 我们在这个世界上，看到了太多难以理解的优美、协调和适宜性，以及合目的性。比如山峦的优美曲线、山上的植被之间的和谐，海洋、河流的岸线的逶迤蜿蜒，水生动物之间奇妙的共生关系，等等，它们表现出了一种令人惊赞的神奇的和谐，其中最为重要的是，有机物的那种精妙性则更令人感到惊奇。我们能以力学或机械的规律在数学上确定地来解释一切天体的运动，但是，对于有机物各器官的功能之间的相互适应性，我们却不能用这种力学规律来解释，因为有机物是一种完全不同的事物，其本性与服从力学规律的天体不同，我们无法以数

---

① 康德著，李秋零主编：《康德著作全集》第 2 卷，中国人民大学出版社 2004 年版，第 105—106 页。

学的确定性来解释植物的生长和内在运动的规律,更无法以此解释一条毛毛虫。但是,动植物却有着内在功能的协调性和适应性,它作为一个证据昭示着一个最高的智慧的安排者的存在:"这种统一性以及随之而来的完善在这里所援引的事例中是必然的,附属于事物的本质,就此而言应归因于它的所有协调、丰饶和优美都由于大自然的根本秩序或者由于大自然的秩序中必然的东西而依赖于上帝。……植物界和动物界的造物无一例外地为一种偶然的、但与伟大的智慧协调一致的统一性提供了值得惊赞的实例。"①

康德在这里没有说这是对上帝存在的某种证明,而只说这是上帝存在的"证据",可见他在这个问题上确实是十分谨慎的,力图把阐述限制在理性的范围里。但在 1765 年,康德其实还没有对上帝存在的问题形成一个明确的解释范式,所以就从经验证据入手,以避开理性证明的独断性。这是康德早年采取的办法。当然,这种方法毕竟还是不成熟的,因为我们也看到在自然界也有许多不和谐、不协调、不统一,这些情况很难说服我们,说这些也都是上帝的智慧安排。

三、 从目的论的角度来导向对上帝的信仰

(1) 为什么需要目的论?

在 18 世纪 80 年代,康德确立了从目的论的角度来阐明对上帝的信仰的思路。他认为,对上帝的公设,是一种理性实践的主观需要。把自然中的一切表象为有一种目的是可以的,但是,这并非是规定性的判断力所要求的,而是一种反思性的判断力所要求的。因为目的概念是把两种概念关联起来,并力图使自然界组成一个目的的整体,因为不如此,我们就没有办法理解自然界为什么要存在。同时,我们要注意,这样以目的论来表象自然世界,并不是给自然物引入任何一个因果性根据,"只是给理性的应用再附加上一种

---

① 康德著,李秋零主编:《康德著作全集》第 2 卷,中国人民大学出版社 2004 年版,第 113 页。

不同于按照机械法则的研究方式，以便补充后者本身在经验性地探究自然的一切特殊法则方面的不足。"① 也就是说，要把自然界表象为好像有目的似的。这是一种不同于机械作用的终极目的的联结。从这里出发，我们还会进一步认为，如果不设想一个自身就是终极目的的存在者，就无法使这个世界的所有事物构成一个目的体系。

我们在现实世界中，不管是微观上还是宏观上，我们都能在如此令人惊赞的程度上到处都发现合目的性和秩序。实际上，在微观上，我们更能发现这种令人惊奇的合目的性和秩序，比如我们身上的各种器官之间的功能耦合与相互配合就是十分精妙的。这种情形使得我们感觉到，假如我们不假定一个有理智的初创者，这种情形就会陷入一种无法理解的荒唐之中，因为我们提不出任何其他可理解的根据。当然，我们也"不能证明这样一种合目的性不可能没有一个最初的有理智的原因"②，也就是说，我们不能给出做这种描述的客观根据，然而，我们可以拥有假定这种原因的一个充足的主观根据，因为我们的理性为了解释这个被给予的现象，就需要预设某种对它来说可理解的东西，上帝概念就是这种东西。但需要注意，这并不是断定上帝的客观实存性，而是说，这对我们理解世界上无处不在的合目的性和秩序是必需的，并且由此我们的理性才有了一个安顿，所以这是我们理性的一种主观的必然需要，但并没有在知识上向超验世界有任何扩展。

我们为什么要从目的论的角度来阐明上帝的概念？这是因为，如果我们想把上帝作为一个知识的对象，那么我们无论如何也不能实现我们的意图，因为在理论理性的范围里，这是无论如何也做不到的。所以，只能采取目的论路径。目的论路径的核心在于，它不试图用机械的规律性来解释自然界的目的性，而是试图用反思的判断力理论来阐明这种目的性，但最终还是要过

---

① 康德著，李秋零主编：《康德著作全集》第 5 卷，中国人民大学出版社 2007 年版，第 398 页。

② 康德著，李秋零主编：《康德著作全集》第 8 卷，中国人民大学出版社 2010 年版，第 140 页。

渡到道德的目的性之中，这才是真正合理的路径。

（2）自然目的论：有别于机械法则的目的论法则

在目的论问题上，康德认为，从自然物来说，只能适用于有机生物。"有机生物的概念是：它是一个物质的生物，这个生物惟有通过它里面所包含的一切作为目的和手段的相互关系才是可能的（就像每一个解剖学家作为生理学家也确实从这个概念出发那样）。因此，一个组织借以起作用的基本力量，必须被设想为一个按照目的起作用的原因，确切地说，必须使得这些目的被奠定为作用的可能性的基础。但是，我们按照这类力量的规定根据通过经验认识它们，仅仅在我们自己里面，亦即在我们的理智和意志上，它们是某些完全按照目的安排的产物，亦即艺术品的可能性的原因。理智和意志在我们这里是基本力量，其中后者就其由前者来规定而言，是一种按照一个被称为目的的理念来产生某种东西的能力。"① 这就是说，对有机生物，我们不能用机械的规律来解释它们的生命机能，而只能设想它们的各种功能是目的和手段的关系，也就是设想之所以具有这些目的的一种可能性的基础即原因。这是参照我们人的功能来加以类比的。比如，我们有理智和意志，则意志就是由理智来规定的，并按照某种被称作目的的理念来产生某种东西。对有机生物的各种功能我们也可以这样来考虑，即它们被赋予某种器官，就都是为了实现某种目的而被安排的。这是一种反思的判断力的对象，即是说，这些器官的存在似乎具有这样的目的，而不是判断说它们是归属于这样的目的概念的，即不是规定的判断力的对象。

所谓反思性的判断力，其功能就是"为了通过这样一个理念与人类知性相适合地作为范导性原则来引导对世界上的事物的评判"②。我们说过，在自然中，不管是自然物之间的协调与和谐，还是有机物器官的功能的精妙，

---

① 康德著，李秋零主编：《康德著作全集》第8卷，中国人民大学出版社2010年版，第180页。

② 康德著，李秋零主编：《康德著作全集》第5卷，中国人民大学出版社2007年版，第434页。

都无法用机械的规律去解释，但在这方面合目的性概念却是一个必需的概念，因为把事物之间的关系和有机物器官的精妙功能表象为某种合目的性，则我们就能够使具体事物显现出某种普遍的意义，但显然并不是说这些具体事物可以归属于这些普遍的意义概念（这是规定性的判断力的功能），而是说这些具体事物好像具有这样的目的似的。因此，这种目的概念并不包含着客观事物本身的规定，对判断力而言，它是理性的一条主观原则，即事物中好像有这种目的似的，所以，其作用是范导性的，而非建构性的。于是，它"对于我们人类的判断力来说同样是必然有效的，就好像它是一条客观的原则那样。"① 但是如果我们真的认为自然界实实在在地存在着这些目的，那么就会导向一种理性的迷失。

在自然目的论的范围里，我们只能说自然事物的合目的性好像是有意图似的，也就是说属于反思性的判断力，而非规定性的判断力，所以，不应当引入因果性的任何根据，而是要在理性的使用中加上一种有别于按照机械法则的研究方式，即目的论法则，因为要在经验中探究自然，单是机械法则是不够的。

在《判断力批判》中，康德明确地说，"所有这些合目的的关系都建立在一个总是必须继续推出去的条件之上，这些条件作为无条件的（一个作为终极目的的事物的存在），完全处在自然目的论的世界考察之外。"② 也就是说，在自然目的论的范围里，我们的反思判断力就是考察互为目的和手段的有机物的组织的功能，但这也必然要推到那些无条件的目的上，即必须有一个作为终极目的的事物的存在，那就是人。人就是自然界的终极目的。进一步，人虽然是自然的终极目的，但人也是一种被造物，所以，我们必然会推出一个最高的创造者的理念。

---

① 康德著，李秋零主编：《康德著作全集》第 5 卷，中国人民大学出版社 2007 年版，第 421 页。

② 康德著，李秋零主编：《康德著作全集》第 5 卷，中国人民大学出版社 2007 年版，第 393—394 页。

那么,在自然目的论中,我们真正阐明了的是什么呢?我们所阐明的绝对不是上帝(或一个有理智的元始存在者)的实存。实际上,通过自然目的论,我们只能导向对这样一个最高存在者的设想,也就是说,没有这样的最高存在者,则这种目的就是纯粹的幻想。所以我们"只能在主观上为我们的判断力在其对自然中的目的做反思时的应用而阐明它,这些目的不能按照任何别的原则,而只能按照一个最高原因的一种有意的因果性的原则来设想。"① 因为按照我们的认识能力,在经验和理性的那些最高原则的结合中,我们绝对不可能对这样一个世界的可能性形成任何概念。为了阐明这个世界的可能性,我们不得不设想这个世界的一个有意地起作用的至上原因。康德甚至为此还对某些不和谐的自然现象做了这样的辩解:"好的做法是,即是让我们讨厌和在特殊的关系中违背目的的东西,便也从这一方面来考察。于是,例如,人们可以说:在人们的衣服里、头发里或者床上折磨着他们的寄生虫,按照一种睿智的自然安排乃是对清洁的一种推动,而清洁独自就已经是保持健康的一个重要的手段。"② 这样就使这种看上去不和谐的现象,也变成了总体和谐的一部分。

(3)道德目的论导向上帝存在的客观必然性

康德说,目的要么是自然的目的,要么是自由的目的。对自然的目的概念我们已经做了阐述,其核心就是:我们找到了一条与机械原则不同的解释原则,即目的论原则。但对于自由的目的来说,情况就只与我们自由的任性的准则有关。因为作为有理性存在者,我们是有自由的;但我们毕竟还有感性的本性和能力,所以,我们的任性会受到感性偏好的刺激。然而,我们人的任性又能独立于感性偏好之上,而受到纯粹的道德法则的规定,即有其自由。同时,我们的意志通过规定任性而诉诸行为,即能够追求某种客体或对

---

① 康德著,李秋零主编:《康德著作全集》第5卷,中国人民大学出版社2007年版,第415页。

② 康德著,李秋零主编:《康德著作全集》第5卷,中国人民大学出版社2007年版,第394页。

象，这就是目的。这种自由的目的，并不是要求我们的行为归属于这种目的，也不是认为这种行为好像具有这种目的似的，而是要求我们的行为应该具有这种目的。这就充分地表明了任性的自由的本质：它应该体现出道德价值。所以，自由的目的论原则也是一种普遍的范导性原则，"这条原则不是客观地规定作为因果性形式的自由的性状，而是确切地说按照那个理念使这些行动的规则对每个人都成为命令，其有效性并不亚于假如作出那种规定的话。"① 也就是说，这条原则并不是从因果性方面来规定行为，而是命令大家按照这种能够成为目的自身的理念而行动，从我们自由的行动不受自然法则规定而言，它就必然要受到自由法则的规定，就是一种绝对命令，这是客观有效的，其客观有效性并不亚于自然的因果性。

首先，从人在自然中的目的来看，我们可以设想，人实际上也是自然目的体系中的一种目的，然而，我们还可以通过理性反思到，我们实际上是自然的目的系统中的最终目的，因为我们无法设想在自然的造物中，还有什么比人更高的目的。那么，如何理解人是自然的最终目的呢？实际上，这是说，自然给予我们自然禀赋，就是要去满足它们或者发展它们。我们的禀赋中，一种是动物性的禀赋，这是需要自然以仁慈来满足的，因为我们的本能就适合追求幸福，这就是一种自然的目的；同时，我们有着各种人性的禀赋，需要得到发展，比如发展出各种技巧使我们能够适应我们在生活中的各种目的，如制造工具的技巧以及人际交往的技巧，前者能够创造出我们的物质产品以满足我们的生活目的，后者能够使我们在人际关系中取得协调，形成文明礼仪和亲切的风度、交往的技巧等等，这就是人的文化。康德说："人在自然中的所有目的也就只剩下了形式的、主观的条件，亦即一般而言自己为自己设定目的、并且（在人规定目的时不依赖于自然）一般而言与他的自由目的相适合地把自然当做手段来使用的适应性的条件，这是自然就外

---

① 康德著，李秋零主编：《康德著作全集》第 5 卷，中国人民大学出版社 2007 年版，第 420 页。

在于它的终极目的而言所能够做到的，因而这就能够被视为自然的最终目的。一个有理性的存在者一般而言对随便什么目的的适应性（因而是在他的自由中的适应性）的产生就是文化。因此，惟有文化才能够是人们有理由就人类而言归之于自然的最终目的（而不是他自己的尘世幸福，或者根本不只是在外在于他的无理性自然中建立秩序和一致性的最重要的工具）。"①

当然，这种文化技巧并不是所有方面都能服务于这一最终目的。我们要认识到，这种技巧的发展，最终是为了道德的。因为发展人的技巧，是使我们形成对未来的各种生活目的的适应性，它们本身对人的意志来说并不起一种直接的促进作用。但在发展技巧时，我们需要对自己加以训诫、培养以及教化，所以，其对意志的作用是否定性的，"在于把意志从欲望的专制中解放出来，欲望的这种专制使我们依附于某些自然事物，没有能力自己作选择"②，当然，这也只是一种导向意志自律的台阶而已，而不是意志自律本身。

其次，从道德的禀赋而言，它是人作为本体的人而具有的人格性禀赋。如果说，现实世界中的其他存在者都是在现象界的，那么，人这类既有感性又有理性的存在者就既是现象界的，同时又是本体界的。人这类存在者是有明确的目的的，因为他有着理性和基于理性的意志，他要使事物按照应该的秩序而出现在现象界，这样的因果性就是自由的因果性，是以道德人格性为主体的。所以，对他而言，道德法则可以是他用于规定目的的法则，从而是无条件的和不依赖于自然条件的，而且也是必然的。"这种类型的存在者就是人，但却是作为本体来看的人；惟有这样的自然存在者，我们在它身上从它自己的性状方面，能够认识到一种超感性的能力（自由），甚至认识到那种因果性的法则，连同这种因果性的那个能够把自己预设为最高目的的客体

---

① 康德著，李秋零主编：《康德著作全集》第 5 卷，中国人民大学出版社 2007 年版，第 449 页。

② 康德著，李秋零主编：《康德著作全集》第 5 卷，中国人民大学出版社 2007 年版，第 450 页。

（世界上的至善）。"① 也就是说，在自然界中，除了人之外，没有任何其他存在者可以被看作是最高的目的本身。对于人这类有理性的存在者，不能再去追问他是为了什么目的而实存的，因为他的存在在自身中就是最高的目的，整个自然都是服务于这个最高目的的，从而人成为自然的主宰，而不是受到自然法则的规定。他发展自己的自然禀赋，目的正是为了促进自己在道德上的完善。

所以，对我们而言，远为重要的是理性在其实践应用中的需求，因为它是无条件的，所以，我们必须做出判断，为了使德福一致能实现，我们被导向预设上帝的实存。我们知道，康德认为，纯粹理性的实践能力就表现在以道德法则作为意志的规定根据，并做出行动。但这些法则又必然要导向在世界中可能的至善理念：首先必然导向唯有通过自由才是可能的前提条件即道德，因为只有具有了道德，我们才有了配享幸福的资格；同时，也必然导向不仅取决于人的自由，而且也取决于自然的东西，亦即导向最大的幸福，这是就它被与前者成比例地分配而言的。

对人的理性来说，我们需要依赖这种至善，没有至善，我们的德性就不能指望有实际的幸福的后果。康德反对斯多亚学派的一个观点，就是把德性等同于幸福。实际上，对人而言，德性和幸福都是我们的目的，都应该得到实现。由于德性和幸福服从于不同的法则，所以，我们必须假定一个至上的智性存在者才能期望这二者得到统一。这样，至善的理念就有了某种客观实在性，而不是让"至善连同整个道德仅仅被视为一种纯然的理想"②。

所以，上帝的概念是在理性中被发现的，因为它是实践理性的一种主观需要。显然，要持有对上帝的信仰，实际上理性信念必须先行，而不能通过"灵感"或某种离奇的对超感性东西的直观先于理性信念来形成对上帝实存

---

① 康德著，李秋零主编：《康德著作全集》第5卷，中国人民大学出版社2007年版，第453页。

② 康德著，李秋零主编：《康德著作全集》第8卷，中国人民大学出版社2010年版，第141页。

的观念，显然，这样就做会陷入迷信或者狂热。而理性的一个重要功能就是阻止这种狂热。"除了纯粹理性能力的那种界限规定之外，没有任何可靠的手段来把所有的狂热连根拔掉。"① 康德认为，"如果否认理性在涉及诸如上帝的存在和来世这样的超感性对象的事情上有首先说话的应有权利，那么，就为一切狂热、迷信，甚至无神论洞开了大门。"② 在宗教问题上，如果理性没有首先说话的应有权利，会导致狂热和迷信，这一观点比较容易理解；但他说这甚至会为无神论洞开大门，就不太好理解了。实际上，康德的意思是，如果理性在对超自然的事物没有首先说话的权利，那么，或者知性就会越界，即通过各种方式想达到对上帝的认识或直观，这样就会造成狂热和迷信；或者人们就只信任感觉经验，由于我们不可能经验到超自然的事物，所以经验论者就会认为上帝是不存在的，从而导致无神论。对康德而言，只有理性认可的宗教观念才会是合理的，因为宗教本来就是在理性的认识功能所达不到的地方才出现的，所以对上帝的公设是理性的内在需要，这只有在实践的意义上才能成立。但这并不是一种主观的幻想，而是对于道德实践的需要来说，上帝的实存是有着客观实在性的，这种实在性不会比经验性存在者的实在性更低，当然这两种实在性具有不同的性质。

（4）从道德目的论到上帝存在的道德证明

康德在这里提出上帝存在的"道德证明"，这个"证明"与"本体论证明""宇宙论证明"和"自然神论证明"是完全不同的。他在这里毋宁说是采用了反证法，即假定上帝不存在，那么我们还能创造自己的生命价值吗，我们还能始终如一地坚定地、持久地保持自己纯正的道德意念吗？所以，这是以道德思维方式的一贯性来"证明"上帝的存在。

道德目的论涉及我们自己的种种目的关系，最终说明的是服从道德法则

① 康德著，李秋零主编：《康德著作全集》第8卷，中国人民大学出版社2010年版，第145页底注①。
② 康德著，李秋零主编：《康德著作全集》第8卷，中国人民大学出版社2010年版，第144页。

的人才是终极目的。如果这个世界仅仅是由无生命的存在者和有生命却无理性的存在者构成，则这样一个世界就根本没有价值。进一步说，即使这个世界中存在着有理性的存在者，但如果他们把事物存在的价值仅仅与其幸福联系在一起，而不是通过自由，即用自己的理性和基于理性的意志自发地创造出价值，那么世界上虽然有目的，却没有客观的终极目的。诚然，幸福作为感性偏好的总和，也是我们的目的，但是它却是我们的主观的终极目的；而只有我们人能够通过服从道德法则去产生那些所有有理性的存在者都应该拥有的目的，即客观目的。只有追求客观目的的存在者才是绝对的终极目的。由于我们是尘世存在者，所以我们必定要与世界上的其他存在者结合在一起，于是，道德目的论要求这两类目的都能得到实现，这也是必然的。那么，这种必然要求"是否迫使我们的理性判断超出世界，为自然与我们里面的道德的那种关系寻找一个有理智的至上原则，以便也在与道德的内在立法及其可能的实现关系中把自然表象成合目的的"① 呢？或者说导向上帝的实存呢？

　　康德以如下方式来推出神学：第一，他认为，只有服从道德法则的人才是理性必须先天地说明的终极目的。康德有意地不说"按照道德法则的人"，而说"服从道德法则的人"是终极目的，这是因为人这种尘世存在者，只能受到道德法则的内在强制，而不会始终符合道德法则。实际上，"使人在任何时候都与道德法则相适合地行事，这处于世界创造者的权能之中"②。对人而言，善性和恶性都出自我们的自由，只能归咎于我们自己。所以，说"服从道德法则的人"，才在我们有限的理性洞察力的界限内，而说"按照道德法则的人"，则超出了我们的洞察力的界限。于是，康德从我们的有限性中推出了一个统治世界的最高智慧：这种最高智慧就表现在对前一种人能

---

　　① 康德著，李秋零主编：《康德著作全集》第5卷，中国人民大学出版社2007年版，第467页。

　　② 康德著，李秋零主编：《康德著作全集》第5卷，中国人民大学出版社2007年版，第468页底注①。

够循循善诱,对后一种人则直接使其道德与其幸福的后果相一致了。所以,这可以说是一种创造。创造在这里,就是指"一个世界的存在的原因,或者世界上种种事物(实体)的存在的原因"①,也就是说,我们必须假定有上帝的存在,我们才有可能由于服从道德法则而成为终极目的。这是从创造的角度所作的说明。

同时,道德法则为我们提出了主观的终极目的和绝对(客观)的终极目的,但这两个要求是不可能被表象为通过纯然的自然原因联结起来的,因为我们并没有无限的实现幸福的物理力量,故这两种要求的联结为我们力所不能及,"因此,我们必须假定一个道德的世界原因(一个世界创造者)……也就是说,有一个上帝存在。"② 这是从道德的角度所作的说明。

第二,的确,每一个有理性的人都承认自己始终会受到道德法则、道德规范的严格约束,而道德的法则是形式性的,它无条件地发布命令,而不考虑其目的(作为意愿的质料)。为了使我们成为有道德的,我们始终用这种道德法则的形式严格约束自己就行了,而且这也是我们能够做到的。履行义务就在于认真执行道德法则的形式,而不管能否达到其意想的结果。但是我们是尘世存在者即有限的理性存在者,在我们的本性中有一个不可抗拒的目的,即追求幸福,然而这又必须被设想为从属于道德法则的,于是,我们可以"把促进与道德性相一致的幸福作为终极目的"③。前面说了,要在尘世中实现这种至善,我们不得不需要一个上帝。

假如一个人相信"不存在一个上帝"的命题,就会存在如下两种情形:第一,如果他就认为道德法则是想象出来的,无效的、无约束力的,于是就打算去违背它,他在自己的眼中都是一文不值的,因为他的理性法则在他的

---

① 康德著,李秋零主编:《康德著作全集》第 5 卷,中国人民大学出版社 2007 年版,第468 页底注①。

② 康德著,李秋零主编:《康德著作全集》第 5 卷,中国人民大学出版社 2007 年版,第470 页。

③ 康德著,李秋零主编:《康德著作全集》第 5 卷,中国人民大学出版社 2007 年版,第471 页。

心里是有无上的权威的，并时刻向他发布着命令，这样的话，他的内心一定会在交战，并且会看不起自己；对他而言，服从道德法则，要么出于担心或恐惧，要么出于追求报酬的意图。这样，他的思维方式就是错误的。第二，如果他出于对上帝的信仰，而真诚无私地遵守义务，却假定如果自己今后确信不存在上帝，那就可以免除自己的义务和道德责任，那么，其心中的道德意向也必定是坏的。

进一步，我们现在假设有这样一个诚实的人，他坚信不存在一个上帝，也不相信有来生，那么，我们可以从一贯的思维上推论他是否能坚持到底。他对神圣的道德法则有敬重，并且也严格地服从道德法则，只想无私地促进善，并不想通过遵循道德法则给他自己带来什么好处，不管是现今还是来世。显然，他能感受到来自神圣的道德法则的力量，但他遵循道德法则的行为也要促进某种目的，那么，这个目的是什么呢？目的是质料性的对象，所以他必定想造成一个有善的价值的自然世界，因为道德法则强制意志去实现一种完善的客体，那就是至善即德性与幸福的一致。然而，如果他坚信不存在上帝，那么这种至善在尘世中的实现只能靠他自己的努力了。但他自己的努力又是有局限的，所以他无法造成自己的至善，更不可能造成所有人的至善：第一，他的物理能力就是不够的，同时即使他是"正直的、和气的、善意的"，但他周围也总是有"欺诈、暴行和嫉妒"① 横行着，所以，他无法凭借自己之力而造成自己和所有人的至善；第二，他周围当然也有品行高尚之人，但由于自然的苛待，他们也"遭受着贫困、疾病和夭亡这一切不幸"②，而且永远会发生这样的德福不一致的情形。面对这一切，这个诚实的品行高尚之人会怎么想呢？只有两种办法，即他要么放弃掉这个他只能认之为不可能的至善目的；要么始终保持纯正的道德意念，不让因为凭自己无

---

① 康德著，李秋零主编：《康德著作全集》第5卷，中国人民大学出版社2007年版，第472页。

② 康德著，李秋零主编：《康德著作全集》第5卷，中国人民大学出版社2007年版，第472页。

法实现至善的目的而削弱自己对道德法则的敬重，然而，如果这样的情况总是必然地发生，那么事实上他的道德意向不可能不受到削弱。但是，在实践上，道德法则又必然指向至善的目的，它应该得到实现，而这又必须假定一个全智、全善、全能的上帝的存在才有希望，所以，他必然会"假定一个道德上的世界创造者的存在，也就是说，假定上帝的存在；他尽可以作出这种假定，因为这种假定至少自身是不自相矛盾的"①。

实际上，上帝的理念就存在于我们的理性之中，因为道德法则指向至善，所以会产生对上帝的信仰。宗教是建立在道德的基础之上的，道德必定会导向对上帝的信仰，或者宗教。于是，对尘世的有限理性存在者而言，宗教是我们的一种必然需要，而且这也是一种一以贯之的思维方式所导致的。在这里，并没有任何超出理性界限的臆想。的确，从理性的思想方法来说，我们确实只能按照某种类比的方式来设想最高存在者的那些属性，这需要借助经验性的类比，比如说，我们在经验中发现我们人可以制造出某种东西，由此我们可以类比所有现实存在者应该有一种最高的创造者。但是，我们只能"设想这个存在者，而不能据此认识它"②，它只有实践上的意义。因为实践理性即使没有这种先天的预设，也会要求我们全力去实现至善这一终极目的，所以，为了使道德不致成为空谈，我们必须假定使至善能够得以实现即"能够设想一种预期的结果是可能的"③ 的最高条件，也就是说必须假定上帝的存在。

（5）神义论的辩护

对康德而言，为了阐明信仰的合理性，必须对人们关于上帝的某些怀疑或抱怨进行澄清或者辩护。这就康德所说的神义论。他说，"要作出这种辩

---

① 康德著，李秋零主编：《康德著作全集》第5卷，中国人民大学出版社2007年版，第472页。

② 康德著，李秋零主编：《康德著作全集》第5卷，中国人民大学出版社2007年版，第476页。

③ 康德著，李秋零主编：《康德著作全集》第5卷，中国人民大学出版社2007年版，第477页。

护，就要求自封的上帝辩护人要么证明：我们在世界上判定为与目的相悖的东西，其实并不与目的相悖；要么证明：即便是那么回事，它也不必被判定为所作所为，而是必须被判定为出自事情本性的一个不可避免的结果；最后要么证明：它至少不必被看做所有事物的最高创造者的所作所为，而是必须被仅仅看做能够有所归咎的世间存在物、即人的（充其量还是更高级的、善的或恶的、精神性的存在物的）所作所为"①。那么，这三种辩护是如何进行的呢？显然，这是就现象界的有些事物似乎是不和谐、不协调、不统一、不合乎最高创造者的智慧安排的目的而言的，人们对这些现象会加以责难。对这些责难我们应该加以研究，并加以澄清和消除，从而使人们理解到，这些现象的存在丝毫无损于最高智慧的概念。

我们一般认为，与创造者的智慧的目的相悖的现象有三种：1. 在道德上完全与目的相反的东西（真正的恶），也就是说，这样的行为完全是出自有意违背道德法则的准则或动机的；2. 自然物与目的相悖，但作为手段能与一个意志的智慧并存（如灾祸、痛苦），即我们虽然不想要痛苦或灾祸，但是，它们可能是大自然（上帝）用于发展我们的禀赋（包括道德禀赋）的手段；3. 犯罪与惩罚的不相称，即没有实现正义。

康德认为，与对这三种现象的责难相对应，世界创造者的最高智慧应该有以下三种特性：即1. "与世界里面道德上与目的相悖的东西相对立，世界创造者作为立法者（造物主）的神圣"；2. "与理性的世间存在物的无数灾祸和痛苦相对照，世界创造者作为统治者（维持者）的仁善"；3. "与世界上放荡的人不受惩罚和他们的犯罪之间的不和谐所表现出的弊端相比，世界创造者作为审判者的正义"②。

康德明确地说，这三种特性不是相互回溯的，而是共同构成了道德上的

① 康德著，李秋零主编：《康德著作全集》第8卷，中国人民大学出版社2010年版，第258页。

② 康德著，李秋零主编：《康德著作全集》第8卷，中国人民大学出版社2010年版，第260页。

上帝概念,也就是说,从道德上说,最高的理智存在者就应该有这三种特性;同时,这三种特性的顺序不能改变。上帝的特性首先只能是最高的立法者地位,正如道德法则在道德哲学中的优先地位一样,它必定先行于仁善,而不能反过来。如果仁善优先于立法,那么,人们的配享幸福的资格就不能处于前提地位(因为这种资格是与法则相关的),"因为以主观目的(自爱)为基础的愿望,不能决定无条件地给意志以规则的法则所规定的客观目的的(智慧)"①。当然,上帝的仁善是要促使所有人获得幸福的,但首先需要大家具备配享幸福的资格。最后,正义则是要对恶人行恶事进行公正的惩罚。人们抱怨在现实生活中的不正义现象,并"不是针对好人过得不好,而是针对恶人过得不坏"②。所以,好人只能期待上帝的仁善,而不是上帝的正义;但坏人必须是上帝的正义的惩罚对象。这就是上帝这三种特性的应有秩序。

从上帝的这三种特性出发,针对以上对现实世界中的违背目的的现象的抱怨,我们就可以做以下辩护。

第一,针对真正的恶,我们可以认为,这并不是对上帝的法则的违背,而"只是对人类智慧的违背"③。神的智慧的判断规则是我们所无法理解的。康德在这里对这一点的辩护有点混乱,他引入了对"手段"的善的揣测:"在这里,我们虽然与自己的实践理性及其规定相联系合理地认为应予谴责的东西,在与神的目的以及最高智慧相关时,也许无论对我们的特殊福祉来说还是作为世间最好的东西来说,都恰恰是最合适的手段。"④ 因为在前面说人们对这一点的抱怨是说,这种真正的恶作为"绝对与目的相悖的东西,

---

① 康德著,李秋零主编:《康德著作全集》第 8 卷,中国人民大学出版社 2010 年版,第 260 页底注①。

② 康德著,李秋零主编:《康德著作全集》第 8 卷,中国人民大学出版社 2010 年版,第 260 页底注①。

③ 康德著,李秋零主编:《康德著作全集》第 8 卷,中国人民大学出版社 2010 年版,第 261 页。

④ 康德著,李秋零主编:《康德著作全集》第 8 卷,中国人民大学出版社 2010 年版,第 261 页。

既不能作为目的也不能作为手段被一种智慧认可和追求"①，这里康德又以它可以成为一种好的手段来作辩护，所以有点混乱。但康德有一点是明确的，那就是认为，对此的抱怨实际上是一种理性的越界，因为上帝的智慧的法则是我们所无法理解的，而实际上，这类真正的恶事所违背的只是人类智慧。通过这种辩护，此类抱怨就被消除了。

第二，灾祸或痛苦，是建立人的本性的局限之上的，因为我们是有限的理性存在者，我们的身体会生病，或遭受痛苦，甚至还有自然灾祸等横逆之来。但它们不是道德上的恶，因为它们不出自我们的意志，所以，不能作为由人自己所招致的过失而归咎于人。

那么，世界上确实有灾祸和痛苦，我们由此对神的仁善提出抱怨，难道不合理吗？康德认为，这可以做出以下辩解：1. 人们有一个错误的假定，就是认为在人生中，灾祸比生活的惬意享受更占优势。但实际上，"一个人，无论他的情况多么糟糕，都更愿意生而不愿意死。"② 2. 我们的本性的有限性也表明我们会遭受痛苦和灾祸，承诺这一点就可以了。3. 可以认为，"上帝是为了一种未来的幸福，也就是说出自仁善，而把我们置入世界的，但是，在那个值得期望的极大的永福之前，绝对必须先有当下生活的一个艰难的、痛苦的状态，在这个状态中，我们正应当通过与可恶的东西斗争来配享那未来的美好。"③ 我们可以做这种假设和辩护，但我们对此绝对不可能形成认识。

第三，关于恶人没有得到正义的惩罚，我们可能有的辩护是：1. 我们并不能拿良知的折磨等理由来糊弄，因为恶人作恶事要么没有经过良知，要么即使有些良知，这种良知的责备也会被他们所获得的感官享受所补偿或被

---

① 康德著，李秋零主编：《康德著作全集》第 8 卷，中国人民大学出版社 2010 年版，第 259 页。

② 康德著，李秋零主编：《康德著作全集》第 8 卷，中国人民大学出版社 2010 年版，第 262 页。

③ 康德著，李秋零主编：《康德著作全集》第 8 卷，中国人民大学出版社 2010 年版，第 263 页。

平衡掉。其实，我们可以通过痛苦与德性的关系来对此做辩护：德性的一个特质正是与可恶的事情做斗争，"苦难只会提高德性的价值，从而面对理性把生活无辜的灾祸的不谐和化解为最美妙的道德和谐。"①。2. 在我们设想的上帝的正义面前，我们虽然看到在现实的时空中，恶人没有得到应有的惩罚，但是在超时空的世界里，如果我们设想"将出现事物的另一种秩序，每一个人都分有他的行为在尘世间按照道德判断所值的东西"②，则这是任意的。我们应该理性地认识到这一点："由于按照自然的秩序，在遵循自由法则的意志的内在规定根据（道德思维方式）和我们遵循自然法则的幸福的（绝大部分是外在的）不依赖于我们意志的原因之间，根本不存在可理解的关系。"③ 也就是说，我们对上帝最终会如何惩罚行恶事的恶人，是我们所不知道的。于是，对于上帝的正义，我们只能抱有一种希望。

康德之所以进行这些神义论的辩护，目的之一是说明，那些抱怨都是从我们作为现实的人的观点出发的，并不恰当；目的之二是说明，这些现象也作为一种自然的导线，把我们引向对上帝的公设，上帝的立法、仁善和正义等三大特性也就是我们理性的理念。所以，对上帝只能抱有一种信仰，但也是一种必然的信仰；同时，康德在进行辩护时，还致力于纠正在这个问题上人们对道德的宗教的非理性质疑。

第四节　道德的宗教的实践功能

康德把所有宗教划分为两大类，也就是祈求神恩的（纯然崇拜的）宗教和道德的（良好生活方式的）宗教。康德所推荐的是后者。他对于那种纯粹

---

① 康德著，李秋零主编：《康德著作全集》第 8 卷，中国人民大学出版社 2010 年版，第 264 页。

② 康德著，李秋零主编：《康德著作全集》第 8 卷，中国人民大学出版社 2010 年版，第 265 页。

③ 康德著，李秋零主编：《康德著作全集》第 8 卷，中国人民大学出版社 2010 年版，第 265 页。

祈求神恩的宗教的批驳是不遗余力的。

一、 超出纯粹理性界限之外的宗教之不当

在宗教问题上，超出纯粹理性界限之外，从根本上说就是对超自然的存在者，想通过求取知识的手段，即用理论理性来认识。由于超自然的存在者根本不是知识的对象，所以想获得对上帝的认知，即要对上帝形成知识是不可能的。因为要形成知识，就必须用知性范畴去规定感性直观到的经验杂多，但是，上帝是超自然的事物，我们并不能对他有感性直观，所以，从根本上说，我们不可能有对上帝的知识。但是，如果在宗教问题上，我们不能清醒地保持理性首先说话的应有权利，则感性能力、想象力、机智、各种内在体验甚至幻觉等就会在这个它们并不能起作用的领域中大行其道，比如我们虽然不能经验到上帝，我们却会把我们自己经验中的形象加以夸大，使之达到令人惊骇、畏惧或令人崇拜的程度，然后把这种最好、最有能力的形象归于上帝，所以，在有些宗教中，就产生了神人同形同性论。也就是说，他们所能设想的上帝的形象就是最好的人。但这种宗教观暴露了它所体现的思维方式的不恰当性，因为它们以感性的方式来设想超自然的上帝，并赋予他以某种感性形象。对超越经验界限的东西求取理论认识，这就是知识的越界；同时，在这种思维方式中，他们会被自己的这种感性能力、内在体验甚至幻觉所感染，进而会祈望这种上帝的形象对我们的能力增强、生活幸福的结果产生直接的影响；另外，人们还会认为可以通过某种敬神仪式、崇拜方式达到与上帝的接触和沟通，把这些仪式作为贿赂上帝和向上帝邀宠的手段，从而祈求上帝降福于他们。他们信仰上帝就是为了达到这个目的。于是，为了能够获得这种效果，各种各样的方式都被实践着，比如通过各种偶像崇拜、祈求神恩的各种仪式、通灵术、内在顿悟等方式而祈求神恩降临，从而陷入迷信和狂热，这是理性在超自然事物面前的迷失。

实际上，在纯粹理性的范围里，超自然事物对我们并没有经验性的影

响，或者说，即使有，我们也不能认识这种影响方式是怎样的，具体效果是什么，也不能指望我们通过经验性的崇拜手段来向上帝邀宠，以获得神的恩典。有些宗教只迷信于这些方式，就是不去以发挥纯粹理性的立法功能和意志的自律功能来形成坚定的道德意念，并抗拒来自基于感性偏好的准则的影响而使基于道德法则的准则居于优先地位，从而获得一种道德的勇气或德性。真正的德性是作为本体的德性，也就是说，是处于本体界的道德意念和意志的意向的坚定性，作为超自然的理念的上帝可以在本体界起作用（至于如何起作用我们是无法认识的），至少我们可以期待或希望会有这种作用，因为期待这种作用或援助是符合理性的。康德认为，我们只有通过意志自律的努力而实现从恶向善和更善的转变，才能希望获得来自上帝的援助，这种援助就是使我们的德性意念更加坚定，不受恶的引诱，这才是一种道德的宗教，也即良好的生活方式的宗教。

康德认为基督教是一种道德的宗教，比如它禁止把上帝当作偶像来崇拜，强调信徒必须品行高洁，遵守十诫，并且能够爱上帝，爱人如己，从而始终保持对上帝的信仰。它主张人不能有两个主，侍奉财神就不能同时侍奉上帝，只有变卖家产才能跟随上帝，等等。但是，信奉犹太教的法利赛人口称上帝的名，认为只要严守宗教礼仪和基督教信条，就能够得救，而且认为对上帝只能抱有一种盲目的信仰，认为上帝的大能是我们所不可测度的，信徒甚至不能对基督教教义进行自我思考，也不需要自己从内心持守道德意念，坚定道德德性，只要行礼如仪，盲信上帝，就能得救，甚至能够达成道德的完善，等等。法利赛人的根本问题就在于不理解道德与宗教的真实关系，在道德改善的问题上，他们也不相信理性，不相信意志自律，而只是相信，只要能够严守外在的崇拜仪式，自己就能够获得道德的改善。这也是一种理性的迷失。

陷入迷信的宗教和法利赛人的宗教都可以看作是祈求神恩的宗教，它们就是那种逾越了纯粹理性界限的宗教，表现为这样的情形："人或者谄媚上帝，认为上帝能够（通过赦免他的罪责）使他永远幸福，而他自己却没有必要成为一个更善的人；或者，如果这在他看来不可能的话，认为上帝能够把他变成为更善的人，而他自己则除了为此而祈祷之外，没有必要为此再作什么。由于祈祷在一位洞悉一切的存在者眼中不外是愿望，所以，祈祷实际上是什么也没有做。"① 这种宗教的核心就是：把上帝看作是一种无所不能的实体性的存在，他能够满足人对他的一切期望，人与上帝的关系就是膜拜与被膜拜的关系，而且通过单纯的膜拜，膜拜者能够影响上帝，上帝就能够应许膜拜者的愿望。在长期的发展中，这种宗教形成了一套纯粹程式性的东西。正如曼弗雷德·库恩所总结的那样，康德在宗教上的核心观点是："只有道德实践才能使有道德的上帝悦纳"，因此，"祈祷、圣仪、朝圣和告解，都是没有价值的。"② 这些宗教崇拜的方式，都是在愚弄自己，因为通过这些方式，无法产生任何善的意志，反而会引起宗教的狂热。

康德细致地分析了这种宗教观所产生的弊端。他认为，我们必须把宗教信仰问题严格限制在纯粹理性的界限之中。在纯粹理性的界限里，宗教是以道德为基础的，上帝的公设是为了弥补我们求取至善上的无能而必需的。上帝显然是超验的事物，我们对他的存在与否一无所知，也不可能知道，因为我们只能对经验范围里的事物形成知识。我们只能指望，如果在我们无法探究的超自然物的领域中还有什么东西虽然超出我们的认识范围，但它在道德实践上还是有作用的，那么，这种东西即使不可认识，也会有益于我们的善良意志，并能让我们对获得至善抱有期望。但是，如果把这种超验的理念当作经验性的客观存在，并认为它能够直接实现我们的诉求和期望，就会产生四种弊端："1. 被认为的内部经验（神恩的作用）的结果是狂热；2. 所谓外部的经验（奇迹）的结果是迷信；3. 妄称在超自然的事物方面（奥秘）有知性的顿悟，其结果是顿悟说，即术士们的幻觉；4. 对超自然事物施加影响的大胆试验（邀恩手段）的结果是魔术；这纯粹是一种超越自己界限的

---

① 康德著，李秋零主编：《康德著作全集》第6卷，中国人民大学出版社2007年版，第52页。

② 曼弗雷德·库恩：《康德传》，黄添盛译，上海人民出版社2014年第二版，第419页。

理性的迷误,而且是出于自以为道德上的(上帝喜悦的)意图。"①

康德以上的说法对应于现实中某种宗教教派即敬虔派的情形。敬虔派是从 17 世纪在德国开始兴起的灵修活动,主张在理性上求正统,在外表上固守宗教礼仪。据《康德传》介绍,康德的中学时代是在由敬虔会主导的腓特烈中学度过的。敬虔会教育有一个最重要的理想,就是要培养学生的自制能力。它不仅想控制学生的身体,还想通过贯彻宗教原则来控制学生的心灵,使学生"从世俗的子女"转化成"上帝的子女"。这个教派的主要关注就是"所有事情都绝对依赖神,而且完全拒绝任何形式的道德自律性"②;另外,他们认为自己是少数的天拣之人,是上帝的选民,仿佛他们已经得救,是基督教世界的上层阶级。康德十分厌恶这种教义,认为这种想法太虚伪了。可以说,康德的宗教观就是把敬虔派的观点作为靶子之一来批判的。他明确拒绝敬虔派教徒的两个层面的生活方式:一是奴性表现,一是不可理喻的傲慢。

在康德看来,宗教实际上也是以纯粹理性为基础的,"他认为宗教的唯一真实性来自道德理性,因此,恩典、礼仪不具有独立的实在性,而属于迷信。"③ 他在浓厚的敬虔派气氛中长大,领教了其中的奴性和傲慢,因而,康德在成熟时期的道德观和宗教观有一种明确的反敬虔派的倾向。在他看来,敬虔派宗教观的最大问题在于超出了理性的界限,妄图与不可知的上帝实现内部的或外部的沟通,强调超自然力量对人类意志的影响,而置理性的立法功能与道德自律于不顾。康德从这一点出发,坚定地反对敬虔派的宗教观,实际上这也是在对一切诉诸超自然力量来影响人类意志的宗教的弊病进行抨击。

在纯粹理性的界限里,我们对超自然的力量只能认定是不可认识的,同

---

① 康德著,李秋零主编:《康德著作全集》第 6 卷,中国人民大学出版社 2007 年版,第 54 页。

② 曼弗雷德·库恩:《康德传》,黄添盛译,上海人民出版社 2014 年第二版,第 85 页。

③ 唐逸主编:《基督教史》,中国社会科学出版社 1988 年版,第 328 页。

时，超自然的力量也不可能对我们的意志有直接的作用，或者说是有经验性的接触。这似乎是纯粹理性的局限。于是有些教派在纯粹理性的接壤处，幻想出以下四种作用：即神恩的结果、奇迹、奥秘和邀恩手段。这四种作用如果限制在纯粹理性的范围里，就只能是补人在道德上的不足，即坚定我们的道德信心，但必须立足于理性自身的立法功能和道德自律之上，换言之，我们必须自己成为一个善人，或更善的人，成为上帝所喜悦的人，才能期望得到来自上帝的援助。然而，如果超出纯粹理性的界限，则必然认为我们可以通过某些神秘的方式来与上帝沟通，究其原因，这种做法背后的准则还是基于感性幸福、偏好的考虑，所以，他们要通过各种手段来向上帝邀宠，得到上帝的降福，就是不信任自己的道德禀赋，自己不去专注于内在的改善而成为一个有坚定道德意念的人。于是，这类宗教就表现出以下四种弊病和迷误。

第一，狂热。这是因为他们认为自己通过膜拜上帝的仪式，通过悔罪，自己的内心就能经验到一种获得拯救、蒙受神恩的感觉。这种感觉会让人陷入一种宗教的狂热，即误以为自己是上帝特别眷顾之人，从而把自己的全副身心都托付给上帝，任何一点宗教的暗示都能让他们确信无疑，并让他们为之迷狂，康德把这称作"内部的经验"。这种状态看上去十分投入，但就是没有自主性。它不是由道德追求和道德自证而导致的理性信仰，而是纯粹被动的身心沉迷，所以，它"与建立在自身主动性之上的善的距离始终很远"①。

第二，迷信。他们特别专注于历史上的所谓神迹。这些神迹当然是发生在尘世中的让人不可理解之事，如《圣经·旧约》中记载的摩西在带领以色列民族逃出埃及时，上帝赐摩西行神迹的权能，施行手杖变成蛇，又把蛇变回手杖，使人的手上长大麻风，放回怀里立即复原等神迹，以及《圣经·新

---

① 康德著，李秋零主编：《康德著作全集》第6卷，中国人民大学出版社2007年版，第84页。

约》中记载的耶稣死后三天又复活等。有些宗教派别很重视这些所谓的神迹,并以此来证明上帝的全能,康德把这称作"外部的经验"。康德认为,历史上基督教在创立之初,需要借助这种神迹来吸引信众,但是,基督教是一种道德的宗教,也就是一种良好生活方式的宗教,要求人们自己要向善改变,并且始终成为一个义人,才能得到上帝的援助,所以在后来的传播和发展中,相信神迹不再是一种重要的条件,并且之后也不需要制造什么新的神迹了。那种把相信所谓的神迹看作信仰的必要条件的宗教就是一种迷信,并导致一种认为只要通过迷信就可以赎罪的信仰方式,而不是专注于确立一种道德的思维方式。康德说:"如果除了通过奇迹来使义务的规定——就像它们最初由理性写入我们的心中之外——变得可信一样,人们不想以其他方式承认它们充分的权威,'若不看见神迹奇事,你们总是不信',那就暴露出道德上的无信仰的一种不可原谅的程度。"①

第三,顿悟。理性在这方面的迷失表现在人们认为自己对超自然的事物比如各种奥秘能够在知性上进行直接的把握,也就是说,他们认为自己通过静修、内省,可以越出对象性的认识方式,而直接与超自然的事情融为一体,从而在知性上真切地把握到它们,这被称作顿悟。康德认为,这是不可能的,实际上这只是术士们的幻觉而已。康德对这种方法十分反感。他在腓特烈中学念书时,学生就被要求在领圣体前必须事先撰文报告其灵魂状态,他后来认为,这种自我观察或者"自我观察者用以作为日记素材的内在知觉方法,可能导致狂热思想甚或精神异常"②。这种方式的根本问题就是仍然不依赖理性和基于理性的意志来形成自己纯粹的道德意念,而是想通过内省造成与上帝相通的幻觉来对自己的意志施加影响,仿佛使自己得到了改善,变成了一个善人。显然,这并没有理性的自主,而是被动地等待灵感的降临,达到所谓的顿悟。

① 康德著,李秋零主编:《康德著作全集》第6卷,中国人民大学出版社2007年版,第85页。

② 曼弗雷德·库恩:《康德传》,黄添盛译,上海人民出版社2014年版,第83页。

第四，魔术。所谓魔术，就是想通过一些外在的方式对超自然事物施加影响，从而使上帝喜悦，这就是一些邀恩手段。比如通过查经、分享、忏悔、做礼拜等外在仪式，来表明自己对事奉上帝的赤诚，从而得到上帝的垂青和对其罪行的赦免。事实上，上帝作为超自然的事物，我们是无法用经验性的手段来对他施加影响的。如果想以这种方式达到自己的目的，则完全是知性在超验使用，就是一种虚幻的魔术，必须会产生理性的迷误。

康德对超出纯粹理性界限的种种宗教迷失都做了清理和批判。在宗教问题上，不管是神人同形同性说，或者是迷信、狂热、顿悟、魔术等等，都是理性超出自己的界限而陷入的迷失。真正正确的宗教是道德的宗教。他认为，道德的宗教是这样一种宗教，它具有这样一条原理："每一个人都必须尽其力所能及去做，以便成为一个更善的人。只有当他不埋没自己天赋的才能（《路加福音》，第19章，第12—16节），利用自己向善的原初禀赋，以便成为一个更善的人时，他才能够希望由更高的协助补上他自己力所不能及的东西。"①

康德认为，人由恶向善转变，完全取决于人的出自自由意志的个人行为，而不取决于外在权威。不立意自我改善，只是想通过各种外在的对上帝的敬拜仪式而邀宠，以忏悔等方式力求让上帝直接影响自己的意志而使自己变得更好，都是一种丧失自主性的行为，就救赎实践而言，这实际上是什么都没有做。所以，正如傅永军教授所说，我们能发挥自己的自由意志追求道德上的自主性，则"由此将恶的缘由和去恶从善的救赎实践，由一种服从绝对外在权威的行为转变为每个意志自由者的个人行为，而能够完成从恶到善的转变又完全取决于意志自由者的个人主观努力"②。

---

① 康德著，李秋零主编：《康德著作全集》第6卷，中国人民大学出版社2007年版，第52页。

② 傅永军：《绝对视域中的康德宗教哲学——从伦理神学到道德宗教》，社会科学文献出版社2015年版，第187页。

二、 相信上帝的存在是发挥宗教实践功能的前提

首先，为了说明宗教真正的实践功能，康德处心积虑地阐述上帝存在的理由（他很少说证明上帝存在），从根本上说就是要补人在达到完全道德化方面的无能。道德哲学本身是自足的，是不需要宗教的，但是，道德哲学只是在道德原则的制定、义务的来源、意志自律上认为，我们是一种有理性的存在者，我们理性的先天的普遍法则形式就是道德的根源，它无比崇高，有无上的尊严，在它之上，再也没有更高的东西。但是，就人又有感性偏好，并且会追求幸福的目的而言，纯粹的道德又不能必然地达到这个目的，道德在人的生活中，只是一种配享幸福的资格。我们的道德能力和自然能力一方面会产生冲突，另一方面即使同向发力，也无法实现道德与按比例地获得幸福之间的一致性。所以，道德哲学解决不了这个问题，自然哲学也解决不了这个问题，康德认为，只有理性界限里的宗教才能为此提供希望，而这种希望也是我们的理性的内在需要，否则理性的追求就无法得到安顿。

其次，在康德看来，在阐明了上帝的存在理由之后，我们可以对上帝能够以不管什么样的方式给予我们以帮助抱有一种希望。显然，康德心目中的上帝并不是物理上客观实存的，而是我们的一种主观需要，是一种纯粹实践理性的公设，也就是说是为了实践的目的的。这就把上帝存在的理由限制在纯粹理性的界限之内，并且防止任何超越理性界限的对上帝存在的看法。由于我们的本性中有根本恶，所以这种由恶到善的转变是如何可能的，是我们人自身所不能把握的。因为这种转变，实际上是从优先采用基于偏好的准则到优先采用基于道德法则的准则的转变，这当然是我们的自由的表现，但是，这种转变一定是一种内在的革命（从经验的范围里看，我们就只能看到我们道德品行的逐渐进步），可以说，这是在本体界中发生的革命，但这是如何可能的，我们人是无法知晓的，因为我们没有理智的直观，只有一个知

人心者即上帝才能洞察这一点。因为上帝是我们的内在需要或信仰，所以他只能对我们的内心起作用，纯化我们不纯粹的意志，坚固我们软弱的手，消除我们对道德的怀疑，也消除我们对德福终将一致的怀疑。也就是说，我们只应该怀着人性的理想和人格的理念，尽量接近它，尽自己的一切努力做好人，对其余的事情就可坚定地怀抱着对上帝的圣洁、仁慈和公正的信仰。我们可以合理地设想以下三个方面。

第一，就上帝作为圣洁的法则的颁布者而言，我们只有通过成为一个符合人性的理念的人才能使自己成为上帝所喜悦的人。这种信念并不能从上帝那里得到验证，而是我们的正确的思维方式所导致的，因为我们不可能通过其他方式得到上帝的援助，比如通过忏悔、做礼拜等方式，都不可能直接从上帝那里得到帮助，我们要做的就是要让我们具有良好的生活方式，以配得上得到上帝的援助。忏悔、做礼拜等无非是反省自己的内心准则是否有违背道德法则的地方，我们是否曾经让基于感性偏好的主观准则压倒基于道德法则的主观准则，是否受到恶的诱惑，如果有，就要幡然悔悟，并加以改正。也就是说，宗教仪式和崇拜、忏悔的方式是可以存在的，但是，它们不是一种邀宠或脱罪的外在手段，而是要指向自己内心的意念，即真诚地坚定自己的道德意向，使基于道德法则的准则在我们的内心中占据优先地位，真正成为一个义人，而不是一个虽然口称上帝之名，行礼如仪，内心的准则却没有丝毫改变，没有确立真纯的道德原则的人。但是，如果我们真的能够恢复心灵的主观准则的正常秩序，那么这是在本体界中通过自由而实现的，这是心灵内部的一种革命。但这种革命是如何发生的，只有一位知人心者才能知晓。然而，康德认为，我们本性中有趋恶的倾向，我们应当造成的善，与我们的恶的出发点之间有着无限的距离，"而且就行为，即就生活方式对法则的圣洁性的符合而言，也是在任何时候都无法达到的。尽管如此，人的道德属性却应该与这种圣洁性保持一致。"① 但对人而言,我们的改善行动只能通过在时间中向善的不断进步来向圣洁性逼近,但我们永远达不到绝对的圣洁,因为这种进步只能表现为受到时间条件限制的因果性,所以永远是有缺陷的,这就需要有上帝的援助,或者有赖于神恩。也就是说,我们可以设想一位具纯粹理智直观的知人心者,在他那种超感性的意念中,把我们这种向善无限进步的行为,"判定为一个完成了的整体",这样一来,"人即使有其恒久的缺陷,也可以期望成为在根本上让上帝所喜悦的,无论他的存在在什么时刻被打断"②。

第二,就上帝的仁慈而言,在至善的理念中,我们期望通过信仰而获得德性与幸福的统一。我们设想上帝是仁慈的,在他的仁慈中,我们可以获得道德上的幸福,这种幸福是由于德性带来的自我的内心满足感。然而,这里不保证"作为自然的幸福的、对自己的自然状况的满足感(摆脱了灾难并且享受着日益增长的乐趣)"③。

我们应该做的就只是我们尽力保持道德意念上的坚定性和持久性,只有这样,我们才能说我们是属于"追求上帝的国"的成员,才能"已经发自内心地相信,'其余的一切(涉及自然的幸福的东西)'都将会归予他"④。也就是说,只要我们保证自己始终在追求成为上帝的国的成员资格,我们才能期望包括那种自然的幸福的一切幸福终将归于我们。此外,我们不可能通过任何其他方式来持有这种希望。这是"对一种不可预见的、但可希冀的、

---

① 康德著,李秋零主编:《康德著作全集》第6卷,中国人民大学出版社2007年版,第66页。

② 康德著,李秋零主编:《康德著作全集》第6卷,中国人民大学出版社2007年版,第67页。

③ 康德著,李秋零主编:《康德著作全集》第6卷,中国人民大学出版社2007年版,第67页。

④ 康德著,李秋零主编:《康德著作全集》第6卷,中国人民大学出版社2007年版,第67页。

幸福的未来的展望"①。

第三，在公正的上帝面前，我们必须思考我们应该怎样做才能免于上帝的谴责。即便我们有一种强烈的向善意念，而且也走在向善改进的不断进步的道路上，但是我们"毕竟是从恶开始的"②，对于我们人而言，"永远不可能抹去这种罪债"③。因为每一个人包括最好的人，都具有"根本的恶的东西"，其本质就是对道德法则的违背，由于其意念和准则的恶性而对道德法则带来了伤害的无限性，所以，这种罪不能通过向善进步而得到补偿，也不能由任何人来代偿。于是"每一个人都将要对受到一种无限的惩罚和被从上帝的国中驱逐出去有所准备"④。要免除这一困难，也需要求助于上帝的援助。

我们要理解到，上帝的惩罚的公正性表现在对人们的根本的恶的东西的惩罚上，也就是对其恶的准则在心灵中占据优势的惩罚。这体现了上帝作为知人心者的一种完善本质，而任何人都做不到这一点。如果人真正改变成了善人，则肯定是离开了恶的意念，并接受了善的意念，这两者都包含了善的原则，也就是通过心灵的革命而变成了一个新人，而"新的人是以上帝之子的意念，即纯粹是为了善起见，承担起这些苦难的"⑤；其次，我们要理解，这些苦难作为惩罚，本应该是归属于另一个人即那个旧人的。新人和旧人在自然存在上是同一个人，但在心灵的意念上和对准则的采纳即道德上却是不同的两个人。旧的人因为耶稣为之赎了罪，从而作为一个新人而重生："这

---

① 康德著，李秋零主编：《康德著作全集》第 6 卷，中国人民大学出版社 2007 年版，第 69 页。

② 康德著，李秋零主编：《康德著作全集》第 6 卷，中国人民大学出版社 2007 年版，第 71 页。

③ 康德著，李秋零主编：《康德著作全集》第 6 卷，中国人民大学出版社 2007 年版，第 71 页。

④ 康德著，李秋零主编：《康德著作全集》第 6 卷，中国人民大学出版社 2007 年版，第 72 页。

⑤ 康德著，李秋零主编：《康德著作全集》第 6 卷，中国人民大学出版社 2007 年版，第 74 页。

种具有纯粹性的意念,例如他已经纳入自身的上帝之子的意念,或者(如果我们把这一理念人格化)上帝之子自己,就为新人、也为所有(在实践中)信仰上帝之子的人,作为代理人承担起罪责;作为拯救者以受难和死来满足最高的公正;作为管理者使人们能够希望在自己的审判者面前可以表现为释了罪。"①

三、 对完善的人性原型的仿效

在宗教事务上,我们的唯一义务就是成为上帝喜悦的人。上帝旨意的对象和创世的目的,从自然的角度说,就是文化,即人性的禀赋的发展;从道德的角度说,就是处于道德上的彻底完善状态的人性,我们认为,这就是在人格理念的范导下的人性向道德善的方向发展的彻底完善状态。这就是人性的原型。在这种人性的原型中,我们的行为在现象界就会完全按照应该的秩序而出现,即使是自然的幸福也会随之而出现,这就是至善的实现,这才是上帝所喜悦的,也是他创世的最后目的。除此之外,我们不能设想上帝创世还有其他任何目的。由此我们可以推测,"从这种作为最高条件的完善性出发,幸福就是在最高的存在者的意志中的直接结果"②。

康德认为,对人的现实改善而言,确立一个完善人性的原型,就是明确供我们仿效的榜样。我们最高的理想就是向善改变,达到有理性的世俗存在者所能达到的彻底完善状态,即一方面具有道德意念的坚定性和持久性,另一方面敬重道德法则的道德情感十分强烈而深厚,始终把道德法则作为自己的准则而置于心灵中的优先地位,非义之事不为,非义之利不取,即具有深厚而稳定的德性。只有具有这种道德品质的人才能成为上帝喜悦的对象。显然,如果所有的人都具有这样的道德品质,则构造伦理共同体就会没有什么

---

① 康德著,李秋零主编:《康德著作全集》第6卷,中国人民大学出版社 2007 年版,第74页。

② 康德著,李秋零主编:《康德著作全集》第6卷,中国人民大学出版社 2007 年版,第59页。

障碍，从而使德性与幸福的背反得以消除。

康德认为，"从实践的观点来看，这一理念（完善的人性原型——引者注）在自身之中完全拥有其实在性。因为这种实在性就在我们那在道德上立法的理性之中。我们应当符合它，因而我们也必定能够符合它。"① 在道德上立法的理性就是纯粹的实践理性，所立之法就是普遍的道德法则，它成为自由的任性的规定根据而诉诸行为，这种行为就被赋予了绝对的道德价值。所以，普遍的道德法则具有无比的崇高性。既然完善的人性原型的核心就在于理性的立法功能，因此这一理念就具有实在性，这种实在性就在于纯粹的实践理性之中，于是我们就应当符合这个人性原型的理念，因为我们作为理性的存在者，可以设想我们自己就具有纯粹的意志，所以我们也必定能够符合这个理念，这个理念并不在我们的能力之外。

这种理念的实在性能否证明呢？这还需要考察道德法则的至高威望与任性的关系。实际上，道德法则能够成为我们的任性的无条件的并且是充足的规定根据。就与任性的关系而言，其他的东西都能够成为决定任性的根据，比如利益、情感等都可以，但是这些东西作为任性的动机，都不如道德法则作为动机更强而有力。这是因为道德法则是无条件地发布命令的，也就是说是在本体界起作用的，而其他的东西则是有条件的，是在现象界起作用的。对前者，我们无法由理性来洞察，也不能由经验榜样来证明，但是这并不妨碍我们应该做一个这样的人的客观必然性。"即使从未有一个人对这一法则做出过无条件的顺从，做一个这样的人的客观必然性也是毫不减少的、不言而喻的。因此，为了使一个在道德上让上帝喜悦的人的理念成为我们的范本，并不需要什么经验的榜样；那理念作为这样一个范本已经蕴涵在我们的理性之中了。"②

作为一个有理性的存在者，我们就有权利充分发挥自己的理性的功能，

① 康德著，李秋零主编：《康德著作全集》第6卷，中国人民大学出版社2007年版，第61页。

② 康德著，李秋零主编：《康德著作全集》第6卷，中国人民大学出版社2007年版，第62页。

就是让道德法则来作为规定任性的充分根据，尽量符合人性的原型的理念，这就是上帝所喜悦的对象，这个根据也就在于人的理性之中。所以，人要有权利把自己看作是一个配得到上帝喜悦的对象，就必须要"对人性的原型忠贞不渝，并且以忠实的仿效保持与自己的榜样的相似"①。

从人性的原型出发，康德对义人约伯的蒙难与福报进行了理性解释。康德的宗教观是与其道德观密切联系在一起的。他首先强调的是我们应该具有纯正的、坚定的道德意向。道德是我们人可以自己做主的，义务命令我们应该做的，也是我们能够做的。但是，由于人的有限性，我们需要宗教来补我们在彻底道德化上的不足。人应该做的就是永远保证诚敬之心，永远向善，做一个义人，永远不为非义，只有这样，我们才能成为上帝所喜悦的对象。在这个问题上，如果认为不能以义人的自信与自觉来与上帝对质，不能在道德的基础上以自己的见解来推测上帝的意旨，认为上帝的行事是我们所不能追究的，更不能与上帝强词争辩，这种作派在康德看来，就只是死守教义，而没有自己的理性思考和立场。

康德对《圣经·约伯纪》中约伯的故事特别重视，因为这个故事完美地诠释了他对道德与宗教的关系的看法。这个故事我相信是《圣经》的作者精心设计的。故事首先说约伯平生品格高尚，坚定地持守道德的意念，从未做过不道德的事情，扪心自问，对得起自己的良心，并且对上帝怀有忠诚的信仰，享受"在一种善的良知中的自我满足"②；同时生活也很幸福，家丁兴旺，财产丰赡，朋友之间情深义重。这就有了一个德和福的关系：是因为生活幸福才使约伯持守道德的意念，并且口称上帝之名而衷心信仰吗？设若约伯遭受生活中的极大不幸，他还能够继续成为一个义人吗？故事说，撒旦就此与上帝打赌：如果上帝降祸于约伯，看看约伯是否还能坚定地信仰上帝？上帝决定一试。撒旦先是击杀了约伯的家畜，然后击杀了他的儿女。约伯陷

---

① 康德著，李秋零主编：《康德著作全集》第6卷，中国人民大学出版社2007年版，第61页。
② 康德著，李秋零主编：《康德著作全集》第8卷，中国人民大学出版社2010年版，第268页。

入了巨大的哀痛之中，他在此时仍然只是自我反省，而没有说埋怨上帝的话。但是，上帝再加重了惩罚，使他头顶生疮、脚底流脓，痛不欲生，他感到上帝加给他的灾祸要把他压为齑粉了："惟愿我的烦恼称一称，我的一切灾害放在天平里，现今都比海沙更重"（《圣经·约伯纪》第6章，第2、3节），并对上帝发出了怨言。按照康德的解读，约伯对这种深重灾祸的反应是："从对这种出乎意料的剧变感到晕眩，逐渐地达到理智，他突然开始抱怨自己的厄运。"[1] 在这个时候，他的朋友们持有一种观点，那就是认为，神的正义就是把世界上的所有灾祸作为对当事人所犯下的罪行的一种惩罚的体系。他们并不能举出一件应当由约伯承担过错的罪行，他们的说教的核心是："他们却相信可以先验地作出判断，认定他必须承担起这样的罪责，因为不然的话，按照神的正义，他就不可能是不幸的。"[2] 这种观点激起了约伯的愤怒，因为约伯通过自省，确认自己终生都没有违背过良知。他承认自己是有缺陷的（这是上帝把自己造成这样的），但自己的心志是纯洁的，道德意念是坚定的，不应当承受这么大的灾祸；同时，他始终对上帝存有信仰，不说亵渎上帝的话。上帝听了他们的争辩后，认为约伯说得好，而提幔人以法利是伪善。上帝最终降福于约伯，使他身体复原，子女增多，也使他财产倍增，比以前更富有，得大寿数，享大幸福。

康德对这个故事最感兴趣的地方就是约伯和提幔人以法利对道德和宗教的认识。约伯口中所言就是其心中所想，当时悲苦的心情和怨言是每个在那种处境下的人都必然会有的。但其朋友们则像是在"裁决这位更强大者的事情，凭借自己的判断讨他的欢心，对他们来说要比真理更受关切"[3]，实际上却是伪装出一种他们自己事实上并不具有的信念，这是一种狡诈的思维方

---

[1] 康德著，李秋零主编：《康德著作全集》第8卷，中国人民大学出版社2010年版，第268页。

[2] 康德著，李秋零主编：《康德著作全集》第8卷，中国人民大学出版社2010年版，第268页。

[3] 康德著，李秋零主编：《康德著作全集》第8卷，中国人民大学出版社2010年版，第268—269页。

式。对康德来说,这个故事的结局中所展示出来的含义更有价值,那就是:一是上帝的创造智慧是不可探究的。这种智慧的创造既有美好的一面,即世界中存在着体现上帝的智慧和仁慈的可以理解的目的,也有令人恐惧的一面,即显得是"摧毁性的、违背目的的"①。二是说明自然秩序和道德秩序的联结必然是隐秘的(对我们的理性来说就更无法参透了)。我们对这两点都必须坦承自己是无知的,我们要做到的是心灵坦诚和正直不阿,而不能伪装自己可以探测上帝的隐秘的旨意。康德认为,只要做到这一点,我们就能够胜过任何宗教上的马屁精。

约伯在极度的痛苦中曾有过怀疑,但这种怀疑只有通过道德才能化解,因为他能够坚定地说:"我至死必不以自己为不正。我持定我的义,必不放松"。(《约伯记》,第 27 章第 5、6 节)只有我们心灵的坦诚才能把我们从对上帝的隐秘旨意的无知引向信仰。约伯"以这样的意向证明了,他不是将自己的道德性建立在信仰之上,而是将信仰建立在道德性之上:在这种情况下,无论信仰多么脆弱,它都具有纯粹和真实的性质,即具有奠立一种宗教的性质,这种宗教不是争宠的宗教,而是良好的生活方式的宗教"②。

康德的这番考察,得出了一个颇有力量的结论,那就是真正的宗教是一种道德的宗教,即良好的生活方式的宗教。其关键在于,第一,我们必须有发现理性无能方面的坦率,以及在表达时不粉饰自己的思想的正直,即使这种粉饰是出自十分虔诚的意图。因为粉饰就是虚假,就是作伪。实际上,我们对上帝的意旨是无法测度的,理性在这方面是无能为力的,我们在这方面只能坦承自己的无知,这是一种思想上的正直。第二,世界创造者的道德智慧在感性世界中不可能得到论证,因为要认识到这种智慧,就必须达到对超感性的(理知的)世界的认识,并且发现这个世界何以是感性世界的基础,从而认识到各种观念是协调一致的(因为感性世界只不过是前一个世界的显

---

① 康德著,李秋零主编:《康德著作全集》第 8 卷,中国人民大学出版社 2010 年版,第 269 页。
② 康德著,李秋零主编:《康德著作全集》第 8 卷,中国人民大学出版社 2010 年版,第 270 页。

象），但是，"这是一种任何必死的人都不能达到的认识"①。因为我们没有一种超感性的理智直观。但正是在理性能力的这个边界之处，我们被合理地引向宗教信仰。第三，我们所能够做的就是始终持守自己的义，始终保持自己的道德意念。只要我们不杂有感性偏好的成分，而以先天的纯粹理性的法则来作为规定我们的自由任性的充足根据，出自义务而行动，这就是我们能够做到的，因为义务不会命令我们去做我们做不到的事。这样做，就是在仿效完善的人性原型。我们可以确信的是，这就是上帝所喜悦的对象。

四、 康德宗教观的理性特质

总之，康德在宗教问题上持一种彻底的理性立场，由这个立场导致了他的宗教观的特质，并彰显了其意义。

第一，不要寻找一种对上帝存在的理性证明。所有的这类证明的失败是必不可免的。这是因为上帝作为超自然的概念，不可能成为知识的对象。理论理性只能在经验范围里应用，也就是只有能够进行感性直观的东西，即经验的东西才能是知识的对象。于是，在理论理性的范围里，上帝的存在是不可证明的；但同时，这也没有证明了上帝的不存在。我们只能把上帝看作是超自然的理念，设想上帝存在从逻辑上说是可能的，也就是说，它肯定不是经验性的存在，但在超验领域中，却可以设想它是存在的，当然，我们不能形成对它的知识。

第二，在实践上，我们可以说，上帝是必然存在的，因为上帝作为先验的概念，可以同道德原则关联起来。道德法则是理性的先天法则作为任性的规定根据时所表现出来的样态。也就是说，道德法则要求现实中的有感性特质的理性存在者与它的完全符合性，但实际上，由于人向善的改变只能是在时间中逐渐进步的，所以，永远达不到与崇高的道德法则的完全适应性，于

---

① 康德著，李秋零主编：《康德著作全集》第8卷，中国人民大学出版社2010年版，第267页。

是,我们的理性有一种主观需要,希望能够得到来自最高的存在者的协助。这是一种实事求是的态度,因为我们是有限的理性存在者,我们的本性中既有向善的禀赋,但同时又有趋恶的倾向,而且有着某种根本的恶。我们的心灵开初被恶的意念所占据着,即使是最好的人也是如此。漠视这一事实,就会导致宗教上的狂妄。所以我们期望来自最高存在者的援助。按照康德在《什么叫做在思维中确定方向?》中的说法,在黑暗的地方,我们要辨别方向,必定要有左右手的感觉,并且要有一个参照物才能定位。那么,超出经验事物而在一般的思维中,我们就只能以逻辑方式来确定方向。在这种情况下,我们没有一个知识的客观根据,只能按照一个主观的区分根据来进行判断。所以,康德说,"一般而言在思维中确定方向,就叫做:鉴于理性的客观原则不足,在视之为真时按照理性的主观原则规定自己"[1]。在理论理性中,这种主观原则就是自然目的论;但在实践中,可以说,这种主观原则就是道德目的论。在实践中,理性也有一种内在需求,它是无条件的,所以我们"必须作出判断",为此,我们"被迫预设上帝的实存"[2]。因为我们的纯粹实践理性是指向实践的,核心是道德法则对意志的规定。而道德法则"全都导向在世界中可能的至善的理念,这是就这种至善惟有通过自由才可能而言的"[3],即至善不仅取决于自由(最高德性),也取决于自然的东西(最大幸福)。但这在现实生活中是难以达到的,是人力所不能及的,所以,需要预设一个"作为非依赖的至善的至上智性"[4] 即上帝来使至善这个概念获得客观实在性,给人们在尘世中实现至善以希望。所以,在实践上,最高存在

---

① 康德著,李秋零主编:《康德著作全集》第 8 卷,中国人民大学出版社 2010 年版,第 137 页底注①。

② 康德著,李秋零主编:《康德著作全集》第 8 卷,中国人民大学出版社 2010 年版,第 140 页。

③ 康德著,李秋零主编:《康德著作全集》第 8 卷,中国人民大学出版社 2010 年版,第 140 页。

④ 康德著,李秋零主编:《康德著作全集》第 8 卷,中国人民大学出版社 2010 年版,第 140 页。

者的存在是一种预设，是纯粹实践理性应用中的必然需求而导致的理性信念。既然至善是每个有限的理性存在者所必然追求的，所以作为其最高希望的对上帝的信念，我们就必须"视之为真"，并且在程度上丝毫不逊色于知识。这才是道德的宗教，或者建立在道德基础之上的宗教，要求人们以良好的生活方式来导向信仰，即要求我们首先要发挥自己的理性和基于理性的意志的功能，尽力达到意志自律，努力仿效完善的人性原型的理念，始终保持纯粹的道德意念的坚定性和持久性，出于义务而行动，获得德性，因为这是我们配享幸福的资格，只有自信有了这种资格，我们才能期望获得上帝的援助，在尘世中获得至善。如果没有确立这样一种道德观，那么，我们对上帝的预设就只能成为一种基于经验的幻觉，只能走向神人同形同性论，这是一种粗俗的上帝观念；或者认为我们可以通过外在的崇拜仪式、内心冥想等方式对上帝产生影响，使上帝直接降福于我们，并认为除此之外，不需要使自己改变成一个善人，或更善的人。这从思想方法上说就是狂热、迷信、奥秘和魔术，同时也是一种软弱，是在自己的道德改善方面的懒惰、不自信的表现，说到底是一种奴性，从而丧失了自由。

第三，康德的宗教哲学还为人类历史实践提供发展方向和最高意义保障。一方面，我们可以把人在历史的舞台上的行动，看作是意志自由的显象，显然它们是按照普遍的自然法则被规定的。然而，人们的行动又是出自我们的意志的，所以，我们希望，当"宏观地考察人的意志之自由的活动时，它能够揭示这种自由的一种合规则的进程；而且以这种方式，在个别的主体那里杂乱地、没有规则地落入眼底的东西，在整个类那里毕竟将能够被认作其原初禀赋的一种虽然缓慢，但却不断前进的发展"[1]。比如，世界上的人口生产是跟我们的自由意志密切相关的，婚姻以及人口的生产是我们自由地决定的，似乎不服从什么规则，但人口统计年表却告诉我们它符合稳定

---

[1] 康德著，李秋零主编：《康德著作全集》第8卷，中国人民大学出版社2010年版，第24页。

的自然法则。于是，从理性的理解来说，应该有这样的假设，那就是，在历史的舞台上，虽然每个人都按照自己的心意而行动，而且这些心意之间会相互冲突，但他们并不知道，在"追逐着其自己的意图时，他们在不知不觉地依照他们自己并不知道的自然意图，就像依照一条导线那样前进，并且在为促进这个自然意图而工作"①。

如果我们不假定大自然的意图，即上帝的旨意，则我们在历史舞台上，就只能看到各种各样的愚蠢、幼稚的虚荣、恶意和毁灭欲的表现，看到这一切，我们都会有抑制不住的忧伤，我们会问自己，这样的人类行动、这样的历史有什么意义呢？我们只有假定上帝有这样一种意图：人类历史的发展方向就是人类作为一个整体，在无尽的历史长河中，通过人的自然禀赋的不断发展，而逐渐达到总体的道德化。这个过程也就是人类的所有自然禀赋合乎目的地展开的过程，包括动物性的禀赋、人性的禀赋和人格性的禀赋都会充分且完全地发展起来；但那些旨在运用其理性的自然禀赋（人性的禀赋有部分理性，人格性的禀赋则是完全的理性），只能在类中才能得到完全的发展，并且需要假定类的灵魂的不朽；而且人的自由能力只能通过自己的作为来发展，他们要追求"不用本能，通过自己的理性为自己带来的幸福或者完善"②；大自然的意图是，人类发展自己所有禀赋的手段就是这些禀赋在社会中的对立，即所谓的"非社会的社会性"。这种对立，是刺激禀赋发展的内在动力，虽然会造成许多的灾祸和苦难，却使人的各种禀赋得到了发展，而不是在和谐安乐中沉睡；这种对立必须被约束在一种具有普遍的法律的状态，即公正的公民法治状态之中；公民法治状态中最困难的是对统治者的法律约束，即使之成为"自身公正的公共正义元首"③；从人类总体的角度看，

---

① 康德著，李秋零主编：《康德著作全集》第 8 卷，中国人民大学出版社 2010 年版，第 24 页。

② 康德著，李秋零主编：《康德著作全集》第 8 卷，中国人民大学出版社 2010 年版，第 26 页。

③ 康德著，李秋零主编：《康德著作全集》第 8 卷，中国人民大学出版社 2010 年版，第 30 页。

要建立完善的公民法治状态，必须有一种合法的国际关系，这种既在内部完善也在外部完善的国家和国际的公民法治状态，就是"自然在其中能够完全发展其在人类里面的一切禀赋的惟一状态"①。只有这样设想大自然的意图，我们才能发现，人类在历史中的生活，是在朝着不断道德化的方向进步，我们才能为自己的人生创造意义。这既为历史的发展和那个时代的启蒙所证实，也是我们作为一种有限的理性存在者应尽的义务。

由于我们人类本身就是大自然的造物，所以，大自然是我们的创造者，它的意图就是一种最高智慧存在者的意图，具有神圣的性质。我们如果不设想一项自然计划，我们对人类的进步就不能抱有希望。康德明确地说，大自然的意图就可以看作是"神意"②。他认为，只有把人类历史的发展看作是神意的逐步实现的过程，我们生存于世才是有价值的；同时，在经验性的历史舞台上，更需要一个范导性的概念起作用，否则历史就没有一个方向。从根本上说，康德在历史哲学中对神意的预设，就是为了把经验性的历史进程表象为一种逐渐实现人类总体的道德化的过程，所以，这可以说是他的质料伦理学的最高价值关怀。

第四，康德的宗教哲学是一种道德的宗教。许多学者把康德的纯粹实践理性的三大公设即自由、上帝和不朽等量齐观，实际上，自由与其余二者是不同的。自由是在与道德法则的相互关系中显示其是实存的。道德法则是一种"理性的事实"，因为我们在对自己的日常行为所遵循的主观准则的反省中，能够凸显普遍的道德法则的纯粹性和崇高性，对于出自不能同时成为客观的道德法则的主观准则的行为，我们会直接认识到它们是没有道德价值的，而我们又必定能够遵守道德法则，这表明我们是自由的。所以，道德法则是自由的认识根据，而自由是道德法则的存在根据。但他在《实践理性批

---

① 康德著，李秋零主编：《康德著作全集》第 8 卷，中国人民大学出版社 2010 年版，第 34 页。

② 康德著，李秋零主编：《康德著作全集》第 8 卷，中国人民大学出版社 2010 年版，第 37 页。

判》中，认为我们不能从自由出发，因为我们对自由并没有直接的意识，而只能从道德法则出发，因为我们可以直接意识到道德法则，所以，道德法则是一种"理性的事实"。于是，对道德而言，自由首先就是指意志的先验自由，它通过与道德法则的关联而获得实存，这也表明，道德就是我们的意志自由和由之而来的意志自律，即意志颁布道德法则而又自我遵守。意志当然是处于本体界的物自身，但它要诉诸行为（通过规定任性），就是使事物按照应该的秩序出现，所以，表现出一种特定的因果性，这种因果性使超感性的东西与自然现象联系了起来。"自由的理念是超感性的东西的惟一概念，通过自由在自然中可能的结果而（凭借在这个概念中所思维的因果性）在自然身上证明了自己的客观实在性，并由此而使另外两个概念与自然相联结，所有这三个概念彼此相联结为一个宗教成为可能。"① 当然，上帝和不朽这两个公设并不具有这种特定的因果性，但是它们在补人们追求至善的能力不足方面却是必然需要的，它们借着自由的因果性，有望使至善在尘世的实现成为可能。

根据卢雪崑的研究，"上帝和不朽只能依附于自由概念，是纯粹的外加物。……上帝作为必然者却完全在感触界的条件系列之外，作为世界之外的东西而纯然被思为智性的"②。那么，为什么我们又需要上帝和不朽这两个公设呢？这是因为，我们的道德法则必定会指向一个完善的客体或终极目的——至善，即德福一致。而"一个这样的'德福一致'的道德世界，它的实现基于每个人都依道德上的应当而行，而且需要自然方面的配合，这两方面都不是个人之力所能达致"③。正如康德所说："如果我们仅仅以自然为基础，则获得幸福的希望与使自己配享幸福的不懈努力的上述那种必然的联结

---

① 康德著，李秋零主编：《康德著作全集》第 5 卷，中国人民大学出版社 2007 年版，第496 页。

② 卢雪崑：《康德的形而上学——物自身与智思物》，中国人民大学出版社 2016 年版，第 185 页。

③ 卢雪崑：《康德的形而上学——物自身与智思物》，中国人民大学出版社 2016 年版，第 193 页。

就不能通过理性来认识，而是惟有在一个按照道德法则发布命令的最高理性同时作为自然的原因被奠定为基础的时候才可以希望。"① 这个"最高理性"就是上帝。于是，对康德而言，上帝的公设是实现由道德法则所必然指向的至善客体所需要的。这就表明，第一，上帝概念不是道德法则的条件，而是道德法则要实现其最终目的而需要假设的；第二，上帝也并不干预自然而使自然符合我们的终极目的，这样的设想显然是妄想，是理性的越界。实际上，康德对上帝的公设，在纯粹理性的界限里，只能被表象为唯一的一个最高的理性，它指示我们要凭着我们的理性和意志所立的自由法则而去创造原本的自然，这种原本的自然是按照应该的秩序而出现的，也就是具有绝对道德价值的行为所造成的世界，就是一个道德目的王国。这一理路，也导致了康德的以下进一步的看法：进入伦理共同体是我们这些有限的理性存在者的共同义务，而只有上帝才能成为这个伦理共同体的公共的立法者，也只有上帝才能成为一个道德世界的统治者。

我们可能会比较难以理解在康德的宗教观中，上帝是如何存在的，又是如何与人产生关系的。说宗教的功能是补我们在追求德福一致时的能力之不足，是一个原则性的说法，并不能让我们产生对上帝与我们的关系的明确看法。实际上，康德是认为，上帝就存在于我们的理性之中，而不可能存在于别处。他说："关于上帝的概念，甚至对他的存在的深信，都只能在理性中发现，只能从理性出发，既不能通过灵感，也不能通过得来的消息而从哪怕如此伟大的权威首先到达我们心中。"② 这就是说，上帝是理性的一种最高概念，它把一切道德的目的归属于其下，对人而言，上帝必须是"每一个人的道德主体（意志自由）之充其极而达至的一个全体有理性者的共同的意

① 康德著，李秋零主编：《康德著作全集》第 3 卷，中国人民大学出版社 2004 年版，第 517 页。

② 康德著，李秋零主编：《康德著作全集》第 8 卷，中国人民大学出版社 2010 年版，第 143 页。

志"①。所以，上帝概念没有什么神秘性，而是有其完满性和神圣性。从我们的日常生活来说，上帝是个至高的公正的判断者，它能看出我们的内心品质的性质是善还是恶，因为它是知人心者；从人的生活共同体而言，上帝就是那种伦理共同体的最高公共德性法则的立法者；就人类的历史发展来说，上帝就是人类作为一个总体逐渐向道德化不断进步的一个范导性概念。这种宗教观，是一种彻底的道德的宗教观，是一种纯粹理性界限里的宗教观，可以说，"康德所从事的是一项宗教革命，指示基督徒抛开千多年历史宗教和教会信仰的包袱，回归到耶稣原初的道德典范的纯粹性。"②

康德的道德的宗教观，是一种基于理性和自由的宗教观，厘清了宗教中的狂热、迷信成分，把它限制在道德实践领域之中。这样一种宗教观是比较合理的，也是人类理性能够共同认同的宗教观，可以说，持有这样一种宗教观，能够加强我们的道德自律、自信、自觉，因为它能鼓舞我们以理性和基于理性的意志来自主地追求道德，进行道德修养，培养道德德性，而不至于在这方面懒惰，不信任自己，而转为一种奴性，或者狂热。由此，我们才能对至善在尘世中的实现怀抱希望。这就是康德哲学的第三个问题"我们可以希望什么"的答案。

---

① 卢雪崑：《康德的形而上学——物自身与智思物》，中国人民大学出版社 2016 年版，第 199 页。

② 卢雪崑：《康德的形而上学——物自身与智思物》，中国人民大学出版社 2016 年版，第 199 页。

第六章　进向道德：道德人类学对人性禀赋发展的经验考察

从本章开始，我们将进入到对康德道德哲学的经验部分即道德人类学的考察之中。所谓道德人类学，就是对人类这种既有感性又有理性的有限存在者如何能够成为自己所应该成为的样子的理论考察，核心是考察除理性之外的人性的自然禀赋通过什么样的方式和途径才能发展到与理性的自主运用相互协调的状态，并且在无穷的历史长河中，人类作为一个整体而达到总体的道德化，实现自由而全面的发展，实现纯粹理性对我们生活的全面指导。许多人认为，只要是杂入了经验成分，或者说借助了人类学的因素，则这类学说就不属于康德的伦理学的范围，其实，这种说法是受到了康德的纯粹伦理学即道德形而上学的影响，而对康德所明确指出的道德哲学还包括其经验部分视而不见。从康德实践哲学的义理贯通来说，道德形而上学考察道德价值的源头，并力图获得道德的真纯原则，但又必须落实在人身上，这就需要以人格、人性的原型、完全的道德化、理性与自由（道德形而上学的原则）等道德理念为价值指导，考察人性的自然禀赋的发展方向、方式、环境条件、途径和终极目标等等。由于质料伦理学要考察人性中的经验成分，这些经验成为贯彻道德形而上学的主观条件，所以有人名之为"不纯粹的伦理学"①。我们认为，从实质意义上说，康德的实用人类学、教育学、政治哲学中关于日常经验生活的发展的学说、历史哲学由于都受到道德理念的引导，都指向使人性的其他禀赋与理性的纯粹运用相互协调，都具有道德价值的指导，所以有着实质性的伦理意涵，因而都应该属于质料伦理学的内容。本章主要阐述康德的实用人类学和教育学的内涵及其宗旨。

康德说："与道德形而上学相对的部分，作为一般实践哲学的划分的另一个分支，将会是道德的人类学，但是，道德人类学将会只包含人的本性中贯彻道德形而上学法则的主观条件，既包含阻碍性的也包含促进性的条件，即道德原理的产生、传播、增强（在教育中，在学校教导和民众教导中）以及其他这类基于经验的学说和规定，而且道德人类学可能是不可缺少的，但绝对不必被置于道德形而上学之前或者与之混淆。"② 道德形而上学是纯粹

---

① 罗伯特·楼登（Robert B. Louden）关注到了康德伦理学的第二部分，即康德自己所说的道德哲学的经验部分，称之为"道德人类学""实用人类学""应用道德哲学"或者干脆就简称为"人类学"。他认为，康德的这部分伦理学关乎对人的本性的经验性研究，而不是专注于纯粹的（非经验的）原则，所以他把康德伦理学的这个部分命名为"Kant's impure ethics"（康德的不纯粹伦理学）。他说："虽然康德在这一点上是坚定不移的，即伦理学的第一部分或纯粹的部分是基础性的，所以，从根本上说比第二部分更重要，但他也同等地坚持认为，只要人们希望把第一部分的结果应用到人类身上，第二部分就是绝对必需的。"（see Robert B. Louden, *Kant's Impure Ethics*, *Oxford*, New York：Oxford University Press, 2000, Preface, vii.）应该说，罗伯特·楼登已经认识到，这个第二部分也属于康德的道德哲学（伦理学）。他也把康德的实用人类学、教育学、历史哲学等看作是不纯粹的伦理学，我赞同这种看法。但他又认为，康德的宗教哲学由于要探讨人性的特点如三种向善的本性和三种趋恶的倾向，这些都是经验性的，从而把康德的宗教哲学也归到这一部分。对这一点我不能认同，因为说到底，康德的宗教哲学是一种道德的宗教学说，即建立在道德基础之上的宗教，至善包括道德和幸福，所以包含了经验内容，但是，至善是纯粹理性和基于理性之上的意志所必然指向的对象，正是因为要在尘世上达到至善为我们人力所不及，所以才需要公设全善、全知、全能的上帝的存在，它是理性的理念，是超验的。我们只有为人善良，达到道德要求，才能希望得到上帝的援助。实际上，自由、灵魂不朽和上帝三大公设，都是道德形而上学的对象，同时，至善也是普遍的道德法则必然指向的对象，考察要在尘世上实现至善的先天条件的宗教就是道德的宗教，这样的学说，我认为只能属于道德形而上学或者"纯粹的伦理学"。

② 康德著，李秋零主编：《康德著作全集》第 6 卷，中国人民大学出版社 2007 年版，第224 页。

形式性的，而道德人类学是康德道德哲学的经验部分或质料性部分。道德形而上学的目的是为了确定道德价值的先天根据，即获得一种真纯的道德原则。他把这些道德原则弄得纯而又纯，清除掉一切感性经验的杂质，是为了贞定理性、道德法则的无条件的前提性地位，彰显人格至高无上的尊严，并给人们的经验生活和自然禀赋的发展确定一种绝对价值的范导，但必须应用在人身上，即要引领我们的人性禀赋得到提升和发展，给我们经验性的教育以一种纯粹的道德法则的指导，引导人类作为一个整体在历史的经验舞台上，通过无穷的时间进程，促使人类达到总体的道德化。

第一节　个人自然禀赋的向善发展

康德认为，伦理学作为理性知识，除了有形式性的部分即考察理性本身的形式及其知性客体的部分之外，也有一个考察其感性基础、目的或对象的部分，即经验的部分，因为它"必须就人的意志被自然所刺激而言为它规定其法则"①。前者仅仅从先天原则出发来阐明其学说，如道德法则、义务、善良意志等等，这些概念从纯粹的理性存在者的角度来看是只能仅仅从先天原则来阐明的；后者则要从人的经验性存在特点如感觉、感性偏好、情感、欲望等出发，来考察我们的意志在被这些东西所刺激的情况下，如何为人的意志规定它的法则。伦理学的这个经验性的部分，康德特别称之为"实用人类学"②。可以说，关于人的感觉如何与理性相协调，如何为情感、欲望追求给出其理性规则的哲学考察，都可以看作实用人类学的内容，也就是考察人的感性心灵素质及其所追求的对象或目的，用康德的话说，就是考察其质料，于是，这部分的学说也可以叫做质料伦理学。如果伦理学仅仅考察理性

---

① 康德著，李秋零主编：《康德著作全集》第 4 卷，中国人民大学出版社 2005 年版，第 394 页。

② 参见康德著，李秋零主编：《康德著作全集》第 4 卷，中国人民大学出版社 2005 年版，第 394—395 页。

的先天原则，则可以称为纯粹伦理学；而如果伦理学还被限制在一定的知性对象上，如理性法则、道德法则，和自由、灵魂不死、上帝等理念上，就可以称为道德形而上学；而考察主体的经验素质和行为对象和目的等质料的伦理学，则可以被称为质料伦理学。可以说，纯粹伦理学和道德形而上学是给出道德法则的纯粹形式和道德法则的应用范围，指明行为的道德价值的根源，而质料伦理学则是把道德形而上学直接应用于人这一类有着感性素质和感性偏好的理性存在者的伦理学说，说明如何才能让我们的感性追求受到道德法则的最高约束，从而使我们有资格配享我们所追求的幸福；同时理性地推测人类作为整体在历史的长河中逐渐达到总体的道德化的社会环境条件及其必然趋势。

作为一种关于人的知识的学说的人类学，从生理学的角度说，所关涉的是"大自然使人成为什么的研究"；而从实用的角度说，所关涉的是"人作为自由行动的存在者使自己成为或者能够并且应当使自己成为什么的研究"①。也就是说，实用人类学研究的是人类对自然赋予我们的各种天然禀赋如何去正确运用、锻炼和促进，以便使其活动能够配得上人性尊严，进而使我们能够独立地使用自己的理性，从纯粹理性中产生出真纯的、最高的道德原则来，并应用到指导我们的生活行为之中。从这个意义上说，实用人类学不是直接考察先天的、形式性的道德法则，而是考察经验性的人性禀赋如何才能得到发展，并逐渐进向道德，所以，它属于伦理学的经验部分，或者说是质料伦理学部分。

康德从人的主体意识开始，认为人的抽象思维能力（能够说"我"的这种主体意识）是人区别于其他动物的本质，这意味着，我可以在自己的不同表象中意识到我是同一个自己，这如果没有一个先验的统觉是不可能的。但是这种意识一出现，首先就是专注于自己，从而把知性判断（认识）、鉴

---

① 康德著，李秋零主编：《康德著作全集》第7卷，中国人民大学出版社2008年版，第114页。

赏力和道德判断力都局限于自身，而不是扩展自身，这样就会陷入逻辑的个人主义、鉴赏的个人主义和道德的个人主义。显然，要超出这些个人主义，就必须采取多元主义立场，即采取这样一种"思维方式：不是把自己当做将整个世界囊括在自己的自我之中的人，而是当做一个纯然的世界公民来看待和对待"①。这才是考察我们的自然禀赋如何经验性地发展并进向道德善的实用人类学方式。

这里需要说明的是，康德的批判哲学特别是《实践理性批判》，认为一切经验的、人类学的东西都必然是生理学的，必然会排斥自由，所以，有人认为，如果实用人类学就是对人性禀赋进行经验性考察，那么它与自由的关系就难以协调。因为实用人类学作为伦理学的一部分，也需要考察自由和理性，所以它存在着许多"模糊性、张力和明显的矛盾"②。但是，我们认为，实用人类学与批判哲学并不存在矛盾，因为实用人类学一方面考察我们经验性的人性禀赋应该如何发展，才能与理性的实践功能相互协调，它只是在实用（对我们能够获得文明教养、并最终能够形成正确的道德思维方式有用）的意义上才属于伦理学；另一方面也使伦理学不仅具有理性的骨架，还具有了人的感性的血肉，使德性和舒适生活能够紧密结合。同时，道德行为本身就是属于经验世界的，是可观察的，虽然做出这些行为的主体的动机来自先天的理性法则对意志的规定，但是行为必然具有经验的外观，所以，实用人类学考察我们这一类尘世的有理性者的自然禀赋及其外在行为，一方面就要考察我们感性能力、想象力、记忆力、知性能力、鉴赏和欲求能力如何发挥和自我完善，从而能与理性的实践能力取得协调，另一方面也要考察出自我们的认识、鉴赏和欲求能力的合法则行为与出自德性的外在行为的类同性，从而期望通过前者的反复练习而使之内化为我们的德性。比如，康德区分了

① 康德著，李秋零主编：《康德著作全集》第 7 卷，中国人民大学出版社 2008 年版，第 122 页。

② *Essays on Kant's Anthropology*, edited by Brian Jacobs and Patrick Kain, Cambridge：Cambridge University Press, 2003, p. 5.

作为现象的德性和作为本体的德性，认为同一个德性"作为合义务地（依照其合法性）行动的熟练技巧被称作 virtus phaenomenon（作为现象的德性），而作为对出自义务（由于其道德性）的这些行动的坚定意念被称作 virtus noumenon（作为本体的德性）。"① 如果我们持之以恒地做出具有作为现象的德性的行为，则它最终有可能转化为作为本体的德性。当然，康德也知道，这两种行为不能通约，要使我们真正获得德性原理，还必须经过一种完全的心意更新，这是确立了一种全新的道德思维方式的结果，它要经过某种"突然的爆发"才能达到，而无法通过感性的文明教养的渐进发展来达到。但我们是有理性者，具有理性能力，即能采取完善的目的概念，并不断地造就自己，向完善的目标迈进，因而，在这个过程中，文明教养至少为达到道德化做了准备。所以，实用人类学作为质料伦理学，对康德的道德哲学而言是重要的、不可或缺的，也是实用人类学作为伦理学的一个质料部分平凡成立的基本理由。认识到这一点，则那种认为康德伦理学是纯粹形式主义的看法就不攻自破了。

一、　如何完善认识能力而迈向道德思维

人有低级的认识能力，也有高级的认识能力。康德认为，低级的认识能力即是认识能力中的感性（直观中的表象能力），包含两个部分：感官和想象力。从人的实际认识能力出发，康德认为人的低级认识能力都是感性性质的，如五官的认识即视觉、嗅觉、听觉、触觉、味觉等都是提供感性杂多的，它们本身是认识的一个来源，对知识而言是不可缺少的。历史上许多思想家对感觉都不太信任，认为感觉会产生错觉，只有理性认识才能揭示真理。其实，感觉从来不骗人，这并不是说感觉永远正确，而是说感觉根本不作判断；犯错的是知性判断，因为只有知性玩忽职守，不预先按照先天知性

---

① 康德著，李秋零主编：《康德著作全集》第 6 卷，中国人民大学出版社 2007 年版，第 15 页。

范畴来整理感性杂多，才会做出错误判断。但有些人不反思我们是否正确地运用了知性，却抱怨感性表象的混乱。实际上，感性东西必须靠知性才能被整理为有秩序的知识。知性可以对被给予的表象进行把握，以便产生直观；对许多表象所共有的东西进行抽象，以便产生概念；还可进行思考，产生意见而形成对象的知识①。实际上，知性是理性在经验范围内使用时的名称，它的应有功能是主动地用先天知性范畴来整理感性表象。知性还有一种创造力，即能进行规定性的判断和反思性的判断，能够创造性地运用范畴对新的经验事物进行预测。当然，直观也会由于心灵的病态而陷入错误的想象，出现幻觉，这要么是狂热，即把想象当真实的感觉；要么是视灵术，即认为出现这种幻觉的原因是另一个神秘的存在者作用于我们的心灵。对此，我们应该加以纠正。但是对此幻觉我们却无法用理性的表象来确切地加以消除，而只能"通过把人带回到外部世界，从而返回到呈现给外部感官的那些事物的秩序之中，才能使之有秩序。"② 只有这样，我们的知性才能对感觉进行恰当的整理。

康德认为，各种不同的感觉对于生命的维持和生命力的提高当然都有用途，但是同一种感觉如果高强度地持续着，则我们就会逐渐失去对它的感受性。在感觉中，强烈的对比可加强感官；新颖性可刺激感官使之更加清楚和活跃；变换则能消除感官的疲惫感。所以，感觉要在实践中发挥作用，就要先从人们对之只是略有感觉的东西出发，然后逐渐提高。比如，在道德教育中，我们就先要从知性的冷静教导开始，即让一个义务概念进入受教者的心中，人们对这种义务的感觉不可能一开始就很强烈，而只能略微有些感觉，然后我们就可以把一种道德兴趣带入对义务的讲解之中，并且激起人们对这种兴趣的各种感觉，以便能加强道德的动机。所以，康德提醒年轻人，在面

---

① 参见康德著，李秋零主编：《康德著作全集》第 7 卷，中国人民大学出版社 2008 年版，第 133 页。

② 康德著，李秋零主编：《康德著作全集》第 7 卷，中国人民大学出版社 2008 年版，第 154 页。

对未来漫长人生路时，首先要放弃追求各种生活上的感性满足，或者应该推迟满足，这对我们的人生将更加有益。

以上是就感性能力在人们迈向道德方面的作用做了一个说明。显然，在道德上，高级认识能力的作用更加重要。在康德看来，知性，作为思维能力，是通过概念来表象某种东西的能力，可以包含普遍的东西，即规则，用来指导行动。从高级认识能力的质料上，即它与对象的知识相关来说，高级认识能力可以包括知性、判断力和理性。它们的正常使用，可以对实践起到关键作用。比如，正确的知性是"由于这些概念适宜于认识对象，因而适宜于把握真理而包含着能力和熟巧"①。在这方面，知性的正确使用，就是不能拥有其他的与客体和客体的规定毫不相干的概念，它要求的就是"概念不多也不少正好包含着对象所要求的东西的那种性状（conceptus rem adaequans［与事物相等的概念］）"②，就是把充分性和精确性结合起来。在知性的使用中的品德就是谦逊。知性在认识领域中的功能是获得真理，但它也能促进实践事务，这就是"目的方面的精明强干"③。知性在实践领域中的不当使用就是奸诈，它不是按照正当的目的而谋划，而是完全谋求自己主观目的的实现而巧妙地欺骗别人。但是，在具有重复性的交往中，人们难以被欺骗第二次，所以奸诈的人终究难以达到自己的目的。

如果说知性是发现规则的能力，则判断力就是"发现特殊的东西的能力，只要这特殊的东西是规则的一个事例"④。知性可以通过许多概念来进行教导，但是判断力却不能被教导，而只能被练习，必须借助于许多的经

---

① 康德著，李秋零主编：《康德著作全集》第 7 卷，中国人民大学出版社 2008 年版，第 190 页。

② 康德著，李秋零主编：《康德著作全集》第 7 卷，中国人民大学出版社 2008 年版，第 191 页。

③ 康德著，李秋零主编：《康德著作全集》第 7 卷，中国人民大学出版社 2008 年版，第 191 页。

④ 康德著，李秋零主编：《康德著作全集》第 7 卷，中国人民大学出版社 2008 年版，第 192 页。

历，建立在自己常年的经验基础上才能成熟。它之所以不能被教导，是因为我们并不存在区别某种事物是不是规则的事例的普遍规则（因为要判断某个普遍规则与事例的关系还需要另一个普遍规则，这样就会无穷倒退，所以，判断力是原创性的）。判断力有技术的、审美的和实践的判断力，它着眼于什么是可行的、合适的和恰当的。而理性，则是"从普遍的东西推导出特殊的东西，并因此而按照原则来表象特殊的东西，把它表象为必然的"① 的能力。属于理性的是原则和理念，"理念就是理性概念，在经验中不可能有任何对象与它们相对应"，它是"关于一种完善性的概念，人们虽然能够一直逼近这种完善性，但却永远不能完全达到它"②。从这个意义上说，道德判断力实际上就是从理念或原则中推导出具体的应然的实践行为并使理念得到具体化的能力，一句话，就是理性在作实践判断，在具体的实践行为中体现出理念的道德价值，并且这种行为是必须做出的。所以，实践理性的功能就是依照理念和原则推导出我们应该做出什么样的实际行为，以使得我们的目的或通过行为要实现的对象（作为质料）与理念相符合。

康德在实用人类学的意义上考察人类的认识禀赋，是为了说明我们的高级认识能力（包括知性、判断力和理性）的健全使用，最终则是要说明理性的使用是从一种完善性概念出发（经验中根本没有对应物，只是超出经验范围的理性概念自身），而要求自己要用特殊的行为来彰显这种完善性概念的道德价值。理性的实践使用的关键在于，我们要能够形成一种理性的理念，从而向我们自己发布道德命令，并要求依此做出实践行为来。显然，只是知性在经验范围里使用，是达不到这个要求的，而必须从先天的理性法则中，并且以超验的完善性理念作为自己的思维对象，才能形成我们对道德价值的认识。对这方面，人类的思维不是可以轻而易举地达到的，许多人在这个问

---

① 康德著，李秋零主编：《康德著作全集》第 7 卷，中国人民大学出版社 2008 年版，第192 页。

② 康德著，李秋零主编：《康德著作全集》第 7 卷，中国人民大学出版社 2008 年版，第193 页。

题上容易听从别人的引导，或者是盲从某些所谓圣徒的教导和章程，而放弃自己对理性的一切运用。而要真正地运用自己的理性，却是一件需要很大勇气的事情，是一件需要摆脱一切习惯和信条而自己思想出自己的理性理念的事情。依此理念而行事，就是自己必须对自己的行为负责，因为在道德事务上，每个人都是自己的主人。这就是一种立场的转变，也是一种心意的更新。所以，道德上的困难在于要自主地使用自己理性，即要摆脱在道德事务上受他人的引导方面的困难，而不是技术上的困难（技术上的困难是受到自然法则的制约，比如要克服地心引力地去做好事，那是做不到的）。自主地使用自己的理性是我们能够做到的，所以我们可以做出道德行为来。从实践的角度说，"他根据发布道德命令的理性的指令想做的，就是他应当做的，因而也是他能做的（因为理性不会命令他做不可能的事情）"①，这就是在道德领域中康德的"应当就等于能够"的著名命题。但是，如果在物理学意义上鼓吹这一点，那就是狂想。

真纯的道德原则与一般人类意欲的活动和条件的来源不同，前者来自先天地运用自己的理性，后者则来自对感性偏好的追求。但是，我们作为一个有肉身的理性存在者，感性偏好是我们必然具有的，所以，在道德事务上，有一点是必须永远面对的，那就是要抗拒来自感性偏好的准则，并用来自理性法则的准则压倒它，这一任务是艰难的，因为"本身为如此众多的偏好所侵袭的人，虽然能有一种实践的纯粹理性的理念，但却并非如此轻易地就能够使其在自己的生活方式中具体地发挥作用。"②

所以，康德认为，要培养在实践领域中的智慧，从认识能力的要求来说，首先就是不能"让另一个人给自己灌输智慧，而是必须从自身中产生出

① 康德著，李秋零主编：《康德著作全集》第7卷，中国人民大学出版社2008年版，第141页。
② 康德著，李秋零主编：《康德著作全集》第4卷，中国人民大学出版社2005年版，第396页。

智慧"①。为了达到这一点，康德给出了他自己反复申明的三条准则："1. 自己思维；2.（在与人们的交流中）站在他人的地位上思维；3. 任何时候都与自身一致地思维"②。所以，他说，"人内心中最重要的革命就是，'人从他自己咎由自取的受监护状态中走出'。"③

二、 普遍性的情感能力的塑造与完善

情感能力是人的另一种能力。把人与地球上的其他生物区别开来的情感能力是这样一种情形，即人除了对感性表象产生出爱好或厌恶的情感外，还具有对某种事物的理性表象产生出情感的能力，能够具备一种普遍性情感。由于其有普遍性，所以这种情感与知性的关系很密切，并且与理性概念、义务具有相关性。从这个意义上说，人类的情感塑造是人能够把自己塑造成什么样的人的一个方面。于是，这样普遍性的情感如何培养与完善，是实用人类学所要考察的重要内容。

他认为，愉快与不快的情感有感性的和理智的两种，感性的愉快要么是（1）通过感官而感受到快乐，要么是（2）通过想象力而表现为鉴赏的快乐；而理智的快乐要么是（3）通过可展示的概念而表现的快乐，要么是（4）通过理念来表现的快乐。

第一种快乐是人与其他动物所共有的，是我们感受到的快乐的感性基础。但人的快乐可以与我们的智性功能相联结。健全知性的使用、鉴赏、道德也都可以使我们感受到快乐，而且这些快乐比一般的感性偏好的满足所带来的快乐更为持久，对生命也更为有益。

---

① 康德著，李秋零主编：《康德著作全集》第 7 卷，中国人民大学出版社 2008 年版，第 193—194 页。

② 康德著，李秋零主编：《康德著作全集》第 7 卷，中国人民大学出版社 2008 年版，第 194 页。

③ 康德著，李秋零主编：《康德著作全集》第 7 卷，中国人民大学出版社 2008 年版，第 223 页。

康德认为，我们可以发现一种大自然智慧的安排，那就是两个快乐状态中必定会有一种痛苦状态，这种痛苦能刺激我们生命力的提高，"没有这种刺激就会出现没有生命的状态"①。痛苦是大自然当做能动性的刺激置入人里面的，这样，人就会不断地向着更善进步。当然，直到我们生命的终点，也不可能达到绝对的心满意足。

要顺应这样一种自然智慧，我们所应该做的就是遵循以下理性原则：第一，我们要让健全的知性来安排我们的思考，比如对凡是不可改变的东西，都必须从思想中加以排除。想要使已发生的东西不曾发生，或者想使必然会发生的东西将永远不发生，是一种逻辑矛盾。所以我们不要为所有的事情揪心，特别是不能沉溺在这种不切实际的情感之中不能自拔，比如对人生而有死这种必然性抱有恐惧就是一种知性上的缺陷。只有健全知性思考得到的结果会使人产生更加持久的快乐；第二，我们可以通过陶冶的方式来使自己快乐，这种方法能使我们获得"扩大还更多地享受这种快乐的能力"②，我们通过培养对科学和美的艺术感到快乐的能力，一方面，以前我们没有培养这种快乐感受时，我们感受不到这种快乐，现在则可以；另一方面，在这方面的能力的培养是无止境的，所以，我们自己"还总是能够以此上升"③。在这方面，我们要付出艰巨的劳动。艰巨的劳动是辛苦的，这是对当下快乐的一种暂时拒斥，却会使我们在提升了自己的陶冶之后能够尽可能地把快乐保持在自己的审视之内。这种快乐的能力是我们自己争取到的快乐资本，"既不取决于偶然，也不取决于自然法则。"④ 第三，我们也能想到，我们要改

---

① 康德著，李秋零主编：《康德著作全集》第 7 卷，中国人民大学出版社 2008 年版，第 226 页。

② 康德著，李秋零主编：《康德著作全集》第 7 卷，中国人民大学出版社 2008 年版，第 231 页。

③ 康德著，李秋零主编：《康德著作全集》第 7 卷，中国人民大学出版社 2008 年版，第 231 页。

④ 康德著，李秋零主编：《康德著作全集》第 7 卷，中国人民大学出版社 2008 年版，第 231 页。

善自己，这是我们的一种义务。唯一有效的办法是发挥自己的理性能力，获得意志的自由感受。对意志的自由感受能使我们获得一种较为持久的快乐。当然，获得绝对的意志自由是我们难以做到的，但是我们可以努力去获得道德的正确原理和道德的思维方式，这样我们就可以"把自己的意志与实施这种意志的足够强的情感联结起来"①。在这方面不可取的方式就是自己做了不好的事情之后，去做自我折磨的忏悔，想以此来一笔勾销自己的罪债，这是白费力气。真正需要做的是以理性的方式加倍努力去改善，这才是获得道德方面的快乐的正确方式。

第二种快乐即鉴赏的快乐。一般而言的鉴赏是个人对自己所享用的东西的适意，比如喜欢什么食物、颜色等，有很强的主观性，不能提供普遍有效的判断。但是还有精鉴赏，它不仅是我自己的感官感受，而且还要"根据某个被表现为对每个人都适用的规则来做选择"②。但是，这种规则有两种，一种是经验性的，即那种习俗性的饮食习惯规则，它是在长期的共同生活中通过模仿而成的习惯性规则，虽然有某种普遍性，但并不能要求真正的普遍性，也就是说，不能要求每个人的判断都与我的判断相一致；另一种是先天地建立起来的规则，它对每个人都有效，"就像一个对象表象必须与愉快或者不快的情感相关来评判一样"③，这就是说，理性在这里暗中参与了活动，尽管人们并不能从理性原则推导出理性的判断，并据此证明这种必然性，但是，这里却存在着对象表象与情感的必然性的联系，所以，是一种反思的鉴赏，即可以要求每一个人的判断与自己的判断相一致。这种必然性来自何处呢？他认为，这必须以一种社会状态（相互传达、参与他人的愉快）为前提条件。其实，人们的相处开始可能是野蛮的、不好交际的和纯然竞争性的。

---

① 康德著，李秋零主编：《康德著作全集》第 7 卷，中国人民大学出版社 2008 年版，第 230 页。

② 康德著，李秋零主编：《康德著作全集》第 7 卷，中国人民大学出版社 2008 年版，第 234 页。

③ 康德著，李秋零主编：《康德著作全集》第 7 卷，中国人民大学出版社 2008 年版，第 234 页。

而鉴赏则是社会交往的必要条件，所以，在鉴赏中，最为重要的就不是我的主体感官能力对对象的感觉，因为大家的感官能力有差异，其感受也就可能非常不同，于是，在这方面无法期待一种普遍的规则；但在鉴赏（审美的判断力）中，起关键作用的并不直接是感觉，而是对象的形式，即"自由的（生产的）想象力通过创作所组合出来的"① 形式，这种形式为愉快的情感要求一个普遍的规则，它要求普遍可传达，从而形成社会性的评判规则。纯粹的主观喜好则是为人们的偏好所决定的，故而不是自由的；而只有形式性的规则是自由的，心灵在想象中的（感性的）游戏中感受到自由，而这正好与社交中的自由前提相适应。所以，审美判断活动是促进社交的东西，它以普遍传达性、参与性为前提。于是，审美判断中就有一种普遍性的规则的概念，对此概念的表象能力是知性，而审美判断就是感性能力和知性能力的和谐协调。可以说，培养审美判断能力，是一种发挥知性作用的训练。

他特别提到两种言说艺术的鉴赏形式，即雄辩术和诗艺。他认为："它们是旨在某种心境的，心灵直接被它们唤醒而活动起来，所以它们在实用人类学中有各自的位置，在这里，人们力图根据人能够被塑造成什么来了解人。"② 言说艺术鉴赏形式与其他艺术鉴赏形式的真正差异在于，后者更多注重于我们的知性与感性的协调，而前者则要求我们的理性与感性的某种协调，所以，它关乎理性理念，而具备了某种原创性的精神。"人们把通过理念来赋予活力的心灵原则称为精神"，它是"理性为想象力的那种先天形式提供一个模式的生产性能力"③。诗歌必须是原创性的，排除某种对固定规则的模仿，因为"按照规章和规则做的事情，其结果是没有精神的（盲目服从的），而一个美的艺术的产品不仅要求能够建立在模仿之上的鉴赏，而且

① 康德著，李秋零主编：《康德著作全集》第 7 卷，中国人民大学出版社 2008 年版，第 235 页。

② 康德著，李秋零主编：《康德著作全集》第 7 卷，中国人民大学出版社 2008 年版，第 240 页。

③ 康德著，李秋零主编：《康德著作全集》第 7 卷，中国人民大学出版社 2008 年版，第 240 页。

要求思想的原创性,这种原创性在从自身出发来赋予活力时,就被称为精神。"① 雄辩家和诗人都必须原创性地形成理性理念,然后通过言辞形象地展示出来。它们都要对知性说话,所以需要采取庄严而崇高的形式来振奋人的心灵。当然,诗艺更多的是用知性来规范感性的游戏,赋予诗歌意象以一种庄严形式;而雄辩术则主要是知性的工作,但要用感性来使之变得生动,比如抑扬顿挫、采用排比造成一种气势,使理念能够生动地表现出来,撞击听众的心坎。它们都要"从自身出发在自己的想象力中创造出新的形象(感性的东西的组合)"②。这样,人们就在日常鉴赏中,接触到理念的感性表现,从而促进了心灵的自由,并原始地、自主地产生出某种观念来。人的普遍性情感应该而且可以这样通过鉴赏而得到塑造。

由于鉴赏的以上性质,它包含着一种从外部促进道德性的趋势,因为"鉴赏在根本上是道德理念的感性化(凭借对二者的反思的某种类比)的评判能力……对于建立鉴赏来说的真正预科就是发展道德理念和培养道德情感;因为只有当感性与道德情感达到一致时,纯正的鉴赏才能获得一种确定的、不变的形式。"③ 鉴赏要求的普遍性与道德法则的普遍性是相通的,都具有某种"义务性":因为反思的鉴赏包含一种先天的规则,对象的形式的愉悦有着普遍的必然性,所以,别人也能够共同地感受这方面的愉悦。由于其普遍有效性,所以,"它必须先天地包含着(这种愉悦的)必然性,因而包含着它的一个原则,才能被设想为这样一种愉悦,它是根据一个必须源自感觉者的普遍立法,因而源自理性的普遍法则,对主体的愉快与每个他人

---

① 康德著,李秋零主编:《康德著作全集》第7卷,中国人民大学出版社2008年版,第242页。

② 康德著,李秋零主编:《康德著作全集》第7卷,中国人民大学出版社2008年版,第241页。

③ 康德著,李秋零主编:《康德著作全集》第5卷,中国人民大学出版社2007年版,第371页。

的情感协调一致的愉悦。"① 也就是说，在鉴赏中，我们对产生愉悦具有了一种义务的形式，即对每一个人的要求。这种义务和道德义务是同源的。可以说，鉴赏就是外在表现上的道德性。比如我们的行为温文尔雅，就是一种道德上善的仪态，使别人愉悦，受到喜爱和赞赏，这就为把我们"塑造成道德上善的（有道德的）""做好了准备"②。

实际上，道德是一种心灵革命，是一种绝对自由，它超出仅仅是知性与感性甚至理性与感性的协调状态，而进一步提升到把理性的理念直接化为现实行为的状态。这是一种真正自由的思考方式，不是听从别人的劝告，也不是模仿或习惯，而是一种全新的心意更新。道德行为是一种最高的知识，也是最高的鉴赏。鉴赏到了诗歌和雄辩术，就与理念有关了，即具有了精神和原创性，进一步就将跃升至理性的自主和自律，同时规定了行为的道德目的，以经验性的行为来与理念、真纯的道德原则相符合。它与仅仅按照规章和规则做事情的那种无精神的行为是完全不同的，而是具有了充分的精神自由，自作主宰，自我负责。

三、 控制激情、 根除情欲， 完善道德欲求能力

康德认为，"欲望（appetitio）是一个主体的力量的自我决定，借助的是对作为这力量之结果的未来东西的表象。"③ 显然，欲望首先是感性欲望，就是对于各种感性偏好满足的追求。但是，通过把欲求对象置于理性的限制之下，则我们的欲望就会是有秩序的。在欲望中，有各种心灵状态，如不运用力量去创造客体的欲求就是"愿望"；在热烈追求与欲求满足之间的时间

---

① 康德著，李秋零主编：《康德著作全集》第 7 卷，中国人民大学出版社 2008 年版，第 238 页。

② 康德著，李秋零主编：《康德著作全集》第 7 卷，中国人民大学出版社 2008 年版，第 238 页。

③ 康德著，李秋零主编：《康德著作全集》第 7 卷，中国人民大学出版社 2008 年版，第 246 页。

中充满的是"渴望";想走出目前状态却又不知道自己要进入什么状态的欲望是"情绪变化无常的愿望"①。对康德而言,在实用人类学上考察欲望能力,是为了彰显人的高级欲求能力,即理性的实践功能发用的途径。其关键点在于消除失去理性控制的各种欲望状态,比如激情,特别是情欲。所谓激情,就是处于愉快和不快的情感之中,"如果在主体中不能引起思考(人们应当放任还是拒斥这种情感的理性表象),那就是激情",而"很难或者根本不能用主体的理性来驯服的偏好就是情欲。"② 屈从于激情和情欲,都是心灵的疾病,因为它们都排斥理性的统治。所以,考察激情和情欲,目的是为了使人们能够较为顺利地专注于德性品质,充满了一种实用方面的审慎精神。正如詹姆斯·斯各特·约翰斯顿(James Scott Johnston)所说,在实用人类学的意义上,关于品质的考察,"包含了康德关于品质一般以及个人品质与审慎准则的关系的论述"③。

对激情,我们应当控制,因为激情会使人盲目。激情就是对那种使心灵失去自制能力的感觉的惊异,也就是说,如果我们思考一下,我们也会觉得这种情感强度是不合适的。对我们的健全知性来说,如果我们让这种情感强烈到使我们不可能进行思考的程度,那就是不审慎的;然而,在使道德原则具体体现到行为之中时,又需要某种程度的激情,当然要把激情置于理性的控制之下,这种激情是由理性的理念所激起的。所以,第一,激情是需要控制的。康德说,我们应该具备健全知性中的淡泊,即"无激情却不减弱行动动机的强度"④,也就是斯多亚学派所说的"不动心的原则"。心灵完全由理

---

① 康德著,李秋零主编:《康德著作全集》第7卷,中国人民大学出版社2008年版,第246页。

② 康德著,李秋零主编:《康德著作全集》第7卷,中国人民大学出版社2008年版,第246页。

③ James Scott Johnston, *Kant's Philosophy*: *A Study for Educator*, Bloomsbury Publishing Plc, 2013. p. 192.

④ 康德著,李秋零主编:《康德著作全集》第7卷,中国人民大学出版社2008年版,第247页。

性控制，而永远不激动，这在康德看来，是一个完全正确的和崇高的道德原理。第二，但激情不是没有用途的，大自然把这种禀赋植入我们心中，是为了"在理性还没有达到相应的坚强之前就暂时地施加管束，亦即给向善的道德动机还加上生理（感性）刺激的动机，来作为理性的临时代用品，而造成振奋"①。进一步，理性能形成道德上善的表象，把它的理念与加给它们的直观（实例）联结起来，就使得意志受到这种严正而具有尊严的善的理念的鼓舞，故能造成我们意志的振奋。当然，这样的激情不是善的原因，相反，善才是激发这种激情的原因。第三，还存在着一种作为激情的道德勇气，"勇气"是"基于原理和某种德性"②的，即使一个人的天性气质可能不够坚强，但是由于受到理性的真纯原则的激励，也能勇往直前。这与大胆并不相同，因为大胆只是一种气质属性。作为激情的勇气虽然是一种感性的勇气，但它是通过理性来唤起的，所以是一种德性的强大，是一种能够"带着思考去承担危险的心灵镇定"③。与之相伴的是坚毅，它是义务所命令的某种东西，是一种更高程度的勇气。康德说："勇敢是合法的勇气，即在义务所命令的事情上甚至不怕丧失生命。单是无所畏惧还不行，而是必须有道德上的无可指责（mens consciarecti［问心无愧］）与之结合。"④ 我们可以看到，在人的心灵里，如果理性一直施加约束，将能产生出一种欲求善的热忱和勇气。然而，从实质上说，这种热忱和勇气虽然看上去与激情相类似，实际上却是一种欲求能力，即意志欲求践行纯粹理性的道德法则。所以，康德在考察激情时，理论的聚焦点仍然在于如何控制和利用激情，而使我们产生

---

① 康德著，李秋零主编：《康德著作全集》第 7 卷，中国人民大学出版社 2008 年版，第 248 页。

② 康德著，李秋零主编：《康德著作全集》第 7 卷，中国人民大学出版社 2008 年版，第 251 页。

③ 康德著，李秋零主编：《康德著作全集》第 7 卷，中国人民大学出版社 2008 年版，第 251 页。

④ 康德著，李秋零主编：《康德著作全集》第 7 卷，中国人民大学出版社 2008 年版，第 254 页。

善良意志上。

至于情欲，在康德看来，却应该杜绝。就其与理性的关系而言，情欲（passio animi）就是"阻碍理性在做某种选择时将之与一切偏好的总和作比较的那种偏好"①。康德对情欲的指责无以复加。从一个人对快乐的追求来说，没有人期望有情欲。情欲从容不迫、深思熟虑，不达目的不罢休。情欲是一种妄念，执着于一个表象，其根越扎越深。有了情欲的人是一个可怜的人，因为他已经被情欲的锁链锁住了。"因为如果人是自由的，谁愿意让人把自己置于锁链之中呢？"②

一切偏好的总和就是康德所说的幸福，对主体来说，偏好是可以充当规则的感性欲望。但是人是有理性的存在者，我们的意志要能成为善良的，必须让道德法则而不让偏好充当规则来规定我们的意志。情欲就是那种沉着的非理性欲求，它有意地阻止我们把理性与偏好的规则作比较，从而阻止我们的理性价值觉察朗现出来，本来，这种价值觉察能让偏好觉得无地自容。所以，情欲必定是道德上的恶。第一，那种偏好隐藏极深而且强烈，依照这样一种准则，即"按照由偏好给主体规定的目的来行动"③，知性能力却只能为之思考，从容不迫，深思熟虑，所以，情欲是根深蒂固的，不达目的是不会停歇的；第二，情欲对纯粹实践理性来说是痼疾，是长在心头的疾病，而且极难治好，因为病人不愿意被治愈。情欲的原则与实践理性的原则是完全相反的。对于理性来说，在感性实践中所遵循的原理是："不为讨好一种偏好而把其余的偏好都置于阴影之中或者置于角落里，而是注意使前者能够与

---

① 康德著，李秋零主编：《康德著作全集》第 7 卷，中国人民大学出版社 2008 年版，第 260 页。

② 康德著，李秋零主编：《康德著作全集》第 7 卷，中国人民大学出版社 2008 年版，第 248 页。

③ 康德著，李秋零主编：《康德著作全集》第 7 卷，中国人民大学出版社 2008 年版，第 261 页。

所有偏好的总和共存。"① 所以，理性可以获得人们的自由任性在其中能够并存的普遍法治规则，情欲就正相反，它只有个别性的感性欲望的准则，而且只是专注于某个欲望的满足，而忽略其他欲望追求，所以，必然是会酝酿着许多灾祸的恶劣心境。第三，还有一点需要注意，那就是对善良的癖好，比如乐善好施的癖好，即使在目的或质料上是属于德性的，但如果在形式上转化为情欲，即纯以这种欲望满足为其准则，而完全遮蔽了义务准则，"就不仅在实用上是有害的，而且也在道德上是可鄙的"②。

总之，在实用人类学的意义上，情欲是需要杜绝的，因为屈从于情欲，就放弃了自我控制，丧失了自由，只能在奴隶意识上寻求快乐和满足。当然，有情欲的人同样也有理性，理性必定会呼吁自己的内在自由，但有情欲的人只能在自己的枷锁之下呻吟，无法挣脱，无法行使理性的自由。可以说，情欲是实践理性的绝症。

康德揭明了情欲的属人性。他认为，动物因为不具有理性，不能建立其自由概念，所以其偏好无论多么强烈也不能称为情欲。情欲与理性的自由概念正相抵触。因此，情欲不能按照偏好的对象（有无数客体）来分类，而必须按照被滥用的原则来分类："人们相互之间滥用自己的人格和自由，是因为一个人使别人仅仅成为自己的目的的手段。——情欲真正说来仅仅旨在于人，而且也只能通过人来满足。"③ 在康德看来，情欲可以分为三类，即求名欲、统治欲和占有欲。它们都属于对一般而言影响别人的能力的偏好。显然，影响别人，其目的是把别人的偏好纳入自己的控制之中，为自己的目的服务。这实际上就是占有别人，把别人作为自己意志的纯然工具，这是与道德原则正相反对的。

---

① 康德著，李秋零主编：《康德著作全集》第 7 卷，中国人民大学出版社 2008 年版，第 261 页。

② 康德著，李秋零主编：《康德著作全集》第 7 卷，中国人民大学出版社 2008 年版，第 261 页。

③ 康德著，李秋零主编：《康德著作全集》第 7 卷，中国人民大学出版社 2008 年版，第 264 页。

　　"求名欲"是人通过其意见对别人施加影响，目的是追求虚幻的名望，"流于表面就够了"①，它与爱荣誉相反，爱荣誉是由于自己的内在道德价值而可以期望得到别人的高度评价。求名欲则是追求那种自己本来不配得到的赞誉，特别喜欢听到别人的奉承。如果有人有了这样的情欲，他就是愚蠢的，因为人们通过助长他的这种情欲，加以浮夸的奉承就足以控制他了。可以说，这种情欲就是一种奴隶意识；"统治欲"这种情欲"就自身而言是不公正的，而且它的表现招来一片反对"②，它起源于受到他人的统治的恐惧，并进而谋求拥有控制他人的优势。第一，它是不明智的，因为表现出控制他人的情欲，必定会遭到他人的反抗；第二，它也是不公正的，因为公正就表现在大家都可以要求在法律之下的自由，而统治欲则剥夺他人的这种自由，反过来，他自己也失去了这种自由；"占有欲"是指对金钱这种货币符号的贪婪情欲。本来金钱只是"用于交换人们的勤劳，但由此也用于在人们中间交换一切物质财富"③，由于这种性质，金钱能够成为人的占有欲的最合适对象。占有欲作为一种根深的情欲，甚至可以为了占有而占有，而并不享受金钱的实用性，只是把它看作实力的代表，用以补偿一切其他实力的欠缺。贪财欲正是这种情欲，而守财奴可以说是此类人物的典型。这种情欲表现为一种完全无才智的机械性，而难以获得理性的自由。康德说，这种情欲最容易"附着在老年人身上（作为其生理上的无能的补偿）"④，而且一旦出现就不容易改变。康德的确对人性的特点有着精准的把握，孔子在《论语·季氏》中也同样告诫说，君子在老年时应戒贪利："及其老也，血气既衰，戒

　　① 康德著，李秋零主编：《康德著作全集》第7卷，中国人民大学出版社2008年版，第267页。
　　② 康德著，李秋零主编：《康德著作全集》第7卷，中国人民大学出版社2008年版，第268页。
　　③ 康德著，李秋零主编：《康德著作全集》第7卷，中国人民大学出版社2008年版，第268页。
　　④ 康德著，李秋零主编：《康德著作全集》第7卷，中国人民大学出版社2008年版，第268页。

之在得。"

所以，在欲求能力的完善上，我们要能够正确地控制激情，并且在理性的鼓舞下获得道德上的勇气；同时对情欲这种实践理性的绝症必须加以戒除，只有这样，我们才能发挥正常的欲求能力。

从实用人类学的角度说，我们应该尊重人的禀赋的特点，那就是人不能持续不断地劳动，应该有劳动之余的休息，这是为积蓄继续努力工作的能量所必需的。劳动之余享受闲暇和游乐，或者交叉进行一些活动，都有助于精力恢复。人们中有懒惰的情况，在康德看来，这正是大自然的智慧的表现。大自然把对无休止的劳动的憎恶置入某些人的本能之中，是符合我们人的实际情况的：因为我们无法长时间或无穷尽地经常重复地工作，即使是作恶的行为也不能无休无止，所以懒惰、怯懦、虚伪等道德上的负价值也可以减少某些恶行。康德认为，正因为有懒惰植入我们的本能，所以也减少了许多本来可能造成的灾祸；怯懦者也会因为怜悯人而减少了歼灭人的残暴战争；虚伪者因为会在精于密谋的恶棍团体中进行出卖，也减少了可能倾覆国家的政变阴谋得逞的概率，等等，这是康德在考察在人类历史中人应该被塑造成什么样的过程中，所发掘出的善恶辩证法。

显然，在康德那里有两种善，一种是自然的善，一种是道德的善。自然的善是构成我们的幸福的东西；而道德善则是绝对的善，是我们配享幸福的资格。从这里可以看出，康德考察纯粹的道德善，最终也是为了让人们能够获得真正的幸福。所以，把它们相互混合，就会相互抵消；只有厘清了它们之间的关系，才能真正实现人类生存的双重目的，即彰显作为有理性者的道德尊严和获得幸福。但从实质上说，有道德是为了能够获得真正的幸福。在康德看来，这两个目的的真实关系是德性原则必须对那种会处在相互斗争之中的过舒适生活的偏好的原则进行限制。于是，问题就集中在：我们如何在交往中把舒适生活与德性结合起来？能采用这种思维方式，就是人道。在此之中，真正需要认真对待的不是舒适生活与德性的数量比例问题，而是这二者的相互关系的问题，即"应当如何用德性的法则去限制过舒适生活的偏好。"① 一是不能过那种严格主义的禁欲生活，这与人道是相违背的，是对人的生活目的的歪曲；二是虽然善于交往是一种德性，但是沉溺于交际并在交际中铺张浪费却是一种情欲，这就是虚假的善于交际，它也会成为"一种损害人道的舒适生活"②。

　　道德是在人与人交往的领域中得以展现于外的内在德性。为了人们能够进向道德，首先应该在交往的外在行为中表现出德性的外表，这就是在社交中的具有文明教养的举止的作用，社交中的文明教养就表现为文质彬彬、谦恭有礼，令人快乐和赞扬。其实，能够做到这一点的人，就具备了他人的立场，或者能够站在他人的立场上来思考和感受，于是可以与他人取得协调，获得他人的认可。这是走出逻辑、鉴赏和道德上的个人主义的必经途径，它能使我们的思考、感受、欲求获得某种普遍性，从而将是对我们内在品质的提升。当然，这样的内在品质还不是德性，因为德性基于一种真纯的道德原则，是自主自由的理性的作用，是始终前后一贯的思考的结果。可以说，文明教养是走向道德的一个必经的步骤。

　　关于文明教养，康德具有以下观点：第一，他揭示了文雅的人性法则。他认为，文雅的人性法则的关键在于自尊而尊人，在于能够与他人取得协调与和谐。这就要求在交往中"约束自己和自己的激情，使得总是表现出相互尊重和善意"③。他推荐了一些文雅的规则，如选取大家感兴趣的话题；不要让谈话陷入沉寂；不可随意变换话题；不固执己见，等等，这些法则看上去无足轻重，但它们是促进着社交的东西，因为它们体现了对他人的尊重，

---

　　① 康德著，李秋零主编：《康德著作全集》第 7 卷，中国人民大学出版社 2008 年版，第 272 页。

　　② 康德著，李秋零主编：《康德著作全集》第 7 卷，中国人民大学出版社 2008 年版，第 272 页。

　　③ 康德著，李秋零主编：《康德著作全集》第 7 卷，中国人民大学出版社 2008 年版，第 276 页。

也是自尊，所以是德性的外衣，"可以被认真考虑地推荐给德性。"① 那种抛弃社交舒适的犬儒派和残害肉体的隐修士，都是德性的"扭曲形象"，没有资格谈人道。第二，康德并没有说，文雅的行为举止就是德性，而是说它是"打扮德性的一件外衣"②。德性的原则不是立即就能具备的，而是需要在社交中磨炼，要使得人们能够站在他人的角度上思考，这是习得德性的普遍规则，从而进向理性理念的一个步骤，它需要我们以理性来掌控激情和欲求。进一步，我们如果能够长期这样做，也会使之逐渐成为内在的，面具戴久了，也会成为面容。

四、道德个性的获得

在分析了人的认识能力、情感能力和欲求能力如何才能与理性的实践能力相互协调之后，康德的实用人类学就直接考察如何从外表认识人的内心，重在从人的外在表现中认识道德的个性。这是必然之举，因为只有道德的个性才是人的道德性的达成的标志。虽然"个性"这个词在日常用法中可以指人的气质性特点，但康德还是特别重视道德的个性。他说，个性有双重用法，即（1）"身体上的个性"，这种个性是"人作为一个感性的存在者或者自然存在者的辨别标志"③，实际上可以包括天性或者自然禀赋、气质或者性情；（2）道德的个性，这种个性是"人作为一个理性的、赋有自由的存在者的辨别标志"④。它是地地道道的个性或者思维方式。这些都是人的禀赋。天性和气质可以在其自然基础上得到塑造而发展；道德的个性则需要思维的

---

① 康德著，李秋零主编：《康德著作全集》第7卷，中国人民大学出版社 2008 年版，第276—277 页。

② 康德著，李秋零主编：《康德著作全集》第7卷，中国人民大学出版社 2008 年版，第276 页。

③ 康德著，李秋零主编：《康德著作全集》第7卷，中国人民大学出版社 2008 年版，第279 页。

④ 康德著，李秋零主编：《康德著作全集》第7卷，中国人民大学出版社 2008 年版，第279 页。

决断，实现一种彻底的心意更新，即以纯粹理性的道德法则来直接规定自己的意志。

一个人具备了道德的个性是这样一种情形：他是一个有原理的人，也就是说，他以纯粹理性的原理来指导自己的行为，而绝对不听从自己的本能。所以，这样的个性是唯一的。对于具有道德的个性的人，他人对其行为有绝对的把握。这是一种德性志向，是一种心意更新的决断，是排除一切其他动机而纯粹以理性法则作为规定自己意志的根据的决断。这是一种全新的思维方式。康德说："理性，对人在一切时间状态中的一切行动都是在场的，都是一回事，但它自己并不在时间中，并不陷入一个它之前并不在其中的新状态；就这种新状态而言，它是规定者，但却不是可被规定者。"① 理性超越于时间之外，规定发生在时间中的一切行为，所以，要能发挥理性的这种功能，必然不是通过文明教养就能达到，而必须是在某种特定的、厌倦了本能的场合而爆发、具有完全的心意更新才能达到。

其实，对康德而言，分析人们那些来自自然的、身体的感性偏好的特质并不困难，比如一个人的天性特点和气质类型，因为它们是感性的，所以是可以体验到的。他认为，从天性而言，有些人有好的心灵，比如有一颗好心肠，很随和而不固执，在促进他人的幸福的过程中感觉快乐；当然也有一些人有不好的心灵，比如固执、暴躁、不近情理等等。他说，人的气质是"生命不仅在情感中内在地显示出来，而且在行为中外在地，尽管只是按照感性动机显示出来"②。气质可以分为四种类型：即多血质、黑胆汁质、胆汁质和黏液质。它们是人们在观察人的时候按照情感和偏好的性质进行分类，同时又与血液的性质作类比而命名的。

困难的是分析人的道德个性。因为一方面，道德的个性作为一种全新的

① 康德著，李秋零主编：《康德著作全集》第 3 卷，中国人民大学出版社 2004 年版，第 366 页。

② 康德著，李秋零主编：《康德著作全集》第 7 卷，中国人民大学出版社 2008 年版，第 280 页。

思维方式，必须直接思入本体，即认识到独立于现象界的先天的纯粹理性的法则，并且要以此来规定自己的意志而形成道德动机。这是不可以直接体验的，因为这要排除感性偏好的对象作为自己的动机，而必须由理性自作主宰，自由自主，从而纯粹理性自身就具有实践能力，也就是说，道德的"个性正在于思维方式的原创性"①。另一方面，由于康德在实用人类学中是从经验的、质料性的表现中来观察一个人的道德个性的，所以，他只能列举一些日常行为的准则，遵循这些准则，有助于获得我们的道德个性。因为与道德法则相反的准则是出自感性偏好的，所以，实用人类学推荐的培育人的道德个性的准则应该以否定的方式表述，如：不要故意说假话；不要虚伪；不要撕毁自己的（所承认的）许诺；不要在鉴赏交往中与思想败坏的人为伍；不要把出自别人浅薄的和恶意的判断的流言蜚语放在心上；不要过于依从时尚，等等。通过这种提醒，我们就可以明确地知道，这些准则所否定的东西的反面就是一种真正的道德准则，之后才可能期待在某个决定性的时刻，能自主地认识到真正的道德准则是出自我们的纯粹理性的。显然，我们不是天生就具有道德思维的人，即具有道德个性的人，而是"在任何时候都必须获得它"②。也就是说，这是一种心意更新，"如同一种再生"③，这时我们能够立誓去做一个有道德个性的人，即具有一种真正的道德思维方式的人。

康德认为，在道德思维方式的确立问题上，需要教育、榜样和教诲，目的是造成在原理上的坚定性和持久性，但这并不是一个渐进的过程，"而只是仿佛通过在厌倦了本能的动摇状态之后突然产生的一种爆发进行的。"④

---

① 康德著，李秋零主编：《康德著作全集》第 7 卷，中国人民大学出版社 2008 年版，第 287 页。

② 康德著，李秋零主编：《康德著作全集》第 7 卷，中国人民大学出版社 2008 年版，第 288 页。

③ 康德著，李秋零主编：《康德著作全集》第 7 卷，中国人民大学出版社 2008 年版，第 288 页。

④ 康德著，李秋零主编：《康德著作全集》第 7 卷，中国人民大学出版社 2008 年版，第 289 页。

也就是说，他要获得让偏好无地自容的价值觉察，这就非得使自己能够认识到道德法则的无比崇高、道德人格的无上尊严不可。所以，对于康德而言，文明教养也许可以通过逐渐的陶冶塑造而获得，但对于道德，却只能等待一种新生时刻的到来，它要求我们的意志获得"这样一种属性，按照它，主体把自己束缚在某些实践原则之上，这些原则是他通过自己的理性不变地为自己规定的"①。当然，由于人有理性禀赋，所以，做一个有原理的人（具有一种确定的个性），一方面，对一个普遍的人类理性来说必定是可能的，但另一方面它又是"一种内在价值（人的尊严）的最大值"②，它无限地高于一切才能，是我们所能获得的最高成就，所以我们必须追求它。

为了使人们能够更好地获得道德的个性，康德还不忘告诉大家，我们的天性和气质中也有一些因素能够使我们趋向道德，这种趋向我们应该很好地加以利用。比如，如果我们天性中有一种好心肠，有一颗善心，则我们就有"趋向实践上的善的一种冲动"③。当然，这种善心并不是按照原理行事的，即还不是真正的道德思维方式。然而，这种善心也是应该加以发扬的，尽管容易受到狡猾的客人的利用，但这种善心比恶意总是更可以与道德原则相协调的；对我们形成道德思维而言，每一种气质类型都有某种意义，都可以成为德性或道德个性的盟友。但是它们毕竟是感性气质，属于某种情感的，所以，并不是真正出于原则的。我们可以大致归纳一下康德所揭示的四种气质在形成道德思维方面的作用：多血质的人热情奔放，是一个好的社交伙伴，总能怀有好的希望，但是不持久，不能深思熟虑，没有稳定的意志品质，"真诚地许诺，但却不守信，因为他并没有事先足够深入地想过自己是否能

---

① 康德著，李秋零主编：《康德著作全集》第7卷，中国人民大学出版社2008年版，第286页。
② 康德著，李秋零主编：《康德著作全集》第7卷，中国人民大学出版社2008年版，第289页。
③ 康德著，李秋零主编：《康德著作全集》第7卷，中国人民大学出版社2008年版，第280页。

够守信。"① 显然，有这种气质的人，比较容易形成对道德法则的认识，但需要加强意志品质的锻炼；有黑胆汁质倾向的人，思虑比较多、比较深，不轻易许诺，因为他对能否守信比较忧虑，虽然他并不是"出自道德原因"②而这样做，而是因为担心不能践约而带来麻烦。有这种气质倾向的人，直接就与道德法则打了照面，也能认识到道德法则的崇高性，但从气质上说偏于"担心、多疑和疑虑"③；胆汁质的人暴躁，但容易平息；行为迅速，但不持久。守秩序，彬彬有礼，却拘于礼仪；有求名欲，喜作弄人，等等，康德对具有这种气质的人评价最低。这种气质"在一切情况下都是最不幸福的，因为它给自己招来的抵制最多"④，这意味着有这种气质的人需要进行更多的自我修行；黏液质意味着无激情，这种人具有较强的理性。康德似乎最为推许这种气质，认为其行为"是从原理而不是从本能出发的，他不会为任何事情感到后悔"⑤。这是一种幸运的气质（感性情感），人们认为这种气质是哲学家的气质。可以说，有这种气质的人最能认识到道德法则，最容易树立一种正确的道德思维方式。当然，这四种气质中，即使是具有康德最为推许的黏液质气质的人，也不能说他们就已经树立了一种正确的思维方式，因为正确的思维方式需要我们自己去造就，而不是靠天生的气质。

康德最后还考察了类的个性。他之所以考察类的个性，有两方面的原因：一是在康德看来，要真正成就人的道德个性，必须是人作为一个类来总体地在历史的无尽长河中逐渐地趋近；二是人作为一个种类，是地球上的最

---

① 康德著，李秋零主编：《康德著作全集》第 7 卷，中国人民大学出版社 2008 年版，第282 页。

② 康德著，李秋零主编：《康德著作全集》第 7 卷，中国人民大学出版社 2008 年版，第282 页。

③ 康德著，李秋零主编：《康德著作全集》第 7 卷，中国人民大学出版社 2008 年版，第282 页。

④ 康德著，李秋零主编：《康德著作全集》第 7 卷，中国人民大学出版社 2008 年版，第283 页。

⑤ 康德著，李秋零主编：《康德著作全集》第 7 卷，中国人民大学出版社 2008 年版，第284 页。

高的类概念，即尘世的有理性存在者的概念。显然，类的个性就是人类作为一种总体能够独立地使用自己的理性，成为依照原理行事的人，即具有道德个性的人。

然而，要彻底阐明人类个性却是无法做到的，因为要做到这一点，需要将两种有理性存在者物种加以经验的比较，但在我们的经验中，却只存在着人类这种有理性存在者，而不存在非尘世的有理性存在者，所以无法进行比较。对人类的个性的刻画，只能这样来进行："人有一种他自己给自己创造的个性，因为他有能力按照他自己给自己选取的目的来使自己完善化。"①人有这样一种理性能力，即致力于保存自己和他的种，并训练和教诲这个种（组成家庭进行教育），进而能把人类作为一个有系统的、按照理性原则安排的、组成社会的整体来治理。对人这个类来说，其独特个性是：大自然的智慧是在人类中置入不和的种子，使得人类的理性在这种不和与争斗中，一方面使得人类的各种能力和技巧得到发展，获得文明教养，另一方面也获得教训，从而缔造和睦（显然，为达此目的，最好的社会治理结构是公民的法治状态，即有自由有法律又有强制的状态），或至少是向那种和睦不断逼近。从经验的角度说，人类有利用事物的技术性禀赋、实用性禀赋（这二者属于人性的禀赋），还有其本性中的人格性禀赋即道德禀赋。这些禀赋中的每一个都把人与地球上的其他生物区别开来了，因为这三种禀赋中都有理性的作用，从而是人类的独特个性。当然，只有把道德性的禀赋充分发挥出来，才算是真正地体现了人类的道德个性，即能够"按照法则之下的自由原则来对待自己和别人"②。

这三种禀赋要得到发展，仅凭个人自己的自由的协调是难以做到的，而是需要通过组成社会才能做到。在社会中，人类能够通过艺术和科学使自己

---

① 康德著，李秋零主编：《康德著作全集》第7卷，中国人民大学出版社2008年版，第316—317页。

② 康德著，李秋零主编：《康德著作全集》第7卷，中国人民大学出版社2008年版，第317页。

达到文明化和道德化。在这个过程中，人们必须通过自己的理性来与自己沉溺于幸福的安逸享受的动物性倾向做斗争，通过发挥理性的作用而使自己配得上人性。在这个过程中，人作为一个总体在历史的长河中将能逐渐具备一个自己给自己创造的个性，不断抗拒恶而奋起向上，进向总体的道德善。

第二节　道德教育原则及方法

康德断言，"人惟有通过教育才能成为人。除了教育从他身上所造就的东西，他什么也不是。"① 因此，教育对人的成长而言，就是一项至关重要的系统工程，需要成为一门科学。于是，我们必须探索教育的真实规律，确立其目的，奠定其基础，梳理其进阶。在康德看来，教育的最高目标是成就道德。可以说，康德的《道德形而上学的奠基》《实践理性批判》《道德形而上学》等众多的道德哲学言说，其目的就是奠立最高的、纯净的道德原则，为道德教育确定一个绝对的目标，从而使道德教育始终走在正确的道路上；而他的《实用人类学》《教育学》等著作则在这一原则的指导下，在经验世界中，系统地考察了道德教育的规律。他认为，道德是人之为人的最高本质，其内涵是个人能够正确地、自主地使用理性，能够依照自己的原则而行动，摆脱情欲的束缚，从而获得真正的道德自由。但是，人的感性、知性、理性能力需要在经验世界中得到改进，以求在某个重要的时刻能够完全自主地使用自己的理性，而纯粹出于义务而行动，即道德化。正因为如此，《实用人类学》是道德哲学的经验部分，而《教育学》作为要以经验的、塑造人的精神的手段使人们成就道德品格的学问，必定也属于"实用人类学"，即质料伦理学的范围。康德认为，在这里，就凸显了道德教育的一个内在难题：如何说明教育能够以经验的手段而作用于人的本体自我？

---

① 康德著，李秋零主编：《康德著作全集》第 9 卷，中国人民大学出版社 2010 年版，第443 页。

一、 道德教育的最高原则之确立

康德划分本体界和现象界，目的就是为道德显露出其固有地盘。道德的领域是理性功能发挥之所，实际上也是人作为本体界的存在者的特有功能，是人之区别于其他动物的本质所在。能够发挥自己的理性功能，为自己的行为确立最高的、绝对的原则，并以此规定自己意志的动机，正是人的道德自由的最终确证。

为了说明理性的性质，我们需要考察康德关于感性和知性与理性的学说。就它们与人的行为的关系而言，它们是"人身上""两个完全属于不同类型的部分，即一方面是感性和知性，另一方面是理性和自由的意志"①。这两个方面有本质的不同。感性当然是关乎自然的，而知性的范畴的适用范围同样只能是自然界或现象界，它们从现象出发，来确定是什么和如何是。如果我们从现象界吸取我们行为的动机，则我们的行为就会为现象的因果关系所决定。比如我们有欲求的先天意向，而知性只能形成对现象界事物的认识，所以就只能以追求现象界的、能满足欲求的事物作为我们的动机，这样我们的动机就被现象界的事物所规定，从而把我们造成了一个被动的存在者，正如康德所说，"尽管知性也是一种全然主动和自立的能力，但它的活动还是需要外物，因此也就同时限于外物。"② 从这个意义上说，我们的知性又是被决定的。这样，我们就与其他动物并没有本质的区别，我们最多只能更加精明、复杂地追求欲求的感性对象。但是，我们还有理性，按照《道德形而上学的奠基》的说法，我们被天赋以理性，大自然一定是要我们以理性完成另外的目的，即追求道德；如果我们的生存目的只是追求幸福，有本能就足够使用了，自然赋予我们以理性，反而会妨碍我们追求这一目的。

理性"总是想通达超感性事物，想知道它超出感性自然之外能够被做成

---

① 康德:《论教育学》，赵鹏、何兆武译，上海世纪出版集团 2005 年版，第 105—106 页。
② 康德:《论教育学》，赵鹏、何兆武译，上海世纪出版集团 2005 年版，第 108 页。

什么样子"①。超出感性自然之外，就是进入本体界，显然我们对此不能有任何知识，因为我们无法把这个领域做成对象。但是，在这个领域中，我们却可以不为外物决定，而是自我决定，是完全主动的，从而形成自由意志。自由意志的本质就是我们的动机为理性的先天法则所规定，从而就是理性自身的实践应用。所以，"自由意志单只是实践性的；其本质在于，它的活动不能是一种反应，而必须是一种纯粹客观的行动，或者其活动的动机不能与活动的对象相合；因此它独立于知性的表象，因为后者会导致它的作用方式的颠倒。"② 由此人们高出于任何自然物之上，而被提高到其本原的尊严之上。

在他看来，人作为有理性的存在者，当然应该体现出自己作为有理性者的尊严。其尊严就在于能够以理性的先天法则规定自己的行为动机，而不受任何外物的规定。我们需要对康德所朗现的道德世界的特点作一个总结性的梳理，以明白其绝对的道德原则的实践合理性之所在。

第一，我们只能从本体界吸取行为动机。这是一种什么情形呢？首先，本体界只有理性的概念和法则。在他看来，"理念就是理性概念，在经验中不可能有任何对象与它们相对应。它们既不是直观（如空间和时间的直观），也不是情感（如幸福论所寻找的），这两者都属于感性；而是关于一种完善性的概念，人们虽然能够一直逼近这种完善性，但却永远不能完全达到它。"③ 换言之，理念是一种范导性的概念，由它来规定我们的行为动机，就能引导人们使出现于现象世界的事物按照应该的秩序出现；其次，理性的概念和法则一定是绝对的、完全普遍的、不变的、对所有人都是同一的，所以这是本体世界的最高善。这与现象事物相对的、特殊的、变化的、因人的欲求而不同的性质完全相异。由它来规定意志的动机，将表现为一种绝对普

---

① 康德：《论教育学》，赵鹏、何兆武译，上海世纪出版集团 2005 年版，第 106 页。

② 康德：《论教育学》，赵鹏、何兆武译，上海世纪出版集团 2005 年版，第 107 页。

③ 康德著，李秋零主编：《康德著作全集》第 7 卷，中国人民大学出版社 2008 年版，第 193 页。

遍的客观法则，而不会是一些变动不居的权宜之计。

第二，人们做出行动，一定会遵循一些主观准则。我们要使自己的行为有道德价值，就必须使自己的主观准则能够同时成为客观的道德法则，即我们在主观上要用对理性法则的表象而不用对外物的表象来规定自己的动机，从而使自己的主观准则成为客观的道德法则。从形式上说，其检验标准就是要看自己的准则能否为其他所有人都同样遵守而不会自相矛盾，这就是著名的"可普遍化原理"，因为"客观"的意思，在康德那里，就是对所有人都普遍有约束性。

第三，我们要把自己同时既看作现象界的存在者，又看作本体界的存在者，并且使作为本体界的存在者身份取得优先性，从而使道德成为我们追求幸福的前提性资格。所以，在康德那里，道德是一种特定的思维方式。采取这种思维方式，我们就将凸显自己的人格尊严，并且要将所有人的人格中的人性（包括自己人格中的人性）都同时当作目的，而不仅仅当作手段。此即所谓"人性公式"。

第四，人的人格尊严就表现在我们可以以理性法则来规定自己的意志的动机，所以，是自我立法。从理想的角度看，每个人的人格都是这样一个立法者，其所立之法，不仅对他人有约束力，对自己也有同等的约束力，所以是自我立法，又自我遵守，此即所谓"意志自律"。能自律之意志，必定只能是自由意志，当然，这种自由是"本体的自由"。

第五，由于人既是本体界的存在者，又是现象界的存在者，所以，我们的意志并不是纯粹善良的意志，于是以客观的理性法则来规定我们的意志的动机，就成为我们的道德义务，"义务就是出自对法则的敬重的一个行为的必然性"①，所以，义务与我们意志的关系，就表现为一种"应该"的定言命令式；就其与我们的情感的关系而言，就要求我们有对无限高于感性偏好

---

① 康德著，李秋零主编：《康德著作全集》第 4 卷，中国人民大学出版社 2005 年版，第 407 页。

的理性法则的敬重情感，这种情感是后起的道德情感，而不是对感性对象的本能性情感。

以上五点，为道德教育提供了一个绝对的、稳妥的原则，保证道德教育的正确方向。他主张，在确定道德教育的规划时，首先要把这些概念弄得纯而又纯，如果我们以这些纯净的概念来规定自己的意志，在我们的意志多少会受到各种感性偏好的引诱的情况下，仍然以坚定的意志这样做，我们就能觉察出这样的行为的价值必定无限高于那种出自不纯粹的动机的行为，并使之相形见绌。这种纯洁的行为一定能够提高心灵，并鼓励人们这样做。"就连半大不小的儿童也感受到这种印象，而人们也决不应当以别的方式向他们介绍义务"①。当然这个世界上也许不存在哪怕一个这样完全纯洁的行为，但是，在教育中，我们必须以这样完全纯洁的行为为榜样，必须通过教育让人们形成一种新的思维方式，即自主地使用自己的理性，这就需要使教育的过程受到最完满的理念的引导。因此，康德主张，"教育艺术的一个原则……就是：孩子们受教育，应当不仅适合人类当前的状态，而且适合人类未来更好的状态，亦即适合人性的理念及其整个规定。"②

二、 道德教育的难题

教育对人来说如此重要，所以，我们应该对教育进行规划，使之变成科学，"教育艺术或者教育学如果要如此发展人类本性，使之达到其规定，就必须成为裁决性的。"③ 所谓"裁决性的"，就是不能是机械性的，而是必须有正确的、合乎理性的规划。为此，我们必须仔细考察，我们有着什么样的基础因素可作出发点，遵循什么样的步骤，来促使人们使用自己的理性，彰

---

① 康德著，李秋零主编：《康德著作全集》第4卷，中国人民大学出版社2005年版，第418页底注①。
② 康德著，李秋零主编：《康德著作全集》第9卷，中国人民大学出版社2010年版，第447页。
③ 康德著，李秋零主编：《康德著作全集》第9卷，中国人民大学出版社2010年版，第447页。

显自己的自由意志和人格尊严。

按说，既然理性法则是道德价值的至高来源，那么，道德教育就应该集中在促使人们以理性法则来规定自己的意志上来。但是，自然生人却没有赋予人可以直接这样做的现实条件。从人性现实上看，道德教育存在着诸多难题。

第一，我们发现，大自然的安排是：在人身上，感性偏好是抢先发言的，而义务的声音只有在理性发展起来之后才能发出；另外，人开始只能有感受性和欲望，理性能力也要随着年龄增长才能逐渐成熟起来。于是，我们在进行道德教育时，不能直接从理性下手，而必须先使人们的各种禀赋得到发展，即获得培养和教养，然后才能引向道德。而且，如果没有获得好的培养和教养，则进行道德塑造或道德教化就是非常难的。但是，技能的培养和文化教养等，又不能直接塑造人们的道德品质或个性、品格，所以，教养与道德塑造之间并不存在一种可直接过渡的关系。康德说："因为大自然在他身上致力于从文化引导到道德性，而不是致力于（像理性所规定的那样）从道德性及其法则开始，引导到一种着眼于此的合目的的陶冶；这不可避免地造成一种颠倒的、反目的的倾向：例如，如果本来应当必然地是一种道德陶冶的宗教课，以仅仅是培养记忆力的历史陶冶开始，并徒劳地试图由此得出道德性的话。"① 本来为了道德教育，我们应该按照理性的规定，启发学生心中的道德法则，宗教课可以服务这一目的。但是，因为儿童的理性尚不成熟，所以我们会先以历史课培养他们的记忆力，但要想从中得出道德性，那却是徒劳的。因此，人们对道德教育的原则和规律的认识极易产生错误。

第二，如果道德教育有确定的基础，即如果我们有向善的禀赋的话，则我们就可以一开始就着手发展这种禀赋，从而有把握进向道德。但"天意并未把它们现成地置于人里面；那是纯然的禀赋，并没有道德性的区别"②。

---

① 康德著，李秋零主编：《康德著作全集》第7卷，中国人民大学出版社2008年版，第323页。

② 康德著，李秋零主编：《康德著作全集》第9卷，中国人民大学出版社2010年版，第446页。

从逻辑上说，我们有向善的禀赋，从这里开始教导就可以导向善；但我们又有趋恶的倾向，所以我们就应该扭转这种倾向，使自己产生道德性。然而，事情并不这么简单，这两者都很难达到。他认为，"教育就是能够交托给人的最大的问题和最困难的问题"①。原因是，在我们确定如何进行道德教育的问题上，就需要先获得某种洞识。然而，要获得某种洞识，又必须通过教育。这表明，教育只能循序渐进，即一代代地逐渐积累、不断探索，才能形成对教育的某种规律性的认识："惟有通过一个世代把自己的经验和知识传给下一个世代，这个世代又附加上某种东西并且这样传给下一个世代，才能产生出关于教育方式的正确概念。"② 当然，洞识和教育的这种关系并非概念上的循环，而是可以通过实验来获得洞识和修正洞识的。所以，要获得对教育的有效途径的认识，我们只能在摸索中前进，我们的理性并不能预先判断一样东西将会是好的还是不好的。为此，他开出的药方就是在教育方面要进行实验，"经验表明，就我们的尝试来说，经常出现与人们预期的截然相反的结果"③，这就需要修正计划而继续实验，只有通过不断的实验，才能逐渐证实哪种教育方式能够产生较好的效果。显然，这将是一个长期的过程，也许一种真正好的教育规划要到很晚才能出现。

第三，道德教育的本质是使人们能够自主地使用理性，获得真正的自由，但是，实际的道德教育又必须从某种强制开始，所以，道德教育中有一个最大的困难，那就是："人们怎样才能把服从于法则的强制和运用自己自由的能力结合起来？因为强制是必需的！有了强制，我怎么培育出自由呢？"④ 这就触及了道德教育的最深奥秘。所有人，包括野蛮人、孩子，都有追求自由的倾向，但是这种自由在不受理性法则约束的时候，就是野性自由，它一定会与他人的自由相冲突，实际上也会与自身内在能力的有效使用

---

① 康德著，李秋零主编：《康德著作全集》第9卷，中国人民大学出版社2010年版，第446页。
② 康德著，李秋零主编：《康德著作全集》第9卷，中国人民大学出版社2010年版，第446页。
③ 康德著，李秋零主编：《康德著作全集》第9卷，中国人民大学出版社2010年版，第451页。
④ 康德著，李秋零主编：《康德著作全集》第9卷，中国人民大学出版社2010年版，第453页。

相冲突。所以必须对这种野性自由加以强制，但同时又必须指导儿童去良好地运用自己的自由，这就要引导他去运用其适应于自己年龄的理性思考能力，直到他在理性发展成熟时，认识到这种强制是有益于自己的幸福的，并且逐渐自觉地接受社会规则的外在强制以及自己内心法则即良心的强制，从而自主地使用自己的理性，达到意志自由。当然，这个过程是十分困难的。

但是，康德认为，以上难题并不是无解题。这些难题是有望得到解决的，否则人类的道德教育就是没有希望的。他主张，对这个问题的解决可以从经验中得到线索。

首先，我们可以从人们的交往中获得各种心灵能力的发展。大自然赋予我们以感性、知性、判断力、想象力、情感、欲望和理性等等，可以说，知性、判断力等都是理性在经验范围里的使用；而理性在超出经验的范围内使用时，就是指向实践的，此时它就是实践理性。我们只有一个理性，只是其使用方式不同而已。因此，对知性、判断力包括鉴赏判断力等进行正确的培养，使人们获得文化教养，就是把人们导向实践——道德的必要基础。在康德看来，为了使人们得到文化教养，关键就在于要把人们从因为有自我意识而导致的各种个人主义中解放出来。在知性方面，人们容易陷入逻辑的个人主义。它认为认识的判准就是自己的知性，而不需要别人的知性来检验。而实际上，个人的知性很容易用自己的先天知性范畴不适当地整理感性经验，从而造成不正确的认识。所以，我们的认识十分需要在公共的知性探索中加以检验和校正。很显然，"我们不能缺少确保我们的判断的真理性的这个手段，这也许是有教养的民族如此急切地要求写作自由的最重要原因。"① 在审美上，我们有一种倾向，认为自己的鉴赏力就足够了，而不管自己所欣赏的作品是否在别人看来是鄙俗的，甚至是会为别人嘲笑的，这就是鉴赏的个人主义。这就需要把自己的鉴赏判断，放在公共的鉴赏力面前加以校正和提升，从而使自己所欣赏的作品具备一种令他人也能产生审美愉悦的普遍性形

---

① 康德著，李秋零主编：《康德著作全集》第 7 卷，中国人民大学出版社 2008 年版，第 121 页。

式；还有道德上的个人主义者，他"是这样的人，他把一切目的都局限在自身，他仅仅在对他有用的东西上看到用处，也许还作为幸福主义者仅仅在用处和自己的幸福中，而不是在义务表象中确立自己意志的最高规定根据"①。这样的人在道德上是令人鄙夷的。这就要求人们能够学会站在任何一个旁人的立场上来看待自己的目的是否合理，从而发现我们必须出自义务而不仅是合乎义务而行动，才能彰显自己的人格尊严和意志自由。

在康德看来，要走出这种种个人主义的局限，只有采取一种"多元主义"的"思维方式"："不是把自己当做将整个世界囊括在自己的自我之中的人，而是当做一个纯然的世界公民来看待和对待。"② 即要把自己看作人类中的一员，从而采取一种普遍主义的思维立场，这样我们的知性、判断力、想象力、情感、欲求能力等就能越出个人主义的限囿，而能达到与他人的协调，这样，它们就能够获得校正、检验和提升。显然，小孩最容易陷入这种种个人主义之中，而走出个人主义，是人的心智走向成熟的标志，也是迈向道德的基础。

其次，我们必须有这样一种信念，那就是大自然的目的和意旨（也称"天意"）是把人类最后导向道德的最高善，这就是人性的理念。天意是最高理性和最高智慧，不是我们人的理性所能把握的。大自然赋予我们以追求自己幸福的最强烈意向，但由于个人之间的目的各异，所以必然会产生冲突，甚至残酷的战争，这是我们人类所不想要的结果。但是在每次重大的冲突之后，我们却发现人类会对自己的行为和与他人之间的关系做出必要的调整，从而达成了某种道德性的后果，这反映出大自然深不可测的智慧。所以，我们可以认识到，大自然是利用人的"非社会的社会性"这种本性，在人们的不断冲突中，经历长时段的历史演进，而促使人类逐步向道德迈进。这样，我们就将有坚定的信念，利用坚定的原则，通过各种道德教育的实

---

① 康德著，李秋零主编：《康德著作全集》第7卷，中国人民大学出版社 2008 年版，第 122 页。

② 康德著，李秋零主编：《康德著作全集》第7卷，中国人民大学出版社 2008 年版，第 122 页。

验，而促使人类道德化。所以，乔安尼·吉辛格尔（Johanne Giesinger）认为："康德的道德哲学和他的教育哲学在两个不同理论图式中得到发展：前者位于一个超验主义框架中，而后者则依赖于人的本性的目的论观念。"①这里，要避免两个倾向：一是在看到现实生活中人们的道德状况不如人意，就哀叹人心不古，世风日下；二是认为，既然大自然会以自己的智慧安排来使人类达到道德的境界，那么我们在道德教育上就可以毫不作为。

三、 流行的道德教育方式之偏失

从第一部分所展开的道德教育的根本原则来看，人们所熟知的许多道德教育方式都是有偏失的。康德所列举的几种存在严重缺陷的道德教育方法，都没有建立一种正确的思维方式。他认为，我们不可能用以下这些方法，通过逐渐的改良来使人们受到真正的道德教育。

第一种观点认为，道德教育就是培养一种良好的行为习惯。我们知道，人们在平时观察一个人的行为时，总是会看到，其行为和选择有某种惯性，即某种性质的行为和选择会在他们身上有相当稳定的重复现象。所以，有些人就认为，要进行道德教育，主要就是让人们通过练习，不断重复某种道德性的行为，从而形成一种习惯，以后他们也就会按照这种习惯去做出道德行为和选择。但是，在康德看来，因为习惯是一种心理的倾向，它只能形成一种机械性的反应惯性，"既不曾对任何事情都作好准备，在新的诱惑可能引

---

① 乔安尼·吉辛格尔（Johanne Giesinger）认识到了康德在道德教育问题上的难题，他认为康德的道德哲学和教育哲学分别在两个理论图式中得到发展，并且认为它们最后是可以协调的，但他更多地从人性与动物性的区别上来看待教育对人性的促进（see *Johanne Giesinger*：*Kant´s Account of Moral Education*，Article first published online：25 May 2011，http：// onlinelibrary. wiley. com/doi/10. 1111/j. 1469-5812. 2011. 00754. x/full）。但我认为，这两种图式之所以能协调，还在于在人的本性的目的论图式中，所谓大自然的意旨（天意）的最终目的与人性的理念实际上都是理性的概念，从而在这个意义上，天意和理性法则这一本体界的理念实际上是一致的，只不过人类的道德化要在这一理念的范导下，经过永恒的历史进展而不断趋近之，而不可能最后达到它。这也意味着，人类的完满道德化在时间中是不可能实现的，从而道德教育也永无止境。

起的变化面前也没有保障"①。所以，"德性不能仅仅被解释和评价为机能和
（就像宫廷布道人科修斯的获奖论文所说的那样）长期的、通过练习获得的
道德上良好的行动的习惯"②。习惯作为一种经过长期重新练习而形成的比
较稳定的情感反应模式、行为倾向和惯性，显然在这个过程中，有着刺激
——反应的机械性机制在起作用，也就是说，要么这种重复练习依赖着社会
上通行的规则，即不断按照这种规则行事，在这个过程中，社会上的人们对
这种行为进行赞许、奖赏，对违背这种规则的行为进行指责、惩罚，从而慢
慢地使得这种规则变成了大家会不假思索地去遵行的东西。显然，这种行为
方式最多能够造成合乎道德法则的行为习惯（在社会通行的规则符合道德法
则的时候），而难以生发出自道德法则的行为；要么这种重复练习是由于受
到某种自己所中意的快乐目标的激发，而不断去追求它们，在这个过程中，
由于可以成功追求这些目标，并引起了自己愉快或满意的情感，从而会使自
己的这种行为倾向不断稳固、加强；要么因为景仰某人的品德，而刻意模仿
其行为举止，于是他就会逐渐形成一种心理惯性，以其所景仰之人的是非为
是非。换句话说，习惯在其实质性的意义上，是人的感性能力受到了训练的
结果，因为只有感性的、可经验的东西才可以形成一种习惯性的倾向。所
以，康德明确地指出："养成习惯或者戒除习惯就是通过频繁地满足一个偏
好来确立这个没有任何准则的固执偏好；而且它是感官方式的一种机械作
用，而不是思维方式的一个原则（在这方面，后来的荒废要比学会更
难）。——但是，就显露给癖好供仿效或者告诫的样板的力量（无论是为善
还是为恶）而言，他人给予我们的东西，不能确立德性的准则。因为这种准
则恰恰在于每个人的实践理性的主观自律，因此不是其他人的举止，而是法
则必须充当我们的动机。"③ 总之，习惯只是主观性的较为稳定的倾向，故

① 康德著，李秋零主编：《康德著作全集》第6卷，中国人民大学出版社2007年版，第397页。
② 康德著，李秋零主编：《康德著作全集》第6卷，中国人民大学出版社2007年版，第396页。
③ 康德著，李秋零主编：《康德著作全集》第6卷，中国人民大学出版社2007年版，第
489—490页。

面对变化了的情境，只凭习惯去做的人就会对自己的行为选择是否具有道德价值没有把握；只有法则才有客观的必然性，形成出自法则而行动的意志品质，才是道德教育的根本目的和唯一正确的方式。

所以，在康德看来，那种认为道德教育就是要培养人们道德上的良好行为习惯的看法就是有误导性的。这主要是因为，这种道德教育方式并没有培养受教者真正的道德思维方式，他们并没有形成思入本体的思维方向，从而不能获得不掺杂任何经验杂质的、作为道德价值的最高条件的道德法则，也不能真正获得自由，而仍然处于经验界的因果决定的机械链条之中。也就是说，任何道德教育方式，只要不是首先能够贞定纯粹的道德法则和我们作为一个理性者的本体自由，就没有走在道德教育的正确道路上。所以，我们要进行道德教育，必须首先获得那种深思熟虑的、牢固的、一再提纯的原理。只有这种不掺杂任何经验杂质的道德法则才能让人们获得作为本体的德性。

第二种观点认为道德教育的核心就是道德情感教育。在康德看来，这种道德教育方法更是偏颇的。这里所说的道德情感，是指自然的道德情感。因为自然情感一定是感性的，在人们的内心中是可以形成内在直观的，所以是属于人们的内在经验的，也就是说，自然情感不可能属于本体界，从而基本上与真正纯粹的道德无涉。所以，说有自然的道德情感，就相当于说"方的圆"一样是概念矛盾。这种对道德情感的看法与我们通常的观点大相径庭，也与历史上的道德传统大异其趣。当然，康德也认为有道德情感，但这种道德情感起于对道德法则的敬重，是后起的，而不是人本有的自然情感。

康德说："与欲求或憎恶相结合的，任何时候都是愉快或者不快，人们把对它们的感受性称为情感。"① 但有两点需要注意，第一，可能有一种与对对象的欲求无关，而与对一个对象的纯然表象（不管表象的客体是否存在）相关联的愉快，即想象的愉快；第二，对欲求对象的愉快或不快不一定

---

① 康德著，李秋零主编：《康德著作全集》第 6 卷，中国人民大学出版社 2007 年版，第 218 页。

总是先行于欲求，它既可以是欲求的原因，也可以是欲求的结果。之所以愉快与不快的情感可以成为欲求的原因，是因为我们可以预想到欲求结果是否合意。总之，愉快情感总是与表象相关的，即是说，情感是人在主观上对某种表象引起愉快或不快的能力，愉悦情感是对这种表象的肯定，所以，"是我们表象的关系中的纯然主观的东西，根本不是为了对象的可能知识（甚至不是我们的状态的知识）而与一个客体的关系"①。那么，是否存在道德情感呢？

显然，一般说来，与欲求必然结合在一起的愉快就是实践的愉快，因为这种愉快，或者作为原因或者作为结果，都必然要体现在欲求行为之中，所以，情感可以规定欲求，或者说，我们是因为要获得这种愉快情感才会诉诸这种欲求的。从这个意义上说，情感都只能是感性的。当然，我们也可以设想，我们会欲求那种纯粹的概念或原则，这种愉快就是对理性的纯然表象的愉快，"可以把它称为不受感官约束的偏好（propensio intellectualis［理智的偏好］）。"② 但这并不能改变情感是感性的这一性质。

情感本身的确是感性的，虽然其相应的表象可以摆脱感官约束。然而，那种对理性的纯然表象的愉快是自然而然产生的吗？首先，如果要区分高级欲求能力和低级欲求能力，那么在康德看来，若欲求是追求感性偏好的对象，则从原则上说不存在所谓高级欲求能力与低级欲求能力的区分。所以，要么就是欲求能力不存在高级、低级之分，要么就是纯粹理性凭自身就有实践能力。也就是说，与感性欲求能力相互关联的情感根本就不是道德情感。

在《实践理性批判》中，康德郑重地处理了一个重要问题，那就是纯粹实践理性的动力问题。我们知道，我们会按照我们感性偏好去行动，这种动力是自然而然的。但是，我们的纯粹理性为什么会凭自己（不借助于感性好

---

① 康德著，李秋零主编：《康德著作全集》第6卷，中国人民大学出版社2007年版，第218页。

② 康德著，李秋零主编：《康德著作全集》第6卷，中国人民大学出版社2007年版，第220页。

恶的驱动）就能够是实践的，其动力何在，却是一个重要的问题。然而，他认为，这个问题本身是无法回答的，因为我们没有理智直观，所以我们对本体界没有知识。但是，要使行为具有道德价值，就必须让道德法则直接规定自己的意志，也就是必须要有这种动力。于是，"我们将要先天地指出的，不是道德法则在自身中充当一个动机由以出发的根据，而是就道德法则是这样的动机而言，这动机在心灵中所起的（更准确地说，必然起的）作用。"①正因为如此，道德法则直接规定意志，不但不需要感性冲动的协助，反而应该拒绝所有这种冲动，"并在一切偏好可能违背那个法则时就中止这些偏好，这意志是仅仅由法则来规定的"②。首先就要针对自爱和自负。当自爱的情感被瓦解，自负的情感被平伏，就会产生出一种新的情感，即敬重，即是对道德法则的无上价值的一种尊崇，真正地使自己对自爱感到卑微渺小，使自己的自负得以降服，它开始类似于痛苦的感受，然后会获得一种自我肯定、自我提升的感受，从而又有点类似于愉悦的感受。所以，这种情感不是自然产生的，而是后起的，是依从纯粹理性的原则而起的。可以说，敬重是唯一能称得上"道德情感"的情感。由于这种情感不是天然的，也不能作为规定某个欲求对象的愉快情感，所以，它只有在对感性好恶如自爱和自负情感进行贬抑之后才能产生。正如美国著名的康德研究专家刘易斯·贝克明确提出的，康德关于道德教育方式的基本观点是："在其内在价值之外的任何基础上推举德性都是错误的，因为倘若它是因其功用（Utility）而获得推举的，那么就通常会有一些精明的人能找到其他更切合的获得其好处的方法。所谓的'情感教育'同样也应该避免，因为它鼓励孩子们不是追求义务，而是追求那些夸大的幻想和价值观。"③ 也就是说，在真正的道德教育中，人们不

---

① 康德著，李秋零主编：《康德著作全集》第 5 卷，中国人民大学出版社 2007 年版，第 77—78 页。

② 康德著，李秋零主编：《康德著作全集》第 5 卷，中国人民大学出版社 2007 年版，第 78 页。

③ 刘易斯·贝克：《〈实践理性批判〉通释》，黄涛译，华东师范大学出版社 2011 年版，第 293 页。

应该（也不可能）感觉到被道德法则所吸引，而应该是被道德法则所约束、被内在地强制。

同时，人们很热衷于在道德教育中诉诸那些激动人心的道德事例，企图以此来感动人的善心，激发人们努力成为那样的人的决心和志向。康德认为，这种方法起不到真正的教育作用。实际上，真正的德性在那种明确地、沉静地思考到普遍的、绝对的道德法则对人的意志的规定力量的人中才能存在，而不能靠狂热的激情的鼓动，因为这种激情是不能持久的："德性的真正力量就是平静中的心灵及其一种深思熟虑的和果断的决定，即实施德性的法则。这就是道德生活中的健康状况；与此相反，激情即便是由善的表象激起的，也仍是一种昙花一现、留下疲惫的现象。"①

但是，情感教育在道德教育中也可以有某种作用。康德认为有一种情感的教育可以对道德有一种外部的促进作用，这就是鉴赏的情感教育。鉴赏的情感就是那种与对对象的欲求无关，而与对一个对象的纯然表象（不管表象的客体是否存在）相关联的愉快，即想象的愉快，它可以要求他人都应该共同具有，适合于每个人，即是普遍适用的。这是因为这种鉴赏的愉悦情感是非功利、无目的的，却又合乎了目的，这是因为它包含了一个原则，从而先天地包含有这种愉悦情感的必然性，所以，这种情感有某种普遍性。于是，按照这种愉悦情感做出选择，这"在形式上处于义务的原则之下。因此，理想的鉴赏具有一种从外部促进道德性的倾向"②。这种普遍性情感的培养，就是让人们在社交中举止优雅，受到大家赞赏和欢迎。但是，之所以这种情感有某种普遍性，是因为"它是根据一个必须源自感觉者的普遍立法，因而源自理性的普遍法则，对主体的愉快与每个他人的情感协调一致的愉悦。"③

① 康德著，李秋零主编：《康德著作全集》第6卷，中国人民大学出版社2007年版，第421页。

② 康德著，李秋零主编：《康德著作全集》第7卷，中国人民大学出版社2008年版，第238页。

③ 康德著，李秋零主编：《康德著作全集》第7卷，中国人民大学出版社2008年版，第238页。

培养这种鉴赏的情感，就是让人们逐渐过渡到对理性的一般法则的理解，从而对道德有一种外部的促进作用。但我们不要忘记，引导人们培养这样的情感能力，并不能真正"把他塑造成道德上善的（有道德的）"①。也就是说，这种情感教育并不是真正的道德教育的方式。

第三种观点认为应该把幸福确立为道德的最高原理。康德认为，这是道德教育中的最大的问题，它将会导致道德的消亡："如果幸福（幸福原则）取代自由（内在立法的自由原则）被确立为原理，其后果就便是一切道德的安乐死（平和的死亡）。"② 在康德看来，本体、理智世界、道德法则是道德的生死关口，得之则生，失之则死。他认为，如果我们的道德追求以获得幸福为原理，则根本错失了道德的本质。从这个方向去设计道德教育，就只能一方面训练培养人的本能，另一方面为了达成追求幸福的目的，就只能把理性培养成为本能服务的工具。这样的道德教育所秉承的是一个错误的原理，完全走在错误的道路上，其出愈远，其误愈甚。

四、 道德教育的阶段性目标与最终目标

在阐述了康德关于教育的原则以及他认为需要防止的错误的教育方式之后，我们就可以来分析他对教育的阶段目标和最终目的的界定。他非常看重遵守规则对儿童少年的教育意义，同时又注重给予他们以自由发展的空间，认为把这两者有机结合起来的教育才是良好的教育。在他看来，道德教育是最重要的教育，有其阶段性目标和最终目标。在少儿年幼时，最主要的教育是管教和规训，然后是通过普遍的规则的约束来发展他们的知性能力，以此为基础，在年龄稍大、具有了初步的理性能力之后，才可以启发他们认识并践行与其年龄相当的、作为一个少年的义务，并逐渐理解人的义务，这才是

---

① 康德著，李秋零主编：《康德著作全集》第 7 卷，中国人民大学出版社 2008 年版，第 238 页。
② 康德著，李秋零主编：《康德著作全集》第 6 卷，中国人民大学出版社 2007 年版，第 390 页。

道德教育。这实际上是把少儿的人性禀赋和人格性禀赋逐渐地、全面地发展起来。所以，少儿教育是一种艺术，需要实验，并从中获得经验。

（一）"人要惟一必须受教育的造物"

在康德看来，人作为一种动物的特质就是他"没有本能"[1]，必须受到教育才能适应生活，其心智才能得到发展。其他动物一般来说都有与生俱来的本能，能够做这类动物所能做的所有事情，而且几乎永无变化和发展，这种本能大概是我们所能见到的最忠实的传统了。但是，人出生时什么都不会，必须通过大人的保育，才能生存并长大；人在心智发展和能力的发展上也是如此，虽然人有自然的人性禀赋，但如果没有受到教育，也无法得到正常的发展。所以，康德在《教育学》中开篇即说："人是惟一必须受教育的造物。也就是说，我们把教育理解为照管（供养、抚养）、训诫（管教）和连同塑造在内的教导。据此，人是婴儿、——是幼童、——是学生。"[2]

康德有一个基本观点，那就是，这个世界上，存在一种外在的自然法则，它是外在的理性（比如大自然的智慧）所具有的，比如其他动物一出生，就能够以不损害自己的方式来使用自己的力量，这是合乎自然规则的，所以，其他动物都只需要喂养，但不需要照管，动物凭自己的本能就能够遵从大自然的法则；但是，人却只能使用自己的理性来给自己制定计划，形成

---

[1] 康德著，李秋零主编：《康德著作全集》第9卷，中国人民大学出版社2010年版，第441页。在《道德形而上学的奠基》中，康德却说在追求幸福的过程中，"本能更为精确得多地规定受造物在这一意图中实施的一切活动"，就追求幸福而言，大家"羡慕更接近纯然的自然本能的引导"（康德著，李秋零主编：《康德著作全集》第4卷，中国人民大学出版社2005年版，第402页），实际上，在《道德形而上学的奠基》中，本能是指我们人对感性偏好的自然喜好和追求的能力，与理性能力相对举而言；而在《教育学》中说人"没有本能"，是指人生下来，不像其他动物那样具有天生的保存自己、防止自己受到伤害的能力（而且终生不会有变化），而人的一切能力都必须通过教育才能发展出来，并能逐渐达到较高状态。在这两本书中，康德的表述虽然有矛盾，但在《教育学》中，说人"没有本能"，主要目的是想说明，我们的一切自然禀赋都只有通过教育才能得到发展。

[2] 康德著，李秋零主编：《康德著作全集》第9卷，中国人民大学出版社2010年版，第441页。

自己的目的、安排自己的生活、追求自身的发展，而且随着生活阅历的增长，能够积累起各种生活经验。但是，人类的孩童在相当长一段时间内理性待萌，表现出更多的动物性，用康德的话说，就是处于"生蛮"状态，所以需要由上一代人来加以教育。

于是，对孩童首先就需要训诫或管教，其目的就是把孩童的"动物性改变成人性"①。也就是说，如果不加训诫或管教，则孩童就会本着其动物性的动机去行动，从而偏离了人性的规定性的轨道，也就是会按照自己野性的自由而行动，而不是遵守人性的法则。卢梭曾经认为，那种从未受到法则约束的任意而为的自由是自然的，要加以保护，"真正自由的人，只想他能够得到的东西，只做他喜欢做的事情。这就是我第一个基本原理。"② 虽然康德的教育思想受到卢梭的很大影响，但他对卢梭此论是明确表示反对的，他认为，这种自由只是人作为动物在某种程度上尚未发展出人性时的某种生蛮性。他认为，真正的自由是受到人性法则约束的自由，所以，最先开始的教育就是训诫或管教，即要求孩童接受规则的约束，而那种只被温存地保护的孩童是无可救药的。康德认为，接受理性的规则的约束，是孩童获得文明教养的最先一步。他郑重地推荐这样一种教育方式，即学生初入学时，开始一段时间并不是要他们学习些什么知识，而是要让他们习惯于静静地坐在那里，"严格遵守事先给他们规定的东西"③，形成他们的规则意识，使之不会只按照自己随便什么当下的想法而横冲直撞。这种规则就是理性的规定，其功能是磨砺孩童身上的生蛮性。

1. 教育的基本原则。从孩童的这一特点出发，康德获得了一个教育的基本起点，那就是："人惟有通过教育才能成为人。除了教育从他身上所造就的东西，他什么也不是。"④ 于是，如何进行教育就不得不慎重。康德认

---

① 康德著，李秋零主编：《康德著作全集》第9卷，中国人民大学出版社2010年版，第441页。
② 卢梭：《爱弥儿》上卷，李平沤译，商务印书馆1996年版，第80页。
③ 康德著，李秋零主编：《康德著作全集》第9卷，中国人民大学出版社2010年版，第442页。
④ 康德著，李秋零主编：《康德著作全集》第9卷，中国人民大学出版社2010年版，第443页。

为，从总体上说，我们可以设想一种完善的教育的理念，也就是"一种把人里面的所有自然禀赋都发展出来的教育的理念"①。也许现实中并没有任何一种教育方式能够完全实现这个目标，但是，我们却不能否定这种理念的正确性。问题是，这种理念只是我们的理性所设想的，我们未曾达到过它，所以在探索一种符合这种完善的教育理念的教育方式时，需要不断的实验，不断地积累经验，并不断地添加某些东西，纠正之前的某些失误；同时，单个人对他孩子的全部塑造是难以使之达到其人性的规定的，而只有人类作为一个总体才有可能达到这个目标。所以，对于某一个时期的人们来说，就是要在这种理念的引导下，来探索一种尽可能有效的教育方式。他承认，教育艺术和统治艺术是人类最为困难的两大发明，"毕竟人们甚至在它们的理念上也还有争执"②。作为艺术，就不能追求绝对的知识，而只能进行一种反思的判断，即把普遍的概念与现实的个别行为关联起来，使现实的个别行为能体现普遍性的价值，所以，教育的艺术将始终处于变化、调适之中。

为了把人里面的所有自然禀赋都发展出来，就需要有两种作用：一种是机械性的，也就是等我们经验到某种东西对我们有利还是有害时，我们才能发展有利的方式，而改变有害的方式。对这一点我们无法事先进行计划，必须进行实验，才能取得经验；一种是裁决性的，即我们要判定什么样的父母是受到好的教育的父母，并把他们树立为孩子们塑造自己的榜样，这将为孩童的教育开一个好头。

但是，在教育中，以下原则是更为重要的，那就是："孩子们受教育，应当不仅适合人类当前的状态，而且适合人类未来更好的状态，亦即适合人性的理念及其整个规定。"③ 我们必须秉持这个原则，也就是说，我们的教育设计应该突破当前状况的限制，而成为一种世界主义的，也就是要以人性所能达到的完善状态为目标。因为只有这样，我们的教育才会受到人性的理

---

① 康德著，李秋零主编：《康德著作全集》第9卷，中国人民大学出版社2010年版，第444页。
② 康德著，李秋零主编：《康德著作全集》第9卷，中国人民大学出版社2010年版，第446页。
③ 康德著，李秋零主编：《康德著作全集》第9卷，中国人民大学出版社2010年版，第447页。

念的引导，并且始终促使教育朝正确的方向发展。

2. 孩童教育的步骤。从孩童的生蛮性出发来考虑教育的理念及其方式，首先就要关注个人如何才能实现自己的自然目的，此即"训诫"，即施行不让孩童伤害到自己的管教；然后必须关注人性的发展，即要获得能够应付今后生活中的多种目的所需要的各种技能，这需要对孩童的自然禀赋加以"培养"；还要"培养"他们适应人类社会交往的技能，如亲切优雅的风度、乖巧和使别人能够服务于自己的目的的能力，这就是"文明化的培养"；还要有道德，这就需要进行道德教化，也就是说，孩童应该被教育得仅仅选择好的目的，即那种必然为所有人都认同的客观目的；同时，教育还必须关注如何使后代比我们自己发展得更好。

康德认为，孩童的心灵塑造包括否定性的和肯定性的两个方面，前者是纯粹防止错误的训诫，即约束孩童不去伤害到自己；后者要引领他们将所学到的东西付诸实施，即要让他们明白，他如果想得到别人的东西，就应该让别人得到他的东西。这些都需要规则的强制。康德如此重视规则的强制，就与卢梭处于某种冲突之中，但康德显然并不是让孩童不要自由，而是要让孩童能够把服从于法则的强制与运用自己的自由能力结合起来，即"应当让我的幼童习惯于忍受对其自由的一种强制，并且应当同时引导他自己去正确地运用自己的自由"①。康德对教育在塑造学生们应付今后社会生活中的目的的能力和品质方面给予了极大的关注，因为小孩长大后必须独立并且要养活自己和家庭，从而必须服从社会生活的规则的强制；但在此前提下，他们又必须能够自主、自由地行动，去追求自己的目的，只是需要不妨碍他人同样的自由，这就需要遵守公共的规则。

教育的根本目的就是使孩童向善，目标始终要瞄准如何使他能够学习思维。虽然孩童们还没有很好的理性思维能力，但是，随着知性能力的成长，

---

① 康德著，李秋零主编：《康德著作全集》第9卷，中国人民大学出版社2010年版，第453页。

他们要理解道德义务其实并没有困难。康德认为，在获得知识的过程中，需要很强的知性能力，但在形成对义务的意识上，用不着太强的知识能力，普通人在这个问题上都能看得正确。卢梭认为对孩子不应讲义务，因为他们无法弄懂这样的抽象概念。而康德并不持这样的观点。他认为，孩童也可以培养一种思维方式（当然是初步的），即形成"一切行动由之产生的原则"①。也就是说，要让孩子们从小就厌恶恶习，践行德性，要通过教育让他们明白：恶习本身就值得厌恶，德性本身就有内在价值，而不是因为行善有什么好处，这就是纯然义务的概念。这种自身就是善的价值的概念，"它已经存在于自然的健康知性中，不需要被教导，只需要被启蒙，在评价我们的行为的全部价值时它永远居于首位，并且构成其他一切价值的条件。"② 康德认为，教育者需要把义务的概念从孩子自身中导引出来，而不是被灌输进去，只有这样，义务概念才会在他的心中居于最优先、最高的地位。

康德认为，这样的教育到孩子 16 岁时就可停止，因为这时他们已经性成熟了，成人了，理性也成熟了，这之后，他们就需要自我教育，即发展并运用自己的理性能力，"在这个时间之后，人们也许还能使用培养的辅助手段，实施一种隐蔽的训诫，但不能再实施任何正规的教育"③。

（二）教育的目的是"把人里面的所有自然禀赋都发展出来"

康德的教育思想以他对人性的自然禀赋的分类为基础，并认为它们都应该从人身上发展出来，达到一种完善的培养和塑造。在他看来，教育实际上是对孩童的心身进行全面的塑造和培养，可以说是"体、劳、智、美、德"五育并举。

---

① 康德著，李秋零主编：《康德著作全集》第 9 卷，中国人民大学出版社 2010 年版，第 450 页。

② 康德著，李秋零主编：《康德著作全集》第 4 卷，中国人民大学出版社 2005 年版，第 403 页。

③ 康德著，李秋零主编：《康德著作全集》第 9 卷，中国人民大学出版社 2010 年版，第 453 页。

康德认为，孩童的教育分为自然的教育和实践的教育。实践的教育主要是道德教化，我们将在第三小节中讨论，这里我们只讨论自然的教育。

自然的教育分为否定性部分和肯定性部分。否定性部分是训诫，目的的阻止孩童自然的、动物性的野性，戒除其横冲直撞的野性冲动，使之服从既定的规则，而不会伤及自身；同时，也要抑制他们的放肆，所以，父母不能无休止地放任孩子得到他们任意所请求的东西，不能无原则地娇惯他们，因为这样会养成他们的放肆的习惯。故需要抑制他们任意的请求，而同意他们带有某种善意的请求，这样他们才能养成坦率的习惯。还有，不要给孩子造成虚假的印象，例如，若大人总是传达一种对某些小动物的恐惧，就会让他们也对这些小动物产生终生的恐惧心理，成人之后，他的心理就仍然是孩子气的。所以，要避免让孩子产生这种印象和心理。这可以看作自然的教育的否定性塑造。

自然的教育的肯定性部分，就是培养。培养的关键点在于增强孩子的身体力量和灵活性，更重要的是增强心灵力量。这就需要进行体育、劳育、智育、美育。

1. 体育。它不可以是纯然的游戏，而必须是有意图和终极目的的游戏。因为孩童的身体越是以这种方式得到增强和锻炼，他就越是能够抵御娇惯的不良后果。所以，体育应该注意让孩子自己发挥自己的潜能，逐渐锻炼自己的体能和灵活性。在这方面的规则是："尽可能地不使用工具"①。比如在孩子学走路时，应该不借助学步车之类的工具，而要让他们自己尝试自己的初步能力，如满地去爬，然后蹒跚学步，最后他们就能形成走稳的能力，这对其自信心的产生有很大好处。要练习眼力，比如去学会目测距离；靠观察太阳的位置来确定时间；靠观察太阳的位置和星辰的位置来测知方位；学习游泳也要辅导他们自己去摸索等等。如果需要工具，孩子们就会发挥自己的创

_____

① 康德著，李秋零主编：《康德著作全集》第 9 卷，中国人民大学出版社 2010 年版，第 466 页。

造力，自己去发明简单的器械。这就是在培养孩子们自己的自然的技能。

体操是一种很好地训练自己的运动能力的体育活动。其目的在于让孩子能够操控自然，使自己身体强壮、灵活、有技巧，能够履险如夷，等等，在这方面人类的潜能是很大的，但必须训练。在这方面的训练可以有奔跑、跳远、举重、负重、投掷、赛跑等等，它们都可以强健体魄。从这个意义上说，体育就是一种有益的游戏，因为未来的社会生活需要他们有好的身体。

康德认为，好的体育运动既要能强健身体，又要能锻炼感官能力，如锻炼眼力，即能够锻炼准确性，比如投掷、球类运动都是这样的游戏，能锻炼孩童们的力量，也能训练他们对位置、距离、大小和比例的准确观察和判断。

这样的体育活动，对孩子来说还能塑造其心灵能力。比如当他们要去玩这类游戏时，就要放弃其他的需要，并且能让他们专注于正在进行的游戏，而不去追求其他东西。也就是说，人们在培养孩子们的身体时也是在为社会塑造他们，因为今后的社会生活需要他们有好的身体，还要能够专注和坚持。在这方面，他同意卢梭的说法："你们不先有一个顽童，就永远塑造不出一个能干的人！"①

2. 劳育。它是指要培养学生能够从事工作的习惯和能力。康德批评了一种观点，就是那种认为应该让孩子们在游戏中学习一切的主张。他认为在校园的培养中，主要是使学生学习在强制中忙碌，这就是工作或劳动。对孩子来说，当然需要游戏，但是也必须学习工作。游戏和学习工作不可能在同一时间中来进行，而是应该分开来做。学习工作就是要培养一些今后在社会中从事职业活动所需要的技能，这种技能也必须较早地培养，否则孩子们就会偏好于无所事事、游手好闲，而难以下决心去工作。

第一，"人是惟一必须工作的动物"②，他必须在从事职业活动之前就要

---

① 康德著，李秋零主编：《康德著作全集》第9卷，中国人民大学出版社2010年版，第468—469页。

② 康德著，李秋零主编：《康德著作全集》第9卷，中国人民大学出版社2010年版，第471页。

先做许多的准备，才能获得谋生的本领和技能。上天并没有给我们准备好一切，而是必须通过勤奋工作才能获得自己的生活所需，所以，我们必须先通过学习工作而获得必要的技能。未来的生活需要和任务多种多样，而培养一般性的技能，就可以使孩子能应付以后生活中的各种目的和任务。

第二，如果人可以什么都不做，那么无聊和空虚也会折磨我们。对人而言，最甜蜜的莫过于工作之后的休息。

第三，工作习惯的培养是强制性的，孩子不能习惯于把一切都视为游戏。然而，这种强制又不可成为奴役性的，在这种强制性教育中必须容许个人自由选择和自由能力的发挥。

3. 智育。它主要是对人的认识能力的培养，特别是高等力量的培养。所谓低等力量，是指感性能力、机智、想象力、联想、记忆力等等；高等力量就是知性、判断力、理性。康德认为，对心灵能力的培养，"必须注意让它总是在进步。"① 换句话说，智育必须专注于孩童的高等力量的培养。在这方面，有一条重要规则："没有一种心灵力量是单独培养的，而是必须每一种都仅仅与别的心灵力量相关来培养：例如想象力的培养就是为了知性。"②

康德认为，低等力量独自没有什么价值，培养并运用它们，是为了发展高等力量。高等力量对人获得知识和真理来说至关重要。因为"知性是对普遍的东西的认识。判断力是把普遍的东西运用于特殊的东西。理性则是看出普遍的东西与特殊的东西的联结的能力"③。它们都是获得知识、扩大知识、形成实践智慧的能力，对人生有极大的指导作用。康德把培养这些高级能力的过程称作"心灵力量的自由培养"④，认为这是从童年到成年为止都要进行的教育。

---

① 康德著，李秋零主编：《康德著作全集》第9卷，中国人民大学出版社2010年版，第472页。
② 康德著，李秋零主编：《康德著作全集》第9卷，中国人民大学出版社2010年版，第472页。
③ 康德著，李秋零主编：《康德著作全集》第9卷，中国人民大学出版社2010年版，第472页。
④ 康德著，李秋零主编：《康德著作全集》第9卷，中国人民大学出版社2010年版，第472页。

每个人都有记忆力、想象力、机智等心灵的低等力量，它们每一种都要为了高等力量来培养。比如，记忆力和想象力的培养都要为了知性，机智的培养则要为了判断力。

一个记忆力超好的人能记住一切细节或见过的东西，但是这样的人只是一个活字典而已。单独的、死的记忆力没有太大的用途，对记忆力的培养一定要把它置于规则之下。他认为，"所有的事物都是这样的，即知性先跟随感性印象，而记忆力则必须保存这些印象。"① 记忆力保存这些印象的目的是为了知性能够把具体事物置于普遍的规则之下，形成知识。因此，记忆力的培养应该首先具有一种知性的规则，在这个规则之下，能够列举出包含这条规则的具体事例。

他认为，学生在学习历史时，就应该使用这种方法，即列出一条普遍规则，让他"从包裹这条规则的历史、传说中举出其事例，从诗人们那里举出已经表达这条规则的段落，这样就给他以机会来锻炼自己的机智和记忆力等等"②。所以，"历史是一种在判断中锻炼知性的杰出手段。"③

语言也要通过交往来学习，而不是仅仅靠死记硬背。即使是背单词，也要把这些单词置于孩子熟悉的作品中来进行；学习语法时，也不能仅仅背诵语法规则，而要能够在运用语言中来熟悉语法，使其对语言的使用符合语法规则，也就是马上用在说话和表达思想中，这样才使语法规则变成了自己的东西。

他推荐了一种开发学生知性能力的办法，那就是用地图来学习地理。地图的感性形状也会吸引所有孩子。地图有感性形状、位置之间的距离关系，标明了山川、河流、城市、道路等的位置，以及各地的矿物、植物、动物等等，结合图文说明，能让学生了解地球表面的现代状况，并且能够回溯到过去的状况，这样学生就能较清晰地掌握地理和历史的变化发展情况。他认

---

① 康德著，李秋零主编：《康德著作全集》第9卷，中国人民大学出版社2010年版，第472页。
② 康德著，李秋零主编：《康德著作全集》第9卷，中国人民大学出版社2010年版，第472页。
③ 康德著，李秋零主编：《康德著作全集》第9卷，中国人民大学出版社2010年版，第473页。

为，"最早的科学课最好与地理学相关"①。

在孩子的教育中，最为核心的任务是"力图逐渐地把知识与能力结合起来"②。数学是最能满足这一最终目的的科学，因为数学是既是对现实的数量关系的抽象，又是严格地合乎逻辑规则的，所以数学能够应用到日常生活中，解决具体问题，塑造学生的实际能力。数学在柏拉图《理想国》的教育中，也占有相当重要的位置，但他认为，数学是使学生的思维能够离开具体事物的训练，目的是使学生能够与抽象的、最为普遍的理念靠近。但康德主张学习数学还是要进行应用。康德还主张，语言的学习也全在于应用，要致力于培养学生的修辞能力、论说能力以及演讲才能，他们要能够把知识与纯粹的意见和信念清晰地区分开来。

在孩子的教育中，一定要注意培养其注意力，也就是说要让他们能够集中精力专注于某个事物、知识及其应用。如果注意力涣散，任何才能都可能一无所成，记忆力也得不到培养，所以，"分心是所有教育的敌人"③。关于想象力的培养，康德认为孩子的想象力极强，不需要再用童话等去振奋和扩展。实际上，培养孩子想象力的真正途径在于要对它加以约束，使之"被置于规则之下"④，当然，又不能把孩子的想象力用规则框定而使之僵化了，而是要使之在规则之下得到自由的发挥，这确实是一门艺术。至于机智，是一种能够把一个事物联系到另一些事物上的迅捷性和灵活性，但这种机智如果不用知性的判断力去规范，就可能是胡闹。

说到底，康德认为，培养感官、想象力、记忆力、注意力和机智等这些低等力量，目的都是为了培养知性、判断力和理性这些高等力量。实际上，培养高等力量的过程，就是在训练、塑造我们处理规则与个别事例之间的关系的能力。比如，我们可以为规则提供例证，或者为个别事例找出规则，通

①　康德著，李秋零主编：《康德著作全集》第9卷，中国人民大学出版社2010年版，第474页。
②　康德著，李秋零主编：《康德著作全集》第9卷，中国人民大学出版社2010年版，第474页。
③　康德著，李秋零主编：《康德著作全集》第9卷，中国人民大学出版社2010年版，第476页。
④　康德著，李秋零主编：《康德著作全集》第9卷，中国人民大学出版社2010年版，第476页。

过这样的方式，我们就可以塑造知性能力；学习如何使用知性，即把个别事例置于普遍规则之下，就是规定性的判断力，而从个别事例联想到普遍的意义上去，就是反思性的判断力，显然，运用判断力，就不是把所学到的东西不加理解地复述一遍，而是对之做了创造性的运用；理性的能力就表现在"通过理性看出根据"[1]。但对于孩子来说，他们的理性还是一种需要受到引导的理性，不能要求他们去做纯粹的推理，只能要求他们"对所发生的事情按照其原因和结果进行反思。它是一种就其事务和安排而言的实践理性"[2]。在这里，理性能力的使用，更多的还是技能性的实践理性，还不是自身就有实践能力的纯粹理性。对于培养孩子的理性能力来说，苏格拉底式的问答法是最有效的，也就是要把理性知识从他们里面导引出来。他承认，要做好这一点，是比较困难的，需要较长时间的训练。在这个过程中，孩子们并不需要知道所教的良好事物的根据，但是，"一旦涉及义务，就必须使他们知道根据"[3]。因为理解义务是纯粹理性的事情，是道德的最终根据。这种形成原则的能力才是纯粹理性的自身能力。当然，对孩子来说，首先还是要培养那种技能性的实践理性。康德少儿教育理论的最终目的，就是要通过知性、判断力和理性能力的培养，即进行智育，使他们逐渐地能够塑造一种纯粹理性的道德思维方式，这才是真正的道德教化。这一点我们将在第三部分进行论述。

4. 美育。关于美育，康德在《教育学》中论述得不够明显。但是他也提及了一些与美育有关的教育方式。他实际上也认为美育是一种塑造高级精神力量的活动。他认为，虽然小孩已经能够跳舞，但是这时他们还只是在锻炼身体，还不能上升到审美的高度；小孩也可以拨弄各种乐器，但是由于演奏不好，容易烦扰他人，所以最好是制作一些小笛子来学习音乐，因为它不

---

① 康德著，李秋零主编：《康德著作全集》第9卷，中国人民大学出版社2010年版，第476页。

② 康德著，李秋零主编：《康德著作全集》第9卷，中国人民大学出版社2010年版，第476—477页。

③ 康德著，李秋零主编：《康德著作全集》第9卷，中国人民大学出版社2010年版，第477页。

会太吵闹。这只是美育的初浅阶段。

但是美育的根本目的在于进行"愉快或者不快的情感的塑造"①。按照康德在《实用人类学》中的考虑，通过欣赏大自然的美和艺术的美，我们可以获得一种陶冶，这样就能使我们获得"扩大还更多地享受这种快乐的能力"②。以前没有经过这种陶冶，我们就没有获得过这种快乐，但通过陶冶，我们则可以享受这种新的快乐。其核心在于要能够形成对象的表象与情感的必然性联系，换句话说，美的对象能够使我们的感觉与我们的知性能力相互和谐协调，这种形式为我们提供了一种普遍性的规则，可以要求他人与我们产生相同或相似的情感感受，即判断它是美的。这就是审美判断力。所以，审美教育能够锻炼我们的判断力。从实质意义上说，之所以需要这种普遍性，是因为人们必须在社会中共同生活，从而需要某种鉴赏上的协调。有审美教养的人，能够形成亲切优雅的风度和礼仪意识，能够受到别人的赞扬和接纳。这就是康德所说的文明化教养。它从外部看，符合道德的要求，但还不是道德本身，只是有一种从外部促进道德的趋势。

从以上来看，正如罗伯特·楼登（Robert B. Louden）所指出的，康德实际上是认为，"教育首要关注经验的品质（empirical character），而非悟知的品质（intelligible character）"③。实际上，以上论述的体育、劳育、智育、美育等是在培养学生的"经验的品质"，真正的道德教化是要塑造"悟知的品质"的，但我们并不能确知"悟知的品质"，只能说，我们进行体、劳、智、美等方面教育的努力是能够成功的，并且这些也是进行道德教化的必要前提。

---

① 康德著，李秋零主编：《康德著作全集》第 9 卷，中国人民大学出版社 2010 年版，第 477 页。

② 康德著，李秋零主编：《康德著作全集》第 6 卷，中国人民大学出版社 2007 年版，第 321 页。

③ Robert B. Louden, *Kant's Impure Ethics*: *From Rational Beings to Human Beings*, New York, Oxford: Oxford University Press, 2000, p. 59.

（三）德育："道德的培养必须建立在准则上"

真正的道德教化与训诫、培养和文明化教养属于不同的领域。后三者实际上属于现象的自我，即验知的品格；而前者则属于本体的自我，即悟知的品格。而处于现象界的教育的效果能否给予本体的自我，对悟知的品格产生塑造作用？这个问题在理论上是无法回答的。所以，美国康德研究专家刘易斯·贝克说："严格说来，道德教育也许是不可能的，因为道德性是以意愿的方式产生的突然的内部变革的产物。"① 但是，既然人有理性，人类当然需要主动运用自己的理性，从自己的理性出发引申出自己的道德法则来。因此，如果说有道德教育的话，那就一定不能诉诸功利性，因为这样一来，一些精明的受教者就会力图摆脱义务原则的指导，而去找一些能够更直接地增加功利的办法；也不能诉诸所谓的"情感教育"，"因为它激励孩子们不是追求义务，而是追求那些夸大的幻想和价值观。"② 其真正的弊病还在于，这两种教育方法仍然是作用于现象自我。在康德看来，能够作用于本体自我，形成悟知的品格的教育方法，只能是引导式的，而非培养。

道德教化说到底就是要形成学生的道德思维方式，塑造善良意志。虽然我们人的意志是并不纯粹的意志，即会受到感性偏好刺激的意志，但是它也能独立于偏好而形成自己的准则，在这个意义上说，就是康德所说的"人的任性"③。意志有其自主、自发性，所以，康德说，对孩子的意志不能进行压抑，如果这样做，孩子就不会自己去形成准则，而是依从别人给他定的准

---

① 刘易斯·贝克：《〈实践理性批判〉通释》，黄涛译，华东师范大学出版社 2011 年版，第 291—292 页。

② 刘易斯·贝克：《〈实践理性批判〉通释》，黄涛译，华东师范大学出版社 2011 年版，第 293 页。

③ 康德著，李秋零主编：《康德著作全集》第 6 卷，中国人民大学出版社 2007 年版，第 220 页。

则，这样就会"造成一种奴役性的思维方式"①。我们应该这样做：如果孩子的意志是固执的，那么，"他不做让我们喜悦的事，我们就也不做让他喜悦的事"②，这样就可以改变他的固执，因为这样做，是把我们放在与孩子人格平等的基础上，通过一种自然的阻抗，他的意志的指向就有可能得到转变。显然，在道德的培养中，我们不能通过训诫，因为训诫是强制他服从大人所定的规则，虽然能使其行为中规中矩，但却不能改变其内心，尤其是不能使之自主地形成准则。所以，我们应该引导孩子"学会按照他自己看出其正当性的准则而行动"③。正是这种正当性的准则构成了品质的前提，对于孩子来说，最初是学校的准则，然后是人性的准则，都必须遵守。那些没有自己的准则的人，就没有品质可言。

所以，"道德教育的最初努力是确立一种品质"，而"品质在于按照准则行动的能力"④。首先要从服从一些外在的法则入手，此时有较强的强制性，然后逐渐发展为自愿的服从。显然，自愿服从的法则实际上是他们自己发现是具有正当性的准则。为了达到这个教育目的，康德认为，要培养孩子的三种品质，即一是遵守规则，二是诚实，三是合群。

遵守规则是康德首先强调的。他认为，规则意识就是知性的特征，所以，孩子一入学，就必须先要求他们严格遵守各种计划和规则。比如按照严格的时间表作息，并按照学校的其他规定而行动。只要是对大家一视同仁的规则，就要一直遵守。他认为，"不给自己设定某些规则的人是不可靠的，

---

① 康德著，李秋零主编：《康德著作全集》第9卷，中国人民大学出版社2010年版，第480页。
② 康德著，李秋零主编：《康德著作全集》第9卷，中国人民大学出版社2010年版，第480页。
③ 康德著，李秋零主编：《康德著作全集》第9卷，中国人民大学出版社2010年版，第480页。
④ 康德著，李秋零主编：《康德著作全集》第9卷，中国人民大学出版社2010年版，第481页。

人们常常不知道如何适应他们，而且人们绝不能正确地知道如何与他们相处"①。虽然人们对孩子刻板地遵守规则的行为会颇有微词，斥之为迂腐，但实际上，这种准确性对形成稳定的品质大有裨益。教育者应当注意，这种规则必须是普遍性的，对孩子的赞扬应集中在他们遵守规则的品质上，而不能表现出对那些不守规则却有其他优点的孩子的偏爱，否则，孩子们就会感到受到了不公平的对待。在规则面前，优秀者也不能例外。可以说，这是教师们最容易出现的偏颇，要重点加以注意。

卢梭对用理性来教育儿童少年是很反感的，因为他认为少儿是不理解义务概念的，如果要这样做，学生必定会反抗教师的强制，并且会为了"奖励"或"逃避惩罚"而变得"奸诈、虚伪和撒谎"，而且会"用表面的动机来掩盖秘密的动机"②。关于这一点，康德同意对儿童是不能谈论义务概念的，"那是白费工夫"③；但对少年则必须谈论义务，因为通过知性教育，少年们已经有了某种思考能力，也能运用与他们年龄相称的初步理性能力了，所以，在涉及道德问题时，需要启发学生的义务意识，首先是那些他们作为一个孩子所需要履行的义务，这样一些义务是他们比较容易理解的。当然，要理解那些作为一个人的义务，还需要较长时间的教育和引导。只有到了少年时，我们才能把人的义务规定给予他们，因为他们的理性得到了发展，而"出自义务做某件事情就叫做服从理性"④。也只有在少年时，我们才能产生一种由于遵守了义务法则才会有的荣誉感，以及由于违背了义务法则才会有的羞耻感。

第二个方面是诚实。康德尤其重视诚实，他认为，"诚实是一种品质的

---

① 康德著，李秋零主编：《康德著作全集》第9卷，中国人民大学出版社2010年版，第481页。

② 卢梭：《爱弥儿》上卷，李平沤译，商务印书馆1996年版，第92页。

③ 康德著，李秋零主编：《康德著作全集》第9卷，中国人民大学出版社2010年版，第484页。

④ 康德著，李秋零主编：《康德著作全集》第9卷，中国人民大学出版社2010年版，第484页。

基本特征和本质。一个撒谎的人根本没有任何品质。"① 可以说，诚实是源自人格尊严的一种规则意识，如果孩子撒谎了，他就会感到自己不可信任，并且人格尊严受到了贬抑，所以会对谎话感到脸红、羞愧。对撒谎的最好反应就是投以轻蔑的一瞥，"撤除尊重是对谎言的惟一合乎目的的惩罚"②。

第三个方面是合群。这是因为，只有能够合群，能与别人保持友谊的关系，他们才能习得一种扩大了的自我的眼界和心胸。因为今后在社会生活中，他们必须与他人合作，并与他人取得协调，所以，在少年时代，他们就要有与同伴们情义相通的能力，能够站在别人的立场上思考和感受，只有这样，他们才能获得一种品质。

康德在儿童少年的教育问题上，也像卢梭一样强调要按照孩子的年龄来循序渐进。那些像大人一样说话的少年人，其实并不真正理解他们所说的东西，"一个满口老练的道德箴言的孩子，完全超出了他的年龄的规定，他是在模仿。"③ 他也提到，对孩子来说也不要过于注重打扮，或者所谓的社交风度，教育者要特别注意不要让孩子变得虚荣。

在教给孩子们应当履行的义务方面，我们一定要明白，这些义务首先都只是他们作为孩子对自己和他人的一些寻常义务。

1. 对自己的义务，就是要维护自己人格中的人性的尊严的义务。这首先需要教导他们对饮食、衣着的偏好保持适度和节制，而专注于那种使自己比一切造物更高贵的内在尊严，这就是人格中的人性的尊严。对孩子来说，就是要启发他们如果在日常行为中无所节制，比如一个孩子酗酒、对他人阿

---

① 康德著，李秋零主编：《康德著作全集》第9卷，中国人民大学出版社2010年版，第484页。

② 康德著，李秋零主编：《康德著作全集》第9卷，中国人民大学出版社2010年版，第485页。

③ 康德著，李秋零主编：《康德著作全集》第9卷，中国人民大学出版社2010年版，第486页。

谀奉承、撒谎，都会成为普遍鄙夷的对象，"是有悖人性尊严的"①。

2. 对他人的义务，就是要平等尊重他人的权利。康德认为，人的权利是上帝赋予我们的最庄重的东西。所以，一方面不要在意自己的幸运，而欺侮那些来自其家庭的社会地位比自己低的孩子，或对他们表示傲慢；另一方面，行善的义务是一种不完全义务，不能因为同情他人不幸的遭遇而使自己的心变得柔软，这是靠不住的，而是要把自己的完全义务如履行契约的义务置于行善的义务之前，等等。

从理解和履行这两种义务出发，康德认为，孩子们将能够逐渐思考到什么行为是自身就有价值的，他们做出这些行为是因为它们是我们的义务本身，而不是因为这样做，他们能得到奖赏，不这样做他们的利益就将受到损害。这样才能培养出一种理性的道德思维方式。这就是道德教育的最终目的。

五、 康德的道德教育方法举隅

在康德看来，道德教育最为重要的目的就是使受教者建立一种正确的思维方式。在伦理学中，所谓思维方式，是指我们能够思考从哪里获得规定意志的动机的根据。他认为，正确的思维方式是不去从感性事物、感性好恶中获得这种根据，而从本体界即理性世界中获得这种根据。我们作为现象界的存在者，自然法则就决定了我们会追求感性偏好的满足；但是，我们又被赋予了理性，所以，我们就应该转而从理性自身来发现这种根据，从而使人们不是光去做合乎法则和义务的事情，这仅是合法性，而要出自法则和义务去行动，这样才能形成道德性。换言之，教育者应该形成坚固且精确规定的原理，受教者应该能够形成对道德法则和义务的高度敬重，并且能够抗拒以基于感性偏好的准则来规定意志动机的企图，从而在这种斗争中道德法则和义

---

① 康德著，李秋零主编：《康德著作全集》第 9 卷，中国人民大学出版社 2010 年版，第489 页。

务占有绝对的优先位置，充分体会到德性的真正力量，并由此体验到自己作为一个有理性者的尊严，从而体认到自己是个自由的存在者，由此，我们就高于一切现象界的存在物之上。

为此，康德的道德教育方法，就是有步骤地启发人们能够使用自己的理性，自然界赋予我们这种能力，为的是发展我们的道德。但是，这种天赋的能力是需要磨砺和锻炼的，而且任务非常艰巨。这种问题也是康德反复考虑的，在不同的著作如《纯粹理性批判》《道德形而上学》《教育学》等中，论述了一些基本精神相通、但具体做法有不同的道德教育方式。

第一，以道德问答手册来使受教者把握真纯的德性原理，其本质就是要培养学生正确的思维方式。康德说："德性必须被获得（不是生而具有的），无须可以援引从经验中获得的人类学知识，这一点已经蕴涵在德性的概念之中了。"① 对理性尚未完全成熟的孩子来说，首先可以对受教者诱之以利益，恫之以损失，告诉他们做出具有道德价值的行为将能使我们的生活更美好，更受人尊敬，更有自我尊严感；若做出道德上恶劣的行为，将会使自己失去生活中幸福的要素，并丧失他人的尊敬，使自己处于无穷的悔恨之中，等等。这样的引导对于道德意识尚未确立的人而言是十分必需的。但是，一旦目的大致达到，就需要放弃这种手段，而直接地促使他们使用自己的理性来发现自己的道德法则和自由，从他们的内在心灵中导出纯粹道德的动机。

道德与幸福，一个位于本体界，另一个位于现象界。从地位上说，道德就是配享幸福的资格。人们会去追求幸福是自然而然的事，但是，追求道德却是需要经过教育才有可能的事。在康德看来，道德教育的核心要旨就是要让受教者自己使用自己的理性，发现普遍的、绝对的道德原则，并体会到自由，以道德法则直接规定自己意志的动机，从而形成意志品质，而不是形成所谓情感、欲望品质。这就需要有教育者能够把道德的真谛揭示出来，并通

---

① 康德著，李秋零主编：《康德著作全集》第6卷，中国人民大学出版社2007年版，第487页。

过问答法引导受教者自己使用理性，发现道德原则。所以，对理性能力尚未得到充分发展的小孩来说，特别需要一种道德问答手册。这种问答手册是有着非常明晰且精确的原则的。它应该具备这样的程序：先从大家都会自然而然追求的幸福开始，启发人们在追求个人的幸福时，也能关注他人的幸福；同时启发人们：我们去追求幸福，首先就应获得配享幸福的资格。而要获得这种配享幸福的资格，就应该寻求那种能够赋予行为以道德价值的最高条件，那就是处于本体界的意志的自律，即以对理性法则的表象即道德法则直接规定意志的动机，这就是意志的自由；然后启发人们理解那种由于敬重我们心中的道德法则而来的行为必然性，即义务意识；还要让大家明白，我们有了配享幸福的资格，不一定就能享受到幸福，因为幸福的获取取决于许多我们人力不能控制的自然进程。学生对此形成了明确的意识，就不会因为享受不到自己想要的幸福，就连配享幸福的资格都不要了。所以，可以简明地告诉学生："在你心中仅仅追求幸福的，就是偏好；但把你的偏好限制在首先配享幸福的条件上的，是你的理性，而你能够通过自己的理性限制、制服你的偏好；这就是你的意志的自由。"① 但要记住，这种纯粹道德的问答手册，其目的在于引导大家发现自己的德性义务。所以，这种方法既不是苏格拉底式的对话方法，因为学生在开始时并不知道如何提问，所以，教师心中必须有真纯的、精确的道德原理，才能引导学生；同时，这种方式又不是独断的教育方式，只有老师在说话，老师只是对学生灌输自己的想法，而是要引导学生进入到本体界的理性思维之中，让他们发现并运用自己的理性，发现道德法则和意志的自由，从而建立起义务原则和人性的理念的概念，并把自己目前的意愿与他应当怎样的理念进行比较，即与法则进行比较，从而产生依照法则、出于义务去行动的意愿。

第二，以案例分析法来朗现我们的道德法则意识，确立道德法则的至尊

---

① 康德著，李秋零主编：《康德著作全集》第 6 卷，中国人民大学出版社 2007 年版，第 491 页。

地位。通过列举一些案例，来层层分析我们的动机结构。这些案例既可以是现实中具有的，也可以是我们构想的。可以设想各种极端的情境，以凸显人的动机的众多层次性，以及道德动机的绝对性、完全摆脱偏好考虑的纯粹性，这才具有无上的尊严。康德说，"人在内心有某种尊严，这种尊严使他比一切造物都更高贵，而他的义务就是不在他自己的人格中否认人性的这种尊严。"①

康德认为，人们对于具体的道德案例的讨论会饶有兴味，对于一个人的行为是否出于义务、出于道德法则会有比较精确的判断，而且能够设身处地地推想、感受行为者的真实动机，普通的道德理性在这方面通常会有较好的理解能力，而且"理性"具有"很乐意在被提出来的实践问题本身中作出审查这种倾向"②，这种倾向在分析案例时极其有效。比如，在第二章中提到的英王亨利八世控告完全无辜而又无权势的安妮·博林的案例中，随着迫害的升级，而安妮·博林始终能够坚守道德原则，那么，听众的反应一定是从景仰、惊异逐渐上升到最崇高的敬意（见本书第二章对这个道德案例的讨论）。听众们那种精细的道德判断力一定都能理解到，什么样的情形是让道德法则绝对地规定意志的动机，什么是真正的意志自由，什么是对一切感性好恶和经验的超越。在行为的动力里彻底排除有关幸福的要素，动机的道德纯粹性才能真正得到显现。"道德越是被纯粹地展现出来，就越是必定对于人心有更多的力量。"③ 请注意，这种案例分析，目的不是激动听众激昂的情绪，而是通过比较分析而显露真纯的道德原则和自己作为一个人的义务。

第三，进一步，要教学生区分两种法则，即单单为义务提供根据的法则和事实上就是义务的法则。这两种法则分别属于不同原理，应该加以严格辨

① 康德著，李秋零主编：《康德著作全集》第9卷，中国人民大学出版社2010年版，第489页。

② 康德著，李秋零主编：《康德著作全集》第5卷，中国人民大学出版社2007年版，第161页。

③ 康德著，李秋零主编：《康德著作全集》第5卷，中国人民大学出版社2007年版，第163页。

明，而不能混同。前者是指人类的需求所要求于我的法则，比如，为了满足我们的生活需求，我们就应该创造出越来越多的生活必需品，这是一种法则，但实际上它是自然法则，因为它以幸福的要素为目标；后者则是人类的权利所要求于我的东西的法则，它是本质性的职责。所谓人类的权利，就是在一个普遍法治状态下人们的任性自由可以并存的条件，本质上说，权利法则的根源就是理性法则，当它们只是对人们的外在行为进行约束时，我们的行为就只具有合法性；但当我们把权利法则当作自己的主观准则时，则我们的行为就具有了道德性。所以，权利法则是一种先天地来源于纯粹理性的法则，遵从它，是人绝对负有的、内在的、固有的职责和义务，它是德性的最基础维度。

在现实生活中，我们会赞美那种伟大的、无私而富有同情的意向和人性。当然这是很恰当的。然而，这种做法用作主要的道德教育方法则是不恰当的，它所能起的作用是让大家认识到有人能够获得这种伟大的道德品格，即只应当是人能够达到出于义务而行动的一个证明，并且对人们起到一定的激励作用，使灵魂达到某种升华。但是，这种方法用在教育上，只能是前奏性的，而不能充当道德教育的原则。康德明确地说："人们在这里必须注意的，与其说是灵魂的提升，倒不如说是对义务的由衷的服从，前者是转瞬即逝的和暂时的，对后者却可以期待有一个更长久的印象，因为它带有原理（但前者却仅仅带有激动）。"[1] 也就是说，不要用过多的高贵的丰功伟绩作为例子来为学生作示范，因为这会扰乱他们的心灵，并且会使他们感到道德高不可及而生畏难之心。应该把一切教育素材都仅仅放置在职责之上。这种职责是人们平凡负有的，出于这种职责而行动并不是什么莫大的功绩，而是做人的本分。能自然而然地这样做的人，才能说确立了一种稳固的品格。所以，康德甚至强烈建议，要让儿童较早就能够严格地恪守规则，包括准确遵

---

① 康德著，李秋零主编：《康德著作全集》第 5 卷，中国人民大学出版社 2007 年版，第 162 页底注①。

守时间规则，他认为，严格的规则意识是有利于塑造品质的。只有能长期坚持按照规则行事的人，才是可靠的人。

总之，我认为，康德的道德教育原则和方法，有着极其统一的原理作为基础。这类观点，对当今社会的道德教育来说有着十分重要的借鉴意义。其中的关键是：道德教育必须具备某种超越的、本体的维度，否则，在现实的感性偏好中吸收行为动机，就会让人们的心里所充满的只是情感和欲望，而没有关于道德法则和义务的理念。在这方面，可能有许多人会只认同经验的实在性，而对本体界、先天的理性法则、道德法则、自由等的实在性则无法认同，因为他们认为，不能经验到的东西就是不存在的。所以，康德认为，道德教育的根本在于让人们建立一种新的思维方式，即认同本体界、道德法则、意志自由等概念的实在性，并从本体界吸取意志的动机。在这方面，中国古代儒家早已有了这种体认，《易经》早就说过："形而上者谓之道，形而下者谓之器"，孟子讲"仁义礼智根于心"，《中庸》讲"喜怒哀乐之未发，谓之中；发而皆中节，谓之和"，"恐惧乎其所不闻，戒慎其所不睹"；张载则明确地说："德性所知，不萌于见闻"；王阳明则有"心之本体"概念等等，都体认了先天的道德原则，因为这些都不可能是经验的对象。当然，儒家没有像康德那样以一种理性批判的方式系统地阐释道德法则的概念实在性。所以，康德以系统明晰的理论解析，揭示了道德教育这一根本性的、前提性的维度，阙功至伟。确立了这样一种道德思维方式，则我们就会走在道德教育的正确道路上，假以时日，定能期以有所成功。至于其他方面，如认为道德教育不能通过培养道德习惯、不能通过道德情感教育的方式来进行，不能把追求幸福确定为最高原则等等，都是从德性的真正原理中推论出来的。康德认为，这是道德教育的生死关口，故不得不辨。

显然，训诫、培养和文明化教养这三个阶段和第四阶段即道德教化之间有一个跳跃。从逻辑上说，从前面三个阶段是不能直接过渡到第四个阶段的，因为这等于说是从经验界直接过渡到本体界。为了解决这个矛盾，康德把第四阶段看作是对第一、二、三阶段的目标性的引导，永远进向它，却永远不能达到它。康德提出这样一个设定：大自然的最终意旨是让人类作为一个整体通过文明化教养而达到总体的道德化，我们终究还是受到一个外在的理性即大自然的最高智慧的把玩和支配的。他说，"人类在其类的整体上的教育，也就是说，是集体而言的（universorum），不是所有个人（singulorum）的整体，在其中人群不是一个体系，而只是一个收拢起来的聚合体，这种教育着眼于追求一种公民的、应当基于自由原则、但同时也基于合法的强制原则的宪政，人毕竟只能期待于神意，也就是说，期待于一种智慧，这智慧虽然不是他的智慧，但毕竟是他自己的理性的那个（由于他自己的罪过而）无力达到的理念。"① 也就是说，要使人类总体上得到全面的教育，公民法治状态是一种必需的外在社会环境条件，在此之中，我们的自然禀赋才能得到安全的发展；同时，人类的道德教化在处于时间之流的人类社会历史发展中是不可能完成的，但是，我们自己的理性的理念始终是一个范导性的概念，引导我们不断追求道德化，历史永不终结。虽然，在这无尽的追求过程中，我们可能要付出牺牲自己的舒适生活，甚至忍受各种激烈冲突的代价，但是如果我们始终保持对理性理念的信念，不断进行导向理性和自由的训诫、技能培养、文明化教养、道德教化，我们就会走在通往道德化的正确道路上，就能参天地之化育。

---

① 康德著，李秋零主编：《康德著作全集》第 7 卷，中国人民大学出版社 2008 年版，第 323—324 页。

第七章　共同体的实践：政治哲学的本旨

从本质上说，康德的政治哲学是在经验世界中来考察：人类如何才能获得一种能够使自己的自然禀赋得到安全发展的制度环境，在这种制度环境中，共同体中的人们通过相互交往如何能够创造一些可共享的价值，形成共同体感受（共同感），获得一种扩展了的自我，达到文明化，或形成普遍性的鉴赏力，这是一种外部的道德，有一种从外部促进道德的趋势。但在具体考察这一点之前，我们要明白，康德的政治哲学仍然必须有其道德形而上学的部分，即法权学说的纯粹部分，这就是为什么《道德形而上学》的第一部分是《法权的形而上学的初始根据》的原因①，之后才能依照人类禀赋和生活的特点来把法权学说应用到经验生活中来；其历史哲学则是在历史的经验舞台上，考察在无尽的时间流逝中，人类的行为如何相互作用，遵循一种什么样的类似于自然法则的东西，其中相互作用的机制是什么，指向什么样的目标等等。他主张，人类历史的发展遵循着大自然的意旨，大自然利用人们的非社会的社会性特点，使之相互对抗，从而使人们的自然禀赋不断得到发展、增强，最终使人类作为一个整体而达到总体的道德化。可以说，康德的

---

① 法权的形而上学理论本应与德性的形而上学理论一起进行论述，但是由于康德的政治哲学有关于日常生活行为的部分，为了使这两个部分成为一个整体，同时也使政治哲学中的日常生活行为部分有一种法权的价值前提的指导，故本章把这两个部分的内容放在一起进行论述。

政治哲学和历史哲学对其实践哲学而言，是两个重要组成部分，都是其质料伦理学的重要内容。它们要说明人类在整体地迈向道德化的过程中，如何在公民法治状态下安全地发展自己的禀赋，特别是自己的道德禀赋；并说明人类在历史长河中如何逐渐提升其文明化程度，获得迈向人类总体道德化的进阶。

第一节　康德政治哲学的道德形而上学属性

在确定道德法则的过程中，康德力图避免让对偏好、幸福的考虑作为规定意志的根据；在政治哲学中，康德则力图避免政治中的明智进入对政治的纯粹原则的构建之中。他致力于在"作为本体的人"的纯粹理性、人格之中来获得纯粹的政治原则，同时又以此为基础，把政治原则运用到人类学之中。他以纯粹的政治原则为指导，把人们的外在任性自由约束在依据一种普遍法则而能够并存的范围中，他认为，建构纯粹的政治原理应从实践理性的普遍法则的先天形式出发，故政治哲学具有道德形而上学属性。康德认为，对人们必定会相互冲突的外在行动自由进行约束，所针对的也是任性的形式，这就需要一套形而上学层次上的普遍的理性法则、法权、合法的强制、权力的合理构成和外在正义原则及其运行机制，这种状态就是公民的法治状态。进入公民的法治状态，是我们的政治义务。法权论也就是实践理性对人们的外在行为的定言命令（并不针对人们的内在的主观准则），所以，它也是道德形而上学的一部分，与关注把道德法则作为直接规定意志的根据的德性论一起构成《道德形而上学》的整体。这种法权论构建，在康德实践哲学的总体框架中，其目的还在于为人类总体的道德化提供一种外在制度条件，因为在他看来，只有在公民的法治状态下，人的自然禀赋才能得到安全的发展，逐渐达到能够实现它们各自目的的应有高度，并终将有一天能够形成纯粹的道德思考方式，从而使人类得到总体的道德化。

一、 任性的自由与政治实践

在《纯然理性界限内的宗教》（1794）、《道德形而上学》（1797）出版之前的各种著作中，康德并没有精确考察"任性"（Willkür）与"意志"（Wille）这两个概念。但在这两部著作中，这两个概念既有紧密的联系，也有实质性的区别，在他的整个实践哲学体系中，都起着相当关键的作用。道德关乎实践，就必然关乎人的欲求能力。由于我们在第四章"实践的自由与德性"中详细考察了"任性的自由"这一概念，在这里我们就不再阐述"任性的自由"的内涵，而集中考察任性与意志的联系和区别以及"任性的自由"与政治实践的关系。

"任性"与"意志"之间的关系是怎样的呢？

首先，意志作为实践理性，只是关乎道德法则的形式（义务的形式），因为以道德法则的形式直接规定意志，则意志就是善良的，而且其行为就会有一种绝对的道德价值，完全可以不顾目的或结果。但是，其次，意志行为必定需要一个目的，当然这种目的是被道德法则所规定的意志所指向的（也就是说，法则是优先存在的）的对象，并且会产生结果。受到法则规定的意志肯定会有某种结果，但这种结果不是作为意志的规定根据，或者在意图中先行的目的，而是作为后果而被接受的。这就说清楚了，意志要成为善良的，要诉诸道德实践，需要的只是道德法则的形式。而纯粹的意志其实只是颁立道德法则，并不直接诉诸行为，所以要考虑人类意志与行为及其结果的关系，还需要另一个概念，即"任性"。

任性需要考虑行为目的与结果，例如追求幸福这一目的。"没有这一目的，任性就不能满足自己本身。"① 如果任性被意志所规定，则它就独立于感性偏好，这时它接受道德法则的约束而追求的幸福就是与义务相适应的，

① 康德著，李秋零主编：《康德著作全集》第6卷，中国人民大学出版社2007年版，第5页。

也就是说，具有道德价值。然而，任性毕竟可以违背道德法则。但要注意，在这时，又不能说任性是被感性偏好所规定的，因为如果是这样，那么人就只有纯粹的机械性，而没有自由。实际上，对人而言，自由就是能够通过理性形成主观准则的一种能力（动物就没有主观准则），为自己制定一些规则也是任性运用自己的自由的必然方式。但是，任性既能制定受到普遍的道德法则的规定的准则，也能制定一些违背道德法则的准则。至于人的任性制定这些准则的主观根据是什么，是不能再进行追问的。我们不能说，人的任性可以受到纯粹的自然冲动的促动而违背道德法则，从而表现为恶。因为纯粹的自然冲动不是准则，所以，这不是人的任性的能力。人的任性的能力就表现在对各种客体（包括感性偏好的目的或自身就是义务的目的）进行表象而形成准则，任性能力的这种运用就是自由，在这种自由之上，再没有任何东西能决定它。从这个意义上说，恶和善都是由任性的自由的运用造成的。所以，康德说："如果我们说，人天生是善的，或者说人天生是恶的，这无非是意味着：人，而且是一般地作为人，包含着采纳善的准则或者采纳恶的（违背法则的）准则的一个（对我们来说无法探究的）原初根据，因此，他同时也就通过这种采纳表现了他的族类的特性。"① 这种人的族类特性就是任性的自由。这一点，他在一个注释中加以了说明。他说，"这种采纳是自由的"，"在准则之外却不应该也不能提出自由任性的任何规定根据。"② 这就是说，自由任性就是制定准则的能力，在它之上的原因我们无法再去探究，比如我为什么采纳了一个恶的准则，而没有采纳一个善的准则，这只能归因于人的任性自由，所以，我们为善或者为恶，都可以归责于自己。这种自由，就可以说是"实践的自由"，因为它直接与行为及其主观准则相关。

与任性相对照，"如果欲求能力的内在规定根据，因而喜好本身是在主

---

① 康德著，李秋零主编：《康德著作全集》第 6 卷，中国人民大学出版社 2007 年版，第 19 页。

② 康德著，李秋零主编：《康德著作全集》第 6 卷，中国人民大学出版社 2007 年版，第 19 页底注①。

体的理性中发现的，那么，这种欲求能力就叫做意志"①。于是，我们看到，任性就是一种对现实的欲求能力的意识，它直接与行动相关；而意志则不直接与行动相关，而是与使任性去行动的规定根据相关，或者直接地说，就是与客观法则相关，所以，意志就是能够规定任性的理性，即实践理性，它的自由不是"实践的自由"，而只能是"先验的自由"。

这种说法，至少会引起我们两个疑问：一是任性（Willkür）与感性欲求的关系我们不太清楚；二是任性与意志的关系更是难以厘清。关于第一点，我们可以问：任性是否可以包括感性欲求？我们认为，可以包括，但是它却是通过对感性欲求的目的形成表象，为自己制定准则然后做出行为，这样也就是有了主动性，是自由的能力。它不是让感性欲求来规定自己，如果是这样，人就成了纯粹的动物，只是被机械地决定着，而没有自由。显然，如果任性能够对那种本身就是义务的目的进行表象而形成准则，则我们的行为就是有道德价值的，并且我们追求幸福的目的就能与道德法则相互适应。不难理解，任性自由的运用也可能会制定违背道德法则的准则。关于第二点，任性肯定不是意志，而是人的一种能够按照对自己欲求的客体的意识去行动的能力。善与恶的行为都由任性造成。我们具有对自己欲求的客体的意识，但由于人的意识具有了某种理性的技能，所以能够追问我欲求客体的行为是由什么样的准则导致的？动物则不能进行这样的追问。人的任性的确可以由纯粹理性来规定，因而使我们的行为具备绝对的道德价值；但是，我们的理性技能也可以有意违背道德法则，至于为什么会这样，我们无法追究其原因。简单地说，意志就是一种立法的机能，只涉及客观的道德法则；而任性是一种选择的能力，也就是形成和采纳准则的能力，涉及各种主观准则和具体的行为。当任性完全为理性所决定，或者说当任性选择客观的道德法则作为自己的主观准则时，任性也就与意志合一了。

---

① 康德著，李秋零主编：《康德著作全集》第 6 卷，中国人民大学出版社 2007 年版，第 220 页。

显然，在康德晚年，"任性的自由"更加重要，因为它既包含行动的准则的形式，也包含行动准则的质料即行为目的。这是任性与意志的重要区别，也就是说，任性贯通本体界与现象界，意志要作用于现象界就必须通过规定任性才能奏效。意志不能关乎感性偏好的目的（如果要关乎目的，必须本身是义务的目的），而任性则可以直接关乎主观目的。意志作为规定任性的根据，显然是对任性的行动准则的规定，即使得客观的道德法则被采纳为我们的主观准则，这时我们的行为就是道德行为。当康德说，道德法则既有其形式，同时也有其质料的时候，实际已经为任性派定了另一功能，即追求目的的功能，因为任性本来就是一种有意选择的能力，即有对将要产生的客体的意识，所以，它一定会追求一些现实的感性偏好的目的，但要把它表象为主观准则。因此，任性的行为准则的质料也很重要。

但要注意，在形而上学层面上来考察任性的自由的质料，首先不是要考察任性的自由在现实环境中会去追求哪些具体的感性偏好的事项，而是说，任性的自由一定会去追求感性偏好的目的，并把它表象为准则，这是自由的一种表现。这种自由就相当于说任性有自发性，或者说人有自发性。

任性的自由在康德的实践哲学系统中有其关键的作用。这是大自然创造人所赋予我们的先天原则。自由是我们唯一的自然法权。就人而言，我们喜爱有最大的自由，因为我们喜欢按照自己关于幸福的准则去行动，按照自己的心意去生活。康德认为，这种任性自由的运用，在人们之间虽然会造成冲突，甚至很大的冲突，可以说，这是人的某种非社会性，但是这种冲突或者非社会性正是人们发展自己的禀赋的必要手段。然而，这些手段必须在一种普遍的外在法律的约束之下，才能安全地发挥这种作用，否则，人们的任性自由是无法长期共存的。所以，就任性自由的运用来说，第一，大自然的智慧安排或者其终极意旨就是利用这种自由而促进人们的自然禀赋的发展。这是康德重视任性自由的终极理由；第二，这种任性自由的运用，又必须受到普遍的公共法律的约束，法律约束留给自由任性的空间足够大，同样又使之能长期共存，从而能使人们的自然禀赋得到安全的发展。所以，康德说：

"一切装扮人的文化和艺术及最美好的社会秩序，都是非社会性的果实，非社会性被自身所逼迫而管束自己，并这样通过被迫采用的艺术，来完全地发展自然的胚芽。"①

那么，人的任性自由应该如何运用呢？由于任性自由既可以选择客观的道德法则，也可能违背道德法则，所以，就必须有普遍法则的最高约束，在这种最高约束下，人们彼此的任性自由才能共存。可以做这样的区分：当意志的普遍法则直接规定任性的主观准则时，这时任性就是意志，所以这实际上就是伦理学的事务；但当意志的普遍法则只是针对任性的外在行为自由，以使得人们的任性自由能够并存时，则它就是法权学说的事务。因为任性追求具体的感性偏好或幸福的目的，并把它们表象为自己的准则，就是在人们的外在行为之间进行的，正因为如此，这种自由是外在的自由。在法理学的范围内，普遍的法则注目于对外在行为的约束，而不直接约束人们内在的主观准则，也就是说，它只管行为是否有合法性，而不管行为人是否有内在德性；意志对任性的规定，从内在方面说，就是要使道德法则成为行为者的主观准则，这就是道德的，属于伦理学。

所以，在针对任性的外在行为时，道德法则可以不顾行为者的主观准则，而只把人们任性的自由约束在能够彼此共存的范围之内（即使行为者内心总是想侵犯他人的自由，也不能做出这种行为），就是合法的。因此，合法性的关键在于说明，得到了理性法则约束的自由才是真正的外在行为自由，因为只有这样，我们才能自主地追求自己的幸福，发展自己的自然禀赋，而不受他人的强制。当这种状态得到公共法律（所有人的意志联合起来的共同体所立之法）的制度性保障时，这就是公民的法治状态。按照康德的见解，这是思考政治哲学的基点。从这一点出发，我们可以厘清公民的法治状态、法权、强制、政治权力及其分置、正义的价值标准等重大的政治哲学

---

① 康德著，李秋零主编：《康德著作全集》第 8 卷，中国人民大学出版社 2010 年版，第 29 页。

议题。

二、 进入公民法治状态是人类的政治义务

在康德看来，人类社会进入到公民的法治状态是一种必然的趋势，也是一种内在的要求。从历史哲学来看，以下要点在历史经验中也能得到印证。首先，他认为，人类自然禀赋在发展过程中会出现一种理性能力，这种理性能力能够使我们认识到我们人是平等的，认识到人才是自然的目的，而且没有其他任何生活在地球上的生物能够在这方面成为我们的竞争者，动物只是人的工具（听凭其意志的支配）。但同时，我们不可把任何人仅仅视为工具，而是要把所有人都视为大自然的平等分享者。他说，"这是为理性将来就其同胞而言应当加诸意志的限制所作的一项长远的准备，对于建立社会来说，这种准备远比好感和爱更为重要。"[1] 这种意识是建立公民的法治状态的基本前提；其次，人是要结成社会的，因为只有在社会中，人才能活得更像个人。但是，人又会去追求自己感性偏好的目的，从而有一种把自己孤立起来的倾向，所以又有一种非社会化的倾向。只有在社会中，我们追求偏好满足的冲动才能发挥其促进人类自然禀赋发展的功能。在其中，相互冲突的任性自由是一种障碍，于是就需要有一种对这种障碍的阻碍（对侵害他人自由的行为的强制），从理念上说，就是要形成"一个在其中可见到外在的法律之下的自由在最大可能的程度上与不可违抗的强制力相结合的社会，也就是说，一种完全公正的公民宪政"[2]。从人类历史的总体来说，还需要建立世

---

[1] 康德著，李秋零主编：《康德著作全集》第 8 卷，中国人民大学出版社 2010 年版，第 117 页。

[2] 康德著，李秋零主编：《康德著作全集》第 8 卷，中国人民大学出版社 2010 年版，第 29 页。

界各国的公民法治状态①。只有在完全公正的公民法治状态中，人类的自然禀赋才能得到安全的发展，并且保障人们普遍人权的平等（虽然人们的自然禀赋、财富或社会地位是不平等的）。所以，建立公民的法治状态是文化发展的最高目标。

可以说，康德在 18 世纪八十年代关注历史哲学，实际上是想为人类自然禀赋的发展找到最完善的社会政治制度环境，并推测文化发展的最高目标即是实现公民的法治状态（完善的公民宪政）。他认为，这从人类历史发展的政治经验的考察中可以得到线索。所以，在他垂暮之年思考政治哲学时，就把公民的法治状态作为政治的纯粹原则。它是实践理性的先天法则，进入这种状态，就是我们的政治义务。政治哲学的先天法则与道德哲学的先天法则是同源的，都是实践理性的先天法则。

对康德而言，自然状态是一种仅凭实践理性的公设而获得占有的状态。他要去除任何来自感性经验的成分（或意图），而纯粹思考人们作为一个本体的人，其人格的独立，及其任性的自由。任性是关乎行为的，所以，它与占有行为有关。也就是说，任性作为一种自由的能力，是必然要去占有的。对此，康德发掘出了一个"源始的共联性"的概念，即土地和其他物品都是为人而存在的，所以，这些土地和物品是要为人所占有的。在自然状态，人也是有法权的，它是凭人自己作为一个有理性者而先天地具有的，而非后天赋予的。在自然状态，并不存在一种公民状态的法律，只有自然法则，它是人的纯粹实践理性即意志所立之法，即道德法则，按照这种法则去任性自由地行动的权利，就是法权，但它属于私人法权。康德认为，从私人法权进展到公共法权，遵循以下逻辑。

---

① 康德认为，一个国家的公民法治状态是保证国民们的外在的任性行为自由能够并存的社会制度条件，而人类要能够达到总体的道德化，就必须既要保护国家公民法权，还要保护国际法权，以及世界公民法权，只有这样，世界才能获得达到永久和平的基本前提条件。康德写过一篇《论永久和平》的论文，对达到永久和平这个议题给出了一种三重根的答案。详见本书第八章第二节。

1. 人生而具有的唯一法权就是自由。私人法权是人作为有理性者的形而上学的人格所拥有的。他有任性的自由，即为自己制定主观准则而追求具体目的的行为自由。这是人先天拥有的。康德认为，生而具有的法权只有一种，那就是自由："自由（对另一个人的强制任性的独立性），就它能够与另一个人根据一个普遍法则的自由并存而言，就是这种惟一的、源始的、每个人凭借自己的人性应该具有的法权。"① 我们已经说过，自由是人的任性的特点，但它要在人与人之间的关系中体现出来，当然，前提是它能够与另一个人根据一个普遍法则的任性自由并存。能够满足这种状态的需要的条件就是我们的私人法权。为了使人们的任性自由能够并存，必须具有以下条件：1. 平等。即是说，人们赋予对方以责任是相互的，没有人能够给他人赋予更多的责任；2. 自主性。即做自己的主人。3. 正直。即没有对任何人做过不正当的事。4. 做不损害他人的事情的权限。比如传达自己的思想，或讲述、许诺等等。这些要素是作为生而具有的法权——自由的内在性质。由于这些条件是纯粹实践理性的先天原理，所以它们是我们作为一个本体的人格的道德价值之所在，同时也是我们具有私人法权的道德基础。之所以说这些先天条件是道德的，是因为人们作为本体人格之间彼此具有义务，因为义务即是我们由于敬重道德法则而来的行为必然性，也就是说我们负有彼此平等对待的义务、行为正直的义务、不损害他人的义务。他人对我之义务，即我之权利；我对他人之义务，即他人之权利。所以，这种私人法权不是由任何其他原因而被赋予的，而是由于我们是道德的存在者生而固有的。

2. 私人法权的特点和向公共法权过渡的必然性。作为一个有私人法权的人，人们是要进行占有的，也就是要区分"我的"和"你的"。就人而言，占有要分为"理智的占有"和"现象的占有"。人有任性的自由，所以他要诉诸占有行为，从而使得私人法权现实化。当然，要占有，从逻辑上

---

① 康德著，李秋零主编：《康德著作全集》第6卷，中国人民大学出版社2007年版，第246页。

说，首先要有东西可以占有；同时，这些东西是处于不属于任何人的状态。这两个方面，是我们实施占有行为的逻辑前提。从自然状态说，作为私人法权的占有，首先是一种源始的获得。

源始的获得有三个条件：第一，要占有一个对象。首先该对象是不属于任何人的，否则这种占领就会与别人根据普遍法则的自由相冲突。这种占有是作为现象的占有，源始的获得是要获得某种经验事物。换句话说，第一次的获得是对那些无主物的占领。这是从占有的可能性来说的，是对任性的质料或对象的占领。第二，我要真实占领一个物品，就需要考虑他人的任性的占有的可能性。这样，我就需要能够标明对这个对象的占有，并且我可以阻止任何别人占有该对象的行为，否则，即使我经验地得到了这个对象，也是不能得到承认的，也就不是真实的占有。第三，要能够真实地使对象归己。只有在我能够理智上占有它时，才能使之真正归己，这是"作为一个外在普遍立法的意志的行为（在理念中），通过这个行为，每个人都有责任与我的任性保持一致"①。任性的自由有一种遵守普遍法则的能力，即受到意志规定的能力，当我的任性受到意志的规定而占有了某物，则所有他人就有责任与我的任性保持一致，即理智上同意我的占有，也就是说，即使这个物品不在我手里，即不在具体时空中为我占有，我仍然可以在理智中占有它。这就是作为本体的占有（possessio noumenon），也就是说，这种占有和同意的行为是出自实践理性的，所以，其正当性可以不管占有的经验性条件，从而我可以真实地占有这个对象。通过这些环节，从我经验性地占有某个物品，就正确地引向了"理智的占有"。

康德认为，对一个物品的第一次获得只能是对土地的获得，因为，土地有源始的共联性。"因为如果地球表面是一个无边无际的平面，人们就可能在上面如此走散，以至于他们根本就无法进入任何彼此之间的共联性，因而

---

① 康德著，李秋零主编：《康德著作全集》第6卷，中国人民大学出版社2007年版，第267页。

这种共联性就不会是他们在世上存在的一个必然后果。"① 但地球是一个有边界的球面，大家必须在一起生活，并相互影响，所以，最初只有土地有源始的共联性。于是就有一个先天地包含原则的实践理性概念的"世上一切人的、先行于一切法权行为（由大自然本身建立的）的占有是一种源始的共同占有（communio possessionis originaria）"②。这个概念不是经验的（但有经验的显象）。正因为有这样的先于一切法权的共同占有（这是先天的原则，因为只有设想这种先天的共同占有，才能有后面的独占），于是，与每个人的外在自由的法则协调一致的，是第一次的占有，即强占。洛克曾主张，在自然状态下获得对某物的法权，是通过对对象加入了自己的劳动而获得。康德则认为，第一次的占有实际上是从实践理性的法则中推论出来的，而非需要加入自己的劳动才能占有。

但这种强占要获得合法性，单方面的意志表示肯定是不行的，就连双方面的意志（毕竟也是特殊的意志）表示也不行，因为它们不能把自身是偶然的义务强加给每一个人。显然，在自然状态，由于没有公共法权，所以，人们的意志都只能是单方面的，最多是双方面的。在这种情形下，只是个人意志的宣示，同时要面对着另一个人的意志的宣示，而无法出现一个全面的意志或公共的意志。故在自然状态下的法权，只能是私人法权。但这样的意志只能是特殊的意志，其义务也只能是偶然的义务，所以，在自然状态下的占有是暂时的占有，也是不稳定的占有。于是，进入到一种能够形成全面的意志的状态就是必然的要求。所以，在康德的法权学说中，从私人法权进入到公共法权，是意志发展本身的逻辑所导致的，而不是如霍布斯所说的是要免除对暴力横死的恐惧，而把所有的自然权利通过契约而让渡给一个主权者；也不是如洛克所说是因为在自然状态下，由于充当对自己案件的裁判者有许

---

① 康德著，李秋零主编：《康德著作全集》第 6 卷，中国人民大学出版社 2007 年版，第 271 页。

② 康德著，李秋零主编：《康德著作全集》第 6 卷，中国人民大学出版社 2007 年版，第 271 页。

多不便，从而把这种裁判权让渡给政府。在康德看来，公共法权只有通过把所有人的意志联合成为一个共同的意志，进行普遍的立法，才能获得。这种意志是必然地联合起来的、仅仅因此而立法的意志，只有这种共同的意志才能把一种客观的义务强加给每一个人，在这样的普遍法则下，我们的占有才能是永久的、稳定的占有。在这种正规的公共法律下，我们的任性占有与他人的任性占有才都能得到制度性的保障。凯文·汤普森指出了理解康德的共同意志概念的另一个方面，他说，关于共同意志，其论证的关键在于："使一个人的意志与所有其他人的意志联合在一起的正是这样一个事实：即一个人无论在何种条件下获得某一物体，它的选择能力的运用即是对理智占有概念本身的支持和承认。"① 换句话说，共同意志的形成，是理智层面的事情，即作为本体的人们联结成一个共同体所需要的，因为人的任性（选择能力）必定要追求占有，此时，这种占有只是一种占有的形式，所以，它指向理智的占有，为了保证理智的占有，成立共同意志就是必然的要求。

所以，如果把政治看作是人群共处的艺术，那么，成立公共法权，进入公民法治状态，就是我们必然的政治义务。

3. 公民法治状态的构成要素。需要说明的是，康德要做的是为国家政治寻求一个要求普遍性的客观原则。对于这种要求，现实的政治现象并不能给我们提供什么有效的、客观的前提条件，因为它们仅仅具有经验性的特点，从而只能是偶然的。要获得政治哲学的有效的、客观的前提条件，就需要明白，政治作为人类合法强制和统治的活动，必须首先具有普遍的约束人们外在行为的先天法则（因为只有先天法则才能是绝对普遍的），只有它能把人们的任性追求感性偏好目的的外在行为的自由约束在能够彼此共存的范围内，而这种普遍的先天法则只能是人的纯粹意志自身的立法。显然，这种立法不能是单方面的或双方面的特殊意志的立法，而是全面意志的立法。由

---

① 凯文·汤普森：《康德的政治权威的先验演绎》，吴彦译，载《康德的法哲学：复旦政治哲学评论》第 7 辑，上海人民出版社 2015 年版，第 17 页。

此，康德对政治哲学的考察集中在以下几个方面：（1）从人群生活而言，每个人当然都是有理性者，也可以说是一个"作为本体的人"，所以，其意志都具有立法功能，用于约束彼此出自任性的外在行为的自由，使之能够共存。（2）人们之所以可以这样彼此相互要求，是因为每个"作为本体的人"都是一种纯粹的人格，在这个意义上每个人都是平等的（而其自然禀赋、财富、地位等则都可以是不平等的），所以，这种以普遍的客观法则把人们约束在不去侵犯彼此同样的任性的自由范围内的先天资格，就是法权。（3）正义就是这种伦理价值，因为如果人们彼此侵害对方的平等法权，那么，这样的社会就其概念来说是自相矛盾的，从而在这样的社会中的生活就是毫无价值的。这当然是对人们的应然要求。（4）政治的目的在于保护人们的法权，当然是公共法权，这需要形成一种公共的正规的强制力，从其理想来说，必须达到正义的要求。可以说，从人们单个的平等意志的相处中，必然推论出需要一个共同的意志。（5）为了形成群体的公共行动，必须形成"共同意志"。这是卢梭的著名概念，但康德在形而上学的层次上对此加以重塑，目的是使统治结构得以形成和运行。康德认为，人们都需要一个主人，但这个主人也需要一个主人，因为他想把别人置于普遍的法律约束之下，却想把自己例外。所以，要得到一个自身公正的公共正义的元首，是最为困难的问题。为了走出这种困境，就需要一个普遍有效的意志，"在这个意志那里每个人都能够是自由的"。① 因为意志是属于人"作为本体的人"的本质，所以，一方面，共同意志的整合当然需要大家同意，从这个意义上说，确实需要订立契约。但是这种同意实际上是人作为本体的人的理性同意，而且，只要人们运用自己的纯粹理性，就是能够同意的，而一般的经验性的意见表达是难以确立这种共同意志的。所以，这种契约康德名之为"源始的契约"，它来自理性的先天要求，这是源始的契约与一般契约的根本区别所在。即使

---

① 康德著，李秋零主编：《康德著作全集》第8卷，中国人民大学出版社2010年版，第30页。

现实中的政治权力并不完全是这种纯粹的共同意志的产物，也并不妨碍我们认定共同意志的立法是我们的理性所同意的。当然，行使这种政治权力的，要么是一个人，要么是少数人或多数人。（6）"共同意志"权力的行使，需要进行权力分置，即分为立法权、行政权和司法权，从而使政治权力能够得到现实的行使。在其中，政治正义才能得到实现。

三、 正义原则

在《关于一种世界公民观点的普遍历史的理念》一文中，康德认为人类历史发展的最终目标就是人类的所有自然禀赋都能得到最高的发展，为此所需要的外部制度环境就是那种具有普遍管理法权的公民法治社会。这种社会，因为拥有最大的自由，故其成员有着普遍的对立，由此，需要对这种自由的界限给予"最精确的规定和保证，以便他们能够与别人的自由共存"①，这只有在形而上学的层面上才能做到。即是说，这种社会就是"一个在其中可见到外在的法律之下的自由在最大可能的程度上与不可违抗的强制力相结合的社会"，即"完全公正的公民宪政"②。也就是说，公民宪政有以下要素：一是自由，二是法律，三是强制力。只有在这样的社会中，我们的自然禀赋才能得到最安全的发展。这是从康德有关法权的实践理性的先天原则中分析出来的。

与他的前辈不同，康德认为，与自然状态相对立的，不是人为的状态或者社会的状态，而是公民状态。自然状态既可以是个人的状态，这就是康德说的有自由的人们的分散状态；也可以是人们的共处状态，所以也存在某种形式的社会，比如婚姻社会、父权制社会，或一般而言的社会，这是一种有法律、有强制，但无自由的状态；而无政府的社会状态，则是有自由却无法

---

① 康德著，李秋零主编：《康德著作全集》第 8 卷，中国人民大学出版社 2010 年版，第 29 页。

② 康德著，李秋零主编：《康德著作全集》第 8 卷，中国人民大学出版社 2010 年版，第 29 页。

律、无强制的状态。但是，这些状态都是一种非法权的状态（没有分配正义，没有公共法律的状态）。也就是说，在自然状态下，是单方面的意志或双方面的意志的共处，也可以有合乎法权的行为，比如它具有某种合乎法权的占有，但只能是暂时的、不稳定的占有，所以，只是一种私人法权的状态，因为它没有一个共同的意志来主持分配。而公民法治状态则是处在分配正义之下的，在这种状态下，人们遵守一种由客观的、必然的共同意志所立之法，也就是说，"所有彼此（哪怕不情愿地）能够发生法权关系的人都应当进入这种状态。"① 诚然，公共法权中所包含的义务，并不多于我们所能设想的私人法权中所包含的义务（它们的质料并无不同），只是就形式而言，在公共法权中，这些法律必不可免地要被设想为公共的。实现公共法权，有以下三类政治正义。

1. 分配的正义。公共法权状态需要有共同的意志，这只能是一种联合起来的意志，它绝不是自然的，而是人们由于某种必要性所应当进入的状态，这也可以看作是源始的契约，它只能是理性的同意（而不管我们主观上是否愿意）的结果。生活在公共法权状态，是所有人的"共同利益"②。对所谓"共同利益是最高的法律"的说法，首先要明确，进入这种公共法权状态本身就是最大的共同利益。因为只有在这种状态下，我们才能实现"分配的正义"。但是，我们不要望文生义，认为分配的正义就是对财物的公平或平等的分配，实际上，康德认为，"分配正义在根本意义上指的是个人享有获得和占有事物的权利的能力。"③ 显然，个人必须在普遍的法律下，有着公共政治权威的保障，才能持久和稳定地占有自己的东西，"这些法律对于

---

① 康德著，李秋零主编：《康德著作全集》第 6 卷，中国人民大学出版社 2007 年版，第 319 页。

② 康德著，李秋零主编：《康德著作全集》第 6 卷，中国人民大学出版社 2007 年版，第 321 页。

③ 凯文·汤普森：《康德的政治权威的先验演绎》，吴彦译，载《康德的法哲学：复旦政治哲学评论》第 7 辑，上海人民出版社 2015 年版，第 10 页。

产生这样一种状态是必须的，亦即在这种状态中公民可以享有他们的占有权利。"① 所以，我们看到，康德的"分配的正义"是指人们在法权状态下可以进行合法占有的那些原则，有着先天的形式。

所谓正义，就是要在普遍法则之下让人们能够安全地拥有自己的东西。所以康德说，认为正义就是让人们得到他自己的东西，这种说法是自相矛盾的，因为人们已经有的东西不能通过什么方式再给他。正义的环境就是法权状态，其核心是在法权状态下人们相互之间的一种关系，唯有在这些条件下，每个人才能行使他自己的法权。按照一个普遍立法的意志的理念，使这种状态得以可能出现的原则，就是公共的正义。所以，对正义原则而言，首先是公共法律，能够从形式上规定什么样的行为是正当的，此为正当的法则；其次，正当的法则还需要有对象或质料，即对它们的占有是外在地合法的，这就是一种判决的法则；最后，在特殊案例中，在法庭上，依据什么样的正当法则，如何判决是正当的，这就是正义的法则。要能够实现这种正义原则，就需要一种共同的意志，它是所有成员的意志的联合，这就是国家。于是，考察正义问题，就要考察国家的性质。

康德首先考察国家的理念。按照康德的分析，人由于有任性，所以会根据每个人自己的法权做他觉得正当和好的事情，这就是自由，这种自由对人而言是非常本质的，舍弃这种自由，人就只能被降低到一种机械作用的状态了。但是，在自由的界限被精确地规定之前，人们没有责任停止对他人的自由的干预。为了真正成全人们的自由，我们并不需要借助经验中的人们之间的暴力行为或者所体现出的彼此之间的恶意，来设想人们应该服从普遍法律的必要性。实际上，即使我们设想人们是温顺而守法的，我们也"必须走出每个人都按自己的想法行事的自然状态，并与所有其他人（他不可避免与他们陷入彼此影响中）联合起来，服从一种公共法律的外在强制，因而进入这

---

① 凯文·汤普森：《康德的政治权威的先验演绎》，吴彦译，载《康德的法哲学：复旦政治哲学评论》第 7 辑，上海人民出版社 2015 年版，第 10 页。

样一种状态，在其中每个人都在法律上被规定了他应当得到的东西，并通过足够的权力（不是他自己的权力，而是一种外部的权力）去分享它，也就是说，他首先应当进入一种公民状态"①。这种必要性是由于以下原因而产生的：第一，在自然状态下，虽然每个人都有占有某些东西的法权，但没有公共法律，所以，一旦人们对法权有争议，就不能找到一个有权威的判决者，所以无法达到正义的状态；第二，在自然状态，每个人都可以按照自己的法权概念，自己通过强占或契约来获得某种外在的东西，但由于没有获得公共法律的核准，没有通过公共的分配正义来规定，也没有公共权力的保障，所以，这种获得是暂时的、不稳定的。在这件事情中，先天的理性理念是：没有公共法律，没有公共强制性的权力，人们任性的外在行为的自由就是无法并存的。只有有了公共法律，人们才能得到在公共法律中被规定了的、应当得到的东西；而这种进行公共裁判、履行分配正义的功能、具有公共强制权力的政治实体就是国家。

康德认为，国家就是"一群人在法权法则之下的联合"②，不考虑经验中存在的国家，国家的理念就是一般国家的形式，它是按照纯粹的法权原则所应当是的那样，其核心是把一群人的意志联合起来而形成共同的意志。由于在康德那里，意志就等同于实践理性，意志的作用是用普遍法则来规定人们的任性的自由，所以，形成共同的意志，就既要立法，同时也要执行和判决。在共同的意志之上，没有更高的原则和力量。从共同的意志与行为的关系而言，以下权力分置是符合实践理性推理的三段论的。

大前提：首先意志是立法的，所体现的是立法者人格中的统治权（主权）。没有这个大前提，就没有公共法权，也就没有国家。这是康德思考政治正义的根本。

---

① 康德著，李秋零主编：《康德著作全集》第6卷，中国人民大学出版社2007年版，第322页。

② 康德著，李秋零主编：《康德著作全集》第6卷，中国人民大学出版社2007年版，第323页。

小前提：立法之后，就必须要执行法律，这就是治理者人格中的执法权，即使得执法权归摄到这种普遍意志之下，其原则就是要依法行事的命令，即执行法律所规定的事项。

结论：要让人们得到他们依照法权而应当拥有的东西，就需要设置审判者人格中的司法权，他在具体的案件中根据法律判定每个人的"他的"。换句话说，就是要通过司法让每个人都获得按照其公共法权所应当得到的东西。这确实是从普遍到特殊再到个别的推论。

在他看来，我们如果不考虑经验中存在的国家千差万别的特征，就可以逻辑地证成这三种权力就是每个国家的应有形式。

2. 源始的契约及政治的正义性。这种契约的目的在于说明，从一个国家的理念出发，能够论证我们为什么要放弃野蛮的、无法的自由，而进入到公共法权状态，以及在公共法权状态，人们在组成共同体之后，统治者与人民的应然关系。从先天逻辑来分析，国家必须包含着一个总的元首，也就是说，一个代表联合起来的人民本身的统治者；其次，国家必须包含着作为人民的分散群体的臣民。前者是法律的命令者，后者是服从者。这只有通过源始的契约才能达成。但是要注意，这种源始的契约并非现实中的契约，而是从国家理念出发，人们放弃野蛮自由而获得公民状态的自由所必需的意志立法和服从步骤："根据这个契约，人民中的所有人（omens et singuli［所有人和每个人］）都放弃自己的外在自由，以便作为一个共同体，亦即被视为国家的人民的诸成员（universi［统统都有的］）而立刻重新接受这种自由，而且人们不能说：国家、国家中的人为了一个目的而牺牲了其一部分与生俱来的外在自由，而是说他完全放弃野蛮的、无法的自由，以便在一种法律的依附性中，亦即在一个法权状态中一点不少地重新获得自己一般而言的自由，因为这种依附性产生自他自己的立法意志。"① 这并非从现实的利害关

① 康德著，李秋零主编：《康德著作全集》第 6 卷，中国人民大学出版社 2007 年版，第 326 页。

系中来考虑让渡自己的自由，而是从实践理性的先天原则出发，即把所有人都看作是有以理性为基础的意志的存在者，为了规定任性的自由，为了让大家的外在自由根据普遍法则能够共存，而进行的契约行为。个人的单方面意志所立之法只是自己认为的正当法则，双方面的意志所立之法也只是彼此强制对方不侵害自己同样的法权的法则，但全面的意志所立之法却是真正具有政治意义的法律，即形成统治和被统治的关系，国家权力为谁所有并且如何运用，谁来服从的关系。黑格尔批评了一般的契约论，认为契约是在物品交换中的商业契约，不足以形成政治关系。他说，"国家决非建立在契约之上，因为契约是以任性为前提的。"① 也就是说，国家不是出于契约的。这种批评对霍布斯、洛克的契约论来说也许还有些道理，但对康德来说，却未免是不公平的。因为黑格尔说，"生活于国家中，乃为人的理性所规定，纵使国家尚未存在，然而建立国家的理性要求却已存在。"② 康德其实也是从这个方面说的，因为进入到国家，既是实践理性的先天预设，也是我们的理性义务之所在。他所说的源始的契约，实际上就是作为一个理性存在者的人格的先天的同意，而非现实的或经验的契约。

然而，通过源始的契约形成的国家中人们的统治结构，还是不能解决以下难题：人是需要一个主人的，但这个主人仍然需要一个主人，因为他也是一个人。在康德看来，这不是理论上的难题，而是人的难题，换句话说，如果人能够完全按照实践理性的先天原则行事，并且发挥理性的作用，进入到真正的公共法权状态，那么，这个问题就不是难题，因为国家元首没有逻辑上的理由会行不公正之事。从理念上说，承担国家的这三种权力的人格都会按照正义原则行事，所以是不可挑战的。"立法者（legislatoris）在涉及外在的'我的'和'你的'的事情上的意志是不容非议的（irreprehensibel），最高执政者（summi rectoris）的执政能力是不可违背的（irresistibel），最高法

---

①　黑格尔：《法哲学原理》，范扬、张企泰译，商务印书馆 1979 年版，第 83 页。
②　黑格尔：《法哲学原理》，范扬、张企泰译，商务印书馆 1979 年版，第 83 页。

官的判决（supremi iudicis）是不可变更的（inappellabel）。"① 这三种人格虽然是相互补充的，却是不能相互僭越的，这是由这三种权力本身的性质所规定的。他们的关系应该是这样的：人民的统治者（立法者、主权者）不能同时是摄政者（否则就是专制）；摄政者即执法者执行法律，所以，他要通过法律而对主权者负有义务。主权者可以罢免执法者，或改造他的管理，但不能惩罚他。如果要这样做，主权者就充当了执法者，而执法者是处于法律的强制之下的，但根据概念，主权者享有最高的强制能力，并不受法律的强制，这样一来，就自相矛盾了。同时，主权者和执法者都不能进行审判，而只能任命法官为官员来进行审判。进行法庭审判，并宣判在具体的案件中按照法权给予个人以应有的东西，就是一种公共正义。这是一种个别行为，只能是人民由其经过特别任命的同国人来自己审判自己。如果由国家元首来进行审判，那么他们在具体的事情上也可能行事不义，这会有失他的尊严。这种出自实践理性原则的理念，直接导致了康德的饱受诟病的人民没有革命的法权的结论。他认为，即便主权者滥用了自己的权力，"人民有义务容忍对最高权力的滥用"②，因为，如果人民对最高立法权本身进行反抗，就是违法的。

显然，康德的这种看法是从国家的理念上得出的，也就是说，分析地说明国家中的最高主权者（立法者）、最高执政者、最高法官作为人民的共同意志的三种人格的功能、彼此的权力分置及其关系，应该是这样的：他们各司其职，而不相互僭越，就是政治正义原则的体现。因为这样一来，人民的自由得到了一种保障，通过普遍法律，人民也能得到他们自己应该拥有的东西，而这就是正义。

在现实的国家政治生活中，康德也考虑到了一种实际的可能性，即君主

---

① 康德著，李秋零主编：《康德著作全集》第 6 卷，中国人民大学出版社 2007 年版，第 327 页。

② 康德著，李秋零主编：《康德著作全集》第 6 卷，中国人民大学出版社 2007 年版，第 331 页。

也是人，他可能会滥用权力，所以，人民也应该有些其他的救济手段。第一，废黜一个君王，应该是他自愿地被免去王冠，通过把权力归还人民而放弃权力。但是，人民绝对没有法权来惩罚国家首脑。第二，不完善的国家宪政需要变革，"但这种变革只能由统治者自身通过改革来完成"[1]，而不能通过革命来完成；第三，即便发生革命，也只能是针对执法权，而不能针对立法权。而且这种反抗只能是一种消极的反抗，即只能在议会中来拒绝。如果人民只是顺从议会，就表明人民已经堕落，其代表可以被收买。

3. 具体的正义规则。我们看到，在康德那里，国家的理念是一群人联合起来的共同意志，如果说，组成国家是为了共同的福利，那么这种福利首先就是这种共同意志的普遍立法。它是形式性的，处于条件词、前提词的位置。在普遍法律下，人民的任性的自由能够并存，他们可以按照自己的想法去追求其所认为的善，而不受他人意志的干涉。只有在这种立场上，才能说"公共福利是最高的法律"。所以，在康德那里，正义问题的最初视野就是人民联合的共同意志如何对待所有的人民。

从理性的先天法则中，也能推出在经验生活中，人们的地位、财富、谋生的能力和手段都是不同的，所以一定会出现贫富不均甚至贫富差距甚大的情况；同时在经验中也有违背法律的行为发生。那么，正义原则如何处理这些问题呢？康德在这个问题上，不是诉诸某些经验的理由，而是从先天的角度来分析：人民的意志的联合作为国家，其立法权、执行权和司法权，一句话，强制性权力，能够对这些问题做什么正义的安排。

（1）国家的慈善的正义考量。设立贫民院、育婴堂等慈善机构是国家的责任，这就是说，国家应该使普遍的人民意志联合成的社会持续下去，要"维持社会的那些不能自己维持自己的成员"[2]。为了达到这一目的，我们大

---

[1]　康德著，李秋零主编：《康德著作全集》第6卷，中国人民大学出版社2007年版，第333页。

[2]　康德著，李秋零主编：《康德著作全集》第6卷，中国人民大学出版社2007年版，第337页。

家都要服从内部的国家权力。从这种客观普遍的理由中，可以有一种产生责任的命令，它对人民中的幸运的人群有强制性。这是一种国家的制度安排，而不只是某些人自愿的奉献问题。也就是说，首先国家有权力通过强制富人提供资金，以使得社会中那些无法维持自己最基本的自然需求的人能够生存下去，因为国家应该保持他们的生存，这是为了使共同体得以维持下来所必需的预备。所以，国家的征税行为是正义的，这使得富人们"有责任为保存他们的同国公民而作出他们自己的贡献"①。所以，使国家有这方面的储备金是国家的权力所在，要依照法律的定额来常规地完成这件事，比如通过对公民的私人财产或交易活动来征税而做到这一点。这是国家的权力，是从实践理性的法则中推出来的，因为"国家不能抛弃任何一个要活下去的人"②。关于这个问题的正义原则不是建立在某些经验性的原则之上的，如个人的自愿慈善捐款，或者是其他方式的资金积累，似乎国家的责任要让这些偶然的、主观意愿上的资金奉献来完成。康德从国家是人民联合起来的共同意志出发，认为国家有正当的法权向富人们征更多的税，为的是能为纾困解危做出普遍的制度性安排，而不是交给公民们的主观意愿。

（2）国家对职位和尊荣的分配正义。由于国家的理念要包括组成国家的结构要素和价值感，国家的最高行政权力必须被分解，而使之成为一种严密的层层对上负责的权力体系，才能得到有效行使。这是需要有人专门负责的，所以，担任一定职位的人应该得到国家给予的一定薪水。需要加以分析的有以下几个方面：第一，在职位分配以后，如果担负职位的人没有过错，则即使是统治者也不能仅凭自己的喜好而剥夺其职位，因为从职位的性质来说，它是人民的联合意志所雇用的职位，并且付给其费用，它不能处于国家首脑的主观偏好的摆布之下。第二，既然要委派官员，就是希望他们能够完

① 康德著，李秋零主编：《康德著作全集》第6卷，中国人民大学出版社2007年版，第337页。

② 康德著，李秋零主编：《康德著作全集》第6卷，中国人民大学出版社2007年版，第338页。

全胜任，但做好管理工作却是一件需要经验和足够学习和锻炼的事，这样一来，有些职位就有可能会落在一些没有相应经验和才能的人手中，显然，这是不符合国家的客观意图的。为尽量防止这种风险，需要一种更进一步的制度安排，即要让官员有一个从较低职位向较高职位升迁的过程，而不能一开始就委以很高的职位。

从人们的价值感来说，首先，相对于野蛮的自然状态而言，我们成为一个国家公民本身就享有尊荣。其次，在康德看来，在国家的构成中，必定会有社会地位的高低之别，所以，应该说，通过个人努力而对国家有较大贡献的人，获得较高地位就是国家所赋予他的尊荣。这些尊荣无须金钱，"仅仅以荣誉为基础"①。第三，没有通过自然遗传而来的尊荣，如果确立这种尊荣，则是不符合正义的。也就是说，那种无须为社会提供服务就享有尊荣的等级，如贵族，其出现本身就不符合正义。国家的统治者在自己和其他国家公民之间设立这样一个贵族阶层，作为一个可继承的中间阶层，虽然是在历史和现实中存在的经验现象，但这只是统治者的主观意愿，衡之以人民的法权，却不是合正义的。在这个问题上，康德认为，应遵循以下原则："人民（臣民的整个集合）不能对自己及其同伴作出决定的事情，统治者也不能对人民出决定。"② 一方面，大自然没有这样的刻意安排；另一方面，全面的人民意志也不可能赞同这样一种毫无根据的特权，因为这会损害他们自己的自由。

（3）惩罚的正义的核心是平等。平等是指我们先天的人性的平等，也是我们的任性自由的平等。正因为正义是在普遍法律之下得到自己所拥有的东西的平等原则，所以，正义有一种本质的特点就是强制。于是，在一个人违背了普遍法律即犯了罪行的情况下，他们就应该得到对等的惩罚。

---

① 康德著，李秋零主编：《康德著作全集》第 6 卷，中国人民大学出版社 2007 年版，第 339 页。

② 康德著，李秋零主编：《康德著作全集》第 6 卷，中国人民大学出版社 2007 年版，第 340—341 页。

犯罪分为私人犯罪和公共犯罪。在私人交易中诈骗、在私人委托中贪污都是有主观意图地侵占他人的财产，在这种犯罪中，只是个别人受到了损害，所以是私人犯罪；但如果损害了公共的流通手段，如制造假币或伪造汇票，或实施偷盗、抢劫等危害社会公共安全的犯罪行为，就是公共犯罪。在这方面，惩罚性的正义就要诉诸司法的惩罚，而不是自然的惩罚。自然的惩罚是指这种情形，即有恶习的人会自己惩罚自己，比如做了恶事后会受到他人的报复，或者别人不再与他们合作而使他们处境艰难。司法的惩罚毫不考虑这些，而是直接针对罪犯所犯之罪而施加在他们身上的，即使得他们受到的惩罚与他们造成的危害相当，也就是说，这是一种纯粹形式性的惩罚，是严格的、必须执行的一条绝对命令。这种惩罚不能够因为任何经验性的好处而被免除或减轻。对这些惩罚的形式规定是：司法惩罚不是作为能够促进另一种善的手段而实施的，无论是为了罪犯本身的什么好处，还是为了公民社会的什么好处。也就是说，犯罪嫌疑人也是人，有其人格，他们不是被用作达到另一种善或另一他人的意图的手段，从而把他降低为物品，"尽管他完全可能被判决失去公民人格"①。

正义的衡量标准就是平等，就是不偏不倚。由于国家是一群人联合起来的共同意志，所以，在国家内部，就是平等的意志之间的关系。如果有人使人民中的任何人遭受到无辜的灾祸，他就是把这个灾祸加给了他自己，必须等值偿还。当然，这种报复法权不能由个人（包括受侵害的人）来执行，而只能由公共法庭来进行。只有公共法庭才能严格地规定惩罚的质和量，才能有严格的和纯粹的正义。这里要特别提一下死刑问题。在康德的严格正义中，致人死亡的人必须被判处死刑，因为"这里没有任何抵偿物来满足正义"②。从正义的原则来衡量，致人死亡者只应该以死抵罪，而不应受其他

---

① 康德著，李秋零主编：《康德著作全集》第6卷，中国人民大学出版社2007年版，第343页。

② 康德著，李秋零主编：《康德著作全集》第6卷，中国人民大学出版社2007年版，第345页。

额外的惩罚（如对他施予虐待）。康德甚至认为："即便是公民社会以所有成员的赞同要解体（例如，住在一个岛屿上的人民决定分手并分散到世界各地），也必须先把监狱里的最后一名杀人犯处决掉。"① 那个遵循普遍的、先天建立的法则的司法权之理念的正义内在地要求这样。

关于死刑的存废问题，到当今时代也仍然在争论。早在康德所处时代，贝加里亚伯爵就主张一切死刑均不合法。在他看来，在源始的公民契约中不可能包含有死刑，因为每个人不可能同意公共法庭判处自己死刑（哪怕自己犯了再严重不过的罪行）。康德认为，这是全然的诡辩和对法权的歪曲。因为在康德看来，法权中包括了一种对自由的障碍的对等阻碍，杀人者剥夺了被杀之人的一切自由，他也要通过公共司法被剥夺一切自由，由此可证杀人者必须被判处死刑。现代主张废除死刑的人，一般认为，杀人偿命的法则是原始的同态复仇的原则。但是，他们主张应该废除死刑的论点却是一些有关利益的计算，比如，杀人犯已经杀了人，如果判处其死刑，则从社会角度说，又多死了人；死刑很难阻止或者就根本没阻止过有人会犯杀人罪，也就是说，对死刑的恐惧敌不过在极端情况下杀人的激情。对这些论点，康德可能的反驳就是：所有这些想法其实都从经验后果来立论，根本就没有理解严格的正义是基于普遍的、先天法则的司法权的理念的。

总之，在康德看来，司法惩罚必须排除掉任何幸福论的考虑。假定有一个犯了罪的人有很大才能，若让他"戴罪立功"，他就能做出对人类的幸福有重大贡献的成果，康德认为，即便是这样，也不能免于对他的惩罚。正义是一个国家的社会政治生活的形而上的价值，不受经济价值或其他好处的审核，更不能在正义与一般的善之间做交易、搞平衡。"因为如果正义为某种价格出卖自己，那正义就不再是正义了。"② 康德甚至如此决断地说："如果

---

① 康德著，李秋零主编：《康德著作全集》第 6 卷，中国人民大学出版社 2007 年版，第 345 页。

② 康德著，李秋零主编：《康德著作全集》第 6 卷，中国人民大学出版社 2007 年版，第 343 页。

正义消失了，人活在尘世上就不再有任何价值了。"①

四、 康德政治哲学的核心意旨

康德的政治哲学就其原则来说，是致力于说明人们从自然状态进入到公民状态是人的义务，因为只有在公民状态下人的自然禀赋才能得到安全的发展；同时，政治国家的理念就是通过把人民联合起来形成一个共同意志，从而订立普遍之法，使人的任性的外在行为自由能在普遍法律之下共存。正义原则正是基于国家的理念而形成的，其核心就是人格平等。所以，康德的政治哲学处理的是实践理性的先天法则与人们外在的行为自由的形式的关系。我们认为，康德政治哲学，在形而上学的层次上，有以下核心意旨需要重申。

第一，康德政治哲学的道德形而上学属性是由康德的实践哲学前提所规定的。道德实践必定需要纯粹理性的先天的普遍法则的形式对我们行为进行约束和指导。康德对"意志"与"任性"做了区分，目的是说明，人的任性是具有自由的，一方面它要追求质料或者客体（目的），另一方面它要形成对目的的表象而为自己制定准则，善恶均源自人的任性自由。人的任性自由追求多样化的目的，必定会产生相互冲突，故必须用普遍法则把人们的任性自由约束在能够彼此共存的范围内。如果意志规定任性的主观准则，那就是伦理学的事务；但如果意志只为任性的外在行为的自由划定精确的界限，则是法权学说和政治哲学的事务。在政治哲学的形而上学层面上，意志只对任性的外在行为的自由的形式即准则而不是对其质料或对象本身进行限定，所以，在任性的"占有"上，就需要确定"理智的占有"，它可以不管人们是否在经验上占有某物。

自然状态和公民状态的区别，在于其意志的性质的不同，这种不同，是

---

① 康德著，李秋零主编：《康德著作全集》第 6 卷，中国人民大学出版社 2007 年版，第 343 页。

野蛮和文明的不同，所以，从自然状态进入到公民状态就是我们的政治义务。在自然状态，是个人的意志和双方的意志对于任性的"占有"进行合乎法则的处置，所以，其"占有"是偶然的和不稳定的；而在公民状态，则必须把所有人的意志联合起来而形成全面的或共同的意志。只有共同的意志才能为所有人立法，并形成公共的政治权威，对所有人都有同等约束力和强制力，于是，人们能够在国家公共法律下，在国家的公共强制力的保障下，得到自己所应该获得的东西。这种普遍法律和公共强制力，是对所有人的任性的外在行为自由的形式的约束和强制，其普遍的分配规则就是正义原则。只有这种预先去除了任何经验性的或人类学的因素的形式性原则，才能成为国家的理念，并对现实中的国家形态是否正义予以评判。我们应该明白，康德的政治哲学也是其实践哲学的一部分，主张要让共同意志的普遍法则的形式约束人的外在行为的自由，只有这样的实践才是真正的政治实践。其功能有二：一是要让人们日常的政治性行为获得正义原则的指导，长期这样行动，共同意志的普遍法则将有望能进入我们的内心，成为我们的内在德性；二是认为，这样的政治性行为由于处于公民的法治状态，所以，能够促使我们的自然禀赋得到安全的发展，并有望能够发展出真正理性的道德思维方式。所以，康德的政治哲学有其历史哲学作为背景，这一点必须加以揭明。

第二，康德的政治哲学一般被归入契约论一脉，但实际上，他与一般契约论者有相当大的区别。契约方法在康德那里并没有根本性作用，而只是在具体问题如财产转移上才起作用，例如，只有具备人格，才能签订契约，以转移自己的财产，等等；但是，进入公民状态，成立政治国家都不是通过一般契约而能达成的，而只能通过他所谓的"源始的契约"而达成。这种"源始的契约"就是要把人民的特殊意志统一于一种共同意志之中。在他看来，共同意志是一种先天地并且因此必然地联合起来的意志，也就是那种共同立法的意志，它保证每个人能够在理智上占有某物。这种占有就超出了一个人的物理力量之外，并因此超出了时空的经验性限制之外。霍布斯和洛克的契约论认为，通过契约而把自然状态下人们的全部或某些权利让渡给一个主权者，以便消除在自然状态下对暴力横死的恐惧或行使对自己案件的裁判权的不便，这在康德看来，实际上一种经验性的权宜之计，而不是出于先天的必然性的。卢梭的契约论则认为要把自然状态下的一切权利让渡给政府，从而达成一个共同意志，形成一个公共的大我，在这里，公民又能够重新行使先前的所有权利。康德在一定意义继承了卢梭的这种契约论，但是又认为，这样的契约缺少一种形而上学的奠基。莱斯利·阿瑟·马尔霍兰认为，康德的政治理论其实不是承接古典契约论，而是承接了自然权利学说。他说："康德的创新之处是，否认社会契约的理念是服从政治权威之义务的根据，而认为它提供了调整政制的法则。"① 我们认为，这样界定康德"源始的契约"的作用还是有点不充分，实际上，这种契约是"共同意志"本身就蕴含了的，虽然从直接效果上说是用于调整政制，比如三种政治权力及其分置，但它还是我们要服从政治权威的义务的根据，因为康德认为，只有这种超越个人物理力量之外、超出经验性限制之外的符合实践理性先天原则的源始的契约，才能把人们从自然状态的野蛮性提升到公民状态的文明性，而这正是我们的政治义务。有一点可以明确，那就是这种契约论已然不是方法论工具，而是本体论的承诺。

第三，在康德看来，政治的根本特点在于强制。杰弗里·墨菲说，康德是基于以下理由来突出政治中的强制的："某些形式的强制（不同于暴力）在道德上是允许的，因为它们真正地（而不是表面上）扩大了理性的自由。"② 就对人们的任性自由的强制而言，这是有道德理由的。当然，这种强制是公共的强制，表现为成立了共同意志及其权力。但是，康德的强制概念是理性与意志的统一，而不是单纯的暴力强制。第一，强制是一种公共强制，它来源自然状态下人们对于侵害自己的自由的外在行为的一种强制权

---

① ［美］莱斯利·阿瑟·马尔霍兰：《康德的权利体系》，黄涛译，商务印书馆 2011 年版，第 357—358 页。

② ［美］杰弗里·墨菲：《康德：权利哲学》，吴彦译，中国法制出版社 2010 年版，第 112 页。

利。由于自然状态下的强制权利的主体是单个意志，所以，它并不是总能奏效。于是，必须使强制成为一种公共制度的安排，即形成一种能够普遍立法的共同意志，这是实践理性的先天预设，因为只有这样才能保证法则的真正普遍性。由于人们不能自动地遵从这种普遍法则，所以需要成立正规的最高权力来加以强制。第二，这种强制权力需要得到合乎理性的分置。他认为这种公共意志依据其行动人格可以逻辑地分置为立法者、执行者和司法者。立法权最高，但是不得干预执行权和司法权，后二者是前者的执行和落实。如果三者职责不清，那么这种共同意志的强制权力是无法正常运作的。第三，强制的真正目的在于把人们任性的外在行为自由保持在普遍法则的约束之下，并对违背普遍法则的行为进行惩罚和制裁。这就是国家的理念。所谓正义，就是依据国家的理念而形成的一种使人们在普遍法则之下能够得到自己所应当拥有的东西的价值原则，只考虑形式上的严格平等，而不受任何经验性的好处的审核。正义，唯因它是形式性的，所以是纯粹的、严格的，是人生存于世的基本的、前提性价值。不但暴力应该臣服于它，同时，即使是再巨大的经验性福利也应该从属于它。康德就是这样以其政治理论的彻底性，向正义致敬。

总之，康德的道德实践理论具有一种内外兼备的结构。在内，把道德看作是我们配享幸福的资格，更着重于个人内在德性的自觉与自律；在外，把公民状态的法治秩序、正义原则看作是我们追求幸福的外在制度及价值前提，更偏重于外在的政治安排的保障。没有德性，我们或许还可以生活下去；但没有正义，我们生活在这个世界上就毫无价值。

第二节　康德政治哲学视域中的法治思想

在康德的先验哲学框架中，政治哲学呈现出一种独特的面貌和结构。政治关乎人们外在行为之间的相互关系的治理，即要使之合乎正义。康德认为，在人类历史发展进程中，政治是一个朝着人类作为一个总体的道德化的目标进展的、人类的任性自由相互冲突的历时性的现象领域。在政治领域中，法治既是一种理想，又是一种社会共同体建立外部秩序所需要的。康德认为，我们不可能设想出比法治之下的公民状态更高级的社会组织形态，因为法权是理性法则在人们外在行为的相互关系中所显现出来的理性事实，即人们的任性的外在行为自由在一种普遍的法治体系中能够并存的前提，所以，法治原则实际上就是道德法则对人们外在行为的一种约束体系，它必须借助于政治权力即合法的暴力强制才能使人们遵守，在这个层面上，它属于法理学领域。在他看来，法律原则与道德原则有共同的根源，即理性法则。虽然法律原则只针对人们的外在行为，体现的却是道德原则的要求；而道德则只能诉诸行为主体的内在意愿或内在德性，这就是伦理学领域。两者有外和内之分，也是阶段和目标之分。公民的法治状态为人作为一个类而整体地迈向道德化提供了一个社会政治生活的基础，当然人类总体的道德化是一个长期的，也许是永远不能完结的过程。一般的文明教养，比如优雅风度和外在礼仪，虽然也是一种善，但只是一种类似于道德的东西，尚未真正以道德法则作为自己的纲维。在他看来，"一切未嫁接在道德上善的意念之上的善，都无非是全然的幻相和硬装的体面"①。文明教养只是人类迈向道德化的一个阶梯。人类总体的道德化作为一个历史的总念，是人类历史发展的范导性理念，永远引导着人类历史的发展方向。

一、 关于人类历史的起源和目的的臆测

要理解康德的法治思想，必须了解康德对人类历史的看法。他认为，对人类历史，我们首先要对它进行观察，也就是说，要关注它的现象表现。在人类历史上，我们观察得最多的就是人们之间因为私欲、私心、私情的追

---

① 康德著，李秋零主编：《康德著作全集》第 8 卷，中国人民大学出版社 2010 年版，第 34 页。

求，以及人们总是表现自己的任性的欲求，而出现的各种冲突、争斗，甚至残酷的战争，还有就是虚荣、无用的热情的表演等等。总之，我们在人类历史舞台上看到的是一片混乱。但是，如果我们只满足于对历史的这种观察（这样观察到的当然是事实），那么，我们对于人类为什么要生活下去的意义就会感到茫然。在康德看来，人类存在着，就是要逐渐创造价值，就是要进步，并最终达到人类的全面完善化的发展状态，否则，人类的理性就是无法得到安顿的。

为此，康德对人类历史的起源做了一种臆测。关于这种思维方式，康德在《什么叫在思维中确定方向》一文中，曾经做了明确的解释。他认为，我们在一般思维中，不能借助于任何感性直观的东西，能够用以确定方向的就只有逻辑方式，而这种逻辑方式就只能是"理性固有的需求的感觉"[1]。因为理性要在某个时候得到满足。由于我们对超感性的客体不可能有直观，甚至连与之同类的东西都没有，所以，"剩下能做的事情就无非是：首先好好检验我们想斗胆超越一切可能经验之外所凭借的概念，看它是否也没有矛盾"[2]。这样做的唯一选择，就只有理性的内在需求，即"仅仅通过理性自己的需要来确定方向的一个主观根据"[3]。比如，我们在自然界到处都能发现合目的性和秩序，所以我们的理性为了得到最终的安顿，而不至于陷入全然的荒唐，就必须假定一个有理智的初创者，所以这是理性的内在需求，也是其充足的主观根据。由此，康德认为，理性在理解人类历史时，必须假定大自然的意旨，把人类历史发展看作是一个逐渐实现自然的总体目的的无限进程。

于是，康德从人类的认识能力及其发展来揣测人类历史的起源。在这方

---

[1]　康德著，李秋零主编：《康德著作全集》第 8 卷，中国人民大学出版社 2010 年版，第 137 页。

[2]　康德著，李秋零主编：《康德著作全集》第 8 卷，中国人民大学出版社 2010 年版，第 137—138 页。

[3]　康德著，李秋零主编：《康德著作全集》第 8 卷，中国人民大学出版社 2010 年版，第 138 页。

面，康德确实没有提出比卢梭在《论人间不平等的起源和基础》中所讲的更多的东西。他认为，我们能够推想到，人是有感觉、感知的，然而，我们又有想超出自己感觉的倾向，而使用自己的抽象能力，去比较不同的感知对象，甚至想了解这种感知背后的基础等等。首先，对于食物，因为人有理性，我们就不会满足于眼前原始的食物形态，我们会把它与其他东西比较，而判断出哪种东西更好；同时由于理智能力的发展，我们会组合、提纯、改变其形态，以使之能更加符合我们的胃口，这样我们就超出了仅仅依赖本能的状态。而且理性借助于想象力还可以使对食物的追求达到一种不自然的奢侈程度，构造出各种享受，把自己扩展到一切动物被拘禁于其中的界限之外。康德认为，这一点"是十分重要的，并且对于生活方式来说是决定性的"①。由此，我们发现理性具有自我选择、自我构想的能力，虽然在按照自己的预想去追求的过程中，并不总是能达到自己的目的，但是，当我们品尝了这种自由之后，我们却再也回不到那种纯粹的本能状态之中了。

其次，在两性关系中，我们也会从直接的、周期性的性冲动中解脱出来。人类理性在想象力的帮助下，更多地表现出了求爱的细腻、曲折、引人苦恼而又甘甜无比，最初的拒绝又使得两性的心灵中获得了一大片情感提升和精致化的文明教养空间，所以，"拒绝是技巧，为的是从纯然感受到的吸引力过渡到观念的吸引力，从纯然动物性的欲望逐渐过渡到爱，并借助爱从纯然适意的情感过渡到对美的鉴赏。"② 此外，"端庄，即一种通过良好的风度（对可能激起轻视的东西的掩饰）引起别人对我们的敬重的偏好，作为一切真正的社会性的本真基础，为作为一种道德生物的人的发展提供了最初的暗示。——这是一个微小的开端，但却由于给思维方式提供了一个全新的方

---

① 康德著，李秋零主编：《康德著作全集》第 8 卷，中国人民大学出版社 2010 年版，第 114 页。

② 康德著，李秋零主编：《康德著作全集》第 8 卷，中国人民大学出版社 2010 年版，第 115 页。

向而是划时代的，它比接踵而至的一连串数不清的文化扩展都更为重要。"①

再次，人还有一种优越的素质，那就是能够展望未来，也就是说，他有一种目标意识，他们把自己的现实努力看作是为实现未来的目的所做的努力；当然，在这个过程中，由于目的和手段都不能完全匹配，所以，这种展望未来的目的意识也是一切现时忧虑和烦恼的根源，甚至还会害怕自己根本经历不到的死亡。显然，动物没有这类忧虑和烦恼。

最后，认识到人能高出所有其他的造物，并且认为其他造物都是为自己所用的，这其实是认为，只有人才是大自然的目的。这种意识人类较早就有了，如阿拉克萨戈拉说，"人是万物的尺度"，《尚书·泰誓上》说，"惟天地万物父母，惟人万物之灵"，《礼记·礼运》又说，"人者，天地之德，阴阳之交，鬼神之会，五行之秀气也"，《荀子·王制》则更进一步说，"水火有气而无生，草木有生而无知，禽兽有知而无义，人有气有生有知亦且有义，故最为天下贵"，等等。康德认为，人具备了这种意识，就意味他把自然的其他造物视作自己的工具，他并不把它们看作是自己的伙伴。然后，人对自己的意识，就应该是对人作为一个类的意识，然后他们终于把所有人都"视为大自然的赏赐的平等分享者；这是为理性将来就其同胞而言应当加诸意志的限制所作的一项长远的准备，对于建立社会来说，这种准备远比好感和爱更为必要"②。在对于人类历史起源的揣测中，康德最终说明了人类具有一种作为有理性存在者的平等性，自己和别人都应被尊为这样一个目的，而不能"被任何人仅仅当做达成其他目的的手段来使用"③。人们，甚至更高的存在者都是平等的，其根据并不在于自然禀赋（自然禀赋往往有较大差别），而在于理性，因为理性本身即是目的。

---

① 康德著，李秋零主编：《康德著作全集》第8卷，中国人民大学出版社2010年版，第116页。

② 康德著，李秋零主编：《康德著作全集》第8卷，中国人民大学出版社2010年版，第117页。

③ 康德著，李秋零主编：《康德著作全集》第8卷，中国人民大学出版社2010年版，第117页。

这里还有一个核心概念，那就是人类的规定性。在康德看来，人被赋予了本能，又被赋予了理性，所以，人类既要追求本能欲望的满足，但同时又要实现理性的存在目的，这确实要通过人类作为一个总体的类，通过历史的长远发展才能有望逐渐达到。康德对人类历史的起源的揣测就是基于这个观念，对于人类历史的最终目的的揣测也是基于这个观念。

关于人类历史的最终目的的揣测，康德给出了九个公理。在我看来，其核心或纲领是第一个："一种造物的所有自然禀赋都注定有朝一日完全地并且合乎目的地展开"①。问题是如何展开？他认为，我们应该采取目的论进路。人类存在的目的何在？上帝造人的目的究竟何在？或者说，自然的意旨究竟是什么？自然把人造成既有本能又有理性，就是要使人既要获得幸福又要有道德。在他看来，幸福是凭着本能就能够精确地加以追求的，用不着教；而理性的目的是追求道德，但理性能力的最高发挥又必须借助于高度的文明教养作为台阶才能达到，文明教养只有在社会状态中通过人们的互动和可交流性才能达到，所以，康德的第二个原则就是总体性的类的原则。这是从个体的角度进到类的角度。他认为，这种高度的文明教养和道德思维方式的培养，都需要在历史的长河中才能逐渐地向这个目标迈进。基于此，这个任务显然是个体所无法完成的，因为个体是有限的，必须设想只有整个的人类在漫长的历史进程中才有望达到。第三个是自身性原则，也就是人要从自身中产生出一切东西。这包含有两个意思：一是说我们人的发展的目标只能是我们的自然禀赋的发展；二是我们不能让自己的自然禀赋蛰伏着，不促使其发展。作为个体的理性存在者的人都是会死的，但是显然，这种发展只能经过我们由理性指导自己的自然禀赋的不断提升而展开。这是总体性的类的原则的进一步落实。那么如何发展人类自身的自然禀赋呢？康德诉诸第四个原则，即不和性原则："自然用来实现其所有禀赋之发展的手段，就是这些

---

① 康德著，李秋零主编：《康德著作全集》第 8 卷，中国人民大学出版社 2010 年版，第 25 页。

禀赋在社会中的对立，只要这种对立毕竟最终成为一种合乎法则的社会秩序的原因。"① 这是康德政治学中最为独特的要素。其一，他在人的社会性中发现了分离性。也就是说，人们虽然不得不要组成社会，但同时又始终表现着一种使社会联系解体的个别化、孤立化倾向，这是人的本性所具有的，即人又有非社会化的属性。这两种存在于人性中的属性处于相互作用之中，就使得人类社会既不至于停留在原始的、毫无个体独立性的共同体之中，也不至于使社会经常处于解体状态，而是使社会获得不断更新自己的动力；其二，自然禀赋如果不想只是处于沉睡状态，即停留在原始的和谐状态，那么，就需要这些禀赋在人类内部相互竞争，相互对抗，这样它们才能发展到各自所能达到的高度。于是，康德被迫玩弄这种从对抗中获得的进步概念，并且歌颂起各种从道德上看是恶劣的东西来："为了难以共处，为了妒忌地进行竞争的虚荣，为了无法满足的占有欲甚或统治欲，还真得要感谢自然才是！没有这些东西，人性中的一切优秀的自然禀赋将会永远沉睡，发展不出来。人想要和睦一致；但自然更知道什么对人的类有益：它想要不和。"② 其三，在这个过程中，各种自然禀赋如鉴赏力发展起来了，也就是一个人认为美的，即认为能够引起自己非功利性愉悦的东西，也能推荐给他人，并且认为他人也应该觉得是美的，这样就能培养起一种共通感。美是道德的象征，这是因为美的对象中所蕴含的那种能够要求他人普遍赞同的原则，正好也可以被看作是类似于义务的东西，从而让我们也能很顺利地认识到道德义务。为此，大自然甚至明智地在人身上植入了喜欢被哄骗的倾向，即喜欢他人对自己表现的善意、优雅的礼仪等，哪怕不能确定对方的诚意，也感到欢喜，从而为了得到别人的喜欢，我们也会表现出对他人的善意，表现出优雅的礼仪。但是，这样的外在行为如果在人群中是很普遍的，那么，人们就能

① 康德著，李秋零主编：《康德著作全集》第 8 卷，中国人民大学出版社 2010 年版，第 27 页。

② 康德著，李秋零主编：《康德著作全集》第 8 卷，中国人民大学出版社 2010 年版，第 28 页。

获得一种共通感，并且可望使之逐渐地进入到自己的内心中，塑造自己的品质，因为面具戴久了也能变成面容。同时，在人的共同体生活中，通过不断的启蒙而能够建立起一种思维方式，"这种思维方式能够使道德辨别的粗糙的自然禀赋逐渐转变成确定的实践原则，并且就这样使形成一个社会的那种病理学上被迫的协调最终转变成一个道德的整体。"① 当然，启蒙的过程是一种漫长的历史过程，几代人是无法真正见到其实质成效的。在这样的启蒙中，我们终于能够认识到一些确定的实践原则，这种实践原则应该首先成为针对人们外在行为的约束体系，通过规范、约束人们的外在行为，使得人们的任性自由在这种原则的刚性约束下能够并存，这就是第五个原理：公民状态普遍管理法权的原理。这个原理是中枢，因为人的非社会的社会性，要求人们既能保持社会的存在，又要求社会能保障人们追求自己幸福的最大自由。这就需要有一种普遍的法权原则，并且成立政府，使之获得公共权力，拥有合法使用暴力的权能。如果说，第五个原理所关涉的还是一国的宪政，那么就人类作为一个整体的类的发展而言，就需要外部的国际关系也能成为公民法治政体之间的关系，因为国内和国际的完善的公民宪制才是我们的自然禀赋得到安全而充分的发展的唯一状态。最后，我们的实践哲学既然设定自然的意图就是使人作为一个类而总体地趋向道德化，那么探索一种以人类中的完全的公民联合为目标的世界历史，这种哲学尝试就是可能的。这就是第六、七、八、九个原理。这种由个体而社会、国家、世界的逻辑推演和过渡是严密的，当然只是理论上的。

康德对人类历史的起源和目的的揣测，实际上确立了以下几个关键观点：1. 人类的历史起源于人被赋予了理性，从而理性开始脱离本能的羁绊而追求自身的发展，在这一过程中，有许多冲突和艰辛；2. 人类的历史就是要逐渐地实现人的理性的功能，即人类总体的道德化，不这样看，则人类

① 康德著，李秋零主编：《康德著作全集》第 8 卷，中国人民大学出版社 2010 年版，第 28 页。

的生活就没有价值和意义；3. 要实现人类总体的道德化，首先是使人们的自然禀赋得到充分的发展，并获得文明教养；同时要逐渐使人们获得一种思维方式，即能够认识到真纯的实践原则。要做到这两点，必须使人们的自然禀赋对立、冲突起来，也就是要把人本性中的"非社会的社会性"作为推动力量；4. 大自然为了实现自己的意图，迫使人类自己去解决的最大问题，就是进入普遍管理法权的公民状态，即普遍的法治状态。

二、 政治的本质及其使命

按照康德对人的生存方式的理解，人们是必须过社会生活的。这是因为，第一，个体的人是有欲望和需要的，但他们必须在共同劳动和相互交换中才能获得欲望和需的满足，并且能不断地发展自己的需要；第二，人们相互依赖，这不仅仅是因为人们在物质上相互需要，更是因为他们的心智也只有在社会中才能得到发展，即只有通过借助于"可交流性"，我们的心智才能得到扩展；第三，人是软弱的，只有通过社会联合才能加强自己的力量。正如阿伦特所说："人的社会性"指的是这样一个事实："没有人能够独自生活，人们不只在需求和照应方面是相互依存的，而且在他们的最高官能即人类的心智（human mind）方面也是相互依存的，离开人类社会，人类的心智就毫无用武之地：'同伴对于思想者是不可或缺的。'"① 所以，在康德看来，人的政治性首先就表现为"与他人共在"这一前提性事实中。

1. 共同体感觉与判断力的政治意涵。在政治中，最为主要的并非是普遍的道德原则，而是在具体的处境中，我们能够发展出一种共享的价值，这主要要由人类的一种特殊的功能即判断力来创造。阿伦特认为，对于康德而言，在如何组成国家这样一个重大的政治问题上，道德哲学可能帮不上一点忙。国家并不能依照一种道德说教来组成，"难题在于'怎样强迫一个人成

---

① 汉娜·阿伦特：《康德政治哲学讲稿》，曹明、苏婉儿译，罗纳德·贝纳尔编，上海人民出版社 2013 年版，第 20 页。

为一个好公民，即使（他）在道德上并非好人。'他还明白'好的宪制，不能指望出自道德性，反倒可以指望，一个民族在好的宪制下，能有好的状况'"①。

好的宪制，实际上是为人们进行交流而给出的一种普遍的政治规则。而与他人共在，其核心是以自己的理性进入与他人的交流之中。这当然是在现象领域中进行的，所以，这里充满了一些特殊的处境和情形，需要我们去发现和创造其意义。宪制在这里并不代替人们去思考，而是人们必须在此之中进行交流，从而创造出某种共享的价值。在交流中，我们才有可能形成某种共同体感觉。这种有别于个人的主观感觉的普遍性感觉是在共同体生活中形成的。如果说，我们在政治生活中需要判断的话，则这种判断就只能是反思的判断。在康德那里，判断分为两种，即"规定性的判断"和"反思性的判断"，前者是把特殊的东西归摄入普遍的概念（如科学判断），而后者则要在特殊的东西中看出普遍的意义，这种普遍的意义，就必须是一种大家都能共享的价值。康德说："我们通常都习惯于把其才能不堪大用（尤其是重用）的人称为有局限的（狭隘的，开阔的对立面）。然而在这里，我们说的不是认识的能力，而是合目的地运用认识能力的思维方式：这种思维方式，无论人的自然天赋所达到的范围和程度多么小，仍表明一个人具有开阔的思维方式，如果他把如此之多的别人都如同被封闭在其中的主观的私人判断条件置之度外，并从一个普遍的立场（他惟有通过置身于别人的立场才能规定这个立场）出发对他自己的判断加以反思的话。"② 由此，我们可以看出，反思判断力正是在人们进行交流时所必须使用的官能。

我们知道，反思判断力在康德那里，其功能是进行审美判断。审美判断的特点是事物的外观能够引起我的诸认识能力的协调，从而引起我的愉悦

---

① 汉娜·阿伦特：《康德政治哲学讲稿》，曹明、苏婉儿译，罗纳德·贝纳尔编，上海人民出版社 2013 年版，第 30 页。

② 康德著，李秋零主编：《康德著作全集》第 5 卷，中国人民大学出版社 2007 年版，第 307 页。

感，而且我认为这种愉悦对别人也是普遍有效的判断，这就是鉴赏。康德在《实用人类学》中曾经提到过审美的自我主义，这种人只承认对自己能引起愉悦的对象外观是美的，至于别人如何判断，与己无关。"当他以自己的判断把自己孤立起来，孤芳自赏，并且只在自身中寻找艺术美的试金石时，他就使自己不能向着更好进步。"① 这种审美的自我主义是需要被超越的，换句话说，真正的审美判断应该是自己认为是美的，也可以普遍地要求他人也认为是美的判断。这一点，显然只有处于社会之中才可以达到。所以，审美判断力是一种想象他人的能力，必须在共同体中才能发展出来。比如，如果我们判断某物是美的，却没有引起他人的审美兴趣，则我们就会感到羞惭。由此可以看出，我们在审美判断中，所诉诸的就是共同体的感觉。所以，"诸如'这个让我快乐，那个让我不快乐'此类的貌似彻底私人化的无法交流的感触，实际上恰恰植根于这种'共同体感觉'，因此，这样的感触一旦被反思——反思将所有他者以及他者的感触纳入考虑——所转化，便是向'可交流性'开放的"②。我们认为，在这样谈论审美判断时，康德当然并没有意识到他提供了一种政治哲学的思考方式。

即使我们认为阿伦特过度解读了康德的相关学说，我们仍然可以说，康德的审美判断力学说至少可以导向政治领域。对于康德而言，审美属于文明教养的领域，其目的也在于提升我们理性的公共使用，也提供一种道德外观。而走向人类的总体道德化，正是康德的所有实践哲学（包括政治哲学在内）的最终归宿，所以，审美活动作为文明教养的一部分，就是人类迈向总体道德化的一个阶段。

阿伦特如此明确地揭示了判断力的政治本性："一种'被扩展了心智'是判断力之正确的必要条件；一个人的'共同体感觉'让他有可能扩展自己

---

① 康德著，李秋零主编：《康德著作全集》第7卷，中国人民大学出版社2008年版，第122页。

② 汉娜·阿伦特：《康德政治哲学讲稿》，曹明、苏婉儿译，罗纳德·贝纳尔编，上海人民出版社2013年版，第30页。

的心智。消极地说，这意味着一个人可以从他的私人化的条件以及境况中抽离出来，就判断而言，这些私人化的条件和境况限制和妨碍了判断力的发挥。私人化的条件局限着我们；想象和反思让我们能够把自己从这些条件中解放出来从而达到相对的'不偏不倚'，而'不偏不倚'正是判断所独具的德性（virtue）。某人的品位越少个别性和特异性，就越好与人交流；试金石依旧是'可交流性'。"① 显然，运用判断力进行思索，就意味着一般化，也就是说，判断力能在特殊中发现普遍物。"借助于与判断的关系，思索本身就有了政治相关性。通过松动普遍物对特殊物的桎梏，思索，释放了判断力的政治潜能，这种潜能内在于判断力按照事物是其所是的样子来感知事物的能力——也即，按照事物显现出来的现象来感知事物的能力——之中。"②这样，我们通过自己的思考，把自己的判断与他人可能的判断而不是他们实际的判断进行比较，把我们摆到任何一个可能的他者的位置上，从而能形成与他人共享的价值观念。从这个意义上说，运用反思性的判断力也就是在训练人们对自己的理性的公共使用。

2. 自由在政治启蒙中的意义。政治有一个十分重要的任务，即通过某种政治安排，使得人们的理性能够得到自主的、公开的使用。这就是说，要使人们逐渐摆脱那种不经别人指导就不能运用自己的理性的被动状态，也就是需要启蒙。但是，现实政治中，有些统治者为了便于统治，总是使被统治者不能自我思想，处于不经他们的指导便不能使用自己的理智的状态，而被统治者也可能会依赖他人的指导而不敢或不愿使用其理性，所以，启蒙的根本任务就是使人们敢于公开地使用自己的理性。但是，对于个人而言，进行启蒙是没有把握的。因为启蒙是一种新的思维方式的形成，这对习惯于各种成见的个人来说，是难以仅仅通过自己而获得的。

---

① 汉娜·阿伦特：《康德政治哲学讲稿》，曹明、苏婉儿译，罗纳德·贝纳尔编，上海人民出版社 2013 年版，第 110 页。

② 汉娜·阿伦特：《康德政治哲学讲稿》，曹明、苏婉儿译，罗纳德·贝纳尔编，上海人民出版社 2013 年版，第 164 页。

　　然而，"公众给自己启蒙，这更为可能；甚至，只要让公众有自由，这几乎是不可避免的。"① 换句话说，只要政府给公众以自由，则人们在不断独立试错的过程中，总能出现一些能够自己思考的人，甚至在统治者内部也能出现这样的人，于是，他们会把尊重每个人的独特价值和独立思考的能力传播给周围的人，从而使公众逐渐理解到这一点，并且努力练习自己独立思考的能力。所以，在启蒙中，最为重要的就是"在一切事物中公开地运用自己的理性的自由"②。

　　康德认为，为了人类的利益，为了人们能够形成独立思考的能力，并且发展自己的理性能力，从而能够展现自己的道德素质，对政府的最基本要求就是给公众以自由。但对独立使用自己理性的自由的方式，康德区分为两类：一是理性的私人运用，一是理性的公共运用。前者是可以加以政治性的限制的，但是不能对后者加以限制。所谓"理性的私人运用"，是指我们在行使自己在国家中的职责时所使用的理性，如牧师在行使自己的职责时，就不能对信众宣讲自己对于宗教教义的异议，纳税人也不能对国家规定的税额拒不缴纳，这种理性的私人运用是需要加以限制的；但是，当他们作为一个学者面向公众演讲或发表自己的理论见解时，则可以对宗教教义和规定的税额发表自己的意见。因为在公共场合，人们发表自己的意见，是面对着所有人的理性的，其意见会受到公众的审核和公开的批评，从而造成一种对事物本身的意见的交流、修正、融合，这也是在政治领域中形成共享理解，使大家获得一种"扩展了的心智"的有效途径。

　　这样的局面，对政府存在的目的来说也是可欲的。因为这样的公众的理性交流、校正、融合，能够塑造公众对普遍物的感觉和理解，能够塑造他们的新的性情，他们能够逐渐变得有行动的自由，"并最终也甚至影响政府的

---

　　① 康德著，李秋零主编：《康德著作全集》第8卷，中国人民大学出版社2010年版，第41页。

　　② 康德著，李秋零主编：《康德著作全集》第8卷，中国人民大学出版社2010年版，第41页。

原理，政府发现，按照如今不只是机器的人的尊严来对待人，对政府自己是有益的。"①

3. 自由和法的关系：政府的结构原理。对康德而言，他当然了解人类历史中所出现的各种政体，但是，他并没有去分析这种种政体，而是要探索政治的本质及其使命。政治当然是形成一种统治与被统治的关系。然而，这种政治关系应该如何建构，却需要建立一些具体的政治原则来进行指导。

在哲学上，康德认为，道德意志处于本体界，但是它要显现在现象中，即表现为人的行动。政治行动当然也是在现象中的。在这个领域中，我们首先看到，在人类历史上，开始时盛行的是自然因素的决定原则。由于人们的自然和社会方面的不同，比如自然智力和家庭的社会地位的不同，社会把人们分为不同的等级，并由此构成上层等级对下层等级的统治。这种政治结构和政治观念，从实质意义上说，还不能真正够得上政治哲学的理论水平，因为它们还不能以理性原则为指针，来思考政治的本真特点。从人作为有理性存在者来说，自然因素方面的差别，不能构成政治上不平等的等级制度的基础，相反，首先要对此加以忽略，而认识到只有理性才是我们最为本质的要素，是我们作为一个人的尊严和价值之所在，是目的本身，而不仅仅是达到其他目的的手段，这一点对所有人，甚至对所有有理性者都一样，也就是说，有理性者都是平等的。由此，康德的政治哲学获得了一个形而上学的基础。

从这个形而上学基础出发，康德可以分析出政治结构的三个中枢：即自由、法律和强制力。强调自由，是因为每个人都是平等的理性存在者，他们会有对自己的欲求目标的任性追求；强调法律，是因为这种任性自由必须受到限制，否则社会共同体就难以建立和维持。同时，为了使法律产生实际效果，就必须有使法律能够得到执行的暴力机构，它就是把那两个中枢联结起

---

① 康德著，李秋零主编：《康德著作全集》第8卷，中国人民大学出版社2010年版，第46页。

来的中介，即"使这些原则产生结果的强制力"①。把这三个要素加以组合，就获得了以下四种政治形式：

A. 没有强制力的法律和自由（无政府主义）；

B. 没有自由的法律和强制力（专制主义）；

C. 没有自由和法律的强制力（野蛮状态）；

D. 有自由和法律的强制力（共和国）。②

这四种政治形式在历史上都出现过。从政治形式发展的内在逻辑而言，起初是野蛮状态，在这种状态下，是不知有自由和法律的，但也有暴力强制，主要表现为个人之间的对抗与强制，即"争于气力"；成立了政府，制定了法律，也拥有国家强制力，却没有自由，这就是专制主义；而如果恐惧于没有自由的法律和强制力，就会出现一种不要强制力的对法律和自由的诉求，这就是无政府主义思潮。这三种政治形式，都没有真正体现政治的本质。历史必将发展到对自由和法律的实质要求，这就是以强制力来实现自由的要求和法律的普遍约束效力，这种政制"理应被称为真正的公民宪政"③。它的原则不应该是"共同体的感性之福"，即公民们的幸福，而应该是"理智之福"④。因为感性之福是按照私人偏好而被定义的，根本不适合成为一个要求普遍性的客观原理。可以说，只有那种具有能够保卫自由和法律的强制力的共和国，才是我们真正的公共利益，才是理智之福，才能成为那种具有普遍性的客观原理。而采用这种政制，这就意味着进入了公民法治状态，这也是公民们发展并运用自己的理性能力的外部制度设置。

---

① 参见康德著，李秋零主编：《康德著作全集》第7卷，中国人民大学出版社2008年版，第326页。

② 康德著，李秋零主编：《康德著作全集》第7卷，中国人民大学出版社2008年版，第326页。

③ 康德著，李秋零主编：《康德著作全集》第7卷，中国人民大学出版社2008年版，第326页。

④ 康德著，李秋零主编：《康德著作全集》第7卷，中国人民大学出版社2008年版，第326页。

三、 法治：社会治理的外部秩序和道德要求的外在实现

康德对人类历史的起源和目的的揣测以及对政治的本质和使命的揭示，都指向人类应该进入公民状态（这实际上还是一种义务），即法治状态。在康德那里，道德是内在的动机和德性，只有通过自律才能被证实。但是，人们的社会治理却是要处理人与人之间的外在行为关系，即要处理依法治理社会的问题，也就是要建立社会的外部秩序，要把人这个类"作为一个有系统的（按照理性原则安排的）、对于社会来说恰如其分的整体来治理"①。

康德说："在人类中人为地把善的禀赋提高为其规定性的最终目的，其最高程度就是一种公民宪政。"② 人类的善的禀赋就是追求道德的完善，亦即能够完全以理性法则来规定自己的意志，这就是人性的最高规定性。在现实中，我们所能达到的最高状态就是一种公民状态，而所谓公民状态就是一种法治状态。在法治状态下，人们由市民转化成了公民，使得人们能够运用自己本质中的道德性素质，即"按照法则之下的自由原则来对待自己和别人。"③ 不用说，在这个状态下，人们必须把他人视为与自己同样有着人格尊严的理性存在者，在这个意义上说，人与人之间是平等的。这也意味着，人能认识到理性法则。如果说，在道德领域中，个人要把道德法则作为直接规定自己意志的根据，能够这样做的意志力量就是内在德性的话，那么，在法理学范围里，理性法则即普遍法律却需要由社会的公共强制机构来执行，对人们的外在行为加以普遍的约束，而不管其是否有内在德性。

在法理学领域中，法权是其核心问题。因为法律的功能在于对人们的外

---

① 康德著，李秋零主编：《康德著作全集》第 7 卷，中国人民大学出版社 2008 年版，第 317 页。

② 康德著，李秋零主编：《康德著作全集》第 7 卷，中国人民大学出版社 2008 年版，第 322 页。

③ 康德著，李秋零主编：《康德著作全集》第 7 卷，中国人民大学出版社 2008 年版，第 317 页。

在行为进行普遍约束，所以，它必须获得一些最基本的形而上学前提。这个前提就是"人格"和"法权"。人格在道德哲学上说，是处于本体界的，存在于先验领域之中，所以，它在法理学中就成为前提。这表明了法理学与道德哲学的同根性。于是，法权只有在现实的人格与人格之间的关系中才能得到彰显。也就是说，法权"只涉及一个人格对另一个人格的外在的、确切地说实践的关系，如果他们的行动作为行为能够（直接地或间接地）相互影响的话"①。在这里，法权也只是一种抽象的、形式性的东西，而不针对任何具体的愿望和欲望内容。从最抽象的层面看，法权就是人们不加限制地追求自己偏好的任性行为之间的关系，当然首先就只能顾及这种任性的形式，而不管它的任何质料。于是，康德说："法权是一个人的任性能在其下按照一个普遍的自由法则与另一方的任性保持一致的那些条件的总和。"②

通过法权理论，康德使得政治自由进一步明确化了。法权概念是一个先天的理性概念，并没有任何经验的根源，而普遍的自由法则则显然是由对理性法则进行表象而来的道德法则，并且假定了人格与人格之间的相互关系。法权所要处理的当然是以下情况：法权的目的是使人们彼此的任性自由能够并存于一种法治的社会系统中，使之脱离开漫无边际、无休无止的相互冲突状态，所以，人们的任性自由都应该受到法则的限制，这样社会系统才能保持一种外部秩序。因此，"理性把这说成是一个根本无法进一步证明的公设。只要意图不是教人德性，而是仅仅阐明什么是正当的，那么，人们甚至不可以也不应当把那个法权法则表现为行动的动机。"③ 也就是说，法权是行为的外在关系的一种条件，大家的任性都能一致表达的条件就是法权，它与人们是否有道德性的动机无关。

---

① 康德著，李秋零主编：《康德著作全集》第 6 卷，中国人民大学出版社 2007 年版，第 238 页。

② 康德著，李秋零主编：《康德著作全集》第 6 卷，中国人民大学出版社 2007 年版，第 238 页。

③ 康德著，李秋零主编：《康德著作全集》第 6 卷，中国人民大学出版社 2007 年版，第 239 页。

社会秩序的根本前提就是，在社会生活中，在人群的交往中，"在其中要能够维护每个人他自己的东西（sum cuique tribue）。"① 但这个公式的意思并不是给每个人他自己的东西，这是因为：已经是一个人的东西怎么能再给他？这句话的确切意思应该是："进入一种状态，在其中能够针对每一个他人来保证每个人他自己的东西（Lex iustitiae［正义的法则］）。"② 这就是法权。

人固有的法权只有一种，就是自由。这是凭着我们的人性应该具有的法权。因为每个人都先天地具有做自己主人的品质。这种法权，就是人们的任性根据自由法则可以并存的条件。其他的法权都是从这种自由中演化出来的，包括对财产的所有权。

但是，法权都是与强制联系在一起的。没有强制，我们的自由就可能相互冲突，以至于无法并存于一个共同体中，并使社会生活陷入混乱。就人的特点而言，人是一个需要主人的动物，但同时这个主人也仍然需要主人，从而使得最高的裁判权似乎无法得到落实。但是，这也告诉我们，如果人们想保有自己的自由，同时又想使社会生活维持一种秩序的外观，那么，就只有公共的、对所有人都有普遍的约束力的法律才是人们的真正主人。在人们那里，任性的自由会相互冲突，如果侵害对方的同等自由，就是不正当的。不正当的行为就是对根据普遍法则的自由的一种障碍，这样就又需要一种对这种障碍的阻碍，这就是正当的，此即"与法权相联结的同时有一种强制损害法权者的权限"③。而保障法权的法律就是这种强制性的系统体现者。由此才能有"我的""你的"的合法占有。

法权本质上是一种对对象的理智占有，然后才能有对事物的经验占有，

---

① 康德著，李秋零主编：《康德著作全集》第 6 卷，中国人民大学出版社 2007 年版，第245 页。

② 康德著，李秋零主编：《康德著作全集》第 6 卷，中国人民大学出版社 2007 年版，第245 页。

③ 康德著，李秋零主编：《康德著作全集》第 6 卷，中国人民大学出版社 2007 年版，第239 页。

而且别人不得侵害。而把外在事物作为自己的东西来稳定地占有，甚至此物不在我跟前也可以为我所占有，这才是真正的理智占有，而这一点"惟有在一种法权状态中、在一种公共立法的强制权之下，亦即在公民状态中，才是可能的"①。对于人们而言，实践理性是这么一种公设，即按照它们的推论，经验上的事物能被占有，而不会被毁灭。比如，每个人都可以对外在物品取得占有权（这是因为我们都是具有实践理性的人格），但只有在一个公共法律的状态（它有强制执行的合法暴力作后盾）下，人们才能对某些东西排他性地占有，其他人如果再去现实地去占有它，即是侵害，即是违法。在这里，法权所处理的虽然是个人东西的正当合法的占有，但其背后却是对理性人格的平等尊重。

如果说，道德原则也要体现在人们利益交往的过程中，也要体现在具体行为中，即现象界中，那么，它所要求的就是我们的行为动机要自主地以道德法则来作为规定自己意志的根据，体现为一种内在的意志品质。但是，道德法则与法律原则的要求是一致的，只是法律原则只针对人们的外在行为，只要不违背法律要求，哪怕是他内心很想侵害对方，但只要没有诉诸现实行为，就是不受追究的，就是合法的。法治与道德化的关系就是：法律只能确保每个人作为有理性者的人格尊严不受外在的侵犯，比如贬人为奴、歧视，蓄意把对方当作达到自己目的的工具等等；同时对人们的外在行为进行普遍的、一视同仁的法律约束和引导，对侵犯他人基本法权的行为进行正义的惩罚。如此，法治就能以法律强制力来使得社会保持一种符合道德秩序的外观，使得人们对这种法治安排能够抱有一种理性的预期，从而引导大家在法律的框架中行事，并且相互交往、相互作用、相互影响。在法治状态下，人们一方面具有一种相互性，即对人们的道德人格平等的外在保护，并要求人们相互平等对待；同时，人们能够在相互交换的过程中，在一套公共规则的

---

① 康德著，李秋零主编：《康德著作全集》第6卷，中国人民大学出版社2007年版，第263页。

制约下彼此交换效用，获得彼此利益的增进。在这种法治状态下生活，人们将能够逐渐形成对法律规范和法治精神的信仰和坚守。从这个意义上说，法治和一套普遍的法律规范和程序的存在和有效运用，就是绝大的公共利益。公民状态的人，就是那种能够追求这种"理智之福"，而不是只知道去追求个人的感性幸福的人。

对康德而言，如果说文明教养是迈向人类整体道德化的一个阶梯的话，那么，法治状态与道德化的关系就是外在和内在的关系。对道德化而言，只需要把尊重和保护法权作为自己的准则，也就是要把外在的法律约束转化为内在的道德自律。所以，法治与道德化的价值原则是一致的，只是其约束力一为外在，一为内在，即外在的法律是针对现象界的日常行为的，而内在的道德法则则是针对人们内在的意志品质的。所以，法治环境能够给人们的行为一种外在刚性制度的约束，从而使人们的行为时时面对着这些普遍规则，违法行为必然受到惩罚，这样，人们就能在心灵中认识到这些法律规则的存在，并认识到它们与自己息息相关，同时，这些法律规则又是从具有平等的人格尊严的人们应该如何相互对待中推演出来的，所以是理性的法则，就其与意志的关系而言，就是道德法则。于是，在法治状态中，人们就是在外在地与道德法则打交道，虽然道德法则借助于国家权威而获得对外在行为的约束力，在这时，它并不试图改变人的内心，教人以德性。从社会群体生活而言，法律是对自由的障碍的一种阻碍，具有正规的强制力。只要不违背法律，个人追求自己的幸福的内容和方式都是个人自主、自由的范围。这样一来，一方面有法律的强制性，另一方面又保障了个人的自由，从而保障了个人生活选项的多样化。于是，康德把能够按照外在的法律规范行事的习惯看作是作为现象的德性，而把能以道德法则作为直接规定自己的意志的根据的意志力量称为作为本体的德性。从这一点可以充分看出，他是把作为现象的德性看作作为本体的德性的外在显现。

康德的相关学说实际上表明：法治有着重要的道德后果。第一，如果说，道德教化的根本目的在于一种思维方式的建立，而不仅仅是某种情感、欲望品质的塑造的话，那么法律本身就是普遍的、理性的、不带情感的，所以，法律思维方式就是一种理性的思维方式，虽然其规范是针对外在行为的，并不着眼于使之成为人们的主观准则，但是，人们树立了法治思维，就是运用了理性思维方式；第二，遵守法律的行为，至少从外观上看与基于正义德性的行为是相同的，因为正义德性就是遵照正义法则（权利与义务严格对应）而行动的内在品质。当然，从道德哲学上说，还需要追求那些超出正义原则的分外德性，如基于仁爱的德性的行为，"某人按照义务所做的多于遵照法则能够迫使他做的，就是有功德的"①，即超出仅仅遵守法律的行为，这实际上是把基于正义的德性进一步扩展的结果，即能够履行把他人的合理目的纳入自己的目的中来的仁爱德性义务的品质，仁爱也是一种义务，对我们也有约束力，虽然并不是完全的约束力，因为它要求我们对那些处于困境中的人予以实际的帮助而促进其幸福，而对实施帮助的数量和程度不能作硬性要求。第三，这样的思维方式建立了之后，并且不断地按此而行动，是有望能够达到把法律规范作为自己的主观准则的地步，也即成为有内在德性的。也正因为如此，《法权的形而上学的初始根据》是《道德形而上学》的第一部分。

所以，与文明教养相比，进入到公民状态，建立法治环境，树立法治思维，是人类趋向道德化的更为实质的进步。我觉得，这是康德对于法治的合理性的最高也是最有力的辩护。

第三节　共同的好生活：康德政治哲学的经验性目的

康德并没有写一部专门的政治哲学著作，但是他一直关注政治问题。

---

① 康德著，李秋零主编：《康德著作全集》第6卷，中国人民大学出版社2007年版，第235页。

1780 年以后写了不少政治哲学论文，并且在各种重要著作中都有政治的寓意。在其著名的三大批判中，理论理性（知性）以其先天范畴整理感性对象以求真，实践理性自我立法，规定其意志的主观准则以得善，对对象的外观进行无目的的合目的性的观照以审美，但有还有一个现象的领域即人类历史——现实的此世政治活动没有得到研究。他在思考政治哲学的基本问题时，首先给出政治哲学的形而上学基础，即法权的形而上学，特别是对法治的政治意义给予了最高揭示，对这些方面，我们已经在本章第一、二节做了详细阐述。本节我们主要对经验世界中的日常政治行为进行考察，主要聚焦于日常政治活动的意义和价值追求，即创造一种共同的好生活，它关注的是人生存于世的价值创造。

对人的现实生存意义的追问，让康德的政治之思归向这样一种事实，并发现人当下的深层需要：在本源上人就是与他人在一起共存，是相互依赖的，必须创造出可交流的即可共享的价值、品位、观念、共识等等，人们在一个现实的共同体中通过相互交流而实现自然禀赋的发展，获得扩展了的心智，并朝最终实现自然的最高目的即人类作为一个总体的道德化而不断进步。每个在现实中生存的人都参与了这种创造价值的过程，这才是人类生存于世的本真意义和价值，由此，人们才能在共同体中安若家居。在现实的政治领域中，尤其要关注现实的个体的特殊性，使其价值不被普遍物所吞没，"特殊物有自身的尊严，没有普遍物或一般物能从特殊物那儿剥夺这种尊严。"[1] 政治哲学就是以一种旁观者的身份（从具体的政治活动中抽身出来），来观察历史——现实中的政治场景及其发展是如何让个体创造出其生存价值的，彰显出人的尊严，从而使个体不枉度此生。

一、 对人类生存意义的追问

---

[1] 汉娜·阿伦特：《康德政治哲学讲稿》，曹明、苏婉儿译，罗纳德·贝纳尔编，上海人民出版社 2013 年版，第 218 页。

　　追求人类生存的意义，在康德那里，是通过推测大自然的意旨或目的来进行的。显然，唯有人才能进行这种追问，而且我们也以这种追问者的身份而属于大自然。人具有各种自然禀赋，大致有两类，即本能和理性，它们作为自然赋予我们的官能，必定都有其目的。他认为，自然赋予我们以本能是为了使我们能够追求幸福，本能既以幸福为目的，同时也是追求幸福的良好手段；自然赋予人以理性是为了追求道德。在理性的规导下，我们应该把善良意志作为追求幸福的条件。我们被赋予理性，不是为了追求幸福，而是为了追求道德，即为了追求配享幸福的资格，这样的看法与自然的智慧才是一致的。于是，理性的功用就是要达到一种无条件的前提，以此来限制各种有条件的目标，比如幸福就是这类有条件的目标。换句话说，理性的目的就是让我们认识到自己作为理性存在者的绝对自发性和自主性，也就是一种本体层次的自由，即作为我们行为的无条件的自由因果性。

　　显然，如果我们生存的目的只是幸福，那么，我们的行为就只能受到自然因果的机械性制约，从而就没有自由可言，这样人就没有任何自己的造诣和成就，我们就无法自己造就自己，这样的观点就是在关于人生问题上的机械论和宿命论，人就只有被动性和被决定性，而没有自发、自主、自由。他说："如果一种价值仅仅按照人们享受什么（按照一切偏好之总和的自然目的，即幸福）来估量，则生活对于我们具有一种什么样的价值，就容易作出裁定了。这种价值将降至零下；因为谁会愿意在同样的条件下，或者即便按照一个新的、自己构想的（毕竟是按照自然进程的）、但也仅仅是建立在享受之上的计划，再次涉足生活呢？"① 这就是说，如果我们只是受到自然因果必然性的制约而被动地生活，那么，即使我们可以按照对幸福的追求而重新选择，那么我们也只能是再次屈从于自然因果性，因而生活也只能是机械性的重复而已，这样的生活，谁也不愿意活第二次，因为它的价值低于零，

① 康德著，李秋零主编：《康德著作全集》第5卷，中国人民大学出版社2007年版，第452页。

即低于没有生活过。

于是，对于在现实中生存的人们来说，自由地创造生命的价值至关重要。每个人的生命都只有一次，这是一种实实在在的特殊性，而且是那在本体界的人格的承载者，具有其不可让渡的尊严。然而，单靠个体自身是无法创造自己生命的价值的，只有社会性生活才能做到这一点。政治的使命就是要在社会性生活中造成人们心智的扩展，促进人的自然禀赋的全面发展，并在人类总体道德化的理念的范导下，不断追求文明化。

二、 政治生活的本源现象： 在一起（being together）

力图从康德的判断力理论中重构康德政治哲学的汉娜·阿伦特认为，虽然权力、统治、利益等是重要的，甚至是核心的政治概念，但它们并非是根本的政治概念。从政治的根本意义上说，政治学说"处理的是'在一起'（being together）的一种形式（即共享的判断、品位的共同体），其中没有谁是在统治，也没有谁是在服从"，或者说，政治的核心概念"源自于'生活在一起'（the living together）——这种'生活在一起'本身出自一个完全不同的来源（同伴——行动）"①。阿伦特对康德政治哲学的基础背景的观察是敏锐的，"在一起"确实是康德所认为的人类生存的内在必然性，因为只要是人，就都是已经同他人生活在一起了，不生活于社会中的人，是不能获得人性的。这个观察实际上还包括以下情形：人们"在一起"并不会自然而然就都致力于获得可分享的判断、品位，在历史——现实的舞台上，充满着冲突、尔虞我诈、无用的虚荣，甚至残酷的战争，这是由于人们的任性自由的特异性表达，不可能自然而然地达到一致性或协调，即使大家都心存善念，人们也必定追求得不同、表达得不同，必定会相互冲突。在康德看来，观察一下历史和现实中的政治场景，我们发现充满着种种冲突。实际上，不

---

① 汉娜·阿伦特：《康德政治哲学讲稿》，曹明、苏婉儿译，罗纳德·贝纳尔编，上海人民出版社2013年版，第203—204页。

"在一起"，就不会有冲突。同时，我们看到，有史以来，人类虽然有着许多严酷的冲突甚至发生过种族灭绝的罪恶，但是人类的社会性联系终究没有完全破裂，而是得到了越来越大的发展。从这个意义上说，一方面，人们有着朝向社会性的冲动，我们是命定为社会而生的存在者；但另一方面，我们又有破坏社会性而表达自己特异性的倾向，从而可以把我们的生存本性名之为"非社会的社会性"。康德既充分地说明了"在一起"是人类生存的本源特征，同时也说明了人们有冲破社会性联结的倾向，但是康德并不是完全消极地看待这种非社会的倾向，而是从一个旁观者的角度，认为这种非社会的对抗性有助于人们的社会性的真正发展，倒是那种没有对抗性的社会联结反而是阻止人们自然禀赋发展和文明化进步的障碍。康德说："在一种田园牧歌式的生活中，尽管有完全的和睦一致、心满意足和相互友爱，一切才能却会永远隐藏在其胚芽里面：人们温驯得犹如自己放牧的绵羊，很难会为自己的存在赢得一种比其家畜的存在更大的价值；他们不会作为有理性的自然去填补创造就其目的而言的空白。"① 所以，"在一起"，必须是社会性和非社会性的结合。单纯的完全一致、友爱的社会结合是一种其自然禀赋停止发展、没有任何自由创造的社会状态，在这种状态中，"人性中的一切优秀的自然禀赋将会永远沉睡"②。在这样的社会中，人们的生命也是没有意义和价值的。康德认为，人的非社会性的倾向反而会成为社会性进一步发展的内在动力。自然制造不和，即人想舒适，却又赋予人以求名欲、统治欲和占有欲，总是想胜过别人，所以人又必须投身于工作和辛劳之中以获得对别人的优势，甚至采用阴谋算计，使别人臣服于自己，等等，别人也会以同样的态度来对抗我们，于是，大家在这种竞赛和斗争中，其自然禀赋都得到了发展，人们就能够获得达成多种全新目的的手段和能力，这样社会文明就得到了发

---

① 康德著，李秋零主编：《康德著作全集》第 8 卷，中国人民大学出版社 2010 年版，第 28 页。

② 康德著，李秋零主编：《康德著作全集》第 8 卷，中国人民大学出版社 2010 年版，第 28 页。

展。不和，本身并不一件好事情，却是自然的大智慧，因为通过不和，却达到了文明发展的结果。

但康德认为社会性是人的本质，因而建立文明状态的社会性是政治的首要任务，正是社会性能实现人们"在一起"的客观的生存需求。康德对人的社会性的思考是彻底的。他从人的生存的基本背景来说明人是必然要共同存在的，并从人们必然会对自己的任性对象进行占有这一先天理性公设来理解这一点。要理解人们在现实生活中的占有现象，就必须假定人类的一种源始的共同占有，因为只有根据这原则，人们才能形成法权，并依照法权而现实地占有。就是说，没有源始的共同占有，就不能产生现实中的法权占有。但要理解源始的共同占有，就必须以人类共同生存的地理事实为根据："所有人都源始地（就是说，在任性的一切法权行为之前）处于对土地的合乎法权的占有之中，也就是说，他们有权处于自然或者偶然（无须他们的意志）把他们置于的地方。这种与作为一种随意的，因而是获得的、持续的占有的那种驻地（sedes）不同的占有（possessio），是因为作为球面的地球表面的一切场所的统一性而有的一种共同的占有；因为如果地球表面是一个无边无际的平面，人们就可能在上面如此走散，以至于他们根本就无法进入任何彼此之间的共联性，因而这种共联性就不会是他们在世上存在的一个必然后果。"① 因为地球是圆的，所以人类不能沿着地球表面无限地散开，我们的活动范围必定被局限在地球表面这一有限的曲面上，地球上的土地就是为人们所源始地共同占有的，这是我们"在一起"的源始事实。也正是因为这种事实（这是一种非经验的，先天地包含原则的实践理性概念），我们人类在历史的舞台上演出了种种"在一起"的威武雄壮的活剧。

康德认为，社会性是人们能够获得人性的关键。人有一种使自己社会化的偏好，因为他在这样一种状态中更多地感到自己是人，也就是说，感到自

---

① 康德著，李秋零主编：《康德著作全集》第 6 卷，中国人民大学出版社 2007 年版，第 271 页。

己的自然禀赋的发展。康德认为，真正超出动物的是理性发展的这么一步："他（尽管只是模糊地）认识到，他真正说来是自然的目的，而且没有任何生活在地上的东西能够在这方面成为他的竞争者。"① 也就是说，社会性的根本，就是认识到人是大自然的目的，其他生物则没有这种地位，它们都处于我们的工具地位上。但对其他的任何人，则不能有这样的工具意识，而是要把他人视为与我们一样的自然的目的。所以，当我们认识到我们不能把工具意识投到与我们一样的其他所有人身上时，我们理性的先天法则就对我们的意志加以了限制，从而不把任何他人仅仅视作工具，而是要同时视作目的。这种平等权利意识、尊重他人与自己同样的人格尊严的意识的获得，就是人类的最可贵的进步，对于在人们之中建立社会性来说，好感和爱等的价值不可与之同日而语。

社会性是人的生存发展的基础条件。人们不仅在物质生活方面需要相互依赖，比如共同生产、分工合作、交易、财富分配等等，都是在社会中进行的，只有通过分工合作，人们的生产能力才能得到提高，社会财富才能得到增进；同时，我们的精神才智的发展也需要相互依赖，我们需要与伙伴们在思想、价值观念、品位等方面进行交流，达成可以分享的经验、判断、价值观和鉴赏品位等等，达到相互理解，只有这样，我们才能扩大我们的自我，获得扩展了的心智。而政治就应该致力促使我们在一起生活得更好。

所以，康德对政治问题的思考始于人们"在一起"的客观需求，它与霍布斯、洛克、卢梭等人的"自然状态"概念有相当大的不同，表现在以下几点上：1."在一起"是人类生存的特征，不是一个假设的状态，而是人类生存的客观事实。但这种特征与其他动物的群居生活大不一样，这主要是因为人被赋予了理性，所以人能不断发展自己、创造出超出自然的自由的产品，比如物质财富、文明礼仪、精神文化产品等等。2."在一起"的方式是历史

---

① 康德著，李秋零主编：《康德著作全集》第 8 卷，中国人民大学出版社 2010 年版，第 116 页。

性地进步着的，其核心就是人际关系结构。其中最为关键的进步就是人们彼此能够认识到对方与自己一样是自然的目的，从而能够相互尊重对方的人格，这就是理性的一种先天法则意识的觉醒，为人类进入到普遍的公民法治状态提供了前提条件。3. "在一起"是促进成长、创造生命意义的存在结构。因为人被大自然赋予了各种自然禀赋，它们只有在与他人共在中才能得到发展，一人独处，连要发展这些禀赋的意愿都不会有。在康德看来，如果我们只是追求生活如意等幸福的事项，那么我们的生活就沦为一般动物的生活；同样，如果我们不建立社会，则我们不会有创造生命的价值的动力，这样的生活同样不值得过。4. 为了能够给"在一起"的生活创造价值和意义，就需要顺应人类的"非社会的社会性"的本性倾向，既要让人们能够得到最大的自由，并在相互竞争中发展人类的禀赋，又要把人类的这种争胜心和竞争行为约束在一种社会共同体的框架之中，使之不致瓦解，这就要求为人类的社会联结和冲突着的自由表达提供一个前提性的、能把大家的自由表达约束在能够并存范围内的普遍法则和正规的公共强制权力，这就是公民的法治状态或公民宪制。因为政治的领域是人们在现象界的日常生活行为，它是人的本性的显象表达领域，它不能追求绝对，而只能追求不断进步，这就是在为人们的生活创造价值。康德认为，人类的生活意义显然不只是在于取得物质财富上的进步，而更在于向道德化的无限逼近中的进步，即在各种精神形态比如人类交往中共享的价值、鉴赏品位、文明礼仪等上获得某种普遍性（一般性），就是向获得纯粹普遍的道德思维方式不断逼近的进步。可以说，这是康德政治伦理思想的最主要关怀。

三、 政治的使命： 造就扩展的心智

康德的政治关怀是把政治看作一种把人群结合起来的艺术，以求得人类的理智、鉴赏、欲求品质等方面的进步和提升。因为在他看来，人类的进步靠个人自身的努力是无法达到的，必须靠大家的物质生产的交往、精神价值

的交流才能造成一种可以期待的进步。也就是说，康德把政治看作是一种对集体行动的逻辑的把握和利用。这就是，要努力营构一个公民的法治状态，它是公民们各种自然禀赋如才能和技能、鉴赏等发展的一种环境条件，也只有在这种状态中，公民们的自然禀赋才能得到安全的发展，而不致相互抵消甚至毁灭。

第一，他指出，人们开始都是秉持自我主义的，都不能超越自己那种"可爱的自我"。他认为，人们在逻辑上、审美上、道德上都是如此："逻辑的自我主义者认为没有必要按照别人的知性来检验自己的判断；就好像它根本不需要这个试金石（criterium veritatis externum［真理的外在标准］）似的。"① 所以，要走出逻辑的自我主义，出版自由就十分重要，因为这是"一个检验我们自己的判断之正确性的重大手段"②。即使是数学这样的公认的正确理论，也是需要他人的质疑和批评的。一个数学家的判断，也必须与长期从事这个专业的人士的判断普遍吻合，否则就不能"免除在某个地方陷入错误的忧虑"③。这就表明，如果一个人在逻辑上固执己见，陷入独断，那么，他就是拒绝把自己的知性判断放到他人的评判之下而得到检验或修正，就可能陷入错误而不自知，失去了修正和扩展自己的见解的机会。每个人都有自己的见解，我们首先要反思这种见解的基础，出于自己的真诚思考的，就需要坚持，并把自己的见解置于与他人交流之中，才能得到有效的维护或修正；"审美的自我主义者是这样的人，对他来说他自己的鉴赏就够了。"④ 他坚信他自认为美的东西就是美的，而可以不管别人的看法，这样，

---

① 康德著，李秋零主编：《康德著作全集》第 7 卷，中国人民大学出版社 2008 年版，第 120—121 页。

② 康德著，李秋零主编：《康德著作全集》第 7 卷，中国人民大学出版社 2008 年版，第 121 页。

③ 康德著，李秋零主编：《康德著作全集》第 7 卷，中国人民大学出版社 2008 年版，第 121 页。

④ 康德著，李秋零主编：《康德著作全集》第 7 卷，中国人民大学出版社 2008 年版，第 122 页。

他就将自己的判断孤立起来了。而实际上，自己的鉴赏也是需要与他人的鉴赏取得一致的，使之具有普遍的可传达性和可交流性，只有在相互传达、交流的过程中，我们的鉴赏力才能得到提高。所以，拒绝交流，就是拒绝使自己的鉴赏判断获得某种普遍性，就是拒绝向更好进步；"道德上的自我主义者是这样的人，他把一切目的都局限在自身，他仅在对他有用的东西上看到用处，也许还作为幸福主义者仅仅在用处和自己的幸福中，而不是在义务的表象中确立自己意志的最高规定根据。"① 由于幸福是指一切偏好的总和，所以，幸福的事项都是感性的、个别性的，仅仅有个人性，所以，对幸福的追求所反映的仅仅是自己个人的主观目的。这样的人只从自己特定的幸福观念出发，而不能把真正的义务概念作为试金石来扩展自己的道德思维。要走出道德上的自我主义，就必须能够用普遍的义务表象来作为自己意志的最高规定根据，只有这样，我们才能把自己的幸福与他人的幸福一视同仁，并能抑制自己的个人目的，而把他人的幸福的目的也纳入我的目的之中，这才使得我们的道德立场变得更加普遍。在康德看来，如果一个人秉持这三种自我主义而无法超越，则其生活就只能是机械性的，仅仅局限在个别性的状态，而无法得到自由的发展，获得某种普遍性（一般性），即无法创造出生活的价值和意义。而普遍性的获得，就是我们的自然禀赋得到了发展和提升的结果。这就需要由政治活动来加以改变和促进，它指向人群的联合和普遍的法治状态的建立。

第二，在康德看来，进入一种普遍的公民法治状态，是我们的政治义务。国家面对着既具有理性和基于理性的意志，同时又具有按照自己的心意追求善的倾向的人们，一方面要保证大家最大的自由，另一方面必须建构一种普遍的法律规则，使人们进入一种普遍的公民法治状态。

在那种有自由有法律的强制力的国家，即公民的法治状态中，人们可以

---

① 康德著，李秋零主编：《康德著作全集》第7卷，中国人民大学出版社2008年版，第122页。

正当地、稳定地拥有自己应该拥有的东西。占有物品是一个人获得物质方面的幸福的基础，一种偶然的、不稳定的占有状态是难以获得其积极意义的，所以，国家必须首先要使人们能够获得稳定的占有，而不是生活在抢夺、疑惧、担忧的状态之中。可以说，政治国家提供的这种社会秩序使我们的生活避免沦于不安全、充满恐惧的处境之中，这就是政治国家的文明价值之一。康德虽然不懂得社会物质生产方式的内在矛盾运动才是推动历史发展的内在动力，但是他对物质财富并不抱有鄙视态度，而是承认财产权对人们日常生活的重要性，同时从消极意义上也说明了贫穷对于道德的败坏作用，从而主张政治国家有义务消除贫困。他主张，追求幸福是每个人自然而然拥有的目的，当然，追求自己的幸福并不是个人的义务，我们自然而然会去追求的东西就不是我们义务的对象。但是，从道德上说，我们应该把他人的目的纳入我们的目的之中，即要促进他人的幸福，这才是超出自我主义的普遍性义务，也是我们的德性义务，能够这样做，显然也是我们在共同体中过一种有意义生活的体现。在他看来，贫困就它会成为一个人违背道德法则、丧失人格的重大诱惑而言，是一种需要消除的恶；同时，正如墨菲所提出的，那些贫困的人，"（因为基本需求的匮乏，例如食物、衣服以及处所）被排除在实现人类独有之潜能的范围之外"[1]，更不用说发展其自然禀赋了，所以，他也把扶助贫困者看作是政府的政治义务，对此要加以政治制度安排。康德认为，国家应该"维持社会的那些不能维持自己的成员"[2]。为了达到这一点，不能仅仅靠某些个人的奉献、慈善捐献来做这件事，而是国家有权要求社会中的富人来提供资金，对公民的私人财产和交易行为征税，形成国家的解危纾困的资金积累，这就是一种客观的制度安排。

　　进一步，康德虽然没有真正认识到社会物质生产方式的发展对人类社会进步的决定性意义，但是他主张物质财富对人们的幸福而言具有基础性意

---

[1]　杰弗里·墨菲：《康德：权利哲学》，吴彦译，中国法制出版社 2010 年版，第 154 页。

[2]　康德著，李秋零主编：《康德著作全集》第 6 卷，中国人民大学出版社 2007 年版，第337 页。

义。因为幸福是每个人自然而然地会怀有的目的，实现这种目的，使自己的生活处于令自己满意的状态就是幸福。构成幸福的事项就是感性偏好追求的目的，包括物质财富，就可以是我们意志的对象，但个人追求自己的幸福并不是其义务，只有促进他人的幸福才是我们的义务，这实际上是说，政治道德就是政府要获得对所有人的幸福一视同仁的普遍性立场，负有促进所有人的幸福这一政治伦理义务。这并不是说政治伦理义务是由幸福的事项规定的，而是先天的理性法则落实为政治伦理义务，就必然指向对所有人的幸福事项的促进，否则义务就无法得到履行。虽然康德没有明确地这样说，但是，就康德的政治伦理思考方式而言，我认为可以作这样的推论。可以说，物质财富对于人们的生活意义的创造来说有着基础性的价值。当然，康德认为，人生价值和意义的创造主要在于自然禀赋的发展、交流的扩大、心智的扩展，一句话，精神境界的提升，这些也是政治国家要去提供条件或环境加以促进的。

第三，康德认为，促进人类心智的扩展，关键在启蒙。康德所处的时代是一个启蒙的时代，康德通过观察，准确把握了这个运动的精神方向，那就是勇敢地公开使用自己的理智。他拨开了人类的历史生活中的种种迷雾，如政治上的褓襁式的保护和人身依附、对上帝的迷狂的宗教体验、各种代替人们自我决断的权威的盛行等，认为它们的真正危害就在于遮蔽并阻碍了人们进行自主的思考和判断，使人们处于被监护的状态。康德对启蒙寄予很高的期望，即认为启蒙就是为人们创造共同生活的意义和价值提供基础条件。他认为，每个人都应该获得一个精神成长的根基，就是思维的自主性，即自主地、公开地使用自己的理智。"要有勇气使用你自己的理智！这就是启蒙的格言。"① 每一个人对周围世界都有自己的见解，但这些见解必须是通过自主思考得来的，或者是经过理性反思而确认的。而这正是我们进一步思考的

---

① 康德著，李秋零主编：《康德著作全集》第 8 卷，中国人民大学出版社 2010 年版，第 40 页。

前提和基础。我们必须摆脱依赖思想的代步车状态，即别人替你做判断的状态，因为这样一来，你的理智就没有得到自主的使用。由此，他提出了公开地使用自己的理智的三原则：1. 自己思考；2. 站在别人的立场上思考；3. 前后一致的思考。即要自主地思考，还要获得一种扩展了的立场，并且能够把自己的见解逻辑上一贯地推到一种最终的纯粹原则之上。

我们个人应该明白自己的理智使用的特异性，我们所持的见解都是站在自己的立场上，带有自己的独特的关切和视角，所以，必须把自己的理智的使用放在公共的环境中，接受来自他人的自主思考的质疑、检验，这就是作为一个学者向公众说话，并获得修正、扩展自己的理性判断的现实条件的凭借，没有这种凭借，则个人的判断就是自我主义的。康德认为，启蒙在个人中是难以实现的，但是在集体、共同体、公众中进行启蒙却是很容易的，只要保证人们有进行公共讨论的自由就可以了。

在政治领域，公民可以有两个身份，即一个是作为国家官员，一个是作为学者。作为国家官员时的理性使用就是理性的私人使用。国家设官分职是要求官员或从业者能表达国家的政治意志，这也是法治的基本要求，它要求服从。比如一个税务官不能因为对国家开征的税种或确定的税率有不同意见，就拒绝交税。这事关职业责任，他无权拒绝。然而，当他作为一个学者，他就是在公众面前发表自己的意见，并把自己的见解置于公众的质疑和检验之中，这就是理性的公共使用。他尽可能发挥自己的学识见解，同时也站在他人的立场上思考如何把自己的见解作公共的表达，他人也对这种见解进行公共讨论、批评、质疑，并为自己的观点进行合理辩护。这样就是大家在彼此扩展、修正自己的观点，使大家的智识都得到提升。更为重要的是，我们在公开发表自己的意见时，需要习得一种站在他人的立场上思考问题的能力，当然这并不是说放弃自己的观点而混同于他人的观点，而是能够设想他人的思考立场，尽可能地包容他人的观点，回应他人的质疑，从而能够扩展自己的心智。这是一种公共的立场，它超出了个人立场的狭隘性和主观性。

我们的见解为什么必须置于公众的审视之中？这主要是因为理性自身只能给出思维法则和理念，当它牵涉到对具体的对象的知识、审美品位和道德属性进行判断时，就是具体的知识、鉴赏品位和道德价值的形成，它们是生成性的，而且在个人那里都有自己的主观性。可以说，考察在实用的意义上，如何使个人的逻辑、鉴赏和欲求能力超出自我主义的限圈而提升到某种一般性上，就是《实用人类学》的主题，促进这方面的进步，就是政治所应秉有的政治伦理关切。政治国家应该在制度安排上，秉持着促进人们自然禀赋的发展的理念，使人们能够参与到共同体的生活中，进入到公共领域进行公共交流与讨论中而获得某些共享的理解，以这种方式来促使人们的心智得到扩展。在知识问题上，先天的知性形式是固定的，用它来整理感性的东西来做成知识，这是"规定的判断力"的功能。但是，对于鉴赏力或品位来说，特殊事物是给定的，需要通过反思，把特殊事物联系到普遍观念之上，这就是反思的判断力的功能，这完全是判断主体的主观需求，没有一个固定的客观标准。鉴赏力的提高只能以如下方式去加以提高：在大家的判断力的相互质疑、批评、切磋下，逐渐达到一种可交流性和可理解性，从而获得一种共识（只能是一般性，还够不上普遍性），这样，我们的鉴赏力就能与他人的鉴赏力取得协调，培养一种审美上的"共通感"（common sense，有人译为"常识"。阿伦特按照自己的理解，译为"共同体感受"）。这种"共通感"并非是一种感觉，而是一种可交流、可共享的理解，在审美品位方面的某种彼此呼应和心意相通。说它们是一种常识，或健全知性，无非是说，不能理解、欣赏这种一般性的价值观念的人在品位上不够。可以说，获得了品位上的提升，就扩展了自己的心智，这也是创造生命价值的一个重要维度。另外，在道德价值上的提升，就是能够抑制自己个别性的欲求，从而能够理解别人的欲求，并力求能够在别人面前表现出克己、亲切的风度，在外在行为方面表现得自尊而尊人、文明优雅。康德认为，这种交往方式的优雅就是一种表现于外的道德，但还不就是道德本身，可以说只是道德的辅币。康德也认为，如果一个人能够在平时始终表现得亲切优雅，那么这种外部的道德也有望逐渐变为内在的道德。从对人们的外在行为的道德要求而言，表现出文明化的举止，就是向真正的道德化迈进的现实阶梯。所以，它也可以表现为类似于一种道德命令式，即义务上的应当，所以有一种从外部促进道德的趋势。也正是因为交往行为的文明化有利于人们的道德发展，所以，它也是人们所创造的生命的意义和价值之所在。

我认为，阿伦特力图从《判断力批判》关于"判断力"的学说来发展自己的政治学说，似乎并不合乎康德的原意，还不如从《实用人类学》有关文明化的学说来发展自己的政治学说。康德的确把人的认识能力、审美鉴赏力、欲求能力的发展看作是人的自然禀赋发展的各个领域，认为它们是政治所应该致力于促进的目标；同时，在《实用人类学》中，康德也不忘思考一个能够让人类的自然禀赋得到安全发展的共和制政治制度，足见他实际上是认为，只有在一个有自由有法律有强制力的政治体制中，人们才能真正创造出自己生命的意义和价值。从事对民众的启蒙，就是这种政治体制的最高目标，因为只有人们处在启蒙之中，一切精神层面的成长才是可以指望的。

四、"道德的政治家" 和 "政治的道德家"

康德认为，政治领域就是人的本性加以表达并诉诸行动的现象领域，作为一种本体的显象，其发展进程必将合乎某种规律，这就是大自然的意旨或者"天意"。"天意"就是把人类的整体道德化作为其最终目的，所以，"从自然的机械进程中明显地凸显合目的性，即凭借人们的不和甚至违背人们的意志而让和谐产生。"① 比如通过利益冲突、意见分歧、追求虚荣，甚至残酷的战争等等，也会导致一些好的结果。但是，这种充满冲突的社会状态也许可能因为无所限制而导致社会的溃败甚至人类的毁灭。所以，政治作为具有本体自由的人的活动，还必须有一种先天的道德法则，用于作为政治活动

---

① 康德著，李秋零主编：《康德著作全集》第 8 卷，中国人民大学出版社 2010 年版，第366 页。

的限制性原则，与纯自然的机械作用结合在一起，从而使政治活动始终有一种进步的方向，这才是政治伦理学的根本关怀。先天的道德法则对政治活动的限制性意义是前提性的、无条件的，不能因为政治活动的某些当下的好处而被搁置，或者被用作达到某种政治目的的工具。康德在晚年，一方面认为人有本体自由，就是说人们的意志是处于本体界的，具有超越一切自然因果性的自由因果性；同时更强调人的任性（Willkür）自由，人的任性的自由是指，人虽然受感性偏好的刺激，却又能独立于这种刺激，而受到道德法则的规定，从而表现出自由。这种自由，是指向外在行为的任性自由，保全大家的自由的前提就是彼此尊重对方的基本平等法权，这就是表现于外的道德法则。可以说，与道德法则结合在一起的政治活动，就是人们行使任性自由的过程，表现为一种不断发展的政治进步。

所以，康德十分看重人类在政治活动中所体现出的自由和平等权利意识。康德对法国大革命的看法就表明了这一点。他一方面坚决反对法国大革命中所表现出来的那种暴烈的对抗，特别是那种恐怖的杀人行为；但另一方面，他又大力表彰法国大革命中所表现出来的那种政治诉求，即争取自由和权利，这才是这次人类历史上重要的政治运动的根本价值所在，因为它体现了人类的法权和自由意识的觉醒，同时向世人传播了法权和自由意识，所以康德把法兰西民族称之为才华横溢的民族。康德有一个坚定的信念："既然在人的本性中，总是还有对法权和义务的敬重生气勃勃，我就不能或者不愿把人的本性视为如此沉沦于恶之中，以至于道德上的实践理性不会在经历多次失败的尝试之后最终战胜恶，并且也展示人的本性是可爱的。"① 这就是康德在政治伦理学中，强烈主张要把道德法则作为政治的限制性原则的根本原因。因为只有这样，我们人类的生活才能得到切实的进步，我们的心智才能得到切实的扩展，并创造出生命的价值和意义。换句话说，在康德看来，

① 康德著，李秋零主编：《康德著作全集》第 8 卷，中国人民大学出版社 2010 年版，第 317 页。

政治与道德是可以统一的。这里的道德，主要是指纯粹理性的先天法则，它表现为对外在行为自由的限制性前提条件时就是法权原则，拥有法权，是人们具有本体自由的必然结果；行使法权，则是人们在现实生活中运用自由，不断获得心智发展的过程。

于是，对待政治问题，就人们如何看待自由以及建立在自由之上的道德法则的作用来看，有两种不同的立场和观点，康德分别名之为"道德的政治家"和"政治的道德家"："如果没有自由以及建立在它上面的道德法则，而是一切发生的或者能够发生的事情都纯然是自然的机械作用，那么，政治（作为利用这种机械作用来治理人们的艺术）就是全部的实践智慧，而法权概念就是空洞无物的思想。但是，如果人们认为绝对有必要把法权概念与政治结合，甚至把它干脆提升为政治的限制性条件，那么，就必须承认二者的可统一性。现在，我虽然能够设想一个道德的政治家，也就是说，一个将治国术的原则看得能够与道德共存的政治家，但却无法设想一个政治的道德家，让他去锻造一种对政治家的利益有所助益的道德。"①

"道德的政治家"所秉承的是这样一种原则：即从法权，也就是表现为外在行为约束原则的道德法则出发，达到这样一个政治的原理：要把法权概念运用到经验场合，也就是对在政治中出现的可能侵害人们的法权的制度加以修正和完善，政治的活动或秩序必须受到先天的法权原则的约束和引导。所以，这个最高的原则就直接产生自外部法权的定义："按照普遍的法律任何一个人的自由与每个人的自由协调一致。"② 这是产生一个共同意志即人们联合起来的意志的前提，这个意志必然是按照平等原则联合起来的，因为没有平等就不会有每个人的自由。确立这个最高原则，并成立共同意志，其现实的政治目的就是要使一个庞大的社会还能按照自由和平等的原则保持一

① 康德著，李秋零主编：《康德著作全集》第 8 卷，中国人民大学出版社 2010 年版，第 377—378 页。

② 康德著，李秋零主编：《康德著作全集》第 8 卷，中国人民大学出版社 2010 年版，第 438 页。

种和睦。这就是一个政治的原理。道德的政治家既直面政治活动中的人们的外在自由可能引起的冲突，却不把追求自己的利益作为自己的最高目的，而是坚定地秉承政治活动的绝对的、先天的法权原则前提。对他们而言，"法权永远不必适应政治，但政治却必须在任何时候都适应法权。"①

由于实现共和制的公民法治状态是人们的自然禀赋能够得到安全发展的政治制度环境，所以道德的政治家坚定秉持法权原则即外在的道德法则，以此作为限制政治活动的最高条件，这是一种普遍的实践法则。由于它是普遍的原则，所以它"能够并将造就更善良的人，只要人们清晰地和不间断地把这原则带给人们的灵魂，并且注意到它对人们的灵魂造成的强有力的印象"②。因为这种原则能使人们在自己的理性中先天地发现普遍的义务的理念，它不仅仅是一种主观的善意，而是一种客观的义务命令，它将能使人们抑制自己的感性偏好，而倾听绝对的义务的声音。这样的政治运作，将能使人们超越自我主义的限囿，从而可能培养把一种真正普遍的法权原则作为政治的前提条件的思维方式，于是，在人们的生命中，展开了一个无限广阔的进步空间，从而在人们的外在行为自由能够并存的公共领域中获得一种扩展了的心智，为自己的生命创造出更大的意义和价值。

"政治的道德家"则把道德理解为一种普遍的明智的学说，即为如何获得好处的意图选择最适当的手段的学说，从这个意义上说，他们根本否认道德即法权原则对政治而言的前提地位。对他们来说，法权原则会因为一种具体的政治目标如保证统治权力的稳定和统治者的私利而被弃置一旁。于是，道德在他们那里就可能成为粉饰政治的恶行的涂料。在康德看来，他们没有获得对道德先天的形式性原理的认识，奉行的是一种实利主义的道德观，从而为了获得当下的实利，比如统治权力的稳固或统治者的私利等而不择手

---

① 康德著，李秋零主编：《康德著作全集》第 8 卷，中国人民大学出版社 2010 年版，第 438 页。

② 康德著，李秋零主编：《康德著作全集》第 8 卷，中国人民大学出版社 2010 年版，第 409 页。

段。他们根本不理会法权原则的前提性地位，"而玩弄其权术，因为他们只考虑讨好当前的统治力量（以免错失其私利），借此出卖人民，可能的话出卖整个世界"①。换句话说，他们的任性的自由没有受到先天的普遍法权原则的约束，从而横冲直撞地侵害着与之共存的人民的自由。

康德认为，他们的行为准则就是暴力和欺骗，这种行为准则大致分为以下三种：1. "做了再说"。他们会抓住有利的时机去任意地侵害人民的法权，"行动之后再辩护，并且粉饰暴力。"② 他们会找出各种理由来说服大家：这种暴力是必要的、合理的，也是不得已而为之的，或者就干脆就为自己的不当暴力辩护，说自己的法权受到了侵害，使用暴力来保护那本来就是自己的法权。2. "做过就否定"。做了牺牲人民的犯罪行为，会否认自己的过错，声称必须以暴抗暴，先下手为强，后下手则会遭殃。3. "分而治之"。要维护自己的统治，就要在人民中挑拨离间，许给一部分人民以更大的自由，以使他们反对另一部分人民，或者在人民中制造不同的价值目标，使他们相互反对，这样自己的统治就能稳固。在这些准则中，唯独没有尊重人民的人格和法权，把人民视为目的本身，而是把他们视作为自己获取私利的工具。所以，康德说："进行道德说教的政治家则通过粉饰违背法权的国家原则，借口人的本性没有能力按照理性所规定的理念达到至善，而尽其所能地使这种改善成为不可能，并使对法权的侵犯永恒化。"③ 从这个意义上说，由这样的政治家去锻造一种正常的道德是不可想象的，他们会做的就是粉饰自己违背法权的准则和行为，以狭隘的实利主义道德话语进行辩护。

康德在现实的政治这样一个充满利益冲突和价值观冲突的领域中来思考政治与道德的统一的可能性问题，一方面是要为政治活动确定一个来自纯粹

---

① 康德著，李秋零主编：《康德著作全集》第 8 卷，中国人民大学出版社 2010 年版，第 379 页。

② 康德著，李秋零主编：《康德著作全集》第 8 卷，中国人民大学出版社 2010 年版，第 380 页。

③ 康德著，李秋零主编：《康德著作全集》第 8 卷，中国人民大学出版社 2010 年版，第 379 页。

理性的先天道德法则即法权原则的限制性条件，另一方面抱定一种理性信念，即政治活动是人类在历史舞台上通过无止境的发展过程而达到总体的道德化的现实过程，虽然会产生各种冲突和斗争，但是却能始终向着文明化不断进步。在这个框架中，政治家们能够充分发挥自己的雄才大略，进行伟大的社会动员，从事波澜壮阔的科技发展和生产实践，使人们达到物质财富方面的富裕；坚持法权原则，引导人们在普遍法律的范围内行使自己的任性自由，以正规的公共权力制裁侵害他人的法权的行为，使人们的自然禀赋得到安全的发展；引导人们进入到平等的相互交往和交流中，形成可分享的知识、品位、价值态度和行为形式，从而获得不断扩展的心智，创造出自己此生的价值和意义，使大家能过一种共同的好生活。我相信，在康德心目中，这就是政治本真的光荣使命。

第八章　人类历史发展的道德趋归

　　康德没有写一部专门的历史哲学著作，而是发表了一些关于历史哲学的专论文章，初步架构了其历史哲学的学理规模。康德的哲学体系中关于本体与现象的划分，造成了知识与道德的鸿沟、道德价值理念与人的历史生活的鸿沟。他在《判断力批判》中力图以目的论来弥合前一个鸿沟，而在历史哲学的构想中则致力于弥合后一个鸿沟，达到自己实践哲学的圆成。康德的历史哲学有着不同于前人的概念体系，并运用了概念辩证转化的方法，其理论的基本目标是对人类历史进程进行合乎理性的解释，特别着重于揭示人类作为一个总体在无穷的历史长河中如何迈向道德化的内在机制。同时，他以法权哲学为基点，并以人类历史发展的远景目标为引导，探讨了世界达到永久和平的各种条件，展示了他为万世开太平的理论雄心。

第一节　康德历史哲学的构建原则

　　康德的实践哲学思想有一种宏大的时空背景。从时间上说，就是人类历史的起源和终极目标，从空间上说就是整个宇宙（所谓"位我上者灿烂星空"），特别是人类各民族的总体生存空间。从时间——空间结合体上考虑，康德构建了自己的历史哲学的基本框架。第一，他认为，人类的日常生活实践，就是在人类无穷的时间进程中的经验舞台上进行的，也就是说，人类的生存是一种历史性的生存。第二，他认为，人类作为大自然的最终目的，其历史发展就是实现"大自然的意旨"（"天意"）的过程，所以，人类的历史发展就是一个外在理性（大自然）通过利用人类的"非社会的社会性"的本性，在人类的相互冲突、甚至残酷的战争中，逐渐促使人性的禀赋得到自由而全面的发展，并最终实现人类作为一个整体的道德化的目标。第三，人在这个过程中虽然有理性，但是也必然受到自然法则的约束，我们的自由和自觉就是要一方面履行进入公民法治状态这一政治义务，因为只有在公民法治状态中，我们的人性禀赋才能得到安全的发展。从整个人类来说，就是要保护人们的国家公民法权、国际法权和世界公民法权，即使得整体人类的各民族国家都受到法权的保护，这样才能为世界的永久和平提供前提条件；另一方面，我们要敢于运用自己的理智，要运用自己的自由，逐渐形成一种理性的思维方式，发展自己的人性禀赋，特别是道德性禀赋，在政治领域中对违背法权原则的情况始终加以警惕，并加以校正，这样才能始终顺应人类历史发展的合理方向。所以，从这个意义上说，康德的历史哲学也属于其伦理学的经验部分。

一、 康德历史哲学是其道德人类学的一部分

关于康德历史哲学的性质的争论由来已久。有学者认为，康德历史哲学是其三大批判之外的第四批判，也有人说根本不是；又有人认为，康德历史哲学已经隐含在《判断力批判》之中，但又有人认为康德历史哲学的根本特征是文化哲学；还有人认为，康德历史哲学是其道德哲学的派生物。通过研究，我认为，康德历史哲学其实与其实用人类学一样属于他的道德哲学的经验部分，都是考察人类总体的道德化在经验中的实现进程，不过实用人类学更加侧重于个人层面进行考察，而历史哲学则侧重于人类作为一个总体，在历史进程中加以考察。这是符合康德实践哲学的分类特点的。

1. 康德历史哲学不是第四批判

何兆武先生继承卡西尔的观点，主张康德在三大批判之外，还有历史理性批判，即第四批判，并对此做了解释，认为康德的历史理性批判，虽然"径直从认识历史本身入手，而并没有事先对我们的历史认识能力进行一番批判的考察"①，但是，康德却先验推论了历史的发展是朝着实现最高善而前进的，并对出自人性中原始禀赋的自由发展进行了描述。在何兆武先生看来，"经验不会违反理性。理性的能力是先验的，故而先验的历史哲学就是可能的。"② 所以，康德有历史理性批判。这种观点，在学界引起了广泛讨论。

关于康德是否有"历史理性批判"的问题，邓晓芒先生曾经认为，"康德的这些有关社会政治和历史方面的思想并非别立门户，而是从他的自然目的论中引申出来的。"③ 自然的目的不是感性观念，也不是理念，而是通过反思判断力获得的一种主观上的普遍的原则，也就是说，要使历史的进程对我们显得有意义，就需要把历史经验进程表象为好像是为了实现这种自然的目的似的。所以，他认为，与其说康德进行了一种"历史理性批判"，还不如说他用理性对历史进程进行了一种批判，即指出历史进程只有作为一种类比和臆测才有可能，而作为历史知识和历史规律则不可能。我认为，邓先生的观察和理解是敏锐的，但是，他把康德的历史哲学视为从属于《判断力批判》的一种理论，却没有推及康德历史哲学的究极。

李秋零先生也认为，在康德那里，到《判断力批判》，其批判体系已经完成，康德没有、也不必有一个第四批判，或者历史理性批判。他认为，历史是自然过程的一个部分，人类历史属于显象世界，而显象的总和就是自然。因此"康德的'自然科学何以可能'的问题应该也包含了'历史科学

---

① 何兆武：《历史理性批判论集》，清华大学出版社 2001 年版，第 120 页。
② 何兆武：《历史理性批判论集》，清华大学出版社 2001 年版，第 121 页。
③ 邓晓芒：《康德历史哲学："第四批判"和自由感》，载《哲学研究》2004 年第 6 期。

何以可能'的问题"①。所以，康德的历史哲学不是一种批判，而是形而上学本身。于是，历史哲学并非像邓晓芒所认为的那样从属于判断力批判，而是"康德在批判之后所要建立的思想体系的核心部分"②，即自然禀赋发展理论，也就是一种文化理论。但他进一步认为，康德"实际上是把道德从历史中排斥了出去"③。显然，李教授虽然认识到康德不需要有第四批判，但没有充分注意到，在康德看来，文化的发展是道德化的必经阶段，虽然没有达到纯粹的道德化状态，但是它们也可以是"作为现象的德性"，所以，文化的发展处在人类达到道德化的过程之中。换言之，康德历史哲学的真正目的之一，就是要给出人类达到道德化的内在心智条件和外在公民法治状态条件。虽然获得了文明教养的心智品质仍然不是道德本身，公民法治状态也仍然只是在外部行为中符合道德法则，而并没有真正达到道德的自律要求，但是，他实际上是认为，只有具备了这两个条件，人类才能在无穷的历史进程中，在某个决定性的时刻达到道德化，舍此别无他途。康德期望，达到道德化，即实现"大自然的意图"，也只能在作为显象的历史舞台上（也即在自然中）来进行，而不可能在别处进行。

的确，在康德那里，历史哲学并不是如认识论中的具有普遍必然性的知识，也不是如道德哲学中的普遍的、对每个有理性者都有绝对约束力的道德法则，而是把历史看作好像是朝着实现"大自然的意图"而无止境地前进着的过程。这种历史观，在康德那里，是运用反思判断力而形成的，反思判断力只是形成历史进步过程与实现自然的意图之间的类比而已。所以，通过使用反思判断力，康德并不能获得其历史哲学的最终解。通过使用反思判断力，在审美中，康德只能证明美是道德的象征；如果在历史哲学中只是使用

---

① 李秋零：《德国哲人视野中的历史》修订版，中国人民大学出版社 2011 年版，第 85 页。

② 李秋零：《德国哲人视野中的历史》修订版，中国人民大学出版社 2011 年版，第 85 页。

③ 李秋零：《德国哲人视野中的历史》修订版，中国人民大学出版社 2011 年版，第 108 页。

反思判断力，那么，他最多只能证明：人们在社会交往中形成的鉴赏力"包含着一种从外部促进道德性的趋势"①。至于要证明人类历史发展最终能够实现人类作为一个总体而道德化的目的，就不是反思判断力所能够胜任的，必定需要某种形式的道德哲学。

2. 康德历史哲学属于其伦理学的经验部分

英国历史哲学家沃尔什似乎较好地把握了康德历史哲学的真正旨趣，他指出，康德"以一种明确无误的方式阐明了这类思辨的道德背景。就他来说，至少历史哲学乃是道德哲学的一种派生品。假如不是因为历史似乎提出了道德问题的话，那么根本就不会有什么能提示他会去论及历史的"②。从这个意义上说，康德历史哲学的旨趣并不在于原天地之大美，而在于实现理性之至善。

我进一步认为，这样的学说已经不只是如沃尔什所说的道德哲学的派生品，而正是其道德哲学或实践哲学的一部分，但却是经验性的部分。实际上，康德历史哲学的真正意图是致力于道德教育，即劝人向善，给人的道德化指明方向。但是，由于历史是自然界的经验过程，所以，他考察的是人类的自然禀赋在经验的历史世界中如何得到发展，并且向道德化迈进的。在这里，他不是从纯粹的理性法则和道德法则的纯粹形式出发来确定道德价值的基础，而是考察经验性的自然禀赋在历史中的发展如何为人类的道德化准备了条件。康德总是信誓旦旦地说，自然赋予我们以理性，就是要使我们能够实现自己的道德禀赋。在这里，隐含了"自然不做无用功"这样一个先天的原理。所以，阐明人类如何在历史的进程中，通过其自然禀赋的发展最终能够实现这个目的，才是康德历史哲学的真正任务。可以说，康德给自己设定了一个十分艰巨的任务。这迫使他一方面使用反思判断力来让历史的经验与

---

① 康德著，李秋零主编：《康德著作全集》第 7 卷，中国人民大学出版社 2008 年，第 238 页。

② 沃尔什：《历史哲学导论》，何兆武、张文杰译，社会科学文献出版社 1991 年版，第 124 页。

自然的意图（也即理性的意图）形成一种类比，另一方面把道德化这样一个理性的理念作为范导性的概念，从而使得理性成为超越人类的一种神圣的、客观的存在，并使之获得某种能动性，把人类历史进程表象为理性的意图的实现过程或者自然的隐秘智慧的安排。到这里，已经没有反思判断力起作用的空间，而是要发掘出一些知识性的必然概念，比如通过矛盾冲突而达到辩证转化，如非社会的社会性、从自然性的冲突而转化为公民状态，等等，这些都可以看作是一种必然的进程。这才是康德历史哲学的真正贡献。反思判断力只是从事直观、类比、鉴赏，而不能从事对辩证转化的动力的考量。所以，我认为，康德其实开启了黑格尔的历史哲学的思考模式，而且黑格尔基本上沿用了康德的原则，只是黑格尔进一步形成了绝对精神概念（但在康德那里，这个概念也呼之欲出了），对矛盾概念的辩证转化使用得更为系统、丰富而成熟了。显然，康德的这种论述并不是在进行所谓历史理性批判，而是想说明道德理念如何才能得到经验性的实现。

如果说，《实用人类学》致力于考察人作为一个世界公民，如何发展和完善自己的感性认识功能、知性认识功能、鉴赏力和欲求功能，形成文明教养，最终发展到能够确立一种纯粹理性的思维方式，那么，历史哲学则致力于考察人类作为一种总体，如何通过在现象界的历史舞台上的现实行为，为各种内在的动力机制所驱使，不断提高文明教养的程度，最终总体地达到道德化。所以，在这里，正如不存在一个实用人类学的理性批判一样，也根本不存在一个所谓的第四批判，即历史理性批判，真正需要的只是对人类历史进程进行某种理性阐明。实用人类学和历史哲学，都在通过对实践理性进行批判所获得的纯粹道德法则的前提下，考察实践理性的经验性的实现问题。正如伊尔米阿胡·约沃尔（Yirmiahu Yovel）所说，对康德而言，"历史在恰当的意义上说是自然的道德重塑"①。外部自然物，通过人类的行动被耕种、

① Yirmiahu Yovel, *Kant and the Philosophy of History*, New Jersey: Princeton University Press, 1980, p. 138.

改造、驯化而成为一种文化性存在；而我们的内在自然如情感、本能、习惯、气质等等，与历史上演化而成的制度和规范一起，都被文明化，"所有这些经验因素都在产生历史世界中扮演着它们的角色，这些诸如此类的东西都要被道德化"①。我们可以看到，历史哲学在康德手里，不是仅仅要传达某种历史进步的乐观信念，更是要给出对历史朝着道德化不断进步的阐述框架。所以，康德的历史哲学与实用人类学一样，是其道德哲学的经验部分。

二、 康德为何需要假定"自然的意图"？

康德历史哲学的底牌就是"自然的意图"。大自然创造无生命的万物，使之服从自然的机械性法则；创造有感性欲求的动物，使之服从本能；而创造人类，赋予其理性和基于理性的意志，要求他们超越自己的本能，自己造就自己，这是人具有自由的表征。但是，人同时也是有本能、有感性偏好的理性存在者，所以，人并不完全服从自己理性的自由法则，而是也会服从本能和自然法则。于是，在历史的舞台上，我们看到的是各种情欲追求、无用的虚荣、相互算计和争斗，甚至残酷的战争，似乎看不出人类历史的发展有什么内在的规律性，或者某种不断进步的趋势。为了使历史能够得到理性的理解，并使之具有某种规则或趋势，从而使得人类的历史性生存有意义和价值，康德必然要把历史进程表象为某种有理性的存在者的智慧安排，这就是康德历史哲学中最为重要的概念"自然的意图"。因为人是自然的产物，人类历史也是自然的一部分，所以，康德假设人类历史的发展好像是为了实现"自然的意图"，就不为无据。

在现实的历史舞台上，所充斥的绝大多数都是追求感性偏好的行为。这就要求康德阐明，这样的行为有着什么的规律或趋势呢？康德认为，只有这样看待人类行为才是可理解的：即使这些行为是愚蠢、相互争斗、无用的虚

---

① Yirmiahu Yovel, *Kant and the Philosophy of History*, New Jersey: Princeton University Press, 1980, p. 138.

荣等等，我们也必须把它们视作是要达到某种理性的意图而安排的，而这种意图，就只能属于某种处于人类之外的存在者，即大自然。否则，历史中的人类行为就会是完全没有意义指向的。预设这种自然的意图的价值在于：使人类在历史中混乱的、相互冲突的行为好像是为了实现这种意图而安排的，它不能通过知性认识而得到，而只能通过运用反思判断力而得到。历史的经验已经被给予了，为了使之有意义，判断力必须为它寻找普遍的东西，即自然的意图，这种判断力被称为反思判断力，在这里，它是反思判断力的第二种类型即目的论判断力。对此，康德在关于历史哲学的系列论文中并没有加以阐明，这是因为他在《判断力批判》的第二部分"目的论判断力的批判"中已经给予了详细阐述。

康德认为，在历史领域中，我们看到的是人们生活的日常经验，它们是有着各种目的的行为，但这些目的，绝大部分是为了获得感性偏好满足的对象；然而，这些行为的主体又是有着理性和以理性为基础的意志的存在者，所以虽然会自由地追求某些目的，却不能完全地体现自己的本体自由；同时，在历史中，人的行为是群体性的历时态进展的行为，是各种个人的追求自己目的的行为的合力，所以，这种群体行为就似乎有超出个人追求的另外一种目的的问题。康德在《判断力批判》中，提出了一种反思性判断力的学说，在审美的判断力之外，提出了目的论判断力，从而发展出了"自然的意图"这个原则。

1. 目的论概念适用于有机物。因为无机物只是服从机械性的因果关系，而有机物用纯粹的机械性因果关系是无法把握的。"绝对没有任何人类理性（也没有任何与我们的理性在质上相似，但在程度上却远远超过的有限理性）能够希望哪怕是从纯然机械原因来理解一棵小草的产生。"[①] 也就是说，在有机物中存在着机械因果关系之外的剩余，这个剩余只能是某种目的论，即

---

① 康德著，李秋零主编：《康德著作全集》第5卷，中国人民大学出版社2007年版，第426页。

有机物的活动似乎是相互为了某个目的的，只有这样，我们的理性才能把握它们的存在与生成的意义。同时，这种目的论并不否定小草在某些方面服从机械性的因果关系。正如艾伦·伍德（Allen W. Wood）所解释的，"我们应该期待有目的地处理任何具有或然性特征的自然领域，并且不能在自然的机械主义基础上被整合进解释之中。使用一个自然目的论，正是我们的认知官能必须去寻求或然性的合法则性。"① 而历史领域尤其是一个具有或然性特征的领域，所以，自然目的论仍然能很好地适用于对历史的研究，为历史寻找某种合法则性。

2. 对于人的行为而言，有两种目的可以作为参考。一是为了追求感性偏好的目的；二是追求纯粹的目的，或者目的自身，即自由的目的。但这样两种目的并不能自然而然地得到统一，反而可能相互冲突。这样两种目的都是善，前一种目的是追求自己的幸福（这种目的对意志没有强的约束力）；后一种目的是追求道德上的绝对的善（这种目的对意志有绝对的约束力）。它们的统一是这样的情形：即道德上的绝对善的目的能够作为最高根据来约束日常生活中的追求幸福的目的，这样，追求幸福的目的的行为就具有了道德价值，而且追求道德上绝对善的目的即自由的目的的行为也就有了舒适生活的结果。然而，这两种目的在现实生活中却难以得到彻底的统一。于是，人们的日常行为特别是群体行为就需要一种范导，即一种理性理念的引导，使人类作为一个总体，通过无限的历史过程而逐渐接近这种理念的实现。

3. 这种理性理念具有对意志的绝对约束力。它是一种纯粹的道德法则的形式，对现实的有感性欲求的理性存在者即人类而言，表现为一种应然的定言命令式，以此方式对意志施加绝对的约束力。这是通过实践理性批判达到的结论。实现道德化是人类的终极目的，对于历史地生存的人类而言，从理念上说，我们是无法实现这个终极目的的，除非我们是纯粹的理性存在者。于是，我们需要思考一点，人类既然是自然创造的，那么，我们就可以

① Allen W. *Wood*, *Kant's Ethical Thought*, Cambridge University Press, 1999, p. 224.

追问：自然赋予我们这些自然禀赋的意图是什么？对这个问题的回答，并没有经验的根据，也没有理性的现成理念可用，只能让判断力自己成为自己的原则。显然，历史的进步肯定不仅仅是纯粹机械性的因果关系推动的，也不仅仅是有机物的互为目的的关系，于是，"对于反思性的判断力来说，这是一条完全正确的原理：必须为事物如此明显的按照终极因的联结设想出一种与机械作用不同的因果性，亦即一种按照目的来行动的（有理智的）世界因。"① 这种因果性是一种纯然的被反思判断力所设想的原则，"按照我们的认识能力的性状，因而在经验与理性的那些最高原则的结合中，我们关于这样一个世界的可能性绝对不能形成任何概念，除非是我们设想这个世界的一个有意地起作用的至上原因。"② 这就是"上帝"的公设。显然，我们对这种有理智的世界因或"上帝"，并不能阐明它的实在性。它只是我们的判断力对自然的目的作反思应用时所需要的一种主观的、范导性的原则。康德对反思性的判断力做了这样的界定："为了通过这样一个理念与人类知性相适合地作为范导性原则来引导对世界上的事物的评判。"③ 如果断言它有客观实在性，或者说想证明这样一种至上的有理智者的客观存在，那就是理性的狂妄。

4. 这种有意地起作用的至上原因就是"自然的意图"。这是因为，人类也是由自然创造的，所以，人类在历史中的总体行为可以视作自然的智慧安排，即对"自然的意图"的贯彻执行。就反思的判断力而言，对这种"自然的意图"就只能这样设想：即认为这种目的能够在人与自然的关联中，在人身上得到促进。如果这种"自然的意图"被设想为由于自然的仁慈而在人身上得到促进，那么这种意图就是幸福；如果这种"自然的意图"被设想为

① 康德著，李秋零主编：《康德著作全集》第5卷，中国人民大学出版社2007年版，第404页。
② 康德著，李秋零主编：《康德著作全集》第5卷，中国人民大学出版社2007年版，第415页。
③ 康德著，李秋零主编：《康德著作全集》第5卷，中国人民大学出版社2007年版，第434页。

"对自然能够（外在地和内在地）被人利用来达到的各种各样目的的适应性和技巧"①，则这种自然意图就将会是人的文化。在康德的思考中，人从内在来说，就只有自然禀赋，它们得到发展，就是为了获得对各种各样的目的的适应性和技巧，即文化。

于是，为了说明"自然的意图"是如何才能实现的，就必须考察人的自然禀赋如何才能得到发展，并且形成了人类迈向道德化的一些必要条件。这就是《判断力批判》的第二部分"目的论判断力的批判"所厘清的历史哲学的基础或出发点。

三、 人类历史进步的动力机制

考察人类历史进步的规律或趋势，必须从人本身出发。但是，人的发展的真正基础是我们的自然禀赋得到了塑造和发展，因为我们从自然那里承接来的就只有自然禀赋。所以，如何能使人类向善、更善进步，并不取决于我们做什么（包括教育），以及我们应当用什么方法来把这事做成，"而是取决于人的本性在我们身上并且凭借我们做什么，以强迫我们进入一条不易自行顺从的轨道。因为惟有从人的本性，或者毋宁说（因为要完成这个目的，就需要最高的智慧）从天意，我们才能期待有一种关涉整体，再由此关涉各种部分的成功"②。

康德认为，关于人类的自然禀赋在现实的历史进程中是如何得到发展的，他大概能够设想以下几种动力机制，而且这些动力机制都是具有必然性的，因而有某种知识的特点，而不是纯粹的揣测。（1）人的自然禀赋绝对不是自然而然就能得到发展的，而必须通过人与人之间相互争胜、矛盾冲突才能刺激其发展。这是一种矛盾运动。他说了一段精彩的名言："自然的历史

---

① 康德著，李秋零主编：《康德著作全集》第5卷，中国人民大学出版社2007年版，第438页。

② 康德著，李秋零主编：《康德著作全集》第8卷，中国人民大学出版社2010年版，第314页。

从善开始，因为它是上帝的作品；自由的历史从恶开始，因为它是人的作品。对于在运用其自由时只关注自己的个人来说，在发生这样一种变化时有所损失；对于把自己有关人的目的集中在类上面的自然来说，这样一种变化却是收获。"① 正是在这种矛盾运动中，人们的各种禀赋才能得到发展，否则人们的自然禀赋就会在田园诗般的生活中始终处于蛰伏状态。这种大自然的智慧令人惊叹。想想人类的暴行，我们都会对自己的人性感到厌恶。但是人与人之间的对立却能够造成人类的文明化。这是因为，在争夺、冲突中，人们对安全的防护有了迫切的需要，于是人类必须发展自己的理智，从而我们将会探索事物的本性，形成科学的认识，并且进行技术发明，创造出各种新的、更能满足人的需求的物品和财富，由此，我们发展起了科技、艺术、文明教养等各种文化形式。（2）科学、技术、艺术鉴赏、文明礼仪等文明化素质的形成，是我们的社会性的本真基础。在这个过程中，人们当然要进入交往、合作，进入社会化的生存状态。可以说，这是我们的社会性的本真基础。这是决定性的进步。因为有了社会交往，我们就有获得他人的赞同、欣赏的需要。在这时，我们就会采用多元主义的立场，从而超出了鉴赏的自我主义，发展出了精鉴赏的能力。按照《实用人类学》的理论，我们的感性能力、鉴赏能力、欲求能力，虽然是感性的，但如果能够在经验世界中加以改进和完善，就可以达到与理性的实践运用相协调的地步，并进而在某个决定的时刻能够达到心意更新，建立一种真正道德的思维方式，而达到道德化。（3）我们对各种感性偏好的追求，在想象力的作用下会无限地增加、增强、扩展、花样翻新，所以，人类的争斗和冲突甚至可能会达到使社会解体的地步。以这种方式来发展人类的禀赋，是非常不安全的，而且有可能使人类文明成果尽毁而致使历史倒退。于是，人类禀赋的安全发展需要一种外部制度环境，那就是公民法治状态。公民法治状态就是一种人人彼此尊重对方人

---

① 康德著，李秋零主编：《康德著作全集》第 8 卷，中国人民大学出版社 2010 年版，第 118 页。

格，每个人都拥有基本的平等法权的普遍法治状态。所谓法权，"是一个人的任性能够在其下按照一个普遍的自由法则与另一方的任性保持一致的那些条件的总和。"① 也就是说，如果国家法律能够保障大家的法权，则我们任性的追求个人偏好的行为就能在自由法则下共存。只有在这样的状态下，才有一种总体的外部社会法治秩序，同时又赋予个人在法治范围内的自由，所以人们之间既因为追求自己个人的感性偏好的目的而相互竞争，从而刺激大家的禀赋得到发展，又需要有一种根本的强制，那就是要彼此尊重对方的基本权利，不能把对方仅仅当作工具（即使内心这样想，但在行为上必须阻止其这样做）。对法权的尊重，就是对纯粹道德法则的尊重，所以有了尊重法权的意识，人们就可以认识到这种实践法则的存在，虽然只是感到其对自己外在行为的约束，还没有转化为道德自律。所以，进入公民法治状态，是人类的共同义务。可以说，这是我们训练真纯的道德思维方式的外部制度规则。（4）自由和启蒙是人类迈向道德的根本凭借。自由在这里是指选择的自由，是不断尝试新的生活方式的自由，它是一切勤劳、自我责任、参与维持自己所在的共同体的公共精神的真正起源。康德说，由于外部战争所带来的恐怖，一国必须备战，而要备战，就需要创造物质财富而使国家强盛，这就需要国民具有自由，因为没有自由就没有创造财富的勤奋②；同时，也因为有了自由，人们才踊跃参与维持自己生活于其中的共同体；而启蒙，则是历史发展可以凭借的自觉的理性力量，是一种自主地使用自己的理智的勇气。作为个人，是难以启蒙的，而作为群体，是可以得到启蒙的，只要赋予人们以自由。有了自由，他们就会不断尝试，摆脱不受他人指导就不能思维的不成熟状态；而勇于自己思考，敢于使用自己的理智，能够对理性作公共使用，就有望造成一个正在启蒙的社会。这是形成正确思维方式的必经过程。

---

① 康德著，李秋零主编：《康德著作全集》第 6 卷，中国人民大学出版社 2007 年版，第 238 页。

② 参见康德著，李秋零主编：《康德著作全集》第 8 卷，中国人民大学出版社 2010 年版，第 121 页。

在这里，隐藏着以下几个辩证转化的过程，这种辩证转化过程是一种理性的必然，可以说，康德为人类历史朝向人类总体道德化发展找到了一种客观的、普遍的动力，这是康德之前的思想家所不曾达到的。

首先，康德认为，恶与恶之间的争斗会产生种种偏好的相互抵制，这就为理性统治留下了空间。由于种种偏好的个别性性质，它们会在各自追求自己的目的的实现的过程中相互对抗、相互损害，以至于相互抵消，从而使偏好的目的得不到实现，甚至导致某种毁灭性的后果。这是有理性的人所不愿看到的，从而会力图加以避免，并愿意把大家都置于理性法则的约束之下，于是，善将能够胜出："因为正是产生恶的种种偏好的相互抵制，使理性游刃有余地将它们全部征服，并且使一旦存在就自行保持下去的善取代自己毁灭自己的恶而成为统治者。"① 这是一种力学性质的向道德化迈进的机制。

其次，他发现，"在人类的进步中，才能、熟巧和鉴赏（连同其后果，即淫逸）的陶冶自然而然地抢在道德性的发展之前；而这种状况恰恰不仅对于道德，而且对于自然的福祉，却是最麻烦的和最危险的状态，因为需求的增长比满足需求的手段强烈得多。但是，人类那（如贺拉斯所说：poena pede claudo［惩罚瘸足而行］）总是滞后于这种陶冶的道德禀赋，却将有朝一日超越这种在其匆忙的进程中打磕绊、并且经常失足的陶冶。"② 康德认为，才能、性情的陶冶是抢在道德的发展前面的，才能越发展，我们的财富会增长，但是对物质享受的追求却会更多；鉴赏力越发展，则各种虚荣、排场、繁文缛节就会更盛。这一观点，是卢梭对文明教养的指责的翻版。但是康德却对此还是抱有希望，即认为文明教养是我们道德化的前提条件，我们也不可能向往回到原始状态。那么，康德断言人的道德禀赋"有朝一日超越这种在其匆忙的进程中打磕绊、并且经常失足的陶冶"，其条件是什么？康

---

① 康德著，李秋零主编：《康德著作全集》第8卷，中国人民大学出版社2010年版，第316页。

② 康德著，李秋零主编：《康德著作全集》第8卷，中国人民大学出版社2010年版，第335页。

德给出了一些指引线索：一是经过培养的鉴赏，是一切社会性的本真基础；二是美是自由的象征；三是鉴赏包含有从外部促进道德化的趋势。既然人的自然禀赋的发展会造成有利于道德的这些因素，那么，就有理由相信，在这些因素的作用下，总有一天会促使人类总体达到道德化的状态。但这毕竟只是一种信念，其中包含了思维的跳跃。

最后，康德认为，争夺、冲突、对抗所导致的损失甚至毁灭的前景，会把人类引导到另一个方向，那就是尊重彼此的法权。实际上，人权是尊重的对象，是对一切会导致人的生命的毁灭的恶劣行为的最终约束力量，是最基本的善。只要我们的理性足够有力，能够体会到理性的道德法则对我们的意志的约束力，我们就会体会到作为一个有理性者的尊严，就能彼此尊重对方的人格，而不会把对方作为纯粹的工具，更不会消灭对方的生命。他说，按照事物的本性，也按照我们的自然禀赋，我们是可以被导引到另一个方向的："既然在人的本性中，总是还有对法权和义务的敬重生机勃勃，我就不能或者不愿把人的本性视为如此沉沦于恶之中，以至于道德上的实践理性不会在经历多次失败的尝试之后最终战胜恶，并且也展示人的本性是可爱的。"[1] 而且，更为重要的是，"如果不是有某种通过理性直接使人不得不敬重的东西（如人权那样），那么，对人的任性的一切影响就都不能驯服任性的自由。"[2]

所以，康德把对人类向道德化迈进的希望，向内寄托在人的理性或道德禀赋的发展上，在外寄托在大家都能够进入一种公民的法治状态之中，认为进入公民法治状态是我们的义务。自然赋予人以理性，就是要让人的这种禀赋在历史的长河中发展并完善起来。理性的功能需要靠练习、磨砺和传授才能得到传承和发展，而个人的生命是短暂的，所以必须由人类作为一个总体

---

① 康德著，李秋零主编：《康德著作全集》第 8 卷，中国人民大学出版社 2010 年版，第 317 页。

② 康德著，李秋零主编：《康德著作全集》第 8 卷，中国人民大学出版社 2010 年版，第 310 页。

在无穷的世代中来逐渐完成。在追求感性偏好的满足的过程中，会产生各种各样的考验、恐惧、教训，促使人们的心意转向（这是一个十分漫长的过程），而逐渐让理性占据统治地位。我们可以合理地把这个机制揣测为自然创造人类的意图和对人类历史进程的智慧安排。所以，康德在历史哲学中，念兹在兹的是人类如何才能达到道德化。我们不能说这样的学说会把道德的考虑排除在外，反而应该说，它就是康德道德哲学的一部分，当然是其质料伦理学的一部分。

四、 康德历史哲学的特征和意义

康德的历史哲学有什么特征和意义呢？

第一，康德力图在其历史哲学里完成其实践哲学。从康德的实践哲学建构来说，一方面，《道德形而上学的奠基》和《实践理性批判》认为只有以纯粹的道德法则来规定意志，我们的行为才会有绝对的道德价值，《道德形而上学》把真正的德性定义为"人在遵循自己的义务时准则的力量"[①]，即抵制基于感性偏好的准则对意志的规定，而以基于道德法则的准则作为规定意志的根据的力量，从这个意义上说，道德化是一种纯粹的理性理念，在现实生活中是不可能完全达到的。因为在现实中生活的人，既是有理性的存在者，同时也是有感性偏好的存在者，感性偏好不但在时间顺序上较理性是抢先发言的，而且是人们自然而然的、直接的追求对象，所以，在现实生活中也许没有一个人能够完全达到德性的要求。从实质上说，既然人类历史是人类的感性活动无尽的时空体，那么，理论上说，无论经过多少世代，人类作为一个总体也是达不到完全道德化的，所以，在康德那里，道德是一种应然的定言命令。从根本上看，康德能够设想的历史进步只能是文明教养的进步，只能是公民法治状态的进步。也就是说，康德实际上是认为，文明教养

---

① 康德著，李秋零主编：《康德著作全集》第 6 卷，中国人民大学出版社 2007 年版，第 407 页。

的进步能够使得我们的各种自然禀赋如感性知觉能力、知性能力、鉴赏力、欲求能力等发展到与纯粹理性的实践运用相互协调的地步；公民状态的法治秩序将能够让人的自然禀赋得到安全的发展。在康德的思想中，自然禀赋的发展会使人们的心灵倾向造成一些转折，这是人类作为一个总体达到道德化的一些前提条件：比如饮食、异性交往中的端庄优雅，使感性欲望获得了某种延迟和间接性，从而成为社会性的本真基础；理性对未来的期待能力，是人类超出其动物性本能的关键能力；由于在与自然打交道的过程中，人们认识到自己是自然的目的，从而能够把所有人的人格中的人性都尊重为目的，而不能仅仅当作手段，这也是道德的实质性要求，虽然在法治状态下，人们只是在外在行为中做到这一点，而并没有使之成为自己的内在品质或德性。但这些转折，对于道德化都是十分关键的，因为它们都为我们的思维方式提供了新的方向，都是划时代的。康德认为，自然禀赋在历史中的不断发展，使我们越来越靠近道德化这一终极目的的实现。正在因为这个原因，康德还抱有一种期待，那就是当我们人类的自然禀赋发展到足够充分的时候，会在某个决定性的时刻，实现一种飞跃，即进入到纯粹的道德化思维方式之中。但这是一种期待，康德很难阐述这种决定性的时刻是一种什么情形，在现实中能否真正实现，而且，他也不曾提供这样的阐述。

　　我认为，康德的这些态度是实事求是的。我们不能要求在现实中的有限时期内实现纯粹的道德化，而应该只把道德化看作一种终极目标、一种价值引导。想在现实中立即实现纯粹的道德化，所构建的只能是卢梭式的道德理想国，它的现实操作，可能会导致人间的灾难。

　　第二，康德以一种先验主义的方式来构建他的历史哲学。这当然根源于他关于本体与现象的划分。在他看来，人类历史是人类活动的时空体，是现象。但是，这种现象背后的本体基础是什么呢？他设想的本体基础就是作为总体的人类历史现象的最初根据，就是作为一切现象的最初动力原则的自然，于是人类历史的发展就被视作为"自然的意图"逐渐得到实现的过程。这种"自然的意图"是他通过反思的判断力所设想的一种超时空的范导性原则。因为人是有理性和意志的，所以人的行为都是有目的，而在人类一切行为的目的的总和之上，我们可以设想一个纯粹的目的作为这些现象界所有目的的元始根据。由此，人类的意志在现象界所诉诸的行为就表现为不断实现"自然的意图"的历史进程。

"自然的意图"成为康德历史哲学的底牌，对他而言是一种必然的选择。因为他并不能认识到推动人类历史文明进步的真正动力是生产力的发展和生产关系的变革，以及由此引起社会上层建筑包括道德观念的变革，所以，他只能从人的自然禀赋的发展来看待人类历史的发展。他重视社会生活的作用，但是他眼中的社会生活无非只是文人或上流社会中的社交圈的生活，他眼中的文明教养无非只是社交中端庄优雅的风度、文人的鉴赏力等等，而不理解物质生产方式的发展对人类历史进步的基础性推动作用；他关注社会正义，但他的正义观只能是对基本自由、平等权利的尊重，对法治要求的实行，却不明白当时的法治状态无非是对资产阶级法权的保护，只是一种形式正义。实际上，保护私有制，保护生产过程中的所有权和财富分配权就是他眼中的正义的基本内容。在我们看来，在这种所谓的法治状态下，要"安全地发展人的自然禀赋"是不太可能的。真正的、实质性的正义的实现，或者最终道德化的实现，要在历史中通过生产力的发展，社会财富达到极大涌流，消灭了私有制的状态下才能实现，因为这将能铲除产生康德所说的正义问题的根本条件：即资源相对稀缺以及私有法权及财产分配的制度环境。只有在那种状态下，康德所说的感性偏好的动机才能自然而然得到满足，纯粹的道德法则也才能够自动地成为规定我们意志的唯一根据，道德化才可能得到真正的实现。

康德不理解道德问题的终极解决在于物质力量的进步，所以，他只是在理论概念中转圈子，并致力于在对立概念的相互转化之中寻找解决问题的线索。

第三，康德的实践哲学在一个机械主义盛行的时代致力于拯救人类的道德自由和人格尊严，却只是在经验世界之外的理性世界中来对此进行确证。

他一方面说，人具有理性和基于理性的意志自由，所以，"人不应当由本能来引导，或者由生而具有的知识来关照和教导；毋宁说，人应当从自身出发来产生一切。其食物、衣服、外部安全和防卫的发明……一切能够使生活变得舒适起来的乐趣，甚至洞识和聪明，乃至其意志的良善，完全应当是其自己的作品。"① 但另一方面，在作为现象领域的人类历史中，人们的自由只是指任性自由，人们追求感性偏好满足的活动在相互对抗、抵制，甚至发生毁灭的可能性的过程中，造成一些有利于道德化的思维方式的转变，这不是人的主动作为，而是被迫的。从这个意义上说，康德实际上是认为，人类历史中虽然充斥着人的有意志的行为，但这些行为自身并不能符合自由的法则，即并非是人的自主性的表现，而只是自然的玩偶，我们所作的一切行为及其冲突所带来的有利的结果，都是大自然的安排，体现的是大自然的智慧。所以，康德要想在人类历史的现象领域来捍卫人的道德自由和人格尊严，是一项十分艰难的任务。

这样一种矛盾，康德是这样解决的：他始终认为，由于人是有理性的存在者，所以人能意识到道德法则的崇高性，能够体会到人格的尊严和我们本体的自由。而要真正获得这种人格尊严和行使本体自由，就需要人类作为一个总体来整体地达到道德化，即人类历史是朝着道德化不断逼近的无穷尽的过程，在这个过程中，我们总有一天能够总体地成为纯粹的道德存在，从而生存在道德共同体之中。

既然人具有感性能力、想象力、知性能力、鉴赏力、欲求能力，又有理性能力，而历史的进步就表现在人的自然禀赋的发展和完善上，所以，在迈向道德化的过程中，作为感性能力发展和完善的标志的鉴赏力的形成，也即文明教养，应该被看作是道德化的前提条件。这一点是对卢梭相关观点的扭转。卢梭认为，人们的文明教养是一种虚荣和做作，过度的铺张和奢华，完

---

① 康德著，李秋零主编：《康德著作全集》第 8 卷，中国人民大学出版社 2010 年版，第 26 页。

全脱离了纯真状态，是一种腐败。由此，卢梭就要求重构理想社会——道德理想国，并认为只要按照《社会契约论》中列出的原则来构建国家，就可以实现一种理想的道德化的社会。卢梭没有真正的历史感，不理解历史的进步要经历许多阶段，故在以下两方面都措置失宜，即一方面不理解虽然文明教养发展会造成虚荣和做作，讲究过度奢华和铺张，但它却是社会性的本真基础，是道德的象征，有从外部促进道德的趋势；另一方面又错误地理解了道德理想，认为只要按照道德理想重构社会组织、政治运作方式，就能够立即在世界中实现人类的道德化，这是一种梦幻。康德则在历史发展中发现了人类发展出文明教养的必然性和有益性，而且这种文明教养对于人类的终极目的的实现来说有不可或缺的阶段性意义，这样才能紧扣历史的生成过程而步步落实。卢梭不能理解道德理想是一种最终目的，只能在无穷的历史发展中不断趋近。在这个过程中，人类的行为中不知道还会有多少愚蠢、幼稚的虚荣、争胜心甚至毁灭欲的表现，但是，康德始终认为，正是在这种对抗的表现中，我们会逐渐形成组成社会的普遍规则。可以说，这种普遍规则是与理性的特点相适应的，也是我们的理性所能认识的。康德认为，这也正是我们在现象的历史领域中发挥自己的自由能力的表现。

总之，虽然康德并不能科学地说明应该如何改变世界，但从解释世界的角度而言，康德的历史哲学结构宏大、内涵丰富、寓意深远，既直面历史中的苦难与罪恶，又始终对历史进步，善终将取胜抱有坚定的信念；他以反思判断力给出一个愿景，那就是人类的历史进展好像就是在逐渐实现"自然的意图"，即使得人类作为一个总体而道德化；他发展出了理性的一种新的认识功能，那就是矛盾的概念的辩证转化，从而阐明了人类是如何从自然的粗野状态前进到文明的公民状态，个人的恶如何转化为类的善。当然，他并没有认识到，只有物质生产方式的矛盾运动才是推动人类历史迈向道德化的真正动力；同时，他的本体与现象的划分，对"自然的意图"的预设，提示着我们，人类迈向道德化需要经历一个无穷的历史进程。这一点可以抑制人们在当下去追求实现完美的理想道德社会的狂热，可以抑制以美德之名而加于人的暴政。我们应该不断培养和完善自己的自然禀赋，发展自己的文明教养，并且发展公民的法治状态，不断进行启蒙，逐渐塑造自己的道德思维方式，并向道德化的方向迈进。我认为，这些观点是康德历史哲学对我们最宝贵的启示。

第二节 康德"永久和平"论题的三重根

在康德的实践哲学体系中，永久和平论从形式上说是属于法权的形而上学的一部分，因为在康德看来，各国都能尊重彼此的国家公民法权、国际法权和世界公民法权，是达到世界各国的永久和平的基本条件；但从内容上说，却是历史哲学的最后归结和憧憬，因为永久和平正是全人类作为一个总体走向道德化的国际环境条件。在历史哲学中，最高目标也是人类作为一个整体在无尽的历史长河中达到总体的道德化，所以，永久和平论要谋划的是人类能够安全地发展自己的各种禀赋特别是道德禀赋的外部环境。

康德在其法权学说的指导下，思考了人类达到永久和平的可能性问题，表现出康德的理论雄心是为万世开太平。这可以说是其法权学说的终极谋划。这种谋划是对如何达到"永久和平"的各种条件的考察，即给出永久和平论题的答案。我们认为，因为这个问题很复杂，康德不能给出单一的答案，而是给出了一种三重根的答案。康德认为，为了彻底消除产生国与国之间战争的一切根源，使人类世界永不再战，需要有以下条件：第一，法权概念有着极端的重要性，处于前提性地位，永久和平的根本前提就是各国都能彼此尊重对方的国际法权，能够形成自由的联盟；各国的政体都应是共和宪制，只有在共和宪制下所有人包括国家的主权者都处于普遍的法律的制约之下，公共意志也就不会成为任性的私人意志的工具。有了这个条件，则永久和平就有了前提；第二，在人类历史的舞台上，通过追求私人偏好的目的的行为之间的相互对抗即机械作用，"天意"（大自然的意旨）为人类理性的统治开辟道路，即公共法律将逐渐形成，并对人们的外在行为进行普遍约束。自然的这种机械作用使理性的进步获得了切实的空间；第三，人性中的向善禀赋也必然能够得到发展，对法权的敬重意识也是生机勃勃的，所以，政治家必须把道德（作为法权的道德）作为政治的限制条件，达到政治与道德的统一。总有一天，法权将能够得到大家的真诚尊重和维护，普遍法律能够成为我们的主观准则，我们就将能够出自内在真纯意念地遵守普遍法律，达到自律，特别是政治家们能够秉承政治与道德相统一的原则而行事，则我们就能自觉自愿地放弃一切战争手段。康德认为，这三重因素，就是永久和平论题的答案的三重根，它们的历史性发展，并能够聚集在一起，就是人类永久和平的切实保障。当然，康德并不期望在当下就能实现永久和平，而是把它视作人类无尽历史的一个远景目标。但他坚定地认为，这在理论上是确定的，在实践中也是可行的。

一、 自然状态与国与国之间战争的可能性条件

康德认为，自然状态即无法的状态就是一种战争状态。在这种状态中，即使不是经常地发生战争，也总是包含着发生战争的可能性。在自然状态，人只有一种私人权利，那就是自由。这种自由是人的一种任性的外在行为自由，也就是说，他们出于自己的思考而追求任何目标的自由，因为在自然状态是无法的，所以，不能把人们彼此的外在行为自由约束在可以并存的范围之中，而是处在不断产生冲突和争斗的状态之中。处在这种状态中的人们就是野蛮人，即未达到文明开化状态的人。野蛮人的典型特征就是没有普遍性的意识，总是要表现自己的特异性，因此无法在他们之间产生一个普遍的、对他们都有约束力的法律体系，所以，他们的自由就是一种无法的、放纵的自由。

在一定意义上说，国与国之间的关系同个人与个人之间的关系有一种可类比性。在自然状态下，个人的自由是一种什么样的自由呢？康德在区分先

验的自由和实践的自由时，认为实践的自由更重要，而实践的自由就是任性的自由。他对这种任性的自由的正式解释是：人的任性"虽然受到冲动的刺激，但不受它规定，因此本身（没有已经获得的理性技能）不是纯粹的，但却能够被规定从纯粹意志出发去行动"①。也就是说，自由的任性只能是"可以受纯粹理性规定的任性"②。但这里说的是自由是一种"能力"，也就是它能够这样做，所以，自由有着程度的区分。如果我们受到感性偏好的刺激，并且按照基于感性偏好的准则而行动，也就是表现为道德上的恶劣，但这也是一种自由能力的发挥，因为这也使用了理性，并形成了主观准则，即也取得了对感性偏好的某种独立性，从而与自然本能拉开了距离，这就是初步的自由；如果我们能够压倒基于感性偏好的准则而让基于道德法则的准则取得优先地位，则我们的行为就是善的，当然这就是一种高级的自由。高级的自由只能从初步的自由发展出来。所以，康德说，"自然的历史从善开始，因为它是上帝的作品；自由的历史从恶开始，因为它是人的作品。"③ 这就是说，人行使自由能力，就是摆脱自然法则的约束，而自己进行创造。虽然这种自行创造会陷入恶之中，但我们向善和更善的进步却是由此开始的，这就能解释，为什么康德把人类历史的发展理解为是从恶向善的永无止境的进步。

具体到个人身上，处于自然状态的人是野蛮人，因为他们虽然有理性，但是其理性的立法功能还没有得到发挥，而是处于感性偏好和本能冲动的控制之下，其理性应用只是偏重于形成基于感性偏好的准则，所以，他们之间更多的是以力相搏，而不是以理相待。他们无所顾忌地追求自己的感性偏好的目的，彼此之间没有公共的规则可以遵守并把他们外在行为的自由约束在

---

① 康德著，李秋零主编：《康德著作全集》第 6 卷，中国人民大学出版社 2007 年版，第 220 页。

② 康德著，李秋零主编：《康德著作全集》第 6 卷，中国人民大学出版社 2007 年版，第 220 页。

③ 康德著，李秋零主编：《康德著作全集》第 6 卷，中国人民大学出版社 2007 年版，第 220 页。

能够并存的范围里。在这种状态中，就只有自己成为自己的权利的法官了，只能以暴力来维护自己的所有权，或者去夺取别人的财物。本来，为了走出这种相互争斗的怪圈，大家理应一起来制定普遍的、形式性的法律，规定财物的获取方式和所有权，形成对大家的强制，但是野蛮人却偏爱自己的无法的自由，他们对其"无法的自由有一种执着，他们宁可无休止地互相争斗，也不愿服从一种本可由他们自己来建立的法律强制，因而偏爱放纵的自由甚于理性的自由。"① 这就是说，自然状态就意味着战争状态。

然而，在这种状态下，由于人们之间是自由和平等的，故一个人对他人的侵害，会受到来自对方的阻碍，而且，开头是为了不受到别人的侵害而加强自己的防卫能力，逐渐地就会去追求形成对别人的优势，而别人也一样，于是就会造成越来越强的对立态势，酿成越来越激烈的冲突。但人们的理性也明白，这种冲突最终会带来大家利益的损害，甚至大家的生命安全也处于危险之中。所以，人们也必然会以形成团体的办法去寻求安全。康德和霍布斯一样，从自然状态所必然内涵的无处不在的战争危险中推出我们必须走出自然状态，而走出自然状态的唯一途径就是通过订立契约形成国家，制定法律。但康德非常重视这种契约行为与一般的契约行为的不同之点，也指出了这种契约的社会文明性质："这个契约（被称为 contractus originarius［源始契约］或者 pactum sociale［社会契约］）作为一个民族中每个特殊的和私己的意志联合成为一个共同的和公共的意志（为了一种纯然法权上的立法的目的），绝对不可以被预设为一个做成之事……它反倒是理性的一个纯然的理念，但这个理念却具有无可置疑的（实践的）实在性，也就是说，约束每个立法者，使他如此颁立自己的法律，就仿佛它们能够从整个民族的联合起来的意志中产生出来，而且每个公民只要愿意是公民，就如此看待他，仿佛

---

① 康德著，李秋零主编：《康德著作全集》第 8 卷，中国人民大学出版社 2010 年版，第 359 页。

他一起赞同了这样一种意志。"① 这当然是从理念上来说的，也就是说这指明了这种契约的形式性特点，它可以不顾其所组成的社会国家的具体性质。他认为，这种契约是一种"源始契约"，需要三种要素齐集在一起，即外在的自由、平等和所有人的意志聚合在一起形成的普遍的意志。只有这种普遍的意志才能制定对所有人都有约束力的基本法。

各民族国家即使进入了文明状态，由于其内部的政治结构，也可能出现国内战争状态，那就是有统治者会追求自己超然法外，如果是这样，则这种国家实际上并没有走出战争状态。康德想到这一层，是因为他反思了霍布斯的契约理论的缺陷。霍布斯认为，在摆脱自然状态而形成国家的过程中，人们通过订立契约，把自己的所有权利都让渡给主权者（个人或议会），而主权者本身不参与契约的订立。他主张，主权者没有偏袒某部分国民而打压另一部分国民的理由，他们一定会服务于所有国民。但康德认为，如果有法外的人存在，则这种状态实际上就为发生战争留下了隐患。所以，康德提醒道："人们应当想到，各文明民族（每一个民族独自联合成为一个国家）必然急于尽早摆脱一种如此邪恶的状态，但其实每个国家并非如此，而是认为自己的威严（因为人民的威严是一个荒唐的表述）恰恰在于根本不服从任何外在的法律强制，而且其元首的荣光就在于，成千上万的人供他驱策，去为一件与他们毫不相干的事情牺牲自己，而他却偏偏可以不去履险。"② 显然，这样的国家就是独裁制国家，它们本身就是不安定的，内部的永久和平机制并没有建立。从实质性意义上说，这样的国家对其他国家来说也是一种危险，因为它们很容易为了转移国内矛盾，而对其他国家发动侵略战争。这就是康德为什么主张，要达到国家之间的永久和平，对各国的政治体制的要求也是一个前提性的条件，那就是所有国家必须是共和宪制。共和宪制的核心

① 康德著，李秋零主编：《康德著作全集》第 8 卷，中国人民大学出版社 2010 年版，第 300—301 页。
② 康德著，李秋零主编：《康德著作全集》第 8 卷，中国人民大学出版社 2010 年版，第 359—360 页。

就是立法权和行政权的分立；独裁宪制的核心就是立法权和行政权的合一。换句话说，康德看重共和宪制中每一个人包括主权者都必须受到法律的约束，因为这里的立法意志是国家中所有人聚合而成的普遍意志，所以，在国家中就没有任何人能够违背公共法律而任性地行使自己的意志。

关键问题是，当我们把眼光从国家内部转移到国家与国家之间时，我们发现，世界上民族国家的存在状态十分类似于自然状态，因为各国即使都进入了自己的公民法治状态，但是在国家之间，却没有一种对各国都有普遍约束力的法律，所以，国家之间实际上是处于无法的自然状态。按照前面关于自然状态的特性的解释，在这种状态中，国家之间实际上也处于一种战争状态。康德认为，从这一点可以看到人性的邪恶和不可爱："在各民族的自由关系中，可以赤裸裸地看到人的本性的邪恶（不过，在公民法律状态中，这种邪恶被政府的强制大大掩盖了）"①，这表现在，整个的民族会处于相互敌对的关系之中。一个国家对另一些国家的独立和财产存有攫取之心，始终有着相互征服或者削弱别国国力的意志；而为了保卫自己的国家，国家对和平的渴求更是加重了平时备战的紧迫性，这对国家内部的福祉会造成摧毁性的影响。依照理性的推理，这种局面当然是各国都不愿看到的，但由于国家之间的互不信任，也没有一种普遍的具有约束力的国际公共法律，所以十分难以摆脱这么一个怪圈。在这种情况下，国家之间要维持一种和平状态，就只能靠彼此力量的平衡，大家都暗暗加强军备，以便使得自己的军事力量不被别国超过而受到侵略。但是，想靠这种平衡达到持久的普遍和平，"纯属幻觉，就像斯威夫特之房，它由一位建筑师按照一切平衡法则建造得如此完美，以至于只要一只麻雀落在上面，它就立刻倒塌。"② 这种平衡，最多能达成暂时的休战，而不可能一劳永逸地结束战争状态。为了应对这种情况，

---

① 康德著，李秋零主编：《康德著作全集》第 8 卷，中国人民大学出版社 2010 年版，第 360 页。

② 康德著，李秋零主编：《康德著作全集》第 8 卷，中国人民大学出版社 2010 年版，第 316 页。

"除了一种建立在伴有权力的、每个国家都必须服从的公共法律之上的国际法权（类似于单个人的公民法权或者国家法权），不可能有任何别的办法。"①

　　国家间的永久和平是人类社会的一个崇高理念。显然，要走出国家之间的战争状态，不能靠权宜之计，而必须以理性的先天法则即"法权"作为基础原则，充分保障人们的理性自由，还要有对国家政制的理性要求，并需要一种自然界的终极目的理念的引导，利用某些自然的机械作用机制，促使人们的法权意识觉醒，还要使这些基本价值在现实中得到制度性的实现，才有把握实现人类的永久和平。这虽然是一种理论的谋划，但是，康德相信，我们天赋有理性，即使在现实的经验生活中，我们看到了人的本性的赤裸裸的邪恶，但是，它们也是人的自由的某种运用，同时，我们人的本性中也有向善的禀赋，有对法权和义务的敬重，而且也有理由相信，实践理性在经历多次失败的尝试之后最终会战胜恶。于是，实现永久和平实际上是我们的义务，而义务不会命令我们去做根本不可能的事情，所以，永久和平在尘世中是有望实现的。

二、　永久和平的第一重根："法权"　的前提性价值

　　"法权"概念在康德的政治哲学中起着十分关键的作用。它既是一个法哲学概念，也是一种道德概念。换句话说，它与道德法则一样来源于先天的理性法则，表现为一种外在行为方面的道德法则（不要求它成为我们内在的道德准则）。"法权"概念在康德那里来自人的任性的自由，任性的自由是一种诉诸现实行为的自由，首先就表现为对保存自己生命所需物品的占有行为。从形式上说，这将涉及人格与人格的关系，因为现实的占有实际上是以无形的或理智的占有为基础的，也就是说，即使该物不在现场，也为我所

---

① 康德著，李秋零主编：《康德著作全集》第 8 卷，中国人民大学出版社 2010 年版，第316 页。

有。显然，在理性的先天形式上，人是平等的。换句话说，法权来源于平等的人格之间的关系，即"我的"和"你的"的划分法则，这必须以普遍法律和正规的公共执法机构的成立为前提，也就是要形成某种政治体制。要达到永久和平，就要求人们的法权都必须得到保护，使人们的外在行为自由能够并存于世，使人们在这种结构中都能合乎正义地获得自己的利益，从而没有必要诉诸抢夺和征服，即战争，从而根除了产生战争的条件。

康德认为，要走出自然状态，就必须成立一种能够赅括所有人的法权的政治体制，理想的政治体制必须把所有人都约束在普遍法律之下，其意图就是要摆脱战争状态，达到永久和平。

由此，康德给出了永久和平的 6 个临时条款和 3 个确定条款。

（一）临时条款

就永久和平来说，临时条款就是那些在康德看来的一些必需的、并且要优先考虑的事项。所有这些条款都指向不能侵犯对方的法权和人格尊严，如果违反了，就必然没有消除产生战争的因素，为战争爆发埋下了隐患。这似乎是对现实中存在的爆发战争的因素进行了梳理，康德认为必须首先去除这些因素。

第一临时条款："任何和约的缔结，如果是以为了一场未来的战争而秘密地保留物资来进行的，均不应当被视为和约的缔结。"① 如果这样做，缔结和约就是一个幌子，一个缓兵之计，只是换得一个暂时的休战期，目的是为了再战。

第二临时条款："任何独立自存的国家（大或小，在此都一样）均不应当能够通过继承、交换、购买或者馈赠而被获取。"② 国家是一种人们的政

---

① 康德著，李秋零主编：《康德著作全集》第 8 卷，中国人民大学出版社 2010 年版，第 348 页。

② 康德著，李秋零主编：《康德著作全集》第 8 卷，中国人民大学出版社 2010 年版，第 349 页。

治集合，它是一种扩大了的道德人格，而不是一宗财产，不能成为一种物件，所以不能继承、交换、购买或者馈赠。

第三临时条款："常备军（miles perpetuus）应当逐渐地完全废除。"①建立常备军，一是会诱发扩军竞赛，由于经济的原因，它会成为侵略战争的原因。赵明教授在论及此点时说："由于财富太多，豢养一支军队就变得相当容易，这在周边国家看来，就不免成为一种潜在的战争威胁。这就是政治的自然状态"②；二是雇佣军人，就是使之受雇于杀人或者被杀，把他们贬低为一种工具或手段，这显然与人格中的人性法权无法取得一致。

第四临时条款："任何国家均不应当在涉及外部国家纠纷时举债。"③假如这样做，明显地就是通过举债来壮大自己的军备，图谋以战争手段来解决国与国之间的纠纷。

第五临时条款："任何国家均不应武力干涉另一个国家的宪政和政府。"④对另一国家的政府的武力干预，在实质意义上说，就是贬低这个国家的国格。

第六临时条款："任何国家在与另一个国家作战时，均不应当容许自己采用必然使得未来和平时的相互信任成为不可能的那些敌对行为，诸如雇用刺客（percussores）和放毒者（venefici）、撕毁条约、在敌国煽动叛乱（perduellio）等。"⑤如果在战争中，各国采用了以上极端的不义行为，那就会使未来想要达到和平所需的相互信任成为不可能，因为它们丧失了对国际法

---

① 康德著，李秋零主编：《康德著作全集》第8卷，中国人民大学出版社2010年版，第350页。

② 赵明：《实践理性的政治立法——康德〈论永久和平〉的法哲学诠释》，法律出版社2009年版，第121页。

③ 康德著，李秋零主编：《康德著作全集》第8卷，中国人民大学出版社2010年版，第350页。

④ 康德著，李秋零主编：《康德著作全集》第8卷，中国人民大学出版社2010年版，第350页。

⑤ 康德著，李秋零主编：《康德著作全集》第8卷，中国人民大学出版社2010年版，第350页。

权的基本尊重，从而使缔结和约成为不可能，而且这种战争就会发展为一种灭绝战。这是不容许的。

以上6个临时条款，使我们直观地理解到了国际法权概念，它们要求禁止那些在经验生活中可能发生的由于不尊重国际法权，而妨碍达致永久和平的情况。

（二）确定条款

所谓确定条款，在康德这里，实际上是指法权在不同领域中得到保障和实现，从而使永久和平成为可能的前提条件，这些条款是完全枚举的。具体说，就是在三个法权领域中的不同要求。康德认为，在一切政体中，"就处在它里面的人格而言，就是：

1. 在一个民族中依据人的国家公民法权的宪政（ius civitatis）；

2. 依据各国在相互关系中的国际法权的宪政（ius grntium）；

3. 依据世界公民法权的宪政（ius cosmopoliticun），这是就处在相互影响的外在关系中的人和国家可以被视为一个普通的人类国家的公民而言的。"①

这种划分是完全的，它使得地球上没有任何一个人能置身法外。法权原则要得到完整的保护，可以分为国家公民法权、国际法权和世界公民法权。永久和平的三个确定条款就分别对应于这三种法权得以保护和行使的条件。

第一个确定条款："每个国家中的公民宪政应当是共和制的。"② 法权概念作为一个来自纯粹理性的先天概念，它没有经验的对应物，却可以赅括经验世界的多样性权利表现，所以是一种理性理念。如果每一个人在国家内部都能服从普遍法律，使自己的任性自由的行使与他人的自由能够并存，其行为就是正当的，同时国民之间也能消除战争状态，而达到永久和平。所以，

---

① 康德著，李秋零主编：《康德著作全集》第8卷，中国人民大学出版社2010年版，第354页底注①。

② 康德著，李秋零主编：《康德著作全集》第8卷，中国人民大学出版社2010年版，第354页。

走出自然状态而进入到公民法治状态，是我们每一国民的政治义务。

康德认为，政府的形式就是国家基于制度而行使其绝对权力的方式，而这种制度就是把人民的意志结合成一种普遍意志的行动造成的。政府的形式可以划分为共和制和独裁制。康德指出："共和制是把（政府的）行政权与立法权分离开来的国家原则；独裁制是国家恣意地执行它自己所立的法的国家原则，亦即被君主当做其私人意志来操控的公共意志。"① 共和宪制是纯粹产生自法权概念的，而且是有望达到我们期望的永久和平的宪制。这是因为在共和宪制中，是否开战需要得到国家公民的赞同。由于战争的苦难要由所有公民承担，比如自己要去作战，提供战争费用，并在战后要为恢复战争的破坏而付出艰苦努力，还要负担因为支撑战争而形成的巨额债务等等，对此国家公民当然要掂量再三。所以，从其本质上说，共和制国家一般不愿意发动战争或参与战争，而是倾向于和平的；但独裁制则因为元首不需要参与战争行为，战争的后果要由臣民负担，他们自己仍然能生活优渥，所以会很轻易地发动战争。也就是说，康德要求，为了达到各国的永久和平，世界上的所有主权国家都应采用共和宪制。

当然，在法权论中，康德的最高关注是民族国家之间的永久和平。要对世界的永久和平予以谋划，国际法权同样是前提性的理念。从人类的历史性生存而言，发展为民族国家是十分自然的，也就是说世界是由各民族国家组成的，就它们尚未成立一种把各国的意志聚集在一起的普遍意志，并出现由这种普遍意志所颁布的普遍法律之前，各国实际上处于一种自然状态，按康德的理解，这也就是一种战争状态。所以，走出这种自然状态，而进入一种世界各国的法治状态也就是我们人类的义务，而这也要以国际法权的确立为前提。

---

① 康德著，李秋零主编：《康德著作全集》第 8 卷，中国人民大学出版社 2010 年版，第 357 页。

第二条确定条款："国际法权应当建立在自由国家的一种联盟制之上。"① 如果要想获得国与国之间的和平，就必须确立国际法权。首先，一个国家与另一个国家必定有界限，同时又是相邻的，所以必然会产生相互影响，如果不能形成一种把各个国家的意志聚集起来的普遍意志，不能颁立一种各个国家都要共同遵守的普遍法律，那么，国家与国家之间就处于自然状态，所有国家必须自己作为自己的法官，从而必然是处于战争状态之中。于是，走出战争状态就是各国的义务。为此，我们必须预设某种法权状态，也就是要预设一个国家能够享有的法权的外部条件，才会有作为公共法权的国际法权。显然，国际法权也只能产生于某种契约，如果国家之间通过契约成立一个高于各国普遍意志的更高意志，那么各国的法权是可以得到保障的。但是，国际法权与一个国家内部的公民法权之间有一个很大的不同，那就是：国家公民法权具有一个国家的普遍法律的保障，国家的普遍意志要高于个人的主观意志；但在国家之间，却无法形成一种高于各个国家的公共意志的更高意志，因为各国的公共意志本身就是最高的立法意志。所以，在国家之间，不能通过订立契约而颁立一种强制性的普遍法律而迫使各个国家遵守。康德认为，产生国际法权的契约所能形成的"至多能够是一种持久自由的联合的契约……因为若没有某个把不同的（自然的或者道德的）人格积极地联结起来的法权状态，因而即是在自然状态中，就只能有私人法权的存在。——这里，也出现政治与道德（被视为法权学说的道德）的一种冲突，其间那个准则公开性的标准同样可以轻易地运用，但只是要说：契约把各国结合起来，只是为了在它们之间并且一起对其他国家把自己维持在和平中，但绝不是为了造成获取"② 也就是说，保护国际法权所要求的不能是成立世界政府，而只能是那种把各国维持在和平之中的自由契约，即自由联

---

① 康德著，李秋零主编：《康德著作全集》第 8 卷，中国人民大学出版社 2010 年版，第 359 页。

② 康德著，李秋零主编：《康德著作全集》第 8 卷，中国人民大学出版社 2010 年版，第 389 页。

盟制。

各国为了避免战争状态，同样需要：第一，要保障各国的自由；第二，各国的外在行为的自由要在一种由契约而形成的某种普遍的规则下来行使，从而使各国的自由能够并存；第三，各国却不能形成高于彼此的更高的主权者（因为各个国家自身就已经形成了基于普遍法律的公民宪制），所以，只能形成一种结盟联合体。在这里，国际法权就是一种外在的道德，因为它要求各国彼此尊重对方的国家法权。所以，"各国意在远离战争的结盟状态是惟一能够与其自由相结合的法权状态。因此，政治与道德的协调一致惟有在一种结盟联合体中才是可能的（因此，这种联合体是按照法权原则先天地给定的和必然的）。"① 换句话说，如李普斯坦所认为的，康德不愿也不能"把进入国家的论证普遍化为建立一个世界政府的论证"，这是因为"国家在国家之外不享有取得的物权"，所以，国家之间的和平，"既不要求最高统治者的立法，也不要求强制执行的权力。国家只需要同意接受类似于法庭的机构所作的裁判，以便和平地化解彼此的分歧"②。

但是，在日常状态下，国家追求其法权的方式并不能像在法庭里通过诉讼而取得，而只能是战争，原因是自己国家的法权受到了侵犯。但是，法权并不是通过取得战争的胜利来裁定的，否则法权就只是暴力的结果，这是与法权的道德性质相违背的，而且会使得战争成为各国之间的常态。而在战争中当双方都精疲力竭时，可能会签订和约，但这种和约所导致的却只是战争的暂时的终止，而绝非战争的彻底根除。要获得根除战争的前提条件，就只能是从理性的形式来要求，即最高的道德立法出发，对各国预设一种作为公共法权的国际法权。显然，理性不能把战争的结果作为裁决法权的根据，而是要"使和平成为直接的义务"，理性告诉我们"若无各民族之间的一项条

---

① 康德著，李秋零主编：《康德著作全集》第8卷，中国人民大学出版社2010年版，第390—391页。
② 李普斯坦：《强力与自由——康德的法哲学与政治哲学》，毛安翼译，知识产权出版社2016年版，第30页。

约，和平状态就无法建立或者得到保证；所以，必须有一种特殊的联盟，人们可以称之为和平联盟（foedus pacificum），它和和约（pactum pacis）的区别在于，后者仅仅试图终结一场战争，但前者却试图永远终结一切战争。"①

在这个问题上，康德所能诉诸的只是在理性上的可理解性。因为，第一，我们无法设想一个世界政府来管理世界各国，因为各国"内部已经有一种法权宪政，因而不再需要他方的强制，来按照其法权概念将自己置于一种扩大了的法律宪政之下"②。但是，没有这种强制性，怎么使各国走出战争状态而达到永久和平呢？他只能设想一种和平联盟。这是从国际法权的概念中推论出来的。第二，这种和平联盟是由各民族的一项条约所联结的，没有它，和平状态是无法建立的，即使建立了，也是无法得到保障的。第三，我们可以设想，假如这个世界很幸运，有一个民族国家建立了一种共和宪制，它从本性上来说是倾向于各国的永久和平的，而它又得到了繁荣发展，成为世界各民族国家联盟的中心，那么这样的联合就会逐渐地扩展得越来越远，出现一种世界公民宪制也是可能的。第四，从理性的角度看，如果能够形成一个世界政府，能够成为聚合各国意志的公共意志，"形成一个最终会把地球上所有民族都包括在内的（当然一直增长着的）合众国（civitas gentium）"③，并颁立对各国有强制性的共同法律，那当然是很好的。杰弗里·墨菲也指出，"国家间所表现出的那种病理正是扩大版的个人间的自然状态的病理。因此，世界政府可被视为唯一合法的治疗此种病理的疗方。因此，永久和平就是一种最基本的政治义务。"④ 但是，国家按照其国际法权的理念来说，却无意于此，也无法达到。所以，康德并没有空洞地设想一个

---

① 康德著，李秋零主编：《康德著作全集》第8卷，中国人民大学出版社2010年版，第361页。

② 康德著，李秋零主编：《康德著作全集》第8卷，中国人民大学出版社2010年版，第361页。

③ 康德著，李秋零主编：《康德著作全集》第8卷，中国人民大学出版社2010年版，第362页。

④ 杰弗里·墨菲：《康德：权利哲学》，吴彦译，中国法制出版社2010年版，第157页。

致力于永久和平的世界政府，只是期待走上这一条路："取代一个世界共和国的积极理念的（如果不应当失去一切的话），就只能是一个拒绝战争的、现存并且一直扩大着的联盟的消极替代物，来遏制惧怕法权的、敌意的偏好的潮流，但仍不断有爆发的危险。"① 这个情况是理性所能加以合理地设想的，也就是说，这种自由的联盟制虽然能够对国家间的和平有一定的保障作用，但其实并没有最高的能力能保障世界的永久和平。

塞叶德·阿里·马慕德（Seyed Ali Mahmoud）评论道："虽然康德在证成这个自由国家联盟时利用了道德和自利的动机，但由于其结构和规则中的含混性，这个概念是脆弱的。因为要建立一个统一的世界政府，有严重的障碍，这部分来自在世界中社会的多元本性，部分来自其复杂结构，所以，世界政府仍然是人类不可达到的欲望之中的一个理想。"② 也就是说，对康德来说，由于国家的主权独立性，要形成一个高出主权国家之上的世界政府，那是很难设想的，我们只能期待建立与国际法权必然联结的自由联盟制，然而，这种自由联盟制在某种意义上还只能是一种各国利益的协商机制，还不能真正保障永久和平，这就需要一种其他法权来补充，这就是世界公民法权。

第三条确定条款："世界公民法权应当被限制在普遍友善的条件上。"③ 为设想地球上的人类不仅仅作为国家公民在相互交往，而且作为一个人在突破国界而交往，就必须设想一种条件，人们必然会在世界上的任何一个地方与他人打交道，这时人们就必须超出一般的国家公民法权和国际法权而拥有一种世界公民法权。这是因为，地球的表面是圆形的，人们不能无限地分散在各地，而是必然会相邻存在，从这个意义上说，每个人对地球的任何地方都

---

① 康德著，李秋零主编：《康德著作全集》第 8 卷，中国人民大学出版社 2010 年版，第 362 页。

② Seyed Ali Mahmoud. *An Evaluation of Kant's Theory of Perpetual Peace in the Field of Contemporary Political Philosophy*. The international Journal of Humanities of Islamic Republic of Iran，No. 2，Springer 2008，p. 15.

③ 康德著，李秋零主编：《康德著作全集》第 8 卷，中国人民大学出版社 2010 年版，第 363 页。

有居留的法权,"原初没有任何人比其他人有更多的法权住在地球的某处。"①
这就是说,我们必须设想所有人都享有的一种造访法权。这种法权显然不是
为了产生冲突或彼此征服的法权,而是彼此友善对待的法权。它是源初契约
所约定的。

于是,康德认为,世界公民法权就被限制在普遍友善的条件上。这种友
善并非是仁爱之情感,而是与义务相应的法权。换句话说,这种友善法权是
就人类生存于世可以相互要求的条件而言的,因为如果世界公民法权是一种
可以相互存有敌意的法权,那么,人类在这个有限的星球上就只能面临同归
于尽的结局。所以,人类要普遍地交往,就内涵着大家都应该相互友善的要
求。彼此友善的法权,能够使原本分隔的人们形成一种交往关系,从理想的
角度说,"这些关系最终将成为公共法律的,并这样就能够使人类最终越来
越接近一种世界公民的宪政。"②

我们必须看到,在现实中,随着人类的交往越来越密切,交往范围也越
来越扩展,于是人们逐渐地能够达到相互理解,并彼此能够产生同情共感。
所以,我们对那种不义的海盗行径会产生一种义愤,任何一个地方对法权的
侵犯都能被所有的民族感觉到,从而使大家的世界公民法权意识日益清晰。
于是,"一种世界公民法权的理念就不是法权的一种幻想和夸张的表象方式,
而是既对国家法权也对国际法权的未成文法典的一种必要补充,以达到一般
而言的公共人权,并这样达到永久和平,惟有在这个条件下,人们才可以自
诩在不断接近永久和平。"③

显然,康德的世界公民法权概念导向一种世界公民法律的步骤是这样
的:他从每个人对地球表面都有原初的居留权出发,推到人们有到另外的国

---

① 康德著,李秋零主编:《康德著作全集》第 8 卷,中国人民大学出版社 2010 年版,第 363 页。
② 康德著,李秋零主编:《康德著作全集》第 8 卷,中国人民大学出版社 2010 年版,第
364 页。
③ 康德著,李秋零主编:《康德著作全集》第 8 卷,中国人民大学出版社 2010 年版,第
366 页。

家旅行并得到友善对待的权利，这是人们产生相互关系的前提。在相互影响的过程中，特别是在贸易活动和人们对不正义的义愤的同情共感中，我们会逐渐形成一种世界公民层次的公共法律。保连·克列·疑格德（Pauline Kleingeld）认为，在这种法律中，"人类有着作为'一个世界公民'的某种基本权利，而不是作为任何特定的更低层次的政治实体的成员。"① 所以，康德的这个概念是相当谦逊的，对这个概念的更多细节也没有进行深入分析，因为从历史上看，也有许多民族国家对外来人抱有敌意，或者把外来人划定在国土上的某个区域活动，所以，要真正让人们对他人的世界公民法权产生敬重并维护之，是需要经历相当长的历史过程的。同样，对于世界公民法权的保护，康德也没有走到这一步，即认为要成立一个全球性的权威机构来制定相应法律并对侵害他人的世界公民法权的行为予以制止和惩罚。对康德而言，世界公民法权是作为人类交往的远景来看的，它只能在人类普遍交往不断扩大和加深的历史长河中才有望得到实现。

对康德的永久和平谋划，威廉·纳施（William Rasch）提出了一种根本的异议，那就是，康德和霍布斯一样认为人类社会是一个由暴力而非和平占据本体论上的优先性的世界。在法治状态下，也是有强制性的，这就表明了暴力是永久性的，并且始终有爆发冲突、战争的可能性。于是，在康德的理论视野中，"由于社会和平由法律的强制性压力所保证，所以它就仅仅是战争的暂时平息……和平之岛存在于战争之海中。"② 也就是说，从法权学说来提出达到永久和平的条件，在逻辑上就是不可能的。对这种异议，康德如何回应？实际上，康德认为：永久和平的前提是对国际法权的敬重和维护，从外部行为的约束来说，必须有普遍法律的强制性压力，但如果大家都尊重各国的国际法权，就不需要行使普遍法律的暴力压制功能。所以，永久和平的条件可以是各国自觉自愿地遵守这种由契约而形成的普遍法律。就如我们

① Pauline Kleingeld, *Kant's Cosmopolitan Law：World Citizenship for a Global Order*, Kantian Review. 1998（2），p. 87.

② William Rasch, *Kant's Project of Perpetual Pacification*, Law Critique. 2008（19），p. 29.

兴修堤坝就可把洪水约束在固定的河道里平和地流动，显然，这种约束是必要的，但从这里不能推论说，因为堤坝对洪水是有强制性压力的，所以洪水平和地流动是不可能的，关键是，堤坝必须足够坚固，或者洪水不能过于激烈地汹涌拍岸。所以康德认为，要达到永久和平，一是必须订立以保护法权为基础的普遍法律，并获得强制力；二是人们也必须有相应的意念的转变，即要获得一种新的文明性的品质，至少要能够遵守外在的普遍法律；当然，康德更希望，人类能够达到整体地道德化，即他们能够把普遍法律作为自己的内在主观准则，从而达到道德上的自律，这样，人与人、国家与国家之间冲突的烈度就会大大降低，就没有发生战争的危险。因此，威廉·纳施（William Rasch）的异议，对康德来说，并不是无解的。但是他认为从法权正义出发来谋划永久和平，实际上是把冲突和战争状态看作是国与国之间的具有本体论优先性的关系，这个看法是发人深省的，康德对在此前提下达到永久和平，也只能最后诉诸大家都普遍获得道德品质，实际上表明康德已经看到了这一点。

以上条款，在汉娜·阿伦特那十分敏锐的观察中，具有特定的关怀。她认为，康德对永久和平的谋划，其关注点并不是"冲突的消弭，甚至也不是战争的残酷、血腥与暴戾将随之消弭；而在于——这是他有时甚至极不情愿地得出的结论（之所以'极不情愿'，是因为，人们是会像绵羊一样任受摆布的；生命的牺牲是有崇高可言的；等等）——那是'被扩展了的心智'得以最大可能地扩展的必要条件"[1]。也就是说，康德实践哲学的最核心关怀，是人们如何通过相互交往，能够获得越来越多的可分享价值和不断扩展的自我，这正是人类作为一个整体向总体道德化进步的必经台阶。为了这种客观的实践的利益，康德才特别关注永久和平。汉娜·阿伦特认为，临时条款中第6条关于不能损害战后大家的互信的基础的要求，以及正式条款中的

---

[1] 汉娜·阿伦特：《康德政治哲学讲稿》，曹明、苏婉儿译，上海人民出版社 2013 年版，第 113 页。

第3条对普遍友善的规定，就是为了使人类的普遍交往获得一种和平的环境。这个观点，揆之于康德整体的实践哲学关怀，的确是慧眼如炬。

在康德对永久和平的谋划中，法权概念是一个最高前提。无法权，将不可能出现文明状态；无法权，则永久和平就只是幻想。但是，我们必须在法权的三个领域中都对法权加以捍卫，并使之成为一种义务。对于作为有理性存在者的人类来说，应当就意味着能够，义务不会命令我们做不到的事情。但要使人类能够完全自愿地彼此尊重和保卫法权，一方面要经过长时间的历史过程，另一方面还要整体地发展人类的向善禀赋。

三、 永久和平的第二重根： 自然的保障

康德明白，如果各国都遵守了6条临时条款和3条确定条款，那么，可以说具备了永久和平的形式条件。但是要使这些条款得到实际的、严格的执行，还是有许多人类的理性所不能胜任的情形，因为人类并不是纯粹的有理性者，而是也有着感性的自然特质，于是，要达到人类的永久和平这种理想状态，还需要有自然的作用。在康德的实践哲学系统中，大自然的意旨（天意）其实起着一种最后统一人类生存的目的的作用。这是人类永久和平的自然的保障。

康德认为，自然为了给人类的永久和平提供一种保障，已为人类做了以下事情，成为人类通过自然的机械作用而实现道德性的目的，并达致永久和平的基础条件。1. 地球的表面几乎所有地方都适于人的生存；2. 人类也因为生活而分散在世界各地；3. 通过冲突、对抗甚至战争，也在各国中都产生了一些类似于普遍法律的一些约束大家行为的规则体系。但在这个过程中，战争的倾向也似乎作为本能嫁接到人身上了，各民族都有对作战勇敢的歌颂。康德的看法确实有历史的根据，比如，在古希腊，勇敢就是四主德之一，勇敢德性的含义就是对己友，对敌狠；古代的秦国也以割取敌人首级的数量来论军功奖赏，等等。所以，在古代，把作战勇敢看作是一种高级德

性，并认为勇敢作战"是人性的某种高贵化"①。人的自然本性就呈现为这样的二歧化，即一方面向往和平，另一方面又歌颂作战勇敢。但这也是自然的某种智慧安排，经过激烈的冲突，人们最终会被迫进入到服从某种普遍法律的状态之中。自然的意图就是通过人们追求感性偏好的冲动之间的相互对抗和抵消这样一种机械作用，而使法权和理性能够实现自己的统治。

如何理解自然的智慧安排呢？这当然是一种实践理性的必需，而非理论的认识。要对这种智慧安排形成理论认识，则超出了我们的能力。在他看来，在事关实现永久和平的意图的问题上，自然所能起的作用，就是提供担保，"让人按照自由法则应当做却未做之事，也由于自然强制他将这样做而无伤这种自由就得到确保，确切地说是在公共法权即国家法权、国际法权和世界公民法权这所有三种关系上得到确保"②。这应被理解为是自然自己在做这件事，不以我们的意愿为转移，也不是自然通过为我们颁布一种义务去做这件事。

第一，康德也认为，要一个民族国家形成共和宪制并不容易，因为人有其自私的偏好，并不情愿把自己置于普遍法律的约束之下。然而，康德对自然在这方面的作用的设想却是：人的理性及其意志在实践上虽然受敬重，在力量上却是软弱的，所以需要自然的协助。协助的方式就是利用人们的自私偏好，即自私的偏好会针锋相对，而且会相互抑制甚至抵消这样一种机械性作用，从而使人们被迫成为一个好人。当然这个意义上的好人也许还不是一个道德上的好人，但肯定是一个法学上的好人，即在外在行为上遵守普遍法律的好人。他甚至说："建立国家的问题无论听起来多么艰难，纵然对于一个魔鬼民族（只要魔鬼有理智）来说也是可以解决的，这个问题就是：'一群有理性的存在者，全都为了保存自己而要求有普遍的法律，但他们每一个都暗中倾向于使自己成为例外，要这样来安排他们并建立他们的宪政，使得

① 康德著，李秋零主编：《康德著作全集》第 8 卷，中国人民大学出版社 2010 年版，第 371 页。
② 康德著，李秋零主编：《康德著作全集》第 8 卷，中国人民大学出版社 2010 年版，第 371 页。

他们虽然在自己的私人意念中彼此对抗，但却毕竟如此相互抑制这种意念，以至于在其公开的行为中，结果恰恰是好像他们并没有这些恶的意念似的。'"① 自然的这种机械作用，可以促使人们在外在行为上接近法权理念所规定的东西，可以调整一个民族中人们的不和意念之间的冲突，使之不得不互相强迫对方接受强制性法律，"并这样来产生法律在其中有效力的和平状态"②。但这里需要说明的是，产生这种和平状态的不是道德性的东西，而是自然通过机械性的作用把在外部相互对抗的自私偏好作为理性的手段，为理性自身的目的即法权规范创造空间，从而形成一种共和宪制。

第二，在国际法权方面，自然也要起作用。世界上各民族国家是相互独立又相邻的，这本身就是一种战争状态，只有通过组成一种自由联盟才能在一定程度上保证人类的永久和平。然而，任何一个国家都有这样的冲动，即形成一个一统的君主制，其独裁君主想以这种方式保证自己的持久和平；进一步，如果自己足够强大就想统治整个世界，但由于其原则是被当作君主的私人意志来操纵的公共意志，所以会灭掉善的胚芽，最终会陷入无政府状态。自然的智慧安排则抵制这样的倾向，它通过语言和宗教的不同，而阻止各民族的混合，也就是要保持各民族国家的分立状态，虽然这本身就带来对抗，但是随着文化的发展，各国会逐渐达到在国际法权原则上的更大一致，能够更加相互尊重和相互理解，从而保持在一种和平状态之中。显然，自然在这方面不是通过一国削弱掉另一国的一切力量而导向暂时的和平，而是"靠在这些力量的最活跃的竞争中保持它们之间的平衡"③ 来达致和平。所以，从康德的国际法权思想来说，他始终排斥一种世界政府的观念，他期望的是各民族国家的自由联盟制的建立，因为各民族国家具有主权的至上性。

---

① 康德著，李秋零主编：《康德著作全集》第 8 卷，中国人民大学出版社 2010 年版，第 372 页。

② 康德著，李秋零主编：《康德著作全集》第 8 卷，中国人民大学出版社 2010 年版，第 372 页。

③ 康德著，李秋零主编：《康德著作全集》第 8 卷，中国人民大学出版社 2010 年版，第 373 页。

第三，在世界公民法权方面，自然也会加以协助。自然一方面通过语言和宗教的不同，阻止一个国家凭暴力和其他不正义的手段把各民族置于自己的统治之下，另一方面又通过各民族之间的贸易精神，使各民族为了获得各自利益而建立贸易联系纽带，显然，"这种精神与战争无法共存，而且或迟或早将制服每个民族。"① 实际上，对于所有民族国家来说，通过和平的贸易而获利，是其最健康的偏好。可以说，自然就凭借着这种偏好的机械作用，来使各国不得不促进和平，并且如果哪里有发生战争的危险就会去斡旋。换句话说，这是以偏好克制偏好，却会产生和平的结果，并力图维持和平。因为这样的机械作用是在人心中必然具有的，所以可以作为永久和平的保障条件。康德也承认，由于人们的各种偏好的强弱会有变化，所以以这种机械作用来保障永久和平在理论上是不充分的。然而，从实践上来说，因为世界公民法权的理念即各国对外国人的友善不是一种情感要求，而是一种法权要求，所以，我们应把促进各国人们之间的友善当作自己的义务，这一点在实践上的强制性是充分的，自然给我们以这种协助，则我们履行这种义务就更加容易一些。所以，永久和平是可期的。

四、 永久和平的第三重根： 政治与道德的统一

康德把"各国统治者应当听取哲学家们的忠告"这一条款称为"秘密条款"。他认为，这本应是蕴含在人类的理性之中的，因为人类的理性在道德上立法，就给人类规定了义务，尊重法权显然就是人的最基本义务，这就是公共和平的可能性条件的准则，哲学家对此可作一种条贯的揭示，所以，政治家应当听取哲学家们的忠告。这一点并不需要各国有一个约定，在某种意义上说这是一种道德要求，所以可以看作是秘密条款。这个条款的核心，就是默认道德对政治的统辖能力，也就是要默认真正的政治领域应该是自由

① 康德著，李秋零主编：《康德著作全集》第 8 卷，中国人民大学出版社 2010 年版，第373 页。

与自然的机械作用的统一。

法权概念虽然是纯粹理性的先天法则所蕴含着的，但在现实世界中，其出现却有一个实际的困难，那就是，从个体来说，即使我们想要尊重和维护自己和所有人的法权，但是单个人的分散状态却无法形成一个普遍的意志，所以必须有一种联合性的力量才能形成这种意志。然而，这种要求却只是形式上的，在现实世界中，应考察的是如何从机械性的力量中产生法权意识。康德认为，在自然状态中，实际上"不能指望法权状态的任何别的开端，除非是凭借暴力的开端，在暴力的强制之上，随后建立其公共法权"①。这个看法是实事求是的。毕竟，战争是维护法权的应急手段，在彼此对抗的战争中，可以促使人们的法权意识觉醒。

正因为法权观念来自自然状态的暴力战争之中，文明的国家也产生自暴力，所以，政治家们对暴力或其他明智手段的依赖就十分严重，而且也构成了他们的治国技术的基础。他们也许有对法权形式的意识和向往，但是他们认为那只不过是理论上的，在实践中是难以行得通的。实际上，道德与政治的明智策略是可以统一的，条件是道德法则必须规定明智的治国之术，即要把法权概念作为政治的限制性条件，而不是相反地把法权看作是政治的工具，也就是对政治家的利益有所助益的东西。于是，真正正义的政治是与自由和建立于自由之上的道德法则相统一的政治，"如果没有自由以及建立在它上面的道德法则，而是一切发生的或者能够发生的事情都纯然是自然的机械作用，那么，政治（作为利用这种机械作用来治理人们的艺术）就是全部的实践智慧，而法权概念就是空洞无物的思想。"② 而一个处于纯粹的自然机械作用之中的政治，必然处于一种战争状态之中，所以，如果我们把永久和平作为目的，而且是一种本身就是客观义务的目的，那么，我们就必须让

---

① 康德著，李秋零主编：《康德著作全集》第 8 卷，中国人民大学出版社 2010 年版，第 377 页。

② 康德著，李秋零主编：《康德著作全集》第 8 卷，中国人民大学出版社 2010 年版，第 377 页。

法权概念与机械的"治国之术"有机结合起来，其客观要求就是："一旦在国家宪政或者在国际关系中出现人们无法防止的缺陷，尤其是对于国家元首来说，就有义务去考虑怎样才能尽可能快地改善它们，使之合乎在理性的理念中作为典范呈现在我们眼前的自然法权，即使这要牺牲他们的私利。……至少掌权者最真挚地心怀这样一种修正的必要性的准则，以便保持在对目的（在法权法律上最好的宪政）的不断接近中，这却毕竟是可以要求于他的。"① 这即是"道德的政治家"的应有原理。要能认识到这一点，就必须有一种更高的思维方式，即不仅要认识现实中的众人，更需要从实用人类学的角度来认识人应该成为的样子。以此衡之，道德的政治家的行事原则是政治要以道德（外在道德，即法权概念）为前提，并以法权要求来纠正政治的偏向，哪怕政治家们的利益要受到再大的损失也要这样做；而政治的道德家则是把道德看作其治国之术的工具。因为道德的价值必定要高于政治，所以他们这么做就必定会贬低道德，把各种阴谋诡计、暴力手段都粉饰为道德的，从而在根源上败坏了道德。但政治家由于必须与明智的治国之术打交道，所以为了达到道德与政治的统一，道德的政治家就应该听从哲学家们的忠告，因为哲学家们对政治的实际运作保持了距离，所以他们能够从纯粹理性的先天法则出发，厘定政治的价值前提，为人类谋划永久和平的系统条款。康德认为，政治的运作必定是一个善与恶做斗争的永无止境的历史过程，所以，如果没有法权概念的指导，政治的运作就会是恶与恶之间的争斗，然而这种机械作用会导致恶与恶的彼此抵消，从而为法权的出现、理性的统治留出地盘，但政治的发展如果纯粹采用这种模式，代价就会太高，并且法权意识也难以巩固并制度化，从某种意义上，这是尚未走出国与国之间的自然状态的表现。所以，真正的文明状态的政治，必定是与道德相统一的政治。康德并不期望哲学王的出现，而是要求政治与哲学合作。这又是康德

---

① 康德著，李秋零主编：《康德著作全集》第 8 卷，中国人民大学出版社 2010 年版，第 378 页。

在理论上的谦逊和自我限制的证明。

康德还为衡量政治策略是否具有道德价值提出了一个检验标准，那就是"公开性"。公开性要求来源于法权概念本身的公共性，因此把法权的经验质料去除，就只剩下这种公开性的形式了，也就是说，"正义只能被设想为可公开宣布的"①，即公开性可以成为衡量一项政策是否具有正义价值的标准之一，因为一项政策必须和法权原理相结合才能被认为是正义的，而法权原理是先天地在理性中被发现的，必定是对所有有理性者都一视同仁的，必定是可以公开的。如果一项政策必须采取隐瞒或者不通过公之于众，进行广泛公共讨论就强行推行，那么，它就是不可公开的，从而我们凭借纯粹理性的审视就能认出其虚假性，因为它一公开，就会使自己的意图破灭。它们之所以会受到别人必然的、普遍的反对和抗拒，乃是因为这种行为所先天地蕴含着的不义。由此康德揭示出公共法权的先验程式："一切与其他人的法权相关的行动，其准则与公开性不相容者，皆是不正当的。"② 这种检验也可以在法权的三大领域中进行。

在国家法权上，公开性的要求就在于：我们能否公开声称为了摆脱所谓暴君的压迫而具有叛乱的法权呢？一般说来，如果臣民受到了伤害，那么把暴君废黜并没有对他行不义。但这样做却有很大的不当之处，因为这等于说臣民"对元首有一种合乎法权的权力。但在这种情况下，元首就会不成其为元首了"③；而且如果叛乱失败，受到君主的最严酷惩罚，则臣民也同样不能抱怨不义。显然，以公开性来衡量这种叛乱行为，我们立即就明白了，这里包含了一种矛盾，所以，臣民们的叛乱意图是不能公开宣示的，这就是说，叛乱是不义的，因为它违背法权的概念；但是，在国家元首这边，因他

---

① 康德著，李秋零主编：《康德著作全集》第8卷，中国人民大学出版社2010年版，第386页。

② 康德著，李秋零主编：《康德著作全集》第8卷，中国人民大学出版社2010年版，第387页。

③ 康德著，李秋零主编：《康德著作全集》第8卷，中国人民大学出版社2010年版，第388页。

有最高权力，却不必隐瞒自己的意图，他可以公开处置叛乱之人，这个意图公布出来也不会破灭。但是，如果臣民叛乱成功，则元首就应该回到臣民的位置上，不得复辟，但也不必害怕因为自己过去的执政而被追究责任。

在国际法权方面，康德已经说了，其导致永久和平的条件是要成立各个国家的自由联盟体。这种自由联盟体，因其有把不同国家积极地联结起来的法权状态，所以其能够被公开的意图必定是把各国维持在和平之中，而那些想通过自由联盟而获取本国利益的意图却只能秘而不宣，一旦公开，其意图就必定会破灭。康德提出三个检验：1. 一个国家对另一个国家的承诺（支援、割让一些土地或提供经济援助等），此事是一个主权者可以自我做主，还是他作为最高国家官员必须对国家负责而可以违背承诺？这两重角色是双重人格，比如以第一个角色承诺，以第二个角色违背，所以国家元首对这个准则就不能张扬，一张扬，这个准则就必定遭到别国的抵制；2. 一个力量正在膨胀的强国为了防止别国的猜忌，就先发制人，免得别国联合起来对抗自己。但这样的准则也不能公开，如果公开，则更大的国家就会对它先发制人，或者其他小国都会预先联合起来反对它，从而使其意图破灭；3. 一个强国被一个小国阻隔了其对外的联系，如果它公开宣扬它要征服并吞并这个小国，则它的意图也不能实现，因为其他小国会及早联合起来，免得被吞并；或者其他强国也会算计这个猎物。这就证明这种准则是不正当的。他认为，世界公民法权的情况与国际法权的情况类似，不需加以另外的说明。

如果政治体奉行的准则是不能公开的，那么其所反映的就是政治与道德（作为法权学说）的不一致。康德认为，要达到两者的协调一致，"惟有在一个结盟联合体中才是可能的（因此，这种联合体是按照法权原则先天地给定的和必然的），而一切治国术皆以尽可能大规模地创立这种联合体为法权基础，若无这个目的，其一切智虑就都是无知和被掩饰的不义。"① 明显地，

---

① 康德著，李秋零主编：《康德著作全集》第 8 卷，中国人民大学出版社 2010 年版，第 390—391 页。

康德的意思是，在国际法权中，如果要给永久和平规定最基础的条件，那么，敬重法权是最为根本的、无条件的义务。相比于敬重法权这样的义务，爱人虽然也是我们的义务，但却是有条件的义务。人们似乎更能认同前一种义务，而期望政治统治者能够以慈爱之心对待百姓。但是，法权义务却是更基础性的，更关涉到所有人的基本人格尊严。行善当然是好的，但是必须不违背法权义务。只有把法权概念作为一个基础的道德概念（外在行为的道德概念），使之成为政治的限制性条件，我们才可能使政治的一切策略都合乎道德，从而达到政治和道德的协调一致，有了这种一致，才可以使所有人的目的统一起来。当然，这是一个无穷进步的过程。只要我们始终敬重法权概念，对现实政治中的不完善加以改进，那么，"永久和平就不是一个空洞的理念，而是一项逐步得到解决而不断接近其目标（因为迈出同样步骤的时间可望越来越短）的任务"①。

五、 对康德永久和平谋划的现代审度

在《论永久和平》发表以来的 200 多年里，人类社会发生了许多重大变化，有些变化是康德当年可能始料不及的。但我觉得，向往和平是所有人的共同心愿，当年康德对这个问题的解答，到今天仍然值得我们仔细思索、继承与发展。

第一，我们认为，康德对永久和平议题给出的是一种具有三重根的答案。他知道，纯粹法权理论对永久和平条件的终极谋划，只是一种逻辑上的要求，它们对各国的约束会受到各种因素的冲击，比如，由于现实中的国家强弱、国家制度不同、文化价值观不同、发展快慢等因素，国家间也都有可能发生冲突甚至战争。康德认为，虽然实现三个领域中的法权要求是我们的义务，也是我们能够做到的，但是由于感性偏好冲动是难以免除的动机，我们在现实世界中无法根除这种动机，所以，战争的威胁将长时期存在。由

---

① 康德著，李秋零主编：《康德著作全集》第 8 卷，中国人民大学出版社 2010 年版，第 392 页。

此，康德必须列出"自然的保障"和"政治与道德的统一"这样两种附加条款，他对永久和平的期待还要诉诸自然的历史进程，也要诉诸我们人类的道德自觉。比如我们看到，核武器的出现，虽然带来了人类灭绝的危险，但当有几个大国都拥有了核武器后，它们的核威慑达到了一种均势，从而也使得各国对使用核武器慎之又慎，这似乎印证了康德的自然的保障的说法。在我看来，这种三重根的答案反映了康德实事求是的态度，他并没有陷入一种空洞的玄想。然而，后世的思想家基本上都仅仅关注他的临时条款和确定条款，对他提出附加条款的初衷并没有给予足够重视。

在 20 世纪末和 21 世纪初，世界经济全球化进程加快，局部战争时有爆发，这让人感到，一方面，世界各国的经贸、科技、人文等交往越来越扩展和深入，世界都急切需要形成一些普遍法律来约束大家的行为；另一方面，由于国家之间经济社会发展水平不平衡，军事力量发展有差距，各国的政治体制也不尽相同，所拥有的资源不同，文化价值观也不同等等，所以，世界各国在交往的同时，也会导致冲突，甚至战争。再加上出现了几个核大国，世界安全形势越发复杂。一些密切关注这种世界格局发展的学者如罗尔斯、哈贝马斯等，都深入思考了这样一个问题：如何才能使这个充满纷争的世界达到一种较为稳定的和平？在这个过程中，他们不约而同地把康德的相关思想作为自己的理论参考坐标系。

第二，罗尔斯终生都进行着康德式的思考，在有关永久和平问题上也是如此。他承接康德的基于法权的正义思想，也认为基本的正义前提应该得到确保。他说，他的"基本观念，遵循了康德在《永久和平论》（1795）中的概述，以及他 foedus pacificum（和平联盟）的观念。"① 当然，他还是延续《正义论》《政治自由主义》中所运用的"原初状态"代表设置，把这种契约从国内延展到国际，认为各国在原初状态（次级原初状态）下，在"无知之幕"后必然会一致认同他提出的八大原则："1. 人民要自由独立，其自

---

① 罗尔斯:《万民法》，张晓辉等译，吉林人民出版社 2001 年版，第 40 页。

由与独立要受到其他人民的尊重；2. 人民要遵守条约与承诺；3. 人民要平等，并作为约束他们的协议的各方；4. 人民要遵守不干涉的义务；5. 人民要有自卫的权利，除为自卫之外，无权鼓动战争；6. 人民要尊重人权；7. 人民在战争行为中要遵守某些特定的限制；8. 人民要有义务帮助其他生活于不利条件下的人民，这些不利条件妨碍了该人民建立正义或合宜的政治及社会体制。"①

这些原则与康德的临时条款和确定条款具有大致相同的关切，那就是各国无论大小都是平等、自由、独立的，同时，各国都应该承认并尊重其他国家相似的法权。如果各国都能做到，他们就都认为，国家之间将不会产生战争。但是，罗尔斯的八原则是把纯粹理想的条件与现实中的某些条件混杂在一起了，而没有作区分，这一点与康德并不一致，康德区分了临时条款和确定条款。康德反复说，战争只不过是法权的应急手段，在战争中各国不能采用会使战后订立协议所必需的信任成为不可能的各种恶劣行为，这种条款只能是临时条款，而不是确定条款。这表明康德在永久和平的确定条款中不可能容许各国有自卫或进行战争（哪怕是正义的战争）的法权。但罗尔斯却在八原则中却允许在特定的情况下国家间可以诉诸战争。罗尔斯还主张把世界各国分为5种类型：1. 合理的自由人民；2. 合宜的人民。以上两者并称为组织良好的人民；3. 法外国家；4. 负担不利条件的社会；5. 仁慈专制主义社会。他主张，自由民主的人民应可以对抗法外国家，而对负担不利条件的人民要予以帮助等等。他人为地对世界上各种政体进行了划分，并且进行了价值排序，这多少体现了某些西方式的偏见。

康德提出的世界公民法权，主要是在世界各地得到友善对待的权利，这种要求主要是为扩大人类交往而设，并没有进行详细的论述。但是，经过200年的法权理论的发展，特别是二次世界大战的惨重教训，抽象的个人权利被定型为人权。在罗尔斯那里，普遍人权甚至被提升到高于主权的高度，

---

① 罗尔斯：《万民法》，张晓辉等译，吉林人民出版社2001年版，第40页。

从而为某些大国打着人道主义干预的旗帜发动对别国的战争提供了借口。他说:"在万民法之下,自由及合宜人民就有权利不去宽容法外国家。……法外国家富于侵略性和危险性;如果这样的国家发生变化或被强迫发生变化,所有的人民都会更加安全。"① 诚然,如果某些国家有大规模侵害人权的情况,国际社会应该可以干涉,并加以调查和惩罚,但是这并没有赋予某个国家对它们发动战争的权利。从这些情况来看,罗尔斯没有认真思考康德法权原则的绝对前提性价值,也对康德只是把永久和平作为人类的一个远景目标没有足够的认识。

第三,哈贝马斯也认真对待了康德的《论永久和平》,他认为康德的设想是建立在 18 世纪八九十年代的欧洲各国的国内国际形势之上的,有一定的合理性。但 200 多年以来,许多情况都发生变化了,哈贝马斯主张应该对康德的条款进行修改了。哈贝马斯重新审视了康德的所谓"自由国家联盟"概念。由于康德认为国家主权不可逾越,所以他对自由联盟体的普遍法律和执行力始终给不出一种清晰的说明。哈贝马斯认为,康德始终没有讲清楚,"离开类似于宪法制度的法律约束,解决国际冲突的'民事方法'所依赖的联合体如何才能确保其永久性"②。在"二战"以后,我们已经成立了一些全球性组织,如联合国大会、安理会等等,但哈贝马斯主张,这些国际性机构应该进行改革,使之能够行使处理国际事务的更为合理的权力,而不是成为某个大国的工具,或者可以想办法绕过去的一种被忽视的机构。《联合国宪章》就是一种国际的普遍法律,必须具有强有力的执法机构,所以应加强国际法院的约束力等等。他也观察到了,贸易的全球化发展,的确使人类的交往范围大大扩展,特别是现代通信工具、信息技术、交往工具的迅猛发展,让人们很快就能了解到世界上任何一个角落里发生的不正义的事件,并感到和表达义愤,所以,康德认为贸易精神有利于永久和平的看法是对的;

---

① 罗尔斯:《万民法》,张晓辉等译,吉林人民出版社 2001 年版,第 86 页。

② 哈贝马斯:《包容他者》,曹卫东译,上海人民出版社 2002 年版,第 195 页。

但是，他也指出，康德没有看到另一点，即在工业化加速发展的过程中，"首先是社会矛盾会被激化了，这些社会矛盾会用阶级斗争的方式向国内政策施加压力，并且把对外政策引入好战的帝国主义轨道上"①。也就是说，工业、贸易的发展，也可能成为发生战争的因素。

哈贝马斯和罗尔斯一样，认为康德的"世界公民法权"概念是一大发明，但是康德本人对这个概念没有进行深入剖析。哈贝马斯认为："世界公民权利必须加以制度化，并对所有政府都具有约束力。"② 自由联盟的概念不能从民族国家的主权出发，应该超越之，而从世界公民权利出发，并使之制度化，只有这样，各国才能形成具有共同机构的联盟，就像是一个国家在起作用，这样才能使得各国都有义务按照既定规则而行动，并能够监督到这些规则的执行情况。这是哈贝马斯对康德的自由联盟体概念的发展，他力图结合现实中的联合国、安理会等国际机构的实际运行情况，探讨如何强化它们在维护和平中的功能。

第四，中国传统和合文化价值观可以弥补西方永久和平理论上的不足。可以说，康德、罗尔斯、哈贝马斯等对如何达到永久和平的思考是深刻的。但我们有一个主张，那就是他们都是从正义原则出发的，而不是从和合原则出发的。从正义原则出发，实际上在思想方法上即假定了人们是处于相互冲突之中的，所以，要求人们、各民族国家都要受到正义原则的约束，有了冲突也能够向自由国家联盟的公共权威机构寻求法律上的解决办法，而不是诉诸战争手段。这要假定大家都能尊重正义原则，都不通过战争的方式来解决利益或者价值观上的冲突，但是，问题恰恰就在于我们对这一点是没有把握的：如何形成对正义原则的尊重情感，而且在任何情况下，都优先遵守正义原则？所以，康德明确地把"永久和平"看作是人类历史发展的远景目标，并寄望于大自然的保障和人性的进步。

---

① 哈贝马斯：《包容他者》，曹卫东译，上海人民出版社 2002 年版，第 200 页。
② 哈贝马斯：《包容他者》，曹卫东译，上海人民出版社 2002 年版，第 206 页。

如何走出这种思维方式的局限性？我们认为，可以从中国古代十分深厚的和合文化中吸取思想资源。中国古代从《尚书》起就提出了"协和万邦"的天下观。这种天下观的价值核心就是"和"，即人与人的和睦、国家与国家的和谐、人与自然的和生。"和"是一种具有阔大襟抱的生存方式，它需要承认不同，宽容差异，并且要使这些不同因素协和互济起来，一起促进共同体的健康发展。这就是"和实生物，同则不继"的本意；其次，"和"还是一种以德为先的道德思维方式，一开始就突破了争执、冲突、对抗，并且力图使与他人的关系能够通过相互理解而化解冲突，形成一种和谐关系。这就要求我们在日常生活中始终心怀善念，并且努力地把这种善念推广到所有人身上，要待人以德，以德服人。如有"远人不服，则修文德以来之"（《论语·季氏》）。如果只是恃力逞强，暴力霸道，就必然会使人与人、国与国之间处于无穷的对抗冲突之中。

我们认为，儒家的"和合"思想将能起到以下作用：第一，可以帮助人们从整体的宇宙自然的维度上来思考世界秩序，切实理解到所有人类都是共生在一个命运共同体中，特别是面对现代全球性的贫困、环境污染、核威胁、传染性疾病大流行等问题，没有一个国家能独善其身，以这样眼光去处理国际关系，就能避免因国家利益至上的观念所带来的国际问题治理困局；第二，儒家的"和而不同"思想，是一种君子文化，可以指导各国人民彼此尊重对方的文化、信仰和制度差别，并努力进行互学互鉴，这样不同国家的人们之间就能更深入地相互了解，本着互敬互谅的态度，理性地协调相互间的利益，促使各国共同发展；第三，儒家的王道政治理念，以及"以力辅仁"的思想，都主张国际关系中的道德优先的立场，坚持王道而反对霸道，有助于指导国际问题的沟通、协调与解决。所以，和合思想是走出正义原则所带来的"战争——和平——战争……"的循环怪圈的合适立场，因为它一开始就不从对立的角度去看待人与人、国家与国家之间的关系，而是包容、转化各种不同因素而使之达到协和，这特别需要有人类休戚与共、息息相关、共生于世的全球命运共同体的感受，特别需要阔大的胸怀和深厚的德性。秉承这种理念的政治家，才可以当得起康德所说的"道德的政治家"这一称号。

习近平总书记继承了传统的和合思想和协和万邦的理念，并加以创造性转化和创新性发展，创造性地提出了"构建人类命运共同体"的外交理念，这是习近平外交思想的最高目标，起着统领作用。这个理念的视野是全球性的，包容性极强；其目标指向全球的和平秩序的维护、全球的和谐发展的促进。习近平同志说："打造人类命运共同体，要建立平等相待、互商互谅的伙伴关系，营造公道正义、共建共享的安全格局，谋求开放创新、包容互惠的发展前景，促进和而不同、兼收并蓄的文明交流，构筑尊崇自然、绿色发展的生态体系。世界各国一律平等，不能以大压小、以强凌弱、以富欺贫；要坚持多边主义，建设全球伙伴关系，走出一条'对话而不对抗、结伴而不结盟'的国与国交往新路。要树立共同、综合、合作、可持续安全的新观念，充分发挥联合国及其安理会的核心作用，坚持通过对话协商和平解决分歧争端。"① 习近平外交思想继承了中国古代的协和万邦的天下观的精髓，又站在纵览当今世界的时代风云的高度，秉持国与国一律平等、对话合作、以和为贵的国际关系理念，占领国际道义的制高点，以我为主，倡导构建全球命运共同体；分别情况，合宜地制定不同的外交政策，形成全方位、多层次、立体化的外交格局；同时，"和"不是一团和气，而是追求建立在正确原则基础之上的和谐。我们旗帜鲜明地反对霸凌主义，坚决维护国家的核心利益，办好自己的事情，并且再次庄严宣告，不管今后中国发展到什么程度，我们永远不称霸，坚决拒绝国强必霸的逻辑，在世界上塑造了一个负责任、有道义担当、有强大亲和力、秉持正确和真实亲诚理念、对人类做出更大贡献的大国形象。我们认为，这是习近平总书记为促进人类永久和平、世界共同繁荣提出的中国方案。

---

① 习近平：《习近平总书记系列重要讲话读本》，中共中央宣传部编，人民出版社 2016 年版，第 265 页。

结论　康德实践哲学的义理框架及其意义

康德实践哲学义理架构严密，以揭示纯粹的道德价值作为前提，同时又以人类的总体道德化为最终趋归，贯通道德形而上学（道德哲学的纯粹部分）和道德哲学的经验部分（道德人类学），其理论思维是十分严整的，其实践关怀是十分浓烈的。对康德的实践哲学，通过我们的研究，可以做出以下结论，揭示其意义，并指出其某些逻辑跳跃。

一、　康德实践哲学具有一个完整的义理系统

从先天的道德法则、善良意志、道德义务、本体自由，到人性（humanity）的目的性地位、德性的本质；从大自然的目的理念、政治关怀、历史实践、人性发展，到人类的总体道德化，每个环节都具有共享的纯粹理性的先天法则前提（对其进行表象即为道德法则），并在道德法则的指导下，落实到人的实际生存活动、人性发展及人类的历史发展进程，表现为一个具有宏大理论视野和实践场域的义理系统。

人们对作为道德形而上学的康德道德哲学比较熟悉，并且有一种通行的看法，即认为，康德道德哲学就是纯粹的形式主义的，完全排除经验的考虑的。一旦有经验因素掺入，就会对行为的道德价值造成损害，特别是以基于感性偏好的准则规定意志的动机，则会从根本上败坏道德原则。事实上，这

496

种观点也是康德本人所坚持的，但是，康德这样做的目的是要获得道德价值的绝对的、纯粹的源头，这就必从理性的先天法则开始。但是，这样建构道德形而上学理论，是为了更好地应用。而要应用，就必须关涉到人性的经验性禀赋的发展，关涉到日常的生活经验和目的如何才能合乎道德地展开和达成，关涉到人类在历史的经验性舞台上如何逐渐地向总体道德化迈进。

第一，康德认为，道德哲学的核心任务就是要能够产生一种纯粹的善良意志。这种意志本身就好，而既不是因为其所要达成的目的好，也不是因为它能作为达到好的目的的良好工具，而是它自身就有无上价值。为了能产生一个善良意志，康德就必须超出现象界（经验世界）而到本体界去吸取道德价值的纯粹源头，获得真纯的道德原则。于是，我们看到，康德首先考察如果要使我们的意志成为善良意志，就应该以什么来作为规定意志的动机的根据。他认为，首先是理性的先天法则，它是纯粹形式性的，与经验、对象无涉，所以它是普遍的，对所有有理性者的意志都有约束力。当然，理性法则不能直接规定意志，而必须以我们对它的主观表象来规定意志，这就是普遍的道德法则。由此引申出义务，义务就是由于敬重法则而来的行为必然性。义务就是道德法则规定意志在应对不同的环境任务时的各种类型，在《道德形而上学的奠基》中，分为四类，即对自己的完全义务、对自己的不完全义务、对他人的完全义务、对他人的不完全义务；在《道德形而上学》中，则把义务分为两大类：法权义务和德性义务。

第二，由于道德法则在现实环境中就表现为各类义务，我们在客观上只有道德法则，在主观上只有对道德法则的敬重，才能做出出于义务的行为。对于我们这类既有理性和意志，又有感性偏好的存在者而言，我们的意志就是不纯粹善良的，所以道德法则对我们的意志来说就表现为一种强制性，即道德命令。道德命令式对意志有完全的约束力，在这点上没有任何权宜之计，或者变通，如果有权宜之计或变通，那就不可能是绝对道德命令，或定言命令。于是，我们就在康德的著作中看到这样的情形，即康德要用道德命令式的"可普遍化原理"和"人性公式"来对各种义务来加以检验。其核心就是要求我们的主观准则同时要能够成为普遍的道德法则，只有通得过这两种检验的行为，才是出于义务的行为，才具有绝对的道德价值。主要原因是，可普遍化原理说的是：只有我们的主观准则同时成为客观的道德法则才能让所有有理性存在者都出自它而行动，才表明我们的主观准则是从本体界的理性的先天法则而来的，而不是基于感性偏好的追求而形成的，这样，我们的行为才能是出于义务的，才能具有绝对的道德价值；同时，康德不忘在行为后果上来检验一下，此即所谓"自然法则公式"，即让我们的主观准则在同一个意愿中好像能够成为普遍的自然法则似的。这是说，我们出自义务的行为及其后果都会落在经验世界之中，所以它们都会服从自然法则。但是，我们的道德行为是使行为按照应该的秩序（而不是自然的秩序）而出现在自然界，这就要求：对人而言，正常的自然法则就是使我们创造的行为能够在现象界能够持存，并能得到发展，而不是相互矛盾或自我取消，比如我们的生命要存在下去，自然禀赋要得到发展，彼此的承诺要得到履行，对处于困难中的人应该施以援手等等，如果我们出自我们的主观准则的行为导致自尽、懒惰、背信、对他人的困难置之不理等等，就都无法成为正常的自然法则了。这也表明，如果我们能做到这一点，则此时我们的主观准则实际上与普遍的自然法则相合了。所以，在这里，不是生命要存在下去、自然禀赋要得到发展、彼此的承诺要得到履行、困难中的人的福利等经验性的对象或客体规定了我们的准则，而是我们出于义务的行为必然会指向这些对象；"人性公式"的检验则集中在要把所有人人格中的人性同时当作目的，而不仅仅当作手段。这同样要从本体界的人格理念出发。人格有无上的尊严，没有任何可比的价格。它是我们人性的理念，我们人性的禀赋就是要在人格理念的引导下，不断得到发展，所以，任何人人格中的人性都是我们要促进的目的，而不能仅仅当作手段。从这个意义上说，"人性公式"虽然是从质料方面说的，但是它也是从作为本体的人，从本体界的人格理念中吸收价值指导的。

第三，在德性问题上，康德同样是要从本体界获得德性的前提。在康德实践哲学的视野中，所谓德性，不是指那种良好的情感、欲望、理智品质，而是指一种意志品质。他认为，德性就是我们能够把基于道德法则的准则优先于基于感性偏好的准则来作为规定其动机的根据的意志的力量。因为基于感性偏好的准则的力量是很强大的，而且从我们的生活实际来说，基于感性偏好的准则也要先于基于道德法则的准则，所以要抗拒它，并以基于道德法则的准则来压倒它，那就将是一场战争，德性就是赢得这场战争的光荣战功。需要注意的是，康德区分了"作为本体的德性"和"作为现象的德性"，也就是告诉我们，在日常生活中，可以先在行为上按照道德法则的要求去做，也就是要使自己的行为不违背道德法则，逐渐地，我们将能使道德法则进入我们的内心，能感受到它的崇高，从而逐渐能够抗拒基于感性偏好的准则，而以基于道德法则的准则来规定意志，进而使心灵获得正常的秩序，这样，"作为现象的德性"才有望逐渐变为"作为本体的德性"。

第四，道德形而上学的建立，就是为了拯救本体自由，为了在道德原则问题上走出那种只凭权宜之计行事的状态，同时为人类政治奠定一种真纯普遍的原则，为人类的自然禀赋的发展提供理性原则的指导，并为人类历史发展指出一个总体道德化的最终目标。康德的道德形而上学以厘定道德价值的纯粹先天的基础为出发点，但又必须落实到人们的日常道德实践之中，即实践哲学要有一个经验的部分，考察人性中的经验性禀赋应该如何发展，考察人们在现实生活中怎样做才能彰显出自己作为一个有理性者的尊严，充分赋予人性在实践哲学中的关键地位，把它的发展或文明化看作人类向道德发展的进阶，他的《实用人类学》和《教育学》就是这样的研究；他的政治哲学从确定法权的先天来源出发，认为进入到普遍的公民法治状态是我们的政治义务，因为公民法治状态是我们的人性禀赋得以安全发展的外在制度环境，也只有这样，我们才能在其中获得不断扩大的自我，不断创造可分享的价值观、审美鉴赏和知识等等，这就是创造我们生存于世的意义和价值的必经途径；他的历史哲学从自然目的论出发，以人性的丰富性、能力的发展及其内涵着的冲突因素作为基础，来考察人类的历史实践，以及人类迈向总体道德化的无限进展的愿景。

所以，在他的实践哲学中，贯穿着本体与现象的划分、自然与历史的交联、文明化对道德的促进。可以说，康德的实践哲学系统义理严整，渐次展开，首尾一贯。如果我们不能梳理好其义理的整体系统，而只是片段式地考察其某个学说，就必然会误解其实践哲学的核心关切和逻辑展开次第。只有通过对其整个义理系统进行考察，我们才能深入、落实地理解到康德实践哲学的本真旨趣，并廓清对其实践哲学的某些误解。

二、 总体视域： 本体与现象的划分

要切实理解康德道德哲学的义理系统，必须深入理解康德对本体与现象的划分，并始终把这么一个总体视域牢记在心。不理解或不认同这种划分的人，其思想与康德的相关思想就无法相应。

物自体与现象的划分，对康德整个哲学来说意义重大，用叔本华的话来说："康德的最大功绩是划清现象和自在之物（两者之）间的区别"①，从道德哲学上说，其功绩就在于他"论述了人类引为不可否认的道德意义是完全不同于、不依赖于现象的那些法则的，也不是按这些法则可以说明的，而是一种直接触及自在之物的东西"②，这关涉到我们把本体界作为道德价值的来源，所确定的是对所有有理性者都具有普遍约束力的道德原则，否则，我们就只能形成一些依人们的感性偏好变化而变化的权宜之计。如果说，在认识领域中，物自体的假设只是说明我们所能认识到的并非物本身而是经验现象，并可以说明我们既具有先天的感性形式和先天的知性形式作为知识的来源，同时感性经验也是我们知识的来源。所以，从某种意义上说，物自体的假设的作用是限制知识，防止我们追求对物自体进行认识的僭妄，从而唤醒

① 叔本华：《作为意志和表象的世界》，石冲白译，杨一之校，商务印书馆1982年版，第569页。
② 叔本华：《作为意志和表象的世界》，石冲白译，杨一之校，商务印书馆1982年版，第575页。

我们在知识论上的独断论迷梦，那么，在实践领域，自在之物的作用却是肯定的、积极的，它要产生一个能够对所有有理性者的意志都具有约束力的先天的纯粹理性的普遍法则。这是康德实践哲学的总前提，它指引着康德实践哲学系统的义理展开和演进。

在康德看来，自在之物或本体就是理性世界。理性法则出自先天，但它并不整理感性对象而做成关于事物的知识，而是一种理性的理念（在经验中没有对象物），我们对它进行表象，就获得了道德法则，从而能把基于道德法则的准则作为规定人的意志的根据，而做出行为，表现为让感性经验事物按照应然秩序而出现的理性命令，这种秩序是自然世界中按照自然必然性所不会出现的事物的秩序，所以，有理性者是这类道德事物秩序的肇始者，它一而无对，是自作主宰，而不受任何其他的存在者的支配与决定。然而，本体界或者理性世界是我们看不见摸不着的，即我国古人所说"不闻不睹""无声无臭"的领域，所以，对那些只相信经验事实的人而言，理性世界就是纯粹的虚构，他们不会相信理性法则对人的意志的规定作用，而必然认为只有情感、功利的计算等才能规定我们的意志。而实际上，对道德而言，最重要的不是看得见的，而是这种看不见的、先天的、对所有有理性者都有约束力的普遍法则。康德的道德形而上学学说的主要目的，就是要让人们对这种看不见的普遍法则获得一种领悟，他认为，这是"理性的事实"。对那些只相信感性经验事实的人，康德认为，只要提醒他们，为什么有人会感到良知的拷问，有对某种崇高的、纯粹的普遍法则有敬重之感，通过反省，他们就会从专注于感性偏好、功利计算等中回转，而思入本体。只有这样，我们才能拯救人的自由和道德。

于是，康德在其实践哲学中，划分出了许多领域的本体与现象，这表明他十分看重对这一点，这也是理解他的思想的关键。比如，1. 在法权学说中，他区分了"作为现象的占有"和"作为本体的占有"：在现实中对不属于任何人的对象进行占领，"这种占领就是空间和时间中对任性的对象的占有，因而是我把自己置于其中的占有（possessio phaenomenon［作为现象的占有］）"①；而一种占有如果是纯然法权上的，即是出自实践理性的，"故而在什么是正当的这一问题上可以排除占有的经验性条件"，则这种占有就是"possessio noumenon（作为本体的占有）"②。显然，只有符合"作为本体的占有"的条件，"作为现象的占有"才能具有正当性；2. 在国家学说中，康德也提出了"作为本体的国家"和"作为现象的国家"，认为那种"与人的自然法权相吻合的宪法的理念，亦即服从法律的人们联合起来，同时也应当是立法者"的共同体，就是"respublica noumenon（作为本体的国家）"，而"按照这个理念组织起来的一个公民社会，是这个理念按照自由法则，通过经验中的一个事例的展现"，就是"respublica phaenomenon（作为现象的国家）"③。这种国家在现实中，是经过了许多斗争甚至战争之后才能艰难地获得的；3. 在德性学说中，他也认为要区分"作为本体的德性"和"作为现象的德性"。他说，"在同一个德性作为合义务地（依照其合法性）行动的熟练技巧被称作 virtus phaenomenon（作为现象的德性），而作为对出自义务（由于其道德性）的这些行动的坚定意念被称作 virtus noumenon（作为本体的德性）。"④ 即是说，"作为现象的德性"是在外在行为中所表现出的合乎义务的行为特征，而"作为本体的德性"则是履行义务的内在意念，其主观准则就是要履行客观义务，即出自义务而行动，等等。在康德的思维视野中，现象世界的行为是本体界的显象，是本体界在现象世界中的个别表现。这种个别表现显然可以被看作体现了本体界的某种性质，或者说我

---

① 康德著，李秋零主编：《康德著作全集》第 6 卷，中国人民大学出版社 2007 年版，第 267 页。
② 康德著，李秋零主编：《康德著作全集》第 6 卷，中国人民大学出版社 2007 年版，第 267 页。
③ 康德著，李秋零主编：《康德著作全集》第 7 卷，中国人民大学出版社 2008 年版，第 88 页。
④ 康德著，李秋零主编：《康德著作全集》第 6 卷，中国人民大学出版社 2007 年版，第 15 页。

们通过现象界的这种个别表现可以获得领悟本体界的某种指引线索。现象中的行为表现可能只会符合外在的法则（康德所说的合乎义务的行为），其主观准则可能并不就是客观的道德法则。从道德上说，本体界的事物就是人格，就是一种没有任何限制、出自先天的纯粹理性法则的品质。他说："人格是其行为能够归责的主体。因此，道德上的人格性不是别的，就是一个理性存在者在道德法则下的自由（但是，心理学的人格性只是意识到其自身在其存在的不同状态中的同一性的那种能力）。由此得出，一个人格仅仅服从自己（要么单独地、要么至少与其他人格同时）给自己立的法则。"① 而现象界的人性表现则是人格的经验现象及其发展，它们会受到现实条件的限制，甚至就表现在追求经验幸福的行为之中。但是表现于现象界的行为品质只有能够体现出对理性法则的遵循，才能说是有道德意义的，所以这样的行为就必须被约束在普遍的道德法则之下。当然，这类行为所体现的只是外在道德，然而，如果我们不断地这样去做，也有望变成内在的道德。正是在这个意义上，康德的法权的形而上学学说，即关于人们在普遍法则的约束下使大家的任性的外在自由能够并存的条件的学说，就是道德形而上学的一部分。不理解这一点，我们就总是觉得康德把法权学说、德性学说、实用人类学、历史哲学、政治哲学和道德哲学相混同了。实际上，对康德而言，法权学说就是道德形而上学的针对外在行为的形式部分，德性学说就是道德形而上学的针对人的内在品质的形式部分，而实用人类学、政治哲学的关于日常生活的部分、历史哲学等就是道德哲学的经验部分。

三、"任性"　概念辩正

"任性"概念是在康德道德哲学中是较晚成熟的。虽然在《道德形而上学的奠基》（1785 年）中已经出现了"任性"概念，但没有做任何阐明，而

---

① 康德著，李秋零主编：《康德著作全集》第 6 卷，中国人民大学出版社 2007 年版，第 231 页。

更多地使用"不纯粹的意志"概念；在《纯粹理性批判》（第二版，1787年）和《实践理性批判》（1788年）中，对"任性"概念已经做了界定，但是在具体展开其道德学说时，却仍然认为道德法则是通过对意志进行约束或强制而诉诸行为，它包含了康德道德形而上学与人（而不仅仅是有理性存在者）的关联，并且使其先天的理性法则、道德法则可以与人的行为关涉起来。在上述三书中，康德还是把意志（实即"不纯粹的意志"）作为一种可以形成主观准则，或者是诉诸行动的能力，从而认为道德法则可以对意志加以绝对约束，形成道德命令，而诉诸行动。但是，从理论上说，既然意志处于本体界，那么意志就是实践理性，这种意志就是纯粹的意志，而不纯粹的意志就不是意志。于是，意志就不能受到任何强制，即使是理性或道德法则也不能强制意志，因为这等于说意志强制自身，这是悖理的。所以，在康德的晚年著作《纯粹理性界限里的宗教》（1794年）和《道德形而上学》（1797年）中，就明确地说，意志与行为无关，也就是说，它并不形成准则，而是直接与法则相关，或者说意志就是立法的功能，所以，在"实践的自由"的意义上，意志就无所谓自由，也无所谓不自由，当然它有"先验的自由"；而至于以前的"不纯粹意志"概念，现在就有了一个专名，即"任性"。他说："可以受纯粹理性规定的任性叫做自由的任性……人的任性是这样的任性：它虽然受到冲动的刺激，但不受它规定，因此本身（没有已经获得的理性技能）不是纯粹的，但却能够被规定从纯粹意志出发去行动。"①这里明确地把任性说成是"不纯粹的"，而与"纯粹意志"相比较。于是，如果说，意志与法则有关，不直接诉诸行动，那么，任性就直接与准则有关，而且要追求某种目的，即诉诸行动，不如此，任性就无法得到规定。因此，道德行为就表现为这样的情形：意志通过自我颁立道德法则去规定任性，使任性的准则能够同时就是道德法则，并诉诸行动，这就是道德行为，

---

① 康德著，李秋零主编：《康德著作全集》第6卷，中国人民大学出版社2007年版，第220页。

这就叫做"被规定从纯粹意志出发去行动"，从而具有"实践的自由"。显然，这种自由既有形而上学之根源，即来源本体界，即"从纯粹立志出发"，但是它又作用在现象界，即诉诸具体的日常生活行为。

康德的断言"可以受纯粹理性规定的任性叫做自由的任性"，其意思是说，自由的任性是能受到纯粹理性的规定的能力。如果任性直接由感性偏好规定而诉诸行为，则就流于动物的机械性之中，而不可能有自由；而任性的自由就表现在任性能够使用理性来形成主观准则，而不是直接受到感性偏好的冲动的刺激而行动，这显然使得任性与当下的感性偏好刺激取得了距离，从而有了自由。于是，任性的准则既可以是基于感性偏好的准则（即使是这样，任性也与感性偏好有了距离，从而有自由），也可以是基于道德法则的准则（这时任性就与纯粹意志相统一），所以我们在日常生活中可以看到这两种现象，即人的确既会做出纯粹的道德行为，也可以追求感性偏好的满足。但是我们并不是从这两种经验性的行为去反推任性具有这两种选择能力，因为第一，经验与根源于本体界的任性的自由处于不同层次，故而不能反推；第二，如果说，任性也表现在会直接追求感性偏好的满足之中，那么，这种任性就是动物的任性，而不是人的任性，即没有自由。所以，康德说的"实践的自由"即"任性的自由"是指任性可以形成主观准则的选择能力，由此，善和恶都是任性所为，都可以归责于我们。至于人的任性为什么会做这两种相反的选择，则是我们所无法探究的。

于是，实践的自由就表现为我们人既可以为恶，也可以为善，但是人类发展的目标却是从恶向善和更善进步。这样，一方面解释了，我们的道德行为就是用基于道德法则的准则压倒基于感性偏好的准则而直接作为规定我们的任性的根据，并诉诸行动，这是善的理想；另一方面，又能说明人类的历史是从恶开始的，并且是不断朝着善和更善发展的。所以，"任性"概念在康德贯通道德形而上学和道德哲学的经验部分的过程中，起着相当关键的作用。

康德说："与道德形而上学相对的部分，作为一般实践哲学的划分的另一个分支，将会是道德的人类学，但是，道德人类学将会只包含人的本性中贯彻道德形而上学法则的主观条件，既包含阻碍性的也包含促进性的条件，即道德原理的产生、传播、增强（在教育中，在学校教导和民众教导中）以及其他这类基于经验的学说和规定，而且道德人类学可能是不可缺少的，但绝对不必被置于道德形而上学之前或者与之混淆。"① 也就是说，道德人类学是道德哲学的经验部分，它显然要受到道德形而上学的指导。道德人类学就是考察人的本性中的素质如何才能得到经验性的提升。康德对感觉、想象力、记忆力、机智、知性、判断力、欲求能力等的考察，就是针对它们如何才能逐渐去除自我主义的视野，而获得一种站在他人的角度上感受、思考、判断、鉴赏、欲求的能力，就是说变得越来越客观化、普遍化了，从而可以与理性取得协调，而不是相互扞格不通。这就是在为人们获得一种纯粹理性的道德思维方式而努力，并在某种决定性的时刻，实现向纯粹理性的思维方式的跃升。在政治哲学中，则厘定法权的形而上学的初始根据，并认为只有在一种公民法治状态下，才能使人们的各种自然禀赋得到安全而全面的发展，并通过社会交往和政治安排，使人们能够创造出具有可分享性的、一般性的价值、知识、鉴赏品位，这样人们就能获得一种扩大了的自我，创造出我们生存于世的意义和价值；同时，在历史哲学领域，康德也是考察人类在发展的过程中，一方面借助"非社会的社会性"，通过各种对抗、冲突甚至是残酷的战争，而促进人的自然禀赋的发展，并在社会交往中造成人的文明化，实现某种道德的进步，另一方面也告诉大家，在人类历史经验性的进程中，我们其实已经发展出了某些有利于道德化的理性素质，比如认识到人类是大自然的目的，人只能支配其他物种，把它们纯粹当做手段和工具，但对任何人却必须"视为大自然的赏赐的平等分享者"，互相视为目的，而不能

---

① 康德著，李秋零主编：《康德著作全集》第 6 卷，中国人民大学出版社 2007 年版，第 224 页。

仅仅视为手段，并认为，"对于建立社会来说，这种准备远比好感和爱更为必要"①。还有，在社会交往中培养的优雅举止、亲切风度、良好鉴赏等能力，都是文明化的，它们可以看作是"外在的道德"，可以从外部促进道德。这些都是人的任性的自由的发展过程。

康德认为，我们人的自然禀赋是一个整体，有多种因素，它们都应该得到合乎理性目的的发展。他早在1778年4月初致马斯库赫茨的信中就说过："我的主要目的是：传播善良的、建立在基本原则上的意向，把这种意向巩固在善良的心灵中，并由此为发展禀赋指出唯一合目的的方向。"② 在人们的经验生活中，我们不要把这些因素对立起来，它们应该能够整合统一起来，但必须有一种发展目标的引导。1. 在作为规定任性的根据这一点上，理性与感性偏好是直接对立的，因为这事关我们能否获得一种具有绝对的道德价值的原则，所以，如果我们想获得一种真纯的道德原则，那么在我们的主观准则中就不能杂有任何一丝感性偏好的成分，在什么程度上杂有感性偏好的成分，就在什么程度上损害了道德原则的真纯性、道德价值的崇高性。2. 在人的生活中，人的自然禀赋都要起到作用，只是需要说明，我们的自然禀赋的发展要受到理性的思维方式的引导，而且要在生活行为中特别是追求幸福的过程中，人性的各成分的发展要与理性的道德原则相互协调。实际上，当我们已经能够把道德法则作为规定任性的唯一根据之后，我们的其他人性能力就应该得到合理的发展。3. 康德指出："在交往中把舒适生活与德性结合起来的思维方式就是人道。"康德并不是告诫人们不要追求舒适和幸福，而是主张人们要懂得"应该如何用德性的法则去限制过舒适生活的偏好"③。他认为，文明化的有趣的交谈、交往都是经验生活中的有意义的东

---

① 康德著，李秋零主编：《康德著作全集》第8卷，中国人民大学出版社2010年版，第117页。

② 康德：《康德书信百封》，李秋零编译，上海人民出版社2005年版，第59页。

③ 康德著，李秋零主编：《康德著作全集》第7卷，中国人民大学出版社2008年版，第272页。

西，可以被认真地推荐给德性。康德并不主张那种没有任何生活享受的苦修主义，而是认为，"没有社交舒适的犬儒派的纯粹主义和隐修士的残害肉体，都是德性的扭曲形象，对于德性来说是没有诱惑力的。"① 4. 自由在任性的自由中得到落实。他在最后的著作《道德形而上学》中，认为意志无所谓自由和不自由，只有任性才有自由，这样才能把自由落实在经验性的道德人类学、教育学、政治哲学和历史哲学之中，即不断地把人的自然禀赋提升到与理性相适应的状态，这是自由的发展的经验过程。所以，康德的实用人类学学说、教育学说、政治哲学中的有关具体的政治活动的学说、历史哲学的系列论文等等，都可以看作其道德哲学的经验部分，因为它们都是在说明，人的自然禀赋如何在经验范围内得到提升和进步，其引导性的理念都是理性的自由运用，即我们的感觉、想象力、知性、判断力、欲求能力等都朝着普遍性（一般性）的方向发展，并与先天的纯粹理性的法则即普遍的道德法则相互适应，与理性的自主运用相互适应，并期望在某个特定时刻而跃升到一种纯粹的道德思维方式之中。他认为，人类历史发展的终极目标，就是人类作为一个整体而总体地迈向道德化。

四、 康德实践哲学义理系统中的逻辑跳跃

康德穷其毕生精力来构造其实践哲学的义理系统，其成功的地方就在于他划分了本体与现象，从而使绝对的、先天的、普遍的道德原则得以确立，使我们获得一种对道德的绝对的、最高善的价值的理解，获得对理性人格的尊崇，确证人作为一个有理性者的尊严，并拯救了道德领域中的本体自由，落实为"实践的自由"，能够说明人的自然禀赋如何在理性理念的引导下在经验世界中逐渐得到提升和发展。然而，既然把本体与现象绝然二分，则这两者如何沟通就成为康德实践哲学的重要问题。

---

① 康德著，李秋零主编：《康德著作全集》第 7 卷，中国人民大学出版社 2008 年版，第 277 页。

康德在实践哲学中沟通本体与现象时，必然会产生以下逻辑跳跃。

第一，在处理我们的道德命令如何能够在经验世界中实现时，他只能提出一个概念即"应当"。对于应当，如果我们人根本就达不到，那么，这种理念最多就只能是引导性的。因为设定道德法则具有纯粹先天的、普遍的性质，而在现实生活中的人的经验行为又必然是个别性的、具体的、相对的，而且其动机也必然会受到个人的感性偏好的刺激和影响，从而在现实生活中也许从来就没有出现过一个完全道德的人。这一点，他自己也是承认的。但是，他对把道德法则作为规定我们的任性的根据的绝对道德价值深信不疑。他认为，即使世界上没有一个完全道德的人，也不能否认普遍的、理性的道德原则的崇高性，虽然它只能作为一个范导性的理念而起作用。然而，在康德那里，既然人性的发展、优雅的生活是我们生活的必需，那么，我们也很难设想，如果我们采取完全的理性的道德思维方式，我们将会怎样生活？如果说纯粹的道德就是排除了任何感性偏好的因素而只以道德法则来规定我们的任性，那么这样的任性在现实中能够存在吗？他只能说，道德命令式只是一种对我们这类其意志并不纯粹是善良的理性存在者来说的"应当"，是一种道德强制性，是始终悬在我们面前的一条道德命令。

康德把本体与现象绝然二分，所以，在道德哲学中，道德的"应然"与行为的"实然"之间始终存在一种无法消除的张力。他提出的沟通之法，就是我们通过促进自然禀赋的发展而使之一般化，并期望它们在某个决定性的时候达到完全的普遍性，从而形成一种纯粹理性的道德思维方式，这样"应然"才能变成"实然"。但这纯然是概念上的假设和期望，并不能找到一条现实的道路。马克思主义认为，关键在于要揭示推动社会发展的真正的、可实证的动力，而不是凭借假设。马克思主义解决了这个问题，那就是生产力和生产关系的对立统一，经济基础与上层建筑的对立统一，这两个"对子"的矛盾运动，推动着社会形态从低级向高级发展，所以共产主义是一种科学的信仰，而不是一种纯粹的理性理念，它科学地揭示了现实的物质生产力的变革是人类历史发展的内在的、客观的推动力量。所谓"应然"，实际上是对历史发展规律的揭示，是必定可以实现的，因此又是一种"必然"。现在的实践是迈向这一理想状态的阶梯，为它的实现积累条件。所以，所谓本体的彼岸与经验的此岸之间的关系问题，归根到底是个现实的实践问题。

第二，康德在处理自由法则与自然法则之间的关系时，同样存在着逻辑上的跳跃。我们认为，康德在这个问题上也费尽了心血。由于道德法则是处于本体界的，没有掺杂任何经验现象的因素，但是，道德法则又是要体现在行为之中的，而现实行为必然要落在现象界。按照康德的理论立场，他只需要说，真正的道德行为就是用道德法则作为直接规定任性的根据而做出的行为，至于这种行为是什么样的、结果如何，就已经属于经验的范围了，不能作道德价值的考察，这是由于"人们是因为意愿而善"，而不是因为结果而善。但是，完全遵循道德法则的意志一定会产生行为，所以需要说明这样的行为在现象界的状况。对康德而言，在这方面，只有自然法则可以拿来同道德法则相类比。所以，自然法则的命令可以表述为："要这样行动，就好像你的行为的准则应当通过你的意志成为普遍的自然法则似的。"① 即是说，我们要抱有这样一种意愿，即要让他的行为所遵循的准则在经验世界中似乎是遵循着自然法则似的。这并不是从第一命令式中推出来的，而是为了说明第一命令式产生的行为在现象界中的状况而附加的。它必须借用道德哲学之外的原理，即目的论原则。就是说，自然的目的对人而言，就是要使有道德价值的行为能够在自然界按照自然法则而持存，或者发展到它所可能达到的完善程度。比如说，自杀之所以不具有道德价值，是因为自然生人，就是要其按照自然赋予其生命长度的可能性而生存着，而不是自我毁灭；不促进自己的禀赋才能的发展之所以不具有道德价值，是因为自然赋予我们以禀赋，就是要我们凭自己的努力促进其发展，而不能因为喜好闲散而让自然的才能在那里白白生锈等等。但这些都是以揣测大自然的意旨而进行的，故而其表

---

① 康德著，李秋零主编：《康德著作全集》第 4 卷，中国人民大学出版社 2005 年版，第 429 页。

述式是"好像……似的"。显然，要贯通本体与现象，对康德而言，必须进行逻辑上的跳跃，而不太容易做到逻辑上的严整一致。但是，在康德整个实践哲学的义理结构中，这又是必然的选择。

其实，解决这个问题，也必须回到人类物质生产实践对人类的自然禀赋发展以及道德进步的作用上来。人类的物质生产实践就是对自然界和对人的内在自然进行改造以促进人类发展的过程。如果我们能够把我们想象中的东西通过生产实践制造出来，则我们对康德所谓自在之物就得到了真正的认识。共产主义作为人类社会的一个理想状态，就是通过生产实践而实现了从必然到自由，从经验的此岸到理想的彼岸的过渡，自然的人化与人化的自然得到了高度统一。所以，马克思说："共产主义，作为完成了的自然主义，等于人道主义，而作为完成了的人道主义，等于自然主义。它是人和自然之间，人和人之间的矛盾的真正解决，是存在与本质、对象化与自我确认，自由和必然、个人和类之间的斗争的真正解决。"① 马克思这段话，就是在回应康德的难题。

第三，康德把大自然的最高目的设定为人类作为一个整体而总体地道德化，但它不是建立在对人类历史发展的客观规律的揭示上，而是建立在目的论上。在康德看来，一方面，我们被赋予了自然禀赋，有各种人性能力，还有理性能力。康德认为，我们被赋予自然本能，其目的可以被合理地理解成是为了追求幸福；而被赋予理性，其目的只能被理解成是为了追求道德。大自然的最高目的我们只能设想为：人类作为一个整体而在人类历史的无尽长河中达到总体的道德化；另一方面，他认为，在历史的舞台上，我们看到的都是为了物质利益的争夺、冲突、无用的虚荣，甚至残酷的战争。面对这些历史景象，我们会充满一种忧伤：如果人类历史只是这样，那么，我们就会怀疑：我们人类为什么要存在？所以，我们必须为人类的历史活动赋予意义。这就需要诉诸我们的理性理念，这是我们作为一个理性存在者所能设定

---

① 《马克思恩格斯全集》第42卷，人民出版社1979年版，第120页。

的、超越感性经验的理性的最高目的，我们就是为了实现这一最高目的而存在于世界上的，这就是我们生存于世的最高意义之所在。

目的论在这里，把人表现为某种工具，其活动是为着实现大自然的这种最高目的而被这样安排着的。康德认为，人类是大自然的创造物，所以，大自然在地位上比我们更高。他认为，人们能认识到我们大家都是大自然的目的，是平等的，人们都应该把对方视为目的，而不能仅仅把对方视为达到自己的目的的工具，这一点是人类道德进步的显著标志。但同时，追问大自然的目的也只有人能做到，这是我们理性的功能。他在追问大自然的最高目的时，遵循以下理路：1. 我们和地球上其他东西一样，都是大自然的造物，但自然不做无用功，他把我们人类造成既有本能又有理性的存在者，一定有其目的，即本能追求幸福，理性追求道德；2. 但人们因为既有本能又有理性，他们的需求就会越来越多样，没有边界，并且能够想到的获得利益的办法会越来越多，但是地球又是圆的，不能沿地面无限地散开，所以，人们必须"在一起"，从而会因占有而互相冲突，甚至会有激烈的战争，我们总是不和。这就是我们在历史的经验舞台上看到的景象；3. 我们生活的意义必须被表象为：我们有"非社会的社会性"，一方面我们只有在社会中才能更好地发展人性，另一方面我们又经常冲突，这一点看上去是坏事，但却又能迫使我们发展自己的才能，使之不致昏睡。这就是说，我们的生活意义就表现在我们能够生活于一个普遍的法治状态下，既有自由，又有普遍的法律和政治权力的正规强制，这样我们的自然禀赋才能得到安全的发展，我们在这样的政治状态中生活，才能进行有效的社会交往、启蒙，获得共享的价值观和判断、共通感等一般性的观念，走出纯粹的自我主义状态，而获得一种扩展了的自我，这就是在良好的政治治理下，我们所能为自己创造的生活意义之所在；4. 所有这些生活意义的获得，都是人们的认识、审美和欲求能力从个别性状态向普遍性的状态提升的过程，也是人类作为一个整体而总体地道德化的一个必经阶段；5. 这一切都只能被理解为是在大自然操纵下的一个过程，因为这个进程不是人类能够自觉地计划的。这就是康德关于历史发展如何迈向其最终目标的观点。这种观点非常鲜明地表明，康德只是从理论上解释世界，而对如何改变世界则不能提出任何切实的见解。他关于人类历史发展最终会实现人类总体的道德化的看法，是一种典型的理论想象，从其思路来说，就是一种逻辑的跳跃。

第四，所有这些逻辑跳跃，从理论上说，其根本原因就在于康德对本体与现象的划分。从他对这二者的界定来看，二者之间是有着不可通约的本质差别的，但是在具体的道德行为中，在人类的社会生活中，他又致力于把这二者连通起来，由于他缺少能够真正沟通本体和现象的物质实践的观点，所以就只能通过逻辑的跳跃来达到。

然而，康德又把这些逻辑跳跃的实现放置在人类发展的最后阶段，所以，他的实践哲学始终保持了一种清醒的谦逊精神，他虽然没有发现促进社会形态变革和发展的物质的、社会实践的动力，揭示不出人类社会发展到其理想状态的客观规律，但是，他始终克制了在当下的现实生活中达到道德上的最高善的热忱、达致尘世中的德福统一的至善的希冀、在现实政治中对德性抱有强烈信心的渴望、为人类永久和平谋划当下的完满措施的雄心。显然，最高善是一种道德上的圆满，即完全没有人欲的萌动而纯由天理流行的状态，康德认为，现实生活中也许没有一个这样的人，但是，我们不能由此而贬低这样的道德理念的意义，因为它永远指引我们道德发展的方向；他主张在现实生活中，德服从自由法则，福服从自然法则，二者在现实时空中难以统一，也就是说"至善"超出了人之所能及的范围，所以，把这种统一的希望交给了宗教；在现实政治中，如果人们特别是当权者拥有德性，那么，社会就会井井有条，但是，康德认为对这一点并不能抱有过高期望，甚至不必抱有期望，而是要相信人们有理性的自利之心，相信法律的强制力量，认为对法权的尊重和保护就是一种外在的道德，在政治上政府不要用强制手段来要求人们具有德性（因为道德本身就意味着内在强制而无外在强制），否则就会带来德性的暴政。人类的道德化只是人类历史发展的最终目标，他也没有就在当下如何达到"人类永久和平"提出具体措施，而是提出了一种三重根的答案，一是对国家公民法权、国际法权、世界公民法权的尊重和保护，二是大自然的保障，三是政治与道德的统一，分别是永久和平的价值理念、历史进程、理想状态，所以，永久和平是人类社会的远景目标。康德认为，历史有足够的耐心，它能等待人类自然禀赋的充分发展。这些观点，都是清醒的、审慎的，也是合乎理性的。

参考文献

一、 马克思主义经典作家著作和党的重要文献

1.《马克思恩格斯文集》1—10 卷，人民出版社 2009 年版。

2.《马克思恩格斯选集》1—4 卷，中央编译局 1995 年版。

3.《列宁选集》1—4 卷，中央编译局 1995 年版。

4.《毛泽东文集》1—8 卷，人民出版社 1993—1999 年版。

5.《邓小平文选》1—3 卷，人民出版社 1994 年版。

6.《江泽民文选》1—3 卷，人民出版社 2006 年版。

7.《胡锦涛文选》1—3 卷，人民出版社 2016 年版。

8.《习近平谈治国理政》第一卷，外文出版社 2014 年版。

9.《习近平谈治国理政》第二卷，外文出版社 2017 年版。

10.《习近平谈治国理政》第三卷，外文出版社 2020 年版。

11. 中共中央宣传部：《习近平新时代中国特色社会主义思想三十讲》，学习出版社 2018 年版。

12. 中共中央宣传部：《习近平新时代中国特色社会主义思想学习纲要》，学习出版社、人民出版社 2019 年版。

二、 康德著作中文译本及康德研究著作

1. 康德著，李秋零主编：《康德著作全集》1—9 卷，中国人民大学出版社

2003—2010 年版。

2. 康德著，蓝公武译：《纯粹理性批判》，商务印书馆 1982 年版。

3. 康德：《纯粹理性批判》，邓晓芒译，杨祖陶校，人民出版社 2004 年版。

4. 康德：《实践理性批判》，邓晓芒译，杨祖陶校，人民出版社 2003 年版。

5. 康德：《判断力批判》，邓晓芒译，杨祖陶校，人民出版社 2002 年版。

6. 康德：《实践理性批判》，韩水法译，商务印书馆 1999 年版。

7. 康德：《实用人类学》，邓晓芒译，上海人民出版社 2005 年版。

8. 康德：《道德形而上学原理》，苗力田译，上海人民出版社 2002 年版。

9. 康德：《法的形而上学原理——权利的科学》，沈叔平译，林荣远校，商务印书馆 1991 年版。

10. 康德：《历史理性批判文集》，何兆武译，商务印书馆 1990 年版。

11. 康德：《永久和平论》，何兆武译，上海人民出版社 2005 年版。

12. 康德：《论教育学》，赵鹏、何兆武译，上海世纪出版集团 2005 年版，

13.《康德书信百封》，李秋零译，上海人民出版社 2006 年版。

14. 郑昕：《康德学述》，商务印书馆 2011 年版。

15. 齐良骥：《康德的知识学》，商务印书馆 2011 年版。

16. 李泽厚：《批判哲学的批判：康德述评》，人民出版社 1979 年版。

17. 李秋零：《德国哲人视野中的历史（修订版）》，中国人民大学出版社 2011 年版。

18. 韩水法：《批判的形而上学——康德研究文集》，北京大学出版社 2009 年版。

19. 韩水法：《康德物自身学说研究》，商务印书馆 2007 年版。

20. 邓晓芒：《冥河的摆渡者：康德的〈判断力批判〉》，武汉大学出版社 2007 年版。

21. 邓晓芒：《康德〈道德形而上学奠基〉句读》上、下，人民出版社 2012 年版。

22. 邓晓芒：《康德〈实践理性批判〉句读》第 3 卷，人民出版社 2019 年版。

23. 邓晓芒：《康德哲学诸问题》，生活·读书·新知三联书店 2006 年版。

24. 刘静：《正当与德性：康德伦理学的反思与重构》，中国社会科学出版社 2015

年版,

25. 曼弗雷德·库恩:《康德传》第二版,黄添盛译,上海人民出版社 2014 年版。

26. 奥诺娜·奥尼尔:《理性的建构:康德实践哲学探究》,林晖、吴树博译,复旦大学出版社 2013 年版。

27. 莱利斯·阿瑟·马尔霍兰:《康德的权利体系》,赵明、黄涛译,商务印书馆 2011 年版。

28. 刘易斯·贝克:《〈实践理性批判〉通释》,黄涛译,华东师范大学出版社 2011 年版。

29. 福尔克尔·格哈特:《伊曼努尔·康德:理性与生命》,舒远招译,邓晓芒校,中国社会科学出版社 2015 年版。

30. 杰弗里·墨菲:《康德:权利哲学》,吴彦译,中国法制出版社 2010 年版。

31. 亨利·E. 阿利森:《康德的自由理论》,陈虎平译,辽宁教育出版社 2001 年版。

32. 艾伦·伍德:《康德的理性神学》,邱文元译,商务印书馆 2014 年版。

33. 克里斯蒂娜·科思嘉德:《创造目的王国》,向玉乔、李倩译,中国人民大学出版社 2013 年版。

34. 汉娜·阿伦特:《康德政治哲学讲稿》,罗纳德·贝纳尔编,曹明、苏婉儿译,上海人民出版社 2013 年版。

35. 李普斯坦:《强力与自由——康德的法哲学与政治哲学》,毛安翼译,知识产权出版社 2016 年版。

36. 海涅:《论德国的宗教和历史》,海安译,商务印书馆 1974 年版。

37. 傅永军:《绝对视域中的康德宗教哲学——从伦理神学到道德宗教》,社会科学文献出版社 2015 年版。

38. 赵明:《实践理性的政治立法——康德〈论永久和平〉的法哲学诠释》,法律出版社 2009 年版。

39. 卢雪崑:《康德的形而上学——物自身与智思物》,中国人民大学出版社 2016 年版。

40. 涛思慕·博格：《康德、罗尔斯与全球正义》，刘莘、徐向东等译，上海译文出版社 2010 年版。

41. 王腾：《康德道德哲学建构的先验逻辑》，上海三联书店 2017 年版。

42. 李蜀人：《道德王国的重建》，中国社会科学出版社 2005 年版。

43. 安倍能成：《康德实践哲学》，于凤梧、王宏文译，福建人民出版社 1984 年版。

三、中文译著和中文研究论著

1. 柏拉图：《理想国》，郭斌和、张竹明译，商务印书馆 1986 年版。

2. 柏拉图：《法律篇》，张智仁等译，上海人民出版社 2001 年版。

3. 柏拉图：《政治家》，黄克剑译，北京广播学院出版社 1994 年版。

4. 亚里士多德著，苗力田主编：《亚里士多德全集》第 8 卷，中国人民大学出版社 1994 年版。

5. 塞涅卡：《道德与政治论文集》，袁瑜琤译，北京大学出版社 2010 年版。

6. 西塞罗：《法律篇》，苏力译，商务印书馆 2004 年版。

7. 诺尔曼·李莱佳德：《伊壁鸠鲁》，王利译，中华书局 2014 年版。

8. 霍布斯：《论公民》，应星、冯克利译，贵州人民出版社 2003 年版。

9. 霍布斯：《利维坦》，黎思复、黎廷弼译，商务印书馆 1986 年版。

10. 洛克：《人类理解论》，关文运译，商务印书馆 1983 年版。

11. 洛克：《政府论》下篇，叶启芳、瞿菊农译，商务印书馆 1996 年版。

12. 卢梭：《爱弥儿》上、下卷，李平沤译，商务印书馆 1996 年版。

13. 卢梭：《论人间不平等的起源和基础》，李常山译，商务印书馆 1962 年版。

14. 费希特：《论学者的使命 人的使命》，梁志学、沈真译，商务印书馆 1984 年版。

15. 费希特：《伦理学体系》，梁志学、李理译，商务印书馆 2007 年版。

16. 席勒：《秀美与尊严——席勒艺术和美学文集》，张玉能译，文化艺术出版社 1996 年版。

17. 黑格尔：《法哲学原理》，范扬、张企泰译，商务印书馆 1979 年版。

18. 黑格尔:《精神现象学》上、下卷,贺麟、王玖兴译,商务印书馆 1979 年版。

19. 黑格尔:《精神哲学》,杨祖陶译,人民出版社 2006 年版。

20. 黑格尔:《历史哲学》,王造时译,上海书店出版社 2001 年版。

21. 叔本华:《伦理学的两个基本问题》,任立、孟庆时译,商务印书馆 1996 年版。

22. 叔本华:《作为意志和表象的世界》,石冲白译,商务印书馆 1982 年版

23. 约翰·穆勒:《功利主义》,徐大建译,上海人民出版社 2005 年版。

24. 沃尔什:《历史哲学导论》,何兆武、张文杰译,社会科学文献出版社 1991 年版。

25. 卡西尔:《人论》,甘阳译,上海译文出版社 1985 年版。

26. 罗尔斯:《正义论》,何怀宏等译,中国社会科学出版社 1988 年版。

27. 罗尔斯:《政治自由主义》,万俊人译,译林出版社 2000 年版。

28. 麦金太尔:《追寻德性》,宋继杰译,译林出版社 2003 年版。

29. 麦金太尔:《谁之正义? 何种合理性?》,万俊人等译,当代中国出版社 1996 年版。

30. 罗尔斯:《万民法》,张晓辉等译,吉林人民出版社 2001 年版。

31. 哈贝马斯:《包容他者》,曹卫东译,上海人民出版社 2002 年版。

31. 斯蒂芬·马塞多:《自由主义美德》,马万利译,译林出版社 2010 年版。

32. 德沃金:《认真对待权利》修订版,信春鹰译,上海世纪出版集团 2005 年版。

33. 北京大学哲学系编:《西方哲学原著选读》上、下卷,商务印书馆 1981 年版。

34. 李秋零:《人是目的:一个有待澄清的康德命题》,金泽、赵广明主编:《宗教与哲学》第五辑,社会科学文献出版社 2016 年版。

35. 邓晓芒:《康德自由概念的三个层次》,《复旦学报》2004 年第 2 期。

36. 黄裕生:《论意志和法则》,《哲学研究》2018 年第 8 期。

37. 凯文·汤普森:《康德的政治权威的先验演绎》,吴彦译,《康德的法哲学:复旦政治哲学评论》第 7 辑,上海人民出版社 2015 年版。

38. 邓晓芒:《康德历史哲学:"第四批判" 和自由感》,《哲学研究》2004 年第 6 期。

四、 相关英文研究著作和论文

1. Andrews Reath, *Agency and Autonomy in Kant's Moral Theory*, Oxford: Clarendon Press, 2006.

2. Anne Margaret Baxley, *Kant's Theory of Virtue: The Value of Autocracy*, Cambridge University Press, 2010.

3. *Immanuel Kant: Key Concepts*, edited by Will Dudley and Kristina Engelhard, New York: Routledge, 2011.

4. Allen W. Wood, *Kant's Ethical Thought*, Cambridge: Cambridge University Press, 1999.

5. John Callanan, *Kant's Groundwork of the Metaphysics of Morals*, Edinburgh: Edinburgh University Press, 2013.

6. *Kant's Lecture on Ethics*, edited by Peter Heath and J. B. Schneewind, translated by Peter Heath, Cambridge : Cambridge University Press, 1997.

7. A. W. Moore, *Noble in Reason*, *Infinite in Faculty*, London, New York: Routledge, 2003.

8. Paul Guyer, *Kant's System of Nature and Freedom*, Oxford: Oxford University Press, 2005.

9. Nené Descartes, *Meditations on First Philosophy*, with Selections from the Objections and Replies, translated with an introduction and notes by Micheal Moriarty, New York: Oxford University Press Inc. 2008.

10. Robert B. Louden, *Kant's Impure Ethics*, Oxford, New York: Oxford University Press, 2000.

11. Yirmiahu Yovel, *Kant and the Philosophy of History*, New Jersey: Princeton University Press, 1980.

12. *Essays on Kant's Anthropology*, edited by Brian Jacobs and Patrick Kain, Cambrideg: Cambridge University Press, 2003.

13. James Scott Johnston, *Kant's Philosophy*: *A Study for Educator*, Bloomsbury Publishing Plc, 2013.

14. Kate A. Moran, *Community and Progress in Kant's Moral Philosophy*, Washington D. C.: The Cathalic university Press, 1984.

15. Joshua Rayman, *Kant on Sublimity and Morality*, University of Wales Press, 2012.

16. Julian Wuerth, *Kant on Mind*, *Action and Ethics*, Oxford Scholarship Online, 2014.

17. Golan Moshe Lahat, *The Political Implications of Kant's Theory of Knowledge*: *Rethinking Progress*, New York: Palgrave Macmilan, 2013.

18. Yirmiahu Yovel, *Kant and The Philosophy of History*, New Jersey: Princeton University Press, 1980.

19. Jane Kneller, *Kant and The Power of Imagination*, Cambridge: Cambridge University Press, 2007.

20. B. Sharon Byrd and Joachim Hraschka, *Kant's Doctrine of Right*: *A Commentary*, Cambridge: Cambridge University Press, 2010.

21. Gabriela Basterra, *The Subject of Freedom*: *Kant and Levinas*, New York: Fordham University Press, 2015.

22. *Kant*: *Political Writings*, edited by H. S. Reiss, Cambridge: Cambridge University Press, 1991.

23. W. H. Werkmeister, *Kant's Silent Decade*, Tallahassee: University Press of Florida, 1979.

24. Jennifer K. Uleman, *An Introduction to Kant's Moral Philosophy*, Cambridge: Cambridge University Press, 2010.

25. Allen W. Wood, *Kant*, Blackwell Publishing Ltd., 2005.

26. Jeanine Grenberg, *Kant and the Ethics of Humility*, Cambridge: Cambridge University Press, 2005.

27. Seyed Ali Mahmoud, An Evaluation of Kant's Theory of Perpetual Peace in the

Field of Contemporary Political Philosophy, in *The international Journal of Humanities of Islamic Republic of Iran*, No. 2, Springer, 2008.

28. Pauline Kleingeld, Kant´s Cosmopolitan Law: World Citizenship for a Global Order, *Kantian Review.* 1998 (2).

29. William Rasch, Kant's Project of Perpetual Pacification, *Law Critique*, 2008 (19).

30. Johanne Giesinger: Kant´s Account of Moral Education, Article first published online: 25 May, 2011, http: //onlinelibrary. wiley. com/doi/10. 1111/j. 1469-5812. 2011. 00754. x/full.

后　记

从 2014 年 5 月我申请的国家社会科学基金重点项目"康德实践哲学的义理系统及其道德趋归研究"（14BZX020）获批以来，一晃已经 6 年。在这段时间内，我几乎全部的学术工作都围绕着这个课题来展开。我对康德哲学思想的兴趣始于 20 世纪 80 年代在江西大学（今南昌大学）哲学系念本科时期，之后有机会都会阅读各种译本的康德相关著作。直到 2011 年，购得李秋零先生主持翻译的《康德著作全集》全 9 卷，并进行了系统的阅读，同时反复研读了他关于实践哲学的著述，特别是第 6 卷中的《道德形而上学》，真正体会到了康德实践哲学的重要意义和博大精深。

我认为，康德的实践哲学是一个完整体系，贯通了本体与现象、形上与形下，有着严密的义理系统。他把道德哲学分为道德形而上学或者纯粹的伦理学，以及实用人类学或者不纯粹的伦理学。他对以前的西方道德哲学发展史进行了全面的检视，认为它们都没有贞定道德价值的真正源头。他主张，必须在理论理性视为空虚的超经验世界，即本体世界，或者理性世界中，才能获得具有绝对的道德价值的源头，并获得对所有有理性者都有着普遍的内在强制性的道德法则；而在经验世界中吸取道德的动机，无一例外都只能形成一些权宜之计。他主张，道德的全部秘密就在于纯粹理性本身就具有实践能力。由此，他在本体世界中确定理性的先天法则，并在它与意志的关系中抉发出道德法则、善良意志、义务、人格理念、三大道德命令式以及德性。

在进行道德形而上学的思考时，他要把所有概念弄得纯而又纯，去除任何来自感性偏好的杂质，也不借助任何人类学的素材，而获得真纯的道德原则。显然，如果他只是停留于此，则其实践哲学就无所用处。所以，道德形而上学必须应用到人的自然禀赋的发展、教育、政治生活、人类的历史性生存之中。道德形而上学提供一个价值前提，即人类的发展理念，那就是道德化，即人们能直接地以道德法则作为规定我们的任性的根据，并且实现德性与舒适生活的统一。这个理念引导着康德的不纯粹伦理学的展开方向：我们的人性禀赋如感性能力、记忆力、想象力、机智、判断力、知性等应该逐渐发展到与理性的自主使用相协调的状态，并且要引导我们追求理性的自主使用和自由能力的发展，这就是实用人类学和教育学的主旨；而政治哲学关于日常生活的部分，则主要论述要使人们在公民法治状态中，让自己的自然禀赋得到安全的发展，通过社会生活，形成扩大了的自我，创造可分享的价值、知识和鉴赏品位等等，而这些都是道德的外观，有一种从外部促进道德的趋势，这就是在创造人生的价值。此即政治哲学的真正价值关怀；但是，人类要在历史的经验舞台上，经过无尽的时间进程，作为一个整体而达到总体的道德化，这是历史哲学的最终指向。

以上是对康德实践哲学的义理系统的基本脉络的简明提示。可以说，康德的道德形而上学致力于阐明绝对的道德价值的先天来源，从而获得了真纯的道德原则，这个工作在道德哲学发展史上是截断众流而特出的。但是，如果康德的道德哲学只有这部分，那么，它是无法用于指导我们的经验生活的；所以，不纯粹的伦理学对康德来说必然是其实践哲学的一部分，因其是以纯粹的道德原则、人格理念来指导我们的人性禀赋实现经验性的历史发展，创造生存于世的价值，表现为理性和自由的不断进步，所以，不纯粹的伦理学甚至可以说是其实践哲学的更为重要的部分。本书尽力展示了康德实践哲学的全幅义理规模及其道德趋归。

本课题的完成，的确经历了一个相当艰苦的过程，历时较长。本书的大部分章节都曾经作为单篇论文在《道德与文明》《伦理学研究》《华中科技大学学报》《南昌大学学报》《东南大学学报》《湖北大学学报》《上饶师范学院学报》等刊物上发表过，在此谨向以上刊物致以诚挚谢意；另外，本书的某些重要内容在一些全国和国际学术会议上宣读过，在本校哲学一流学科研究小组的读书会上讨论过，专家和同事们所提出的意见，对我完善本书的观点表述和论证，起到了重要作用；在这段不算短的时日里，我长期在上饶师范学院从事行政管理工作，只能在工作之余特别是节假日来完成这个课题，是我妻子毛英女士默默地承担了所有家务，使我能够专心地、愉快地工作，并能集中时间顺利地写成这本书。另外，我的博士生宋敏婷女士为本书的校对做了很细致的工作。需要说明的是，随着研读和思考的深入，较早的看法会产生某些变化，对某些问题会形成更深入的理解，所以，在成书时，对以前发表过的论文做了统一的、条贯的梳理，并对其中的某些观点做了前后一致的表述和完善。

感谢人民出版社的编辑陈寒节先生，这是他第二次编辑出版我的专著了。他的热情真诚，对学术质量的严格要求，都促使我对自己的作品抱有郑重的态度和高度的责任感，他的极富专业的意见，也使本书增色不少，在此，向寒节先生谨致诚挚的谢意。

詹世友谨识

2020 年 9 月